Das USA-Lesebuch

Alles, was Sie über Amerika wissen müssen

1. Auflage
© 2016 MANA-Verlag, Eichhorster Weg 80, Haus C, 13435 Berlin

Das Werk ist in allen seinen Teilen urheberrechtlich geschützt.
Jede Verwertung außerhalb der engen Grenzen des Urheberrechtsgesetzes
ist ohne Zustimmung des Verlages unzulässig.
Dies gilt insbesondere für Vervielfältigungen, Übersetzungen,
Mikroverfilmungen und die Einspeicherung und Verarbeitung
in elektronischen Systemen.

Herausgegeben von Patrick Pohlmann
Umschlaggestaltung, Layout und Satz: Jürgen Boldt

Druck: Dardedze, Riga, EU
Bibliografische Informationen der Deutschen Bibliothek:
Die deutsche Bibliothek verzeichnet diese Publikation in der Deutschen Nationalbibligrafie;
detaillierte bibliografische Daten sind im Internet abrufbar unter
http://dnb.ddb.de.

ISBN 978-3-95503-011-7
Sie finden unser gesamtes Programm unter
www.mana-verlag.de

Susanne Satzer

Das USA-Lesebuch

Alles, was Sie über Amerika wissen müssen

Inhalt

Vorwort 9

1. Natur 15

Landschaften, Flora und Fauna der USA – bewahrt in den Nationalparks 16
Nationalparks an der Atlantik-Küste 22
   Maine: Acadia – Inselwelt vor Neu-England 22
   Florida: Everglades – Fluss aus Gras 24
Nationalparks im Südosten 26
   Virginia: Shenandoah und Blue Ridge Parkway – endlose Wälder, herbstliche
   Farbenpracht 26
   Kentucky: Mammoth Cave, das längste unterirdische Höhlensystem der Welt .. 27
   North Carolina und Tennessee: Great Smoky Mountains –
      Wälder der Appalachen 30
   Amerikanisches Klima 32
   Arkansas: Hot Springs, der kleinste aller Parks 33
Die Seenplatte 34
   Minnesota: Voyageurs – Inselwelt auf 30 Seen an der kanadischen Grenze 34
Gebiet der Rocky Mountains 36
   Montana: Glacier – Gletscher im Schwinden 40
   Respekt vor Bisons und Bären 44
Das Colorado Plateau 48
   Colorado: Mesa Verde, bedeutende archäologische
      Fundstellen von Felsdörfern 48
   Arizona: Petrified Forest – versteinerte Wälder und
      fotografische Herausforderungen 50
   Arizona: Grand Canyon – ein „Muss" für jeden Amerikaner 52
   Utah: Arches – die größte Ansammlung von Steinbögen 57
   Utah: Bryce Canyon – Felsnadeln und Steintürme 59
   Zion – verschiedenfarbige Sandsteinkliffe 60
Great Basin 64
   Nevada: Great Basin – Methusalems unter den Bäumen und
      kühle Tropfsteinhöhlen 64
Der Pazifische Südwesten 66
   Kalifornien: Sequoia & King Canyon – uralte Baumriesen und
      menschenleere Schluchten 67
   Kalifornien: Yosemite – Hohe Sierra 69
   Kalifornien und Nevada: Death Valley – die trockenste und
      heißeste Region Nordamerikas 72

Joshua Tree – Agavenbäume und Granitfelsen...............74
Der Pazifische Nordwesten 76
   Oregon: Crater Lake – sauberster See der USA...............76
   Washington: Olympic – gemäßigter Regenwald...............78
   Washington: Mount Rainier, der größte Vulkan der Kaskadenkette 80

2. Die Ureinwohner 83

Ureinwohner, Native Americans 84
   Besiedlung 84
   Die zehn Kulturareale 86
Die Vertreibung 94
   Die Ankunft der Weißen 94
   Bündnisse 96
   Kampf gegen die Kolonisatoren 99
   Pocahontas – Ehefrau eines Weißen und Symbol für Assimilierung...............106
   Kit Carson – Freund und Feind der Indianer 106
Anpassung und Widerstand 108
   Aufgezwungene Assimilierung 108
   Red Power 110
   Reservat vs. Stadt 112
   Neues Selbstbewusstsein 113

3. Die Einwanderer...............115

Europäische Einwanderer und wie sie das Land prägten 116
   Die ersten Entdecker 116
   Juan Ponce de León und die Suche nach dem Jungbrunnen 117
   Francisco Vásquez de Coronado auf der Suche nach den „Sieben goldenen Städten" 118
   Der Name Amerika 120
   Die Briten entdecken die Neue Welt 122
   Die Pilgerväter und die „Mayflower" 122
   Auf der Suche nach der Nord-West-Passage Manhattan gefunden 124
   Die älteste Hauptstadt der USA: Santa Fe in New Mexiko 125
   Deutsche Einwanderer in der „Neuen Welt" 126
   Oktoberfeste und Christkindlmärkte 128
   Baron Friedrich Wilhelm von Steuben und die Steuben-Parade 129
   Irische Einwanderer 132
   Frankreich verkaufte Louisiana an die USA 134
   Masseneinwanderung aus Italien 138
   Die größte jüdische Diaspora 139
   Operation Paperclip: Nazi-Wissenschaftler im Dienst des US-Militärs 143

Von ehemaligen Sklaven bis zum ersten schwarzen Präsidenten 145
   Bürgerrechtsbewegung im 20. Jahrhundert 145
   Bus-Boykott in Montgomery 145
   Bürger- und Wahlrechtsgesetz 146
   Wahlrecht für Schwarze 148
   Gleichstellung der Soldaten 149
   James Meredith, der erste schwarze Student in Mississippi 151
   Sklavenhandel – wie die Afrikaner nach Amerika kamen 152
   Vielfältige schwarze Welt 155
   Aufruf zu mehr Eigeninitiative 157
   Black Sitcoms 159
   Aktiver schwarzer Widerstand: Malcolm X und Black Power 161
Hispanics 164
   Einwanderer aus Süd- und Mittelamerika – Hispanics und Latinos 164
   Historische Hintergründe 167
   César Chávez 170
   Julian und Joaquin Castro 170
   Sonia Sotomayor 171
   Heute 172
Einwanderer aus Asien 175
   Beispiele erfolgreicher asiatisch-amerikanischer Immigranten 177
   Zur Geschichte 181

4. Politik & Gesellschaft 189

Der Präsident 190
   Wie wichtig ist der Präsident? 190
   Die Wahl des Präsidenten 194
Wie funktioniert der Staat 196
   Bundesstaaten und andere Territorien 196
   Politische Aspekte – Wählen, Volksentscheide, Demografie 197
   Die Swing States 199
Hauptstadt versus Bundesstaaten 200
   Jeder Bundesstaat macht doch, was er will 200
   Legalisierung von Marihuana 201
   Alkohol 202
   Abtreibungsrecht 203
   Gleichgeschlechtliche Ehe 204
   Umweltschutz und Genfood 206

    Waffen...208
    Verkehrsregeln..209
    Todesstrafe...210
  Politische Parteien...211
    Democratic Party... 212
    Republican Party...214
    Weitere Parteien...216
  Die vierte Gewalt: die amerikanischen Medien 217
    Zeitungen und Magazine 219
    Radio 222
    Fernsehen 225
    Internet... 227
  Gesundheits- und Sozialsystem: staatliche Eingriffe als Ausnahmefall............... 228
    Obamacare – die Erneuerung der amerikanischen Krankenversicherung......... 228
    Sozialhilfe..232
    Einkommensschwache Familien und Lebensmittelhilfen............................... 234
    Rentenversicherung..235
  Bildungssystem 236
  Verkehrsmittel..240
  Religion: zwischen religiöser Freiheit und nationaler Identität...........................244

5. Wirtschaft... 251

  Struktur und Beschäftigung 253
    Traditionelle Industrieregionen..253
  Landwirtschaft und Fischerei.. 256
    Landwirtschaft in Kalifornien „trocknet" aus 256
    Hanfanbau in den USA 259
    Müssen Amerikaner auf Bacon verzichten? 259
    Neuer Markt – Bisonfleisch 260
    Fischerei 260
    Hummer an der Ostküste 262
  Energiewirtschaft: Öl aus Alberta und North Dakota.. 262
  Umweltbewusstsein und Umweltschutz..264
    Umweltbewusstsein auf amerikanisch –
    Herausforderungen durch Unfälle... 266
  Die USA aus Sicht des Verbrauchers.. 268
  Amerikanische Wirtschaftspolitik... 270
    Die Great Depression und der New Deal.. 270

Wirtschaftliche Kehrtwende mit Reagonomics	273
Von der New Economy zur Weltfinanzkrise	276
Wissenschaft und Forschung	279
Silicon Valley und die „kalifornische Ideologie"	282

6. Kultur & Lebensart 285

Die amerikanischen Regionen	286
Die kultivierte Ostküste: staatstragende Symbole und neueste Trends	287
Eine ganz besondere Region – die Südstaaten	296
Der Mittlere Westen	304
Spanisch, indianisch, groß – Der Südwesten	310
Der Westen – Wie wild ist er wirklich?	318
Sport in den USA	328
American Football	329
Baseball	331
Basketball	333
Musik	336
Die ersten Musiker Amerikas	336
Europäische Einwanderer – Klassische Musik	337
Afroamerikanische Musik:	
Am Anfang war der Blues	338
Country	342
Rock 'n' Roll	343
Folk	344
Rock und Pop – die E-Gitarre und ihre Folgen	345
Kunst	348
Kunst der Indianer	348
Die europäischen Anfänge	350
Realismus	351
Abstrakter Expressionismus	353
Pop Art	355
Conceptual Art, Konzeptkunst	355
New Image Painting	356
Internet Art	357
Literatur	358
Sprachkunst der Ureinwohner	358
Die europäischen Anfänge	358
Das 19. Jahrhundert	359
Der Beginn der Moderne	360
Die Zwanziger Jahre und ihre Folgen	361

Neuer Aufbruch..363
Die Postmoderne 364
Das neue Jahrtausend 366
Über allem schwebt Hollywood 366
Jugendschutz für Filme...368

7. Reiserouten durch die USA 371

Highway Highlights...372
Wo alles begann – die Atlantikküste...373
Das Athen von Amerika: Boston, Massachusetts...374
Auf dem Weg nach New York City durch Rhode Island................................376
The Big Apple – New York City, New York..377
Die Stadt der Unabhängigkeitserklärung: Philadelphia, Pennsylvania 380
Machtzentrum Washington D.C. 381
Richmond und die Sklavenauktionen, Virginia 382
Abstecher: Chesapeake Bay, North Carolina..384
Abstecher: Denkmal der Gebrüder Wright, North Carolina 384
Stadt am Meer und amerikanischer Bürgerkrieg: Charleston, South Carolina ..385
Filmkulisse Savannah, Georgia 386
Zurück in die spanische Vergangenheit: St Augustine, Florida....................387
Abstecher zur Touristenhochburg Orlando, Florida 388
Beinahe Südamerika: Miami und Miami Beach, Florida 390
Der tiefe Süden ist anders – entlang der Interstate 10.....................................393
New Orleans – zurück zum alten Flair..394
Baton Rouge, Hauptstadt von Louisiana..397
Cowboys und NASA Mission Control Center, Houston, Texas 398
Nach San Antonio, Texas – spanisches Erbe und texanische Helden................. 400
Abstecher zum Big Bend National Park an der mexikanischen Grenze.............402
El Paso, Texas – Grenz- und Militärstadt 403
Endlose Weiten auf dem Weg nach Tucson, Arizona 404
Phoenix, Winterquartier für Senioren, Hauptstadt von Arizona 407
Joshua Tree National Park – Felsenlandschaft und bizarre Yucca-Bäume.........407
Winter-Refugium Palm Springs, Kalifornien 409
Amerikanische Vergnügungskultur – Disneyland in Anaheim, Kalifornien 409
Business, Blues und Bürgerrechte – Rundreise durch den Südosten 410
Atlanta, quirlige Hauptstadt von Georgia...412
Cherokee, Heimat der Cherokee-Indianer in North Carolina 414
Great Smokey Mountains Nationalpark... 414
Knoxville, Tennessee 415
Musikhochburg Nashville, Hauptstadt von Tennessee................................415

- Nicht nur Graceland – Memphis, TN 417
- Auf dem Blues Highway nach Süden 418
- Wiege des Jazz – New Orleans, Louisiana 419
- Alabamas einzige Hafenstadt: Mobile am Golf von Mexiko 420
- Montgomery, Hauptstadt Alabamas und Markstein der Bürgerrechte 421

Die Legende lebt: Route 66 424
- Architektenstadt Chicago, Illinois 425
- Auf den Spuren von Abraham Lincoln: Springfield – Hauptstadt von Illinois ... 427
- Gateway to the West: St. Louis, Missouri 427
- Oklahoma City, Hauptstadt von Oklahoma 428
- Auf dem Weg nach Amarillo, Texas 429
- Abstecher in die Berge nach Santa Fe, New Mexico 431
- Heißluftballon-Hochburg Albuquerque, New Mexico 432
- Zwischen versteinerten Bäumen und Pueblos: Flagstaff, Arizona 432
- Abstecher in die Kunstwelt von Las Vegas, Nevada 434
- Das Ende naht: Los Angeles, Santa Monica, Kalifornien 435

Pazifik-Küste: Highway 101 von Los Angeles nach Seattle 438
- Los Angeles und Santa Monica, Kalifornien 439
- Auf dem Highway 1 nach Ventura, Santa Barbara und Big Sur 440
- San Francisco, Kalifornien 443
- Nord-Kalifornien: die letzten Redwood-Giganten an der Westküste 447
- Oregon Coast Highway 101 von Brookings bis Astoria 448
- Eine Rundreise um den Olympic National Park 450
- City of Light: Seattle, Washington 453

Der Lincoln Highway von NYC nach San Francisco 454
- New York City, New York 455
- Cleveland, Ohio 456
- Wo Barack Obama seine Karriere begann: Chicago, Illinois 457
- Iowa City und deutsche Siedlergeschichte: die Amana Colonies 459
- Des Moines, Hauptstadt von Iowa 460
- Warren E. Buffett Stadt – Omaha, Nebraska 461
- Denver, Hauptstadt von Colorado 462
- Universitätsstadt Laramie, Wyoming 464
- Salt Lake City, Utah 465
- Bonneville Salt Flats – Geschwindigkeitsrekorde in der Salzwüste 468
- Cowboys, Dichter und Basken: Elko in Nevada 468
- Spielerdorf Reno, Nevada 469
- Goldrausch bei Sacramento, Hauptstadt Kalifornien 470
- Nostalgie in San Francisco, Kalifornien 472

Vorwort

Vor mehr als 20 Jahren betrat ich das erste Mal amerikanischen Boden, der Anlass war der Besuch bei einer Verwandten in Florida. Alles war anders als in Deutschland, angefangen von den nicht zu öffnenden Fenstern, den riesigen Kühlschränken und den fehlenden Bürgersteigen in den Wohngebieten zum Spazierengehen – das tut man hier nicht, viel zu gefährlich! – bis hin zu den überwältigenden Supermärkten mit gigantischer Auswahl an manchen Produkten und anderen, die komplett fehlten. Der erste, wirkliche Kulturschock für mich aber war ein schickes Hummer-Essen in Daytona Beach, wo zum Meeresgetier Ketchup gereicht wurde. Mein nächster Trip führte mich nach Boston und Cape Cod, dort fühlte es sich schon europäischer an, die Landschaft erinnerte an Frankreich und die Innenstadt von Boston ein wenig an das alte Frankfurt am Main. Newport's Villen von Rockefeller und Vanderbilt haben haben englische und französische Schlösser zum Vorbild, Anknüpfungen an Vertrautes ermöglichen den Zugang zur Geschichte der Wohlhabenden und Unternehmer. Auch die Erfahrung, dass nach Labor Day Anfang September die Hütten und Campingplätze am Nordost-Atlantik geschlossen sind, entsprach den Sitten in Frankreich und fühlte sich nicht so fremd an wie beispielsweise die Erfahrung, dass man auf den breiten, gut ausgebauten sechsspurigen Autobahnen nicht schneller als maximal 65 Meilen (knapp 105 km) fahren darf.

Freunde erzählten im Lauf der Jahre von ihren Reisen nach Kalifornien, schwärmten von wochenlangen Fahrten mit Campern durch den Südwesten und den berühmten National Parks wie Yosemite, Death Valley, Grand Canyon und Yellowstone. Alles war so weit entfernt, sogar in den Ballungsgebieten wie Los Angeles oder San Francisco, wo zudem die schiere Zahl an Autos auf den zahllosen Highways ohne ausreichende Beschilderung für die Touristen oft zu schweißtreibenden Suchmanövern führte. 2006 wanderte ich nach Kanada aus und seitdem war ich in vielen Städten und Regionen der USA unterwegs. Die meisten meiner Vorstellungen von Städten wie New York, Miami oder San Francisco und Seattle waren von amerikanischen Filmen und Romanen geprägt, bei ersten Ausflügen in den Innenstädten sah ich mich auf den Spuren der Filmhelden wandeln. Aber schon nach kurzer Zeit stellte ich fest, die Wirklichkeit oder das, was ich sah, nahm sich doch anders aus. Der jeweilige Filmregisseur hatte eine Perspektive vorgegeben, welche die Häuser oder Straßenzüge Teil der erzählten Geschichte werden lässt; nicht unbedingt das, was als Tourist erlebt wird. Sind die New Yorker wirklich so kaltschnäuzig und karriereorientiert oder regnet es in Seattle wirklich ununterbrochen? Ein Stückchen Wahrheit steckt natürlich in den Hollywood-Produktionen. Zur Mittagszeit (lunchtime) in Manhattan unterwegs sein, ist schon eine Erfahrung, die die Vorurteile stützt. Von einer Minute zur anderen sind die ohnehin ziemlich vollen Bürgersteige (ja, hier gibt es welche) von gut gekleideten Menschenmassen überschwemmt, die langsam schlendernde Touristen als unangenehmes Hindernis betrachten. Lange Schlangen bilden sich an den Deli-Tresen und wehe dem sich mühsam an den Auslagen orientierenden Fremden, der den reibungslosen Betrieb aufhält, das kann zur Lehrstunde für neue Redewendungen werden. Ein leeres Taxi sucht man in dieser Zeit als Stadtbesucher vergebens. Eine Stunde später ist der „Spuk" vorbei, alle sind wieder an ihren Schreibtischen und bis 4 oder 5 Uhr nachmittags kann man wieder halbwegs ungehindert vorankommen. „Wie kann man nur nach Seattle ziehen, dort regnet es doch ununterbrochen", sagt die Freundin der Heldin Meg Ryan im

Film „Schlaflos in Seattle". Die Verantwortlichen des städtischen Tourismusbüros veröffentlichten noch Jahre nach dem Erscheinen des Films (1993) Zahlen zum jährlichen Niederschlag, um diesem Vorurteil entgegen zu treten. Dass das Konzept von Starbucks in Seattle entwickelt wurde, hat vielleicht aber doch mit dem Bedürfnis nach einem warmen Getränk in einer Wohnzimmeratmosphäre zu tun, wo man auch noch stundenlang sitzen kann, um auf das Ende des Regens zu warten.

Wenn Amerikaner nach Europa reisen, machen sie ganz gerne Touren in zwei Wochen zu den Großstädten. Eine Bekannte aus Denver erzählte mir neulich von ihrer Reise von London über Amsterdam, Berlin, München, Wien, Rom, Florenz und Luzern nach Paris. Viel hatte sie nicht in Erinnerung, alles war großartig, ach ja, das Hofbräuhaus in München hatte sie beeindruckt, aber das kann sie auch in Las Vegas besuchen, wo im letzten Jahr 36 Millionen Amerikaner einen Kurzurlaub verbrachten. Es scheint, als ob die Originale in Europa nicht so interessant sind wie die Nachbauten in den Staaten.

Trotz der Größe der Vereinigten Staaten mag auch mancher europäische Tourist auf die Idee kommen, sich möglichst viel auf seine „Must See"-Liste zu packen. Ein Unterfangen, von dem eigentlich abzuraten ist. Die Vielfalt der unterschiedlichen Regionen dieses Landes von der Atlantik- bis zur Pazifikküste ist so variantenreich, dass es durchaus lohnt, sich für die einzelnen Staaten oder zumindest landschaftlichen verschiedenen Regionen Zeit zu nehmen. Die Touren der Buckett-List sollen hierzu Anregungen bieten. Schon unter Präsident Ronald Reagan sind Straßen in schönen Regionen als „Scenic Highways" ausgewiesen worden, eine Idee, der viele Bundesstaaten folgten und die tatsächlich helfen kann, durch landschaftliche reizvolle Gegenden zu fahren und von Aussichtspunkten interessante Perspektiven zu genießen.

Die besten Möglichkeiten, wirklich mit Natur in Berührung zu kommen, bieten die National Parks. Sie sind mittlerweile über weite Strecken nur wenig bearbeitete „Parks", seit einigen Jahrzehnten ist das Konzept des sogenannten „Schutzes zugunsten der natürlichen Bedingungen" geändert worden; so werden Feuer nicht mehr gelöscht (außer in Gebieten mit Hotels), sondern dienen der Regeneration der Wälder. Insgesamt 401 Gebiete werden vom Nationalen Park Service betreut, darunter zur Zeit 59 National Parks, die anderen sind Monumente, Denkmäler, historische Stätten, See- und Küstenufer, Naherholungsgebiete, sehenswerte Flüsse und besonders attraktive Wanderwege sowie das Weiße Haus in Washington D.C. Die gute Infrastruktur dieser Gebiete, meist mit Unterkünften, Tour-Anbietern, Wanderwegen und Straßen erleichtern den Zugang zur Natur und erlauben Entspannung und Abenteuer. Ein Jahrespass für 80 Dollar (America the Beautiful) lohnt sich selbst bei einem Besuch von nur drei oder vier Parks oder Stätten, zumal damit die Gebühren für viele staatliche Erholungsgebiete abgedeckt sind.

Ein Land dieser Größe mit seiner Flora und Fauna, seinen Menschen aus allen Teilen der Welt und seinem in vielerlei Hinsicht doch anderem sozialen Leben (im Vergleich zu Deutschland) zwischen nur zwei Buchdeckel pressen zu wollen, ist ein aussichtsloses Unterfangen. Hinweise zur amerikanischen Geschichte finden sich deshalb bei den Überblicken zur Einwanderung. Die europäischen Einwanderer haben das Land und den Staat geprägt, noch heute ist insbesondere an der Ostküste der britische, irische und deutsche Einfluss nicht zu übersehen. Vergessen werden dabei leicht die spanischen Entdecker, die in Florida bis 1821 Lebensart und Kultur wachsen ließ, die kubanischen Exilanten kamen erst in den Jahren 1959 bis 1960. Auch die langen und schwierigen Prozesse zur Erlangung der Bürgerrechte von Indianern (Native Americans) und Schwarzen (African Americans) sind wichtige Teile der amerikanischen

Geschichte. Ein immer noch aktuelles Thema des Zeitgeschehens sind die Immigrationen aus Mittel- und Südamerika, die USA leben mit einem Heer von Illegalen, ohne deren Arbeitskraft mancher Wirtschaftsbereich Schaden nehmen würde.

Die Immigranten der letzten Jahrzehnte sind gut gebildete Menschen, sie finden schnell hoch bezahlte Arbeitsplätze oder bauen eigene Firmen auf. Und nicht zuletzt provozieren sie den Rest des Landes mit ungewöhnlichen Erziehungsmaßnahmen, wie beispielsweise die Jura-Professorin und so genannte Tiger-Mutter Amy Chua.

Amerikanische Filme haben in der Regel keine regionalen Bezüge mehr – es sei denn, die Geschichte spielt explizit in einer spezifischen Gegend. Inwieweit dann aber tatsächlich mit den Besonderheiten und kulturellen Traditionen gearbeitet wird, hängt von der Einschätzung des Regisseurs ab, ob denn das Publikum auf nationaler Ebene oder sogar das internationale die Anspielungen verstehen wird. Sind genügend Stereotype über beispielsweise den Mittleren Westen so bekannt, dass die Gewalt in einem Klassiker wie „Fargo" (Joel & Ethan Coen, 1996) auch auf Anhieb eingeordnet werden kann?

Bezüglich ihrer Lebensart und Kultur gibt es deutliche Unterschiede zwischen den Regionen, oft sind sie historisch gewachsen, so dass das Verständnis der amerikanischen Geschichte hilfreich sein kann bei der Wahrnehmung der Traditionen, der speziellen Feste, auch der Spannungen zwischen Bevölkerungsgruppen und der inneramerikanischen Vorurteile. Die Ostküste ist immer noch der Trendsetter in Bezug auf Bildung, urbanen Lebensstil und politische Einflussnahme, aber Kalifornien hat sich seine eigenen Maßstäbe gesetzt, die viele Menschen weltweit als erstrebenswert ansehen. Texanisches Selbstbewusstsein ist kaum erschütterbar, die konservative Partei hat dort ihre solideste Machtbasis, während die demokratischen Anhänger an der Atlantik- und an der Pazifikküste zu finden sind. Florida ist ein Rentnerparadies, gleichzeitig der Entertainment-Bundesstaat der Nation. Und in New Orleans wird nur gefeiert und gejazzt, selbst Hurrikan Katrina hat die Lebensfreude nicht erschüttern können, die Liste der Klischees lässt sich fortsetzen. Ein klein bisschen stimmt immer, aber vieles ist in seiner Verallgemeinerung nicht zutreffend.

Für dieses Lesebuch habe ich versucht, mit der Perspektive eines Reisenden auf die regionalen Unterschiede zu sehen und anhand einiger Beispiele die Hintergründe und Zusammenhänge zu erläutern.

Auch acht Jahre nach der schweren Finanzkrise von 2007/08 hat sich die amerikanische Wirtschaft noch nicht vollständig erholt, nicht alle verlorengegangen Arbeitsplätze sind ersetzt worden, Millionen Menschen arbeiten zu Niedriglöhnen. Die Schere zwischen arm und reich wird immer breiter.

Dieses Buch will ein Lesebuch sein, kein dezidierter Reiseführer und kein Sachbuch zur Politik oder Geschichte der USA. Manche Facetten des amerikanischen Lebens zu behandeln, die für einen (potentiellen) Reisenden interessant sein könnten, das Augenmerk auf Dinge und Aspekte zu lenken, die auf den ersten Blick vielleicht fremd und befremdend wirken, und dazu Hintergründe zu liefern, das war der Ansatz für das USA-Lesebuch. „Auch wenn es wahrscheinlich ein unerreichbares Ideal bleiben wird, es jedem Leser recht zu machen, wie: die USA erschöpfend in einem Buch abzuhandeln, sind die Autoren und der Verlag für jeden Kommentar und Hinweis zur Verbesserung des Buchs bei künftigen Auflagen dankbar", schrieben schon die Verfasser des Kanada-Lesebuchs. Dem schließe ich mich zur Gänze an.

Susanne Satzer

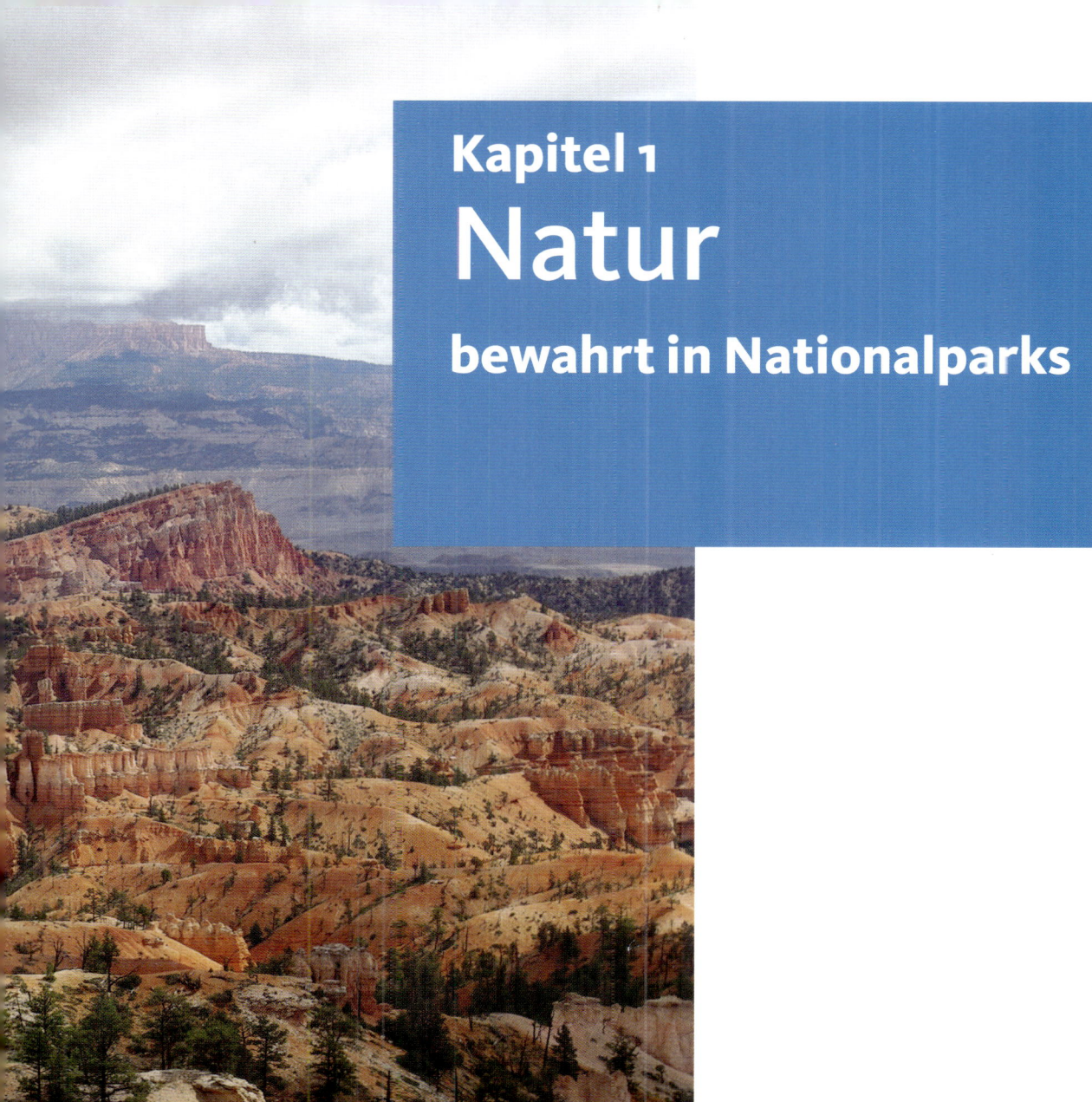

Kapitel 1
Natur
bewahrt in Nationalparks

Bryce Canyon im Gebiet des Colorado-Plateaus, eine der spektakulärsten Landschaften

Natur

Landschaften, Flora und Fauna der USA – bewahrt in den Nationalparks

In den USA, einem Land mit einer Fläche von über 9 Millionen km² (fast 25 Mal so groß wie Deutschland) und unterschiedlichsten Klimazonen von subpolar im Norden Alaskas über mediterran an der Pazifikküste bis hin zu tropisch im Süden Floridas, findet sich eine einzigartige Vielfalt an Landschaften und Biotopen. Den kontinental-kühlgemäßigten Nordosten prägen abwechslungsreiche Waldgebiete mit den berühmten und im Herbst leuchtenden Ahornwäldern sowie Mittelgebirge. Riesige Marschen entlang der Flussmündungen sind das typische Landschaftsbild der warm-gemäßigten Bundesstaaten Maryland, Virginia und North Carolina an der Atlantikküste. Und die subtropischen Mangrovenwälder und das tropische Marschland, die sogenannten Everglades in Florida, beheimaten einzigartige Pflanzen und Tiere wie die amerikanischen Alligatoren oder die westindische Seekuh.

In der Mitte des Landes zieht sich die Zentrale Tiefebene entlang der Flüsse Mississippi und Missouri, von den Großen Seen im Norden durch Illinois und Arkansas, bis hinunter zum Golf von Mexiko in Louisiana. Westlich der Tiefebene schließt sich eine höher gelegene Region an, die von North Dakota über die Staaten Oklahoma und Nebraska bis Texas reicht. Der Mittlere Westen und die Great Plains sind geprägt von Prärie und gigantischen Anbaugebieten. Lange galten die Rocky Mountains als unüberwindliche Grenze. In den USA und Kanada erstrecken sich ihre Gebirgszüge als Teil der Amerikanischen Kordilleren über eine Länge von 4.800 km. Der höchste Gipfel ist der Mount Elbert in Colorado; unter den sogenannten „Vierzehnern" von

Saguaro-Kaktus in der Sonorawüste

Schneeziege im Glacier-Nationalpark

Colorado – den Gipfeln mit Höhen von mehr als 14.000 Fuß – ist er mit immerhin stattlichen 4.401 Metern der Höchste. In den Rockies befindet sich auch die kontinentale Wasserscheide: Hier entscheidet sich, in welchen Ozean das Wasser abfließt. Die dichteste Konzentration von Geysiren und heißen Quellen ist ebenfalls in diesem Gebirge zu finden: Gut 50 % dieser weltweit vorhandenen Naturphänomene sind in Wyoming konzentriert und verhalfen dem Yellowstone National Park zu Berühmtheit.

Westlich der Rocky Mountains erstreckt sich das Große Becken (Great Basin), das von Oregon bis Arizona und an die Sierra Nevada reicht. Überwiegend steppenhafte Gebiete sind hier anzutreffen, bis hin zu den Wüsten Mojave in Kalifornien und Sonora in Arizona und den Salzseen und Salzwüsten von Utah. Nahe dem Pazifik schließen sich zwei weitere Gebirgszüge an: Im Süden die Sierra Nevada, die mit dem 4.418 Meter hohen Mount Whitney den höchsten Berg der USA außerhalb von Alaska aufzuweisen hat, im Norden die von Kalifornien bis nach British Columbia reichende Kaskadenkette (Cascade Range). Diese besticht vor allem durch ihre kegelförmigen Vulkangipfel, wie den Mount Rainier und den noch tätigen Vulkan Mt. St Helens. Die Küstenkette (Oregon Coast Range) ragt aus dem Ozean, entsprechend feucht und neblig kann die Nordwestküste bis San Francisco sein. Hier regnen sich die Tiefdruckgebiete des Pazifiks ab, und so ist auch hier

John Muir – unbeirrbarer Kämpfer für die Nationalpark-Idee

Mit seinen Schriften konnte er Menschen überzeugen, und auf einer mehrtägigen gemeinsamen Wanderung durch den Yosemite-Nationalpark gewann er 1903 Präsident Theodore Roosevelt dafür, die Regeln für den Schutz der Parks enger zu fassen. Der gebürtige Schotte hatte 1868 das Tal unterhalb des Wasserfalls für sich entdeckt. Er arbeitete dort als Schafhirte und in einer Sägemühle für seinen Lebensunterhalt. Seine im Studium erworbenen Kenntnisse der Biologie reichten ihm nicht aus, er studierte die Natur vor Ort und war imstande, darüber eloquent und versiert zu schreiben. Angesichts des Holzeinschlags in der Hohen Sierra und der Vegetationsschäden durch riesige Schafherden machte er sich Sorgen um den Erhalt der einzigartigen Landschaft. Mithilfe politischer Freunde konnte er das Ziel erreichen. Yosemite wurde 1890 der zweite Nationalpark in den USA. John Muir starb 1914, aber einer seiner überzeugtesten Anhänger, Stephen Mather, wurde der erste Chef des neuen National Park Service und konnte beider Traum umsetzen, den Grand Canyon im Jahr 1919 zum Nationalpark erklären zu lassen.

einer der letzten gemäßigten Regenwälder dieses Längengrads unter Naturschutz gestellt worden.

Von Osten nach Westen besiedelten die Europäer den Kontinent. Für die Menschen aus Asien ging der Weg von West nach Ost. Dabei spielten Natur und Landschaft jahrhundertelang nur eine Rolle: Stets ging es um die Frage, welche Regionen zur Besiedlung und zur Landwirtschaft geeignet sind. Gold- und Silberfunde im 19. Jahrhundert lösten weitere Besiedlungswellen aus, die Gebiete wurden ausgebeutet und anschließend oft aufgegeben. Zahlreiche Geisterstädte in Oregon, Texas oder Colorado legen beredtes Zeugnis darüber ab, wie wenig wichtig Flora und Fauna waren, es gab ja schließlich genug davon. Eine neuartige Sicht auf die Natur begann sich erst gegen Ende des 19. Jahrhunderts zu entwickeln. Besonders spektakuläre Landschaften sollten vor Zerstörung durch Besiedlung und die damit einhergehenden Veränderungen geschützt werden. Obwohl die USA heute stolz sind, Vorreiter für die Idee und das Konzept von Nationalparks gewesen zu sein, war der Weg vom ersten Schutzgebiet bis zur heutigen Pflege und Bewahrung von Flora, Fauna und Geologie mühselig und waren von vielen Hindernissen begleitet.

Bevor 1916 der National Park Service als staatliche Behörde im Innenministerium eingerichtet wurde, war die Armee für die Wartung und Sicherung der Parks zuständig. Ein einziger Direktor in Washington D.C. hatte formal die Aufgabe, die seit der Gründung des Yellowstone-Nationalparks stetig wachsende Zahl an geschützten Landschaften zu überwachen. Wegen mangelnder Finanzierung und Koordination hatte er aber keinen Rückhalt im politischen System. Die Eisenbahngesellschaften sahen in den Parks ein Geschäft und bauten ihre Strecken dorthin aus. „See America First", lautete ihr Slogan zu Anfang des 20. Jahrhunderts, um die wachsende weiße Mittelschicht für die Schutzgebiete zu begeistern: Anstatt die Kathedralen und Schlösser in Europa zu besichtigen, sollten die Menschen lieber die unbekannten Naturwunder des Westens bestaunen und ihr Geld im eigenen Land ausgeben. Der Erste Weltkrieg ließ die Besucherzahlen wachsen, und die neue Behörde konnte hinsichtlich der vom Kongress gestellten Aufgabe, Geld zu verdienen, Erfolge melden.

Die derzeit (2016) 59 Nationalparks der USA sind zwar rein zahlenmäßig sehr ungleich im Land verteilt, da die meisten im Westen liegen. Dennoch bieten sie aber die beste Gelegenheit, sich mit der Pflanzen- und Tierwelt der jeweiligen Region vertraut zu machen. In den Besucherzentren liegt vielfältiges Material zur Information bereit und die geschulten Ranger der Parks haben auf alle Fragen eine Antwort. Im Sommer bieten die meisten Parks Führungen zu spezifischen Themen wie der jeweils vorhandenen Tierwelt oder den gebietstypischen Bäumen und anderen Pflanzen an. Die gut ausgebauten Parkstraßen und beschilderten Wanderwege bilden ebenso wie die oft landschaftlich schön gelegenen Camping- und Wohnmobilplätze eine gute Infrastruktur zur Erkundung der Natur. Die meisten Nationalparks haben zudem Hotels oder Gästehütten.

Trotz der Schutzmaßnahmen, wie beispielsweise des Verbots von kommerzieller Rodung und Abholzung von Bäumen oder der Eliminierung von nicht heimischen Pflanzen oder Tieren, werden die Nationalparks in einem Bericht von 2011 als bedroht angesehen. Verlust der Artenvielfalt, Verschlechterung der Boden- und Wasserqualität und sogar Zersplitterung von Landschaften werden – neben dem allgemeinen Mangel an finanziellen Mitteln – darin aufgeführt. Die weltweite Finanzkrise hat auch vor den Parks nicht Halt gemacht: Manche Infrastrukturmaßnahme wurde verschoben und zahlreiche zu den National Historic Sites und Monuments gehörende historische Gebäude müssen weiter auf eine Renovierung warten. Im Laufe der Jahrzehnte sind dem National Park Service immer mehr Aufgaben zugewiesen worden. Neben den reinen Landschaftsparks zählen beispielsweise Höhlen, Stätten des Unabhängigkeits- und des Bürgerkriegs, der Indianerkriege oder die Geburts-, Wirkungs- oder Todesstätten berühmter Amerikaner zu den schützenswerten Einrichtungen. Zusätzlich zu den Nationalparks und nationalen Erholungs- und Küstenschuzgebieten sind auch insgesamt 445.154 km^2 Landfläche als reine Wildnis deklariert und der Schutzbehörde unterstellt worden. Dort darf weder Bergbau noch Forstwirtschaft betrieben werden und motorisierter Zugang ist untersagt. Kritiker äußerten 2014 dazu, dass diese Regionen der amerikanischen Wirtschaft verschlossen blieben und damit eventuell vorhandene Ressourcen an Bodenschätzen nicht gehoben werden könnten.

Im Frühjahr 2012 verkündete der National Park Service einen ehrgeizigen Plan zur Förderung von mehr Umweltbewusstsein und Nachhaltigkeit in den Parks. Dazu gehören Maßnahmen wie energieeffiziente Gebäude, weniger Autoverkehr und insbesondere die Reduzierung von Müll. Nicht nur die Mitarbeiter wurden aufgerufen, sich an der Umsetzung dieser Ziele zu beteiligen, sondern auch die

John Muir 1906

Mesquite Flat im Death Valley: trockenste und heißeste Region in Nordamerika

Millionen Besucher der Schutzgebiete. Die Trennung des Abfalls in verschiedene Behälter ist schon vielerorts möglich. Des Weiteren sollen Fahrradverleiher zum Umsteigen auf Drahtesel verlocken, mehr Busunternehmer mit Hybridfahrzeugen die Besucher aus den Autos holen und Wasserspender die Unmengen von Plastikflaschen reduzieren helfen. Die erste Bilanz von 2013 zeigte Erfolge: Insbesondere die Aktivitäten zur Trennung und Vermeidung von Müll waren erfolgreich und auch der Wasserverbrauch konnte gesenkt werden. Dies lag in erster Linie an Umbaumaßnahmen in den Gebäuden der Parks. Zudem zeigte die Umrüstung der Fuhrparks auf weniger Benzin verbrauchende Gefährte positive Ergebnisse. Aber auch die Besucher müssen umdenken lernen: Mancherorts gibt es schon keine Mülleimer mehr, der Abfall muss wieder mitgenommen werden.

Neben diesen Herausforderungen werden Dinge wie die Genehmigung des Schneemobil-Fahrens im Yellowstone-Park diskutiert und ob dadurch nicht die Winterruhe der Tiere gestört wird; oder der Bau des gläsernen Skywalks oberhalb des Grand Canyon: Dieser Teil des Parks gehört den Hualapai-Indianern. Der National Park Service hatte keinen Einfluss auf die Entscheidung zugunsten des Bauwerks. Es wird aber weiterhin diskutiert, ob diese riesige Konstruktion dem Umfeld gerecht wird und ob der dadurch wachsende Besucherstrom nicht eher schadet. Insgesamt 401 Schutzgebiete, einschließlich Einrichtungen auf

Everglades: ein tropisches Feuchtgebiet von der Größe Brandenburgs

Samoa, Guam, Puerto Rico und den Amerikanischen Jungferninseln, gibt es zurzeit; sie wurden 2013 von circa 273,6 Millionen Menschen besucht; Die reinen Naturschutzgebiete konnten 2013 immerhin etwa 64 Millionen Besucher verzeichnen. Die Great Smoky Mountains in Tennessee und North Carolina führen dabei mit über 9 Millionen Gästen die Liste an, noch vor dem Grand Canyon und Yellowstone. Die wenigsten Besucher hatte der Gates of the Arctic in Alaska, aber dass überhaupt circa 11.000 gezählt werden konnten, ist schon erstaunlich: Der Nationalpark hat keine Straßen oder Wege, nur auf den Flüssen oder im unwegsamen Terrain kann man ihn auf eigenes Risiko erkunden. Die Natur muss auch vor den Menschen geschützt werden und gleichzeitig sollen Menschen die Natur verstehen lernen – so lautet das Grundkonzept des National Park Service. Bewahren und – insbesondere den Kindern – erklären, was an den Landschaften, kulturellen und historischen Stätten erhaltenswert ist, gehört zu den vordringlichsten Aufgaben. Im Wettbewerb mit den Disneylands Amerikas um Besucher versuchen die Ranger echte Flüsse, Berge und Pflanzen interessant darzustellen und das Spektakuläre an Geysiren, Wasserfällen oder uralten Bäumen anschaulich zu vermitteln. Das scheint allerdings nur eingeschränkt zu funktionieren. Die künstlichen Welten sind interessanter als die Originale: Die Walt Disney Parks and Resorts wurden 2013 von 126,5 Millionen Menschen besucht.

Nationalparks an der Atlantik-Küste

Der mit den Kormoranen verwandte Schlangenhalsvogel Anhinga in den Everglades

Fast 3.000 km sind der Acadia-Nationalpark an der Küste von Maine im Norden der USA und die Everglades in Florida voneinander entfernt. Auch klimatisch trennen diese Landschaften Welten. Der Neuengland-Staat Maine liegt in der kühl-gemäßigten Zone, fast 90 % der Fläche sind bewaldet, und an der zerklüfteten Küste wird es im Winter richtig kalt. Die frühen Nachtfröste ab September und Oktober bringen den berühmten Indian Summer mit dem bunt gefärbten Laub der Ahornbäume und Eichen. Ganz anders dagegen der Süden Floridas: Tropisch feuchtes Klima herrscht hier vor und von Juni bis November wird die Küste wiederholt von Hurrikans heimgesucht. Viele der für die Region typischen Sumpflandschaften sind mittlerweile trockengelegt worden, aber der Everglades-Nationalpark bewahrt das einzigartige Ökosystem am Golf von Mexiko.

Maine: Acadia – Inselwelt vor Neu-England

Das Abschmelzen der Gletscher an der Atlantikküste hob den Meeresspiegel, rundete die Gipfel der Berge und wusch neue Täler aus. So entstanden vor gut 20.000 Jahren Mount Desert Island, Isle au Haut, Baker Island und die Halbinsel Schoodic. Seit 1919 gehören weite Teile dieser Küstenlandschaften zum Acadia-Nationalpark.

Die Wabanaki-Indianerstämme waren die ersten Bewohner dieser Region, Jäger und Fischer, die sich auch immer wieder im Landesinnern aufhielten. Forscher und Archäologen sind sich nicht ganz sicher, ob sie den Winter in geschützten Wäldern verbrachten oder den Sommer. Funde lassen beide Schlüsse zu. Vielleicht handelte es sich aber auch um zwei verschiedene Stämme. Ein französischer Seemann namens Samuel Champlain erforschte die Küste circa 1604 und kartografierte die Inseln. Er gab ihnen Namen und nahm sie für Frankreich in Besitz. 1688 überließ die französische Krone einem jungen Mann namens Antoine Laumet de la Mothe Sieur de Cadillac große Teile der Küste von Maine. Ehrgeizig und von Geschäftssinn beseelt, wollte Laumet die Region besiedeln, hatte damit aber keinen Erfolg. Im Acadia-Nationalpark erinnert der Name des Cadillac Mountain an den Abenteurer. Als Offizier der Armee zog er weiter und ließ 1701 das Fort Pontchartrain du Détroit errichten. Daraus entwickelte sich

Acadia-Nationalpark in Maine: Indian Summer

die Stadt Detroit. Der Autofabrikgründer Henry Leland nannte sein Werk ihm zu Ehren Cadillac und mit der Luxus-Limousine von General Motors lebt der Name weiter.

Nach 1760 wurde die Küstenregion britisch. Englische, schottische und irische Siedler bevölkerten zunehmend die fischreiche Gegend. Mount Desert Island allerdings wurde teilprivatisiert und bald nach der Gründung der Vereinigten Staaten waren der Sohn des Gouverneurs von Massachusetts und die Enkelin von Cadillac die Besitzer des größten Teils der Insel. Sie verkauften nun Grundstücke an reiche Leute aus weiter entfernten Großstädten, darunter auch die Familien Rockefeller, Ford, Astor und Vanderbilt, die sich dort lauschige Häuser bauen ließen. Es wurde schick, dort ein Cottage zu haben. Maler hatten zudem die Schönheiten der Inselwelt auf Leinwänden festgehalten, sodass schon Ende des 19. Jahrhunderts Tourismus eine wichtige Einnahmequelle der Einwohner war. Der Präsident der Harvard University, Charles Eliot, der schon viele Sommer auf der Insel verbracht hatte, setzte sich dafür ein, die Landschaft vor Abholzung und Kommerzialisierung zu retten. Das Land wurde einem Treuhandfonds übereignet, und 1919 schließlich unterzeichnete der Präsident die Urkunde für den neuen Nationalpark, den ersten im Osten des Landes. Den Namen Acadia führt der Park allerdings erst seit 1929. Da der Park auf Schenkungen beruht, wächst er weiter, aber noch immer existiert auch privater Besitz auf Mount Desert Island. Die Landschaft ist von sanften, bewaldeten Hügeln und nicht zu hohen Bergen geprägt. Dazwischen liegen kleine Seen und Wiesen, die Hirschen, Bibern und Wanderfalken Nahrung und Heimat bieten. Cadillac Mountain ist mit 466 Metern Höhe der höchste Berg des Parks und auch die höchste Erhebung der gesamten Ostküste. Auf dem ausgewiesenen Parkrundweg von 43 km Länge lassen sich im Osten der Insel die schönsten Landschaften erfahren. In den Wild Gardens of Acadia, dem botanischen Garten am Sieur de Monts Vistor Center bekommt man einen guten Überblick über die Pflanzenwelt der Region.

Nur eine Brücke führt auf die Insel, was im Sommer Staus mit sich bringt. Im Juli und August nutzen viele Bewohner von Maine und anderen Neuengland-Staaten die gut ausgebaute Infrastruktur des Nationalparks. Acadia gehörte auch 2013 mit mehr als 2.2 Millionen Besuchern zu den 10 meistbesuchten Nationalparks des Landes (Platz 9).

Florida: Everglades – Fluss aus Gras

Die Indianer gaben dem Gebiet südwestlich von Miami den Namen „Fluss aus Gras", denn dies ist nicht nur Marschland oder ein gigantischer Sumpf, oder womöglich ein See, sondern eine Landschaft, die durch einen unendlich langsam fließenden Fluss gebildet wird, der 16 Meter pro Stunde zurücklegt. Mit ihrer subtropischen Vegetation ist diese Region einzigartig auf dem nordamerikanischen Kontinent, und so verwundert es nicht, dass mehr als 6.200 km² der Everglades 1947 zum Nationalpark wurden; die UNESCO erklärte diese Gebiet als internationales Biosphärenreservat 1979 zum Weltkulturerbe. Als bedeutendes Migrationsgebiet für viele Zugvögel und artenreiches Feuchtgebiet sind die Everglades auch als Ramsar-Gebiet ausgewiesen. Das riesige Mündungsareal der vielen Wasserarme in den Golf von Mexiko ist als Mischwasser ungemein vielfältig; nur hier leben strikt das Salzwasser meidende Alligatoren und in Küstennähe anzutreffende Spitzkrokodile nah beieinander. Insgesamt kommen in den Everglades 800 verschiedene Arten von Land- und Wasserwirbeltieren vor, darunter 14 gefährdete Arten. Hier leben 40 Arten von Säugetieren, 400 verschiedene Vogelarten und 60 unterschiedliche Reptilien-, Amphibienarten sowie zahlreiche Insektenarten. Dazu kommen 275 bekannte Fischarten; Angeln ist im Nationalpark ein beliebter Sport.

Die Hauptsehenswürdigkeiten erstrecken sich entlang der Parkstraße von Florida City bis hinunter nach Flamingo. Daher bietet es sich an, den Parkbesuch über das Ernest F. Coe Visitor Centre in der Nähe von Florida City zu beginnen. In der Gegend um Royal Palm befindet sich der Anhinga Trail, ein hölzerner Steg auf Pfählen. Er bietet einen guten Ausblick auf viele Tiere wie Alligatoren, Wasserschildkröten und Reiher, die besonders in der Trockenzeit von Dezember bis April hierherkommen. Ebenfalls von Royal Palm geht der Gumbo Limbo Trail

Everglades: Ausflug im Airboat

ab. Dieser Pfad führt durch einen Wald aus *hammocks* mit Mahagonibäumen und Palmen. Hier leben bunte Baumschnecken, Schlangen, Echsen und tropische Spinnen. Von der Pahayokee-Aussichtsplattform wird ein besonders weiter Blick über die Sumpflandschaft mit ihren Grasarten geboten. Wenige Kilometer weiter führt ein weiterer Brettersteg namens Mahogany Hammock Trail durch das Feuchtgebiet. Hier stehen die größten Mahagonibäume der USA. Über den Mangrove Trail gelangt man zu vielen verschiedenen Mangrovenarten, rote und schwarze Vertreter sind bevorzugt hier beheimatet. Die Parkstraße endet schließlich in Flamingo an der äußersten Südspitze von Florida. Von hier starten jeden Tag mehrere Bootstouren durch die Mangrovenwälder. Gut 160 km ist der Wilderness Waterway bis Everglades City an der Westküste ausgewiesen; mit dem Kanu sollte man sieben Tage dafür einplanen.

Hoch und trocken gelegene Inselchen mit Bäumen darauf werden in den Everglades als „tropische Festholzerhebungen" oder *hammocks*, wörtlich „Hängematten", bezeichnet. Das Schutzgebiet ist der nördlichste Lebensraum für viele subtropische Pflanzen und gleichzeitig die südliche Barriere für die weitere Ausbreitung der Arten aus den gemäßigten Zonen. In den *hammocks* sind häufig Vertreter beider Klimazonen anzutreffen, zum Beispiel einerseits die zu den Mahagonigewächsen gehörende Swietenia (Swietenia mahogani) und andererseits die Virginia-Eiche (Southern Live Oak, Quercus virginiana).

Gegensätze vereint

Hoch und trocken gelegene Inselchen mit Bäumen darauf werden in den Everglades als „tropische Festholzerhebungen" oder *hammocks*, wörtlich „Hängematten", bezeichnet. Das Schutzgebiet ist der nördlichste Lebensraum für viele subtropische Pflanzen und gleichzeitig die südliche Barriere für die weitere Ausbreitung der Arten aus den gemäßigten Zonen. In den *hammocks* sind häufig Vertreter beider Klimazonen, wie zum Beispiel einerseits die zu den Mahagonigewächsen gehörende Swietenia (Swietenia mahogani), andererseits die Virginia-Eiche (*Southern Live Oak*, Quercus virginiana) anzutreffen.

USA-Lesebuch

Nationalparks im Südosten

Schwarzbären-Junge im Shenandoah-Nationalpark

Waldgebiete und Mittelgebirge kennzeichnen die Landschaften im Landesinneren der beiden Virginias, von Kentucky und Tennessee bis hinunter nach Alabama. Die Appalachen ziehen sich in mehreren Bergketten von Maine bis Georgia und Alabama hin. Der höchste Gipfel dort ist der 2.040 Meter hohe Mount Mitchell in North Carolina. Klimatisch gehört der Südosten in die Kategorie der feuchten Subtropenzonen, mit warmen bis heißen Sommern und vielen Niederschlägen über das ganze Jahr. Im mittleren Südosten sind die Winter im Durchschnitt ziemlich kalt, deshalb ist auch hier nach frühen Frösten buntes Laub in den großen Mischwaldgebieten zu finden.

Virginia: Shenandoah und Blue Ridge Parkway – endlose Wälder, herbstliche Farbenpracht

Bei der Behauptung, die Straße auf dem Kamm der Blue Ridge Mountains biete mehr Aussichtspunkte, als eine Kamera fassen könne, handelt es sich zwar um eine Aussage, die eindeutig vor dem digitalen Zeitalter gemacht wurde, aber wahr ist jedoch, dass der Skyline Drive von Norden nach Süden (oder umgekehrt) auf seinen knapp 170 km Länge eine Unmenge von schönen Ausblicken auf die Bergwelt ermöglicht. Besonders beliebt ist eine Fahrt auf der einzigen Straße im Shenandoah-Nationalpark im Oktober: Dann färben sich die Laubbäume gelb und rot und schaffen ein ungeheuer abwechslungsreiches Bild der sanften Hügel und Hochlandwiesen. Außerdem gibt es in regelmäßigen Abständen Restaurants und Campingplätze. Der Drive folgt den alten Pfaden der Indianer und frühen Siedler über die Bergrücken. Von den Aussichtspunkten gehen die meisten Wanderwege ab, auch sie folgen oft den überlieferten Durchlässen. Einzig der Appalachian Trail ist anders: Der bekannteste Fernwanderweg des Ostens verläuft auf der 163 km langen Marschroute innerhalb des Parks weitgehend parallel zum Skyline Drive. Berühmt gemacht haben den Trail die vielen Wanderclubs entlang der fast 3.500 km langen Wegstrecke von Georgia bis Maine, die guten Markierungen und vielen Berg- und Wanderhütten sowie Vorrichtungen zum Aufhängen der Lebensmittel in den Bäumen (zum Schutz vor Schwarzbären). Viele Wanderer gehen auf Tages- oder Wochenendtouren; die Strecke

NATUR

Herbstliche Höhen im Shenandoah-Nationalpark

durch den Shenandoah-Nationalpark gehört zu den einfacheren Abschnitten.

Die Blue Ridge Mountains sind Teil der Appalachen und erstrecken sich einige hundert Kilometer weiter Richtung Süden. Findige Verkehrsplaner kamen Anfang des 20. Jahrhunderts auf die Idee, eine Straße vom 1935 gegründeten Shenandoah-Schutzgebiet in Virginia zum Great Smoky Mountains National Park in North Carolina und Tennessee zu bauen: den 755 km langen Blue Ridge Parkway, der wunderbare Ausblicke auf „schroffe Berge und idyllische Landschaften" der Appalachen bietet.

Kentucky: Mammoth Cave, das längste unterirdische Höhlensystem der Welt

Man stelle sich die Strecke von Hamburg nach Stuttgart auf der E 45 vor. 655 km sind die beiden Orte voneinander entfernt. Fast ebenso lang erstrecken sich, mit mehr als 400 Meilen oder 643 km unter den Bergrücken von Süd-Kentucky, die Höhlen der Mammoth Cave, je-

Green River im Mammoth Cave National Park

denfalls der erforschte Teil des weltweit größten Höhlensystems. Es könnte noch länger und verzweigter sein. Die Wände dieses unglaublichen Labyrinths aus unterirdischen Wegen, Höhlen, Bächen und Flüssen bestehen aus Kalk- und Sandstein, eine Mischung, die diesem System große Stabilität verleiht.

Die Region des heutigen Kentucky war vor 350 Millionen Jahren ein seichtes Meer. Als der Wasserspiegel fiel, ließ es Sedimentschichten von Sandstein und Kalkstein zurück, die nun Teil des Landes waren. Das führte hier zu einzigartigen Bedingungen für die Bildung von Höhlenformationen: Unterirdische Flüsse schnitten Passagen in das Gestein und durch Wasserwirbel bildeten sich große Räume und treppenhausartige Schächte, die heute den Abstieg auf bis zu 120 Meter Tiefe ermöglichen.

1941 wurde das Gebiet des Nationalparks festgelegt, 21.000 Hektar über und unter der Erde. Nicht das ganze System ist zu besichtigen, aber die vielen angebotenen Höhlentouren zeigen die schönsten Räume mit ihren aus Tropfsteinen geformten Wänden. Oberirdisch führen Wanderwege durch den dichten Laubwald aus Schwarz- und Weiß-Eichen, Buchen, Pappeln und Hickory-Bäumen, zudem werden Flussfahrten auf dem Green River angeboten. Passionierte Kanuten und Angler können eine Ausrüstung ausleihen. Bei der „Violet City Lantern Tour" werden, im Unterschied zu den anderen Touren, Laternen zur Beleuchtung benutzt. Auf elektrisches Licht verzichtet man weitgehend. Diese Wanderung führt die Besucher zu den Behausungen für Tuberkulosekranke, die der damalige Besitzer der Mammoth Cave, der Arzt John Croghan 1841 dort bauen ließ: Er war davon überzeugt, dass die Luft in der Höhle die Kranken heilen würde, und so verbrachten 16 Menschen einige Jahre den Winter dort; allerdings ist ihre anschließende Genesung nicht überliefert.

Tausende von Fledermäusen bevölkerten einst die Höhlen und hinterließen dicke Schichten von Kot, der wegen seines hohen Salpeteranteils für die Schwarzpulver-Herstellung geeignet ist. So war die erste Höhle, in der Nähe des heutigen Haupteingangs gelegen, eine wichtige Salpeterquelle: Ein findiger Unternehmer brachte seine 70 Sklaven dorthin und verdiente gut als Lieferant für die amerikanische Armee, die sich 1812 im Krieg gegen Kanada befand. Gut 100 Jahre später zeichnete ein deutscher Ingenieur namens Max Kämper die erste akkurate Karte der damals bekannten Räume, was angesichts der vielen „Stockwerke" in einigen Abschnitten keine leichte Aufgabe war.

Mammoth Cave, ein gigantisches Höhlensystem

Zu dieser Zeit waren die Höhlen bereits ein beliebtes Ausflugsziel und daher für ihre privaten Besitzer eine lukrative Einnahmequelle. Kämper untersuchte die Höhlen weit über ihre damals bekannten Grenzen hinaus. Da die Besitzer kein Interesse an einer Veröffentlichung hatten, verschwand die Karte allerdings zunächst im Archiv. Heute ist sie im Visitor Center als Reproduktion zu kaufen.

North Carolina und Tennessee: Great Smoky Mountains – Wälder der Appalachen

Great Smoky Mountains

Der Nationalpark besteht aus Wald, das ist der erste und nachhaltigste Eindruck. Vorwiegend Laubwald, den es in dieser Bergwelt schon seit Urzeiten gibt. Aufgrund seiner überwältigenden Vielfalt an Pflanzen ist der Park zum internationalen Biosphärenreservat wie auch zum UNESCO-Welterbe erklärt worden. Ergänzend zur Natur hat der Park auch Geschichte im Portfolio: Die vielen Siedlerwohnstätten aus dem frühen 19. Jahrhundert, die hier nach der Bildung des Schutzgebiets (1934) restauriert wurden und erhalten sind. Der Großraum Atlanta befindet sich in der Nähe. So ist es kein Wunder, dass überall verkündet wird, der Great Smoky Mountains National Park sei der Park mit den meisten Besuchern, noch vor Grand Canyon und Yellowstone oder Yosemite. Da er aufgrund einer Schenkung der Rockefeller-Familie der einzige Nationalpark ist, in dem kein Eintritt verlangt wird, lassen sich die Besucherzahlen allerdings nicht auf regulärem Wege erfassen und beruhen wohl eher auf Schätzungen. Die umliegende, dicht besiedelte Region von Atlanta nutzt die Smokies auf jeden Fall als Naherholungsgebiet.

Man fährt auf der Süd-Nord-Achse hindurch, aber erst die Seitenstraßen führen zu den interessanteren Ecken, wie beispielsweise zum Cades Cove und zum Cataloochee Valley, einem einst dichter bewohnten und bebauten Ackerland der frühen Siedler. Neben den restaurierten Hütten und Häusern der Bauern aus den frühen 1820er Jahren sind hier auch Kirchen, Sägemühlen und Scheunen zu finden. Das weite, offene Tal von Cades Cove am Fuß der Berge ist zudem attraktiv für die stetig wachsenden Herden von Weißwedelhirschen (white-tailed deer) und die aus Europa eingeführten Rothirsche und Truthühner. Ein anderes beliebtes Ziel der 9 Millionen Besucher im Jahr ist der Aussichtspunkt Clingmans Dome auf immerhin 2.024 Metern Höhe, der zugleich der höchste Gipfel dieser Region ist. Biologische Vielfalt ist das Markenzeichen des Parks, auch wenn man von der Straße vorwiegend riesige Rhododendrenhecken wahrnimmt. Die über 2.000 km² in den südlichen Appalachen sollen 30 bis 80.000 verschiedene Tier- und Pflanzenarten beheimaten. Die Great Smoky Mountains gehören als Teil der Appalachen zu den ältesten Gebirgen der Welt: Man geht davon aus, dass sie vor 200 bis 300 Millionen Jahren entstanden sind. Die Gletscher der letzten Eiszeit vor circa 10.000

NATUR

Great Smoky Mountains: Früher Frost

Jahren gelangten nicht bis an die Smokies. Viele Tier- und Pflanzenarten konnten daher hier überleben und eine, in ihrer Größe und Vielfalt, einzigartige Lebensgemeinschaft bilden. Über 100 Arten von einheimischen Bäumen sind in diesem Park zu finden, mehr als in jedem anderen Nationalpark. Leider ist die Kanadische Hemlocktanne (Eastern oder Canadian Hemlock Tsuga canadensis) von einer aus Ostasien eingeschleppten Blattlausart befallen, die den Baum zum Absterben bringt. Mit Insektiziden und einem feindlichen Käfer versucht die Nationalparkbehörde Herr des Problems zu werden, denn die mehr als 50 Meter hohen Nadelbäume spielen eine ökologisch wichtige Rolle für die Abkühlung der Bergbäche im Sommer.

Der südliche Eingang des Nationalparks liegt im Gebiet der Cherokee-Indianer, die dieses Land Jahrtausende lang bewohnten. Heute ist ihnen nur noch ein kleiner Teil als Reservat verblieben.

Amerikanisches Klima

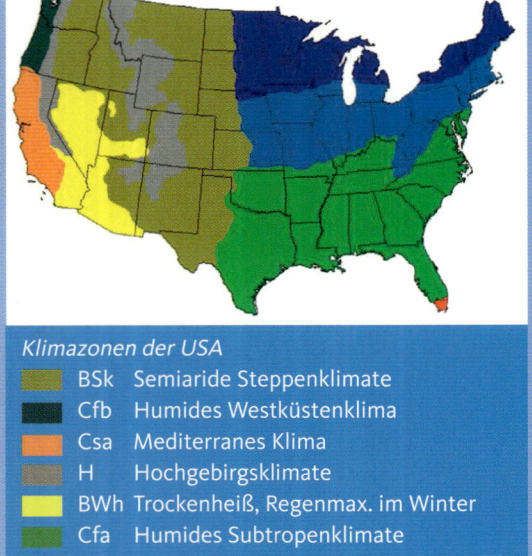

Klimazonen der USA
- BSk — Semiaride Steppenklimate
- Cfb — Humides Westküstenklima
- Csa — Mediterranes Klima
- H — Hochgebirgsklimate
- BWh — Trockenheiß, Regenmax. im Winter
- Cfa — Humides Subtropenklimate
- Dfa — Humides sommerwarmes Kontinentalkl.
- Bfa — Humides boreales Kontinentalklima
- Aw — Sommerfeuchtes Tropenklima

Das Klischee vom Land der unbegrenzten Möglichkeiten bewahrheitet sich zumindest beim Klima immer wieder aufs Neue. Die starke Nord-Süd-Ausdehnung des nordamerikanischen Kontinents und seiner Gebirge sorgt insbesondere in den USA, die sich vom 25. Bis zum 49. Breitengrad erstrecken, für häufige extreme Wetterereignisse. Der unter anderem dadurch bedingte freie Austausch zwischen arktisch-kalten und tropisch-subtropischen Luftmassen führt im Winter vor allem an der Ostküste regelmäßig zu Schneestürmen. Tropische Wirbelstürme in Hurrikanstärke treten insbesondere in den Monaten Juni bis November in Florida, am Golf von Mexiko und an der Südostküste auf, können mitunter aber auch in Neuengland schwere Schäden verursachen. Tornados, die sich beim Aufeinandertreffen polar-kontinentaler und tropisch-maritimer Luftmassen aus Gewitterwolken bilden, kommen am häufigsten in der östlichen Hälfte der USA vor. Während in den Gebieten nördlich der Great Plains im Osten der Rocky Mountains im Frühjahr regelmäßig Schmelzwasserüberschwemmungen auftreten, kommt es an der Westküste um die Weihnachtszeit herum aufgrund von Fernwirkungen des El-Niño-Phänomens – der Abschwächung der Passatwinde infolge einer Verschiebung der Windzonen – immer wieder zu starken Regenfällen, die zu großen Überschwemmungen führen.

Sowohl hinsichtlich der Opferzahlen als auch im Hinblick auf wirtschaftliche Schäden stellen Überflutungen in den Vereinigten Staaten statistisch betrachtet die folgenschwersten Wetterereignisse dar. So führten Überschwemmungen etwa in den Jahren 1975 bis 1998 zu fast 2.500 Todesopfern und zu Schäden von über 100 Milliarden US-Dollar. Im selben Zeitraum belief sich die durch Tornados verursachte Opferzahl auf rund 1.390 und der ökonomische Schaden auf rund 36 Milliarden Dollar, während Hurrikanschäden mit etwa 74,4 Milliarden Dollar zu Buche schlugen. Seit infolge der Einrichtung des National Hurricane Research Project im Jahr 1955 und der Gründung des National Hurricane Center 1965 in Florida ein effektives Warnsystems geschaffen wurde, ist die Zahl der Todesopfer durch Hurrikane in den USA verhältnismäßig gering. Im Jahr 2005, dem Jahr des Hurrikans Katrina, der als eine der schwerwiegendsten Naturkatastrophen in der Geschichte der USA gilt, lag die Opferzahl allerdings bei über 1.800 und die Schadensumme bei mehr als 100 Milliarden Dollar.

Arkansas: Hot Springs, der kleinste aller Parks

Die meisten Nationalparks erstrecken sich über Tausende von Hektar und sind weit entfernt von Städten, nicht aber Hot Springs: Der kleinste aller Nationalparks liegt direkt an der Grenze der gleichnamigen Stadt, die die Nutzung des mineralhaltigen Wassers der Quellen zum Geschäft gemacht hat. Der Mittelpunkt dieses besonderen Parks ist die Bathhouse Row an der Central Avenue von Hot Springs. Dahinter befindet sich der Hot Springs Mountain, aus dem die heißen Quellen sprudeln.

Schon in der Mitte des 19. Jahrhunderts entwickelte sich der kleine Ort zu einem beliebten Kurort. Wasserleitungen wurden in die Badehäuser gelegt, unwegsame, felsige Wege begradigt und Gärten konzipiert, die den Erholung und Gesundheit Suchenden höchsten Komfort bieten sollten. 1832 war der damalige Präsident Andrew Jackson bereit, dem Berg mit den 47 Quellen einen besonderen Status zu verleihen, sodass sie zwar kommerziell genutzt, aber nicht zerstört werden durften. Der seit 1921 ausgewiesene Nationalpark schützt das Gebiet des Bergs mit den porösen Kalksteinfelsen (tufa). Dort niedergehender und versickernder Niederschlag wird unterirdisch durch hydrothermale Aktivitäten erhitzt, und ein oder zwei Jahre später tritt das Wasser als heiße Quelle von immerhin 61,6 °C (143 F) wieder aus. Anschließend gelangt das meiste Wasser der täglich 2,7 Millionen Liter in die Wasserleitungen. Aber auch offene Brunnen werden damit gespeist, an denen sich jeder das geruchlose und von Chemikalien freie Wasser schöpfen kann. Außerhalb der „Badehaus-Straße" bietet der nur knapp 22 km² große Park in erster Linie Wald. In der hügeligen Landschaft sind vorzugsweise Eichen, Hickory-Bäume und Kiefern (Shortleaf Pine) anzutreffen. Der Tufa Terrace Trail führt von der Hot Water Cascade aus an vielen Quellen vorbei; allerdings sind diese mittlerweile durch kleine Häuschen geschützt, nachdem frühere Besucher auf die Idee gekommen waren, ihr Essen im heißen Wasser zu kochen. Die Open Springs befinden sich – wie der Name sagt – in einem offenen Bassin, und man darf sogar die Hände eintauchen.

Mit dem langgestreckten und weit verzweigten Hamilton Lake auf der südlichen Seite des Städtchens hat sich Hot Springs zu einem beliebten Ferienort entwickelt, der besonders im Sommer sehr gut besucht ist.

Hot Springs: Heiße Quellen und historische Bäderarchitektur

Hot Springs: Das Fordyce-Badehaus

Die Seenplatte

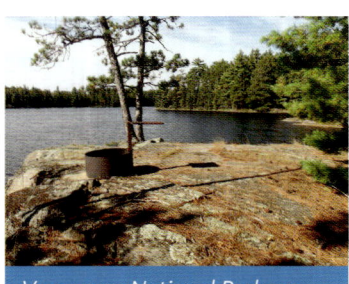

Voyageurs National Park: an einem Ufer der unzähligen Seen

Die kanadische Seenplatte von Ontario findet im Norden von Minnesota ihren Abschluss; die sogenannten Großen Seen wie Lake Superior, Michigan Lake sowie Lake Huron und Lake Ontario liegen weiter östlich. Verhältnismäßig klein gegen diese Süßwassermeere sind die vier im Voyageurs-Nationalpark liegenden Seen: Rainy, Kabetogama, Namakan und Sand Point, die durch zahllose Wasserwege verbunden sind. In den Sommermonaten Juli und August fällt hier der meiste Regen, starke Gewitter und Unwetter sind nicht untypisch. Feuchtes, sommerwarmes Kontinentalklima kennzeichnet diese Region des Mittleren Westens, wobei der Norden an der Grenze eher gemäßigt und weniger feucht ist. Große Temperaturschwankungen durch den Einfluss kalter Luftströmungen aus dem Norden sind im Herbst und Winter zu verzeichnen, was wiederum zu Stürmen wie Blizzards führen kann.

Minnesota: Voyageurs – Inselwelt auf 30 Seen an der kanadischen Grenze

Vielleicht wirkt er unzugänglich oder er liegt einfach zu weit abseits von den üblichen Routen der Touristen: Der Voyageurs-Nationalpark im Norden von Minnesota an der kanadischen Grenze, ist ein nur wenig besuchtes Gebiet. Er gilt als das Dorado für Kanuten und Kajaker, schließlich besteht er zu 40 % aus Gewässern. Nur per Boot sind die meisten der rund 200 Campingplätze im 882 km² großen Schutzgebiet zu erreichen. Der nördliche Rand ist gleichzeitig die Grenze zu Kanada. Sie folgt dem Verlauf der Route, die die französischen Pelzhändler im 18. und frühen 19. Jahrhundert nahmen, um von Kanadas Nordwesten nach Montreal zu gelangen, wobei sie 16 Stunden am Tag paddelten. Inzwischen sind auch Motorboote erlaubt und motorisierte Hausboote sind für manche Ausflügler das geeignete Transportmittel, um mit Freunden und Familie die Seenlandschaft zu erkunden. Neben Wassersportlern sind Angler Fans des Gebiets; mit Genehmigung können hier Glasaugen- und andere Barsche sowie Hechte gefangen werden. Vom Wasser aus lassen sich Otterfamilien und Weißkopfseeadler beobachten, und mit etwas Glück sind auch die dort heimischen Orchideenarten zu entdecken. Größere zusammenhängende Partien

Seenplatte an der kanadischen Grenze: Voyageurs National Park

dieser Region werden von Wald bedeckt. Hier leben Balsam-Tannen und Hemlocktannen, zwischen denen Weißwedelhirsche, Elche, Stachelschweine, Vielfraße und auch Wölfe und Kojoten ihr Auskommen finden. Schwarzbären sind im Schutzgebiet ebenfalls anzutreffen. Da sie sehr gut schwimmen können, ist die Begegnung mit einem Boot durchaus wahrscheinlich.

Die aktiven Menschen dieser doch recht wenig bevölkerten Region sind im Winter besonders gern auf den zugefrorenen Seen und Tümpeln unterwegs. Vom Besucherzentrum am Rainy Lake aus Schneemobil zu fahren und auf Langlaufskiern oder Schneeschuhen unterwegs zu sein ist eine beliebte Tagesbeschäftigung in der kalten Jahreszeit. Sogar eine Eisstraße für Autos ist ausgewiesen – entsprechende Temperaturen vorausgesetzt.

Gebiet der Rocky Mountains

Red Columbine, eine im Westen der USA häufige, mit unserer Akelei verwandte Pflanze

Die Gebirgszüge der Rocky Mountains sind, mit geologischem Maßstab betrachtet, noch ziemlich jung. Vor circa 70 bis 40 Millionen Jahren wurden zum dritten Mal in der Erdgeschichte des nordamerikanischen Kontinents Berge aufgefaltet, Täler und Hochebenen geschaffen. Die letzte Eiszeit tat ein Übriges: Die geschmolzenen Gletscher hinterließen Bergseen, Moränen und Canyons. Mit einer Höhe von über 4.000 Metern finden sich einige Gipfel in Colorado und in Wyoming, im Durchschnitt sind die Berge zwischen 2.000 und 3.000 Meter hoch. Die Vegetation dieser Bergregion ist zweigeteilt: Das eher feuchte, aber gemäßigte Klima auf der Westseite ermöglicht es den riesigen Zedern und Hemlocktannen, die sonst nur an der Pazifikküste vorkommen, auch hier zu wachsen. Mitten durch die Rockys verläuft die Wasserscheide des Kontinents. Auf ihrer Ostseite fällt nur sehr wenig Regen, aber entscheidend für die Flora sind die ausdörrenden, warmen Fallwinde, die sogenannten Chinooks. Hier gedeihen Küsten-Kiefern (Lodgepole Pine) und Douglasien (Douglas Spruce) am besten, auch Amerikanische Zitterpappeln (Quaking Aspen) und Felsengebirgs-Lärchen (Alpine Larch) bereichern die Vielfalt von immerhin über 1.000 verschiedenen Pflanzen.

Colorado: Die Rocky Mountains – mit der am höchsten gelegenen Straße in den USA

„Von den schrecklichen zu den schönen und erhabenen Bergen". So betitelte der Konstanzer Historiker Dieter Groh seinen Aufsatz zur Entwicklung der Faszination für die Bergwelt im 18. und 19. Jahrhundert. Angsteinflößend, bedrohlich und gleichzeitig faszinierend und herausfordernd, so stellten sich noch vor nicht allzu langer Zeit Gebirge für die meisten Menschen dar. Inzwischen sind die Berge gezähmt, alle hohen Gipfel der Welt sind bezwungen, die nicht so spektakulären sind mithilfe von Seilbahnen und Wanderwegen erreichbar geworden. Aber anders als in den überlaufenen Alpen sind in den Rocky Mountains noch jede Menge unwegsamer Regionen nicht erschlossen. Um den Zugang zur Bergwelt und der Natur dort nicht dem Kommerz zu überlassen, wurden schon 1915 circa 1.100 km² der östlichen Ausläufer der Rockies in Colorado unter Schutz gestellt. Nirgendwo

NATUR

Rocky Mountain National Park: The Loch

sonst kann ein Besucher so viel alpine Landschaft so einfach zu sehen bekommen. Der sicherlich bequemste Weg dafür ist die am höchsten gelegene Straße der USA: Die Trail Ridge Road von Estes Park im Osten nach Granby ist ein Abschnitt des zwischen 1926 und 32 gebauten Highway Nr. 34. Dort kann selbst im Juni noch viel Schnee liegen, deshalb ist die Straße von Oktober bis Mitte Mai (wetterabhängig) gesperrt. Offiziell beginnt der Scenic Highway am Kawuneeche Visitor Center am Grand Lake im Südwesten bzw. nach der Vereinigung der Straßen 34 und 36 am West Horseshoe Park unweit von Este. Auf fast 3.000 Metern Höhe verläuft diese Route bis zur Kontinentalen Wasserscheide (Continental Divide). Sie ist auf der Bergseite bis in den Sommer hinein meist von meterhohen Schneewänden gesäumt. Am höchsten ist der Highway von Westen kommend kurz vor dem Alpine Visitor Center: Dort werden 3.713 Meter erreicht. Im Besucherzentrum mehr Sauerstoff atmen zu können ist allerdings eine Illusion, es liegt mit 3.595 Metern Höhe nur gut 100 Meter tiefer.

> **Rennen zu den Wolken**
>
> Das „Race to the Clouds" im Roxky Mountain National Park ist das höchstgelegene und zweitälteste Motorsportrennen weltweit. Es startet am Pikes Peak (in der Nähe von Colorado Springs) in 2.866 Metern Höhe und führt am Ziel sogar auf 4.300 Meter hinauf. Die offizielle Bezeichnung des Rennens lautet: Pikes Peak International Hill Climb (PPIHC). Das Rennen wurde 1916 zum ersten Mal ausgetragen, um die als Touristenattraktion erbaute Straße zum Gipfel des Pikes Peak bekannt zu machen. Früher fand das Rennen am 4. Juli, dem Unabhängigkeitstag der USA (Independence Day) statt. Seit 2010 werden die Rennen am letzten Juni-Wochenende ausgetragen. Die Streckenlänge beträgt 19,99 Kilometer (12,42 Meilen) mit 156 Kurven. (www.ppihc.com/)

Selbst ungeübte Wanderer haben in diesem Nationalpark Gelegenheit, mal einen Dreitausender zu besteigen. Vom Bear Lake aus ist ein Wanderweg zum Flattop Mountain ausgewiesen: Circa 3,5 km Entfernung und 1.000 Höhenmeter sind zu bewältigen, dann ist der Gipfel auf 3.756 Metern Höhe erreicht. Innehalten ist bei dieser Wanderung nicht nur wegen des Luftholens empfohlen, sondern auch wegen der – bei guter Sicht – großartigen Ausblicke auf andere Gipfel, von Gletschern gebildete Täler und kleine Seen. Wie der Name schon sagt, hat der Flattop Mountain keinen spitzen Gipfel, sondern wartet mit einer relativ ebenen Hochfläche als erklärtem höchstem Punkt auf. Man befindet sich hier oberhalb der Baumgrenze. Die Pflanzen haben sich dem harschen Klima der alpinen Tundra angepasst, und so bedecken nicht nur Flechten und Moose die Felsen, sondern es finden sich auch blühende Gewächse wie Berufkräuter und andere Korbblütler, Vergissmeinnicht, Wiesenknöteriche oder Habichtskräuter.

Colorado: Grand Sand Dunes – die höchsten Dünen der USA

Sanddünen: Dabei fällt einem in der Regel als erstes ein Meer, eine Küste ein, aber es gibt sie auch fast in der Mitte des Kontinents, und das in beeindruckendem Ausmaß. Sie entstanden vor circa 12.000 Jahren in einem bis zu 60 km breiten Becken zwischen den Gebirgen Sangre de Cristo und San Juan im Südosten von Colorado. Fast 80 km² Fläche sind mit den welligen Sandmassen bedeckt. Die höchste Düne weist stolze 230 Meter auf, aber auch die sogenannte High Dune mit 213 Metern Höhe ist noch schwer zu erklettern. Dieses ungewöhnliche geologische Phänomen ist durch Sandablagerungen des Rio Grande und seiner Nebenflüsse entstanden. Über Jahrtausende haben westliche Winde die Sandkörner von den Ufern durch das Tal getragen und am Fuß der schroffen Sangre de Cristo Range abgelagert. Windgeschwindigkeiten von mehr als 67 km pro Stunde verändern die Dünenlandschaft kontinuierlich, aber die hohen Dünen bleiben in ihrer Form relativ konstant. Das liegt nach Meinung der Geologen an einem besonderen Phänomen: Der vorherrschend aus Südwesten wehende Wind treibt den Sand Richtung Berge, aber der gelegentlich auftretende Nordost-Wind bringt die Sandberge wieder in ihre alte Form zurück. Zudem schaffen es die Winde nicht mehr, die Sandkörner durch

NATUR

Great Sand Dunes National Park am Fuß des Felsengebirges

den ganzen Park zu wehen, da die Dünen das Wasser der Bäche am San Luis Valley in sich aufnehmen und so schwerer werden. Da durch eine Austrocknung der Bäche auch ein Verschwinden der Dünen nicht ausgeschlossen ist, war die Sicherstellung der Wasserversorgung ein wichtiger Grund für die Einrichtung des heutigen Schutzgebietes rund um die Great Sand Dunes. Zunächst wurden sie 1932 zum National Monument erklärt. Im Laufe der Zeit wurde klar, dass die Dünen mehr Schutz brauchen. So erweiterte man das Gebiet und erklärte es 2004 zum Nationalpark mit den höchsten Auflagen für Wasserschutz auf einer Fläche von 433 km². Die Vielfalt der Ökosysteme in diesem Park sucht ihresgleichen: Neben den Dünen sind hier alpine Seen und Bäche, die baumlose Tundra-Landschaft der Viertausender, Sümpfe und Marschgebiete zu finden, jedes System mit spezifischer Vegetation und eigenem Mikroklima.

Neben der Herausforderung die Sandberge zu besteigen, kommen viele junge Leute in den Park, um die Dünen mit ihren Brettern hinabzufahren. Sandboarding ist längst ein beliebter Sport, aber der Park ist nicht überlaufen und so findet noch jeder seinen Spot.

Montana: Glacier – Gletscher im Schwinden

Es sind immer besonders aktive Menschen gewesen, die in den Anfangszeiten der Nationalpark-Bewegung ihr Anliegen, eine Region zu einem Schutzgebiet erklären zu lassen, mit langem Atem, Überzeugungskraft und vielen guten Verbindungen in die Tat umzusetzen wussten. 1910 wurde die Urkunde für den Glacier-Nationalpark unterschrieben, nach langen Jahren der Lobbyarbeit durch den Zoologen Dr. George Bird Grinnell. Grinnell hatte sich mit Büchern über die Indianerstämme des Westens und mit Aufrufen zum Schutz der fast ausgerotteten Bisons einen Namen gemacht. Lebten in den 1830er Jahren noch geschätzte 30 Millionen Tiere in den Great Plains, die die Grundlage für Ernährung und Kultur der Prärie-Indianer waren, so wurden sie mit dem Bau der Eisenbahn fast vernichtet. Zunächst zur Versorgung der Eisenbahnarbeiter massenhaft geschossen, wurden sie bald Opfer eines durch die Eisenbahn ermöglichten Jagdtourismus. 1894 lebten in den Vereinigten Staaten nur noch rund 200 Bisons in freier Wildbahn; ihr Zufluchtsort war der Yellowstone-Nationalpark. Durch politische Lobbyarbeit konnte erreicht werden, dass die Armee im Yellowstone-Park stärker gegen Wilderer vorging und sich so die Population wieder erholte. Der Einsatz für das Berggebiet im Norden Montanas ging mit Grinnels Interesse an den dort lebenden Schwarzfuß-Indianern einher. Sie kämpften um den Erhalt ihres Reservats gegen den Abbau der dort vermuteten Bodenschätze. Das Indianergebiet wurde zwar verkleinert, aber Grinnel konnte den Bergbau verhindern und zunächst ein Waldschutzgebiet ausweisen lassen. Zur Erinnerung an den Naturschützer tragen jetzt ein Berg, zwei Seen und ein Gletscher seinen Namen.

Weitgehend unberührte Wälder, ziemlich schroffe Berge und wunderschöne, kristallklare Bergseen sind die landschaftlichen Highlights des Schutzgebiets. 1850 gab es auf dem Areal des heutigen Parks noch etwa 150 Gletscher, heute wird mit ihnen keine Werbung mehr gemacht, denn sie sind auf dem Rückzug. Nach offiziellen Angaben wird geschätzt, dass 2030 kein Gletscher mehr vorhanden sein wird. Die Größe der heute noch existierenden Eiszungen beläuft sich auf nur noch etwa ein Drittel des damaligen Umfangs. Aber die Verwaltungen des Glacier-Nationalparks und des auf der kanadischen Seite angrenzenden Waterton Lakes National Park – beide 1932 als Waterton-Glacier International Peace Park vereint und 1995 zusam-

---

Baudenkmäler im Glacier-Nationalpark

Sechs der um die vorletzte Jahrhundertwende gebauten Gebäude stehen unter Denkmalschutz. Dazu gehören die Lake McDonald Lodge, das Many Glacier Hotel (s. Foto rechts), das Sperry Chalet, das Granite Park Chalet sowie die Two Medicine Dining Hall und der Store. Alle Häuser wurden von der Great Northern Railway errichtet und gelten als historisch bedeutend, weil sie in besonderem Maße einen Aspekt amerikanischer Geschichte aufzeigen. Die weiße Mittel- und Oberschicht wollte in die unbekannte Natur reisen, dabei aber auf den gewohnten Komfort nicht verzichten. Ein wenig rustikal durfte es sein. Für die sogenannte Chalet-Stil-Architektur sind diese Gebäude sehenswerte Beispiele.

Glacier National Park: Many Glacier Hotel

men zum Weltnaturerbe erklärt – machten aus der Not eine Tugend und unterstützen seit einigen Jahren Forschungen zum Klimawandel. Als Reisender kann man anhand der Fotografien in den großen Hotels und den Besucherzentren entlang der 85 km langen Going-to-the-Sun Road die Veränderungen nachvollziehen. Die 1939 mitten durch den Park gebaute Straße führt über den Logan Pass auf 2.025 Meter Höhe. Sie ist allerdings meist von Mitte September bis Mai wegen der starken Schneefälle gesperrt. Der höchste Punkt des Parks ist der Mount Cleveland mit 3.190 Metern im Norden, der tiefste Punkt liegt mit 960 Metern am Zusammenfluss der Abzweigungen North Fork und Middle Fork zum Flathead River, nahe dem Westeingang des Parks mit dem Hauptsitz der Verwaltung. Schon zum Ende des 19. Jahrhunderts baute die Eisenbahngesellschaft Great Northern Railway Hotels und Skihütten in den Bergen; Wandern, Bergsteigen und Bootfahren war als Ferienbeschäftigung unter Wohlhabenden angesagt.

Die schmelzenden Gletscher sind nicht die einzigen Veränderungen, die die Landschaft nachhaltig prägen. Auch große Waldbrände schlagen immer wieder Schneisen in die schier undurchdringlich wirkenden Dickichte und lassen plötzlich freie Flächen und damit

Yellowstone-Nationalpark: der bis zu 60 m hohe Geysir Old Faithfull

Durch- und Einblicke entstehen. Für die Regeneration der Wälder ist das Feuer unerlässlich, wie die Ranger erläutern: Manche Baumarten wie die Küsten-Kiefer benötigen zum Öffnen ihrer Zapfen Hitze von mehr als 45 °C, da kann ein Brand sehr hilfreich sein. Die Vegetation dieser Bergregion ist durch die Kontinentale Wasserscheide zweigeteilt; wie an der Pazifikküste finden sich im Westen Mischwälder aus Riesen-Lebensbäumen (Western Red Cedar) und Hemlocktannen. Die Berge halten den Regen ab und so gibt es auf der Ostseite nur wenige Niederschläge, dafür mehr ausdörrende, warme Chinook-Winde. Dieses Wetter begünstigt vor allem das Wachstum von Küsten-Kiefern und Douglasien; Amerikanische Zitterpappeln und Felsengebirgs-Lärchen sind weitere für diese Region typische Bäume. Mehr als 1.000 Pflanzenarten sind hier heimisch, und so sorgte die UNESCO 1976 für den erweiterten Schutz dieses sensiblen Ökosystems, indem sie den Park als Weltbiosphärenreservat auswies. Zudem bietet der gigantische Nationalpark mit seinen 4.100 km² ausreichend Platz für Grizzlys, Schwarzbären, Wölfe, Kanadische Luchse, Pumas, Schneeziegen, Dickhornschafe und verschiedene Hirscharten. Neben Weißwedelhirschen, Wapitis und Maultierhirschen lassen sich an den Kootenai Lakes auch Elche aus der Ferne beobachten.

Wyoming: Yellowstone – unter den Geysiren und Fumarolen rumort ein Supervulkan

Offenbar hat sich Regisseur Roland Emmerich für seinen Weltuntergangsfilm „2012" von Yellowstone inspirieren lassen. Neben den vielen Erdbeben an der kalifornischen Küste bricht in seiner Fiktion im Nationalpark der unterirdische Supervulkan aus, mit verheerenden Folgen. Es gibt ihn wirklich: In circa 8 km Tiefe befindet sich eine gigantische Magmakammer von fast 60 km Länge und 35 km Breite, die sich zudem aus einem 640 km langen Schlauch mit mehr als 1.000 °C heißem Magma speist. Aber bevor der Vulkan ausbricht – was nach Expertenmeinungen erst in einigen 10.000 Jahren passieren wird – bringen größere und kleinere Erdbeben den auf über 2.000 Metern Höhe gelegenen Park immer wieder in Bewegung und verändern teilweise die Landschaft. Erst Ende März 2014 kam es wieder zu einem Beben der Stärke 4,8 auf der nach oben offenen Richterskala. Größere Schäden wurden nicht verzeichnet. Erderschütterungen sind im Yel-

Yellowstone-Nationalpark: Grand Prismatic Spring

lowstone-Nationalpark keine Seltenheit. Von bis zu 3.000 Beben pro Jahr gehen die Beobachter aus, die letzten heftigeren fanden 1959 und 1980 statt.

Rund 9.000 km² des Nationalparks liegen in Wyoming, kleinere Teile in Montana und Idaho. Etwa drei Millionen Menschen besuchen den Park jedes Jahr, meist im Juli und August, um dampfende Geysire, heiße Quellen und freilebende Bisons zu bestaunen. Gut 50 % sämtlicher weltweit existierenden heißen Quellen liegen im Yellowstone-Gebiet, insgesamt etwa 10.000, davon allein 300 Geysire.

Der Yellowstone-Nationalpark ist der „Großvater" aller Parks, mit seiner Gründung 1872 wurde erstmals der Gedanke von geschützter Natur zum Wohle der Menschen in eine präsidiale Verordnung gegossen. Gegen die Interessen von Goldsuchern, Sägemühlenbesitzern, Jägern und Pelztierhändlern, vordringenden Siedlern und dort jagenden und lebenden Shoshonen-Indianern sollte ein Gebiet geschützt werden, von dessen Existenz im Osten der USA bis in die Mitte des 19. Jahrhunderts noch niemand etwas gewusst hatte. Aber die Berichte und Bilder der Forschungsexpeditionen stießen auf reges Interesse in

Yellowstone-Nationalpark: Bison-Herde vor dem Electric Peak

Respekt vor Bisons und Bären

Noch vor mehreren Jahrzehnten war es durchaus üblich, dass die Ranger Futter an zentralen Stellen platzierten und damit Bären anlockten, sodass die Besucher die wilden Tiere aus nächster Nähe beobachten konnten. Sogar aus der Hand ließen sie die Tiere fressen, Fotos zeugen von diesem heute absolut nicht mehr akzeptierten Verhalten. Denn infolgedessen verlernten die Tiere die Nahrungssuche, wurden aggressiv und zur Bedrohung für Menschen. Auch die Bisons bekamen im Winter Heu gebracht, man war der Meinung, dass sie im tiefen Schnee nicht genug Nahrung finden könnten. Beide Tierarten sind inzwischen auf sich selbst gestellt, offenbar durchaus imstande sich zu ernähren, und ganz im Gegensatz zu früher wird jetzt auf einem Sicherheitsabstand von mindestens 100 Yards (91 Metern) bestanden, selbst für Fotos. Bisons wandern auf der Suche nach Futter im Winter gern in die niedriger gelegenen Ebenen von Süd-Montana und kommen damit den Ranchern dort ins Gehege. Sie werden dann im Frühjahr zurück in den Park getrieben und genießen wieder das Privileg, auf Tausenden von Fotos verewigt zu werden.

Yellostone: Ein Grizzly am Kadaver eines Bisons

den Atlantikstaaten. Diese ungewöhnlichen Landschaften wollten die Menschen sehen und nicht von Bergbau und Viehzucht verunstaltet wissen. So wurde die neue Idee eines Schutzgebiets recht zügig in die Tat umgesetzt. Die Northern Pacific Railway baute umgehend eine Strecke nach Cinnabar in Süd-Montana, im Jahr 1903 dann bis Gardiner am Nordeingang des Parks. Andere Gesellschaften bedienten den Westen, Osten und Süden dieses unwegsamen Berggebiets, sodass die Besucher aus allen Teilen des Landes anreisen konnten. Zum Schutz der Tiere vor Jägern, die die neuen Bestimmungen offenbar nicht kannten oder schlicht ignorierten, wurde schließlich ein Trupp des Militärs eingesetzt. Die ehemaligen Kasernen befinden sich noch heute in Mammoth Springs. Aber erst die Einrichtung einer nationalen Behörde 1916 trug dazu bei, Richtlinien für die Verwaltung, die Instandhaltung und die Nutzung von Nationalparks aufzubauen und tatsächlich der Wilderei Einhalt zu gebieten. Die Wölfe im Yellowstone-Gebiet schossen die Park-Ranger am Anfang noch selbst, später organisierten sie Jagden; die Raubtiere stellten schließlich eine Gefahr für Hirsche und Bisons dar. Erst seit 1995 leben wieder Wölfe dort. Die Population soll mittlerweile auf 300 Tiere angestiegen sein. Yellowstone bietet Gelegenheit, alle Tierarten der Hochgebirge kennenzulernen; der Park ist zudem Rückzugsgebiet für selten gewordene Tierarten wie dem Ga-

Indian Paintbrush, die Staatsblume von Wyoming

belbock. In den tiefer gelegenen Gebieten sind Maultierhirsche, Pumas und Rotluchse heimisch, in den höheren Lagen Dickhornschafe und Schneeziegen. Die riesigen Wapiti-Hirsche finden sich vor allem in der Region um Mammoth Hot Springs. Ohne Angst vor Menschen knabbern sie die Büsche an und reiben sich an grobborkigen Bäumen. Weitere Säugetiere des Parks sind Elche, Schwarzbären, Fledermäuse und im Hinterland Grizzlybären und Kojoten. Streifenhörnchen (Chipmunks) und Grauhörnchen laufen überall herum, Silberdachse, Biber, Murmeltiere, Stachelschweine und Bisamratten halten sich lieber von Menschen (und Autos) fern.

1976 erhielt der Yellowstone-Nationalpark den Status eines Internationalen Biosphärenreservats und 1978 wurde er von der UNESCO zum Weltnaturerbe erhoben.

Teton: In Jackson Hole trifft sich die Bankwelt

Abseits vom Trubel der weltwichtigsten Börsenstädte New York, London, Frankfurt oder Tokio hat sich das jährliche Treffen der Banker am Fuß der Teton Range zu einer wichtigen Institution des Austausches und des Networkings entwickelt. Gemeinsam mit Akademikern und Wirtschaftsbossen werden Konzepte diskutiert; der Chef der amerikanischen Notenbank nimmt üblicherweise ebenso an dem Symposium teil, wie der der Europäischen Zentralbank. Die Möglichkeit, auch im August fliegenfischen zu können, soll 1982 den Ausschlag für die Wahl von Jackson Hole gegeben haben: Dort herrschen auch zu dieser Jahreszeit nur Temperaturen um 20 °C, das Wasser des Snake River ist noch kühler.

Grand Teton – Viertausender und das Tal des Snake River

Auch Jahrzehnte nach der Einrichtung eines Nationalparks im Yellowstone-Gebiet galt die Hochebene unterhalb des gewaltigen Bergmassivs der Teton-Dreitausender nicht als schützenswert. Das fruchtbare Gebiet wurde für Landwirtschaft und Viehzucht genutzt, der das Tal durchziehende Snake River bot Anglern reichhaltige Beute, und die großen Hirschherden waren leichte Ziele für Jäger. Ein wenig Schutz brachte 1897 die Einrichtung als Teton Forest Reserve, wodurch zumindest der Abholzung Einhalt geboten wurde. 1929 erhielten die Teton Mountains und sechs Gletscherseen schließlich den Status eines Nationalparks. Mithilfe des Unternehmers und Philanthropen John D. Rockefeller II. konnte das Gebiet vergrößert werden, und 1950 wurde der Schutz schließlich auf das heutige Areal mit einer Größe von 1.250 km² ausgedehnt.

Der gleich südlich vom Yellowstone gelegene Grand Teton National Park hat keine heißen Quellen zu bieten, dafür wartet er mit einem faszinierenden Gegensatz an Landschaften auf. Ohne Vorberge steigen die imponierenden steilen Felsen der höchsten Berge fast senkrecht in die Höhe. Die beiden wunderschönen Bergseen Jenny Lake und Jackson Lake am Fuß der schneebedeckten Gipfel sind von subalpinen Bäumen wie Weißstämmigen Kiefern (Whitebark Pine), Biegsamen Kiefern (Limber Pine) und Amerikanischen Zitterpappeln umrahmt.

The Tetons and the Snake River, fotografiert 1942 von Ansel Adams, der als einer der bedeutendsten amerikanischen Fotografen gilt

Unter den Pflanzen ist allerdings der Wüsten-Beifuß (Sagebrush) besonders auffällig, der große Flächen des Tals bedeckt. Die dem Salbei ähnliche Pflanze ist Nahrungsgrundlage für Gabelböcke, Maultierhirsche und Felsengebirgshühner (Dusky Grouse). Sie gedeiht auch in trockeneren Gebieten und Halbwüsten und ist daher auch die Nationalpflanze von Nevada.

In großen Schleifen durchzieht der Snake River das Hochplateau von Jackson Hole. Von dem großartigen Panorama der über 3.000 Meter hohen Gipfel der Teton Range sind nicht nur Fotografen immer wieder tief beeindruckt. Der Namensgeber für den Park, der Grand Teton, ist sogar herausfordernde 4.197 Meter hoch.

Da die Hochebene tatsächlich ziemlich flach ist, ist neben Wandern auch Fahrradfahren zu einem beliebten Sport geworden. Auf diese Weise lassen sich die unterschiedlichen Aussichtspunkte zur Wildtierbeobachtung schneller als zu Fuß erschließen, und besonders zur Hauptreisezeit im Sommer kommt man teilweise schneller voran als mit dem Auto.

Das Colorado Plateau

Rote, flachlagernde Gesteine sind das Kennzeichen des Colorado-Plateaus

Das Colorado-Plateau ist eine hoch gelegene Halbwüste knapp von der Größe Deutschlands, deren Zentrum ungefähr das Vierländereck von Arizona, New Mexico, Utah und Colorado bildet. Charakteristisch für seine Landschaft sind meist flach lagernde und in allen Rot- und Gelbtönen leuchtende Sand- und Tonsteinschichten, die durch Erosion eine Vielzahl von Formen erhalten haben: Terrassen, Tafelberge, Felsnadeln, Dome und Steinbögen sind nur einige der Merkmale, die den Reiz des Gebietes ausmachen. Dort, wo die Berge hoch genug sind, um Steigungsregen niedergehen zu lassen, gedeihen dichte Nadel- und Pappelwälder nur wenige Kilometer entfernt von kahlen und staubigen Niederungen. Unzählige Canyons zerschneiden die Landschaft, der tiefste wurde vom Colorado River gefräst, der rund 90 Prozent des Plateaus entwässert: Wie eine Lebensader durchschlängelt der mit grünen Büschen gesäumte Fluss das „Land der roten Felsen" (Red Rock Country) bis er westlich des Grand Canyon, des spektakulärsten Teils seiner Reise, das Colorado Plateau verlässt. Das Plateau hat die größte Konzentration von Nationalparks in den USA.

Colorado: Mesa Verde, bedeutende archäologische Fundstellen von Felsdörfern

Utah-Wacholder (Utah Juniper), ein Zypressengewächs, und kleinwüchsige Kiefern (Colorado pinyon) bedecken den größten Teil des im Südwesten von Colorado liegenden Nationalparks. Der Tafelberg Mesa Verde befindet sich in der Übergangsszone zwischen dem trockenen Buschland und dem alpinen Wald der Rocky Mountains. Aber das eigentlich Bedeutsame dieses schon 1906 ausgewiesenen Schutzgebiets sind die archäologischen Fundstätten an den Klippen von Chapin Mesa und Wetherill Mesa. Die von den Pueblo-Indianern Anasazi, „die Alten" genannten „Pueblo-Vorfahren" (Ancestral Puebloans) lebten hier zunächst auf den Höhenzügen in Häusern aus Lehm, später nutzten sie auch Stein, den sie glatt schlugen und mit Lehm verfugten. Etwa 600 Jahre danach begannen sie Häuser unter die Überhänge der Klippen zu setzen. Diese Wohnstätten boten alles, vom einräumigen Speicher bis zu ganzen Komplexen mit bis zu 150 Zimmern. Zwischen 550 und 1300 n.Chr. war diese Gegend stark bevölkert, mehrere tau-

Mesa Verde: „Cliff Palace", die größte Ansammlung von Felsbehausungen der Anasazi-Indianer

send Menschen sollen in den kompakt konstruierten Wohngebilden gelebt haben. Sie ernährten sich von angebautem Getreide und von der Jagd, fertigten aus Lehm Gefäße und aus jungen Zweigen Körbe. Die Archäologen fanden zahlreiche Zeugnisse dieser Lebensweise am Fuß der Kliffe und in Schächten, die der Abfallentsorgung dienten. Funde von Muscheln und Werkzeuge aus Materialien, die in dieser Gegend fremd waren, zeugen von Handel mit anderen Stämmen. Da die Indianer keine Schriftkultur hatten, weiß niemand, aus welchem Grund die Anasazi um 1300 die Klippen verließen und nach Süden wanderten. Schon 1874 fotografierte William Henry Jackson – der auch bei der ersten Expedition zu den Geysiren von Yellowstone dabei war – das sogenannte Two Storey House. Die Publikation seiner Bilder half bei den Bemühungen um den Erhalt der verlassenen Dörfer. Sogar bis nach Schweden und Finnland gelangten Artefakte aus den Ruinen, weil 1891 ein schwedischer Baron die Gegend erkundete und archäologische Forschungen betrieb, wobei er auch eine größere Anzahl von Gegenständen in seine Heimat schickte. Mehrere Versuche, die Pueblos zum Nationalpark erklären zu lassen, scheiterten zunächst. Erst 1906 unterzeichnete Präsident Theodore Roosevelt die entsprechende Urkunde. Die 40 Pueblos und Wohnstätten unter den Klippen sind seit 1978 auch als Weltkulturerbe unter den Schutz der UNESCO

Mesa Verde: der leicht nach Süden geneigte „Grüne Tisch" im Osten des Colorado-Plateaus. Im Hintergrund die wolkenbedeckten Rocky Mountains

gestellt. Nicht alle Stätten dürfen eigenständig besichtigt werden, zu den Behausungen am Cliff Palace gelangt man nur mit einem Ranger; deshalb ist es im Sommer ratsam, sich vorab über Führungstermine und Angebote zu informieren.

Mesa Verde – der spanische Ausdruck bedeutet wörtlich „Grüner Tisch" – gehört zum Colorado Plateau. Der Begriff Mesa kennzeichnet abgeflachte Tafelberge. Da die Gesteinsschichten nach Süden geneigt sind, hat die Erosion, begünstigt durch den Wind, tiefe in dieselbe Richtung verlaufende Täler eingeschnitten. Der höchste Punkt ist mit 2.569 Metern der Park Point im Norden des Nationalparks. Von dort hat man bei klarer Sicht einen grandiosen 360-Grad-Blick auf die umliegende Region.

Arizona: Petrified Forest – versteinerte Wälder und fotografische Herausforderungen

Zur Zeit umfassen die Ranger-Programme in diesem zweigeteilten Nationalpark entlang der Interstate 40 noch keine Fotografierkurse; ganz offenbar kommen die Könner der Linse schon gut ausgerüstet und mit dem nötigen Wissen um die besten Sonnenstände in diese unwirtliche Gegend auf dem Colorado Plateau im Nordosten von Arizona. Weitwinkelaufnahmen der Felsformationen stellen eine Herausforderung dar, und den richtigen Zeitpunkt für die beste Kolorierung der kegelförmigen Felsen oder der runden Hügel in der Painted Desert abzupassen, erfordert Geduld und Entscheidungsfreudigkeit gleichermaßen. Neben den beliebten Landschaftsmotiven bietet der Nationalpark interessante archäologische Funde, die von früher Besiedlung zeugen sowie Fossilienfunde, darunter natürlich die namensgebenden versteinerten Bäume.

Normalerweise werden Bäume relativ schnell nach ihrem Absterben durch Mikroorganismen zersetzt und dienen dann als Nahrungsgrundlage für nachwachsende Pflanzen. Vor rund 200 Millionen Jahren herrschten in diesem Gebiet andere klimatische Verhältnisse als heute: Flüsse durchzogen eine dschungelähnliche Landschaft, im heißen und feuchten Klima entwickelten sich Amphibien und Dinosaurier. Manche abgestorbene Baumstämme wurden in die Sümpfe geschwemmt, mit Schlamm, feinstem Sand und vulkanischer Asche bedeckt und luftdicht verschlossen. Hauptsächlich drei zapfentra-

Petrified Forest: versteinerte Baumstämme

gende Baumarten haben in versteinerter Form die Jahrmillionen überdauert: das großwüchsige, mit südamerikanischen Araukarien verwandte Araucarioxylon arizonicum, und zwei kleinere Arten, die ausgestorbenen Pflanzenfamilien angehören. Insgesamt hat man im Park bis heute versteinerte Überreste von 40 verschiedener Pflanzenarten, ferner versteinerte Knochen verschiedener krokodilähnlicher Saurier gefunden.

Vor 60 Millionen Jahren gerieten die Erdschichten in Bewegung und die kristallisierten Bäume kamen wieder an die Oberfläche. Die meisten von ihnen zerbrachen unter dem Druck der tektonischen Vorgänge. An der Oberfläche bleiben sie allerdings seitdem stabil, sie bestehen aus solidem schweren Quarz.

Alles scheint sich um den Petrified Forest zu drehen, doch der Parkname unterschlägt die andere Attraktion: die Painted Desert – mächtige Hügel, die mit weißen, blauen, grünen, grauen, lilafarbenen und roten Bändern verziert sind. Die riesigen Flüsse der Triaszeit haben diese Schichten zurückgelassen, deren Farben von unterschiedlichen Beimengungen von Eisen- und Manganoxiden herrühren. Dieses Farbkaleidoskop wurde berühmt, als die amerikanischen Automobilisten in den 30er Jahren begannen, über die neu geschaffene Route 66 Richtung Kalifornien zu fahren. Die legendäre Strecke führt auch

Im Grand Canyon existiert er noch: der vom Aussterben bedrohte Kalifornische Kondor

heute noch direkt durch den Park; die alte Straße liegt allerdings unterhalb der modernen Interstate 40.

Die Painted Desert ist ein schmaler Streifen, der westlich vom Grand Canyon beginnt und sich bis in den Petrified Forest National Park hinzieht. Er ist nicht nur ein faszinierendes Farbspektakel, sondern eine noch fast völlig unerschlossene Quelle für Wissenschaftler: An manchen Stellen sind die Schichten, in denen Fossilien gefunden werden, bis zu 90 Meter dick. Hier schreitet die Erosion extrem stark voran, sodass versteinerte Baumstämme und Dinosaurierskelette an die Oberfläche gelangen. Von Lacey Point aus, einem von acht Aussichtspunkten auf die Painted Desert, wie auch vom Pintado Point, sehen die nackten Hänge der bunten Felslandschaft ganz besonders interessant aus. Der Pintado Point ist der höchst gelegene Aussichtspunkt im Park. Zu seinen Füßen liegt der Lithodendron Wash. Meist ist das Flussbett staubtrocken, doch nach den Monsunregen im Juli und August schießt Wasser bis über einen Meter tief und 30 Meter breit durch den lehmigen Kanal – ein unwirklicher Anblick in der ansonsten extremen Trockenheit der Wüste.

Arizona: Grand Canyon – ein „Muss" für jeden Amerikaner

„Der Grand Canyon kann nicht in Worte gefasst werden", „Diese Landschaft ist Beethovens 9. Sinfonie in Stein", „Es ist eine Offenbarung", so und ähnlich lauten seit mehr als 100 Jahren die Versuche, diese gewaltige und beeindruckende Landschaft aus Felsen und Farben zu beschreiben. Natürlich haben es Journalisten, Reiseschriftsteller und andere Autoren immer wieder versucht, mit dem Ergebnis, dass der Besuch dieses Nationalparks sozusagen zum Pflichtprogramm eines naturliebenden Amerikaners gehört. Zwischen 4 und 5 Millionen Besucher kann der National Park Service jährlich ausweisen. Die meisten von ihnen kommen zwar nicht bis in die Schlucht unterhalb des South Rim Visitor Center, aber zur Mather-Point-Aussichtsplattform zu laufen, ist Standard. Vom Rand des Canyons, auf dem ein Lehrpfad, der Trail of Time, angelegt ist, blickt man 1,6 km in die Tiefe und gleichzeitig in die Erdgeschichte; die ältesten Gesteine am Grund des Canyons sind rund 1,8 Milliarden Jahre alt. Der Colorado konnte sie freilegen, weil sich der südöstliche Teil des Colorado Plateaus seit

Ein Blick in die Tiefe und weit zurück in die Erdgeschichte zugleich: Grand Canyon

circa 6 Millionen Jahren – geologisch gesehen also noch nicht sehr lange – kontinuierlich anhebt, gerade langsam genug, um dem Fluss, der schon vorher hier floss, Zeit zu lassen, sein Bett durch Erosion anzupassen. Bei guter Sicht lassen sich die 446 km Länge des Canyons erahnen. Besonders am Morgen und vor Sonnenuntergang treten die Konturen und Schattierungen der Felsschichten und Gesteinsablagerungen klar zutage. Manche Fans der überwältigenden Schluchten betonen allerdings, dass der Eindruck bei einer Bootsfahrt auf dem Fluss entlang der engen Felswände noch mal ein ganz besonderes Erlebnis sei, nicht zu vergleichen mit einem kurzen Gang zu den Aussichtspunkten. Aber es kostet mehr Zeit.

Das Grand Canyon Village ist das touristische Zentrum des South Rim. Es liegt über 2.000 Meter hoch und bietet Unterkünfte, Campingplätze, Restaurants, eine Tankstelle und einen Supermarkt. Von dort aus lohnt sich eine Fahrt auf dem Desert View Drive zum Lipan Point; die 40 km lange, kurvige Straße führt an sechs ausgewiesenen Aussichtspunkten vorbei bis hin zum Lipan Point im Osten. Dort befindet sich der beste Ort, um Sonnenuntergänge zu fotografieren. Unterhalb dieses 2.243 Meter hoch gelegenen Aussichtspunkts macht der Colorado River einen großen Bogen nach Westen. Infolge der Auswaschung des Kaibab-Plateaus befindet sich hier die tiefste Stelle des Flussbetts.

Der Grand Canyon bei Sonnenaufgang, am Südrand mit Blick auf den Isis Temple (rechts)

> **Grand Canyon Skywalk**
>
> Der gläserne Balkon am Abgrund gehört nicht zum Grand Canyon National Park, sondern befindet sich nochmal rund 400 km weiter westlich im Stammesgebiet der Hualapai-Indianer in einem Seitenarm des Canyons. Nach jahrelangen Debatten beschlossen sie, ihr Land für Besucher zu öffnen. Um eine wirkliche Attraktion im Verhältnis zur gut ausgebauten Infrastruktur des Nationalparks zu bieten, wurde die Idee des Skywalks geboren und 2007 realisiert. Die spektakuläre gläserne Aussichtsplattform ragt wie ein Hufeisen frei schwebend 21 Meter weit über den Rand der Schlucht. In 1200 Metern Tiefe ist der Colorado River zu sehen – Schwindelfreiheit vorausgesetzt.

Nicht versäumen sollte man unterwegs die Besteigung des alten Aussichtsturms (1932) am Desert View Point, eines der Bauwerke von Mary Colter.

Der Name Mather Point ehrt Stephen Mather, einen Millionär und Naturenthusiasten, der nach John Muir die Idee, weitere Nationalparks zu schaffen, vorantrieb und schließlich 1916 der erste Direktor des neu gegründeten *National Park Service* wurde. Aber auch andere waren daran beteiligt, die Schluchtenlandschaft bekannt zu machen und ihre einzigartigen Formationen ins rechte Licht zu rücken. Die Eisenbahngesellschaft Santa Fe Railway brachte schon seit 1901 Touristen zum South Rim. Dort gab es die ersten Geschäftsleute, die die Besucher auf Mauleseln in die Schlucht hinunterbrachten. Ellsworth und Emery Kolb, zwei Brüder aus Arizona, hatten sich den Umgang mit Kameras beigebracht, eine gekauft und die Genehmigung erhalten, am Bright Angel Trail ein Zelt zu errichten. Sobald eine Gruppe zum Abstieg in die Schlucht aufbrach, positionierte sich einer der beiden und schoss Aufnahmen der Personen. Da die Brüder im ersten Jahr in einem lichtdurchlässigen Zelt lebten, mussten sie die Bilder in einer stillgelegten Mine entwickeln. Um die Glasplatten zu trocknen, nutzten sie Sonnenlicht statt Glühbirnen. Das größte Problem stellte jedoch das Wasserbad dar. Die Platten mussten während der Entwicklung gereinigt werden, doch sauberes Wasser war rar. Zwar belieferte die Santa Fe Railway die umliegenden Hotels mit Trinkwasser, die Kolb-Brüder gingen jedoch leer aus. Sie konnten nur den Indian Garden nutzen, eine Oase am Bright Angel Trail, die unterhalb des „Fotoateliers" lag. Deswegen bauten die Brüder eine Dunkelkammer aus Holz direkt im Indian Garden. Jeden Tag rannte einer von ihnen gut 8 km ins Tal hinunter, entwickelte die Fotos und beeilte sich, rechtzeitig zurück zu sein, bevor die Touristengruppen zurückkamen. Im Lauf der Zeit gingen sie selbst auf Erkundungstouren und fotografierten bislang unbekannte Teile und Einzelheiten der Schluchten. Besonders spektakulär aber war ihr Entschluss, einen Film zu drehen. Bewegte Bilder von einer Fahrt auf dem Colorado River, das hatte es bis 1911 noch nicht gegeben. Allein die Vorbereitungen dauerten ein Jahr und die Reise selbst, inklusive vieler Unfälle, vom Green River in Wyoming aus nahm auch mehr als drei Monate in Anspruch. Aus dem Material wurde ein halbstündiger Film geschnitten, der besonders an der Ostküste Furore machte und das Interesse am Grand Canyon nochmals wachsen ließ.

Vom alten Aussichtsturm am Desert View Point hat man einen grandiosen Blick in den Grand Canyon

Wer im Sommer den Touristenmassen aus dem Weg gehen will, wählt lieber die Aussichtspunkte am Nordrand, wie den Bright Angel Point. Kenner schätzen den Nordrand wegen seiner Abgeschiedenheit; er zieht nur circa 10 % der Canyon-Besucher an. Die Panoramasicht ist nicht minder spektakulär, und im Herbst leuchten die gelben Zitterpappelwälder besonders schön. Hier gedeiht wegen der großen Höhe des Kaibab-Plateaus von bis zu 2.800 Metern und den daraus resultierenden Niederschlägen und relativ niedrigen Temperaturen eine Vegetation, die der des südlichen Kanada sehr ähnelt.

Utah: Arches – die größte Ansammlung von Steinbögen

Mehr als 2.000 von der Natur geformte Steinbögen sind im Arches National Park zu bewundern, und man kann nicht sicher sein, beim nächsten Besuch die gleichen Formationen wieder vorzufinden, denn Wind, Sonne und Regen verändern die Formen der Felsen ständig. Am Oberlauf des Colorado River, in der Mitte des östlichen Utah, ist der Park ein einzigartiges Beispiel für die Vielfalt der Gesteinsformen, die im Lauf der Jahrmillionen nach dem Verschwinden der einstigen Binnenmeere von der Natur gebildet wurden. Nicht nur einmal, sondern 29 Mal entstand und verschwand ein gigantischer See, der jedes Mal dicke Schichten von Salz hinterließ. Sand und Ton bedeckten in späteren Zeitaltern diese Ablagerungen und wurden zu Stein. Als sich

Arches-Nationalpark: Morgenlicht am Turret Arch

das Plateau zu heben begann, drückten die tieferen salzhaltigen Gesteinsschichten wegen ihres höheren Auftriebs nach oben. Der rote Sandstein wurde zerklüftet, Täler und Bergkämme entstanden parallel zu den Brüchen. Heute liegt das Gebiet des Arches-Nationalparks 1.500 bis 1.700 Meter über dem Meeresspiegel. Verwitterung und Erosion haben im Zusammenspiel mit den Eigenschaften der für diese Region typischen Gesteinsformationen die mannigfaltigen Formen der Bögen hervorgebracht; die Erosion arbeitet weiter und wird sie eines Tages verschwinden lassen und andernorts neue schaffen.

Das 1971 zum Nationalpark erklärte Schutzgebiet umfasst eine Fläche von circa 309 km². Es gibt keine Durchgangsstraße für normale Autos, nur mit Allradantrieb sind die nicht geteerten Wege westlich aus dem Park hinaus zu befahren. Sackgassen führen vom Besucherzentrum am Eingang im Süden bei Moab zu den besonders attraktiven und beliebten Zielen wie dem Delicate Arch im Osten oder Landscape und Sand Dune Arch im Norden. Von den Aussichtspunkten mit Parkplätzen sind Wanderwege ausgewiesen, aber ohne Auto ist dieser Park nicht zu erkunden, zumal es keine Shuttlebusse gibt.

Bryce Canyon: durch Erosion in weichem Gestein entstandene Türmchen mit Haube, auf Englisch: Hoodoos

Utah: Bryce Canyon – Felsnadeln und Steintürme

Anders als der Grand Canyon, der vom Colorado River ausgewaschen wurde, ist der Bryce Canyon eine Landschaft aus Felssäulen und Steintürmen, den sogenannten Hoodoos, die am Rand eines Hochplateaus steil in den Himmel ragen. Wasser, Frost und Erosion haben einzigartige Formationen in relativ jungem weichen Gestein geschaffen, die in dieser Häufung nur hier zu finden sind. Es besteht aus rund 50 Millionen Jahre alten Ablagerungen eines großen Sees, in dem Flüsse aus den entstehenden Gebirgen der Umgebung ihre Fracht aus Sand und Ton absetzten. Bei der späteren Hebung des Gebietes von Meereshöhe auf rund 1.500 Meter vor etwa 15 Millionen Jahren zerfiel der westliche Teil des sich nun bildenden Colorado Plateaus in mehrere Schollen, an deren Abbruchkanten die Erosion ansetzen konnte. So entstand in den ehemaligen Seesedimenten an einer dieser Schollengrenzen die großartige Landschaft des Bryce Canyon. Das Zusammenspiel der Naturgewalten formte mehrere hufeisenförmige Täler, die angesichts

Thors Hammer, einer der eindrucksvollsten Hoodoos im Bryce Canyon

ihrer Ähnlichkeit mit antiken Veranstaltungsstätten auch als „Amphitheater" bezeichnet werden. Sie reihen sich zum Bryce Canyon hin aneinander. Das größte von ihnen, das „Bryce Amphitheater" mit einem Durchmesser von fast 10 km, ist das Herzstück des Parks.

Im Park mit seinen drei Klimazonen gibt es über 400 Pflanzenarten. In den tiefer gelegenen Regionen zwischen den Hoodoos wachsen Pinyon-Kiefern (Pinyon Pines) und Wachholderarten (Juniper). Die von ihnen gebildeten Gebüsche werden als Strauch-Grasland oder Juniper-Piñon bezeichnet. Das Plateau selbst wird von Gelb-Kiefern (Ponderosa Pine) dominiert, während in den am höchsten gelegenen Regionen Kolorado-Tannen (White Fir), Fichten (Spruce) und Zitterpappeln gedeihen. Grannen-Kiefern (Rocky Mountain Bristlecone Pine), von denen einige über 1.600 Jahre alt sind, kommen im gesamten Park vor. Gelegentlich bekommt man im Grasland Utah-Präriehunde, eine Erdhörnchenart, zu Gesicht. Maultierhirsche und Gabelböcke sind die am häufigsten anzutreffenden Großsäuger. Auch Pumas und Schwarzbären leben im Park, sind aber nur selten zu sehen. Außerdem leben im Schutzgebiet mehr als 200 Vogelarten.

Ebenezer Bryce, ein mormonischer Siedler, hat das Tal der Felsnadeln am Rand des Paunsaugunt-Plateaus um 1875 entdeckt. Ihm wird nachgesagt, dass er auf der Suche nach einer entlaufenen Kuh war und die Suche nach ihr in diesem Steinwald als einer seiner härtesten Aufgaben bezeichnete. Heute haben es die circa 1.5 Millionen Besucher im Jahr leichter: Wander- und Reitwege sind in großer Zahl ausgewiesen und eine zentrale Panoramastraße führt entlang der Abbruchkante durch den Park bis zum Rainbow Point auf 2.778 Metern Höhe. Da es sich dabei nicht um eine Durchfahrtsstraße handelt, kommt es im Sommer allerdings leicht zu Staus.

Zion – verschiedenfarbige Sandsteinkliffe

Im gleichen Jahr wie der Grand-Canyon und der Acadia-Nationalpark an der Ostküste wurde auch der Zion National Park gegründet, ein Gebiet mit dem tiefen Canyon des Virgin River und überraschend weiten und grünen Tälern. Mormonische Siedler waren tief beeindruckt von den fast 900 Meter hoch ragenden Felswänden und Pfeilern aus Stein. Sie gaben dem Canyon den Namen „Kleines Zion" nach der himmlischen Stadt ihres Glaubens. Roter und weißer Navajo-Sandstein ist

Zion-Nationalpark: Blick vom Angels Landing Richtung Norden

das Kennzeichen dieser Felswände, die der Fluss in Jahrmillionen ausgeschnitten hat. Anders als beim Grand Canyon blicken die meisten Besucher von Zion hinauf, nicht in die Schlucht hinab. Durch den Canyon zieht sich eine fast 10 km lange Straße, die den Bussen und Autos der Parkverwaltung vorbehalten ist, ausgenommen sind nur Radfahrer und Wanderer. Auf ihr gelangen die 2.8 bis 3 Millionen Besucher pro Jahr einigermaßen organisiert zu den schönen Aussichtspunkten, und weniger Abgase belasten das Tal. Das Ende der Straße ist die natürliche Verengung der Felswände: Am sogenannten Temple of Sinawava kann man nur noch durch das Flussbett weiterlaufen, eine ungewöhnliche Erfahrung zwischen den immer enger werdenden Felsen.

USA-Lesebuch

Stachelige Blätter an immergrünen Eichenbüschen im Zion-Nationalpark

Mit Petroglyphen bemalte Felsen sind in Zion an vielen Stellen zu finden. Die Pueblo-Vorfahren Anasazi und später die Völker der sogenannten Fremont-Kultur haben hier über Jahrtausende gelebt und gejagt. Die spanischen Eroberer trafen Mitte des 18. Jahrhunderts auf den Stamm der Kaibab-Paiute. Es war eine unglückliche Begegnung für die Indianer, denn die von den Europäern eingeschleppten Krankheiten wie Masern und Pocken rafften die meisten von ihnen in kurzer Zeit hinweg. In den 1860er Jahren begannen mormonische Siedler im Tal ihre Äcker zu bestellen; in der Nähe der heutigen Zion Lodge wurden Mais und Gemüse angebaut.

Das Schutzgebiet erstreckt sich über eine Region, die Höhenunterschiede von fast 1.500 Metern aufweist. Der Gipfel der Horse Ranch Mountains wartet mit 2.660 Metern auf und an dem am niedrigsten gelegenen Coal Pits Wash befindet man sich nur noch auf 1.117 Metern Höhe. Damit verbunden sind unterschiedliche klimatische Bedingungen für Pflanzen und Bäume; auf den verschiedenen Höhenlagen sind Kiefern und Fichten, Zitterpappeln, in den Flussauen des Virgin River Freemont-Pappeln (Fremont Cottonwood), Gummibäume und Yuccas wie die Blaue Palmlilie (Datil Yucca) zu Hause. Die auf der Roten Liste der gefährdeten Tiere stehenden Kalifornischen Kondore schweben über den Tälern von Zion, ihre mächtige Flügelspannweite übertrifft noch die der Weißkopfseeadler. Vor nicht allzu langer Zeit schon fast ausgestorben, sind inzwischen wieder Exemplare der lebenslang verbundenen schwarzen Vögel mit Brut und Aufzucht in Utah und Arizona beschäftigt. Die Tiere sind mit Nummern gekennzeichnet; wenn man einen sehen sollte, wollen die Ranger informiert werden.

Außer dem Canyon besteht der 600 km² große Nationalpark noch aus zwei weiteren Teilen: Im Nordwesten ist das Kolob Plateau mit namensgleichem Canyon durch eine Straße erschlossen. Die von Tälern zerklüftete Hochwüste ist vom Aussichtspunkt, circa 8 km vom Eingang entfernt, gut zu überblicken. Für geübte Wanderer lohnt sich der Weg zum Kolob Arch, einer imposanten bogenförmigen Steinformation von fast 90 Metern Länge über einer steilen Klippe. Die Checkerboard Mesa liegt im dritten Teil des Parks, der ebenfalls durch eine Autostraße und einen 1.700 Meter langen Tunnel erschlossen ist. Dieser 2.033 Meter hohe Tafelberg weist schachbrettartige Linien auf, die wohl durch abschmelzenden Schnee und fließendes Wasser entstanden sind.

Monument Valley

Auf der Grenze zwischen Utah und Arizona befindet sich das Reservat der Navajos, die das aus vielen Western und Werbefilmen bekannte Monument Valley verwalten und als eigenen Nationalpark schützen. Die Fahrt auf dem Highway 163 ist allerdings gebührenfrei; so kann man die gigantischen und bizarren Felsformationen auch aus der Ferne bestaunen.

Dickhornschafe vor der Schrägschichtung einer versteinerten, hunderte von Millionen Jahre alten Sanddüne im Zion-Nationalpark (Navajo Sandstone)

Great Basin

Nevada: Great Basin – Methusalems unter den Bäumen und kühle Tropfsteinhöhlen

Einer der jüngeren Parks in der Geschichte der stetig wachsenden Zahl an Schutzgebieten ist der 1986 gegründete Great Basin National Park. Der Name selbst ist älter: Der Entdecker John Fremont gab einer riesigen, unwirtlichen Region, die von der nördlichen Sierra Nevada bis zur Wasatch Range in Utah und von Süd-Oregon bis Süd-Nevada reicht, diesen Namen. Es werden unterschiedliche Definitionen des Areals gegeben, je nachdem, ob die Geographie der umgebenden Berge, die Fauna oder der Verlauf der Flüsse zugrundegelegt wird. Das Bemerkenswerteste am hydrografisch vermessenen Great Basin, das eine Ausdehnung von circa 520.000 km² hat, ist die Tatsache, dass kein Fluss von dort in den Pazifischen Ozean mündet, sondern nur in die dortigen Seen. Das wenige Regenwasser verdunstet ohnehin sehr schnell, nur Schmelzwasser hat eine Chance, durch die Canyons zu einem der kleinen Gewässer zu gelangen, die wiederum keine Abflüsse haben. Das Gebiet des Nationalparks bedeckt immerhin 312.000 km² – ungefähr die Fläche der Bundesrepublik ohne Niedersachsen – und liegt direkt an der östlichen Grenze von Nevada zu Utah in der Nähe des Dorfs Baker in einer fast menschenleeren Region.

Das Große Becken ist nicht, wie der Name suggeriert, eine gigantische Niederung, sondern es besteht aus einer Unzahl von Becken, die von Canyons gebildet werden. Der Nationalpark besteht aus 90 Tälern. Die Erhebungen und Berge im Great Basin erreichen Höhen von über 3.000 Metern, der Wheeler Peak im Nordteil des Parks in der Snake Range kann sogar mit stolzen 3.982 Metern aufwarten. Das Besondere dieses Schutzgebiets ist, dass hier die ältesten Pflanzen der Welt zu finden sind: vereinzelte Langlebige Kiefern (Great Basin Bristlecone Pine), von denen manche mehr als 4.000 Jahre alt sein sollen. Aber mit dem wenigen Wasser hier umzugehen haben auch andere Pflanzen gelernt. Das Great Basin gehört klimatisch zur „kalten" Wüste, Regen ist Mangelware. Wüstenbeifuß, auch Wüstensalbei genannt (Sagebrush), ist ein typischer Busch mit der Fähigkeit, Wasser zu speichern, und auf diese Weise lange Trockenperioden zu überstehen. Große Teile des Parks sind auch bewaldet: Die Kolorado-Kiefer und andere Kiefernarten haben sich dem rauen und extremen Klima angepasst.

Great Basin: Entdeckung der Lehman Caves

Absalom Lehman, ein ehemaliger Minenarbeiter, der 1885 eine Ranch sein Eigen nannte, reiten konnte und den Wert eines Pferdes zu schätzen wusste, war in der Gegend unterwegs, als er mitsamt Pferd in ein Loch zu stürzte. Imstande, sein Lasso um einen außen stehenden Baum zu schwingen, hielt er vier Tage bis zu seiner Rettung durch. Der Legende nach soll er gesagt haben, dass alles nicht so schlimm war, nur die ganze Zeit die Beine um das Pferd geschlungen zu halten, damit das Tier nicht abstürzt, das war der harte Part.

NATUR

Great Basin National Park: Die Langlebige Kiefer, englisch Brislecone Pine, kann mehrere Tausend Jahre alt werden

Die scheuen Dickhornschafe (Bighorn Sheep) sind auch aus der Ferne zu entdecken. Pumas sind eher nachts unterwegs und versuchen Beute zu machen unter den Vielfraßen (Wolverine) und den Zwergkaninchen (Pygmy Rabbit) des Gebirges, denen wiederum der Wüstenbeifuß als Hauptnahrungsquelle dient.

Der Nationalpark hat noch eine weitere Besonderheit zu bieten: Tropfsteinhöhlen, die Lehman Caves am Osthang der Snake Mountains. Die Höhlen sind schon seit 1885 bekannt, ausgebaut für Besichtigungen wurden sie aber erst, nachdem sie Bestandteil des Nationalparks wurden. Von den circa 85.000 bis 90.000 Besuchern des Great Basin National Park besichtigen mehr als die Hälfte auch die Höhlen, sicherlich nicht nur wegen der verschnörkelten Pfeiler und ziselierten Kolonnaden, sondern bei heißen Außentemperaturen zum Teil auch wegen der angenehmen Kühle von 10 °C.

USA-Lesebuch

Der Pazifische Südwesten

Teddybär-Kaktus der niedrig gelegenen Wüste (Lower Desert)

Entlang der Pazifikküste im nördlichen Kalifornien wird man durch Hinweisschilder auf ein Besorgnis erregendes Phänomen aufmerksam gemacht: Es sind Warnungen vor einem Tsunami. Die Tafeln befinden sich in tief liegenden Gebieten, die von den gefürchteten Flutwellen gegebenenfalls leicht erreicht werden können. Ausgelöst werden könnten sie von Erdbeben vor der Küste, die aufgrund von Spannungen zwischen der Pazifikplatte, der Juan-de-Fuca- und der Nordamerikanischen Platte entstehen. Denn nur 52 bis 112 km westlich der Küstenlinie befindet sich eine aktive Plattengrenze, die sogenannte Cascadia-Subduktionszone, in der die Juan-de-Fuca-Platte unter die Kontinentalplatte Nordamerikas abtaucht, und so können sich nach einem Beben zuweilen relativ schnell Flutwellen entwickeln. 1964 traf das letzte Mal ein großer Tsunami die Strände Oregons und Kaliforniens und verwüstete Teile der Kleinstadt Crescent in Nordkalifornien; Er war allerdings durch ein Erdbeben in Alaska ausgelöst worden. Damit nicht genug: Der Südwesten der USA wird ständig von einem großen Erdbeben bedroht, das entlang der rund 1100 Kilometer langen San-Andreas-Störung auftreten kann. Hier driften die Pazifische und die Nordamerikanische Platte aneinander vorbei – allerdings nicht reibungslos. Das letzte katastrophale Beben zerstörte am 18. April 1906 San Francisco und ein weiteres verheerendes Beben ist jederzeit möglich.

Die Landschaften und die Natur in Kalifornien zeigen eine Bandbreite an Extremen auf, die ihresgleichen sucht. Vom höchsten Berg der USA ohne Alaska, dem Mount Whitney mit stolzen 4.421 Metern, bis zum tiefsten Punkt des Kontinents, der 85 Meter unter dem Meeresspiegel liegt, ist hier alles an möglichen Topographien zu finden. Dazu kommt eine reiche Vielfalt an Pflanzen- und Tierarten. Das Küstengebirge, die Costal Range, zieht sich von Norden weiter am Pazifik entlang bis nach Los Angeles und sorgt für den teilweise dichten Nebel über San Francisco. Das Central Valley hat sich zur Obst- und Gemüsefabrik der USA entwickelt. In diesem fruchtbaren Tal zwischen der Küste und der Sierra Nevada droht inzwischen allerdings Versalzung durch zu intensive Bewässerung, und der Wassermangel durch lang anhaltende Trockenzeiten wird zur Gefahr für die intensive Agrarwirtschaft. Im Gebirgszug der Sierra Nevada im Osten des Bundesstaates befinden sich der Yosemite- sowie der Sequoia- und Kings-Canyon-

> **Vom Saulus zum Paulus**
>
> Fünf Tage brauchten fünf Männer, um einen der Mammutbäume im heutigen Sequoia-Nationalpark zu fällen. Einer von ihnen, Walter Fry, zählte die Jahresringe des Giganten und stellte fest, dass er gerade 3.266 Jahre Lebenszeit beendet hatte. Der Schock war für ihn so groß, dass er die Profession wechselte, Park-Ranger und 1912 Leiter des neuen Schutzgebiets wurde.

Sequoia-Nationalpark: Die „Hausgruppe" im Giant Forest

Nationalpark. Und in Südkalifornien lassen sich Wüsten studieren, die unterschiedlicher nicht sein können, z.B. das Death Valley mit Sommertemperaturen von durchschnittlich 45 °C und die Mojave-Wüste, in der unter anderem die berühmten Joshua Trees gedeihen.

Kalifornien: Sequoia & King Canyon – uralte Baumriesen und menschenleere Schluchten

Große topographische Unterschiede mit Höhenextremen von 412 und 4.417 Metern sind Kennzeichen des Sequoia- und des King-Canyon-Nationalparks. Eine große Variationsbreite an Landschaften und Vegetationsformen ist hier zu finden. Vom sanften grünen Hügelland der Vorberge, der sogenannten foothills gelangt man rasch auf über 1.000 Meter Höhe und dort zu verschiedenen Ansammlungen von Küstenmammutbäumen (Coast Redwood). Einer der Bäume ist besonders berühmt: „General Sherman" im Giant Forest hält den Titel des größten Lebewesens dieser Erde. Je nach Definition gibt es größere, aber mit nur einem Stamm und einem Wurzelwerk hält dieser „General" den Rekord. Er ist 83 Meter hoch, am unteren Teil beträgt sein Um-

General Sherman, der größte lebende Baum. Zum Vergleich: Links neben dem Stamm stehen Menschen

fang 33 Meter und der Durchmesser 11,1 Meter; auch auf Kronenhöhe sind es noch fast fünf Meter. Es gibt höhere Bäume, auch dickere, aber „Sherman" übertrumpft alle mit seinem schieren Volumen, immerhin 1.478 Kubikmeter. Ihr hohes Alter von 1.800 bis 2.500 Jahren erreichen die Mammutbäume, weil sie nahezu alle Bedrohungen überleben. Sie sind zu stark, als dass der Wind sie umknicken könnte; ihr Kernholz und ihre Rinde sind mit Gerbsäure und anderen chemischen Stoffen getränkt, die sie vor Pilzfäule schützen; Holzkäfer können ihnen nichts anhaben und ihre dicke Rinde ist feuerbeständig. Blitzschlag und Feuer schädigt die großen älteren Bäume, bringt sie aber normalerweise nicht zum Absterben. Im Gegenteil, diese Bäume brauchen von Zeit zu Zeit die reinigende Kraft des Feuers, damit ihre Sämlinge nicht im Unterholz ersticken. Mammutbäume wachsen auch im hohen Alter immer weiter, pro Jahr vergrößert sich ein solcher Gigant um die Masse eines „normalen Baums". Nur der Mensch ist ihr Feind.

Eine weitere Attraktion dieses Parks ist die Crystal Cave mit einer besonderen Art von Tropfsteingebilden. Ihre Schönheiten können allerdings nur auf einer geführten Wanderung bewundert werden. Das Höhlensystem erstreckt sich über 5,6 km unter der Erde und ist über eine Nebenstraße vom westlichen Eingang des Nationalparks aus zu erreichen.

Gegen die Interessen der Holzbarone wurde die Region am Kaweah River schon 1890 unter Schutz gestellt. Der Sequoia-Nationalpark, ursprünglich nach dem Mammutbaum „General Grant" benannt, der heute als drittgrößter Baum der Welt gilt und seinen Namen zu Ehren von Ulysses S. Grant, des 18. Präsidenten der USA (1869 - 1877) erhielt, war nach Yellowstone der zweite Nationalpark der USA. Kurze Zeit später wurde auch die entsprechende Urkunde für den Yosemite-Nationalpark unterzeichnet. Kings Canyon weiter nördlich erhielt zunächst den Status als National Monument und avancierte erst 1940 zum Nationalpark. Seitdem werden die beiden Gebiete gemeinsam verwaltet und sind auch durch eine Straße miteinander verbunden. Der (im Winter allerdings geschlossene) Highway 180 wird nicht zu Unrecht als „Scenic Bayway", „aussichtsreiche Küstenstraße" bezeichnet. Anders als der Sequoiapark- hat der Kings-Canyon-Nationalpark fast keine Straßen, dafür jede Menge Wanderwege. Der Mount Whitney liegt auf der östlichen Grenze des Parks und ist nur mit Genehmigung zu besteigen.

Yosemite Valley: links El Capitan, in der Ferne der berühmte Half Dome

Kalifornien: Yosemite – Hohe Sierra

„Besteige die Berge und fühle ihre guten Botschaften. Der in der Natur wohnende Frieden wird dich überfluten wie das Sonnenlicht die Bäume." So poetisch drückte John Muir seine Gefühle aus für die Hochgebirgslandschaft der Sierra Nevada, die 1890 unter dem Namen Yosemite zum zweiten Nationalpark der USA deklariert wurde, nachdem er bereits 1864 nach kalifornischem Recht als Schutzgebiet ausgewiesen worden war. Yosemite, „diejenigen, die töten", war ursprünglich der Name der Miwok-Indianer für die Angehörigen des im Yosemite Valley lebenden, mittlerweile nicht mehr existierenden Nachbarstammes, die sich selbst Ahwahnechee nannten. Dem schier unermüdlichen Einsatz des in Schottland geborenen, autodidaktischen Naturkundlers Muir hat das Schutzgebiet seine Existenz zu verdanken, das heute zu den absoluten Besucherlieblingen unter den Nationalparks gehört. Mitunter sperren die Ranger den Zugang im Sommer, um zu verhin-

Yosemite-Nationalpark: Lower Falls, einer der vielen Wasserfälle im Park

dern, dass die Menschenmengen aus den Ballungsräumen von Los Angeles und San Francisco zur Belastung für die Natur werden.

Selbst nach der Entscheidung, die heißen Quellen und Geysire von Yellowstone 1872 unter Schutz zu stellen, erschien der Gedanke, eine Region mit Farmen, Sägemühlen und Viehzucht nur wegen ihrer natürlichen Schönheiten mit Sanktionen für die kommerzielle Nutzung zu belegen, ziemlich absurd. John Muir kam erstmals 1868 ins Yosemite Valley. Nach einem Unfall in einer Fabrik in Wisconsin wollte er ein Leben ohne Menschen und Maschinen führen. Als Schafhirte und Gehilfe in einer Sägemühle nutzte er seine freie Zeit und fertige Zeichnungen der Pflanzen an, die er in diesem Teil der hohen Sierra fand. Seine selbstgebaute Hütte wurde Ziel anderer Naturfreunde, und im Jahr 1874 begann er, Artikel über die Schönheit der Berge und Täler und die Bedrohungen durch deren Bewirtschaftung in zahlreichen Zeitschriften und Zeitungen insbesondere der Ostküste zu publizieren. Mit seiner besonderen Fähigkeit, Empfindungen und Gefühle in Zusammenhang mit biologischen und geologischen Fakten zu setzen, machte er sich als „Naturverfechter" einen Namen. Der 1838 geborene Schotte war unermüdlich unterwegs in seinem Bestreben, mehr unberührte Natur zu erleben und entdeckte unter anderem die Glacier Bay in Alaska. Zehn Bücher und unzählige Artikel festigten seinen Ruf als Naturphilosoph, der an seinem Ziel festhielt, Yosemite und andere Regionen zu Nationalparks erklären zu lassen. Mit Hilfe gewichtiger Abgeordneter in Washington D.C. konnte der Plan verwirklicht werden. Aber die Viehzüchter und Holzbarone Kaliforniens sahen auch, dass es keine Institution gab, die Sanktionen zur Bewirtschaftung zu überwachen. Eine kleine militärische Einheit sollte diese Aufgabe zwar erfüllen, hatte aber weder die Kenntnisse noch die Autorität, sich in einem Gebiet von circa 3.100 km² durchzusetzen. Muir gelang es schließlich, Präsident Theodore Roosevelt 1903 in den Park einzuladen und ihn auf einer privaten Führung von der Notwendigkeit zu überzeugen, mehr Schutzmaßnahmen einzuführen. Das alles half aber nicht; als San Francisco unter Wassermangel zu leiden begann und ein Stauseebau im Hetch Hetchy Valley, das innerhalb des Parks liegt, als die Lösung dieses Problems erschien. Der Tuolumne River wurde gestaut und das Tal geflutet. Die darüber geführten Debatten waren aber zumindest hilfreich dabei, ähnliche Begehrlichkeiten in anderen Nationalparks zu unterbinden.

Der Park lässt sich grob in drei Bereiche gliedern, die jeweils durch

Straßen erschlossen sind. Durch den nördlichen Teil führt die Tioga Road bis hinauf zum 3.030 Meter hoch gelegenen Tioga Pass am Osteingang (sie ist von November bis Mai gesperrt). Gleich zu Beginn dieser Straße im Westen im Tuolomne Grove finden sich Mammutbäume ähnlich wie im Mariposa Grove, die allerdings nur zu Fuß erreichbar sind. Hochebenen wie am Olmsted Point und den Tuolomne Meadows zeigen die Vielfalt subalpiner Flora. Maultierhirsche sind hier häufig anzutreffen. Hinter der Passhöhe ist der Park zu Ende und es beginnt eine weitgehend vegetationslose Zone. Die Ostseite der beeindruckenden Sierra Nevada fällt zum wüstenhaften Great Basin ab.

Als den schönsten Teil des Nationalparks bezeichnen die meisten Besucher das Yosemite Valley mit seinen senkrechten Granitwänden und den tosenden Wasserfällen, darunter die dreistufigen Yosemite Falls mit einem Höhenunterschied von insgesamt 739 Metern. Das Tal wird begrenzt durch die senkrechte Wand des Half Dome, der mit seinen 2.695 Metern nicht zu übersehen ist. Als auch mit dem Auto erreichbarer Aussichtspunkt (von Mai bis November) ist der Glacier Point auf fast 2.200 Metern Höhe eines der beliebtesten Ziele. Die Aussicht in das Tal hinunter auf den Half Dome und die Landschaften aus dieser Höhenlage ist spektakulär.

Der südliche, dritte Teil ist durch die Wawona Road erschlossen, die zum Südeingang und zum Mariposa Grove führt. Den Namen Mariposa, „Schmetterling", erhielt die Region von den spanischen Kolonisatoren aufgrund der vielen Schmetterlinge, die sie auf den foothills beobachten konnten. Aber die Besucher kommen wegen der alten, riesigen Mammutbäume, von denen etwa 500 vor dem Abholzen gerettet werden konnten. Es gibt höhere und ältere Mammutbäume, etwa in Kalifornien im Sequoia- und King-Nationalpark sowie im Redwood-Nationalpark, auch solche mit größerem Stammumfang. „Wie haben diese Bäume also die Aufmerksamkeit der Welt auf sich gezogen? Ganz einfach: Der Gesamtumfang der Riesenmammutbäume macht sie zu den größten der Menschheit bekannten Lebewesen." So lautet jedenfalls die Erklärung in der deutschsprachigen Broschüre zum Mariposa Grove. Der „Grizzly Giant" ist einer der größten Bäume am gut ausgebauten Wanderweg durch den Wald und mit circa 1.800 Jahren Lebenszeit einer der älteren. Ein interessantes Beispiel für die Wahrnehmung von Natur vor über 100 Jahren zeigt sich am „California Tunnel Tree": Er wurde ausgehöhlt, damit die Kutschen durch ihn durchfahren konnten. Ein Phänomen, das auch in anderen Parks zu finden ist.

Hollywood und die Landschaften in Kalifornien

Des Lichts und der geringeren Kosten wegen sind die Filmproduzenten in den 1920er Jahren von New York nach Los Angeles gegangen. Als die Produktionen aus den künstlichen Studiobauten in die Außenwelt verlagert wurden, kamen den Regisseuren die vielfältigen Landschaften des Sonnenstaates sehr entgegen. Das hat sich bis heute nicht geändert. Seien es fremde Planeten wie in „Star Wars" oder andere Kontinente, hier sind die Drehorte unzähliger Hollywoodproduktionen zu finden: nicht nur die von Western oder Siedlergeschichten, sondern auch von Filmen wie z.B. „Sayonara" (1957 – Joshua Logan, mit Marlon Brando), der in Japan, oder „Spartacus" (1960 – Stanley Kubrik, mit Kirk Douglas), der in Sizilien und Rom spielt Inzwischen werden die fremden Welten ja meist am Computer nachgebaut, aber Anregungen können sich die Designer immer noch aus ihrer unmittelbaren Umgebung holen.

Kalifornien und Nevada: Death Valley – Nord Amerikas trockenste und heißeste Region

Salzpfanne im Death Valley National Park

Der Nationalpark in der Mojave-Wüste verdankt seinen Namen einem Todesfall. Siedler und Goldsucher auf dem Weg zur fruchtbaren Küste hatten Schwierigkeiten, rechtzeitig aus dem trockenen Wüstengebiet hinaus zu gelangen, und mindestens einer soll dort 1849 gestorben sein. Extremsportler ließen sich davon jedoch nicht abschrecken und organisierten in den 80er Jahren einen jährlich im Juli (!) stattfindenden Ultramarathon, der den tiefsten mit dem höchsten Punkt der USA – ohne Alaska – verbindet, nämlich das Badwater Basin auf 86 Metern unter dem Meeresspiegel mit dem Luftlinie 136 Kilometer entfernten, 4.421 Meter hohen Gipfel des Mount Whitney. Wegen der nötigen Umwege waren allerdings 235 Kilometer zu laufen. Allerdings hat der Forest Service den Gipfelzutritt inzwichen limitiert und die Strecke musste auf 217 Kilometer gekürzt werden. Trotz der im Death Valley extrem hohen Temperaturen, die im Sommer auch die 50 °C erreichen, ist noch keiner der Teilnehmer umgekommen. Auch im Hinblick auf Pflanzen und Tiere ist das Death Valley kein Tal des Todes, man muss allerdings sehr genau hinsehen und zu den richtigen Jahres- und Tageszeiten in der Region sein. Das Death Valley ist fast 165 km lang und zwischen 19 und 25 km breit. Es ist umrahmt von 1.500 bis 3.000 Meter hohen Bergen, im Osten die Amargosa und im Westen die Panamint Range. Wenn die Frühlingsblumen blühen, wird der Boden des Death Valley zu einem Meer aus Farben und Formen. Nach Angaben des National Park Service gibt es mehr als 1.000 Pflanzenarten einschließlich 13 Kakteenarten und 23 endemischer Pflanzen im Schutzgebiet. Die Wüstenblüten leuchten in allen Farben des Regenbogens, gelb ist besonders auffällig und häufig vertreten; sie brauchen allerdings Niederschläge im Winter und Frühjahr, die nicht immer fallen. Kleine Vertreter von Kakteen dagegen speichern die Feuchtigkeit, wenn sie kommt, und sichern so ihr Überleben in diesem unwegsamen Gelände, dessen Becken einst von einem See bedeckt war, auch während längerer Trockenzeiten. Auch Tiere haben sich an die trockene Hitze angepasst: Die braunen Dickhornschafe sind hier ebenso anzutreffen wie Kojoten, Luchse und Pumas. Ihre Beutetiere wie Eichhörnchen, Marder und Mäuse sind meist nachtaktiv, aber auch sie sind nur ein kleiner Teil der verzeichneten 51 Säugetierarten. Wirbeltiere sind außerdem mit 307

Death Valley – Schauplatz zahlreicher Filme

In den 1940er und 50er Jahren waren die Sanddünen und Salzflächen beliebte Drehorte für Hollywood-Filme. „Spartakus" unter der Regie von Stanley Kubrick wurde zum Teil hier gefilmt, ebenso „Die Rückkehr der Jedi-Ritter" aus der „Krieg der Sterne"-Reihe. Gerüchten zufolge soll Marlon Brandos Asche hier verstreut worden sein.

Die „Künstlerpalette" im Tal des Todes

Vogelarten sowie 36 verschiedenen Reptilienarten, darunter natürlich auch Klapperschlangen, vertreten.

Das erst 1994 zum Nationalpark erklärte Gebiet ist aber auch Schauplatz der Hoffnungen vieler Menschen gewesen. Geisterstädte wie Rhyolite auf der Ostseite in Nevada (am Parkrand außerhalb) entstanden auf der Suche nach Gold. Für kurze Zeit lebten dort mehr als 10.000 Goldgräber, die nach dem Abbau des oberflächigen Quarzes aber rasch wieder verschwanden. Ein anderes Beispiel sind die Überreste der Boraxwerke nördlich von Furnace Creek. In den 1880er Jahren wurde dort Borax produziert und mit langen Maultiertrecks nach Mojave gebracht. Von dort konnte es per Bahn weitertransportiert werden. Aber lange vor den weißen Siedlern und Abenteurern lebten im riesigen Gebiet Shoshoni, die im milderen Klima des Winters hier Quartier bezogen und jagten.

Joshua Tree – Agavenbäume und Granitfelsen

Der Joshua Tree National Park erstreckt sich über zwei ganz unterschiedliche Wüstenlandschaften, deren Charakter im Wesentlichen durch ihre Höhenlage bestimmt wird. Das Pinto Basin im östlichen Teil ist ein Ausläufer der riesigen Sonora-Wüste, die weite Teile Mexikos, Arizonas und Südkaliforniens einnimmt. Es ist weniger als 900 Meter hoch und erhält deshalb extrem wenig Niederschlag. Hier sind Kreosotbüsche, Ocotillo-Sträucher und mehrere Arten von Cylindropuntia-Kakteen (Cholla) zu finden. Letztere blühen zwischen April und Juni – je nach Regen – in leuchtendem Gelb.

Die zur Mojawe-Wüste gehörende Hochlandregion im Westen ist dagegen feuchter und erlaubt dichtere Vegetation. Hier wachsen die zu den Agaven gehörenden Josua-Palmlilien (Joshua Tree), denen der Park seinen Namen verdankt, bis zu ihrer imposanten Höhe von 15 Metern. Manche sind wohl schon fast 1000 Jahre alt; allerdings bilden sie keine Jahresringe, sodass das Alter nur geschätzt werden kann. Da sie nur Zweige entwickeln, nachdem sie geblüht haben, finden sich auch astlose Exemplare, die in Jahren ohne Wasser wuchsen.

Die eigenartigen Formationen der abgerundeten Granitblöcke sind ein weiteres Kennzeichen des Nationalparks. Sie werden gern von Kletterern bestiegen. Die Hauptsaison für diesen Sport ist im Winter, dann sind die Temperaturen angenehm warm. Im Sommer verbrennt man sich die Finger am heißen Gestein. Die im Park vorzufindenden Monzogranitformationen entstanden, nachdem Magma unter der Erdoberfläche abkühlte, erstarrte und nach Millionen von Jahren durch Erosion an der Erdoberfläche freigelegt wurde. Wind und Wasser taten ein Übriges, um die Rundungen und Aushöhlungen entstehen zu lassen. Die faszinierendsten und spektakulärsten Gesteinsformen sind bei Jumbo Rocks, im „Wonderland of Rocks" und im Indian Cove zu entdecken. Da die Region von geologischen Bruchlinien durchzogen ist, kann man an den Felsformationen auch die Auswirkungen von Erdbeben nachvollziehen. Der San-Andreas-Graben trifft den südlichen Teil des Parks. Er kennzeichnet die Kante zwischen der Nordamerikanischen und der Pazifischen Kontinentalplatte. Kleinere Erdbeben finden sehr häufig statt; auf das nächste große wird gewartet.

Joshua Tree wurde 1934 zunächst als National Monument geschützt und hat seit 1994 den Status eines Nationalparks.

Joshua Tree

Die in der Region einst heimischen Cahuilla-Indianer nutzten den ungewöhnlichen Baum für mehrere Zwecke: Die Blütenknospen und die Samen waren eine bereichernde Zugabe zum Speiseplan, während die harten Zweige, in Körbe und Sandalen eingearbeitet, Festigkeit und Halt boten.

Auch die Siedler nutzten die Pflanze für ihre Zwecke, indem sie die Äste und Stämme in Zäune verwandelten, um ihr Vieh einzusperren. Und die Goldgräber des 19. Jahrhunderts fanden einen Weg, mit dem Holz der Josua-Palmlilie Dampf-Maschinen zu betreiben, mit denen Sie Gold wuschen.

Aber die Namensgeber dieser Agavengewächse waren Mormonen, die der Legende nach ihren Propheten Joshua beim Gebet mit erhobenen Armen sahen.

Joshua-Tree-Nationalpark: Palmlilien und Wollsackverwitterung von Granitfelsen im Real Hidden Valley

Der Pazifische Nordwesten

Die zu den Lippenblütlern gehörende Elefantenkopfblume

Die Küste fällt als Erstes in den Blick: Sie ist in Oregon relativ geradlinig und in Washington zerklüftet und wegen steiler Felsen an vielen Stellen nicht zugänglich. Im Nordwesten sind direkt an der Küste keine Nationalparks zu finden; das 50 km lange Dünengebiet in der Mitte von Oregon ist ein nationales Erholungsgebiet. Die Berge der Coastal Range, des Küstengebirges, erheben sich an vielen Stellen steil aus dem Meer bis auf Höhen von 1500 Metern. An seinen Höhenzügen regnen sich die Wolken vom Pazifik kommend erstmals ab, sodass eine fruchtbare und artenreiche Vegetation gedeihen kann. Fast parallel zur Küste verläuft im Landesinnern der Gebirgszug der Cascade Range vom südlichen West-Kanada bis nach Nord-Kalifornien. Er wurde von Vulkanen des Pazifischen Feuerrings gebildet, deren höchster, mit 4.392 Metern, der Mount Rainier südlich von Seattle ist. Aus der Luft wirken die meist bis weit in den Sommer oder sogar ganzjährig mit Schnee und Eis bedeckten Gipfel wie Perlen auf einer Kette; sie prägen Landschaften wie das fruchtbare Willamette-Tal im Westen und das im Osten liegende trockene Columbia Plateau.

Oregon: Crater Lake, sauberster See der USA

Bergseen sind an sich nichts Ungewöhnliches, auch runde Formen finden sich andernorts. Aber der Crater Lake im südlichen Oregon ist, wie der Name schon sagt, ein See in einem Vulkankrater. Er ist vor erst circa 7.700 Jahren durch den Ausbruch eines Vulkans, des Mount Mazama, entstanden. Eine Eruption, die 62 Mal so stark gewesen sein soll wie die des Mount St Helen 1980, hat die Spitze weggesprengt und eine Caldera (Kessel) entstehen lassen. Nur Schmelz- und Regenwasser füllt den bis zu 8 km breiten und 9,7 km langen See, der zu den saubersten Nordamerikas gehört. Der See ist zudem mit 592 Metern einer der tiefsten des Landes. Dank der langen Winter und des starken Schneefalls in dieser Region bleibt der Wasserstand relativ konstant. Man glaubt, dass keine Fische in dem See lebten, bis Menschen 1888 mehrere Arten aussetzten, von denen sich zwei an das Habitat gewöhnt haben: die Regenbogenforellen (Rainbow Trout) und die Rotlachse (Sockeye Salmon). Der Süßwasserfisch wird in der Sprache der Flathead-Indianer (Okanagan) auch als Kokanee bezeichnet. Das An-

NATUR

Crater Lake: Wizard Island in tiefblauem Wasser

geln vom Ufer aus ist dort ausdrücklich erlaubt, sogar ohne Genehmigung. Man darf aber nur künstliche Köder benutzen, damit keine fremden Organismen in den See gelangen.

Rund um den See wurde eine Straße angelegt, die im Sommer naturgemäß recht voll ist. Diese 53 km lange Strecke mit über zwanzig Aussichtspunkten führt auch zu den vielen der im 74 Hektar großen Park angelegten Wanderwege. Rim Village auf der Südwestseite der Caldera ist das touristische Zentrum des Parks. Hier befindet sich eines der beiden Besucherzentren, ein Shop, ein Restaurant sowie die historische Crater Lake Lodge.

Die Caldera wird von Nadelbäumen gesäumt, darunter Pracht-Tannen (Shasta Red Fir tree), Hemlocktannen und Kiefern, die auch die Hänge des Berges auf allen Seiten bewachsen – mit Ausnahmen auf der Nordseite, wo sich die aschebedeckte, baumlose Pumice Desert erstreckt. Mehrere Berge, darunter Mount Scott und Union Peak, flankieren die Caldera, und im Norden erhebt sich der 2.800 Meter hohe Mount Thieleon. Auf dem Rim Drive nördlich des Besucherzentrums, etwa 300 Meter über der Oberfläche des Sees, liegen kurz hintereinander eine Reihe interessanter Punkte. Der erste ist der Discovery Point, von dem aus 1853 die ersten Weißen den See erblickt haben sollen. Etwa drei Kilometer weiter in Richtung Norden erhebt sich der 2.446

Roter Seestern

Meter hohe Watchman Peak am Rande der Caldera. Ein kurzer, steiler Pfad führt zu einem Feuerwachturm oben auf dem Gipfel. Hier bietet sich der schönste Ausblick auf das Westufer des Sees. Der Hillman Peak direkt im Norden ist einer der alten Vulkane des Mazama. Ein Stück weiter ragt der Devil's Backbone, ein Wall oder Damm aus vulkanischem Fels, in das Wasser hinein.

Sehr fotogen liegt am Rand des Sees die kleine Insel Wizard. Touristen werden mit Booten dorthin gebracht und können im Kiefernwald zu einem Krater an der Spitze wandern. Die noch kleinere Insel Phantom Ship kann allerdings nicht besucht werden. Wizard Island ist ein Vulkankegel, der erst lange nach der Entstehung der Caldera hervorgekommen ist. Erloschen ist der Vulkan noch nicht, fast alle Feuerberge des „Ring of Fire" sind ruhende Vulkane.

Washington: Olympic – gemäßigter Regenwald

Gerade noch rechtzeitig wurden 1938 auf der Halbinsel der Olympischen Berge im äußersten Westen von Washington 3.731 km^2 Fläche unter Schutz gestellt. Andernfalls wäre die Landschaft heute wohl nur noch eine kahle Bergwelt. Abgeschieden und weit entfernt von den nächsten Städten wie Seattle oder der Hauptstadt Olympia waren die Kiefern, Fichten, Douglasien und Riesen-Lebensbäume des gemäßigten Regenwaldes begehrtes Gut für die Holzindustrie. Forstwirtschaft wird außerhalb des Nationalparks noch intensiv betrieben. Entlang der einzigen Straße im Westen sind die Hinweisschilder für die Neupflanzungen und bei genauem Hinsehen auch die Kahlschlagflächen hinter einer Reihe von Bäumen zu sehen.

Der Mount Olympus ist mit 2.386 Metern der höchste Gipfel in diesem aus ehemaligen Meeressedimenten aufgebauten Küstengebirge. Seine Flanken sind von Gletschern bedeckt. Der Nationalpark umfasst drei verschiedene Klimazonen: subalpine Wälder und Wiesen, den nur noch hier in dieser Dichte vorkommenden gemäßigten Regenwald und die felsige Küste des Pazifiks. Sitka-Fichten (Sitka Spruce) und Douglasien, Hemlocktannen und Riesen-Lebensbäume (Western redcedar), bedeckt von Moosen und Flechten, sind typische Bäume in diesem Wald, der an vielen Stellen bis ans Wasser reicht. Dieser Regenwald bedeckte einst die Küsten von Oregon bis hinauf nach Süd-Alaska, aber Besiedlung und Forstwirtschaft ließen ihn bis auf kleine

Hoh Rain Forest im Olympic-Nationalpark: Flechtenbärte an den Ästen

Flecken verschwinden. Die an das feuchte Klima angepassten Bäume brauchen viel Regen, ausgeglichene Temperaturen und nicht zuletzt Totholz als Untergrund. Ihre Keimlinge gedeihen am besten auf abgestorbenem Holz und Baumstümpfen.

Auf den vielen Wanderwegen durch das riesige Gebiet sind nicht sehr viele Menschen unterwegs, dafür kann man durchaus Rotluchsen (Bobcat), Pumas (Cougar), Schwarzschwanz-Maultierhirschen (Blacktail Deer) oder Roosevelt-Rothirschen (Roosevelt Elk) begegnen. Eine der größten Herden dieser mächtigen Hirsche lebt im Nationalpark. Einige Tiere wurden in den 1930er Jahren hierher gebracht, weil ihnen infolge der Jagd die Ausrottung drohte. Auch die Gründung des Nationalparks war mit dem Gedanken an die Erhaltung dieser Gattung verbunden; die Urkunde unterzeichnete der Namensgeber für diese Rothirsch-Unterart, Präsident Franklin D. Roosevelt.

Washington: Mount Rainier, der größte Vulkan der Kaskadenkette

Bei klarer Sicht ist er schon von Seattle aus zu sehen, der 4.392 Meter hohe, kegelförmige Gipfel des imposanten Mount Rainier. Ein schlafender Vulkan, einer der vielen in der Cascade Range entlang der nordwestlichen Küste, die Teil des sogenannten Pazifischen Feuerrings sind. Vor der nahen Pazifikküste taucht die ozeanische Juan-de-Fuca-Platte unter den Kontinent ab, schmilzt in der Tiefe auf und schickt Magma Richtung Erdoberfläche, das eine Kette von Vulkanen entstehen lässt. Der Mount Rainer gilt wegen seiner zahlreichen Gletscher als gefährlich. Im Fall eines neuen Vulkanausbruchs würden die Eismassen zum Schmelzen gebracht werden und die daraus entstehenden Wassermengen und Schlammlawinen die weitere Umgebung zerstören. Im Laufe des 19. Jahrhunderts war der Berg mehrfach aktiv, hat aber keine größeren Zerstörungen angerichtet, wohl auch deshalb, weil die Region noch nicht so dicht bevölkert war. Die potenzielle Bedrohung hindert aber viele Wanderer und Bergsteiger nicht daran, die bunten Hochwiesen und Mischwälder, besonders im Hochsommer, zu durchwandern. Seit der Erstbesteigung 1879 fordert der hohe Berg die Menschen offenbar geradezu heraus, seinen oft von dichten Wolken verhangenen Gipfel zu erklimmen. Der Mount Rainier macht aufgrund seiner Höhe und der Eisflächen sein eigenes Wetter; geplante Bergtouren müssen oft im letzten Moment abgesagt werden. Seit 1899 gibt es den Nationalpark und er schützt zudem bei seiner Ausdehnung von fast 960 km², 382 Seen, Wasserfälle und 470 Flüsse und Bäche. Schwarzbären, Luchse, Berglöwen und Füchse leben hier ebenso wie mehrere Hirscharten, Stachelschweine, Murmeltiere und jede Menge Streifenhörnchen. Die langhaarigen, vollständig weißen Schneeziegen können mitunter an den oberen Berghängen als wandelnde Flecken ausgemacht werden.

An manchen Stellen am Berg treten Schwefeldämpfe aus. Im Nisqually Valley werden damit Quellen erhitzt, die jetzt neben dem historischen Longmire Hotel/Lodge zu finden sind.

Schnee kann auf Höhen von 1.500 bis 2.400 Metern bis Mitte Juli liegen und bis Juni sind noch nicht alle Parkstraßen geöffnet. Aber die „Road to Paradise", die zentrale Parkdurchfahrt mit zahlreichen Aussichtspunkten, ist von Mitte Juni bis Mitte Oktober befahrbar; allerdings ist man dort nicht allein unterwegs. Bis zum Paradise Point kommt man von Ashford aber ganzjährig.

Mount St. Helens National Monument – Lehrstunde für Vulkannologie

1980 fand der große Vulkanausbruch statt, dessen gewaltige Explosion die Nordflanke und den Gipfel wegriss und mit einer Glutwolke aus Asche und Gas alles zerstörte. Erloschen ist der Mt. St. Helens bis heute nicht. Kleinere Erschütterungen werden kontinuierlich gemessen und 2006 schien er wieder kurz vor einem Ausbruch zu stehen. Die Natur hat sich weite Teile inzwischen zurückerobert: Neben den wie mit Sandstrahlgebläse blank geputzten Stümpfen der alten Baumriesen wachsen junge Bäume und Sträucher nach. Dennoch wirkt die Landschaft immer noch beeinträchtigt; auch mehr als 30 Jahre nach dem Vulkanausbruch sind die Spuren deutlich zu sehen, zu gewaltig waren die freigesetzten Kräfte aus dem Inneren der Erde. Es gibt zwei Besucherzentren, von denen aus man den Krater und die zerstörte Umgebung gut einsehen kann: Johnston Ridge Observatory und Windy Ridge View Point. Im Observatorium ist ein Modell zu sehen, das die Reichweite des Ausbruchs und die Zerstörungen zeigt sowie die permanente Aufzeichnung der unterirdischen Bewegungen im Berg.

NATUR

Imposanter Schichtvulkan: Mount Rainier

Kapitel 2
Die Ureinwohner

Der Ute-Häuptlings Severo und seine Familie, Photochrom-Druck 1899

USA-LESEBUCH

Die Ureinwohner

Ureinwohner, Native Americans

Sie waren schon da, als die Europäer, Mexikaner und die Chinesen und Japaner das Land besiedelten. Manche Gelehrte nehmen sogar an, dass zur Zeit der beginnenden Einwanderungen mehr als 10 Millionen Menschen in den heutigen USA lebten. Heutzutage haben Indianer und Inuit (in Alaska) den allerkleinsten Anteil an der amerikanischen Bevölkerung. Nur 1,2 % geben an, indianischer Abstammung zu sein. Zudem sind die Ureinwohner in ca. 600 verschiedene Stämme unterteilt, die lange Zeit keine gemeinsame Sprache oder Vertretung finden konnten. Erst seit 1944 existiert der National Congress of American Indians (NCAI), der als Plattform der Stämme, zusammen mit der Alaska Native Indigenous Rights Bewegung, die indianischen Interessen vertritt.

Besiedlung

Wann genau die ersten Menschen den Kontinent erreichten, dem spätere Ankömmlinge einmal den Namen Amerika geben sollten, wird wohl nie geklärt werden. Datierungen archäologischer Funde und genetische Untersuchungen legen aber den Schluss nahe, dass die frühsten Einwanderer am Ende der letzten Eiszeit vor etwa 15.000 Jahren über die Beringbrücke aus Asien kamen. Diese Landverbindung war durch das Absinken des Meeresspiegels in Folge der Eisbildung entstanden und wurde vermutlich schon Jahrtausende vorher bewohnt. Als dann die Gletscher abzuschmelzen begannen, wanderten die Menschen von dort in das bis dahin eisbedeckte Alaska weiter. Aus genetischen und linguistischen Vergleichen lässt sich schließen, dass

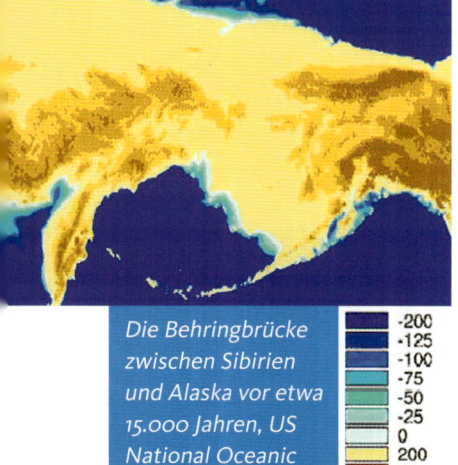

Die Behringbrücke zwischen Sibirien und Alaska vor etwa 15.000 Jahren, US National Oceanic and Atmospheric Administration

Petroglyphen der Fremont-Kultur, östlich des Green River, Utah, ca 600 v.u.Z.

es nach dieser ersten wohl noch mindestens zwei weitere große Einwanderungswellen gab. Demnach besiedelten vor etwa 10.000 Jahren die Angehörigen der Na-Dené-Sprachfamilie den Kontinent und ließen sich vor allem im Gebiet des heutigen Alaskas und des westlichen Kanadas nieder; die Vorfahren der Diné und Apachen wanderten im Laufe der Jahrtausende weiter bis in den Südwesten der heutigen USA. Vor ca. 4.500 Jahren kamen dann wohl die Vorfahren der Eskimo-Völker aus dem heutigen Ostsibirien über die zugefrorene Beringstraße, besiedelten Alaska und die Aleuten sowie Kanada und Grönland.

Angesichts des Eisschildes, der den Kontinent noch immer bedeckte, siedelten die ersten Ankömmlinge an der Pazifikküste, konnten nur relativ langsam ins Landesinnere vordringen und waren zunächst auf die Nahrungsbeschaffung als Jäger und Sammler angewiesen. Bis zum Ende der Eiszeit vor rund 12.000 Jahren lebten dort große Säugetiere wie Säbelzahnkatzen und Amerikanische Löwen, Mammuts und Riesenfaultiere, außerdem Pferde und Kamele. Manche Wissenschaftler vermuten, dass der sich ausbreitende Homo sapiens einen wesentlichen Einfluss auf das verhältnismäßig schnelle Aussterben dieser großen Tierarten hatte.

Aufgrund der jeweils eigenen Traditionen, die die Einwanderer in die neue Welt mitbrachten, mehr aber noch angesichts der unterschiedlichen Bedingungen, die sie vorfanden, sollte sich im Laufe der Jahrtausende eine Vielzahl von Kulturen herausbilden. Als die Europäer

Sprachenvielfalt

Es gab und gibt einige hundert indianische Sprachen. Manche lassen sich als verwandt in Sprachfamilien zusammenfassen, das bedeutete aber nicht, dass sich die Menschen verständigen konnten. Nomadisierende Völker entwickelten deshalb eine Zeichen- und Gebärdensprache, die von allen genutzt werden konnte. Jeder Stamm grüßte mit seinem speziellen Zeichen, so wussten die anderen, zu welchem Volk ein Fremder gehörte.

den Kontinent für sich „entdeckten", existierten etwa 700 Stammes- und Volksgruppen mit rund 2.000 verschiedenen Sprachen und Dialekten aus 8 bis 13 Sprachfamilien.

Sich an die klimatischen Bedingungen und natürlichen Ressourcen anpassend, hatten sie Lebensweisen und Gesellschaftsformen entwickelt, die unterschiedlicher kaum sein konnten; die Variationsbreite reichte von mehr oder weniger egalitären Gruppen nomadischer Jäger und Sammler bis zu standesgesellschaftlich organisierten Stämmen von sesshaften Ackerbauern mit Häuptlingstümern. Entsprechend gab es verschiedenste religiöse Vorstellungen, von Tiergeistern bis zum Mono- oder Pantheismus. Der Anthropologe Alfred Kroeber unterteilte Nordamerika 1939 in zehn weitgehend anerkannte Kulturareale, in denen jeweils ähnliche Lebensweisen verbreitet waren.

Die zehn Kulturareale

Die Arktis

Das baumlose, kalte und meist von Eis bedeckte Land ganz im Norden des Kontinents ist die Heimat der Inuit und Aleuten. Erst vor ca. 6.000 - 2.000 Jahren sollen sie in mehreren Wellen aus den Regionen der Mongolei nach Alaska, Kanada und Grönland eingewandert sein, also später als die Indianer der südlicheren Staaten. Das von ihnen gesprochene Inuktitut weist als einzige indianische Sprache eine Verwandtschaft mit sibirischen Sprachgruppen auf. Die Inuits lebten in egalitären Kleingruppen und blieben als Nomaden in überschaubaren Sippen weitgehend unter sich. Unter den unwirtlichen Bedingungen entwickelten sich keine großen Populationen, ihre Lebensgrundlage war die Jagd nach Robben, Eisbären, Karibus und Moschusochsen. Diese Tiere lieferten aber weit mehr als nur Fleisch für die Nahrung; alle Bestandteile wurden verwendet, um Zelte, Kleidung, Waffen, Schlitten, Kajaks, Geschirr, Werkzeuge und kulturelle Gegenstände herzustellen. Die bekannten Rund-Häuser aus Eisblöcken (Iglus) wurden in Alaska meist nur kurzfristig zum Schutz gegen schlechte Witterungsbedingungen und für besondere Zusammenkünfte errichtet. In der Regel bestanden ihre in den Boden eingegrabenen Behausungen aus Steinen und Treibholz, die mit Fellen und Grassoden bedeckt wurden. Der Glaube an Tiergeister ging mit Tabus und einer wichtigen Rolle von Schamanen einher, die für die Behandlung von Krankheiten

Alaskischer Aleut in Festkleidung, Aquarell von Mikhail T. Tikhanov, 1818

DIE UREINWOHNER

sowie für die Anrufung der Geister um gutes Wetter und Jagdglück zuständig waren.

Die Subarktis

In den Waldgebieten der subarktischen Taiga, in den südlichen Teilen Alaskas und Kanadas, lebten die Ethnien der Nord-Athapasken und der Nord-Algonkin, deren größte Völker die Anishinabe und Cree waren, ebenfalls halbnomadisch in egalitären Kleingruppen. Sie waren Fischer und Elch- und Karibujäger, die auf ihren jährlich sich wiederholenden Wanderungen reiche Beute in den ausgedehnten Wäldern fanden. Hier sammelten sie auch Beeren, Wurzeln und Ahornsirup. Als Behausungen dienten ihnen Stangenzelte, Holzhütten und kuppelförmige Wigwams. Neben dem Tiergeisterglauben etablierte sich bei den Algonkin der pantheistische Glaube an die kosmische Kraft Kitchi Manitu, den „Großen Geist", der in allen Lebewesen und Dingen enthalten und Ursache und Beweger aller Erscheinungsformen war.

Die zehn Kulturareale der Ureinwohner Nordamerikas nach Alfred Koerber

Kulturen des Nordostens

Demgegenüber lebten die Bewohner des zwischen Sankt-Lorenz-Strom, Cumberland River, Mississippi und Atlantik gelegenen nordöstlichen Waldlandes halbnomadisch vor allem vom Ackerbau. In der Küstenregion spielten Fischfang und Jagd eine größere Rolle; dazu kam im Westen die Ernte von wild wachsendem Wasserreis. Die hier ansässigen Algonkin-Völker, zu denen die Shawnee, die Powhatan, Menominee, Sauk und Fox gehörten, lebten in Wigwams oder rechteckigen Häusern. Die im Gebiet der östlichen Großen Seen siedelnden Irokesen-Völker bauten charakteristische Langhäuser, die für ihre Kultur so prägend waren, dass sie sich selbst Haudenosaunee, „Leute des Langhauses" nannten. Seit dem 16. Jahrhundert schlossen sich die fünf irokesischen Volksgruppen der Cayuga, Mohawk, Oneida, Onondaga und Seneca in einer Konföderation zusammen, zu der 1722 als sechste Nation (allerdings ohne Stimmrecht) die Tuscarora hinzukamen. Ihr

Tempel und Häuptlingshütte im Großen Dorf der Natchez-Indianer, die als Bauern am südlichen Mississippi lebten, Alexandre de Batz 1732

Bundesrat war aus fünfzig Oberhäuptern zusammengesetzt, deren Titel vererbt wurden. Derartige Zusammenschlüsse waren die Reaktion auf kriegerische Auseinandersetzungen zwischen den verschiedenen Volksgruppen. Die stärker nomadisch lebenden Jäger und Sammler der Algonkin waren in lokalen Gruppen organisiert; die überwiegend sesshaften Ackerbauern lebten in Familienclans, deren jeweilige Oberhäupter einen Rat bildeten. Neben den auch bei den algonkinischen Völkern verbreiteten Glauben an Tiergeister trat bei den Irokesen eine Vielzahl anderer Gottheiten.

Bauern im Südosten

Das südöstliche Waldland zwischen Appalachen und Everglades aus flachen Küstenebenen und hügeligen Vor- und Mittelgebirgen wurde zum größten Teil von sesshaften Völkern bewohnt, die nicht nur von der Jagd lebten, sondern in diesen fruchtbaren Regionen auch Mais, Bohnen und Tabak anbauten. Zu diesen Stämmen gehörten die Natchez sowie die Chickasaw, Choctaw, Muskogee, Seminolen und Cherokee, die von den europäischen Einwanderern aufgrund ihrer Kultur und Anpassungsbereitschaft als „Five Civilized Tribes" bezeichnet wurden. Lediglich die Caluga ernährten sich hauptsächlich vom Fischfang, teilweise von der Jagd sowie von Früchten und Wurzeln. Im Sommer wurden rechteckige, leichtere Behausungen genutzt, im Winter runde, fester gebaute Häuser bezogen. An der Spitze der meist matrilinear organisierten Clans oder Gruppen standen Häuptlinge, die zugleich Priester waren. Ihr Glaube an einen „Großen Geist" als alleinige Gottheit war auch bei anderen Völkern des Südöstlichen Waldlandes verbreitet – ein Umstand, der dazu beitrug, dass die besagten „fünf Stämme" einen so „zivilisierten" Eindruck auf die christlichen Europäer machten.

Pueblo-Indianer und kriegerische Navajo im Südwesten

Sich an das harte, trockene Klima der Wüsten- und Halbwüstenzonen von Arizona, New Mexico und Teilen von Colorado, Utah und Texas anzupassen, erforderte besondere Techniken. Die Ureinwohner dieser Region bauten an geschützten Hängen sogenannte Pueblos, Gebäude aus Stein und gebranntem Lehm; oft waren mehrere Wohnungen in einem Komplex miteinander verbunden. Hopi, Zuñi, Yaqui und Yuma waren Bauern, die um ihre Dörfer herum Mais, Bohnen und Kürbisse pflanzten und dafür ein ausgeklügeltes Bewässerungssystem anlegten.

Taos Pueblo in New Mexico (Foto von Ansel Adams, 1941), älteste bis heute bewohnte Siedlung in den USA, seit 1992 UNESCO-Weltkulturerbe

Sie lagen öfter mal im Streit mit ihren eher nomadischen Nachbarn wie Navajo (auch Diné), Apachen und Comanche, die sich gerne mal ohne Gegenleistung Gemüse von den bäuerlichen Stämmen holten. Einige der in Hogans lebenden Jägerkulturen hatten vor ihrer Ankunft im Südwesten große Wanderungen über den Kontinent unternommen: So stammten etwa die Diné ursprünglich aus dem Nordwesten des heutigen Kanadas. Während die religiösen Überlieferungen der Apachen, Diné und Zuñi verschiedene Gottheiten kannten, gingen die Mythen der Hopi von einem einzigen Schöpfer aus.

Bewohner der Prärie

Das Kulturareal der Prärie und der Plains, die gemeinsam das Gebiet der Great Plains, der „Großen Ebenen" bilden, erstreckt sich über eine weite Graslandfläche zwischen den Rocky Mountains und dem Mississippi River, vom zentralen Kanada bis zum Rio Grande im Gebiet des heutigen Texas. Die hier lebenden Stämme waren ursprünglich sesshafte Ackerbauern in der östlichen Prärie, in der ein feuchteres

Ein Lager der nomadisch lebenden Soux in der Prärie; Aquarell des schweizerisch-französischen Graphikers Karl Bodmer, 1832. Tipis wurden – im Gegensatz zum Klischee – vorwiegend von den Indianern der Plains genutzt

Klima herrschte. Die relativ trockenen westlichen Plains suchten sie in erster Linie für die Jagd nach Bisons und Gabelböcken auf. Erst die Einführung des Pferdes durch die Spanier im 16. Jahrhundert (siehe Kapitel 2.2) ließ sie zu Nomaden werden, da sie nun den riesigen Büffelherden folgen konnten, die damit zu ihrer Nahrungsgrundlage wurden. Nicht alle Teile der Büffel wurden von allen Stämmen gleich genutzt, aber ihre weitgehende Verwertung – sei es von Haut, Fell, Knochen, Sehnen, Hufen und Innereien – war notwendig zum Überleben. Die Herstellung von Werkzeugen, Bekleidung, Waffen und die Verwendung des Dungs als Brennmaterial sind nur einige Beispiele für die vielseitige Nutzbarkeit der großen Bisons. Das Tepee (Tipi) war wohl das bekannteste Kennzeichen dieser Stämme, ein Zelt aus Büffelhaut, das schnell und einfach auf- und abgebaut werden konnte. Eine kulturelle Besonderheit verschiedener Prärie- und Plains-Volksgruppen wie der Mandan, Lakota und Dakota war der Sonnentanz, bei dem sich die Tänzer mehrere Tage lang in Trance tanzten. Auch

DIE UREINWOHNER

Im Großen Becken ansässige und zu den nördlichen Paiute gehörende Bannock-Indianer

nachdem die US-Regierung Ende des 19. Jahrhunderts den Tanz verboten hatte, wurde die Tradition fortgeführt, indem man ihn als „Regentanz" deklarierte.

Anpassung an die Steppen des Großen Beckens

Im trockenen und heißen Klima zwischen den Rocky Mountains und der Sierra Nevada, mit wüstenartigen Landschaften, Salzseen und brackigen Gewässern, hatten sich die Menschen auf die Jagd nach kleinen Lebewesen wie Eidechsen und Schlangen spezialisiert. Wurzeln, Nüsse und Samen ergänzten den Speiseplan von Stämmen wie den Ute, Shoshonen und Paiute. Sie waren wegen der fehlenden Anbaumöglichkeiten als Nomaden unterwegs und lebten in egalitären Kleingruppen, die im Sommer in unterschiedlichen Typen von Hütten oder Tipis und im Winter in Höhlen oder Felsnischen ihr Unterkommen fanden. Auch sie nutzten die von den Spaniern mit ins Land gebrachten Pferde zur Jagd und in ihren Verteidigungskämpfen gegen die

Nordwesten: Kwakwaka'wakw-Potlatch, Präsentation von Masken vor Totem-Pfählen, Foto von Edward Curtis, 1900

Weißen. Der animistischen Religion kam insgesamt eine eher untergeordnete Rolle zu.

Indianerland im Nordwesten der USA

In einer Region, die heute die Bundesstaaten Idaho, Montana sowie die östlichen Teile von Washington und Oregon umfasst, lebten Stämme wie Nez Perce, Walla Walla und Yakama. Bevor hier die Pferde ebenfalls die Lebensweise stark veränderten, waren diese Menschen vorwiegend in kleinen Dörfern organisiert und lebten hauptsächlich vom Fischfang in den vielen Flüssen und Seen. Mit den Pferden wurden sie beweglicher, die Nahrung konnte durch größere, gejagte Tiere ergänzt werden. Dennoch blieben sie sesshaft und fungierten vorwiegend als Händler, Boten und Vermittler zwischen den Pelzhändlern und später den ersten Siedlern.

Die an der nördlichen Pazifik-Küste lebenden Stämme entwickelten zwei besondere Traditionen: Zum einen stellten sie Totempfähle her, die mit mythologischen Figuren die jeweilige Ahnengeschichte der Familie oder Sippe abbildeten. Und zudem waren diese Gruppen durch Fisch-, Wal- und Robbenfang relativ wohlhabend. So bildete sich die Gepflogenheit des Potlatch heraus, eines großen, meist mehrtägigen Festes anlässlich von Hochzeiten, Geburten, Tod oder der Übernahme eines wichtigen Amtes. Das Fest diente dem Austausch, der Versicherung der Verbundenheit und der Pflege kultureller Riten wobei der Gastgeber alle Gäste freihielt. Dieses wesentliche Element der Nordwestküstenkultur wurde von europäischen Missionaren und Regierungsbeamten als so starke Bedrohung der angestrebten „Zivilisierung" der Ureinwohner angesehen, dass es in Kanada und den USA Ende des 19. Jahrhunderts verboten wurde. Erst 1950 wurde dieses Verbot aufgehoben, sodass die Tradition wieder auflebte.

Die bevölkerungsreichste Region – Kalifornien

Nicht nur heutzutage, auch schon vor der Besiedlung durch spanische Eroberer und später mexikanische Siedler war Kalifornien ein dicht bewohntes Gebiet. Die Anthropologen gehen von einer größeren Sprachvielfalt aus als in Europa; mindestens hundert verschiedene Stämme bevölkerten im 16. Jahrhundert mit geschätzten 300.000 Menschen das heutige Kalifornien bis zur Sierra Nevada. Die Völker lebten in kleineren egalitären oder stammesgesellschaftlich organisierten Gruppen halbnomadisch als Jäger und Sammler und zum Teil vom Fischfang. Als Behausungen dienten giebelförmige Plankenhäuser bzw. kuppel- oder kegelförmige Hütten, die mit Gras, Rinden- oder Binsenmatten bedeckt waren. Markante Ausprägungen der kalifornischen Kultur waren in den Boden eingelassene Versammlungshäuser und die Flechtkunst. Die religiösen Vorstellungen, meist ein Geisterglaube ohne übergeordnete Gottheit, variierten stark.

Plateau

Die Bewohner des durch hohe Berge und tiefe Täler geprägten Plateaus, das östlich des Nordwestküstenareals bis zu den Rocky Mountains reicht, lebten ebenfalls halbnomadisch, allerdings überwiegend sesshaft. Sie ernährten sich vor allem von Fischen und Gesammeltem und sie betrieben regen Handel mit Nachbarvölkern. Der Dorfgemeinschaften stand jeweils ein Häuptling vor, der während der Lachssaison die Verantwortung dem sogenannten Lachs-Häuptling übertrug. Wie ihre nördlichen Nachbarn glaubten auch sie an Naturgeister, den Medizinmännern kam eine herausragende Rolle im geistigen Leben der Gemeinschaft zu. Die verschiedenen Volksgruppen lebten in Erdhäusern, Wigwams, Hütten aus Holzplanken sowie in mit Weidenmatten, Rinden bzw. Tierfellen bedeckten Tipis. Der bekannteste Stamm unter ihnen waren die Nez Percé.

Porträt und Profil eines Küsten-Miwok-Indianers. Die Miwok lebten im Norden Kaliforniens. Aquarell von Mikhail T. Tikhanov, 1818

Die Vertreibung

Die Ankunft der Weißen

Nachdem das Leben der indigenen Völker Amerikas bis Ende des 15. Jahrhunderts vor allem durch die geografischen und klimatischen Gegebenheiten bestimmt worden war, gewann mit der Ankunft der Siedler aus Europa der Einfluss kultureller Faktoren in dramatischer Weise an Bedeutung. Die Neuankömmlinge brachten Tiere, Gegenstände und Techniken mit, die die Kulturen und Kräfteverhältnisse der ethnischen Gruppen untereinander teils erheblich veränderten. So wurde das ursprünglich von den spanischen Konquistadoren in Mexico eingeführte Pferd, das sich durch Tauschhandel und Verwilderung im Laufe von wenigen Jahrzehnten bis in den Norden des Kontinents verbreitete, schnell zum neuen Grundbestandteil der Kultur von Jagdvölkern wie den Apachen und den Comanche. Es verschaffte ihnen entscheidende Vorteile gegenüber anderen Gruppen und erlaubte ihnen, sich in bisher unbewohnbare Gegenden wie die Plains auszubreiten. In Analogie zum einzigen ihnen bis dahin bekannten Lasttier wurde es als „großer geheimnisvoller, heiliger Hund" verehrt und fand einen Platz in der Mythologie vieler Indianervölker. Die Einführung anderer Nutztiere hatte ähnliche Auswirkungen: So entwickelten sich die Diné, Dank der von den Spaniern mitgebrachten Schafe, zu einem Volk von Schafzüchtern und Wollwebern.

Unter den ins Land gebrachten Gebrauchsgegenständen führte vor allem die Feuerwaffe zu einschneidenden Veränderungen im Leben der Indianervölker und in den Beziehungen untereinander: Wenngleich der Effekt der anfangs verwendeten Vorderlader vor allem psychologischer Natur war, da sie zwar weiter schossen als der Bogen, aber langsamer zu handhaben waren, führte ihre zunächst ungleiche Verteilung zu tiefgreifenden Veränderungen: Völker wurden durch benachbarte Gruppen aus ihren Siedlungsgebieten vertrieben und mussten ihre Lebensweise grundlegend umstellen, wie etwa die Cheyenne, die ursprünglich als sesshafte Bauern das nordöstliche Waldland westlich der Großen Seen bewohnten und später zu einem der bekanntesten Plains-Völker wurden. Zu den immateriellen europäischen „Mitbringseln" mit verheerenden Auswirkungen zählten Krankheiten, die unter den Ureinwohnern mangels Abwehrkräften zu tödlichen Epidemien führten und viele Volksgruppen vollständig auslöschten.

Feuerwaffen brachten einschneidende Veränderungen in den Beziehungen der Indianer untereinander und zu den Europäern: Geronimo, eigentlich Goyathlay, ein Chiricahua-Apache, der für seinen lang andauernden bewaffneten Widerstand gegen die Besetzung seines Landes berühmt wurde, präsentiert sich kämpferisch mit Gewehr, 1887

Von Europäern eingeführte Pferde führten zu einem kulturellen Wandel bei vielen Indianervölkern. Die Büffeljagd war nun deutlich einfacher

    Zugleich übten aber die Indianer auch ihrerseits Einfluss auf die Kultur der Neusiedler aus: Neben einer Reihe von heute in Europa selbstverständlichen Nahrungspflanzen wie Kartoffeln und Tomaten, die von den Spaniern aus Südamerika in die Alte Welt gebracht wurden, übernahmen die Europäer von den Ureinwohnern auch das Rauchen von Tabak. Ihr großes Interesse an Biber- und Otterfellen führte zu Handelsbeziehungen, die für die Ureinwohner einerseits Erleichterungen im Alltagsleben, beispielsweise durch die Einführung von Metallgefäßen, mit sich brachten, andererseits aber auch Belastungen. Es entstanden neue Abhängigkeiten. Alkoholismus breitete sich aus, die Frauen mussten zusätzlich die Tierhäute verarbeiten und letztlich erschöpften sich die Pelztierbestände. Als größte Bedrohung für die indigenen Kulturen erwies sich aber der stetig zunehmende Siedlungsdruck durch die europäischen Einwanderer, der dazu führte, dass immer mehr Stämme und Gruppen ihre angestammten Gebiete verlassen mussten – sei es aufgrund vertraglicher Vereinbarungen oder durch gewaltsame Vertreibung. Dies zog wiederum Konflikte mit anderen Indianergruppen um Land und Nahrungsressourcen nach sich.

    Überzeugt von der Höherwertigkeit der eigenen Kultur, begegneten die europäischen Kolonisatoren den Ureinwohnern mit Arroganz und Rassismus, wobei auch die christliche Religion ein wichtiges Funda-

USA-Lesebuch

Ein frühes Bündnis von Indianern und Europäern: Der französische Kolonisator Samuel de Champlain kämft im Juli 1609 auf Seiten der Algoquin-Indianer (links) gegen Irokesen

ment bildete: Die Eroberung des Landes wurde geradezu als göttlicher Auftrag verstanden, bei dessen Ausführung im Wege stehende Indianer gegebenenfalls zu eliminieren waren. So wurde beispielsweise im Pequot-Krieg von 1637 in Neuengland das Volk der Pequot fast vollständig ausgelöscht. In Kalifornien, wo zum Siedlungsdruck noch der Goldrausch kam, wurde im Laufe verschiedener Kriege zwischen 1850 und 1880 eine Reihe von Indianervölkern, wie etwa die in Nordkalifornien lebenden Yuki, weitgehend ausgerottet. Zudem erlaubte ein 1850 verabschiedeter „Act for the Government and Protection of Indians" jedem Weißen, „herumlungernde" und verwaiste Indianer zu Zwangsarbeit zu verpflichten, und auch die Entführung und der Verkauf von Indianerkindern war gängige Praxis – beides Maßnahmen, die bereits von den vorherigen spanischen Kolonisatoren angewandt worden waren.

Die von den Europäern geführten Vernichtungskriege, die auch nicht vor Alten, Frauen und Kindern halt machten, waren für die indigenen Völker etwas völlig Neues. Vor der Ankunft der Europäer hatte es sich bei den bewaffneten Konflikten zwischen Indianergruppen zumeist um begrenzte Blutfehden gehandelt, sogenannte mourning wars („Trauerkriege"), in denen der Diebstahl eines Stammesguts oder der Tod von Stammesmitgliedern gerächt und der Verlust durch die Gefangennahme von Angehörigen des gegnerischen Stammes ausgeglichen wurde. Die Notwendigkeit, sich neues Territorium erobern zu müssen und die Verfügbarkeit von Pferden, modernen Metallwaffen und Gewehren, führte nun auch zu ausgedehnten Kriegen zwischen rivalisierenden Stämmen und Gruppen, die teils an der Seite von Europäern, teils in Bündnissen gegeneinander kämpften.

Bündnisse

Es gab eine Reihe kriegerischer Auseinandersetzungen zwischen britischen und französischen Kolonisten, an denen auch Ureinwohner beteiligt waren, die sich von diesen Allianzen die Durchsetzung ihrer eigenen Ziele erhofften.

DIE UREINWOHNER

The Three Cherokees, came over from the head of the River Savanna to London 1762. & their Interpreter that was Poisoned.

Ein herausragendes Beispiel, sowohl für die Dauer als auch die Brutalität der Auseinandersetzungen, waren die Biberkriege. Die harten Kämpfe innerhalb der Irokesen-Konföderation wurden teilweise durch indianische Verbündete und die Engländer unterstützt sowie von mit den Franzosen verbündeten Nachbarvölkern. Ausgelöst wurde der Konflikt, der von 1640 bis 1701 dauerte, durch die Überjagung der Biberbestände im Irokesen-Territorium, wodurch die vom Pelzhandel lebenden Irokesen sich gezwungen sahen, ihren Nachbarn Jagdgründe streitig zu machen. Neben Pockenepidemien war dieser Konflikt dafür verantwortlich, dass die aus fünf Volksgruppen bestehende Wendat-Konföderation (auch Wyandot oder Huronen) fast völlig ausgelöscht wurde.

„The Three Cherokees":
Zu Anfang der Franzosen- und Indianerkriege waren die Cherokee mit den Briten verbündet. Gegenseitiges Misstrauen führte jedoch zur Aufkündigung der Allianz und schließlich zum Krieg (1758 - 1761). Um nach der Unterzeichnung der Friedensverträge das Vetrauen wieder herzustellen, nahm der Kolonial-Offizier Henry Timberlake drei der ehemaligen Gegner mit nach London

Tecumseh kämpfte 1812 mit seinen Shanee auf Seiten der Briten gegen die US-Amerikaner

Zu den bedeutendsten Bündnissen zwischen Indianern und europäischen Siedlern gehören die der sogenannten Franzosen- und Indianerkriege, die im Rahmen der drei europäischen Erbfolgekriege und des Siebenjährigen Kriegs zwischen 1689 und 1763 ausgetragen wurden. Auch am Amerikanischen Unabhängigkeitskrieg, 1774 bis 1783, nahm auf Seiten der englischen Regierungstruppen eine Reihe von Indianervölkern teil. Sie hofften, dass bei einem Sieg Englands die Einhaltung der Königlichen Proklamation von 1763 sichergestellt wäre, in der erstmals eine Grenze zwischen den britischen Kolonien und einem „Indianerreservat" festgelegt worden war. Als 1812 bis 1814 der Britisch-Amerikanische Krieg ausgefochten wurde, unterstützte wiederum ein Bund verschiedener Indianergruppen unter Führung von Tecumseh aus dem Volk der Shawnee die britischen Truppen.

Tecumseh, der vielen deutschen Lesern durch die romantisch erklärende Jugendbuchreihe von Fritz Steuben bekannt ist, hatte versucht, andere Stämme zur Zusammenarbeit für eine Förderation zu bewegen, aber die vernichtende Niederlage in der Schlacht bei Tippecanoe 1811 hatte alle Pläne zunichte gemacht. Mit den Briten und Teilen seiner Allianz kämpfte Tecumseh 1812 gegen die US-Amerikaner, um die vorherige Vormachtstellung zurückzuerobern, nachdem die Franzosen große Teile der Plains und des Südostens (damals Louisiana) an die USA verkauft hatten. Tecumseh starb 1813 in der Schlacht am Thames River in Ontario, Kanada. Mit seinem Tod verloren die Indianer nicht nur einen bedeutenden Führer, sondern auch den Traum eines großen indianischen Bündnisses, das dem Expansionsdrang der europäischen Siedler Einhalt gebieten könnte.

Menawa, einer der Rotstock-Anführer, die sich der „Zivilisierung" widersetzten

Parallel zum Krieg von 1812 entwickelte sich der Rotstock-Krieg, in dem sich zwei Gruppen des Muskogee-Volkes gegenüberstanden (das von den britischen Händlern als Creek, „Bach-Indianer", bezeichnet wurde): die auf der Seite der USA kämpfenden, in den Unterstädten im Grenzland von Georgia lebenden sogenannten Lower Creek und die im Tal des Alabama River siedelnden Upper Creek, die sich aggressiv gegen das Vordringen der europäischen Siedler und die „Zivilisierungsprogramme" der Regierung zur Wehr setzten. Wegen der roten Stöcke, die von ihren Medizinmännern bei Zeremonien benutzt wurden, und ihrer rot gefärbten Kriegskeulen, nannte man die Upper Creek „Rotstöcke". Sie wurden von den US-Truppen in der Schlacht am Horseshoe Bend vernichtend geschlagen, mit der Folge, dass sich beide Muskogeegruppen im Vertrag von Fort Jackson 1814 verpflichten mussten, einen großen Teil ihres Landes den US-Siedlern zu überlassen. Der befehlshabende General Andrew Jackson, nach dem auch das von ihm erbaute Fort benannt worden war, sollte 16 Jahre später als Präsident der USA auch den „Indian Removal Act" unterzeichnen. Dieser diente dann als rechtliche Grundlage für die Umsiedlung und Vertreibung der Indianervölker aus den Gebieten des südöstlichen Waldlandes östlich des Mississippis.

Kampf gegen die Kolonisatoren

Von Anfang an setzten sich Stämme oder Gruppen von Ureinwohnern gegen das Vordringen der europäischen Siedler und die Vertreibung aus ihrem Land zur Wehr. Letztlich unterlagen sie aber gegen die Übermacht der Siedler und staatlichen Truppen.

Daraufhin wurden die Ureinwohner von der Regierung unter Druck gesetzt, ihr fruchtbares Land gegen relativ karge und trockene Gebiete im sogenannten „unorganisierten Territorium" einzutauschen, das später als Indianerterritorium bezeichnet wurde. Verträge über Landrechte existierten oft nur pro forma und wurden von den europäischen Siedlern nicht eingehalten. Mit dem schon erwähnten Indian Removal Act von 1830 wurde dann allerdings die Gesetzesgrundlage geschaffen, die Ureinwohner endgültig zu enteignen und an anderen Orten anzusiedeln. Die weißen Siedler drängten in Massen in das fruchtbare Land und konnten nun ihre Interessen auf legalem Weg erstreiten. Das Militär fungierte als der verlängerte Arm des Gesetzes und zwang zwischen 1830 und 1838 fast 100.000 Indianer auf den Weg ins spätere Oklahoma, ein trockenes und unwegsames Gebiet westlich des Mississippi.

Dieses Schicksal ereilte auch die „fünf zivilisierten Nationen" – trotz ihrer großen Anpassungsbereitschaft an die europäische Gesellschaft. Von dieser hatten sie nicht nur die Kleidung und die Haltung schwarzer Sklaven, sondern um 1820 auch ihr Regierungssystem aus Häuptling, Senat und Repräsentantenhaus übernommen. Trotzdem wurden sie aus ihrem angestammten Land vertrieben: Während sich einige, vor allem wohlhabendere Familien aus den Völkern der Chickasaw und Muskogee, zur freiwilligen Umsiedlung entschlossen hatten und selbstständig den Weg ins neue Territorium antraten, wurde der größte Teil der Indianer in von der Regierung organisierten Trecks deportiert.

Auf diesem „Pfad der Tränen" (Trail of Tears), auf den die Choc-

Horseshoe Bend 1814: Andrew Jackson, der spätere 7. Präsident der USA, nimmt die Kapitulation der Muscogee durch deren Häuptling William Weatherford entgegen

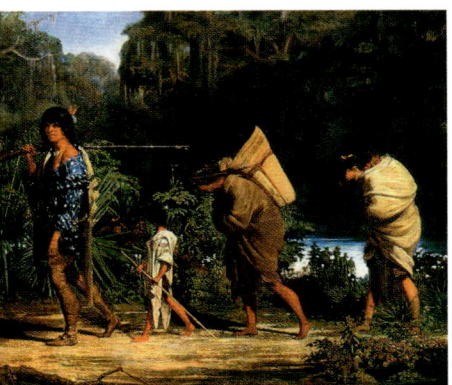

Auch die „fünf zivilisierten Stämme" im Südosten mussten ihre angestammten Gebiete verlassen. Zu ihnen gehörten auch die Choctaw-Indianer in den Feuchtgebieten Louisianas

Osceola, der Häuptling der Seminolen im 2. Seminolenkrieg 1838, Gemälde von George Catlin

taw, Muskogee, Chickasaw und Cherokee – vier der fünf „zivilisierten Nationen" – zwischen 1831 und 1838 gezwungen wurden, starb wohl mehr als ein Viertel der Vertriebenen an Krankheiten, Kälte, Unterernährung und körperlicher Entkräftung. Zu ihnen gehörten auch die sie begleitenden afrikanischstämmigen Sklaven. Die Muskogee und Cherokee, die ihr Land nicht freiwillig verlassen wollten, wurden zusammengetrieben und in gefängnisartige Lagern gepfercht, die wenig Platz und Verpflegung boten; sie mussten ihr Vieh zurücklassen und hatten teilweise kaum Zeit, vor dem Abtransport ihre Habseligkeiten zusammenzusuchen. Familien wurden für immer auseinandergerissen, und in den Lagern, in denen die Internierten Wochen zubringen mussten, starben viele an Krankheiten. Wer sich am Tag der Abreise weigerte, das Lager zu verlassen, wurde mit Waffengewalt oder Schlägen dazu gezwungen. In dem neuen Territorium gab es weitere Verluste durch Epidemien und Hunger, weil von der Regierung zugesagte Lebensmittel nicht ausreichend oder zu spät geliefert wurden. Dazu kamen Konflikte mit dort lebenden Prärie-Indianern, die ihre Siedlungsgebiete durch die Einwanderer aus dem Südosten bedroht sahen, die sich ihrerseits vor den „wilden Stämmen" fürchteten.

Die fünfte der „zivilisierten Nationen", die Seminolen, war erst im 18. Jahrhundert aus Gruppen von Muskogee und den mit ihnen eng verwandten Miccosukee, Choctaw und anderen Ethnien wie den Yuchi and Yamasee entstanden. Diese waren aus dem Gebiet des heutigen Mississippi, Alabama, Georgia und South Carolina nach Florida eingewandert, um Kriegen und dem britischen Siedlungsdruck zu entfliehen. Dazu kamen entlaufene und freigelassene afrikanischstämmige Sklaven, die sich mit den Indianergruppen vermischten und dann eigene Gruppen sogenannter Schwarzer Seminolen bildeten. Da die englischen Siedler den Seminolen insbesondere wegen der bei ihnen lebenden entlaufenen Sklaven mit Argwohn gegenüberstanden – ein Umstand, der bereits zum ersten Seminolenkrieg 1817/18 geführt hatte – sollten auch sie gemäß dem Indian Removal Act umgesiedelt werden, obwohl die Siedler an ihrem Reservat im Sumpfland Floridas eigentlich gar kein wirtschaftliches Interesse hatten. Delegierte der Seminolenführung wurden in das Indianerterritorium geschickt, um geeignete Gebiete auszusuchen. Sie wurden noch vor Ort zur Ratifizierung des Vertrags mit der US-Regierung genötigt. Da einige Seminolengruppen jedoch meinten, zu wenig Mitspracherecht zu haben und die afrikanischstämmigen unter ihnen kein Interesse daran

Trails of Tears, Vertreibung der Indianerstämme aus dem fruchtbaren südöstlichen Waldland und der Sumpflandschaft Floridas zwischen 1831 und 1835

hatten, erneut versklavt zu werden, entschlossen sie sich zum Widerstand. Der daraus entstehende 2. Seminolenkrieg von 1835 bis 1842 – der auch schlicht als der Seminolenkrieg bezeichnet wird und als längster und teuerster aller Indianerkriege gilt – endete mit der Niederlage der Seminolen. Der größte Teil von ihnen wurde interniert, mit Schiffen ins Indianerreservat verbracht, oder – im Fall der afrikanischstämmigen – zum Teil erneut versklavt. Nur einige Hundert konnten sich in den Everglades verstecken und so der Deportation entgehen. Im Anschluss an den dritten Seminolenkrieg, der zwölf Jahre später ausbrach, entschloss sich der Großteil der noch Übriggebliebenen ebenfalls ins Indianerterritorium umzusiedeln. Es sollte nicht die letzte Umsiedlung bleiben, zu der Indianergruppen von der US-Regierung gezwungen wurden. Die Verpflanzung in eine fremde Umgebung führte generell zum Verlust der Eigenständigkeit, zu Konflikten um Territorien und kultureller Entwurzelung.

Als „klassische" Indianerkriege gelten jedoch jene um das Land der Prärie-Indianer, insbesondere die der Jahre 1860 bis 1890, zu denen die Texanischen Indianerkriege und die Siouxkriege in den Great Plains gehören.

Der Ausgangspunkt des Ersten Siouxkriegs von 1854 bis 1856 war ein Ereignis, das als Grattan-Massaker bekannt wurde: Nachdem ein

Der Lakota-Häuptling Red Cloud 1880 als Deligierter in Washington D.C.

Trupp von Soldaten unter der Führung des unerfahrenen Unterleutnants John Lawrence Grattan, der in einem Lager der Lakota-Sioux einen mutmaßlichen Kuhdieb verhaften wollte, einen Häuptling erschossen hatte, hatten die Lakota (östliche Dakota) im Gegenzug 29 Soldaten getötet. Es folgte der Dakota-Krieg von 1862 zwischen Stämmen der östlichen Dakota und US-Truppen, an dessen Ende 38 gefangene Dakota exekutiert wurden und die Dakota aus Minnesota nach Nebraska und South Dakota vertrieben wurden, nachdem sie zuvor über 800 Farmer getötet hatten. Im von 1863 bis 1865 dauernden Colorado-Krieg verloren die südlichen Cheyenne ihre Gebietsansprüche in Colorado. Seinen traurigen Höhepunkt fand er im Sand-Creek-Massaker, als Regimenter der Colorado-Miliz ein Dorf der Cheyenne und Arapaho überfielen und zwischen 70 und 163 Menschen, größtenteils Frauen und Kinder, töteten, zum Teil skalpierten und ihre Genitalien verstümmelten. Sich daran anschließende Überfälle von Indianern auf Siedlungstrecks und US-Truppen auf dem Oregon Trail hatten 1865 eine Strafexpedition der Armee zur Folge, die zum Powder-River-Krieg ausuferte. Im Red-Cloud-Krieg von 1866 bis 1868, benannt nach dem maßgeblichen Lakota-Häuptling, sollte es den Indianern dann gelingen, die Armee und die mitten durch ihr Land ziehenden Siedlertrecks aus dem Powder-River-Becken zu vertreiben. Schließlich setzten sie 1868 im Vertrag von Fort Laramie die Gründung des Großen Siouxreservats in South Dakota westlich des Missouri durch. Nachdem jedoch in den Black Hills, die den Lakota als heilig galten, Gold gefunden worden war und die Indianer es nicht hinnehmen wollten, dass in das Territorium, das ihnen im Vertrag von Fort Laramie exklusiv zur Jagd überlassen worden war, Siedler und Goldsucher einfielen, brach der Große Siouxkrieg von 1876 aus.

Dieser führte zum wohl größten symbolischen Sieg der Ureinwohner, als die Lakota-Sioux, Arapaho und Cheyennee unter Führung der berühmten Häuptlinge Crazy Horse und Sitting Bull das 7. Regiment der US-Kavallerie am Little Bighorn River vernichtend schlugen. Trotzdem mussten sie sich letztlich der Übermacht der US-Streitkräfte ergeben, die grausame Hetzjagden auf Indianer im ganzen Land veranstalteten. Sie wurden gezwungen, einen Teil des Siouxreservats inklusive der Black Hills an die Regierung abzutreten. 1889 verabschiedete der Kongress ein auf dem „General Allotment Act" aufbauendes Gesetz, das das Territorium zusammen mit anderen Ländereien in fünf kleinere Reservate aufteilte, wobei zugleich

Die Ureinwohner

General Custers Niederlage am Little Bighorn 1876; Gemälde von Charles Marion Russell, 1903

etwa die Hälfte der Fläche des ehemaligen Reservats zum Verkauf freigegeben wurde.

Die letzte kurze Etappe der Siouxkriege stand im Zusammenhang mit der sogenannten „Geistertanzbewegung", die 1869 von einem Paiute-Medizinmann namens Wodziwob ins Leben gerufen worden war. Dieser hatte damals von seiner Vision eines Erdbebens berichtet, bei dem die Erde die Weißen verschlucken, ihre Erfindungen aber bestehen lassen würde, sodass die Indianer fortan in einem Paradies leben könnten. Außerdem kämen innerhalb von wenigen Jahren die Seelen der Verstorbenen zu ihren Angehörigen zurück. Um seine Visionen zu verkünden, organisierte er spirituelle Zusammenkünfte, bei denen im Rund tanzend die Geister angerufen wurden. Nach Wodziwobs Tod ca. 1872 erstarb die Bewegung. 1890 gründete Wovoka, auch genannt Jack Wilson, der Sohn eines Schülers Wodziwobs, eine zweite Geistertanzbewegung. Angesichts der allgemein desolaten Lage der Indianer fiel die Botschaft nicht nur bei den Paiute, sondern auch bei vielen anderen Indianervölkern auf fruchtbaren Boden. Nachdem das Office of Indian Affairs eine vertragliche Vereinbarung durchgesetzt hatte, der gemäß das Reservat der Sioux in sechs kleinere Gebiete aufgeteilt wurde, griffen auch die beiden Lakota Kicking Bear und Short Bull, die Wovoka persönlich in Nevada besucht hatten, zum Mittel des Geister-

Szenerie am Wounded Knee drei Wochen nach dem Massaker. Im Vordergrund in Decken gewickelte Leichen

tanzes, um ihren Stammesangehörigen neuen Mut zu geben, sich gegen die Enteignung ihres Landes zur Wehr zu setzen. Alarmiert durch die Ausbreitung der Bewegung, entsandte die US-Regierung Militär und befahl die Verhaftung der Häuptlinge Kicking Bear und Sitting Bull. Bei der Auseinandersetzung zwischen der indianischen Reservatspolizei und einer Gruppe von Geistertänzern wurde Sitting Bull getötet.

Das offizielle Ende der Siouxkriege markierte ein zu tragischer Berühmtheit gelangtes Ereignis am Wounded Knee Creek: Als ein Kavallerieregiment eine aus etwa 200 bis 300 Männern, Frauen und Kindern bestehende Gruppe von Geistertanzanhängern der Minneconjou-Lakota entwaffnen sollte und einer der Indianer sein Gewehr nicht abgeben wollte, löste sich ein Schuss, worauf die Soldaten das Feuer eröffneten und die meisten Indianer, teils mit Gebirgskanonen, erschossen. Lakota, die zu fliehen versuchten, wurden verfolgt und ebenfalls getötet. Auch 25 Soldaten kamen – zum größten Teil durch die Kugeln der eigenen Leute – ums Leben.

Als eine der letzten bewaffneten Auseinandersetzungen gilt der Nez-Percé-Krieg im Nordwesten. Die Nez Percé waren ein Volk mit vielen Stämmen im Gebiet der heutigen Bundesstaaten Washington, Oregon und Idaho, die mit den weißen Pelzhändlern und den wenigen Siedlern im Nordwesten zunächst in friedlicher Koexistenz lebten. 1855 wurde ein Vertrag mit den Amerikanern geschlossen, der den Nez Percé ein dauerhaftes Reservat in Idaho und Oregon garantierte; dafür traten sie große Teile ihrer angestammten Gebiete ab. Goldfunde im Reservat machten diese Vereinbarung kurze Zeit später zunichte. Die Indianer sollten in ein noch kleineres Gebiet umgesiedelt werden. Ihr Häuptling Chief Joseph verhandelte lange Jahre um den Verbleib im Reservat, letztlich erfolglos. Mit einer Flucht ins benachbarte Kanada wollten sie 1877 ihrer Umsiedlung zuvorkommen. Auch dieser Plan scheiterte und die meisten Männer wurden gefangengenommen. Wie andere Stämme sollten auch sie nach Oklahoma verbracht werden, aber Chief Joseph versuchte mit politischer Arbeit in Washington D.C. die Rückkehr des Stammes in das eigene Gebiet zu erreichen – vergeblich.

Chief Joseph, Häuptling der Nez Percé

In mehreren hundert Verträgen versuchte die US-Regierung, die Indianer-Stämme zur Abtretung ihrer jeweiligen Gebiete zu bewegen. Teilweise kam dadurch kurzfristig Frieden zustande, allerdings hielt sich die Regierung oft nicht an die Vereinbarungen. Die Ureinwohner lebten wie Gefangene in ihren Reservaten, standen unter der strengen Kontrolle der Regierung und durften ihre kulturelle Identität nicht mehr ausleben. Oft hingen sie aufgrund der Landumverteilung und Vernichtung der Jagdgründe von den unregelmäßigen Verpflegungsrationen der Weißen ab. Hunger, Armut und Elend waren die Folge und führten zu zahlreichen Aufständen in den Reservaten. Nach dem fürchterlichen Massaker der Armee bei Wounded Knee in Süd Dakota erstarb der Widerstand der Indianer.

Pocahontas – Ehefrau eines Weißen und Symbol für Assimilierung

Spätestens seit dem Walt-Disney-Zeichentrickfilm von 1995 ist die Powhatan-Indianerin Pocahontas eine bekannte Figur der amerikanischen Geschichte. Allerdings zeigt der Film nur einen kleinen und dazu romantisierten Teil ihres Lebens. In den Wäldern von Virginia wurde die Tochter des Häuptlings um 1596 geboren, ihr Stamm lebte in der Nähe der späteren dauerhaften Siedlung von Jamestown, südöstlich von Richmond. Ein junger Mann namens John Smith gehörte 1607 zu den ersten englischen Siedlern dort, die in den Anfangsjahren immer wieder ums Überleben kämpften. Smith soll den Indianern in die Hände gefallen sein, nach seinem eigenen Bericht wollten sie ihn töten, aber Pocahontas rettete ihm das Leben. Forscher nehmen an, der Stamm wollte eine Adoptionszeremonie durchführen, die der Weiße nicht verstand. Als Smith die kleine Kolonie wieder Richtung England verließ, verschlechterten sich die Beziehungen zwischen den Siedlern und den Indianern, Pocahontas wurde gefangen genommen und lebte ein Jahr unter der Obhut des Priesters von Jamestown. Sie lernte die englische Sprache und Sitten, wurde getauft und heiratete schließlich den Siedler John Rolfe. Rolfe hatte Tabakpflanzen aus der Karibik mit nach Virginia gebracht, der Ursprung einer für diese Region langfristig sehr ertragreichen Landwirtschaft. Pocahontas alias Rebecca Rolfe wurde sogar nach London und an den Königshof eingeladen, nahm man sie doch als Paradebeispiel für die erfolgreiche Zivilisierung der „Wilden" wahr, es schien also möglich, diese unbekannten Menschen zu zähmen. Pocahontas starb auf der Rückreise nach Virginia noch in England und wurde in der Kirche in Gravesend an der Themse 1617 beigesetzt.

Pocahontas in damals üblicher Hoftracht in einem zeitgenössischen Kupferstich von Simon van de Passe. Die Bildunterschrift lautet: „Matoaks als Rebecka daughter to the mighty Prince Powhâtan Emperour of Attanoughkomouck als virginia converted and baptized in the Christian faith, and wife to the wor.ff Mr. Joh Rolff."

Kit Carson – Freund und Feind der Indianer

Unweit vom Tahoe See liegt Nevadas Hauptstadt Carson City, mit ca. 55.000 Einwohnern eine der kleinsten Hauptstädte eines Bundesstaats. Namensgeber dieses Orts am Fuß der Sierra Nevada war der Trapper, Pelzhändler, Indianer-Agent und Offizier Kit Carson. Er war zu Anfang seiner Karriere auch Führer des Offiziers, Entdeckers, kurzzeitigen militärischen Gouverneurs von Kalifornien und Senators John

C. Fremont. Zunächst wurde der Fluss durch Fremont nach Carson benannt, später griff der Handelsposten den Namen auf.

Kit Carson wurde 1809 in Kentucky geboren, ging als junger Mann in den Westen nach New Mexico und lebte mit den dortigen Indianern. Seine Kenntnisse der Region und einiger indianischer Sprachen, wie der der Arapahoe und der Cheyenne, sollten sich für Fremont bei seinen Erkundungen von Oregon und Kalifornien als sehr nützlich erweisen. Auch im Krieg mit Mexiko diente Carson unter Fremont und führte die Truppen von General Kearney von New Mexico nach Los Angeles. Fast zehn Jahre lang war Carson als Beauftragter für Indianerfragen im Westen tätig. Mitte der 1860er Jahre erlangte der „Mountainman" neue Berühmtheit durch seine rigorosen Feldzüge gegen die Navajo und andere Indianerstämme, die sich als sehr erfolgreich erwiesen: Er ließ sie nicht nur mit Waffengewalt aus ihren angestammten Gebieten vertreiben, sondern vernichtete auch gleich Dörfer, Felder und das Vieh. Die Menschen wurden auf einen langen Marsch in unfruchtbare Teile von New Mexico geschickt, auf dem viele Ältere, Kinder und Kranke starben. Erst vier Jahre später durften sie in ihr angestammtes Land zurückkehren. In jenem Jahr – 1868 – starb Carson in Colorado. Beerdigt ist er in Taos. Es gibt eine Reihe von Romanen über Carson, ebenso haben Filme und TV-Serien zur Legendenbildung über diesen ungewöhnlichen Menschen beigetragen.

Kit Carson als Held eines Groschenromans (oben, 1874) und im Porträt (ca. 1860)

Anpassung und Widerstand
Aufgezwungene Assimilierung

Zu Beginn des 20. Jahrhunderts fand ein Kurswechsel der US-Regierung gegenüber den Indianern statt: Nun ging es nicht mehr um die physische Dezimierung, sondern um kulturelle Assimilierung. Ihrer ursprünglichen Lebensgrundlagen beraubt, waren die Indianer in den Reservaten auf staatliche Unterstützung angewiesen, die als Druckmittel eingesetzt wurde, um sie an die europäisch geprägte Lebensweise anzupassen. Diesem Zweck diente auch der 1887 verabschiedete General Allotment Act („Allgemeines Zuweisungsgesetz", auch Dawes Act genannt), der es erlaubte, das Reservatsland in Parzellen aufzuteilen und Flurstücke einzelnen Familien oder Personen zuzuweisen. Die Indianer sollten so zu Farmern werden und ihre Stammesidentität verlieren.

Indianerland zum Verkauf: Nicht im Rahmen des Dawes Acts aufgeteiltes oder nach dem Tod der Eigentümer an den Staat gefallenes Land wurde billig verkauft. Die Fläche der Reservate wurde so erheblich verkleinert (Plakat von 1911)

Erst 1924 erhielten alle Ureinwohner die amerikanische Staatsbürgerschaft. Da die USA die Indianerstämme als Völker mit jeweils eigenem Stammesrecht innerhalb der USA ansahen, hatten Menschen in den Reservaten nun quasi zwei nationale Zugehörigkeiten. Als amerikanische Staatsbürger waren die Indianer allerdings keineswegs gleichberechtigt. Einige Bundesstaaten verweigerten ihnen noch jahrzehntelang das Wahlrecht. 1934 gestand man ihnen im Indian Reorganization Act das Recht auf ihre Kultur zu. Trotzdem versuchte die US-Regierung immer wieder und besonders dann, wenn wirtschaftliche Interessen im Spiel waren, die Rechte der Indianer zu beschneiden, zum Beispiel durch Landenteignungen.

Auch bedeutete der Indian Reorganization Act nicht das Ende der Assimilationsversuche. Die Stichworte, die die Indianerpolitik der US-Regierung in den folgenden Jahrzehnten bestimmen sollten, lauteten *termination* und *relocation*: Die Verwaltung der Indianerreservate durch die Bundesregierung wurde beendet und die Indianer wurden ermutigt, aus den Reservaten in städtische Gebiete mit besseren Arbeitsmöglichkeiten zu ziehen. Dahinter stand der Gedanke, sie aus der Abhängigkeit von staatlichen Zuwendungen und der damit einhergehenden Bevormundung zu befreien, sie also zu „normalen" Bürgern zu machen. Indem die Stämme als separate Gruppen mit gemeinschaftlichen Rechten aufgelöst wurden, sollte der Individualismus gefördert werden, zumal die Befürworter dieser Politik davon ausgingen, dass es

Schüler an der Carlisle Indian Industrial School, Pennsylvania (ca. 1900)

im Grunde auch der Wunsch der Indianer war, wie weiße Amerikaner zu leben. Im Rahmen dieser Terminationspolitik wurden zwischen 1958 und 1967 auch über 400 indianische Kinder, deren Eltern sich nach Auffassung der Behörden zu wenig um sie kümmerten oder die in zu beengten Verhältnissen aufwuchsen, zwangsweise zur Adoption in europäischstämmige Familien gegeben.

American Indian boarding schools

Die familiäre und kulturelle Entwurzelung indianischer Kinder war allerdings schon deutlich früher zum Mittel staatlicher Politik geworden: Bereits 1819 hatte man mit der Verabschiedung des „Civilization Fund Act" offiziell damit begonnen, meist von christlichen Missionaren betriebene Internatsschulen zu fördern; später initiierte das Office of Indian Affairs selbst die Gründung zahlreicher American Indian boarding schools, die neben der Vermittlung von Bildung vor allem den Zweck erfüllten, indianische Kinder ihrer ursprünglichen Kultur zu entwöhnen und in die europäisch-christliche Zivilisation zu integrieren. „Kill the Indian, Save the Man", lautete das Motto von Richard

Nichts gelernt

Im Western „Fluss ohne Wiederkehr" von 1954, mit Marilyn Monroe und Robert Mitchum, lässt Regisseur Otto Preminger seinen Helden angesichts der angreifenden Indianer sagen, die Weißen hätten ein Recht das Land zu besitzen, sie hätten es schließlich urbar gemacht, anders als die nomadisierenden Ureinwohner. Ein Beispiel, wie Hollywood die Inbesitznahme des Indianerlands rechtfertigte; zahllose andere Western dieser Zeit glorifizierten die entschlossenen und tatkräftigen Siedler ebenso, wie sie die Indianer mit wenig Respekt skizzierten.

Pratt, dem Gründer der Carlisle Indian Industrial Boarding School, die 1879 als erste vom Office of Indian Affairs eingerichtet wurde. Die Indianerkinder erhielten europäische Namen und es wurde ihnen verboten, ihre Muttersprachen zu benutzen. Häufig kam es zur Entfremdung zwischen den Kindern und ihren Familien. Zudem waren an den Schulen körperliche Misshandlungen und auch sexueller Missbrauch nicht selten. Noch in den 1970er Jahren lag der Anteil von Indianerkindern, die auf staatliche Veranlassung hin außerhalb ihrer heimatlichen Umgebung und meist ohne Kontakt zu ihrer Kultur aufwuchsen, bei 30 %. Erst 1972 wurde den Stammesregierungen erlaubt, eigene Schulen und Colleges zu gründen. Und sechs Jahre später erhielten diese die vorrangige Verantwortung für die Betreuung von Kindern, die in Indianerfamilien bzw. in der Obhut des Stammes lebten.

Ein positiver Effekt der American Indian boarding schools bestand jedoch darin, dass sie den Zusammenhalt unter Indianern unterschiedlicher ethnischer Herkunft stärkten und so zur Bildung einer panindianischen Bewegung beitrugen.

Red Power

Schon 1944 wurde als gemeinsame Interessenvertretung aller amerikanischen Ureinwohnervölker der National Congress of American Indians ins Leben gerufen. Und die Bürgerbewegung der 1960er Jahre führte auch zu einer Stärkung des Selbstbewusstseins der indigenen Amerikaner, das zu der Gründung weiterer Organisationen wie des National Indian Youth Council 1961, der ersten unabhängigen indigenen Studentenorganisation, und des American Indian Movement, AIM, 1968 einherging. Analog zur Bewegung der schwarzen Amerikaner bildete sich in jenen Jahren die Red-Power-Bewegung, aus der eine Reihe spektakulärer Aktionen hervorging: Ab 1969 besetzten indianische Bürgerrechtler anderthalb Jahre lang die ehemalige Gefängnisinsel Alcatraz, um für die Rückgabe des nun ungenutzten Landes an die Ureinwohner zu demonstrieren. Und der vom American Indian Movement und anderen Organisationen veranstaltete „Trail of Broken Treaties", der „Pfad der gebrochenen Verträge" im Jahr 1972, führte eine Karawane von Bussen und Autos von der Westküste bis in die Hauptstadt Washington, wo der US-Regierung ein Papier mit 20 Forderungen überreicht werden sollte. Da die Regierung von Präsident Nixon ein

AIM-Aktivisten im Jahr 2013, die auch 1973 bei der Besetzung der Ortschaft Wounded Knee beteiligt waren

Treffen mit den Aktivisten abgelehnt hatte, besetzten Teilnehmer des Demonstrationszugs kurzerhand das Bureau of Indian Affairs, erklärten es zur „Native American Embassy" und räumten das Gebäude erst wieder, nachdem ihnen weitere Vertragsverhandlungen in Aussicht gestellt worden waren. 1978 initiierte das AIM den „Longest Walk", einen über 5.000 Kilometer langen spirituellen Fußmarsch von Alcatraz nach Washington, mit dem die Ureinwohner für die Souveränität der indigenen Nationen und gegen geplante Gesetze zur Aufhebung einer Reihe von Vereinbarungen demonstrierten. Dreißig Jahre später wurde ein zweiter „Längster Marsch" von San Francisco nach Washington unternommen, bei dem es neben der Stammessouveränität insbesondere um den Schutz der Heiligen Stätten ging.

Auch den institutionellen Weg beschritten die indigenen Völker, um sich gegen gebrochene Verträge und die unrechtmäßige Annexion von Land zur Wehr zu setzen oder ausgebliebene Ausgleichszahlungen einzufordern. In mitunter langjährigen gerichtlichen Auseinandersetzungen konnten sie letztlich einige Erfolge verbuchen. Nicht immer führten die Verfahren allerdings zum gewünschten Ergebnis: So stellte der US Supreme Court 1980 fest, dass der Bruch des Vertrags von Fort Laramie durch die Annexion der Black Hills 1876 illegal war und sprach den Lakota eine Entschädigung von 106 Millionen Dollar zu.

Die Lakota lehnten die Zahlung jedoch ab und verlangen weiterhin die Rückgabe ihrer heiligen Berge.

Reservat vs. Stadt

Heute besitzen die insgesamt 561 Stammesregierungen innerhalb ihrer jeweiligen Territorien weitgehende rechtliche Souveränität. Neben dieser Unabhängigkeit vom amerikanischen Staat besteht aber seit 1824 gleichzeitig das Bureau of Indian Affairs, Büro für Indianerangelegenheiten im Innenministerium, das einen großen Teil der Ländereien der Stämme verwaltet. Dies führt auch heute noch zu Auseinandersetzungen: Auf dem kargen, angeblich unbrauchbaren Land der Reservate wurden enorme Mengen an Uran, Erdöl und Kohle gefunden. Und da das Bureau of Indian Affairs auch für den Abbau von Bodenschätzen zuständig ist, haben die Native Americans kaum Möglichkeiten, sich gegen diese erneute Enteignung zu wehren oder wenigstens an dem Abbau mitzuverdienen.

Auch heute ist das Leben in den Reservaten von Armut gekennzeichnet. Die Arbeitslosigkeit liegt teilweise bei über 50 %, denn der Boden lässt sich landwirtschaftlich kaum nutzen, Industrie siedelt sich nicht an, da es in den abgelegenen Regionen an Infrastruktur mangelt. Seit Ende der 80er Jahre werden in ungefähr der Hälfte der Reservate Glücksspielcasinos betrieben: Nach einem Aufsehen erregenden Prozess vor dem Obersten Gerichtshof wurde 1988 der Indian Gaming Regulatory Act verabschiedet, ein Gesetz, mit dem die Einrichtung von Casinos auch in solchen Bundesstaaten möglich ist, die eigentlich Glücksspiel verbieten. Viele Native Americans lehnen jedoch diese Art von Lebensunterhalt ab, da ein solches Gewerbe nicht mit der jeweiligen Kultur in Einklang zu bringen ist.

So sind oft Handwerk und Tourismus die einzigen Einnahmequellen; fehlende Bildungsmöglichkeiten und eine hohe Alkoholismusrate prägen insgesamt eine Situation der Perspektivlosigkeit, deshalb leben mittlerweile etwa 70 % der Ureinwohner in Städten, entweder nahe den Reservaten oder in den Megametropolen Los Angeles oder New York. Hier finden sie bessere Verdienstmöglichkeiten, wobei sie im Durchschnitt allerdings immer noch zu den weniger wohlhabenden Bevölkerungsschichten zählen. Statistische Erhebungen verzeichnen für Angehörige indigener Gruppen eine durchschnittlich höhere Rate

Der erste Indianer im All

2002 flog John Herrington mit dem Space Shuttle zur Raumstation ISS. Eine Fahne seines Volks, der Chickasaw, begleitete ihn auf der elftägigen Reise. Die Chickasaw Nation lebt in einem Gebiet im südlichen Oklahoma, Herrington wurde allerdings in einer Kleinstadt geboren, die zum Reservat der Alabama-Quassarte und der Kialegee gehört. Er wuchs in Colorado, Wyoming und Texas auf und studierte Mathematik, bevor er 1984 zur Marine ging. Zwei Jahre nach dem Ausflug ins All verbrachte Herrington 10 Tage unter Wasser im Aquarius-Labor bei Key Largo; er war dort als Kommandant tätig. Die NASA testet dort Lebensbedingungen im All und trainiert Astronauten.

von Alkoholismus, eine größere Tendenz zu verschiedenen physischen und psychischen Krankheiten und einen geringeren Bildungsstand.

Neues Selbstbewusstsein

Im Dezember 2009 setzte Präsident Obama seine Unterschrift unter eine Resolution, in der er im Namen des Volks der Vereinigten Staaten bei den Ureinwohnern für ihnen zugefügtes Unrecht, Gewalt, Misshandlung und Vernachlässigung um Entschuldigung bat. Ein Jahr später kündigte er an, dass trotz zuvor geäußerter formaler Vorbehalte nun auch die USA die 2007 die von den Vereinten Nationen verabschiedete Erklärung zur Rechte indigener Völker annehmen würden. Diese Erklärung hebt den Anspruch auf kulturelle Eigenständigkeit, die Beibehaltung und Stärkung eigener Institutionen und Traditionen hervor und verbietet eine Diskriminierung aufgrund von Andersartigkeit gegenüber der Mehrheitsgesellschaft.

Obwohl die Ureinwohner heute nur noch circa 0,9 % der US-amerikanischen Gesamtbevölkerung ausmachen, lässt sich seit einigen Jahren ein gewisser Sinneswandel in der Wahrnehmung ihrer Kultur feststellen. Indianisches Kunsthandwerk erfreut sich immer größerer Beliebtheit und mit den seit 1999 verliehenen Auszeichnungen für Musik der Ureinwohner, den Native American Music Awards, wird auch diesem Teil der indigenen Kultur Rechnung getragen und Akzeptanz verschafft. Musik spielt in der indianischen Kultur seit jeher eine wichtige Rolle, zum Beispiel bei den immer mehr an Bedeutung gewinnenden Powwows. Waren die Powwows ursprünglich Tanzfeste der Prärieindianer, greifen heute auch andere Stämme diese Form der Zusammenkunft auf. Powwows entwickeln sich zum kulturellen Treffpunkt der Native Americans und nicht immer sind Weiße bei den Zeremonien und Tänzen willkommen. Ein unmissverständliches Indiz für den Sinneswandel gegenüber Native Americans besteht auch darin, dass immer mehr Prominente aus Film, Fernsehen und der Musikwelt ihre Ahnengalerie durchforschen lassen und dabei die indianischen Vorfahren nicht verschweigen. Die Sängerin Cher hat noch nie ein Hehl aus ihrer Abstammung gemacht, andere wie zum Beispiel Johnny Depp, Jimi Hendrix, Miley Cyrus, Jessica Biel und Beyonce verkörpern mit den vielen Ethnien unter ihren Vorfahren sozusagen das „biologisch moderne Amerika", so Blogger Arogundade.

> **Humoriges aus indianischer Sicht**
>
> Die Website indiancountrytodaymedianetwork.com fragte ihre Besucher, anhand welcher Aussagen man Indianer von Nicht-Indianern unterscheiden könne. Beispielsweise würden Indianer nie sagen, dass Christoph Kolumbus Amerika entdeckt hat, oder von sich selbst als „Rothäuten" reden. Einen weiteren Hinweis zum Selbstverständnis gibt das Zitat: „Ohne ausgeprägten Humor hätten wir [Indianer] die letzten 500 Jahre nicht überstanden."

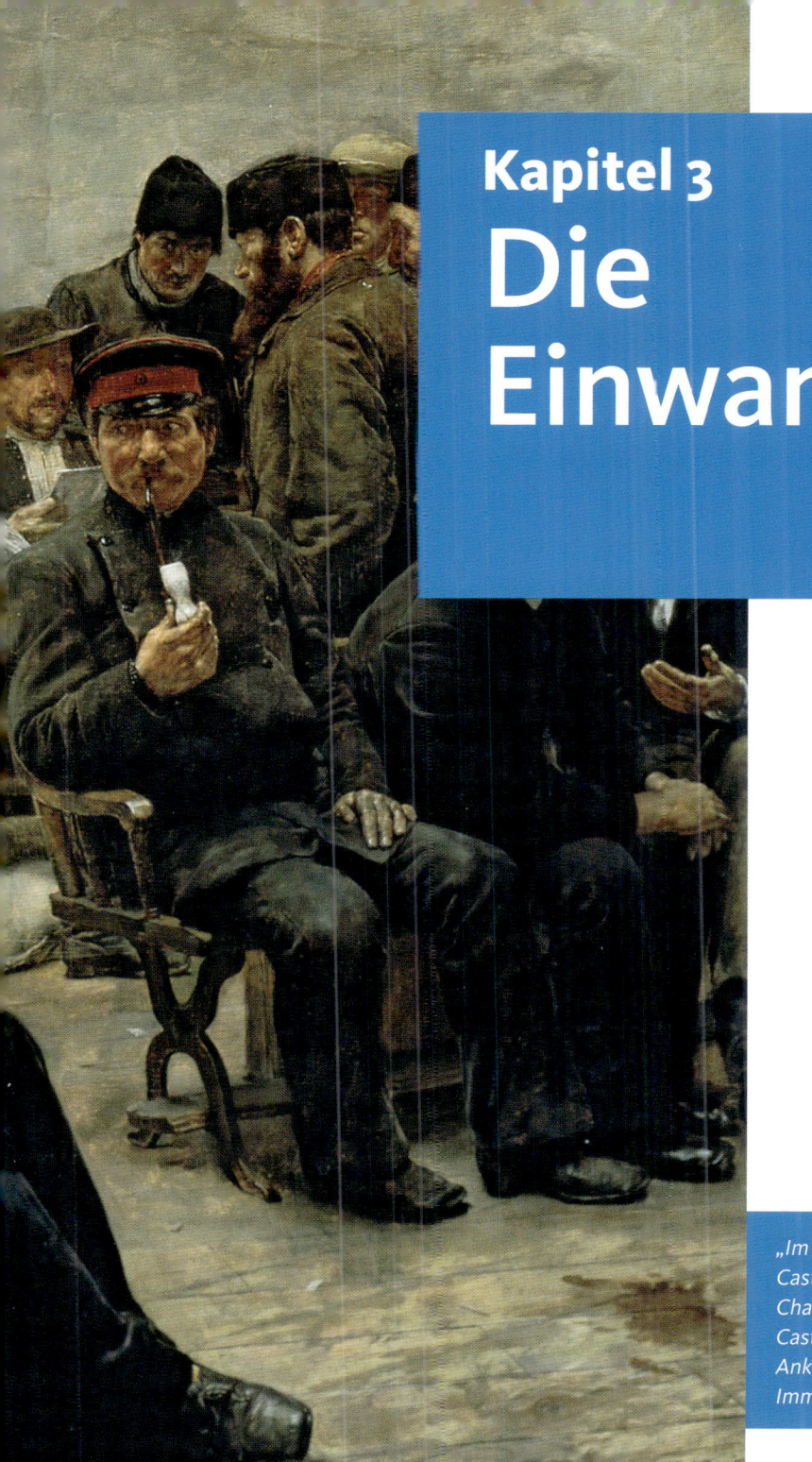

Kapitel 3
Die Einwanderer

„Im Land der Verheißung, Castle Garden", Gemälde von Charles Frederic Ulrich 1884. Castle Garden war bis 1890 die Ankunftsstation für europäische Immigranten

USA-Lesebuch

Die Einwanderer

Europäische Einwanderer und wie sie das Land prägten

Obwohl die Weißen langsam aber sicher zu einer *visible minority* werden – bis etwa zum Jahr 2050 sollen sie nach den Hochrechnungen der Demoskopen nur noch einen Bevölkerungsanteil von 30 % haben –, prägen sie das Land nach wie vor: Die 500 ertragreichsten Firmen, die besten Universitäten, die Hollywoodstudios, Medienkonzerne (um nur einige Beispiele zu nennen neben den meisten Gouverneuren der Bundesstaaten) werden von Weißen geführt. Aber die Verteilung ist regional ungleich: Wenige schwarze Amerikaner, Latinos und Asiaten sind in den nördlichen Staaten wie Montana, Nord- und Süd-Dakota, Wyoming, Idaho, Minnesota, Wisconsin oder Maine anzutreffen; diese Regionen sind noch fest in weißer Hand. Mit Anteilen von mehr als 80 % sitzen die Weißen im Norden fest im Sattel, das Bevölkerungswachstum bei den Einwanderern aus Süd- und Mittelamerika lässt deren Anteil allerdings stetig steigen. Mit 17 % haben sie die schwarzen Amerikaner bereits überholt, deren Anteil nach der Statistik für 2012 mit 13,1 % der Bevölkerung angegeben wird.

Die ersten Entdecker

Vermutlich ein Porträt von Christoph Kolumbus, Gemälde von Sebastiano del Piombo (1485 - 1547)

Christoph Kolumbus mag zwar allgemein als Entdecker Amerikas gehandelt werden, aber sein Schiff landete doch nur auf einer Bahamas-Insel und nicht auf dem amerikanischen Festland. Tatsächlich hat der italienische Seefahrer nie die Karibik verlassen, aber seine Seekarten

Die Landung des Christoph Kolumbus in der Neuen Welt am 12. Oktober 1492, Gemälde von John Vanderlyn (1842 - 47)

halfen anderen, den Weg zu finden, und die Geschichten über Reichtümer, unbekannte Menschen und Kulturen öffneten die Schatullen von Geldgebern für weitere Expeditionen zu neuen Ufern.

Juan Ponce de León und die Suche nach dem Jungbrunnen

Nicht erst seit der Übersiedlung vieler Kubaner nach Florida wird auf der langen Halbinsel vorwiegend spanisch gesprochen, schon vor mehr als 500 Jahren wurde diese Sprache dort eingeführt und das neu entdeckte Land mit dem spanischen Wort für blühend und kostbar benannt. Der Verdienst, diesen Zipfel Nordamerikas erstmals betreten und für die spanische Krone akquiriert zu haben, gebührt dem Entdecker Juan Ponce de León. Er war 1493 bei Kolumbus' zweiter „Amerika"-Reise, auf der Gold und Sklaven beschafft werden sollten, als einer der Adligen dabei gewesen, die nach dem erfolgreichen Krieg gegen die spanischen Mauren nach neuen Aufgaben suchten. Schon damals waren den Spaniern auf der Insel Hispaniola (heute Dominikanische Republik und Haiti) Erzählungen der Taino-Indianer zu Ohren

Juan Ponce de León, Gouverneur von Puerto Rico von 1509 bis 1512 und von 1515 bis 1519

gekommen über einen Quell der ewigen Jugend auf einer sagenhaften Insel. Seit León vom spanischen König Ferdinand 1509 zum Gouverneur von Puerto Rico ernannt worden war, interessierte er sich immer mehr für diese Erzählungen der Taino. Da León keine Berichte hinterlassen hat, sind die Motive für seine Fahrt mit drei Schiffen nicht ganz eindeutig. Ebenso unklar ist, wo die Spanier genau an Land gingen; beim 500. Jubiläum im April 2013 wurden an mehreren Orten Büsten und Statuen des Entdeckers enthüllt. St. Augustine nimmt ebenfalls für sich in Anspruch, von León erstmals aufgesucht worden zu sein. Ob dies der historischen Wahrheit entspricht, ist nicht gesichert, doch sind im dortigen „Fountain of Youth Archeological Park" bei Grabungen Relikte der 1565 gegründeten Ansiedlung gefunden worden. León fand weder Gold noch ewige Jugend in Florida; er kehrte nach Puerto Rico zurück, wo er sich mit Kolumbus' Sohn um den Gouverneursposten streiten musste. 1521 ging er erneut auf Expedition nach Norden, geriet dort in Konflikte mit den Einheimischen und wurde tödlich verwundet. Er soll auf Kuba gestorben sein und wurde in San Juan, der Hauptstadt von Puerto Rico, bestattet. Pedro Menéndez de Avilés ließ St. Augustine bauen, die erste Ortschaft auf dem Boden der USA mit einer dauerhaften Stadtgeschichte. Andere Siedlungen wie Pensacola oder Fort Caroline wurden nach einiger Zeit aufgegeben. Mit einer kurzen Unterbrechung von 20 Jahren unter britischem Mandat (1763 - 83) blieb Süd-Florida bis 1821 eine spanische Kolonie.

Francisco Vásquez de Coronado auf der Suche nach den „Sieben goldenen Städten"

Eine Gedenkstätte des National Park Service an der Grenze zwischen Arizona und Mexiko erinnert an einen anderen spanischen Entdecker der Neuen Welt. Francisco Vásquez de Coronado aus Salamanca gebührt die Ehre, mit seiner Expedition in den Jahren 1540 - 42 bis zum Grand Canyon vorgestoßen zu sein. Sein Motiv und das seiner Geldgeber war zu dieser Zeit die Suche nach Gold. Die feste Überzeugung, im unbekannten Gebiet nördlich von Mexiko Schätze zu finden, beruhte auf Geschichten von Abenteurern. Cabeza de Vaca und drei seiner Begleiter erreichten im Jahr 1536 als einzige Überlebende der gescheiterten spanischen Narváez-Expedition nach Florida, Mexiko-Stadt, nachdem sie fast acht Jahre lang die Regionen des heu-

DIE EINWANDERER

Coronado bricht nach Norden auf, Gemälde von Frederic Remington, 1898

tigen nördlichen Mexiko und Texas durchstreift hatten und zeitweise von Indianern versklavt worden waren. Ihre Berichte über die Pueblo Indianer wurden in der Gerüchteküche zu fantastischen Geschichten von riesigen Städten mit prachtvollen Gebäuden und unermesslichen Schätzen aus Gold und Edelsteinen – die Legende von den „sieben goldenen Städten von Cibola" war geboren. Antonio de Mendoza, Vizekönig von Neuspanien, sandte daraufhin einen kleinen Trupp unter der Leitung des Franziskanerpaters Fray („Bruder") Marcos de Niza in die bis dahin unbekannten Ländereien nördlich der Grenze, mit dem Auftrag, das Gebiet näher zu erkunden und die Nachrichten zu überprüfen. Ein Jahr später kehrte Niza nach Mexiko-Stadt zurück und bestätigte die Existenz der Pueblo-Siedlungen, die er aus der Ferne gesehen hatte. Sein Bericht war allerdings stark vom Hörensagen geprägt, sodass die Legende weiter Auftrieb erhielt.

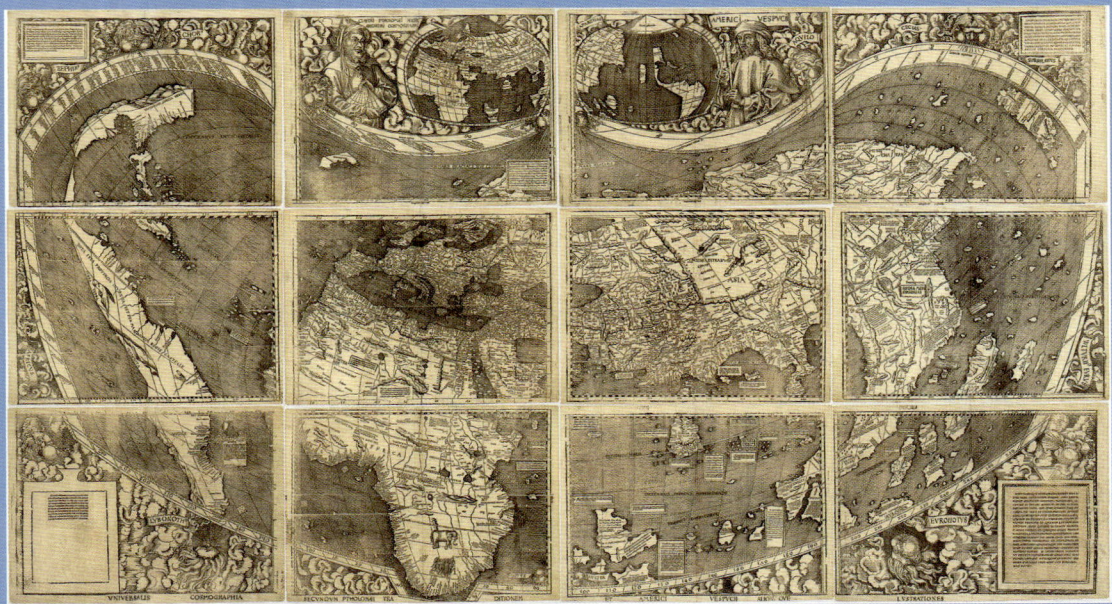

Die 1507 herausgegebene Weltkarte von Martin Waldseemüller war die erste, die Amerika getrennt von Asien zeigte

Der Name Amerika

Dass die Neue Welt nicht nach ihrem offiziellen Entdecker benannt wurde, verdankt sie dem Irrtum eines deutschen Dichters. 1507 brachte der Kartograf Martin Waldseemüller gemeinsam mit dem Dichter Matthias Ringmann eine überarbeitete Version von Ptolemäus' „Geographia" heraus. Ringmann fiel die Aufgabe zu, die Begleitschrift zu den beiden von Waldseemüller gezeichneten Karten zu verfassen. Dabei stand er unter dem Einfluss der Berichte des Seefahrers Amerigo Vespucci, in denen dieser die Entdeckung der Amazonasmündung beschrieb und als erster zum Schluss kam, dass es sich bei der erkundeten Landmasse nicht um Indien oder Asien, sondern einen eigenen Kontinent handeln müsse. In Anlehnung an die Namen Europa und Asia schlug Ringmann vor, das unbekannte Land nach seinem vermeintlichen Entdecker – weiblich latinisiert – America zu nennen. Erst hundert Jahre später entspann sich ein Disput darüber, ob der eigentliche Entdecker nicht doch Christoph Kolumbus gewesen sei. Letztlich kann die Benennung der *Terra incognita* nach demjenigen, der sie zuerst als solche erkannt hatte, aber durchaus als gerechtfertigt gelten. Und auch Kolumbus sollte ja 1863 als Namenspatron des Landes Kolumbien doch noch zu seinem Recht kommen.

Die Einwanderer

Mendoza, der keinen Augenblick an dem Wahrheitsgehalt der Abenteuergeschichten zweifelte, rüstete daraufhin eine große Expedition aus. Ihr Anführer, Francisco Vásquez de Coronado, war 1535 nach Neuspanien gekommen, hatte in eine der dort ansässigen Familien eingeheiratet und als Gouverneur der Provinz Neugalizien im mexikanischen Nordwesten bei der Vorbereitung der Expedition von Marcos de Niza geholfen. Nun wollte er selbst den Ruhm erwerben, der Entdecker von Cibola zu sein. Über 2.000 Mann sollen Richtung Norden gezogen sein, indianische und schwarze Sklaven, indianische Krieger, spanische Ritter und Priester waren mit von der Partie. Ein Indianerdorf der Hawikuh (südlich vom heutigen Gallup, New Mexico) sollte die erste von vielen Enttäuschungen bringen. Das Lehmdorf wurde von seinen Bewohnern verteidigt, von Gold aber keine Spur. Die Spanier vertrieben die Einheimischen und richteten dort ihr Quartier ein. Als Kommandant schickte Coronado von Hawikuh aus einen Trupp unter dem Befehl von Pedro de Tovar Richtung Nordwesten. Tovar erobert den Ort Awatovi, eine Siedlung der Hopi-Indianer. Auch hier fand sich kein Gold. García López de Cárdenas, ein weiterer Offizier, brach mit einer kleinen Einheit nach Norden auf und wendete sich dann nach Westen. Mitte September stand er mit seinen Leuten vor einer Schlucht, so furchterregend und tief, wie sie nie zuvor eine gesehen hatten. Sie waren die ersten Europäer, die in den Grand Canyon blicken. Hernando de Alvarado war mit einer Einheit nach Osten zu den Acoma-Indianern aufgebrochen. In der Siedlung Cicuye traf er auf zwei Indianer, die dort gefangen gehalten wurden. Der eine hieß Ysopete, den anderen nannten die Spanier seines Aussehens wegen El Turco, den „Türken". Letzterer behauptete, weit im Norden und Osten gebe es prächtige Städte mit Gold und Juwelen. Das neue Zauberwort war nun „Quivira". So nannte sich angeblich das Land der Kostbarkeiten, von dem der „Türke" berichtete. Nach einer Überwinterung beschloss Coronado, das Haupttheer in Tiguex zu belassen. Mit einer Schar von Auserwählten folgte er im April 1541 dem „Türken" nach Norden. Die Spanier sahen als erste Weiße riesige Büffelherden, die durch die weiten Prärien zogen. Sie trafen, wie Coronado an den Vize-König berichtete, auf Indianer, die das Büffelfleisch roh aßen, Büffelblut tranken und Büffelhäute gerbten, um daraus Kleider und Zelte zu machen. Die endlose Steppe ohne Bäume und Wasser machte den Entdeckern schwer zu schaffen. Schließlich erreichte die Expedition den Arkansas River und fand im heutigen Kansas vereinzelte Dörfer der Quivira-Indianer. Die Hütten waren aus Stroh, und die Menschen trugen nicht einmal Kleidung. 1542 kehrte die Expedition nach Mexiko zurück, offenbar einer indianischen List aufgesessen, die darauf abzielte, die Spanier in den Great Plains umkommen zu lassen. Die Entdeckungsreise galt als total gescheitert. Coronado musste sich vor Gericht verteidigen, behielt aber seinen Posten als Gouverneur bis 1544, bevor er in der Kolonialbürokratie verschwand. Sein Scheitern allerdings bedeutete nicht, dass die Spanier die Erkundung des bis dahin unbekannten Landes aufgaben. Nun begann die allmähliche Besiedlung des amerikanischen Südwestens. Den Ureinwohnern brachten die weißen Entdecker neben einer ihnen unbekannten Religion auch ein ihnen fremdes Tier mit, das Pferd. Für viele First Nations änderte sich nach der Ausbreitung der Vierbeiner das Leben entscheidend, besonders im Norden wurden die meisten Stämme zu Nomaden.

USA-LESEBUCH

Captain John Smith, Darstellung aus „The generall historie of Virginia, New-England, and the Summer Isles", 1624

Die Briten entdecken die Neue Welt

Nicht nur Entdeckergeist, sondern vor allem die Hoffnung auf guten Gewinn ließ die Virginia Company of London die ersten Schiffe für die Fahrt nach Amerika ausrüsten. König James I. hatte 1606 dieser Kapitalgesellschaft privater Investoren die Rechte zugesprochen, an der mittleren Ostküste Siedlungen zu errichten. Dort sollte Landwirtschaft und Handel betrieben werden, die Erträge waren für den britischen Markt vorgesehen, und die Finanzgesellschaft kontrollierte das Ganze. Jamestown an der Chesapeake Bay war die erste Gründung; John Smith war der erste Führer der etwa 100 Siedler. Der Ort erwies sich zunächst als unheilvoll: Der Boden war nicht so ertragreich wie gedacht und die Verständigung mit den indianischen Nachbarn schwierig. Anthropologen und Archäologen wollen Beweise gefunden haben, dass sich die Siedler im ersten kalten Winter auf sich allein gestellt am Leben zu erhalten suchten, aber nach dem ersten Jahr war über die Hälfte an Unterernährung und Krankheiten gestorben. Die Geschichte von Pocahontas hat hier ihren Ursprung. Das indianische Mädchen soll Smith das Leben gerettet haben, half dann dabei, das Überleben der Siedler zu sichern und heiratete schließlich einen britischen Tabakpflanzer namens Rolfe. Die indianische „Prinzessin" wurde sogar vom König in London empfangen. Auf der Rückreise, die sie zusammen mit ihrem Ehemann angetreten hatte, starb sie schwer erkrankt, nicht einmal 22-jährig.

Erst als die Siedler begannen, Tabak anzubauen, brachte die junge Kolonie Gewinn ein. Zu jener Zeit kam in Europa gerade das Rauchen von Pfeifen in Mode, und Tabakpflanzer gelangten schnell zu Wohlstand. 1624 musste die Finanzgesellschaft ihre Rechte wegen Misswirtschaft zurückgeben und Virginia wurde eine königliche Kolonie. Verarmte Kleinbauern, die in England keine Arbeit fanden, sahen ihre Hoffnung in Amerika, wo es Land in Hülle und Fülle gab. Die Kolonie Virginia wuchs rasch, sie nahm auch Holländer, Deutsche, Schweden und Italiener auf.

Die Pilgerväter und die „Mayflower"

Wer in Amerika seine Vorfahren auf die „Mayflower" zurückführen kann, gehört zum „geheimen" Adel des Landes. Mit ihrem noch an

DIE EINWANDERER

Eine romantische Sicht auf das erste Thanksgiving-Fest in Plymouth 1621, Gemälde von J.G.L. Ferris 1912

Bord des Schiffes geschlossenen Vertrag zur Schaffung einer gleichberechtigten Gemeinschaft (dem sogenannten „Mayflower Compact") haben diese englischen Puritaner erste Grundsätze der amerikanischen Verfassung formuliert. 1620 gingen 105 Menschen bei Provincetown am Cape Cod von Bord. Sie hatten zwar nur Landrechte für die Kolonie von Virginia, aber nochmals wollten sie nicht auf Reisen gehen. So blieben sie in Neuengland und gründeten die Siedlung Plymouth im heutigen Massachusetts. Im zunächst friedlichen Miteinander mit den benachbarten Wampanoag-Indianern bildete sich die Tradition des gemeinsamen Essens nach der Ernte heraus: Die Ursprünge des Thanksgiving waren gelegt. Wie Bill Bryson in seinem Buch „Streiflichter aus Amerika" allerdings betont, haben die Pilgerväter und die Indianer wohl kaum an einem Donnerstag im November gemeinsam gegessen; diese Festlegung auf den vierten Donnerstag im vorletzten Monat des Jahres ist auf Präsident Abraham Lincoln zurückzuführen.

Nieuw Amsterdam 1664, in dem Jahr als es von den Briten erobert wurde, Gemälde von Johannes Vingboons, 1664

Auf der Suche nach der Nord-West-Passage Manhattan gefunden

Manhattan, das Herz des heutigen New York City, wurde gemäß den Angaben des florentinischen Kaufmanns Giovanni da Verrazano schon 1524 entdeckt. Er war auf der Suche nach der Nord-West-Passage im Auftrag des französischen Königs François I. Die Verrazano-Narrows Bridge, die heute Brooklyn mit Staten Island verbindet, trägt daher seinen Namen. Doch die eigentliche Geschichte der Metropole begann im Jahr 1609, als der Engländer Henry Hudson, nach dem später der Hudson River benannt wurde, die Lage der dortigen kleinen indianischen Ansiedlung als günstig für einen Handelsposten erkannte. Es dauerte aber noch bis 1621, bis die Holländische Westindische Kompanie die Handelsrechte für das Gebiet erwarb. Sie gründete 1624 an der Mündung und am Oberlauf des Hudson River Pelzhandelsstationen. 1626 kaufte der in holländischen Diensten stehende wallonisch-deutsche Kaufmann Peter Minuit, mittlerweile Gouverneur der Kolonie, den hier lebenden Indianern die Insel Mannahattanink für Glasperlen, Kleidung und Schmuck ab und nannte sie Nieuw Amsterdam. Das einstmals gute Zusammenleben mit den Indianern verschlechterte sich dann allerdings, zum Schutz gegen Indianerüberfälle errichteten die Bürger schließlich einen Verteidigungswall. Dort verläuft heute die Wall Street. Peter Stuyvesant, Gouverneur von 1647 bis 1664, sorgte dann mit diktatorischer Hand für Ruhe und Ordnung. Als überzeugter Protestant versuchte er die Einwanderung von Juden und englischen Quäkern zu verhindern. Schließlich musste sich Stuyvesant dem Druck der Westindischen Kompanie, zu deren Aktionären auch reiche Amsterdamer Juden gehörten, beugen und erlaubte die Einwanderung ihrer Glaubensgenossen. Die Gegend erwies sich aber nicht als attraktiv für Siedler: Lediglich rund 1.500 Einwohner zählte Nieuw Amsterdam an der Südspitze Manhattans, als 1664 sein Gouverneur nach einer unblutigen Schiffsschlacht vor den Engländern kapitulierte. Die Eroberer nannten den Ort New York nach ihrem Befehlshaber James, Herzog von York, dem Bruder des Königs Charles II. 1673 wurde es nach einigem Hin und Her endgültig dem expandierenden englischen Empire einverleibt, und zehn Jahre später erhielt New York City Stadtrechte.

Statue von Peter Stuyvesant auf dem Stuyvesant Square in Manhattan

Die älteste Hauptstadt der USA: Santa Fe in New Mexiko

Schon seit 1610 führt das hoch in den Sangre de Christo Mountains liegende Santa Fe den Titel Hauptstadt. Es wurde damals der Verwaltungssitz der wenige Jahre zuvor gegründeten Provinz Nuevo México des spanischen Vizekönigreichs, heute ist es die Kapitale des US-Bundesstaates New Mexico. Don Pedro de Peralta, ein spanischer Konquistador, hatte den von Indianern bewohnten Ort 1607 entdeckt und die klimatischen Bedingungen in der Höhenlage als äußerst angenehm empfunden. Peralta ließ den Gouverneurspalast bauen, der sogar die blutigen Auseinandersetzungen mit den Ureinwohnern überstand. Mehr als 200 Jahre residierten spanische Gouverneure in Santa Fe, bis 1821 Mexiko von Spanien unabhängig wurde. New Mexico blieb bis 1848 mexikanisch, dann wurde es nach dem mexikanisch-amerikanischen Krieg ein Bundesstaat der USA. Auch heute bezeichnen sich noch 47 Prozent seiner etwas über 2 Millionen Einwohner als „Latinos": ein Erbe der Vergangenheit und nicht nur moderne Immigration.

Deutsche Einwanderer in der „Neuen Welt"

> **Deutsch als Landessprache in Amerika**
>
> Die Legende lebt: Beinahe wäre Deutsch Amtssprache geworden, aber ein Deutsch-Amerikaner habe die Entscheidung verhindert. Tatsache ist aber, dass 1794 eine Petition an das Repräsentantenhaus gerichtet wurde, wonach Gesetzestexte neben Englisch auch in Deutsch gedruckt werden sollten. Frederick Mühlenberg, damals Sprecher des Hauses und Sohn deutscher Immigranten, blieb der Abstimmung fern. Damit hatten die Gegner dieses Antrags gewonnen. Mühlenberg soll zur Begründung gesagt haben, dass die Deutschen mit englischen Sprachkenntnissen schneller zu Amerikanern werden würden.

Ronald Reagan haben die USA einen Gedenktag zu verdanken, den immerhin fast jeder 6. Amerikaner mit Inbrunst feiern könnte: den German-American Day am 6. Oktober. 1983 ehrte der damalige Präsident damit die 13 Familien aus dem Raum Krefeld, die genau 300 Jahre zuvor an der Delaware-Bucht gelandet waren und die Siedlung Germantown, heute ein Stadtteil von Philadelphia im Bundesstaat Pennsylvania, gegründet hatten. Etwas mehr als drei Jahrhunderte später bezeichnen sich fast 50 Mio. Amerikaner als deutschstämmig; sie sind damit die größte Gruppe unter den vielen Einwanderern in der „Neuen Welt". Deutsch, genauer pennsilfaani Deitsch, englisch Pennsylvania Dutch, wird unter den Nachkommen meist nicht mehr gesprochen, aber die großen Mai- und Oktoberfeste die Christkindlmärkte, die hier stattfinden, und das deutsche Bier sind Markenzeichen deutscher Kultur.

Kurze Zeit nach den protestantischen Mennoniten unter der Führung von Franz Daniel Pastorius kamen auch die ersten Amischen nach Pennsylvania. Ihre Nachkommen halten noch heute an den Sitten und Gebräuchen ihrer Vorfahren fest und sprechen weiterhin untereinander das Pennsylvania Dutch, einen dem Pfälzischen verwandten Dialekt. Keine Elektrizität, keine modernen Maschinen geschweige denn Autos, Traktoren oder Kühlschränke: Die Amisch galten in den USA lange Zeit als eine sonderbare Bevölkerungsgruppe. Inzwischen, im Zuge einer gewissen Hinwendung zu naturverbundenem Leben und dem wachsenden Interesse an Geschichte und Traditionen, ziehen ihre mehr als 450 im ganzen Land verteilten Dörfer jedes Jahr Millionen von Besuchern an. Die meisten leben allerdings in Pennsylvania, Ohio und Indiana. Missouri, Michigan und Wisconsin beherbergen ebenfalls größere Anteile der auf fast 300.000 Angehörige angewachsenen Glaubensgemeinschaft.

Schon hundert Jahre nach der ersten Ansiedlung war gut ein Drittel der Einwohner von Pennsylvania deutschstämmig. Sie lebten vorwiegend als Bauern und Händler und waren in erster Linie wegen ihrer

Die Einwanderer

Ein traditioneller Amischen-Buggy auf einer Hauptverkehrsstraße im Lancaster County, Pennsylvania

religiösen Überzeugungen aus den deutschen Kleinstaaten ausgewandert. Die erste Massenauswanderung setzte gegen Mitte des 19. Jahrhunderts ein: Nach der Bauernbefreiung verarmte Bauern sahen einen Ausweg in der „Neuen Welt" und Unterstützer der gescheiterten 1848er Revolution hofften auf liberale Gesinnungen im demokratischen Amerika.

Die sogenannten „48er" brachten ein auffallend großes Potential an Energie und Talent sowie einen starken Drang zum Journalismus mit in die USA und übten auf das deutsch-amerikanische Pressewesen einen großen Einfluss aus. Zwischen 1848 und 1852 verdoppelte sich die Zahl der deutschsprachigen Zeitungen nahezu. Ihre Forderungen der Revolution von 1848 wie Versammlungsfreiheit, Demokratie und Pressefreiheit sahen sie in den USA zwar größtenteils verwirklicht, dennoch blieben sie kritische Beobachter von Staat und Politik. Die 48er waren durch das von ihnen betriebene Pressewesen deutlich in der amerikanischen Bevölkerung vernehmbar und hinterließen Spuren in Politik und Gesellschaft. Verglichen mit der gesamten Zahl der deutschen Auswanderer, die sich zwischen 1820 und dem Beginn des Ersten Weltkrieges auf 5,5 Millionen Menschen bezifferte, machten die ehemaligen Revolutionäre mit wenigen Hunderttausend allerdings nur einen kleinen Teil der Deutsch-Amerikaner aus.

Glühwein auf dem Weihnachtsmarkt in Chicago

Oktoberfeste und Christkindlmärkte

Cincinnati ist nicht nur eine der Partnerstädte von München, es hat nach der bayerischen Hauptstadt auch das zweitgrößte Oktoberfest der Welt zu bieten, ebenfalls im September. In New York City wird in Brooklyn und Queens gefeiert, auf der anderen Seite des Hudson geht es in Bear Mountain zur Sache. Im Oktober wird in Tulsa, Oklahoma und in Frankenmuth, Michigan bayerische Tradition gefeiert, und in Las Vegas kann man im „Hofbräuhaus" (einem Nachbau seines Vorbildes in München) das ganze Jahr über – und natürlich verstärkt im September – große Humpen Bier trinken. Etwas abseits der üblichen Strecken liegen Leavenworth in Washington und Helen in Georgia: Zwei bavarisierte und „alpinisierte" Dörfer, in die im Oktober an den Wochenenden die Bierfreunde einfallen. San Francisco darf in dieser Reihe auch nicht fehlen: Immerhin 17 deutsche Clubs halten die Tradition hoch und feiern zwei Tage im September an der Bay. Erst Anfang November folgt dann New Braunfels in Texas mit seinem Wurstfest, bei dem jede Menge deutscher Blasmusik geboten wird. Weitere Städte sind Chicago, Los Angeles, New Orleans, Pittsburgh, St. Louis, Atlanta, New Ulm (Minnesota), Reading bei Philadelphia, Charlotte (North Carolina), Nashville, National Harbor (Maryland) und Whitefish (Montana).

Christkindl Market bzw. Christmas Market ist die Bezeichnung für eine Ansammlung von Hütten mit Weihnachtsdekoration und Geschenkangeboten, Glühweinständen und Bratwurst nach deutschem Vorbild. Sie werden jedes Jahr populärer, die größten bieten Chicago (Illinois), Baltimore (Maryland), Akron und Cincinnati (Ohio), New York City, Denver (Colorado), Tomball und Arlington (Texas),

Steuben-Parade in New York. der Wagen eines Internetportals

Pittsburg, Philadelphia und Bethlehem (Pennsylvania) und natürlich Leavenworth (Washington) und Helen (Georgia).

Baron Friedrich Wilhelm von Steuben und die Steuben-Parade

Nach dem Siebenjährigen Krieg musste die preußische Armee verkleinert werden. Offiziere wurden entlassen, darunter auch der 1730 in Magdeburg geborene Baron von Steuben. Die Bekanntschaft mit dem amerikanischen Botschafter in Frankreich, Benjamin Franklin, brachte ihn 1778 nach Amerika, wo er die heruntergekommene Armee reorganisierte und disziplinierte. Er gilt als Architekt der amerikanischen Unabhängigkeit auf militärischer Ebene, da es ihm gelang, untereinander zerstrittene und militärisch unerfahrene Gruppen von Freischärlern in eine schlagkräftige Armee zu verwandeln. In den einzelnen Gefechten trugen zudem die von ihm befehligten Truppenteile maßgeblich zum Sieg bei. Seine taktischen Anweisungen bildeten die Grundlage für den amerikanischen Sieg in der Schlacht von Monmouth, dem Wendepunkt des Krieges, am 28. Juni 1778. Mit dem Friedensvertrag von Paris wurde der Krieg 1783 beendet. Steuben arbeitete danach noch Vorschläge zum Aufbau einer Armee in Friedenszeiten aus; die Einrichtung der Militärakademie in West Point geht auf seine Anregung zurück. Von all den höheren ausländischen Offizieren war Steuben der einzige, der in Amerika blieb. Er starb am 28. November 1794 auf seiner Farm im Staat New York. Nicht nur in New York City werden alljährlich im September Steuben-Paraden abgehalten, auch Philadelphia ehrt den preußischen Offizier.

Das Gebäude der Westlichen Post in St. Louis, Missouri, einer der erfolgreichsten deutschsprachigen Zeitungen in den USA. Hier begann Josef Pulitzer seine Karriere als Journalist und Verleger, angeheuert von Carl Schurz, dem späteren Innenminister der USA, (s. Kasten rechts) der vor seiner politischen Laufbahn Mitbesitzer der Zeitung war.

New York wurde in dieser Zeit der wichtigste Hafen für die Einwanderung in die USA. Viele Deutsche planten, nicht lange in New York zu bleiben. Doch hatten die Migranten die Enge und die Not Europas überwunden, wurden sie erneut vor Probleme gestellt. Der Erwerb von Grund und Boden im verheißungsvollen amerikanischen Westen blieb für viele nur ein Traum. Es fehlte oft an Geld für den Kauf eines Grundstückes oder für Geräte und Vieh. Darüber hinaus musste die Familie so lange ernährt werden, bis die erste Ernte eingefahren wurde. Viele Einwanderer verfügten nicht über diese finanziellen Möglichkeiten. Statt weiter in die ländlicheren Gebiete des Mittleren Westens zu ziehen, blieben viele Deutsche in New York hängen, strandeten gewissermaßen in der Großstadt. Zudem erschien die Möglichkeit, Wohlstand zu erreichen und die soziale Leiter ein paar Sprossen nach oben zu steigen, in den Großstädten oft wahrscheinlicher.

New York war im 19. Jahrhundert eine ständig wachsende Stadt mit großer kultureller und wirtschaftlicher Dynamik. Durch die Einwanderung aus Deutschland verzeichneten die deutschen Stadtteile New Yorks bald eine hohe Einwohnerzahl. Zwischen 1855 und 1880 war New York nach Berlin und Wien die drittgrößte deutschsprachige Ansiedlung weltweit. „Kleindeutschland" allein war im 19. Jahrhundert etwa so groß wie Buffalo oder die Städte Milwaukee und Detroit zusammen. Mit teilweise über 200.000 Deutsch-Amerikanern lebten nur knapp weniger Deutsche als Iren in der Stadt.

Wer es sich leisten oder auf die Empfehlungen und Hilfen staatlicher Agenturen, Kirchen, Eisenbahngesellschaften und Geschäftsleuten stützen konnte, zog weiter nach Westen. War das typische Siedlungsgebiet der deutschen Einwanderer zunächst auf Pennsylvania, Maryland und New York konzentriert, verlagerte es sich um die Jahrhundertmitte auf das sogenannte „deutsche Dreieck" zwischen Milwaukee (Wisconsin), St. Louis (Missouri) und Cincinnati (Ohio); ein weiterer „German Belt" ist in Texas (New Braunfels, Fredricksburg) zu finden. Dort bildeten sich deutsch geprägte Wohnviertel heraus, mit eigenen Kirchen, Vereinen, Schulen und Theatern. Nach dem Bürgerkrieg kam es nochmals zu einer inneramerikanischen Wanderungsbewegung, und Tausende von Deutschen zogen nach Kansas, Nebraska, Dakota und Oregon, um dort günstig noch nicht erschlossenes Land zu erwerben.

Die Einwanderer

Der erste Weltkrieg ließ anti-deutsche Ressentiments entstehen oder aufleben. Die Missachtung des Verbots, an Sonntagen Alkohol zu trinken, hatte beispielsweise in Kentucky wiederholt zu Unruhen geführt. Dabei waren die Deutsch-Amerikaner außer in den deutsch geprägten Zentren keine geschlossene ethnische Gruppe, zu unterschiedlich waren ihre kulturellen Hintergründe. Die regionalen Differenzen zwischen Nord- und Süddeutschen, die schon in der Heimat keine gemeinsame Sprache hatten, oder die verschiedenen Glaubensrichtungen der Protestanten, Katholiken und Juden ließen sie auch in der neuen Heimat nicht zu einer Einheit werden. Dennoch wurden sie von den Amerikanern als einheitliche Gruppe wahrgenommen; als positiv eingeschätzten Stereotypen wie deutscher Fleiß und Ehrlichkeit standen z.B. negative wie zu viele Kinder, zu viel Bier und Beharren auf althergebrachten Sitten gegenüber. Als 1917 die USA in den Krieg eintraten, verboten einige Bundesstaaten den Gebrauch der deutschen Sprache in der Öffentlichkeit, also auch in Schulen und Universitäten. Deutsche Orts- und Straßennamen erhielten neue Bezeichnungen, deutsches Essen verschwand von den Speisekarten der Restaurants. Ein Bundesgesetz stellte die deutsch-amerikanische Presse unter Zensur, viele Zeitungen überlebten die Kriegszeit nicht. Deutsche Vereine lösten sich auf und die Anglisierung deutscher Familiennamen nahm rasant zu, da sich die Deutschstämmigen anders nicht mehr zu helfen wussten.

Der Innenminister aus Heidelberg: Carl Schurz

Schon als 19-jähriger war Schurz ein engagierter Verfechter demokratischer Rechte und Freiheiten: In seiner Burschenschaft Frankonia lernte der Student der Kunstgeschichte und Literatur die politischen Forderungen nach nationaler Einheit und bürgerlichen Freiheit kennen. Als Sprecher des Demokratischen Vereins und Teilnehmer der Bürgerwehr der Revolutionsunruhen von 1848 wurde er in Deutschland verfolgt. Also machte er sich wie so viele seiner Mit-Revolutionäre auf nach Amerika. Zunächst in Wisconsin ansässig, machte er eine Ausbildung zum Rechtsanwalt, engagierte sich in Bürgerrechtsbewegungen und in der neuen Republikanischen Partei, die sich gegen die Sklaverei aussprach. Einen wichtigen Wendepunkt nahm sein Leben, als er Abraham Lincoln kennenlernte. Schurz zog für seinen neuen Freund durch die Lande und gewann die deutschen Wähler für Lincoln und seine Ideen gegen die Sklaverei. Als Lincoln die Präsidentschaftswahl 1861 gewann, begann die politische Karriere des Deutschen. Sein erster Posten war der eines Botschafters in Spanien, um die Spanier vom politischen Eingreifen in den Südstaaten abzuhalten, kurze Zeit später avancierte er zum General im Amerikanischen Bürgerkrieg. Unter Präsident Rutherford Hayes wurde er 1876 der erste deutschstämmige Innenminister in den USA und kümmerte sich in dieser Funktion um den Aufbau der ersten Nationalparks und Indianerreservate. Der erste Kindergarten der USA geht auf seine Frau Margarete zurück: Sie eröffnete eine professionelle Kinderbetreuung schon in den 1850er-Jahren. Schurz starb am 14. Mai 1906 in New York.

Gedenkbriefmarke zu Ehren von Carl Schurz (1829-1906) aus Anlass des 200. Jahrestages der amerikanischen Unabhängigkeitserklärung 1976

Der deutsche Revolutionär und amerikanische Reformer Carl Schurz 1877

Irische Einwanderer

Irischer Kartoffelhunger: Bridget O'Donnel mit ihren beiden Kindern. Darstellung in den London News vom 22. Dezember 1849

Die Polizei in New York ist irisch – ein Stereotyp, das durch viele Romane und Filme gefestigt worden ist, aber durchaus handfeste Wurzeln hat. Irland hat im Lauf der Jahrhunderte den zweitgrößten Teil der weißen Einwanderer gestellt. Allerdings betrachteten die Iren Amerika nicht unbedingt als „das Land der unbegrenzten Möglichkeiten", sondern eher als den einzigen und schnellsten Weg, den in Irland über Jahrzehnte immer massiver werdenden Plagen Armut, Hunger und Seuchen zu entfliehen. Auch wenn der Grund, die Heimat zu verlassen, oft die politische Opposition gegenüber England war – ein Ereignis brachte die größte Welle irischer Auswanderer nach Amerika: Die von ca. 1846 bis 1851 anhaltende gewaltige Hungersnot, die als „The Great Hunger" oder auch „Potatoe Famine" (Kartoffelhunger) bezeichnet wird.

Irland war eigentlich Englands Kornkammer. Dennoch ernährten sich die armen Bauern fast nur von Kartoffeln, das Getreide ging, besonders in den Zeiten der napoleonischen Kriege, nach England. Die Bauern waren Pächter oder Unterpächter des Landes einiger weniger englischer oder anglo-irischer Grundherren, die zudem meist in England lebten (*absentee landlords*). Für ihre eigene Ernährung standen den Bauern nur kleine Pachtflächen mit schlechten Böden zur Verfügung. Kartoffeln gediehen dort noch am besten; zudem herrschte aus Tradition ein gewisser Argwohn gegenüber anderen Lebensmitteln.

Seit 1800 hatte die Bevölkerung Irlands explosionsartig zugenommen und sich bis 1840 fast verdoppelt. 1841 ergab eine Volkszählung eine Einwohnerzahl von ca. 8,2 Mio. Menschen, davon lebten etwa 3 Mio. in bitterster Armut. Irland war damals das am dichtesten besiedelte Land Europas. 1845 wurden irische Kartoffeln von der Kartoffelfäule befallen, die ein paar Jahre zuvor in den USA aufgetreten war und sich durch Saatgutexporte bis nach Europa ausgebreitet hatte. Ohne Gegenmaßnahmen konnte sich der Pilz 1847 erneut verbreiten, und Zehntausende Iren fielen allein in diesem Jahr dem Hungertod und Seuchen wie Cholera, Ruhr und Typhus, die mit den Geschwächten leichtes Spiel hatten, zum Opfer. Obwohl es in Irland ausreichend Getreide gegeben hätte, um den Hunger zumindest teilweise zu bekämpfen, wurde es weiterhin von den englischen Großgrundbesitzern exportiert. In den folgenden vier Jahren starben mehr als 1,5 Mio. Menschen, etwa 20 % der damaligen Gesamtbevölkerung Irlands.

Suppenküchen der anglikanischen Kirche sollten die Not lindern helfen, aber die katholischen Iren befürchteten mit der Nahrung auch gleich den Glauben annehmen zu müssen. In Arbeitshäusern gab es schlecht bezahlte Arbeit und Nahrung, aber nicht genug für die verarmten Bauern und Pächter, die von ihrem Stückchen Land wegen ausstehender Zahlungen vertrieben worden waren. 1801 waren zwar Großbritannien und Irland zum Vereinigten Königreich zusammengeschlossen worden, aber Hilfsmaßnahmen aus England blieben weitgehend aus, weil viele Mitglieder des Parlaments, wie auch der 1846 eingesetzte Whig-Innenminister John Lord Russel, Anhänger des Manchesterliberalismus waren, der staatliche Einmischung in wirtschaftliche Angelegenheiten strikt ablehnte. „Der Allmächtige sandte die Kartoffelfäule, aber die Engländer schufen die Hungersnot", kommentierte 1861 der irische Aktivist und Journalist John Mitchel.

Viele der verzweifelten Menschen sahen daher keine andere Möglichkeit, als das Land zu verlassen. England unterstützte sie dabei sogar, indem zum Beispiel Geld für eine Überfahrt nach Amerika verliehen wurde. Kanadische Holzlieferanten machten ein Geschäft daraus, mit ihren auf dem Rückweg nach Kanada eigentlich leeren Schiffen Auswanderer zu transportieren. Auf den sogenannten *coffin ships*, den „schwimmenden Särgen" herrschten unglaubliche Zustände. Die

Zum St. Patrick`s Day wird der Chicago River grün gefärbt

Seit 1961 können die Chicagoer Iren und alle, die sich an diesem Tag zu Ehren des Nationalheiligen der Insel irisch fühlen ein ganz besonderes Schauspiel genießen: Der mitten durch die Innenstadt fließende Chicago River wird grün gefärbt. Initiator Stephen Bailey hat die Kenntnisse der Chicagoer Klempner zum Bleichen ihrer Overalls genutzt, um den Fluss zum Leuchten zu bringen, heute verwendet man eine umweltverträgliche Lebensmittelfarbe. Das Wasser gelangt über den Illinois Fluss und den Mississippi bis in den Atlantik, als ein Symbol für die grüne Irische See.

Menschen starben auch hier an Seuchen und Hunger, und konnten nur darauf hoffen, dass die Frachter ihr Ziel überhaupt erreichten. Rund 1,3 Mio. Iren wanderten in dieser Zeit in die USA aus. Auch in den nachfolgenden Jahrzehnten blieb Armut das Hauptmotiv, die grüne Insel zu verlassen; nochmals ca. 5 Mio. Menschen siedelten im weiteren Verlauf des 19. Jahrhunderts in die „Neue Welt" um.

Die Bauern träumten von einem freien Leben als Farmer in den Weiten des Nordostens. Manche ließen sich von den Berichten früherer Immigranten leiten, die als Soldaten und Kaufleute den neuen Kontinent erfolgreich besiedelt hatten. Aber nicht alle schafften den Sprung zum selbstständigen Landwirt; große Gruppen blieben in New York, Philadelphia und Boston, wurden dort sesshaft und zogen mit der von ihnen aufgebauten Infrastruktur von Geschäften, Schulen, Ärzten, Anwälten und Vereinen weitere Siedler an. Schon 1737 hielt Boston die erste Parade zur Feier von St. Patrick ab, New York folgte 1762. Der irische Heilige hat seitdem Nordamerika erobert; St. Patrick`s Day ist am 17. März ein inoffizieller Feiertag, an dem man irgendetwas Grünes trägt und möglichst viel Guinness-Bier trinkt. Chicago, Savannah in Georgia, Kansas City, San Francisco und Hot Springs in Arkansas bieten nach eigenen Angaben die größten Paraden des Landes. Nach dem Zensus von 2010 geben fast 35 Mio. Amerikaner an, irische Vorfahren zu haben; damit bilden sie die zweitgrößte Gruppe nach den Deutschen. An der Ostküste, in New England, sind die meisten von ihnen zu finden, von den westlichen Bundesstaaten verzeichnet Montana den höchsten Anteil Irischstämmiger mit knapp 15 %.

Frankreich verkaufte Louisiana an die USA

Fischer aus der Region um La Rochelle waren die ersten Franzosen, die den amerikanischen Kontinent besuchten, als sie den gewaltigen Kabeljauschwärmen an der Nordatlantikküste im heutigen Kanada und Neuengland folgten. Auch Walfänger aus dem Baskenland waren in amerikanischen Gewässern erfolgreich bei ihrer Jagd auf die mächtigen Säuger. Erste kleine Siedlungen entstanden an der nördlichen Küste schon im frühen 16. Jahrhundert. Den Fischern und Walfängern folgen schon bald französische Hugenotten. Aber auch die Spanier betrachteten Florida als ihr Eigentum und vereitelten die ersten Versuche der Landnahme, indem sie das 1564 gegründete Fort Caroline und die mit ihm assoziierte Siedlung Charlesfort zerstörten; die französischen Außenposten hatten nur ein Jahr lang existiert. Erfolgreicher dagegen war die Suche nach einem geeigneten Handelsplatz weiter im Norden, am Sankt-Lorenz-Strom. Pelzhandel war hier das Motiv der Übersiedler, die gleichzeitig die Kolonie Neufrankreich für die französische Krone reklamierten. Die Siedlung Quebec wurde schon 1608 angelegt, kurze Zeit später war sie die erste Hauptstadt eines riesigen Gebiets, das neben den (späteren) ostkanadischen Provinzen Nova Scotia, New Brunswick und Prince Edward Island auch das Louisiana genannte Land westlich der Appalachen bis zum Golf von Mexiko umfasste. 1718 gründete Jean-Baptiste Le Moyne de Bienville die Stadt La Nouvelle-Orléans; sie wurde 1722 die neue Hauptstadt von Louisiana. Damit konnte der Handel aus den Gebieten westlich der Appalachen über den Mississippi und seine Nebenflüsse bis nach Europa aufgebaut werden. Das neue Frankreich erlebte allerdings eine wechselvolle Geschichte: In ständigen Auseinandersetzungen mit den Engländern wurde um Handels- und Landrechte und Einflussgebiete gekämpft. Zu guter Letzt gipfelten die Streitigkeiten im Siebenjährigen Krieg, in dem es von 1756 bis zum Frieden von Paris 1763 um die Vorherrschaft der Großmächte in Europa und in Nordamerika ging. (In den USA wird dieser Krieg als French and Indian War bezeichnet.) Der Konflikt in der „Neuen Welt" drehte sich in erster Linie um das fruchtbare Ohiotal. Keiner der Kontrahenten wollte nachgeben, und die Franzosen bezogen Indianer-Stämme in die Kampfhandlungen ein. Die Shawnee und Delawaren zerstörten englische Farmen auf Geheiß der Franzosen und hofften im Gegenzug auf deren Unterstützung gegen die Irokesen. Forts am Ohio und dessen Nebenflüsse sollten die englische Landnahme aufhalten, aber die Briten ließen sich nicht einschüchtern. Der spätere erste amerikanische Präsident George Washington sammelte als junger Offizier Kriegserfahrungen beim Kampf um Fort Duquesne und das englische Wehrdorf Fort Necessity. Diese Waffengänge von 1754 galten als der Beginn des Krieges in Amerika. Die Entscheidung fiel allerdings in Europa: Frankreich verlor den Krieg und musste gemäß dem im Frieden von Paris unterzeichneten Vertrag seine nordamerikanische Kolonie an England

Place d'Armes in New Orleans am 20. Dezember 1803: Die französische Flagge wird gegen die amerikanische getauscht, der Übertritt Louisianas in den Zuständigkeitsbereich der USA ist besiegelt. Gemälde von Thure de Thulstrup 1904

Dampfschiffe in New Orleans 1853

abgeben. New Orleans und mit ihr die gesamte Kolonie Louisiana waren schon 1762 vom bourbonischen Frankreich an Spanien abgetreten worden, um dem absehbaren Anspruch der Engländer zuvorzukommen. Während und nach der Französischen Revolution war die Flucht oder Auswanderung nach Louisiana, trotz der Zugehörigkeit der alten Kolonie zu Spanien, für viele Adelige immer noch eine Option. Zudem änderte sich unter Napoleons Führung die Politik: 1800 erwarb Frankreich einen Teil Louisianas, ein riesiges Gebiet, das fast den gesamten Mittleren Westen inklusive der Stadt New Orleans umfasste, in einer geheimen Zusatzklausel zum Vertrag von San Ildefonso von Spanien zurück. Napoleons Plan: Nach der Niederschlagung des Aufstandes in der französischen Kolonie auf Haiti, wo der Freiheitskämpfer Toussaint Louverture als erster Lateinamerikaner das Joch der Sklaverei und der Kolonisation abschütteln wollte, sollte das dorthin entsandte, 20.000 Mann starke Expeditionscorps unter Napoleons Schwager General Charles Leclerc aufs amerikanische Festland übersetzen. Leclerc hatte den Auftrag, Louisiana auch militärisch für Paris in Besitz zu nehmen und dort wieder ein lebensfähiges Nouvelle France zu errichten. Gelbfieber machte diesen Plänen ein Ende. Weiterhin unklare Verhältnisse – jedenfalls aus der Sicht von Paris – ließen die nordamerikanischen

Einsätze unsicher erscheinen. Finanzmittel mit ungewissem Ausgang bereitzustellen betrachtete Napoleon nicht als sein wichtigstes Ziel, denn er schickte sich an, ganz Europa zu erobern.

Also ging er auf ein Angebot der Amerikaner ein, die eigentlich nur an der Hafenstadt New Orleans interessiert waren, um den Handel über den Mississippi für sich zu sichern. Frankreich erhielt 60 Millionen Franc von den USA, 20 Millionen wurden gegen Forderungen von US-Bürgern an Frankreich (meist für aufgebrachte Schiffe und beschlagnahmte Waren) aufgerechnet. In amerikanischer Währung handelte es sich um eine Gesamtsumme von rund 15 Millionen Dollar. Ging man von einem Gebiet aus, das sich über 900.000 Quadratmeilen erstreckte, so bedeutete dies – so hatten es die amerikanischen Unterhändler, Botschafter Robert R. Livingston und James Monroe, errechnet – einen Spottpreis von vier Cent für jeden Acre (circa 4.000 Quadratmeter). Am Dienstag, dem 30. April 1803 unterzeichneten der französische Schatzminister François Marquis de Barbé-Marbois und die beiden Amerikaner den Vertrag, der als Louisiana Purchase zu den Meilensteinen der amerikanischen Geschichte gehört.

Auf dem erworbenen Territorium, das sich vom Golf von Mexiko bis zu den Rocky Mountains erstreckte, entstanden im Laufe des 19. Jahrhunderts ebenso viele Bundesstaaten (ganz oder zumindest teilweise), wie die USA einst bei ihrer Gründung aufwiesen: 13. Auf den Louisiana Purchase gehen die heutigen Staaten Louisiana, Arkansas, Missouri, Iowa, North Dakota, South Dakota, Nebraska, Kansas, Wyoming, Minnesota, Oklahoma, Colorado und Montana zurück.

Ca. 11,8 Millionen Amerikaner gaben bei der Umfrage 2010 ihre französische Abstammung an, aber nur noch ca. 2 Millionen sprechen zu Hause die Sprache der Vorfahren. Ein kreolisches Französisch ist Umgangssprache von nochmals knapp einer halben Million Menschen, vorwiegend im Süden von Louisiana. Die Einwanderer sind im Laufe der Jahrhunderte nicht nur aus dem Mutterland gekommen, sondern auch aus der Provinz Quebec in Kanada. Nahezu eine Million Frankokanadier entschieden sich zwischen 1860 und 1930, die besseren Arbeitsmöglichkeiten in der Textilindustrie in den Staaten von New England zu nutzen. Aus Haiti kamen französisch sprechende Menschen aufgrund der dortigen politischen Verhältnisse in den 1980er Jahren; zudem siedelten Belgier, Schweizer, West-Afrikaner und Menschen aus Französisch-Polynesien in die USA um. Die meisten Franko-Amerikaner finden sich heute in Kalifornien, Louisiana,

Die ursprüngliche Ausdehnung Louisianas: ein Großteil des heutigen US-Staatsgebietes

Al Capone, berühmtester Gangster der Prohibitionszeit, war der Sohn italienischer Immigranten

Michigan, Massachusetts, im Staat New York und in Florida. Connecticut, Maine, New Hampshire und Vermont haben ebenfalls einen hohen Anteil Französischstämmiger und feiern jeweils im Juni oder Juli mit einem speziellen Feiertag ihr kulturelles Erbe und die französischen Einflüsse. Immerhin fünf Präsidenten führen ihre Ahnenreihe auf französische Immigranten zurück: John Taylor (1841 - 45), James A. Garfield (1881 - 81), William Taft (1909 - 13), Franklin D. Roosevelt (1933 - 45) und Harry S. Truman (1945 - 53). Neben den vielen Irischstämmigen gibt es auch einige Präsidenten mit deutschen Wurzeln, wie zum Beispiel die beiden Bushs, Dwight D. Eisenhower (1953 - 61) und Herbert Hoover (1929 - 33). 2009 geisterte die Nachricht durch die Medien, sogar Barack Obama habe deutsche Vorfahren: Dokumente über einen Ahnen der mütterlichen Linie stammten aus Besigheim in Baden-Württemberg. Natürlich kam sofort die Frage auf, ob der Präsident nun Lederhosen tragen sollte – schließlich ist das nach landläufiger Meinung für Deutsche das typische Kleidungsstück.

Masseneinwanderung aus Italien

Italiener gehörten zu den ersten Europäern, die mit der Geschichte Amerikas in Verbindung stehen. Die Rede ist von dem Genueser Cristoforo Colombo, der es entdeckte – wenn er auch meinte, nach Indien gefahren zu sein – und dem Florentiner Amerigo Vespucci, dem es den Namen zu verdanken hat.

Heute sind sie die drittgrößte aus Europa stammende Einwanderungsgruppe nach den Deutschen und den Iren, und machen mit knapp 18 Millionen Menschen etwa 6 % der amerikanischen Gesamtbevölkerung aus. Bereits 1657 siedelten die ersten italienischen Einwanderer, eine Gruppe von Protestanten, in Neu-Amsterdam. Zur großen Immigration aus Italien kam es jedoch erst im 19. und 20. Jahrhundert: Zwischen der Staatsgründung 1861 und dem Wirtschaftswunder der 1960er Jahre verließen circa 25 Millionen Menschen ihr Heimatland; rund ein Fünftel von ihnen, vornehmlich aus Süditalien, suchte sein Glück in den USA. Die Gründe für diese größte Massenemigration der jüngeren Geschichte lagen vor allem in der grassierenden Armut und wirtschaftlichen Rückständigkeit sowie der, durch die Überbevölkerung bedingten, Arbeitslosigkeit. Die größte Berühmtheit unter den Kindern italienischer Einwanderer erlangte Alphonse „Al" Capone,

Die Mulberry Street im New Yorker Stadtteil „Little Italy" um 1900, Photochrom-Druck

der in der zweiten Hälfte der 20er Jahre zum Archetypus des amerikanischen Gangsters avancierte. Verbindungen zum kriminellen Milieu, in diesem Fall der Mafia, wurden auch dem italienisch-stämmigen Schauspieler und Entertainer Frank Sinatra nachgewiesen, was ihn aber nicht daran hinderte, in der Nachkriegszeit zu einem der größten Stars des amerikanischen Showbusiness aufzusteigen und sich in dieser exponierten Rolle für die Demokraten und die Gleichberechtigung der Schwarzen einzusetzen. Ein weiterer bekannter Italo-Amerikaner ist – unter vielen anderen – der aus dem Little Italy Manhattans stammende Filmregisseur Martin Scorsese. Aus einem gänzlich anderen Metier kam der Kernphysiker und Nobelpreisträger Enrico Fermi, der 1938 mit seiner jüdischen Frau Italien verließ, wo sie den Repressionen der Faschisten ausgesetzt gewesen war.

Die größte jüdische Diaspora

Eine weitere bedeutende Gruppe europäischstämmiger Amerikaner – bei der es sich eigentlich um mehrere, aus verschiedenen Herkunftsländern stammende Gruppen handelt – sind die Juden. Die ersten jüdischen Einwanderer, die sich 1654 auf der Flucht vor den portu-

Eine Karikatur zur Situation der Juden in Russland aus dem New Yorker Satiremagazin Judge: Der amerikanische Präsident Theodore Roosevelt sagt zum Zaren: „Stop your cruel oppression of the Jews" (Beenden Sie die grausame Unterdrückung der Juden). Farblithographie aus dem Jahr 1904

giesischen Eroberern der Kolonie Niederländisch-Brasilien in Neu-Amsterdam niederließen, waren sephardische Juden, deren Vorfahren ihrerseits Ende des 16. Jahrhunderts vor der spanischen Inquisition nach Amsterdam geflohen waren. Sie bildeten die Vorhut für die Immigration weiterer vorwiegend sephardischer Juden, die zum größten Teil aus spanischen und portugiesischen Überseekolonien und den Niederlanden stammten.

Seit dem Beginn des 19. Jahrhunderts wanderten insbesondere aus Deutschland viele aschkenasische Juden aus, die wegen beruflicher Diskriminierung, Angst vor Pogromen und wirtschaftlicher Not nach der Missernte von 1846 auch in die Vereinigten Staaten kamen, wo ihnen seit 1791 mit dem 1. Zusatzartikel der Verfassung Religionsfreiheit garantiert wurde. Etwa zur gleichen Zeit immigrierten osteuropäische, vor allem russische und polnische Aschkenasim, um der Diskriminierung im Russischen Kaiserreich und Kongresspolen, das vom Zaren in Personalunion regiert wurde, zu entgehen. Mehrere Gründer großer Hollywoodstudios wie Metro-Goldwyn-Mayer, Warner Bros. Oder 20th Century Fox entstammen Familien, die Ende des 19. Jahrhunderts ihre polnische oder russische Heimat verließen, um ihr Heil in den USA zu suchen.

Wegen des starken Flüchtlingszustroms im Ersten Weltkrieg wurde 1921 der Emergency Quota Act verabschiedet, der die jährliche Zahl der Einwanderer pro Herkunftsland auf 3 % der bereits in den USA lebenden Landsleute beschränkte. Mit dem Immigration Act von 1924 wurde diese Quote auf 2 % herabgesetzt und eine Reihe von Herkunftsländern des asiatisch-pazifischen Raums wie China, Japan und Indien aus rassistischen Gründen ganz von der Immigration ausgeschlossen. Dieses Quotensystem, das mit geringfügigen Änderungen bis zum Immigration Act von 1965 in Kraft blieb, hatte zur Folge, dass die Zahl jüdischer Einwanderer wieder stark zurückging. Auch in der Zeit der Judenverfolgung durch die Nationalsozialisten in Deutschland wurden die Quoten für Juden nicht erhöht, sodass in der Zeit bis 1941, als die deutschen Behörden Juden noch weitgehend ungehindert ausreisen ließen, nur etwa 95.000 von ihnen in die Vereinigten Staaten emigrieren konnten, darunter berühmte Kulturschaffende, Philosophen und Wissenschaftler wie Arnold Schönberg, Lion Feuchtwanger, Billy Wilder, Theodor W. Adorno und Albert Einstein. Nach dem Ende des Zweiten Weltkriegs erleichterten zwar eine Direktive von Präsident Truman und ab 1948 der Displaced Persons Act Personen, die kriegsbedingt verschleppt und heimatlos geworden waren, die Einwanderung, Juden wurden durch diese Regelung jedoch benachteiligt, bis sie durch den DP Act von 1950 nachgebessert wurde.

Allerdings war auch in den Vereinigten Staaten Antisemitismus weit verbreitet. Juden wurden im Arbeitsleben, an den Hochschulen, beim Zugang zu Wohngebieten, Clubs und Organisationen benachteiligt. Bis in die 50er Jahre war der Zutritt zu manchen Einrichtungen für Juden verboten, und in vielen Privatuniversitäten galt für jüdische Studenten ein Numerus clausus. Barry Levinson zeichnet in seinem autobiografischen, im Baltimore der 50er spielenden Film „Liberty Heights" ein Bild dieser Zeit, in der „Juden, Hunden und Farbigen" der Zutritt zu einem Schwimmclub verwehrt wurde und die ethnischen Gruppen strikt auf gegenseitige Abgrenzung bedacht waren.

Während der McCarthy-Ära, etwa 1947 bis 1956, wurden insbesondere jüdische Künstler und Intellektuelle kommunistischer Umtriebe

Kommunistenjagd und Antisemitismus

Ein berühmtes Beispiel für die Verbindung von Kommunistenjagd und Antisemitismus in jener Zeit war der Fall des Ehepaars Ethel und Julius Rosenberg, das 1953 wegen Spionage für die Sowjetunion auf dem elektrischen Stuhl hingerichtet wurde. Wie sich später herausstellte, hatte Julius Rosenberg zwar in der Tat militärische Geheimnisse an den sowjetischen Geheimdienst weitergegeben, es waren aber keine wichtigen Details für den Bau der Atombombe wie im Prozess behauptet, und seine Frau Ethel hatte zwar offenbar davon Kenntnis, war aber nicht aktiv daran beteiligt, sondern nahm nur aus Treue zu ihrem Mann und zu gleichfalls unter Verdacht stehenden kommunistischen Gesinnungsgenossen die Schuld auf sich. Dies war im Grunde auch der Staatsanwaltschaft klar; sie hatte die Todesstrafe gegen Ethel Rosenberg lediglich als Bluff gefordert, um ihren Mann dazu zu bewegen, weitere Spione zu verraten, verfehlte aber ihr Ziel, da beide Angeklagten die Kooperation verweigerten.

Ethnische Vielfalt: Charedim, ultraorthodoxe Juden, beobachten Bauarbeiter, zwei Sikhs und einen Afroamerikaner, vor ihrer Synagoge im New Yorker Stadtteil Williamsburg

verdächtigt, auf Schwarze Listen gesetzt und dadurch aus ihren Berufen gedrängt. Der Generalverdacht gegenüber Juden beruhte auch darauf, dass der Zionismus und basisdemokratisch und kollektiv organisierte Kibbuzim mit dem Kommunismus gleichgesetzt wurden. Und es mag eine Rolle gespielt haben, dass zu Beginn des Jahrhunderts immigrierte Juden, die häufig zunächst unter menschenunwürdigen Bedingungen in Zigarren- und Textilfabriken geschuftet hatten, bis in die 30er Jahre wichtige Positionen in der amerikanischen Arbeiterbewegung innegehabt hatten. Zwar waren Juden kaum in sozialistischen oder kommunistischen Bewegungen aktiv, viele von ihnen unterstützten aber in den 50er und 60er Jahren die amerikanische Bürgerrechtsbewegung.

Der Palästinakrieg, der 1947 - 49 aufgrund des UN-Teilungsplans für Palästina und der israelischen Unabhängigkeitserklärung von einer arabischen Allianz gegen Israel geführt und verloren wurde, verschlechterte die Lebensbedingungen der Juden in den arabischen Ländern dramatisch. Wurden sie dort zuvor gemäß dem islamischen Recht, der Dhimma, prinzipiell geduldet und geschützt, waren sie nun Pogromen, Verhaftungen, Enteignungen und massenhaften Ausweisungen ausgesetzt. Infolgedessen wanderten ab Ende der 40er Jahre orientalische Juden aus den arabischen Ländern in die USA aus. Nach der islamischen Revolution 1979 folgten ihnen Zehntausende aus dem Iran. Mit Lockerungen hinter dem Eisernen Vorhang konnte ab 1973 zudem eine größere Zahl von Juden aus der Sowjetunion emigrieren, besonders viele kamen mit deren Zerfall 1991.

Heute leben in den Vereinigten Staaten rund sechs Millionen Juden, fast so viele wie in Israel.

104 deutsche Raketenwissenschaftler in Fort Bliss 1946, unter ihnen Wernher von Braun (7.v.r. vorne), der in den 60er Jahren das Apollo-Programm der NASA leitete

Operation Paperclip: Nazi-Wissenschaftler im Dienst des US-Militärs

Neben Holocaustüberlebenden und anderen Kriegsentwurzelten, denen die USA die Möglichkeit boten, ein neues Leben zu beginnen, kamen kurz nach dem Ende des Zweiten Weltkriegs auch Hunderte deutscher Wissenschaftler in die Vereinigten Staaten, die dem US-Militär in besonderer Weise von Nutzen sein sollten. Da sich angesichts der politischen Gegensätze mit der Sowjetunion bereits künftige Konflikte ankündigten, galt es, den Rückstand in der nach Ende des Ersten Weltkriegs aufgrund der Demobilisierung weitgehend eingestellten militärischen Forschung aufzuholen und sich auf ein künftiges Wettrüsten mit der kommunistischen Großmacht vorzubereiten. Um sich das weit entwickelte deutsche Know-how speziell auf dem Gebiet der Strahltriebwerkstechnik bei Flugzeugen, Raketen und Marschflugkörpern anzueignen, rief man daher ein geheimes Projekt mit dem Codenamen Operation Overcast (Englisch für „wolkenverhangen") ins Leben. Unter den Kriegsgefangenen rekrutierte Wissenschaftler und Techniker wurden in die USA gebracht und dort auf die Entwicklungsabteilungen von Heer, Luftwaffe und Marine verteilt. Das ursprünglich auf einen befristeten Zeitraum angelegte Projekt wurde für viele zum Beginn einer langjährigen Karriere; eine Reihe von ihnen emigrierte für immer in die USA. Offiziell sollte es sich bei den Wissenschaftlern, die in der sogenannten Operation Paperclip ausgesucht wurden – benannt nach den Büroklammern, die die Akten mit für das Projekt relevanten Personen markierten –, nicht um überführte Kriegsverbrecher handeln. De facto war bei der Auswahl jedoch nicht die NS-Ver-

Eine in die USA verschiffte V2 auf dem Testgelände in White Sands, New Mexico

strickung, sondern die fachliche Qualifikation von Bedeutung. Den Kern der ersten Gruppe, die in die USA reiste, bildete ein Team von Raketenexperten um Wernher von Braun. Der Ingenieur hatte sich als Konstrukteur der ersten Flüssigkeitsgroßrakete Aggregat 4 (A4) einen Namen gemacht, die von der NS-Propaganda als „Vergeltungswaffe 2" (V2) bezeichnet und von Hitler als „Wunderwaffe" gefeiert worden war. Zunächst wirkte er gemeinsam mit Walter Dornberger, ehemals Generalmajor der deutschen Wehrmacht, mit dem er bereits die A4 entwickelt hatte, an der Konstruktion der auf dieser Technik aufbauenden ballistischen Rakete Redstone mit. Später wechselte Braun mit seinem Team zur 1958 gegründeten NASA, wo er im Rahmen des Apollo-Programms maßgeblich an der Entwicklung der Saturn-V-Rakete beteiligt war, die 1969 die ersten Astronauten auf den Mond brachte. Im Rahmen der A4-Produktion war eine enorme Zahl von Zwangsarbeitern zum Einsatz gekommen, die unter unmenschlichen Bedingungen ihren Dienst verrichten mussten. In der Folge hatte die Herstellung von 6.000 Raketen circa 20.000 KZ-Häftlingen das Leben gekostet, während ihr Einsatz zu etwa 8.000 Toten vornehmlich im Raum London und Antwerpen führte. Der Nachkriegskarriere von Braun, Dornberger und vielen anderen Beteiligten tat all dies keinen Abbruch. Der Umstand, dass Braun Sturmbannführer der SS war, wirkt vor diesem Hintergrund fast wie ein unbedeutendes Detail, das allerdings bis zu seinem Tod sorgsam vor der Öffentlichkeit verborgen wurde. Lediglich in wenigen Fällen, wie etwa beim gleichfalls an der A4-Entwicklung beteiligten Arthur Rudolph, ehemaliger SS-Hauptsturmführer der Reserve, führten Jahre später in Gang gesetzte Ermittlungen zur Aberkennung der Staatsbürgerschaft und Ausweisung aus den USA. Nach Rudolphs Rückkehr nach Deutschland wurden 1985 Ermittlungen gegen ihn eingeleitet, die zwei Jahre später wieder eingestellt wurden.

Einige der im Rahmen der Operation Paperclip rekrutierten Wissenschaftler dienten auch anderen, noch weit geheimeren Zwecken. So griff die CIA für das 1950 initiierte Project BLUEBIRD, das später in ARTICHOKE umbenannt wurde, auf die Erfahrungen von Medizinern zurück, die Drogenexperimente an KZ-Häftlingen durchgeführt hatten. Mit ihrer Hilfe sollten auf der Basis von Methoden wie Drogenverabreichung, Hypnose und Totalisolation Verfahren entwickelt werden, mit denen sich der Wille und die Gedanken gefangener Doppelagenten kontrollieren ließen.

Von ehemaligen Sklaven bis zum ersten schwarzen Präsidenten

Bürgerrechtsbewegung im 20. Jahrhundert

„Ich habe einen Traum, dass diese Nation eines Tages erwachen und nach der wahren Bedeutung ihres Bekenntnisses leben wird: Wir halten die Wahrheit(en) für selbstverständlich, dass alle Menschen gleich erschaffen worden sind." („I have a dream, that one day this nation will rise up, live out the true meaning of its creed: we hold these truths to be self-evident, that all men are created equal.") Diese Worte sprach Martin Luther King jr. in seiner Rede am 28. August 1963 in Washington am Fuß des Lincoln Memorial. Mehr als eine viertel Million Menschen aller Hautfarben hatten sich aus dem ganzen Land auf den Weg gemacht, um an einer Veranstaltung teilzunehmen, bei der es vorrangig um „Arbeit und Freiheit" ging. Aber im Hintergrund stand etwas anderes: Die Aufhebung der Rassentrennung, die völlige Gleichstellung der weißen und afroamerikanischen Bevölkerung war das politische und gesellschaftliche Ziel. Die politische Stimmung in Amerika sei stark aufgeladen, schrieben Zeitzeugen. „The March on Washington for Jobs and Freedom" wurde zum Höhepunkt der amerikanischen Bürgerrechtsbewegung. King, der Baptistenpastor aus Atlanta (siehe auch Kapitel 7.3) erhielt für seine Verdienste um friedliche Lösungen zur Aufhebung der Rassentrennung 1964 den Friedensnobelpreis.

Martin Luther King jr. auf dem Marsch nach Washington 1963

Bus-Boykott in Montgomery

Eine seiner ersten Aktionen war die Organisation des Busboykotts in Montgomery, der Hauptstadt von Alabama. Am 1. Dezember 1955 weigerte sich Rosa Parks, eine schwarze Näherin, in einem Bus einem Weißen Platz zu machen. Sie wurde daraufhin verhaftet und verlor ihre Arbeit. „Montgomery-Busboykott" hieß die Aktion, die von dem frischgebackenen Priester Martin Luther King jr. daraufhin angeführt wurde, und bedeutete, dass alle Schwarzen der Stadt keinen Bus mehr benutzten. Erstmals erlangte ein „schwarzer Protest" in den USA weltweites Aufsehen. Über ein Jahr dauerte der Boykott und endete mit einem vollen Erfolg: Die Rassentrennung in den Bussen wurde 1956

Rosa Parks werden nach ihrer Festnahme Fingerabdrücke abgenommen. Sie hatte sich geweigert, ihren Sitzplatz im Bus einem Weißen zu überlassen

vom zuständigen Bundesbezirksgericht, bei dem parallel zu der Aktion eine Klage eingereicht worden war, für verfassungswidrig erklärt. Das Gericht berief sich auf ein Urteil des Obersten Gerichtshofs von 1954, in dem die Rasentrennung an Schulen für verfassungswidrig erklärt worden war. 1960 stellte dieser in einem weiteren Urteil fest, dass die Rassentrennung in öffentlichen Verkehrsmitteln, Gaststätten und Wartesälen gegen den Interstate Commerce Act von 1887 zur Regelung des öffentlichen Personalverkehrs verstieß.

Als Reaktion auf diese Entscheidung wurden 1961 die sogenannten Freedom Rides unternommen: Schwarze und weiße Aktivisten fuhren gemeinsam in Überlandbussen durch die Südstaaten, um an den Busbahnhöfen und in Gaststätten die Umsetzung des Urteils zu erzwingen. Die örtlichen Behörden antworteten zum Teil mit Verhaftungen, zudem wurden die Teilnehmer an einigen Orten von einem rassistischen Mob angegriffen: In Anniston im Bundesstaat Alabama wurde ein Bus in Brand gesetzt, in Birmingham wurden vor allem die weißen Aktivisten von Mitgliedern des Ku-Klux-Klans zusammengeschlagen. Da die Busfahrer durch die Ausschreitungen eingeschüchtert waren, kam der erste Freedom Ride nicht mehr wie geplant bis New Orleans. Einige Tage später wurde er aber von einer Studentengruppe bis nach Jackson in Mississippi fortgesetzt. In den Monaten danach fanden insgesamt etwa 60 Freedom Rides statt, bei denen zahlreiche Teilnehmer verhaftet wurden. Letztlich trugen auch die von der örtlichen Polizei geduldeten gewaltsamen Übergriffe dazu bei, dass die Anliegen der Bürgerrechtsbewegung in die breite Öffentlichkeit getragen wurden.

Bürger- und Wahlrechtsgesetz

Der nächste große Erfolg der Bürgerrechtsbewegung ließ nicht lange auf sich warten: Im Juli 1964 unterzeichnete Präsident Lyndon B. Johnson das Bürgerrechtsgesetz (Civil Rights Act), das die Ungleichbehandlung und Rassentrennung in Schulen, Hotels, Restaurants,

Jesse Owens

Der farbige Leichtathlet gewann bei den Olympischen Spielen 1936 in Berlin vier Goldmedaillen. Präsident Franklin D. Roosevelt weigerte sich dennoch, Owens im Weißen Haus zu empfangen. Er steckte mitten im Wahlkampf und fürchtete sich vor den Reaktionen aus den Südstaaten, falls er Owens ehren sollte. Owens bemerkte dazu später: „Nicht Hitler hat mich brüskiert, sondern Franklin D. Roosevelt. Der Präsident hat mir nicht einmal ein Telegramm geschickt."

Rassentrennung an einem Wasserspender in einer Straßenbahnhaltestelle, Oklahoma City 1939

Kinos und anderen öffentlichen Einrichtungen aufhob. Keine Wasserspeier oder Fahrstühle nur für Weiße mehr, alle Menschen sollten gleich sein. Diesmal auch die Afroamerikaner, die in der Unabhängigkeitserklärung von 1776 noch ausgenommen worden waren. Im August 1965 verabschiedete der Kongress schließlich ein durchgreifendes Gesetz, den Voting Rights Act, der die Wahlen in großen Teilen des Südens der Bundesaufsicht unterstellte und alle Einschränkungen wie Lese- und Schreibtests oder Verständnisfragen suspendierte. King hatte sich inzwischen den Ruf eines „schwarzen Gandhi" erworben. Seine Aufrufe zur Gewaltlosigkeit gegenüber den gewaltsamen Attacken seitens des Ku-Klux-Klans und anderer Rassisten verloren kurzzeitig an Wirksamkeit als er am 4. April 1968 in Memphis ermordet wurde, nur einen Tag, nachdem er seine berühmte Rede gehalten hatte. Als Attentäter wurde der weiße Rassist James Earl Ray zu 99 Jahren Haft verurteilt, Allerdings widerrief er sein Geständnis später und ähnlich wie bei den Attentaten auf John F. und seinen Bruder Robert Kennedy entspannen sich Spekulationen über eine dahinter stehende Verschwörung. Am Ort des Mordes, in dem Gebäude des ehemaligen Lorraine Motels, wurde 1991 das National Civil Rights Museum eröffnet.

Booker T. Washington

Mit einem Nationaldenkmal in Virginia (nahe Roanoke, Interstate 81) ehrt die Nation einen 1856 als Sklave geborenen Mann, der nach seiner Befreiung zum führenden Pädagogen und unermüdlichen Sprecher für Bildung avancierte. Die ehemalige Tabakfarm seiner Besitzer im Franklin County dient heute als Museum.
Washington gründete 1881 die erste weiterführende Schule für Schwarze in Tuskegee in Alabama. Lynchmorde im Süden sollten Afroamerikaner vom Wählen abhalten. Washington nahm dazu in einer Rede in Atlanta 1895 Stellung und skizzierte einen Ausweg ohne gewaltsame Gegenwehr. Er riet, sich vorerst auf handwerkliche Ausbildung und den Erwerb von Eigentum zu konzentrieren und die Politik den Weißen zu überlassen. Die Beteiligung an der Macht werde sich mit dem wirtschaftlichen Erfolg von selbst einstellen.

Nach Kings Tod kam es in über 100 Städten zu Protesten, bei denen 39 Menschen ihr Leben ließen, etwa 2.000 verletzt und rund 10.000 verhaftet wurden; auch die Hauptstadt wurde von schweren Unruhen erschüttert.

Wahlrecht für Schwarze

Gleichheit vor dem Gesetz und im öffentlichen Leben war die essentielle Forderung der Bürgerrechtsbewegung, aber eine wesentliche Voraussetzung dafür stellte das Wahlrecht dar. Der Verfassungszusatz, den der amerikanische Kongress im Februar 1869 verabschiedet hatte, war eindeutig: „Das Wahlrecht der Bürger der Vereinigten Staaten darf von den Vereinigten Staaten und den Einzelstaaten nicht aufgrund der Rassenzugehörigkeit, der Hautfarbe oder vormaliger Dienstbarkeit verweigert oder beschränkt werden." Mit dieser Bestimmung, die nach der Ratifizierung durch die Bundesstaaten im März 1870 als 15. Zusatzartikel zur Verfassung in Kraft trat, sollte nach der Abschaffung der Sklaverei und der Garantie der Gleichheit vor dem Gesetz die politische Emanzipation der ehemaligen Sklaven vollendet werden. Innerhalb weniger Jahre hatte sich ein dramatischer Wandel vollzogen. Im Jahr 1860, am Vorabend des Bürgerkrieges, lebten im amerikanischen Süden circa vier Millionen Sklaven. Die etwa 400.000 freien Schwarzen bildeten fast überall im Land eine unterdrückte und verachtete Minderheit, der bürgerliche Gleichberechtigung und politische Mitwirkung verweigert wurden. 1857 noch hatte der Oberste Gerichtshof geurteilt, dass Schwarze niemals Bürger der USA sein könnten. Und vier Jahre später, zu Beginn des Sezessionskrieges, erklärte Präsident Abraham Lincoln, das Kriegsziel der Union sei allein die Rettung der nationalen Einheit und keineswegs die Abschaffung der Sklaverei. Lincoln musste aber bald erkennen, dass der Krieg gegen die Sklavenhalter nur zu gewinnen war, wenn er zu einem Kampf gegen die Sklaverei gemacht wurde. Mit seiner Emanzipationserklärung von 1862/63 setzte er eine Dynamik in Gang, die Historiker zu Recht als „zweite amerikanische Revolution" bezeichnet haben. Dabei waren die schwarzen Amerikaner in diesem Krieg keineswegs bloße „Zuschauer": Rund 200.000 afroamerikanische Soldaten dienten in der Unionsarmee; ca. 40.000 von ihnen verloren ihr Leben.

Zwar leistete 1870 der erste schwarze Senator, Hiram Rhoades Re-

Die Einwanderer

vels aus Mississippi, seinen Eid auf die Verfassung, doch der 1866 gegründete Ku-Klux-Klan und andere Terrorgruppen führten im Süden einen brutalen Kleinkrieg gegen die angebliche „Negerherrschaft" und versuchten, durch Gewalt und Einschüchterung Schwarze von den Wahlurnen fernzuhalten. Der Süden setzte weiter auf Rassentrennung. Noch im 20. Jahrhundert gab es separate Fahrstühle, getrennte Bereiche in Restaurants und Kinos, Schulen und Busse für Schwarze und Weiße. Vorerst jedoch schützten Bundestruppen die politischen Rechte der ehemaligen Sklaven, die trotz ihrer Unerfahrenheit die Bedeutung des Wahlrechts klar erkannten. Wo die schwarze Bevölkerung zahlenmäßig dominierte, wählte sie viele eigene Abgeordnete in die Staatsversammlungen. Den Weißen war dies ein Dorn im Auge; Umgehungen und Einschränkungen des Wahlrechts waren rasch gefunden. Zwischen 1890 und 1910 beschlossen alle Südstaaten „Zusatzqualifikationen" für registrierungswillige Wähler. Das waren Schikanen, die den 15. Verfassungszusatz aushebeln sollten, ohne gegen seine Buchstaben zu verstoßen.

Ku-Klux-Klan-Mitglieder verbrennen ein Kreuz, Denver 1921

Lese- und Schreibtests als Vorbedingung zur Ausübung des Wahlrechts trafen die Schwarzen besonders hart, da viele von ihnen nach wie vor beides nicht konnten. Als dann immer mehr Afroamerikaner alphabetisiert waren, führten viele Südstaaten sogenannte Verständnistests ein. Wer sich registrieren lassen wollte, musste zum Beispiel eine „vernünftige Interpretation" der Verfassung geben. Sinn der Übung war es, Schwarze beim kleinsten Fehler zu disqualifizieren. Eine weitere Hürde war die Kopfsteuer, die bezahlt werden musste, bevor man sich als Wähler registrieren lassen konnte. Für die arme schwarze Landbevölkerung des Südens bedeuteten die ein bis zwei Dollar ungefähr einen Wochenlohn. Zu den Hauptzielen der 1909 gegründeten National Association for the Advancement of Colored People (NAACP) gehörten deshalb der Kampf um das Wahlrecht und die politische Mobilisierung und Aufklärung der schwarzen Wähler. Auch eine Minderheit, so propagierte man, könne Macht ausüben, wenn sie bei Wahlen das berühmte Zünglein an der Waage bilde.

Gleichstellung der Soldaten

Mehr als zwei Millionen Soldaten der im Zweiten Weltkrieg in Deutschland kämpfenden US-Truppen waren afroamerikanischer

Abstammung. „Es hat keinen Sinn, Demokratie zu predigen, und um sie zu erreichen, mit Milliarden Dollar und Millionen Toten und Verwundeten zu bezahlen, und dann die kämpfenden Männer auf der Basis ihrer Hautfarbe zu trennen", schrieb „The Crisis", die Zeitschrift der NAACP, am 1. Juni 1945.

Der Sänger Harry Belafonte, der als Soldat am Zweiten Weltkrieg teilgenommen hatte, wurde in einer Spezial-Ausgabe des Nachrichtenmagazins „TIME" zum 50. Jubiläum der Demonstration vom 28.08.1963 in Washington mit den Worten zitiert: „Weil wir den Faschismus und die Nazis besiegt hatten, glaubten wir fest, dass wir bei unserer Rückkehr aus Europa alle gefeiert und honoriert werden würden. Viele waren in den Krieg gezogen und hatten noch nicht einmal das Recht zu wählen. Viele waren in den Krieg gezogen und hatten nicht das Recht, am amerikanischen Traum teilzuhaben." Die schwarzen Soldaten verlangten deshalb völlige Gleichstellung, aber erst 1948 verfügte Präsident Truman die Aufhebung der Segregation innerhalb des Militärs. Ein erster Meilenstein, zumindest als gesetzliche Grundlage. In den Jahren nach dem Zweiten Weltkrieg organisierte die NAACP große Registrierungskampagnen in den Südstaaten. Zwischen 1945 und 1952 verdoppelte sich die Zahl der dort registrierten schwarzen Wähler von 600.000 auf 1,2 Millionen, was rund einem Viertel aller Wahlberechtigten entsprach.

Sydney Portier, Harry Belafonte und Charlton Heston 1963 beim Marsch auf Washington

Erstmals seit vielen Jahren erlangten Afroamerikaner nun wieder politische Ämter. Vor dem Wahlrechtsgesetz von 1965 gab es im Süden fast keine schwarzen Mandatsträger, 1970 zählte man bereits etwa 700. Angefangen mit Atlanta, das 1973 seinen ersten schwarzen Bürgermeister wählte, wurden in den folgenden Jahren einige der größten Städte des Südens von Afroamerikanern geführt, darunter New Orleans und Birmingham in Alabama, das lange eine Hochburg der Rassisten gewesen war. Im 435-köpfigen Bundeskongress von 2014 (113. Periode – zusammen mit fünf Delegierten aus D.C., Guam, Samoa, US Virgin Islands, Northern Mariana Islands und einem Vertreter für Puerto Rico ergibt das eine Gesamtzahl von 441) waren immerhin 42 Abgeordnete African Americans, alle Mitglieder der Demokratischen Partei. In den Senat hatten es dagegen nur zwei schwarze Abgeordnete geschafft, einer davon für die Republikaner.

James Meredith, der erste schwarze Student in Mississippi

Der Oberste Gerichtshof der Vereinigten Staaten, der Supreme Court, hatte entschieden: James H. Meredith sollte sein Studium an der University of Mississippi in Oxford aufnehmen können. Aber sowohl der Gouverneur des Bundesstaates als auch die Universitätsleitung hatten etwas dagegen. Präsident Kennedy hielt daraufhin eine Rede an die Nation und schickte Militär in die Kleinstadt, damit der junge Afroamerikaner das erhielt, was jedem Schwarzen seit der Aufhebung der Rassentrennung in staatlichen Bildungseinrichtungen 1954 zustand: Zugang zu einer Hochschule. Oxford wurde zum Schlachtfeld. An einem Sonntag wurden Autos angezündet, Steine geworfen, es wurde mit Bleirohren geschlagen und geschossen. Ein französischer Reporter und ein junger Passant aus Oxford kamen dabei ums Leben, Hunderte andere wurden verletzt. Die USA standen unter Schock. 1963 machte Meredith Examen. Sein Studium hatte den Staat Millionen Dollar gekostet: 31.000 Soldaten waren mobilisiert worden, um ihm den Weg zum Studienplatz, zu seinem Recht als Amerikaner zu ebnen, Hunderte von staatlichen Leibwächtern beschützten den Studenten rund um die Uhr. Oxford, das pittoreske Unistädtchen im Südstaatenlook, in dem auch der berühmte Schriftsteller William Faulkner zu Hause war, wurde zum Schauplatz „der letzten Schlacht des Bürgerkriegs", 100 Jahre, nachdem dieser offiziell vorüber war.

Der ungehinderte Zugang zu Universitäten war in den USA der frühen 60er Jahre nicht überall so selbstverständlich wie im Virginia State College (links).

In Mississippi musste James Meredith 1963 von US-Marshalls zu seinem Studienplatz begleitet werden (rechts).

Sklavenhandel – wie die Afrikaner nach Amerika kamen

Anlandung von gefangenen Afrikanern in einem amerikanischen Hafen im 17. Jahrhundert, aus Isabelle Aguet, A Pictorial History of the Slave Trade. Darstellung aus dem 19. Jahrhundert

Die neuen Kolonien auf dem amerikanischen Kontinent brauchten Arbeitskräfte: Die Siedler allein waren zu wenige, um größere Anbauflächen von Tabak, Baumwolle, Zuckerrohr und Indigo zu bewirtschaften. Um das Land zunächst urbar zu machen, wandten die Kolonisten die auf den karibischen Inseln erprobte Methode an und setzten Indianer als unbezahlte Arbeitskräfte ein. Da viele Eingeborene auf den Plantagen der Europäer an Krankheiten oder Erschöpfung starben, wurde nach Ersatz gesucht. Die Quelle zur Befriedigung dieses Bedarfs hieß Afrika, wo die Portugiesen bereits um 1450 die ersten Einwohner gefangen und als Haussklaven nach Lissabon gebracht hatten. Diesen bescheidenen Anfängen folgten schon bald Sklaventransporte in die Neue Welt, die in die Hunderttausende gingen; allein in die Karibik wurden im 16. und 17. Jahrhundert über 600.000 Afrikaner als Sklaven verkauft. 1482 errichteten die Portugiesen mit dem Stützpunkt Elmina ihre erste Befestigungsanlage an der Küste des heutigen Ghana. 1518 begann Portugal mit den ersten direkten Transporten von Afrika in die Neue Welt, noch hundert Jahre lang allerdings vorwiegend auf die karibischen Inseln und nach Südamerika. Nur rund fünf Prozent der Sklaven wurden nach Nordamerika verschifft, beginnend im August 1619, als ein niederländischer Segler die ersten Afrikaner auf dem Gebiet der späteren USA im Hafen von Jamestown in Virginia an Land absetzte. Mit der Besiedlung des nordamerikanischen Kontinents nahm der Sklavenhandel gigantische Ausmaße an. Es entstand der berüchtigte Dreieckshandel zwischen Europa, Afrika und Amerika, der den beteiligten holländischen und französischen, später den britischen Handelskompanien an jedem Umschlagplatz sich vervielfachende Gewinne einbrachte.

Beim Dreieckshandel waren die Schiffe auf allen Routen voll ausgelastet. Die in Europa geladenen Waren wie Waffen, Pulver, Textilien, Pferde, Alkohol, Tabak, Zucker und Manufakturwaren wurden an der westafrikanischen Küste gegen Sklaven eingetauscht. Die Menschen transportierte man nach Amerika, wo sie gegen Gold und Silber, später für Zucker, Rum, Baumwolle, Kaffee und Tabak eingetauscht wurden: Waren, die per Schiff schließlich wieder in Europa landeten.

Schätzungen zufolge wurden in den nächsten knapp drei Jahrhunderten mehr als zehn Millionen Afrikaner nach Amerika deportiert.

Sklaven warten auf ihren Verkauf, Richmond Virginia 1861, Gemälde von Eyre Crowe

Erst 1807 verbot Großbritannien als erste europäische Nation den Sklavenhandel, ab 1808 war die Einfuhr von Sklaven in die Vereinigten Staaten untersagt. Aber inzwischen waren genug Menschen im Land, sodass der lukrative Handel mit der menschlichen Ware auf heimischen Märkten weiterging. Auf dem Wiener Kongress 1815 ächteten die Nationen die Sklaverei dann offiziell, der transatlantische Sklavenhandel kam aber nur allmählich zum Erliegen.

Sklaverei gab es nach heutigem Wissensstand in den meisten komplexen Gesellschaften der Welt, auch in Afrika, das ähnlich feudale Strukturen wie Europa aufwies. Die Europäer bedienten sich vorhandener sozialer Strukturen und Handelswege. Mühsame und gefährliche Raubzüge ins Innere des Kontinents konnten sie sich darum lange ersparen: Man wartete in Posten an der Küste auf die dorthin gelieferte Ware. Der transatlantische Handel bewirkte dennoch, dass der Sklavenhandel in Afrika immer umfangreicher und gewalttätiger wurde: Zum einen überlebte ca. 30 % der verschifften Gefangenen die Überfahrt nicht, zum anderen war es anfangs billiger für die Plantagenbesitzer, neue Kräfte zu kaufen bzw. einzutauschen als die bereits eingearbeiteten menschenwürdig zu behandeln.

In Neuengland und noch mehr in den seit 1664 vollständig britischen Mittelkolonien New York, New Jersey, Pennsylvania, De-

Für viele Schwarze änderte sich das Leben nach der offizellen Abschaffung der Sklaverei 1865 kaum: Baumwollfeld in Oklahoma 1893

laware und Maryland war Sklaverei zwar ebenfalls verbreitet, eine Plantagenwirtschaft entstand hier jedoch nicht. Sklaven wurden hier in großer Zahl in den Seehandelshäfen, im städtischen Handwerk und Geschäftsleben, als Hausdiener und auch in der Landwirtschaft eingesetzt. Die Lebensbedingungen der meisten Kolonisten waren so bescheiden, dass sie auch ihre Sklaven nur notdürftig versorgten. Mehrheitlich hielten die Siedler nur jeweils wenige Sklaven und beschäftigten daneben auch Schuldknechte (Siedler, die ihre Überfahrt von Handelsgesellschaften oder Vermittlern finanziert bekamen und anschließend die Kosten abarbeiten mussten) und schwarze und weiße Lohnarbeiter.

Die wachsende Zahl der freien Afroamerikaner ging zurück auf Sklaven, die wegen „guter Führung" von ihren Besitzern die Freiheit erhielten, sich selbst freikauften oder über ein Netzwerk von Helfern und Verstecken, der sogenannten Underground Railroad, aus dem Süden geschmuggelt wurden. Zwischen 1830 und 1865 gelang circa 50.000 von ihnen die Flucht nach Kanada, wo seit 1793 der Handel mit Sklaven und seit 1834 auch die Sklaverei verboten waren. Ermöglicht wurde ihre lebensgefährliche, oft mehrere tausend Kilometer lange Odyssee von jenem geheimen Fluchthelfernetzwerk, das Decknamen aus der Eisenbahn-Terminologie benutzte und von Louisiana bis zu den Großen

Seen reichte. Die Bewegung der Abolitionisten, von abolition: Abschaffung, die die Sklaverei aus religiös-moralischen Gründen bekämpfte, gewann im Norden bis zur Mitte des 19. Jahrhunderts immer mehr Zulauf, im Süden der USA wurde sie dagegen verbannt und verflucht. Die meisten Flüchtlinge erreichten Kanada über den Detroit River und ließen sich im heutigen Süd-Ontario nieder, in Städten wie Chatham, wo sie bald ein Drittel der Bevölkerung stellten, und auf Land, das ihnen von weißen Sklaverei-Gegnern und freien Schwarzen zur Verfügung gestellt wurde. Die nördlichen Bundesstaaten oberhalb von Missouri, Kentucky und Virginia hatten 1846 Sklaverei und den Handel mit Menschen ebenfalls verboten; auch in diesen „freien" Norden flüchteten viele Schwarze auf der Suche nach einem besseren Leben.

Vielfältige schwarze Welt

Viele der rund 41 Millionen schwarzen Amerikaner – gemäß der Hochrechnung des United States Census für 2010 entspricht das knapp 13 Prozent der Bevölkerung von ca. 314 Millionen – kämpfen im Alltag bis heute mit rassistischen Vorurteilen oder fühlen sich ungleich behandelt. Landesweite Proteste löste zum Beispiel der Freispruch des Todesschützen George Zimmerman aus. Zimmerman hatte in Florida den schwarzen Teenager Trayvon Martin erschossen und im Prozess erfolgreich geltend gemacht, aus Notwehr gehandelt zu haben. In der Tat bieten die USA 50 Jahre nach dem Manifest von Martin Luther King jr. ein durchwachsenes Bild. Der Anteil der Schwarzen, die in Armut leben, hat sich seit 1963 halbiert, während sich der Anteil derer mit Highschool-Abschluss verdreifacht hat. Heutzutage wird nicht mehr über Segregation geredet, aber faktisch haben sich im Hochschulbereich Trennungen der Hautfarben ergeben. Als der Bundesstaat Georgia im Rahmen von Sparmaßnahmen 2012 damit begann, Universitäten und Colleges zusammenzulegen, regte sich an der Savannah State University und der Armstrong Atlantic State University Widerstand. Bis heute (2016) sind die Universitäten nicht vereint. Denn die Savannah State gehört zu der Gruppe der sogenannten „traditionell schwarzen Colleges und Universitäten" (historically black colleges and universities, abgekürzt HBCU), einem Zusammenschluss von 103 US-Universitäten mit überwiegend schwarzen Studenten. Sie verweist auf die besondere Rolle der historisch gewachsenen Ausbil-

---

Richter verweigert Mischehe

Im Südstaat Louisiana hat ein Gericht 2010 einem Afroamerikaner und seiner weißen Verlobten die Hochzeit verweigert. Seiner Erfahrung nach seien Mischehen nicht von langer Dauer, begründete Richter Keith Bardwell nach Medienberichten seine Haltung. Unter einer Ehe zwischen Schwarzen und Weißen würde der gemeinsame Nachwuchs leiden, weil er weder der einen noch der anderen Gruppe zugehörig sei (Meldung in der Süddeutschen Zeitung vom 17. Mai 2010).
Alle Verbote gemischtrassiger Ehen sind 1967 vom Obersten Gerichtshof der USA mit seiner Entscheidung im Fall Loving gegen den Staat Virginia aufgehoben worden. Solche Verbote schränkten nicht nur das Recht zu heiraten ein, sondern waren Ausdruck eines weißen Überlegenheitsanspruchs, wie der Oberste Gerichtshof als Begründung ausführte.

Auch, wenn viele Afroamerikaner inzwischen in der Mittelschicht angekommen sind und verantwortungsvolle Positionen innehaben – der Durchschnitt der Schwarzen ist immernoch unterprivilegiert

dungsstätten für Afroamerikaner, die erhalten bleiben müsse: „eine ausreichende institutionelle Vielfalt" im System müsse gewährleistet sein, zudem seien diese Hochschulen typischerweise „anders" als die von einer weißen Mehrheit besuchten Schulen. In den vergangenen 30 Jahren ist die Zahl afroamerikanischer Studenten auf rund zwei Millionen angewachsen; circa 25 % von ihnen machen an Universitäten der HBCU ihren Abschluss.

Im Juni 2013 hat der Oberste Gerichtshof der USA das historische Wahlrechtsgesetz für Schwarze im Kern aufgehoben. Zur Begründung hieß es, die Zeiten des Rassismus seien vorbei. Trotzdem wird gerade auf kommunaler Ebene im Süden immer wieder versucht, das Wahlrecht für Schwarze mit allen möglichen Tricks auszuhebeln, sei es durch die Tilgung der Namen aus den Wahllisten, verkürzte Öffnungszeiten von Wahllokalen, die stark reduzierte Anzahl von Wahllokalen in bestimmten Wahlbezirken oder Ausweiszwang. In Texas zum Beispiel gilt seitdem ein drakonisches Gesetz zur Ausweispflicht, das einen Identitätsnachweis mit Foto und Bescheinigungen über frühere Namen umfasst; vor allem Arme und Frauen sind davon betroffen. Dass sich Wähler in Texas zwar mit einem Waffenschein ausweisen können, nicht aber mit einem Studentenausweis, spricht Bände. Der republikanische Kandidat John McCain hatte 2008 einen Vorsprung von 25 % bei den Waffenbesitzern, unter Studenten führte Obama.

Wer wegen einer Straftat verurteilt wurde, darf in den meisten Bundesstaaten nicht mehr wählen, egal ob die Haftstrafe verbüßt ist oder man noch im Gefängnis sitzt. 13 % der Schwarzen haben aufgrund dieser Regelung in den USA ihr Wahlrecht bereits verloren, weil sie schon einmal verurteilt wurden. Das sind sieben Mal mehr als der landesweite Bevölkerungsdurchschnitt. In den wichtigen Swing States Florida und Virginia dürfen mehr als 20 % der Afroamerikaner deshalb nicht mehr wählen.

Viele Schwarze leben in Ghettos, gehen auf eigene Schulen, sind dauerarbeitslos oder darben am kümmerlichen Mindestlohn. Fast die Hälfte der US-Gefängnisinsassen sind Schwarze, in den Südstaaten sind es sogar bis zu 75 %. Aufgrund dieser und anderer Negativ-Bilanzen wird den USA häufig Rassismus vorgeworfen. Aber die gesellschaftliche Wahrnehmung ist differenzierter. Eine Filmdokumentation von 2012 über die Erfahrungen dunkelhäutiger Mädchen und junger Frauen („Dark Girls") zeigte, dass auch die Afro-Amerikaner gespalten sind und sich voneinander abgrenzen.

Aufruf zu mehr Eigeninitiative

Der populäre schwarze Schauspieler Bill Cosby etwa redet Eltern der schwarzen Unterschicht ins Gewissen, sich mehr um die Erziehung ihrer Kinder zu kümmern, wirft afroamerikanischen Männern vor, allzu häufig ihre Familien und kleinen Kinder zu verlassen und hält Schwarzen insgesamt vor, sich allzu leicht mit den chronischen Übeln wie Drogensucht und hoher Kriminalitätsrate abzufinden. Cosby brach ein Tabu, als er vor einigen Jahren Schwarze öffentlich aufrief, nicht immer die Weißen für ihre eigenen Probleme verantwortlich zu machen. „Es geht nicht darum, was sie [die Weißen] uns antun. Es geht darum, was wir nicht tun." Auch Präsident Barack Obama weiß um diese Probleme. „Die Rassenfrage, die wir nie ausgeräumt haben", nannte er den Riss durch die US-Gesellschaft. Bei seiner Rede vor schwarzen Absolventen des Morehouse College in Atlanta im Mai 2013 wies Obama darauf hin, dass es keine Entschuldigungen mehr für Schwarze gebe, wenn sie nicht das erreichten, wozu sie fähig seien. Afroamerikaner stünden ebenso wie alle anderen vor den Herausforderungen der modernen Welt, in der die USA inzwischen um die vorderen Plätze kämpfen müssen. Erstaunlich an dieser Aussage ist eigentlich der Zeitpunkt: Obama hatte die zweite Amtszeit angetreten und damit vielen farbigen Amerikanern gezeigt, wie weit sie es seit den Tagen der Sklaverei gebracht haben. Aber offenbar nicht alle, denn

---

Bürgerrechte heute

Die Tageszeitung USA Today berichtete am 4. März 2014: Verkehrsüberprüfungen im Laufe eines halben Jahres in Kalamazoo, Bundesstaat Michigan, ergaben, dass die Polizei doppelt so häufig farbige Autofahrer anhielt wie weiße. Der Polizeichef kündigte an, er wolle an der Einstellung seiner Leute arbeiten.

Am 31. Juli 2014 brachte die gleiche Zeitung online einen Bericht aus Lockport im Bundesstaat New York, wonach ein Verdächtiger mit den Attributen *negro* und *dark* in der polizeilichen Datei geführt wurde. Beim verantwortlichen Polizeichef nachgefragt ergab sich, dass dieser sich nicht bewusst war, dass dieser Ausdruck verletzend ist und nicht mehr benutzt wird. Zudem sei die Computersoftware der Datei schon 27 Jahre alt und noch nie erneuert worden und bisher habe sich noch nie jemand beschwert.

Die Obamas im „Grünen Zimmer" des Weißen Hauses 2009: Beispiel für den Aufstieg Schwarzer in die Mittelschicht

die Statistiken zur Armut, Kriminalität und Bildungsferne sprechen eine andere Sprache. Aber auch der erfolgreiche Politiker prangerte das „rassistische Ungleichgewicht" in der Gesellschaft an: „Es gibt sehr wenige afro-amerikanische Männer in diesem Land, die nicht die Erfahrung gemacht haben, von den Sicherheitsleuten verfolgt zu werden, während sie in einem Kaufhaus einkauften. Das gilt auch für mich", sagte er in Kommentaren nach der Urteilsverkündung gegen Fred Zimmerman. Die Zeitung Die Welt stellte im Juli 2013 in einem Artikel über Rassismus in Amerika die Frage, ob den neuesten Meinungsumfragen zu diesem Thema zu trauen sei: Rassismus existiere für die meisten Amerikaner nicht mehr. Die Veröffentlichung einer Umfrage im März 2014 zeigte, dass junge Amerikaner unter 29 Jahren zu 97 % die Ehe zwischen Weißen und Schwarzen befürworteten; bei den älteren (ab 69 Jahren) lag die Zustimmung für Ehen zwischen verschiedenen Rassen nur bei 66 %.

Barack Obama und seine Frau Michelle sind Beispiele für ein anderes Phänomen der letzten Jahrzehnte. Sie gehören einer wachsenden farbigen Mittelschicht an; Anwälte, Ärzte, Unternehmer, Professoren, TV-Journalisten und andere Berufsgruppen tragen zu einer differenzierteren Entwicklung innerhalb des schwarzen Amerika bei. Schwarze Musik-, Medien- und Sport-Superstars erfreuen sich größter Popularität und sind künstlerisch sowie finanziell immens erfolgreich. Aber die Afroamerikaner zeigen kein einheitliches Bild, das ist wohl der überraschendste Aspekt des Films „Dark Girls". Man sieht sich lieber als Haitianer oder Karibe und nicht in erster Linie als Afroamerikaner. Schon Ende des 19. Jahrhunderts gab es in einigen Zirkeln der afroamerikanischen Gemeinschaft den sogenannten Papiertütentest: Wer dunkler war als eine braune Papiertüte, wurde schlechter angesehen. Michael Jacksons Bemühungen um eine weißere Hautfarbe und kaukasische Gesichtszüge sind wohl nicht nur auf die private Attitüde eines Popstars zurückzuführen.

Black Sitcoms

So wie es früher Radiostationen nur für schwarze Musiker gab, weil die Weißen ihre Musik schlicht nicht spielen wollten, haben sich inzwischen auch TV-Produktionen mit beinahe ausschließlich farbigen Schauspielern etabliert. Nun sind die Gründe andere, denn sowohl Hollywood als auch alle Fernsehproduzenten achten mit politischer Korrektheit darauf, dass in jeder Produktion wenigstens eine Rolle an einen schwarzen Schauspieler vergeben wird. Tyler Perry dagegen hat das Format der „Black Sitcom" weiter ausgebaut: „Tyler Perry's House of Payne" oder „Diary of a Mad Black Woman" sind erfolgreiche Serien des aus New Orleans stammenden Autors, Schauspielers und Produzenten. Das Magazin Forbes hat ihn 2011 als den bestbezahlten Unternehmer im Unterhaltungsbusiness aufgeführt. Inzwischen ist er eine Partnerschaft mit Oprah Winfrey eingegangen. Die seit Jahren erfolgreiche Entertainerin hat 2011 eine eigene Filmgesellschaft gegründet, und seit 2012 laufen die von Perry entwickelten und produzierten Sendungen auch auf ihrem Kanal Oprah Winfrey Network (OWN). Ein anderes Beispiel für eine auf das afroamerikanische Publikum ausgerichtete Sendung ist ein Format der sogenannten „Real Housewives-Serien". Die in Atlanta, Georgia angesiedelte Reality-Show hat nur eine weiße Mitspielerin, was nicht so ganz dem 38,4-Prozent-Anteil in der Stadt entspricht, dafür aber eindeutig auf eine Zielgruppe ausgerichtet ist. In schwarzen Sitcoms ist übrigens erlaubt, was einem Weißen oder einem Angehörigen anderer Ethnien untersagt ist, zum Beispiel Witze über die Hautfarbe zu machen oder Vorurteile zu platzieren. Und mitunter hört man sogar das N-Wort; untereinander oder in der

Oprah Winfrey (rechts), erfolgreichste Talkerin des amerikanischen Fernsehens, in einer Show von Paula Zahn

„Good Times, the Evans family", eine Black Sitcom der 70er Jahre, die von CBS ausgestrahlt wurde

Rap-Musik geht das, aber von Weißen ausgesprochen ist dieser rassistische Ausdruck ein Jobkiller und ruiniert die Karriere im Fernsehen wie bei der berühmten Köchin Paula Deen 2013. Alle ihre Werbepartner nahmen Deens Produkte aus dem Sortiment, als sie beschuldigt wurde, abfällige Bemerkungen über Schwarze gemacht zu haben, aber die Fans halten der Südstaatlerin und Multimillionärin die Treue; der Reiseveranstalter „Alice Travel", der Kreuzfahrten mit Deen im Programm hat, kündigte an, aufgrund der großen Nachfrage im kommenden Jahr gleich zwei statt einer Reise mit der Köchin anzubieten.

Der Begriff „African American" stößt inzwischen unter Schwarzen nicht nur auf Zustimmung. Gegen die einst von Jesse Jackson, dem Prediger und ersten schwarzen Bewerber um das Präsidentenamt geprägte und für politisch korrekt erklärte Bezeichnung formieren sich Widerstände. Junge Schwarze fühlen sich in erster Linie als Amerikaner, das Erbe aus Afrika ist für sie fremd und erinnert zu sehr an die Vergangenheit der Vorfahren. Andere wiederum wollen diesen Teil der Geschichte der Vereinigten Staaten auf keinen Fall vergessen; für sie hat der Begriff die wichtige Funktion, die Erinnerung wachzuhalten. Die Diskussion ist noch lange nicht zu Ende; vielleicht wird eine neue Bezeichnung neuen Umständen Rechnung tragen.

Aktiver schwarzer Widerstand:
Malcolm X und Black Power

Angesichts der anhaltenden Diskriminierung der Schwarzen und der ihnen zugefügten Gewalt durch weiße Extremisten bildeten sich auch radikalere Aktivistengruppen, die das von Martin Luther King jr. hochgehaltene Prinzip des gewaltlosen Widerstands oder sogar die prinzipielle Möglichkeit eines friedlichen Zusammenlebens zwischen Schwarzen und Weißen infrage stellten. Eine davon war die Nation of Islam (eigentlich Lost-Found Nation of Islam in the Wilderness of North America), die 1930 mit dem Ziel gegründet wurde, eine eigenständige, islamisch geprägte afroamerikanische Enklave innerhalb der USA zu errichten, um die vermeintlich ethisch und kulturell überlegenen Schwarzen von der teuflischen weißen Rasse zu trennen. Ihr berühmtester Führer, der in den 50er und 60er Jahren wesentlichen Anteil am Anstieg ihrer Mitgliederzahlen und ihrer öffentlichen Bedeutung hatte, war Malcolm X, der eigentlich Malcolm Little hieß. Der in ärmlichen Verhältnissen aufgewachsene Sohn eines Baptistenpredigers war im Gefängnis, wo er eine mehrjährige Haftstrafe wegen Einbruchs verbüßte, der Nation of Islam beigetreten und nach seiner Entlassung nach Chicago gefahren, um ihren Führer Elijah Muhammad persönlich kennenzulernen. Um die gemeinsame afrikanische Herkunft herauszustellen, verlieh ihm dieser, wie allen Mitgliedern der Bewegung, den neuen Nachnamen X, der für die unbekannten Namen der Vorfahren steht, die von den weißen Sklavenhaltern durch ihre eigenen ersetzt wurden. Mit seinem Charisma und rhetorischen Talent, das es ihm ermöglichte, sich an seine Zuhörerschaft anzupassen und jugendliche Ghettobewohner ebenso anzusprechen wie ein akademisches Publikum, wurde Malcolm X zum populärsten afroamerikanischen Bürgerrechtler neben Martin Luther King jr. Kings gewaltlosem Widerstand begegnete er allerdings zunächst mit Verachtung. Nach seiner Auffassung sollten die Schwarzen nicht um ihre Rechte betteln, sondern sie sich entschlossen, „mit allen notwendigen Mitteln", „by any means necessary" – so sein berühmtestes Zitat – erkämpfen. Aufgrund dieser radikalen Haltung wurde er nicht nur zu einer der bekanntesten, sondern auch zu einer der umstrittensten öffentlichen Persönlichkeiten, die insbesondere von der schwarzen Stadtbevölkerung im gleichen Maße verehrt wurde, wie sie vielen Angehörigen des weißen Establishments verhasst war. Anfang 1964 kam es zum

Malcolm X 1964 nach seiner Pilgerreise nach Mekka

Martin Luther King jr. und Malcolm X im März 1964 bei ihrer einzigen Begegnung

Bruch zwischen Malcolm X und seinem Mentor Elijah Muhammad, der einerseits damit zu tun hatte, dass Muhammad Malcolms Vorhaben, sich stärker im Kampf für die Bürgerrechte zu engagieren, strikt ablehnte, andererseits mit Muhammads doppelten moralischen Standards: Während der Führer der Nation of Islam jede kleine moralische Verfehlung seiner Anhänger bestrafen ließ, hatte er selbst Affären mit zahlreichen Frauen, die zu einer Reihe unehelicher Kinder führten, was er mit der Bemerkung rechtfertigte, als letzter Prophet müsse er die Sünden aller vorherigen Propheten wiederholen. Im selben Jahr unternahm Malcolm X eine Pilgerreise nach Mekka, die einen so tiefen Eindruck auf ihn machte, dass er zum orthodoxen Sunni-Islam übertrat und sich fortan El-Hajj Malik El-Shabazz nannte. Die friedliche Koexistenz der verschiedenen Völkern und Rassen angehörenden Pilger brachte ihn dazu, sich von den rassistischen Vorstellungen der Nation of Islam abzuwenden. Eine anschließende ausgedehnte Reise nach Afrika, wo er mit Kämpfern und Kämpferinnen antikolonialistischer Bewegungen in Kontakt kam, ließ ihn zudem zum Schluss kommen, dass das von der Nation of Islam vertretene orthodox-islamische Frauenbild, nach dem Frauen nur für Haushalt und Familie zuständig sein sollten, nicht in eine fortschrittliche Welt passte. Statt für schwarzen Nationalismus engagierte er sich fortan für den internationalen afrikanischen Befreiungskampf, in dessen Kontext seiner Ansicht nach auch der afroamerikanische Befreiungskampf gesehen werden musste. Um diesen Kampf in Amerika erfolgreich fortzuführen, suchte er nun auch die Zusammenarbeit mit der gewaltfreien Bürgerrechtsbewegung und insbesondere mit Martin Luther King jr., den er in seinem früheren Leben als Sprachrohr der Nation of Islam noch als „Hausneger" der Weißen denunziert hatte. Dazu sollte es allerdings nicht mehr kommen: Am 21. Februar 1965 wurde Malcolm X während eines Vortrags, den er im New Yorker Stadtteil Washington Heights hielt, von mehreren Attentätern erschossen. Aufgrund anonymer Drohungen hatte Malcolm X bereits seit Monaten unter Polizeischutz gestanden. Nachdem er sich öffentlich von den Lehren Elijah Muhammads distanziert und mehrmals über dessen außereheliche Affären gesprochen hatte, galt er für die Nation of Islam als Verräter, und mehrere ihrer Führer ließen verlautbaren, dass er den Tod verdient habe. Tatsächlich wurden drei Mitglieder der Nation of Islam wegen des Mordes an Malcolm vor Gericht gestellt und verurteilt. Von diesen räumte allerdings nur einer die Tatbeteiligung ein, während er die anderen beiden als unschuldig bezeichnete. Später fand man heraus, dass es aller Wahrscheinlichkeit nach insgesamt fünf Attentäter gab. Wer die übrigen Attentäter waren, und ob das FBI – das durch zahlreiche Spitzel eigentlich bestens über die Aktivitäten der Nation of Islam wie auch der von Malcolm gegründeten Organization of Afro-American Unity informiert sein musste – vorab von den Attentatsplänen wusste, liegt bis heute genauso im Dunkeln wie die Details und Umstände manch anderer spektakulärer Mordanschläge. Sein Tod führte landesweit zu Protesten, in deren Verlauf etwa 300 Schwarze von Polizei und Militär getötet wurden.

Malcolm X fotografiert den Boxer Muhamad Ali (geboren als Cassius Clay) nach dessen Sieg über Sonny Liston

Ähnlich wie der drei Jahre später ebenfalls ermordete Martin Luther King jr. wurde Malcolm X über seinen Tod hinaus zur Ikone des afroamerikanischen Freiheitskampfes und diente vielen anderen Aktivisten als Vorbild. Sein Beispiel inspirierte den schwarzen Bürgerrechtler Stokely Carmichael 1966 bei einer Ansprache vor Aktivisten und Reportern zu dem Slogan „Black Power", den er einem Buchtitel des bedeutenden afroamerikanischen Schriftstellers Richard Wright entnommen hatte. Er war Alternative und Gegenentwurf zur Parole „Freedom Now", die die Southern Christian Leadership Conference Martin Luther Kings jr. verbreitet hatte.

Malcolm X – der sich selbst in seiner Jugend in einer schmerzhaften Prozedur die Haare hatte glätten lassen, um „weißer" auszusehen – war nicht nur einer der geistigen Väter der „Black Power", sondern auch jener kulturellen Bewegung, die sich in den 60er Jahren unter dem Slogan „Black is beautiful" daran machte, den Schwarzen ein neues Selbstwertgefühl zu geben, indem sie ihren Blick auf den schwarzen Körper von den ästhetischen Vorgaben und negativen Bewertungen der weißen Kultur befreite. Bis heute ist seine Popularität als Symbol des schwarzen Befreiungskampfes ungebrochen. Spike Lees erfolgreiches Filmporträt von 1992 leistete dazu ebenso seinen Beitrag wie zahlreiche Bücher und Neuauflagen seiner Reden auf CDs. Konsumprodukte wie mit einem X versehene Kappen, T-Shirts und Taschen und die Verwendung mancher seiner provokativen Zitate in Hip-Hop-Texten ließen Malcolm X gerade für junge Schwarze zu einem Teil der Popkultur werden.

Hispanics

Einwanderer aus Süd- und Mittelamerika – Hispanics und Latinos

In der amerikanischen Polit-Film-Satire „Wenn der Hund mit dem Schwanz wedelt" („Wag the dog", 1997, Barry Levinson – Silberner Bär der Berlinale 1998) wird ein illegal eingewanderter mexikanischer Landarbeiter in Null Komma nichts eingebürgert, weil er kurz für einige Mitarbeiter des Weißen Hauses tätig werden soll. Denn die Regierung kann natürlich keine Illegalen beschäftigen, also wird die Zeremonie im Eilverfahren und auf Spanisch durchgezogen. So einfach ist es für die ca. 12 Millionen Menschen ohne gültige Ausweispapiere in der Regel nicht; seit Jahren ist die Legalisierung insbesondere der mexikanischen Einwanderer ein Dauerthema in den USA. Präsident Barack Obama war mit dem Wahlversprechen angetreten, das Einwanderungsgesetz zu reformieren und den Rechtlosen einen gesetzlichen Status zu geben. Allerdings blieb die Reform in der ersten Amtszeit auf der Strecke, die Republikaner mit ihrer Mehrheit im Kongress blockierten jeden Ansatz. Inzwischen sind auch konservative Kreise gegenüber Präsidentschaftskandidaten mit hispanischem Hintergrund aufgeschlossen, schließlich ist der Bevölkerungsanteil der legalen (und illegalen) Einwanderer aus Kuba, Mexiko und Südamerika inzwischen auf 17 % angewachsen. Mit rund 53 Millionen sind sie die größte und wichtigste Minderheit in den USA; zwei Drittel der wahlberechtigten Latinos verhalfen mit ihrer Stimme Obama zu seiner zweiten Amtszeit. Meist mit katholischem Hintergrund sind es auch die Hispanics, die zum Bevölkerungswachstum wesentlich beitragen, diese Gruppe wächst am schnellsten und hat die jüngsten Mitglieder.

Zu Anfang des Jahres 2014 kam ein wenig Bewegung zugunsten der Illegalen in die Sache: Die Republikaner zeigten Kompromissbereitschaft, wenn bestimmte Konditionen erfüllt würden. Dazu gehörte vor allem die Sicherung der amerikanisch-mexikanischen Grenze mit höheren Zäunen und mehr Personal zur Bewachung, insbesondere sollte die Nationalgarde nach Texas entsandt werden. Aber auch der Nachweis eines Arbeitsplatzes und natürlich ein lückenloser straffreier Hintergrund sollte Voraussetzung für die Legalisierung sein. Wie so vieles verschwand auch diese Reform wegen der Senatswahlen im November 2014 zunächst in den Schubladen; allerdings hatte die demokratische

Jugendliche Chicanos in den 70er Jahren. Chicano ist der ursprünglich negativ konnotierte Name für mexikanische Einwanderer, der aber seit den 60er und 70er Jahren vor allem für Mitglieder der Bürgerrechtsbewegung identitätsstiftend wirkt. Er wird mit Stolz auf das eigene ethnische Selbstverständnis bezogen

Grenzsicherungsanlagen zwischen San Diego, USA (links) und Tijuana, Mexiko (rechts)

Regierung schon Tatsachen geschaffen mit der Abschiebung von mehr als zwei Millionen Migranten.

Abgeschoben werden vorrangig Kriminelle. Als kriminell eingestuft wird aber eben jeder, der illegal die Grenze überquert hat oder sich ohne legale Grundlage in den USA aufhält und arbeitet, egal wie lange er oder sie schon in den USA gelebt hat. Durch eine Gesetzesreform von 2006 war der illegale Grenzübertritt zu einer schweren Straftat erklärt worden; selbst eine Massendemonstration von mehr als einer halben Million Menschen in Los Angeles hatte die Bush-Regierung und den konservativen Kongress nicht davon abbringen können. Nach Schätzungen des Pew Research Centers, eines Thinktanks und Meinungsforschungsinstituts in Washington, sind rund die Hälfte aller illegalen Einwanderer – etwa 6 Millionen – zunächst rechtmäßig in die Vereinigten Staaten eingereist. Allerdings hatten sie Amerika nicht wieder verlassen, nachdem ihre Besucher- oder Gastarbeitervisa abgelaufen waren.

In vielen Städten Kaliforniens, Texas', New Mexicos und Floridas ist es nicht ungewöhnlich, auf der Straße Menschen Spanisch sprechen zu hören. Die meisten leben in New Mexico: Fast die Hälfte der Einwohner dort gab bei der letzten Befragung 2010 an, einen Hispanic-Hintergrund zu haben. Nicht wesentlich weniger leben in Kalifornien

> **Texanische Widersprüche**
>
> In ihrem Reisebericht „Typisch Texas! – Weites Land und Wilde Kerle" (NDR, 31.08.2013) stellt die Journalistin einen texanischen Ranch-Besitzer mit den Worten vor: „Er ist ein guter Mensch, und ein guter Cowboy, ihm würde ich sogar meine Familie anvertrauen." Das Lob gebührt einem über 80-jährigen Viehhüter aus Mexiko, dem die Rancher-Familie geholfen hat, an legale Papiere zu kommen. Andere Mexikaner werden mit kurzzeitigen Arbeitsvisa auf die Ranchen geholt; sie verdienen dort ein Vielfaches des Lohns jenseits der Grenze. Selbst nach Jahrzehnten in Texas spricht der Senior-Cowboy noch kein Englisch, aber die Gringos sind inzwischen des Spanischen mächtig, wie die Autorin erzählt. Kein Einzelfall im Lone Star State: Auch Hinweisschilder, Zeitungen oder kommunale Benachrichtigungen können in beiden Sprachen oder nur in Spanisch abgefasst sein. Trotz der harten Haltung der Republikaner gegen Illegale und ihres Eintretens für noch strengere Kontrollen am Grenzzaun haben sich in einer Umfrage im Juli 2014 mehr als 27 % der Hispanics zu den Konservativen bekannt. Die genauere Analyse zeigte dann, dass sich mehrheitlich Latino-Amerikaner der dritten oder vierten Generation zur Grand Old Party hingezogen fühlen.

und Texas: Dort ist ihr Bevölkerungsanteil inzwischen auf 38,4 % gestiegen, Arizona hat 30,3 % und Florida weist mit seinen vorwiegend aus Kuba stammenden Migranten einen Spanisch sprechenden Bevölkerungsanteil von 23.6 % auf.

Oft sind es die von Amerikanern abgelehnten Jobs, die die (legalen und illegalen) Einwanderer übernehmen: Mexikaner ernten Trauben in den Weinanbaugebieten von Kalifornien und Oregon, verdingen sich als Landarbeiter auf den riesigen Gemüsefeldern, viele Frauen arbeiten als Reinigungspersonal in Hotels, Büros und Privathaushalten. Eine große Anzahl kommt mit befristeten Besuchervisa, und trotz der Zäune und Mauern mit Bewegungsmeldern, Lasersystemen und Patrouillen gelangen immer noch viele Menschen mit Hilfe von Schleppern oder sogar allein über die 1.100 km lange Grenze. Im Sommer 2014 machte die große Zahl von Kindern Schlagzeilen, die allein oder mit ihren Müttern meist von Schleppern über die Grenze gebracht und dann von der Grenzpolizei aufgegriffen worden waren. Offenbar hatte sich die Nachricht in Mittel- und Südamerika verbreitet, dass eine Art Amnestie den illegal eingewanderten Kindern einen rechtlichen Status verleihen würde. Und so schickten Tausende ihren Nachwuchs auf die ungewisse Reise in den fernen Norden; diesmal nicht nur aus Mexiko, viele kamen aus Guatemala, El Salvador und Honduras, Ländern mit hoher Kriminalität und wenig Zukunftsperspektiven. Tatsächlich war zwei Jahre zuvor eine Legalisierung direkt vom Präsidenten veranlasst worden, allerdings nur für solche Kinder, die vor 2007 eingewandert waren. Auch unter Präsident Reagan hatte es 1986 eine Immigrationsreform gegeben, die den illegal Eingewanderten einen legalen Status gab und ihnen das Recht einräumte, nach fünf Jahren die amerikanische Staatsbürgerschaft zu beantragen; damals meldeten sich ca. 1,4 Millionen Menschen.

Der Begriff Hispanic wurde in den 1970er Jahren von der US-Regierung geprägt und umfasst alle in den Spanisch sprechenden Ländern Mittel- und Südamerikas geborenen Amerikaner und solche, die ihre Abstammung nach Spanien oder in die früheren spanischen Kolonien zurückverfolgen können. Die meisten Hispanics verstehen sich aber je nach ihrer individuellen Herkunft eher als Mexiko-Amerikaner, Puerto Ricaner oder Cubano-Amerikaner denn als Mitglieder einer größeren Volksgruppe. Zudem

Kinder beim jährlichen Cinco de Mayo-Fest der mexikanischen Gemeinde in Washington D.C.

haben die Puerto Ricaner seit 1917 die amerikanische Staatsbürgerschaft und können auch an Wahlen teilnehmen, wenn sie in den USA leben (jedoch nicht von Puerto Rico aus).

Historische Hintergründe

Ponce de León, der spanische Entdecker Floridas, ist für viele Hispanics heute noch ein großer Held. Denn er habe den Grundstein für ihre Kultur gelegt und sei es Wert, neben den Pilgervätern als Pionier erwähnt zu werden. Aus seiner Geschichte bezögen sie einen großen Teil ihrer Identität und das Gefühl zu Recht dort zu sein, sagte 2013 Wilson Camelo, ein Blogbetreiber aus Orlando mit kolumbianischen Wurzeln, der dpa.

Zusammen mit Christoph Kolumbus war der junge spanische Adelige Ponce de León in die „Neue Welt" gesegelt und wurde 1509 zum Gouverneur von Puerto Rico ernannt. Mit diesem Posten wäre er sicher nicht in die Annalen der Weltgeschichte eingegangen, aber mit seiner Suche nach dem Brunnen der ewigen Jugend ist es ihm gelungen (s. Kap. 3.2). Kurze Zeit später erkundeten spanische Entdecker auf der westlichen Seite des neuen Kontinents das Landesinnere. Hernán

Jubiläumsbriefmarke der US-Post von 1936 anlässlich des hundertsten Jahrestages der Gründung von Texas. Abgebildet sind Sam Houston, der Held von San Jacinto, und Stephen Austin, der erste Außenminister von Texas, vor der ehemaligen Mission The Alamo

Cortéz hatte von Kuba kommend die Ostküste Mexikos erobert, die indigenen Kulturen zerstört und das Land der spanischen Krone zugeführt. 1535 war das Gründungsjahr des Vizekönigreichs Neuspanien mit Mexiko-Stadt als Hauptstadt. Von hier aus wurden Expeditionen nach Norden geschickt, wie beispielsweise die von Francisco Vasquez de Coronado (s. Kap. 3.2). Alles „entdeckte" Land nahm der Vizekönig unter seine Obhut. So vergrößerte sich die spanische Kolonie im Lauf der nächsten beiden Jahrhunderte bis nach Süd-Wyoming. Unter großem Einsatz der Franziskaner wurde in Südkalifornien der Besitzanspruch der spanischen Krone gefestigt; das Gebiet des heutigen Bundesstaates galt seit 1602 als zu Neuspanien zugehörig. Die Franziskaner errichteten zwischen 1769 und 1823 insgesamt 21 Missionen, die südlichste in San Diego, die nördlichste in Sonoma; jeweils eine Tagesdistanz zu Pferd liegt zwischen den Stationen des Verbindungsweges, den man Camino Real, Königsweg, nannte. Die Ureinwohner sollten christianisiert und zu Spaniern gemacht werden, wohl in Ermangelung auswanderungswilliger Untertanen in Europa. Aber das Projekt endete 1823 mit der Gründung der Republik Mexiko. Sie umfasste zunächst das Gebiet des aus dem Vizekönigreich Neuspanien hervorgegangenen Kaiserreichs Mexico, und somit ein großes Territorium, das heute zu den USA gehört. Im Laufe der Auseinandersetzungen der Mexikaner mit den Spaniern hatte die mexikanische Armee schon in den 1790er Jahren eine ehemalige Mission in San Antonio (Texas) besetzt: das Alamo. Im texanischen Unabhängigkeitskrieg von 1835 spielte dieses Fort eine wichtige symbolische Rolle:. Hier hielten 200 Verteidiger wochenlang der mexikanischen Belagerung stand, bevor sie vernichtend geschlagen wurden. Erst am 21. April 1836 konnten die Revolutionäre in einer 18-minütigen Schlacht bei San Jacinto nahe dem heutigen Houston den entscheidenden Sieg erringen und die Republik Texas ausrufen. Seit 1891 feiert die Stadt San Antonio diesen Erfolg mit einer großen Fiesta in der zweiten Aprilhälfte; mehr als drei Millionen Gäste feiern jedes Jahr mit.

Zunächst blieb Texas eine unabhängige Republik, wiederholte Versuche Mexikos der Rückeroberung scheiterten. Seit 1845 gehört Texas zum amerikanischen Staatenbund, allerdings wurde darüber nochmals zwei Jahre Krieg geführt; erst 1848 legte man den Rio Grande als Grenzfluss zwischen den beiden Staaten fest. Mit diesem Krieg verlor die Republik Mexiko auch andere ehemals neuspanische Gebiete an die USA; und 1854 wurde schließlich noch ein breiter Streifen des

Alle Westernhelden von Warner Brothers, die 1959 in Serien des Fernsehprogramms von ABC auftraten. Der dritte von rechts ist der auch aus Kinofilmen bekannte James Garner als Maverick

heutigen New Mexico für den Bau einer transkontinentalen Eisenbahn an die USA verkauft. Historiker schätzen, dass ca. 80.000 Mexikaner nördlich des Rio Grande lebten und nur ein Bruchteil von ihnen nach der Amerikanisierung nach Mexiko umzog. Den Siedlern wurde nach zwei Jahren Aufenthalt die Staatsbürgerschaft der USA zugestanden, allerdings hatten Bauern und Viehzüchter unter ihnen oft Schwierigkeiten, ihren Besitz nachzuweisen; die neuen Behörden erkannten die alten Rechtsansprüche nicht an.

Auch wenn es keine Dokumentarfilme sind, die heroisierenden Western Hollywoods der 50er und 60er Jahre spiegeln den Geist der Pioniere recht deutlich wieder. In ihnen sollten in erster Linie die Leistungen der Weißen bei der Besiedlung des Südwestens herausgestellt werden. Mexikaner oder Mestizen kamen darin zwar vor, oft in weißer Kleidung, aber vorwiegend als arme Landarbeiter. Letztere waren Nachkommen der Spanier und der indianischen Ureinwohner, die Anglo-Amerikaner sahen in ihnen aber nur die Indianer. Besondere Konflikte brachte zudem mit sich, dass die mexikanischen Amerikaner vorwiegend katholisch waren, die neuen Siedler dagegen überwiegend protestantisch, und die Toleranz noch nicht sehr ausgeprägt war.

César Chávez

Der Gewerkschafter César Chávez 1974

Auf der Berlinale 2014 feierte der biografische Film „César Chávez" des mexikanischen Regisseurs Diego Luna seine Weltpremiere. Chávez gründete 1962 die nationale Farm-Arbeitergewerkschaft; drei Jahre später organisierte er den Streik der kalifornischen Traubenpflücker für höhere Löhne. Der Bürgerrechtler und Gewerkschaftsführer wurde 1927 in Yuma, Arizona als Sohn mexikanischer Auswanderer geboren. Nach einer zweijährigen Dienstzeit beim Militär verdingte er sich als Landarbeiter in der Gemüse- und Obstindustrie in Kalifornien. Der talentierte Redner engagierte sich zunächst in einer Bürgerrechtsbewegung für Latinos, deren Ziel vor allem die Teilnahme an Wahlen war. Chávez bereitete die Boykottaufrufe und Streiks der Salat- und Traubenpflücker mit tagelangen Fasten-Aktionen vor. Für den tiefgläubigen Katholiken war das Hungern ein angemessenes Mittel zur Konzentration auf die bevorstehende Aufgabe: den Forderungen nach mehr Lohn und besseren Arbeitsbedingungen für die große Zahl der Wanderarbeiter Gehör und Nachdruck zu verleihen. Das ehemalige Hauptquartier der Gewerkschaft in Keene in Kalifornien wurde inzwischen zum National Monument erklärt; kurz vor den Wahlen 2012 hatte Präsident Barack Obama, der an der Einweihung persönlich teilnahm, die Urkunde unterzeichnet.

Julian und Joaquin Castro

Hispanische Zwillinge auf der Karriereleiter: Julian und Joaquin Castro

Die Familie Castro aus San Antonio stellt gleich zwei Politiker mit Hispanic-Hintergrund: Die Zwillingsbrüder Joaquin und Julian haben schon früh steile Karrieren im politischen System begonnen. Beide sind promovierte Juristen mit Abschlüssen in Stanford bzw. Harvard. Julian begann seine Laufbahn als Stadtrat von San Antonio 2001 und wurde im Alter von 34 Jahren zum Bürgermeister der texanischen Großstadt gewählt. Joaquin ist seit 2012 Abgeordneter des Kongresses. Sein Bruder wurde 2014 von Präsident Obama zum Wohnungs- und Stadtentwicklungsminister ernannt. Ihre Großmutter kam in den 1920er Jahren aus Mexiko nach Texas und schlug sich mit zwei bis drei Jobs durchs Leben. Mutter Maria Castro gehörte zu den Gründern der Chicano Partei La Raza Unida; die Söhne sind Mitglieder der Demokraten.

Sonia Sotomayor im Gespräch mit Barack Obama vor der Zeremonie ihrer Amtseinsetzung im Obersten Gerichtshof

Sonia Sotomayor

Auch wenn deutsche Zeitungen bei der Ernennung von Sonia Sotomayor zur ersten Richterin am Supreme Court fälschlicherweise immer wieder auf ihren Immigrantenstatus hinwiesen (ihre Eltern stammen aus Puerto Rico, sie ist 1954 in New York City geboren und damit Amerikanerin), ist sie doch die erste Frau mit Hispanic-Hintergrund, die dieses hohe Amt 2009 besetzte. In Berlin stellte die Top-Juristin im Frühsommer 2014 ihre Autobiografie „Meine geliebte Welt" vor, in der sie ihre Geschichte als Tochter armer Einwanderer nach New York und ihren Aufstieg über die Elite-Universitäten Princeton und Yale erzählt. Schon der erste Präsident Bush hatte ihre Fähigkeiten erkannt und sie 1991 als Bundesrichterin berufen, 1997 folgte Präsident Clinton mit der Berufung ans Bundesberufungsgericht.

Die Richter des US Supreme Court sind auf Lebenszeit gewählt. Wenn ein Präsident das Weiße Haus verlässt, entscheiden die von ihm ernannten Richter noch für Jahrzehnte über die Themen, die die amerikanische Gesellschaft polarisieren: Sei es die gleichgeschlechtliche Ehe, Waffenbesitz, religiöser Pluralismus oder die NSA-Überwachung.

Um 1900 lebten schätzungsweise eine halbe Million Menschen mit spanischem und mexikanischem Hintergrund in den Südstaaten. Erst im Verlauf der mexikanischen Revolution seit 1910 und des sogenannten Cristero Krieges 1926 bis 29, den katholische Bauernmilizen gegen das Revolutionsregime führten, nahm die Immigration in die USA zu. Dort gab es politische Stabilität und Jobs in der Landwirtschaft und der wachsenden Industrie im Norden. Mit der Weltwirtschaftskrise Ende der 20er bis zum Beginn der 30er Jahre begann das Ende der Freizügigkeit: Mexikaner ohne gültige Papiere wurden im sogenannten Repatriation Program zur Heimkehr veranlasst. In Zusammenarbeit mit den mexikanischen Behörden sollten die Rückkehrer mit Land und Arbeit belohnt werden. Da diese Zusagen oft nicht eingehalten wurden, kehrten viele wieder in die USA zurück, nicht immer auf legalem Wege.

Offizielle Einwanderung aus Mexiko in die USA gibt es natürlich auch, allein zwischen 1981 und 1990 kamen ca. eine Million Menschen mit einer Greencard über die Grenze. Daneben begann sich die Schattenwirtschaft zu entwickeln, Arbeitgeber sahen nicht genau hin, wenn sie Pflücker in der Landwirtschaft oder Reinigungskräfte einstellten.

Heute

Obwohl der Bundesstaat New Mexico die höchste Anzahl an Hispanoamerikanern aufzuweisen hat, dauerte es bis 2011, bis mit Susana Martinez die erste Gouverneurin mit Hispanic-Hintergrund gewählt wurde; kurz darauf wurde in Nevada Brian Sandoval gewählt, der ebenfalls als Latino angesehen wird, allerdings kein Spanisch spricht. Das Repräsentantenhaus verzeichnete in seiner 113. Amtsperiode 33 Mitglieder, im Senat saßen bis November 2014 vier, die sich selbst als Hispanics bezeichnen. Innenminister Ken Salazar verließ die Regierung 2013 nach einer langen Karriere als Politiker; seine Vorfahren führt der in Colorado geborene Jurist und ehemalige Senator auf die ersten Siedler des Vizekönigreichs Neuspanien zurück. Auch er musste sich, wie so viele andere, Beleidigungen und rassistische Äußerungen anhören. In einem Interview mit den New York Times vom 11. Juni 2006 wird er mit den Worten zitiert: „Ich wurde verspottet, mit Schimpfworten beleidigt – angefangen von dreckiger Mexikaner bis hin zu weit böseren – als ich aufwuchs, und sogar noch heute, wo ich amerikanischer Senator bin."

Sicherlich wird auch die junge Selena Quintanilla im texanischen Lake Jackson solche Schmähungen gehört haben, aber sie ließ sich nicht unterkriegen und wurde zur erfolgreichsten Latina-Sängerin der frühen 1990er Jahre. 1995 wurde Selena kurz vor ihrem 24. Geburtstag von einer ehemaligen engen Mitarbeiterin erschossen, nachdem diese zuvor von ihr aufgrund des Verdachts, Geld veruntreut zu haben, gefeuert worden war. Noch heute gilt sie als die „mexikanische Madonna". 1997 wurde Selena mit der gleichnamigen Filmbiografie von Hollywood geehrt. Mit diesem Film gelang Jennifer Lopez der Durchbruch.

Nach nur einem Jahr stellte 2014 der Sender CNN Latino seinen Betrieb ein. Kurze Zeit

DIE EINWANDERER

Mexikanische Küche ist heute in den gesamten USA populär

zuvor war die Website NBCLatino.com eingestellt worden; beide Informationsprogramme hatten die rund 53 Millionen Hispanics als Zielgruppe im Visier gehabt. Diese Schließungen sind kein Anzeichen für das der Spanisch sprechenden Amerikaner, sie bleiben die am schnellsten wachsende Bevölkerungsgruppe. Man erwartet, dass sie bis 2050 ca. 26 % der Bevölkerung ausmachen werden. Das Problem scheint eher darin zu liegen, dass die Hispanics keine homogene Zielgruppe sind. Ihre Lebensstile und ihre Interessen sind so unterschiedlich wie ihre Herkunftsländer und ihr persönlicher Hintergrund. Auch die Sprache allein stellt keine Basis dar. Wenn auch nur ca. 18 % der ersten Generation sich auf Englisch verständigen können, so sind es bei deren Kindern schon mindestens 93 %. Eine Folge davon ist unter anderem, dass die zweite Generation ihre Informationen über Ereignisse und Politik in den USA direkt von den englischsprachigen Fernsehsendern und Zeitungen bezieht. Gleichzeitig bleibt die Muttersprache lebendig, wird in den meisten Familien gepflegt und dient in der Regel

> **Politische Doppelmoral**
>
> 2010 wollte Meg Whitman die Nachfolge von Arnold Schwarzenegger antreten und republikanische Gouverneurin von Kalifornien werden. Aber es kam anders, denn die ehemalige eBay-Chefin musste kurz vor der Wahl im November zugeben, jahrelang eine illegale Einwanderin als Hausangestellte beschäftigt zu haben. Sie machte geltend, nichts von deren Status gewusst und sie natürlich sofort entlassen zu haben, als der bekannt wurde. Diese Geschichte mutete zumindest merkwürdig an, bei einer angehenden Politikerin, die angekündigt hatte, hart gegen die illegale Einwanderung vorzugehen. Sie wollte die Grenze zu Mexiko besser sichern und Arbeitgeber von illegalen Einwanderern konsequent zur Rechenschaft ziehen. Der Demokrat Jerry Brown machte dann das Rennen.

dazu, die Nachrichten des Herkunftslands im Original zu verfolgen. Auch wenn es Konzentrationen von Hispanics in den südlichen Bundesstaaten gibt, die Bereitschaft sich in die amerikanische Gesellschaft zu integrieren, ist nach deren eigenen Angaben sehr hoch. Spezifische Angebote für Hispanics werden insbesondere von den jungen Leuten abgelehnt; sie wollen nicht ausgegrenzt werden, sondern Bestandteil der amerikanischen Welt sein.

Ungeachtet aller politischen Probleme um illegale Einwanderung ist die lateinamerikanische Kultur mit Musik, Essen und Festivitäten tief in den USA verankert. Seit 1968 wird alljährlich ab dem 15. September einen ganzen Monat lang des kulturellen Erbes der Spanier und Südamerikaner gedacht; Präsident Lyndon B. Johnson hatte damals eine Erinnerungswoche proklamiert, die mittlerweile auf einen Monat umfassende Festivals, Ausstellungen und spezielle Projekte ausgeweitet wurde. Viele der Nationalparks und State Parks im Süden haben Gedenkstätten zur gemeinsamen Geschichte der beiden Nationen USA und Mexiko; dort finden bevorzugt Veranstaltungen statt, die das kulturelle Erbe zum Thema haben.

Zudem haben sich Traditionen wie Feste zum Cinco de Mayo (5. Mai) besonders im Südwesten etabliert. Es ist zwar kein offizieller Feiertag, aber mit Musik, Tanzvorführungen und viel Essen und Trinken wird des Sieges der mexikanischen Truppen über die französischen Besetzer Mexikos in der Schlacht von Puebla im Jahr 1862 gedacht. Ganz ohne Zweifel aber ist der lateinamerikanische Einfluss am deutlichsten in der Esskultur zu finden. Mexikanische Restaurants gibt es wie Sand am Meer, Fast-Food-Ketten wie Taco Bell, Chipotle, Del Taco oder Qdoba sind in fast allen Bundesstaaten zu finden. Fester Bestandteil der Latino-Küche ist Chili, als Schote und als Gewürz; die ersten Früchte sollen schon 1540 mit den Spaniern nach Nordamerika gelangt sein. In New Mexiko befindet sich die Chili-Hauptstadt der Welt, jedenfalls behaupten das die Organisatoren des alljährlichen Festivals von Hatch nördlich von El Paso am Rio Grande (Ende August, www.hatchchilefest.com). Etwa ein Drittel der gesamten Chiliernte der USA stammt aus New Mexiko, die Varianten reichen von Rot über Gelb bis Grün in verschiedenen Schärfen. Aber auch Tortillas, Enchiladas, Burritos oder Tostadas sind inzwischen amerikanische Begriffe und gehören zum kulinarischen Spektrum, genau wie Pizza, Hamburger, Sauerkraut, Spaghetti oder Dumplings ihren Eingang ins Vokabular und auf die Speisekarten gefunden haben.

Chinatown in der 8th Avenue in New Yorks Stadtteil Brooklyn

Einwanderer aus Asien

Von den großen Chinatowns der Westküste und den Firmen- bzw. Konzernlenkern aus China und Indien hören die Amerikaner nicht viel, sie lesen mehr darüber, dass die Wirtschaftsdaten Chinas teilweise besser sind, als die eigenen, und die USA bei den Chinesen hoch verschuldet sind. Aber wen interessiert das schon, abgesehen von den Börsianern. Große Schlagzeilen machen nur Nachrichten wie die, dass der 2014 eingesetzte neue CEO von Microsoft, Satya Nadella aus Indien, den Konzern um 18.000 Mitarbeiter erleichtern wolle.

Chinesische Wäschereien, Garküchen und Restaurants sind fester Bestandteil amerikanischen Lebens, insbesondere in den Großstädten, und darauf beschränkt sich in der Regel das allgemeine Interesse. Außer in Ballungsgebieten in Kalifornien (14 %) oder im Bundesstaat Washington (8 %) und New York (8,2 %) machen die asiatischstämmigen Amerikaner im Durchschnitt nur 5,3 % der Bevölkerung aus (Quelle: United States Census), aber ihre farbenfrohen Feste wie Chinese New Year oder die Frühlingsfeiern der Inder stehen im Eventkalender mancher Städte. Eine Ausnahme ist der Bundesstaat Hawaii: Dort gaben bei der letzten Befragung 2010 mehr als 57 % der Einwohner an, aus Asien eingewandert zu sein oder Vorfahren aus diesem Raum zu haben. Sie sind damit zahlenmäßig stärker vertreten als die Weißen, die eingeborenen Hawaiianer oder die Menschen mit Eltern verschiedener Ethnien („two or more races").

> **Asiatisch inspirierte Kochkunst**
>
> Die moderne Pacific Northwest Cuisine kombiniert Elemente aus der indischen, chinesischen und japanischen Küche zu mitunter gewagten neuen Geschmacksrichtungen. Im Restaurant „AME" in San Francisco kann man beispielsweise einen gegrillten Atlantik-Hummer aus Maine mit der Beilage Rapini (auf Deutsch auch als Wildbrokkoli bezeichnet) auf Seeigel-Limonen-Butter bestellen. In einem der besten Restaurants von Los Angeles, dem „Providence" (2 Michelin-Sterne), lässt man sich frittierte Muschelkuchen (Clam Fritters) mit Yuzu-Kosho-Mayonnaise schmecken. Das „Wild Ginger" in Seattle nennt zumindest noch den Ursprung eines Gerichts, man kann unter vietnamesisch, indisch oder thai und kambodschanisch wählen, aber auch hier sind die Gerichte variiert und neu kombiniert: Lamm aus Montana, als Spieß mariniert in einer indonesischen Soya-Sauce und schwarzem Pfeffer, dazu eine traditionelle Erdnuss-Sauce. (Mehr Rezepte des „Fusion Food" sind auch auf Deutsch in Kochbüchern zu finden.)

Die weltbekannte „Tiger Mom" Amy Chua ist gemeinsam mit ihrem Ehemann Jed Rubenfeld erneut mit einem Buch an die Öffentlichkeit getreten, diesmal zum Thema der unterschiedlich erfolgreichen Karrieren bei Angehörigen unterschiedlicher Ethnien und Kulturen. („Alle Menschen sind gleich – erfolgreiche nicht", 2014). Sie löste damit wieder einen Sturm der Entrüstung aus, nicht nur in Deutschland, weil sie unter anderem behauptet, Juden, Mormonen, Kubaner, Chinesen, Inder, Iraner, Libanesen und Nigerianer seien statistisch gesehen erfolgreicher als weiße Durchschnittsamerikaner. Mag die These der Jura-Professorin zu den Ursachen – Überlegenheitsgefühl, Unsicherheit, Impulskontrolle – noch so kontrovers aufgefasst werden, Chua kann sich auf einige statistische Fakten stützen, die insbesondere den Erfolg der ersten und zweiten Einwanderer-Generation aus Asien belegen. Gut die Hälfte der Asiaten über 25 Jahre hat einen Universitätsabschluss, im amerikanischen Schnitt sind es nur 28 %. Schon in der Schule schneiden die Kinder aus asiatischen Familien besser ab, und in der Regel lag die Arbeitslosenquote dieser Bevölkerungsgruppe bisher unter dem Durchschnitt. Die New York Post bietet dafür eine andere Erklärung an als die ethnische Herkunft. Der Trend zum gesellschaftlichen Aufstieg halte bei Einwanderern bis zur dritten Generation an, um dann abzuflachen. Tatsächlich kamen Zuwanderer aus asiatischen Ländern erst in den sechziger Jahren verstärkt in die USA, nachdem die Einwanderungsgesetze liberalisiert worden waren.

Chinesen stellen gemäß dem United States Census die größte Gruppe der Einwanderer aus den sogenannten Asia Pacific countries. Zu der Zahl von 4,3 Millionen „Kontinental"-Chinesen kommen noch etwa 475.000 Chinesen aus Taiwan. Menschen von den Philippinen sind mit 3,6 Millionen vertreten, gefolgt von Indern mit 3,3 Millionen. Aus Vietnam stammen demnach 1,9 Millionen, aus Korea 1,8 Millionen und aus Japan 1,3 Millionen (Census 2010).

In den letzten drei Jahrzehnten sind offiziell mehr Immigranten aus den asiatischen Ländern als aus Mittel- und Südamerika in die USA eingewandert, ca. ein Drittel kam in den Jahren zwischen 2000 und 2009. Meist waren es bereits gut ausgebildete Akademiker, die im Management, in IT- und Ingenieursberufen und in den Naturwissenschaften Arbeit fanden. Fast vier Millionen haben in dieser Zeit die amerikanische Staatsbürgerschaft angenommen, nachdem ihnen zunächst mit einer Greencard für hoch qualifizierte Arbeitskräfte die Einreise gestattet worden war.

Beispiele erfolgreicher asiatisch-amerikanischer Immigranten mit Vorbildfunktion

Computer- und Software

Charles B. Wang gründete 1976 zusammen mit Russell Artzt die Firma Computer Associates International in New York. Schon 1989 erzielte das Unternehmen eine Milliarde Dollar Umsatz, das erste Softwarehaus, dem das gelang. Heute ist CA Technologies die drittgrößte unabhängige Software-Firma der Welt mit 100 Büros in 45 Staaten. Entstanden ist dieses Wachstum vornehmlich durch Übernahmen anderer Firmen. Wang war als Achtjähriger 1952 mit seinen Eltern und zwei Brüdern aus Shanghai nach New York gekommen, sein Vater war ein Richter am Obersten Gericht im vorkommunistischen China. Ausgebildet an der Columbia University zum Programmierer, entschlossen sich Wang und Artzt nach einigen Jahren Arbeit in der Computer- und Software-Industrie, mit einer eigenen Firma neue Wege der Kundenorientierung zu gehen. Bis 2000 leitete Wang als CEO die Geschicke der Firma, noch zwei weitere Jahre war er als Vorsitzender des Vorstands der AG tätig. Inzwischen macht der rührige Milliardär mehr durch die ihm gehörende Eishockeymannschaft „New York Islanders" von sich reden: Seit drei Jahren versucht er, das Team zu verkaufen. Offenbar ist seine Preisvorstellung zu hoch. Wie es sich in Nordamerika gehört, spendet der ehemalige Unternehmer viel Geld an wohltätige Einrichtungen. Seine Stiftung fördert insbesondere Projekte für Kinder und Kliniken in Manhattan. Noch etwas finanzielle Hilfe zur vollständigen Fertigstellung braucht allerdings das Charles B. Wang Center an der Stony Brook University (NY). Das Gebäude solle insbesondere zu Studien und dem Austausch zwischen amerikanischer und asiatischer Kultur dienen.

Die Modedesignerin Vera Wang

Erfolg im Modedesign

Vera Wang wurde 1949 in New York City geboren; ihre aus Shanghai stammenden Eltern waren kurz zuvor in die USA immigriert. Als Kind wollte sie Eiskunstläuferin werden, aber es reichte nicht bis zur Aufnahme ins Olympische Team, deshalb hängte sie den Sport an den

Nagel und studierte Kunstgeschichte. Sie arbeitete viele Jahre bei der Modezeitschrift Vogue als Redakteurin und bei Polo Ralph Lauren als Design Director, bis sie 1990 schließlich ihr eigenes Modestudio in New York eröffnete. Vera Wang wurde für ihre ausgefallenen Hochzeitskleider berühmt, sie kleidete viele Stars ein und stattete Filmbräute mit ungewöhnlichen Kreationen aus. Inzwischen vermarktet sie unter ihrem Namen auch Parfums, Geschirr, Kristall und Schuhe.

Regisseur mit Auszeichnungen

Ang Lee auf dem 66. Filmfestival von Venedig

Mit Filmen wie „Life of Pi", „Brokeback Mountain" oder „Tiger und Dragon" hat sich der Oscarpreisträger Ang Lee schon lange ein Millionenpublikum gesichert. „Das Hochzeitsbankett" von 1993 thematisierte seinen eigenen Hintergrund: Ang Lee wurde 1954 in Taiwan geboren. Erst 1978 ging er nach Amerika und studierte an den Universitäten von Illinois und New York Theaterwissenschaft. Er musste sich einige Jahre als Hausmann und Vater gedulden, bis sein erstes Drehbuch einen Produzenten fand. Aber seitdem sind seine Filme von Erfolg gekrönt, wenn auch nicht immer an den Kinokassen. Preise und Auszeichnungen wie der Goldene Bär bei den Filmfestspielen in Berlin, der Goldene Löwe von Venedig oder Golden Globes in den USA wurden an einen Regisseur verliehen, der auf kein Genre festgelegt ist und doch immer wieder höchst unterhaltsam zu erzählen weiß.

Eine der wenigen Frauen unter den CEO der Forbes-Top 50-Firmen

In einem Interview im Sommer 2014 erzählte Indra Nooyi, die Präsidentin der Firma PepsiCo, des zweit-größten Nahrungsmittel- und Getränkeherstellers der Welt mit Hauptsitz im Bundesstaat New York, dass ihre Mutter sie aufgefordert habe, erstmal Milch für die Familie einkaufen zu gehen, nachdem sie ihr von ihrer Berufung zum CEO des Konzerns berichtet hatte. In einer indisch-tamilischen Familie hat die Frau nun mal in erster Linie den Haushalt zu führen, nicht ein Unternehmen mit 285.000 Mitarbeitern weltweit. Die richtige Balance zu finden zwischen der Aufgabe, zwei Töchter zu erziehen, und der, eine Aktiengesellschaft auf Erfolgskurs zu halten, sei eine Herausforderung, die man immer mit einem schlechten Gewissen – wegen der Töchter – bewältige, berichtete die 1956 in Madras geborene Chefin der Washington Post. Ihre Ausbildung in den Naturwissenschaften und eine weitere in Management absolvierte sie noch in Indien und wechselte dann zur Yale School of Management. Wie so viele ausländische Studenten absolvierte sie die amerikanische Hochschule erfolgreich und blieb im Land, wo sie bei verschiedenen Firmen in Strategie-Positionen arbeitete. Seit 1994 ist sie bei PepsiCo tätig. Bereits nach sechs Jahren wurde sie Finanzdirektorin und seit 2011 leitet sie die Geschicke des Weltkonzerns als Vorsitzende des Verwaltungsrats und als CEO mit einem jährlichen Einkommen von ca. 17-19 Millionen Dollar.

Chinesisch inspirierte Architektur

Die neue, gläsern überdachte Ausstellungshalle im Deutschen Historischen Museum in Berlin hat der amerikanisch-chinesische Architekt Ieoh Ming Pei 2003 entworfen. Damals konnte der 1917 in Guangzhou geborene Sohn wohlhabender Eltern schon auf eine endlos lange Liste von Bauten mit seiner speziellen Handschrift zurückblicken. Dazu gehören unter anderem die John F. Kennedy Library in Boston, die Rock'n'Roll Hall of Fame in Cleveland (Ohio) und die berühmte gläserne Pyramide des „Grand Louvre" in Paris. 1935 war er in den USA eingetroffen, um zunächst in Pennsylvania zu studieren; danach ging er ans Massachusetts Institute of Technology in Cambridge bei Boston. Seine spätere Frau Eileen Loo, Tochter chinesischer Einwanderer und damals Studentin an der Designschule der Harvard University, stellte ihn schließlich Walter Gropius vor, bei dem er dann auch studierte. In New York begann sein steiler Aufstieg mit Arbeiten für den

Ieoh Ming Pei: Das Foyer im Ausstellungbau des Deutschen Historischen Museums in Berlin fertiggestellt 2003

Baulöwen William Zeckendorf. Sein eigenes Büro gründete Pei im Jahr 1955. 1983 erhielt er den Pritzker-Preis, die höchste Auszeichnung für Architekten.

Internet: innovative Suchmaschine

Auch wenn Aktionäre und Belegschaft 2012 ziemlich erleichtert waren, als sich Jerry Yang endlich von Yahoo zurückzog, in den 1990er Jahren galt der gebürtige Taiwanese noch als das Wunderkind des Internets, sozusagen ein zweiter Bill Gates. Im Alter von zehn Jahren war Yang mit seiner Mutter und seinem jüngerer Bruder nach Kalifornien gekommen. Mit seinem Freund David Filo gründete der Stanford-Student Yahoo (Yet another hierarchical officious oracle), um die Suche im Netz zu erleichtern. Mit 29 Jahren wurde der 1968 in Taipei geborene Yang als einer der ersten Internet-Milliardäre gefeiert; in seinen besten Zeiten war Yahoo mehr als 130 Milliarden Dollar wert. Während der Dotcom-Krise verlor das Unternehmen allerdings nicht nur 97 Prozent seines Börsenwerts, sondern auch seine Orientierung. Google wuchs zur besseren Suchmaschine heran, Yang soll sich nicht auf Neuerungen eingelassen haben. Microsoft wollte Yahoo dann 2009 aufkaufen, was von Yang aber abgelehnt wurde.

Microsoft auf neuen Kurs bringen

Seit Januar 2014 leitet der in Hyderabad (Indien) geborene Satya Nadella die Geschicke von Microsoft. Er hatte bereits eine Ausbildung zum Elektroingenieur absolviert, als er in die USA ging und dort Informatik in Wisconsin und Betriebswissenschaft in Chicago studierte. Seit 1992 ist er für Microsoft tätig und war vorrangig für die Ausrichtung des Unternehmens auf die Cloud und die Entwicklung einer der weltweit größten Cloud-Infrastrukturen, in der Services wie Bing, Xbox, Office und weitere Dienste betrieben werden, verantwortlich. Inzwischen wird Nadella mit der Absicht zitiert, den Konzern weniger abhängig vom Betriebssystem Windows machen zu wollen. Die meisten Schlagzeilen erhielt der neue CEO jedoch durch die Ankündigung der Verschlankung des bei Seattle im Nordwesten ansässigen Softwarehauses.

Satya Nadella, seit 2014 Microsoftchef, bei der Konferenz Le Web 2013 in Paris

Die Einwanderer

Eine chinesisch-amerikanische Familie um 1900, Photochromdruck

Zur Geschichte

Der Monat Mai ist dem Gedenken der Einwanderer aus Asien gewidmet. Präsident Jimmy Carter hatte die Verordnung für eine Gedenkwoche 1978 unterzeichnet, Präsident George Bush hat 1990 das Ganze auf einen Monat ausgedehnt. Der Mai wurde ausgewählt, weil am 7. Mai 1843 der erste Japaner in die USA eingereist war und am 10. Mai 1869 die transkontinentale Eisenbahn fertig war, an deren Bau vorwiegend chinesische Arbeiter mitgewirkt hatten.

Chinesen

Der Goldrausch von 1848 bei Sacramento hatte sich bis nach China herumgesprochen. Tausende Männer machten sich vor allem aus der südchinesischen Provinz Guadong auf den Weg nach Kalifornien. Handelsbeziehungen gab es schon seit einigen Jahren, und so nahmen die Schiffe neben Waren auch junge Arbeitskräfte aus dem von Armut, Überbevölkerung und Aufständen gebeutelten Südchina mit. Da in den Goldfeldern anarchische Verhältnisse herrschten, der Raub von Claims kaum verfolgt wurde und die chinesischen Goldsucher gewaltsamen Übergriffen besonders häufig zum Opfer fielen, entwickelten diese Männer eine Arbeitsweise, die sich von der europäischstämmiger

Chinesische Fischer in Monterey an der kalifornischen Küste, 1875

Goldsucher grundlegend unterschied: Während die Europäer meist als Einzelpersonen oder in kleinen Gruppen arbeiteten, bildeten die Chinesen erstens große Teams, in denen sie nicht nur gegen Angriffe geschützt waren, sondern aufgrund ihrer hohen Organisation häufig auch eine erhebliche Ausbeute erzielten. Um sich gegen Angriffe noch weiter abzusichern, wandten sie sich zweitens vorzugsweise solchen Claims zu, die von anderen Goldsuchern zuvor als unergiebig beurteilt und aufgegeben worden waren. Allerdings sollte bereits 1850 eine Sondersteuer für ausländische Goldsucher den Zuzug behindern, aber die Verhältnisse im Heimatland waren noch schlechter als die in Amerika, sodass ca. 15.000 Chinesen in den 1850er Jahren in den Goldfeldern tätig waren. Versuche, gegen die Ungleichbehandlung durch die Sondersteuer anzugehen, scheiterten kläglich.

Als in den 1870er Jahren der Westen unter einer wirtschaftlichen Depression zu leiden hatte, kam es zu gewaltsamen Ausschreitungen gegen die Chinesen. Sie wurden zum Sündenbock für die wirtschaftlichen und sozialen Probleme gemacht. Kaliforniens Oberstes Gericht sprach ein Urteil, wonach Chinesen bei der Polizei oder in einem Gerichtsprozess nicht gegen Weiße aussagen konnten. Infolgedessen unterblieben juristische Ahndungen der Schikanen und Gewaltakte. Das

DIE EINWANDERER

Urteil wurde erst 1873 revidiert. Viele Menschen blieben trotz der rassistischen Behandlung im Land und suchten sich andere Betätigungsfelder, etwa als Händler, Wäscher, Gärtner oder Fischer. Eine größere Zahl kam dann in den 1860er-Jahren ins Land, als für den transkontinentalen Eisenbahnbau Arbeiter gebraucht wurden. Chinesische Reeder sahen in dem transpazifischen Handel mit Arbeitern eine lukrative Einnahmequelle. Die meist aus armen Verhältnissen stammenden Immigranten mussten bei den Schiffsbesitzern oder Kaufleuten Kredite für die Schiffspassage aufnehmen; auch die Verträge und die Arbeitserlaubnis kosteten Geld.

Ca. 9.000 - 12.000 chinesische Arbeiter beschäftigte die Eisenbahngesellschaft Central Pacific Railroad in den Jahren 1865 - 69. Manche Historiker gehen davon aus, dass mehr als 1.000 von ihnen bei der schweren Arbeit starben. Ein kurzer Streik gegen zu niedrige Bezahlung – die Chinesen erhielten nur 60 % des Lohns der europäischen Arbeiter – wurde rasch mit einer Kürzung der Lebensmittelrationen niedergeschlagen. Bei der offiziellen Feier zur Eröffnung der Eisenbahnlinie dankten die Eisenbahnchefs den Chinesen nicht. Sie waren entlassen und durften den Weg nach San Francisco zu Fuß antreten; die Eisenbahn zu nutzen, war ihnen nicht gestattet. Nach 1869 führten Southern Pacific Railroad und Northwest Pacific Railroad den Ausbau des Eisenbahnnetzes im amerikanischen Westen fort. Viele der Chinesen, die die Transkontinentalstrecke erbaut hatten, blieben auch weiterhin im Eisenbahnbau tätig.

Antichinesische Ressentiments nahmen an Intensität zu. Da den Immigranten kein Landkauf möglich war, ebenso wenig wie der Schulbesuch oder Hausbesitz, wurden Chinatowns zu einer Art von Überlebensstrategie. Der Zusammenhalt mit ihren Landsleuten blieb für die Chinesen in den USA bis weit ins 20. Jahrhundert hinein eine Lebensnotwendigkeit. Auch in ihrer Herkunft lagen Gründe, die ihre Assimilation behinderten: Unter der bis 1912 anhaltenden Herrschaft der Qing-Dynastie wurden die Männer unter Androhung der Todesstrafe gezwungen, ihrer Loyalität mit den Machthabern durch das Tragen eines Zopfes Ausdruck zu verleihen. Da die chinesischen Migranten so oft wie möglich nach China zurückreisten, um ihre Frauen und Kinder zu sehen, konnten sie auch in den USA ihre oftmals verhassten Zöpfe nicht abschneiden, da sie ohne diese legal nicht hätten nach China einreisen können. Mit dem Chinese Exclusion Act von 1882 sollte dann auf Bundesebene mit der Einreise von Chinesen

> **Faszination Chinatown**
>
> Die größte und bunteste Chinatown der Westküste hat San Francisco zu bieten. Weit mehr als 100.000 Menschen aus allen Teilen Asiens sollen hier, am Fuß des Nob Hill, zu Hause sein. Beim Erdbeben 1906 zerstört, ist das Viertel entlang der Blocks hinter dem Drachentor an der zentralen Grant Avenue/Ecke Bush Street ebenso wie der Rest der Stadt wieder aufgebaut worden. Die Zahl der kleinen Geschäfte und Restaurants scheint schier endlos, exotische Früchte und Gemüse liegen neben getrockneten Fischen und anderem Getier in den Auslagen. Nicht alles kann identifiziert werden, die Bezeichnungen sind oft nur in Mandarin oder Kantonesisch angegeben. Los Angeles' chinesisches Viertel ist weniger bunt, aber einmal im Jahr wird in beiden Großstädten das Chinese New Year zelebriert (Beginn unterschiedlich nach dem Mondkalender zwischen dem 20. Januar und dem 21. Februar eines Jahres). Diese Paraden mit den tanzenden Drachen und farbenprächtigsten Kostümen aus allen Teilen des Großreichs China erfreuen sich auch unter Weißen zunehmender Beliebtheit.

Illustration in Harper's Weekly zu einem Artikel „Coolies for Texas". Die Bildunterschrift lautet: „Chinesische Kulis überqueren den Missouri" (1875)

Schluss gemacht werden: Der Aufnahmestopp für Arbeitsmigranten nahm nur Kaufleute, Lehrer und Studenten auf. Die vorher Eingereisten sollten das Land verlassen, amerikanische Staatsbürger konnten sie nicht werden und selbst ihre im Land geborenen Kinder hatten bis 1898 kein Recht, in den USA zu bleiben. In jenem Jahr klagte der schon in Kalifornien geborene Wong Kim Ark erfolgreich gegen die Vereinigten Staaten und das Gericht urteilte, dass jedes in den USA zur Welt gekommene Kind automatisch Staatsbürger werde. Der Zustrom versiegte allerdings nicht, und die Mehrheit der bereits im Land lebenden Chinesen wusste sich der Abschiebung zu entziehen. Das Ausschlussgesetz blieb bis 1943 erhalten, als die USA und China sich im Zweiten Weltkrieg verbündeten. Das schwere Erdbeben von 1906 zerstörte in San Francisco auch Chinatown, und in den Amtsstuben verbrannten viele Dokumente. Die Tragödie für die Stadt erwies sich somit zugleich als Chance für viele asiatische Einwanderer, die nun reklamierten, bereits eingebürgert zu sein.

Angel Island, eine kleine Insel in der Bucht von San Francisco, wurde für Einwanderer aus dem pazifischen Raum ab 1910 das Nadelöhr in die „Neue Welt". Allerdings verbanden die meisten keine guten Erinnerungen mit der Einreise: Der Aufenthalt in den kargen Zellen und Hallen der Einwanderungsstation war oft sehr lang. Anders als die Europäer, die die Überprüfungen ihrer Papiere und ihrer Gesundheit

Die Einwanderer

Links: Schlagzeile im San Francisco Examiner im Februar 1942 kurz vor der Internierung japanischer Amerikaner: „Vertreibung aller Japsen in Kalifornien nahe!"

Rechts: Japanischstämmige Amerikaner im Internierungslager Heart Mountain, Wyoming, Januar 1943

auf Ellis Island vor New York als eine kurze Prozedur erlebten, mussten Chinesen mitunter Monate auf ihre Erlaubnis zum Betreten des amerikanischen Festlands warten.

Japanische Immigranten

Eigentlich durften Japaner ihre Insel offiziell nicht verlassen, und bis in die 1880er Jahre gelangten nur einige wenige nach Hawaii, um dort in den Zuckerrohrplantagen zu arbeiten. Danach zog es mehr Japaner nach Hawaii und von dort aus in die USA, vorzugsweise an die Westküste. Auch die japanischen Übersiedler waren anfangs nicht willkommen in der Neuen Welt. Sie konnten ebenso wenig wie die Chinesen die Staatsbürgerschaft bekommen, deshalb auch kein Land kaufen, sondern nur pachten. Als Bauern in Kalifornien, Oregon und Washington fanden viele Japaner ihr Auskommen; der Zweite Weltkrieg änderte auch für sie die Verhältnisse völlig. Mit der Bombardierung von Pearl Harbour auf Hawaii 1941 wurde Japan zum Kriegsgegner; die USA griffen in den Krieg ein. Selbst eingebürgerte Japan-Amerikaner galten plötzlich als Feinde, wurden als Spione denunziert und in bewachten Lagern untergebracht. Sie verloren ihr Hab und Gut, konnten meist gerade das Nötigste mitnehmen. Insgesamt traf es mehr als 110.000 Menschen an der Westküste, die bis zum August 1945 in den acht Lagern ausharren mussten.

Zubin Mehta, in Mumbay geborener indisch-amerikanischer Dirigent, Musikdirektor des Israel Philarmonic Orchestra auf Lebenszeit

Philippinos

Von 1898 bis 1934 gehörten die Philippinen zu den USA, nachdem Spanien seine Kolonie im Vertrag von Paris abgetreten hatte. Zu dieser Zeit waren die Menschen zwar keine amerikanischen Staatsbürger, konnten aber ungehindert in die USA einreisen und dort leben. Die Unabhängigkeitserklärung des Inselstaats beendete diesen Zustand; die Einwanderung wurde fortan auf 50 Personen pro Jahr begrenzt. Nach dem Zweiten Weltkrieg erhielten alle vor 1943 Eingewanderten die Möglichkeit, die Staatsbürgerschaft zu erhalten. Aber erst seit 1965, als die Einwanderungspolitik der Amerikaner sich dahingehend änderte, dass die Quoten zugunsten europäischer Immigranten aufgehoben wurden, erhöhte sich die Zahl der Menschen aus dem gesamten asiatischen Raum signifikant.

Koreaner

Koreaner waren zunächst als Plantagenarbeiter nach Hawaii geholt worden, wo sie die Chinesen ersetzen sollten. Allerdings setzten neue Restriktionen schon 1924 dieser Praxis ein Ende. Die Intervention der Amerikaner im Koreakrieg verursachte die nächste Einwanderungswelle: Soldaten brachten ihre koreanischen Bräute mit in die Heimat, Waisenkinder wurden adoptiert und die ersten Studenten kamen in größerer Zahl in die USA. Fast 800.000 Koreaner sind zwischen 1941 und 1998 eingewandert; seitdem ist ihre Anzahl gesunken. Bei der letzten Erhebung der Bevölkerungsdaten 2010 gaben über eine Million Menschen an, in Korea geboren zu sein.

Vietnamesen

Der Krieg in Vietnam war für viele der Grund, besonders aus dem Süden in die USA zu fliehen. Ca. 125.000 Flüchtlingen gelang es, mithilfe der amerikanischen Luftwaffe aus dem Land zu gelangen und nach Aufenthalten in Lagern in die USA einzureisen. Obwohl es wegen des Krieges und der Aktionen des Vietcong ausgeprägte Vorurteile gegen die Menschen gab, erließ Präsident Gerald Ford 1975 den Indochina Migration and Refugee Assistance Act, der den Zuzug zunächst durch einen speziellen Status regelte und den Staat den Aufenthaltsort der Einwanderer festlegen ließ. Die Lockerung dieser bürokratischen Maßnahmen führte zu Ansiedlungen insbesondere in Kalifornien und Texas, beides Bundesstaaten, in denen der Anteil asiatischer Einwanderer seit Generationen am höchsten ist. Die Boatpeople der 1980er

Im südlichen Murray Hill, einem Stadtteil Manhattans, gibt es besonders viele indische Restaurants. Die Straßenzüge nahe der Kreuzung Lexington Avenue und 28th Street werden deshalb scherzhaft auch „Curry Hill" genannt

Jahre gelangten auch in größerer Zahl in die USA; etwas über eine halbe Million Vietnamesen erhielten zwischen 1981 und 2000 Anerkennung als politische Flüchtlinge und Asylanten.

Inder

Insbesondere Inder mit sehr guter Ausbildung kamen in der Vergangenheit in die USA. Allein seit 1965, als die Regeln für indische Immigranten geändert wurden, sind mehr als eine Million Inder zum Abschluss einer höheren Ausbildung in die USA gekommen, und viele von ihnen blieben im Anschluss daran im Land und ließen sich einbürgern. Schätzungen zufolge leben heute etwa 60.000 Absolventen der indischen Eliteinstitution IIT (Indian Institute of Technology) in den USA und weitere Zehntausende von Indern der bildungshungrigen Mittelschicht kommen jedes Jahr für eine akademische Weiterbildung ins Land. Die Statistiken von 1900 gaben eine Gesamtzahl von 2.050 Indern in den USA an; 2012 waren es mehr als drei Millionen, darunter 1,9 Millionen nicht in den USA geboren, also erst in den vergangenen Jahrzehnten immigriert. So kurz wie die ethnische Minderheit auch erst im Land ist, hat sie es schon in bedeutende Positionen geschafft. Die Gouverneure von Louisiana und South Carolina, Bobby Jindal respektive Nikki Haley, sind in den USA geborene Söhne aus Indien eingewanderter Eltern. Beide gehören den Republikanern an und wurden bei den letzten Wahlen in ihren Ämtern bestätigt.

Kapitel 4
Politik & Gesellschaft

Das Kapitol in Washington D.C., Sitz des Kongresses mit seinen beiden Kammern Senat und Repräsentantenhaus

USA-LESEBUCH

Politik & Gesellschaft

Der Präsident

Amerikanische Präsidenten haben die Welt bewegt und verändert. Aber wie sieht es im eigenen Land aus? Natürlich erwarten die Menschen von ihrem mächtigsten Politiker, dass er ihr Leben verbessert, schließlich wurde das im Wahlkampf versprochen. Gleichzeitig ist aber auch jedem Amerikaner klar, wie wichtig die eigene Initiative ist, wenn er nicht staatliche Hilfe beanspruchen oder sich vom Staat bevormunden lassen will. Auch Bundesstaaten lassen sich nur ungern von Washington dreinreden; sie gehen sogar eigene Wege gegen die föderalen Gesetze: ein typisch amerikanischer Spagat.

Wie wichtig ist der Präsident?

Wehe, der Präsident taucht nicht sofort nach einer Katastrophe am Ort des Geschehens auf und findet die richtigen Worte – dann fallen seine Beliebtheitswerte gleich ins Bodenlose. George W. Bush machte diesen Fehler seinerzeit bei der Katastrophe, die der Hurrikan „Katrina" über New Orleans gebracht hatte, und erhielt dafür wochenlang schlechte Presse. Ähnliches versuchte die Presseabteilung des Weißen Hauses im Sommer 2014 zu verhindern, als dem Präsidenten Barack Obama vorgeworfen wurde, er sehe sich nicht die Flüchtlingslager an, in denen Kinder und Jugendliche aus Mittelamerika litten. Nicht nur aus Mexiko, sondern auch aus San Salvador, Honduras und Guatemala machte sich damals eine große Anzahl von Menschen auf, um den katastrophalen Bedingungen ihrer Heimatländer zu entfliehen. Ein Abschiebungsstopp für illegal Eingereiste, die als Minderjährige

George Washington (1732-1797), erster Präsident der Vereinigten Staaten von Amerika 1796, Gemälde von Gilbert Stuart

Präsident Barack Obama spricht vor dem gesamten Kongress am 9. September 2009

über die Grenze gekommen sind, ist seit 2012 im Gespräch, und seitdem wurden mehr als 50.000 Kinder alleine auf den weiten Weg durch Mexiko geschickt, weil sich das Gerücht hält, dass sie automatisch eine Aufenthaltserlaubnis bekommen.

Der amerikanische Präsident hat eine andere Funktion als der deutsche Bundespräsident oder Bundeskanzler. Er ist Staatsoberhaupt und Regierungschef in einer Person. Die Verfassung gibt vor, dass der Präsident in den USA geboren und mindestens 35 Jahre alt sein muss. Der 1951 ratifizierte 22. Verfassungszusatz beschränkt die Präsidentschaft einer Person auf zwei Amtszeiten. Einige Monate vor den alle vier Jahre am Dienstag nach dem ersten Montag im November stattfindenden Wahlen küren die politischen Parteien ihre Präsidentschaftskandidaten. Obwohl es im Wahlkampfgetümmel manchmal so erscheint, wird auch in den USA der Präsident nicht direkt vom Volk gewählt, sondern indirekt von den Wahlmännern und -frauen der einzelnen Bundesstaaten (electors). Die Anzahl der Elektoren eines Staates entspricht genau der Zahl seiner Vertreter in beiden Kongresskammern, also in Senat und Repräsentantenhaus zusammengenommen. In den meisten Staaten herrscht das Mehrheitswahlrecht. Bei diesem Verfahren werden dem Präsidentschaftskandidaten, der die meisten Stimmen erhalten hat, alle Wahlmännerstimmen des Staates zugeteilt, alle anderen Stimmen verfallen. Anders ist es nur in Main und Nebraska, wo nicht nur die Mehrheit im ganzen Bundesstaat, sondern auch

Präsident Barack Obama begrüßt Besucher vor dem Lincoln Denkmal in Washington D.C.

die Mehrheiten der einzelnen Wahlkreise gewertet werden, sodass die Elektorenstimmen theoretisch auf mehrere Kandidaten aufgeteilt werden können. Im Gegensatz zum Verhältniswahlrecht kann nach dem Mehrheitswahlrecht in jedem Wahlkreis immer nur eine Partei gewinnen. Ein solches System befördert die Bildung zweier Parteien mit breiter Basis. Kleinere Parteien haben dagegen schlechte Chancen, da die für sie abgegebenen Stimmen meistens nicht gezählt werden. Die Vorhersagbarkeit der Abstimmungsergebnisse in den meisten Staaten korrespondiert mit diesem System: Seit Jahrzehnten stimmen die Wahlmänner/ bzw. -frauen außer in den sogenannten Swing States gleich. Als am liberalsten gilt Neuengland; in den 13 Gründungsstaaten der USA wird traditionell bis zu 60 Prozent demokratisch gewählt. Auch die „Mid-Atlantic-Staaten" Delaware, Pennsylvania, Maryland, New Jersey, Virginia und Washington D.C. sind überwiegend liberal. Als am konservativsten gelten die mittleren bis westlichen Staaten. Die Wähler in Idaho und Utah etwa unterstützen zu bis zu

POLITIK UND GESELLSCHAFT

Frauenrechtlerinnen demonstrieren vor der Nordseite des Weißen Hauses, 1917

65 Prozent die Republikanische Partei. Die Südstaaten sind ebenfalls konservativ geprägt.

Als Staatsoberhaupt und Regierungschef hat der Präsident die zentrale Aufgabe, die Verfassung zu schützen und die vom Kongress (Senat und Repräsentantenhaus) verabschiedeten Gesetze durchzusetzen. Er kann selbst Gesetze empfehlen und gegen beschlossene ein Veto einlegen. Dieses Veto kann der Kongress allerdings wieder mit einer Zweidrittelmehrheit außer Kraft setzen. Deshalb spielen die Mehrheiten in den Kammern eine so große Rolle in der Politik. Als Leiter der Exekutive nominiert er seine Regierungsmitglieder, Bundesrichter, Leiter von Ministerien und Behörden, Vertreter im Ausland. Deren Ernennung ist allerdings von der Zustimmung des Senats abhängig. Ebenso kann er Begnadigungen aussprechen. Die Gestaltung der offiziellen Beziehungen zu anderen Staaten obliegt dem Präsidenten und er ist Oberbefehlshaber der Streitkräfte, aber er kann keinen Krieg erklären, dazu braucht er wiederum die Zweidrittelmehrheit des Kongresses.

Nicht so viele Stimmen, aber immerhin die Mehrheiten in beiden Häusern sind notwendig für die Verabschiedung des Bundeshaushalts, der ebenfalls vom Weißen Haus ausgearbeitet und vorgelegt wird. Die Einsätze der Nationalgarde im Landesinnern dagegen können vom Präsidenten angeordnet werden. Präsidialerlasse wie Vorschriften, Verordnungen und Weisungen kann er für Bundesbehörden ausgeben, ohne dass die Zustimmung des Kongresses nötig ist. (hierzu gehören z. B. die Bestimmungen zur Ausweisung von Nationalparks.) Außerdem kann der nationale Repräsentant im Weißen Haus seine Position dazu nutzen, Ideen zu artikulieren und politische Strategien zu befürworten. Wenn ein Präsident ein Thema anspricht, so die Wahrnehmung, wird es zwangsläufig Teil der öffentlichen Debatte.

Die Wahl des Präsidenten

Bei der in den USA stattfindenden indirekten Wahl des Präsidenten und Vizepräsidenten werden von den einzelnen Bundesstaaten entsprechend dem Votum der Wähler Wahlmänner und -frauen (*electors*) delegiert, die zusammen das die Wahl durchführende Wahlmännerkollegium (*electoral college*) bilden. Den Vätern der amerikanischen Verfassung war es wichtig, auf diese Weise eine weitere Kontrollinstanz zwischen Wählern und Gewählten einzubauen. Als Vorbild mag ihnen die Comitia Centuriata der antiken römischen Republik gedient haben, ein Wahlsystem, bei dem nach ihrem Vermögen eingeteilte „Hundertschaften" von Wahlberechtigten jeweils nur eine Stimme hatten, um jährlich die Konsuln und Praetoren zu wählen.

Nur in 26 der 50 Bundesstaaten und dem Bundesdistrikt sind die Elektoren allerdings gesetzlich dazu verpflichtet (beziehungsweise werden, im Fall von Virginia, dazu aufgefordert), dem Wählervotum auch Folge zu leisten. Aus diesem Grund werden in der Praxis jeweils Unterstützer der von den Wählern favorisierten Kandidaten als Elektoren delegiert. De facto ist es in der Vergangenheit einige Male vorgekommen, dass „treulose Wahlmänner" (*faithless electors*) entgegen dem Wählerwillen abgestimmt haben. Einfluss auf das Endergebnis der Wahl hatten diese Abweichungen jedoch noch nie. In fast allen Bundesstaaten werden sämtliche Elektoren für den Präsidentschaftskandidaten entsandt, der in der Wählerabstimmung die meisten Stimmen erhalten hat; lediglich in Nebraska und Maine, die über ein bezirksbasiertes Wahlrecht verfügen, können die Wahlmänner auch auf beide Kandidaten aufgeteilt werden, wie etwa bei der Wahl 2008, als Nebraska vier Wahlmänner für John McCain und einen für Barack Obama nominierte. Die Zahl der Elektoren, die die Bundesstaaten entsenden, hängt von ihrer Bevölkerungszahl ab und entspricht ihrer jeweiligen Zahl an Kongressabgeordneten. Da jeder Staat genau zwei Senatoren stellt und mit mindestens einem Abgeordneten im Repräsentantenhaus vertreten ist, liegt auch die Mindestzahl der Wahlmänner pro Staat bei drei. Eine formale Zusammenkunft des Wahlmännergremiums gibt es allerdings nicht. Stattdessen finden sich die Elektoren 41 Tage nach der Präsidentenwahl in den Hauptstädten ihrer Bundesstaaten ein, um offiziell ihre Stimmen für „ihre" Kandidaten abzugeben. Zum Jahresbeginn findet dann die formelle Auszählung der Stimmzettel im neu gewählten Kongress statt. Für den Fall, dass kein Präsidentschaftskandidat die absolute Mehrheit erhält, ist es die Aufgabe des Repräsentantenhauses, einen der drei Kandidaten, die im Wahlmännerkollegium die höchsten Stimmzahlen erhielten, zum Präsidenten zu wählen, wobei jeder Bundesstaat nur eine Stimme hat, die auf den Kandidaten entfällt, für den sich die Mehrheit seiner Delegation ausspricht. Beim Vizepräsidenten übernimmt in einem solchen Fall der Senat die Aufgabe des Ersatzwahlgremiums, wobei er lediglich zwischen den zwei Kandidaten mit den höchsten Stimmenzahlen zu entscheiden hat und die beiden Senatoren jedes Bundesstaates auch für unterschiedliche Kandidaten stimmen können.

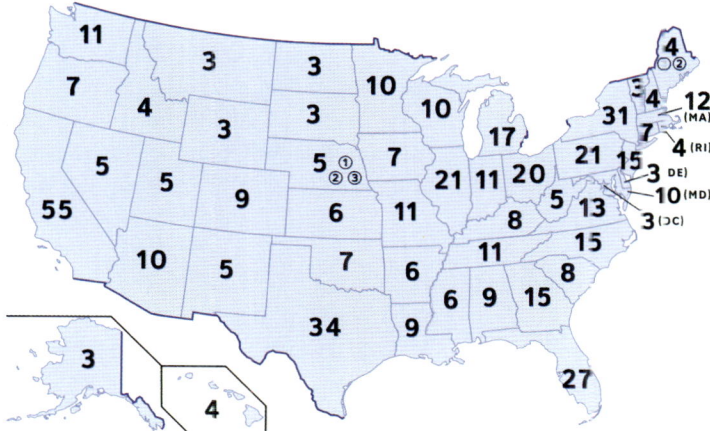

Anzahl der Elektoren pro Bundesstaat, bzw. Territorium 2004 und 2008. Nach dem Census von 2010 haben sich gemäß den veränderten Einwohnerzahlen geringfügige Änderungen ergeben

Kritiker bezeichnen das Elektorensystem als undemokratisch, weil ein Kandidat bedingt durch die Tatsache, dass die Wahlmänner der einzelnen Staaten unterschiedlich viele Einwohner repräsentieren und die Stimmen für die unterlegenen Kandidaten unter den Tisch fallen, nicht die absolute Mehrheit der Wählerstimmen braucht, um Präsident zu werden. So wurde etwa bei der Wahl 2000 Georg W. Bush zum Präsidenten gewählt, obwohl sein Konkurrent Al Gore 0,5 % mehr Wählerstimmen erhalten hatte. Dabei handelte es sich um den vierten derartigen Fall in der Geschichte der Vereinigten Staaten und den ersten seit 112 Jahren. Theoretisch wäre es sogar denkbar, dass ein Kandidat mit weniger als 30 % der Wählerstimmen zum Präsidenten gewählt werden könnte. Die Tatsache, dass das Wahlsystem den Bundesstaaten obliegt, macht eine Änderung allerdings schwierig. Schließlich würde sich für einen Staat durch die Aufteilung seiner Elektoren auf beide Kandidaten automatisch seine Bedeutung bei der Wahl des Präsidenten verringern, solange diese Regelung nicht von allen Bundesstaaten eingeführt würde. Zwar ließe sich über einen Verfassungszusatz der Wahlmodus in allen Staaten einheitlich ändern, hierfür wäre aber wiederum eine Dreiviertelmehrheit der Bundesstaaten notwendig. Um diese Verfassungshürde zu umgehen, wurde der sogenannte „National Popular Vote Interstate Compact" initiiert, ein Abkommen, in dem sich die Bundesstaaten dazu verpflichten, ihre Elektoren für den Kandidaten zu entsenden, der landesweit die meisten Stimmen erhalten hat. Die Voraussetzung dafür ist, dass mindestens die absolute Mehrheit von 270 Wahlmännern dieser Regelung unterliegt. Bis zum Februar 2016 waren diesem Abkommen immerhin bereits zehn Staaten und der Bundesdistrikt beigetreten, die zusammen über 61 % der Elektoren stellen.

Wie funktioniert der Staat

Bundesstaaten und andere Territorien

Puerto Rico möchte gern der 51. Staat der USA werden, jedenfalls haben sich seine Bewohner 2012 in einem Referendum dafür ausgesprochen. Dann bekäme die Insel zwei Senatoren und einen Kongressabgeordneten; aber zunächst muss der Kongress darüber entscheiden. Und da dort gerade die Republikaner die Mehrheit haben, Puerto Rico aber eher demokratisch ausgerichtet ist, werden diese amerikanischen Insulaner wohl noch eine Weile auf ihr Wahlrecht warten müssen. Ähnlich ergeht es den Bewohnern der Bundeshauptstadt. Washington D.C. ist ein Bundesdistrikt und wird direkt vom Kongress regiert, sodass seine Einwohner nicht an den Bundeswahlen teilnehmen. Auch ihr Bemühen um Wahlrecht ist schon mehrfach an den Mehrheiten im Kongress gescheitert.

Neben den 50 Bundesstaaten und dem Bundesdistrikt Washington D.C. gehört auch das Gelände des umstrittenen Lagers von Guantánamo auf Kuba zu den Vereinigten Staaten. Ursprünglich ein Flottenstützpunkt im Südteil der Bucht, ist es heute das Gefangenenlager für „Terrorverdächtige und sogenannte feindliche Kämpfer". Die USA bezahlen zwar für dieses Gebiet eine Pacht an den Inselstaat, aber Kuba will den 1934 geschlossenen Vertrag beenden. Beschaulicher ist es auf den U. S. Virgin Islands in der nördlichen Karibik. Fast zweihundert Jahre gehörten die Inseln zum Dänischen Königreich, aber 1917 kauften die Amerikaner sie als Marinestützpunkt. Deutsche U-Boote wurden als Bedrohung für den Bau des Panama-Kanals angesehen, sodass die USA aus strategischen Gründen die Inseln erwarben. Die Insulaner sind amerikanische Staatsbürger, können aber ebenfalls nicht an den Präsidentschafts- und nur sehr eingeschränkt an den Kongresswahlen teilnehmen: Als einzigen Vertreter dürfen sie einen Delegierten für das Repräsentantenhaus wählen. Daneben existieren noch andere kleinere Inseln im pazifischen Raum, die als nichtinkorporierte Gebiete zu den USA gehören, zum Beispiel das Midway-Atoll, das Palmyra-Atoll (auf dem sich eine Forschungsstation befindet, auf der der Klimawandel untersucht wird), Amerikanisch-Samoa und Guam. Diese haben kein Wahlrecht auf Bundesebene, wählen aber zum Teil bei den Vorwahlen zur Präsidentschaft Delegierte.

An der Spitze der regulären Bundesstaaten steht ein für vier Jahre gewählter Gouverneur, dessen Amtszeit auf zwei Legislaturperioden beschränkt ist. Im Gegensatz zum Amt des Prä-

Puerto Rico gehört zu den Jungferninseln in der Karibik und ist ein Außengebiet der USA – Straße in der puerto-ricanischen Hauptstadt San Juan

sidenten kann das höchste Amt in einem Bundesstaat auch ein eingebürgerter Amerikaner innehaben, bislang war der aus Österreich stammende Schauspieler Arnold Schwarzenegger allerdings der einzige. Über zwei Kammern wird auch die Politik der Bundesstaaten gestaltet, die ebenfalls als Senat und Repräsentantenhaus bezeichnet werden. Höchste Instanz der Rechtsprechung ist der Supreme Court, den vorsitzenden Richter ernennt jeweils der Gouverneur. Außerhalb der Regulierung durch die Bundesstaaten stehen die in eigenen Territorien lebenden Indianerstämme. Diese gelten als Nationen in der Nation, sind in der Regel nur Bundesgesetzen unterworfen und haben ihre eigenen Regierungseinrichtungen (siehe auch Kapitel 2).

Politische Aspekte – Wählen, Volksentscheide, Demografie

„Es ist die Aufgabe des Bürgers, die Regierung vor Fehltritten zu bewahren." Das sagte Robert H. Jackson 1950 als Bundesrichter des Obersten Gerichtshof der USA in Washington D. C. Für die Amerikaner war dies seinerzeit nochmals ein Aufruf, sich ihrer Verantwortung als Wähler bewusst zu werden. Die Wahlbeteiligung auf Bundesebene

USA-Lesebuch

Auch die einzelnen Bundesstaaten legen Wert auf repräsentative Parlamentssitze: Kansas Statehouse

war seit den 1960er Jahren stetig gesunken. Die amerikanische Verfassung wurde von den Gründervätern so gestaltet, dass sich die verschiedenen Gewalten des Staates gegenseitig kontrollieren. In diesem System von Kontrolle und Gegengewichten spielen Präsident, Senat und Repräsentantenhaus zentrale Rollen. Und das alles soll der Wähler überblicken und notfalls korrigieren. Unzufriedenheit über gemachte oder nicht eingehaltene Wahlversprechen verschafft sich im Zeitalter der repräsentativen Politikumfragen schnell über die Medien Gehör. Aber die polaren Machtverhältnisse im Zwei-Parteien-System lassen nur langsame Veränderungen zu. Wohl auch deshalb gehen nur knapp über die Hälfte der Wahlberechtigten zur Urne. Zu den anderen Gründen zählt etwa der Umstand, dass jemand, der schon einmal verurteilt wurde, in 48 Bundesstaaten nicht mehr wählen darf. Da es keinen Personalausweis und kein Melderegister gibt, muss ein Identitätsnachweis erbracht werden, der notfalls gegen Gebühr besorgt werden muss, was ein weiteres Hindernis für viele Menschen, insbesondere Arme, darstellt zur Wahl zu gehen.

Mehr direkte Demokratie fordern daher immer mehr politische Kommentatoren. Im Fernsehen ausgestrahlte Zusammenkünfte vonPolitikern, bei denen Bürger direkt mit gewählten Vertretern oder mitKandidaten sprechen können, wurden als Stärkung der Wähler empfunden.Die Zahlen der Zuschauer unterscheiden sich naturgemäß,je nach Bekanntheitsgrad der Politiker oder Brisanz des Themas. Abstimmungsinitiativen,Referenden und Volksentscheide werden immermehr als Mittel zur direkten Einflussnahme eingesetzt, vorzugsweise inden Bundesstaaten. Die Mechanismen in den einzelnen Staaten unterscheidensich im Detail, aber im Allgemeinen ermöglichen die Initiativeden Wahlberechtigten den Kongress zu umgehen, indem sie eineausreichende Anzahl von Unterschriften für eine Petition sammeln.Damit können Gesetzesvorschläge, in einigen Staaten auch Vorschlägefür Verfassungsänderungen, auf den Weg gebracht werden. Es ist sogarmöglich, ein Referendum für die Rücknahme eines Gesetzes zu organisieren.Bei entsprechender Stimmenzahl für die Petition wird dasstrittige Gesetz den Wählern zur Entscheidung vorgelegt. Manchmalgenügt es auch, wenn Initiativen sich für oder gegen etwas einsetzen,sich für eine Petition aussprechen und Stimmen zu sammeln beginnen:Dann besinnt sich mitunter der Gouverneur und legt sein Veto gegenein Gesetz ein. Die gesetzlichen Änderungen zum Thema Marihuanain Colorado und Washington sind beispielswei-

POLITIK UND GESELLSCHAFT

se auf Referenden zurückzuführen, ebenso jene zur Legalisierung der gleichgeschlechtlichen Ehe in Maryland und Maine. Damit die Kosten im Rahmen bleiben und die Wählerregistrierung einfacher ist, finden die Volksentscheide zusammen mit den Wahlen, etwa denen des Präsidenten oder des Senats, statt. Die mittlerweile von 24 Staaten zugelassenen Initiativen sind bisher besonders im Westen populär. Kalifornien führt die Liste an, Oregon und Colorado folgen. Die Stimmzettel in den verschiedenen Staaten hatten bislang ein breites Themenspektrum. Darunter waren Regelungen zu Berufen und Unternehmen, Antirauchergesetze, Versicherungsraten für Kraftfahrzeuge, Abtreibungsrechte, die Legalisierung des Glücksspiels, Waffenkontrolle und der Einsatz von Atomkraft.

Afro-amerikanische Kinder haben sich um ein mobiles Büro zur Wählerregistrierung versammelt, 60er Jahre

Die Swing States

Auch in Deutschland gibt es Bundesländer, die über längere Zeiträume eine deutliche Präferenz für die eine oder andere Partei zeigen, allerdings in der Regel nur für die Wahl in diesem Bundesland. Genau anders herum sieht die Situation in den Vereinigten Staaten aus. Dort wechseln die Gouverneure und Regierungen auf Bundesstaatsebene schon eher, während die Vorhersage für die Stimmabgabe für den republikanischen oder demokratischen Präsidentschaftskandidaten für die meisten der 50 Einzelstaaten als ziemlich sicher gilt. Eigentlich werden die Wahlen in den sogenannten Swing States entschieden, jenen Staaten, in denen die Prognosen zugunsten des einen oder anderen Kandidaten als unsicher gelten, weil die Menschen sich nicht in ausreichend großer Zahl für eine Richtung entscheiden wollen. Ein weiteres Indiz dafür, ob ein Staat ein Swing State ist oder nicht, lässt sich aus der Sitzverteilung im Bundessenat schließen. Jeder Bundesstaat stellt zwei Senatoren, die zu einem Teil zeitversetzt gegenüber der Präsidentenwahl gewählt werden. Einige Staaten stellen zwei demokratische,

Die Swing States bei der Präsidentschaftswahl 2008

andere zwei republikanische Senatoren. Die Staaten, die jeweils einen Vertreter jeder Partei entsenden, werden tendenziell eher den Swing States zugerechnet. Allerdings gibt es auch Staaten, wie beispielsweise West-Virginia, die in Präsidentschaftswahlen häufig zu anderen Kandidaten neigen als bei Senatswahlen. West-Virginia entsendet zwei demokratische Senatoren und bevorzugt auch bei Gouverneurswahlen demokratische Kandidaten, gilt jedoch bei Präsidentschaftswahlen nicht als Swing State, sondern als republikanischer Staat.

Nur einige wenige Swing States haben das Potenzial, mit ihren Wechselwählern die Wahl zu entscheiden, und dort konzentriert sich der Wahlkampf. Bei der Wahl 2012 spielten insbesondere Ohio, Colorado, Wisconsin, Nevada und Virginia die Rolle der unentschiedenen Staaten, auch die Abstimmung in Florida wurde mit Spannung verfolgt, nachdem die Entscheidung zwischen George W. Bush und Al Gore im Jahr 2000 letztlich aufgrund der Knappheit des Ergebnisses vom Obersten Gerichtshof getroffen werden musste. 2008 und 2012 konnte Barack Obama die Wahlmännerstimmen Floridas für sich gewinnen, immerhin 29 an der Zahl. Angesichts der verschieden großen Wahlmännerzahlen kommt den Swing States allerdings für den Wahlkampf unterschiedliche Bedeutung zu: Ohio bringt immerhin 18, Virginia 13 von den 270 zum Sieg benötigten Stimmen, Colorado demgegenüber nur 8 und Nevada sogar nur 6 Stimmen.

Hauptstadt versus Bundesstaaten

Jeder Bundesstaat macht doch, was er will

Im Allgemeinen sind Belange, die vollständig innerhalb der Grenzen des Bundesstaates liegen, ausschließlich die Sache der Regierungen dort. Dazu zählen das innerstaatliche Fernmeldewesen, Verordnungen bezüglich des Eigentums, der Wirtschaft und der Versorgungsunternehmen, das Strafgesetzbuch des Bundesstaates und das Arbeitsrecht. Das Schulwesen gehört ebenso dazu wie das Polizeiwesen; Letzteres hat zusätzlich Bezirks- oder Kreisebenen, darüber hinaus gibt es eine Stadtpolizei wie in New York City. Diese Vielzahl von Verwaltungsebenen lässt sich am besten anhand der geschichtlichen Entwicklung des Landes erklären. Als die Menschen der neuen Nation nach Westen drängten, schuf jedes Dorf, jeder Außenposten eine eigene „Regierung" zur Regelung seiner Angelegenheiten. Der Beitritt eines Staates zum Bund war erst möglich, wenn 60.000 Menschen dort lebten, solange war man auf sich selbst gestellt und nach dem Anschluss auch nicht willens, diese Eigenständigkeiten aufzugeben.

Legalisierung von Marihuana

Zuletzt hat der Gouverneur von Illinois ein Gesetz zur Zulassung von Marihuana als Medikament zur Schmerzbehandlung unterschrieben. Damit ist der Bundesstaat am Michigansee der 19. Staat, der die Droge nach einer Volksabstimmung als Schmerz- oder Epilepsiemedikament teilweise legalisierte. Ein weiteres Indiz für die Pluralität der Vereinigten Staaten ist, dass die medizinischen Indikationen für die Anwendung unterschiedlich streng sind: Während viele Staaten Marihuana als Medikament nur bei Krebs und anderen schweren Erkrankungen erlauben, kann es in Kalifornien schon für Rückenschmerzen verschrieben werden. Zwei andere Staaten, Colorado und Washington, lassen seit 2014 sogar generell kleine Mengen (maximal 30 Gramm) für den privaten Gebrauch zu. Spezielle staatlich lizensierte Läden verkaufen die Pflanzen an Erwachsene, und die Nachfrage steigt. Der Gouverneur zeigte sich bei einer ersten Bilanz der Steuereinnahmen durch das neue Geschäft noch etwas enttäuscht, er hatte sich im Winterhalbjahr mehr Umsatz und damit höhere Einnahmen erhofft. Manche Journalisten meinten, eine gewisse Vorsicht und Zurückhaltung der Käufer sei zu Anfang durchaus zu erwarten gewesen. Zudem durften die Banken keine Geschäfte mit den Coffeeshops tätigen, alles musste zunächst mit Bargeld abgewickelt werden; ein Unding im Land der Kreditkarte. Inzwischen hat die Regierung des Bundesstaates Richtlinien für Banken erlassen, nach denen sie mit den lizensierten Händlern zusammenarbeiten können. Aber kreative Unternehmer sehen immer mehr Möglichkeiten, Marihuana an den Konsumenten zu bringen: Spezielle Back- und Kochkurse boomen in Denver, als Tourist aus den Nachbarstaaten kann man Tagestouren zu den Pflanzern buchen, natürlich inklusive Probe. Da in den USA das Rauchen inzwischen fast überall verboten ist – selbst auf der Straße wird es nicht gern gesehen –, werden bevorzugt Speisen und Getränke mit Marihuana angereichert. Die Denver Post hat inzwischen die Website The Cannabist eingerichtet, die Tipps zum alltäglichen Leben mit weed gibt und

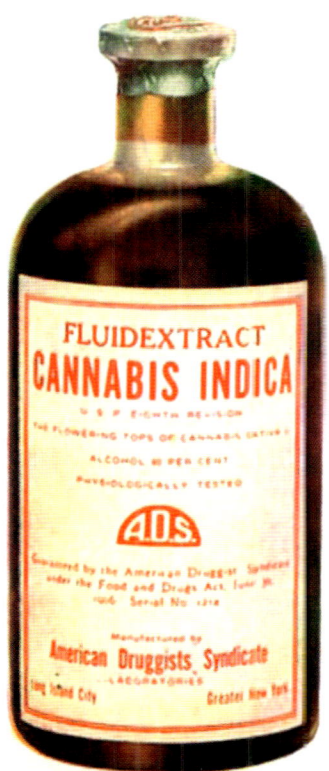

Cannabis-Extrakt des American Druggist Syndicate wurde 1905 in einigen Bundesstaaten als Medizin, gehandelt

> **Nicht überall legal**
>
> Eine Frau aus Ost-Texas rief die Polizei, weil sich ein Händler weigerte, ihr die Ausgaben von 40 Dollar für den Kauf von Marihuana zurückzuerstatten. Sie reklamierte, er habe ihr nur Samen und Abfall verkauft. Ihr Pech: In Texas ist der Besitz von Marihuana verboten, so wurde sie prompt verhaftet. (Quelle: Metro Vancouver vom 9.4.2014)

sich mit Themen wie „Wohnen und Gras", „Reisen und Gras", „Skifahren und Gras", „Quinoa-Rezepte mit Cannabutter", „Angeln auf Gras", „Investieren und Gras", „Kindererziehung und Gras" befasst; zudem gibt es eine Cannabis-Kolumne von Whoopi Goldberg. Die Frage, womit denn jetzt die Drogenhunde beschäftigt werden sollten, stellten sich die Leute in Colorado allerdings nicht, die Polizeihunde-Staffeln können durchaus weiter bei der Suche nach Kokain, Crack oder Heroin eingesetzt werden. Ähnlich sieht es in Washington im Nordwesten aus. Aber der Umgang mit den neuen Regeln will erst noch gelernt sein. Bei der Eröffnung eines Ladens Anfang April 2014 in Seattle war die Presse mit von der Partie und der erste Käufer wurde gefilmt. Am nächsten Tag war der Angestellte einer Sicherheitsfirma seinen Job los; da er aber in seiner Freizeit eingekauft hatte, musste der Arbeitgeber ihn wieder einstellen. Angehörige des Militärs erhielten rechtzeitig eine Warnung, dass es ihnen untersagt ist, Marihuana einzukaufen.

Das Problem dieser neuen Gesetze ist die Tatsache, dass sie im deutlichen Widerspruch zu denen auf Bundesebene stehen. Danach ist Marihuana eine Droge, die zu besitzen oder zu konsumieren unter Strafe steht. Cannabis-Aktivisten sind optimistisch, dass auch im Kongress ein Sinneswandel vollzogen werden könnte, vor allem, weil eine Bundessteuer auf Cannabis dem defizitären Staatshaushalt Erleichterungen bringen könnte. Schließlich haben die USA Erfahrungen mit der Legalisierung einst verteufelter „Drogen": Die Prohibition der 1920er-Jahre hatte weder zum gewünschten Erfolg mit volksweiter Abstinenz noch zur Beseitigung von Kriminalität und häuslicher Gewalt geführt und wurde 1933 aufgehoben.

Alkohol

Seit der Aufhebung der Prohibition sind die Regelungen bezüglich Alkohol den Bundesstaaten oder den jeweiligen Counties überlassen. Das hat dazu geführt, dass einzelne Landkreise beispielsweise in Alabama, Texas, Kentucky, Florida und Virginia sogenannte dry counties sind. Der Verkauf, Ausschank oder Transport von Alkohol ist stark eingeschränkt oder sogar verboten. Die Regelungen können sehr voneinander abweichen. Eine besondere Posse ist in der Stadt Lynchburg in Tennessee geglückt, wo der Whiskey Jack Daniel's produziert wird. Lynchburg ist eine „trockene" Stadt, nur in der Brauerei darf aufgrund einer Ausnahmegenehmigung Whiskey verkauft werden. Wie unterschiedlich die Regelungen von Bundesstaat zu Bundesstaat sein können, merkt man als Reisender meist beim Einkaufen im Supermarkt. In Kalifornien gibt es dort Wein, Bier und Hochprozentiges, während man in New Jersey, New York State oder Oregon zum Kauf von Wein oder Stärkerem auf spezielle *liquor stores* ausweichen muss; verkauft wird dort nur an Erwachsene über 21 Jahren.

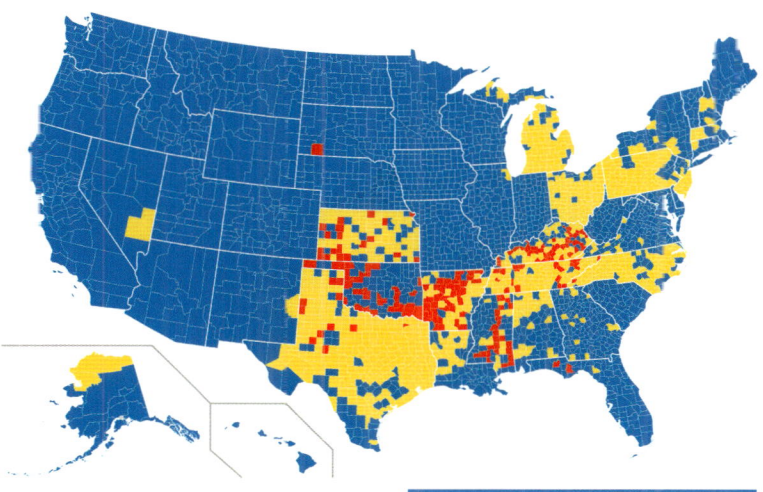

„trockene" (dry, rot), „feuchte" (moist, gelb) und „nasse" (wet, blau) Gemeinden in den USA

Abtreibungsrecht

Eigentlich hatte der Oberste Gerichtshof auf Bundesebene 1973 ein Urteil gefällt, wonach Schwangerschaftsabbrüche im ganzen Land legal sein sollten. Aber die Debatte war damit nicht beendet und hat seit einigen Jahren wieder an Virulenz gewonnen. Zwar hat noch kein Bundesstaat ein Verbot ausgesprochen, aber es wurden teilweise massive Einschränkungen vorgenommen. North-Dakota hatte das bisher schärfste Gesetz eingeführt, das nach der sechsten Woche keine Abtreibung mehr erlaubte. Es wurde 2014 von einem Landesrichter gekippt, aber die konservativen Kräfte gaben sich damit nicht geschlagen. Andere Staaten beschlossen eine Verschärfung der gesetzlichen Grundlagen für Ärzte und Kliniken, in deren Folge viele Kliniken die Durchführung von Abtreibungen aufgaben. Ein weiters probates Mittel, die legale Praxis zu stoppen, war der Beschluss, den Eingriff nicht mehr von der Sozialversicherung bezahlen zu lassen: Eine Härte, die naturgemäß ärmere Frauen traf. Die in den USA aktive Bewegung „Für das Leben" (pro-life movement) erhielt 2014 bei einer Umfrage zur Akzeptanz von Schwangerschaftsabbrüchen nur mäßigen Zuspruch: 28 % waren unter allen Umständen für einen Abbruch, 50 % in bestimmten Fällen, 21 % absolut dagegen. (Quelle: Gallup-Umfrage vom Mai 2014). Die Gemüter angeheizt hatte ein Senator aus Missouri während des Wahlkampfs 2012: Nach Meinung von Todd Akin sei auch nach einer Vergewaltigung eine Abtreibung nicht zulässig – eine Botschaft, die ihn seinen Senatssitz kostete.

Gleichgeschlechtliche Ehe

Auch im Hinblick auf die Anerkennung gleichgeschlechtlicher Ehen entscheiden die Bundesstaaten allein. Im Sommer 2014 war es in 19 Bundesstaaten möglich, als Homo-Paar zu heiraten, 31 Staaten hatten dies per Gesetz verboten, davon waren noch in 12 Staaten Verfahren anhängig. Obwohl Familien- und Eherecht Sache der Bundesstaaten ist, hatten Paare die Möglichkeit, sich an das Oberste Bundesgericht zu wenden. Allerdings galt der Richterspruch des Supreme Court zu den Verfassungsrechten vom Juni 2013 nicht automatisch für alle Anträge, sie mussten von jedem Paar neu gestellt werden. Besonderes Aufsehen erregte im Frühjahr 2014 das Bekenntnis des Profi-Footballspielers Michael Sam, dass er in Partnerschaft mit einem Mann lebe. Im Profi-Sport erschien eine solche Orientierung undenkbar, die sportlichen Athleten verkörperten schließlich das Idealbild eines (heterosexuellen) Mannes. Einige Jahre lang war die Frage der Heiratsgenehmigung für schwule Paare durch Volksbefragungen entschieden worden, wobei die Südstaaten und die des mittleren Westens durchweg dagegen stimmten. Inzwischen werden die Entscheidungen in Gerichten getroffen und die Richter sind offenbar immer mehr bereit, die sich ändernde Stimmung zugunsten einer toleranten Position zu berücksichtigen. Nach einer bundesweiten Umfrage des Gallup Poll von 2013 würden 69 % der jungen Amerikaner zwischen 18 und 34 Jahren in allen Bundesstaaten gleichgeschlechtliche Ehen befürworten bzw. bei einer Wahl dafür stimmen, allerdings nur 38 % der über 55-jährigen. Nun geht es bei einer Eheschließung ja nicht nur um Gefühle, sondern auch um Geld. Steuererleichterungen für Paare gehen mit der Heirat einher. Homosexuelle Paare, die in einem Nachbarstaat geheiratet haben, in ihrem Wohnort aber nicht anerkannt werden, gehen inzwischen auch vor Gericht, um die Gleichheit der Besteuerung zu erreichen. Besonders prekär für frisch Verheiratete ist zum Beispiel die Situation in Missouri. Dort ist die Homo-Ehe verboten, eine häusliche Partnerschaft aber erlaubt. Die Partner können rückwirkend für das Jahr keine Steuerrückerstattungen erwarten, aber der Gouverneur hat verfügt, dass die föderalen und die bundesstaatlichen Steuern zusammen erklärt werden können. Andere Staaten wie Nevada, Arizona oder Georgia erlauben häusliche Gemeinschaften oder Partnerschaften bzw. einige Städte dort haben die entsprechenden Vorschriften gelockert.

In Texas hat sich die geänderte Sichtweise noch nicht herumgesprochen. Beim Parteitag der Republikaner wurde die Position gegenüber Homosexuellen noch einmal festgezurrt, schließlich wollte sich Gouverneur Rick Perry als möglicher Präsidentschaftskandidat für die Wahl 2016 empfehlen. Nach ihrem Parteiprogramm ist Homosexualität „ein selbst gewähltes Verhalten, das im Widerspruch zu den fundamentalen und unveränderlichen Wahrheiten steht,

POLITIK UND GESELLSCHAFT

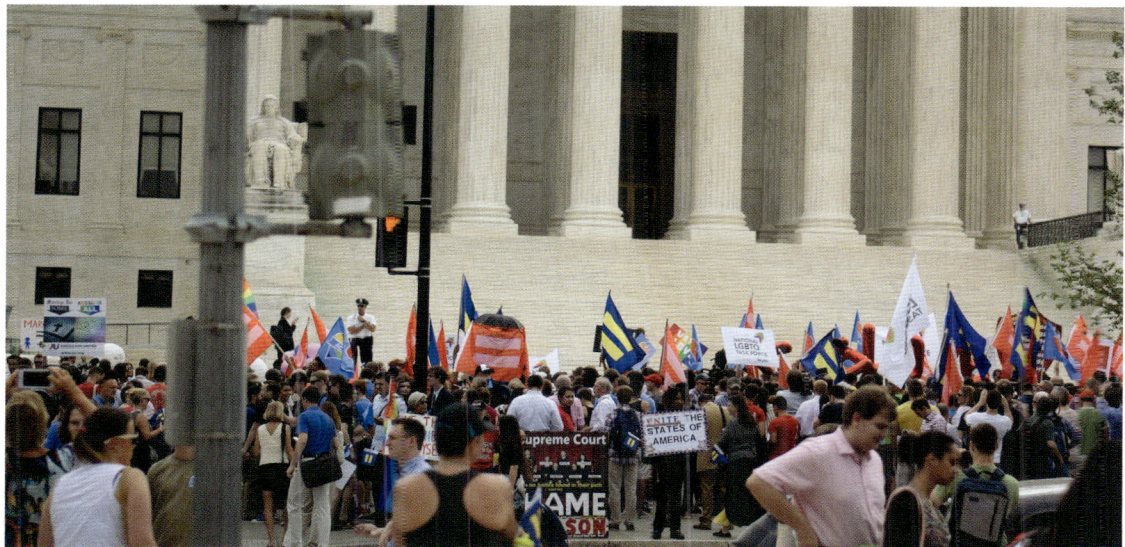

Menschenmenge vor dem Obersten Gerichtshof in Washington D.C. kurz vor der Urteilsverkündung im Fall Obergefell gegen Hodges am 26. Juni 2015. Das Urteil hob die von einzelnen Bundesstaaten erlassenen Verbote gleichgeschlechtlicher Ehe auf, weil sie gegen die US-Verfassung verstießen

die von Gott in der Bibel bestimmt worden sind. Diese Wirklichkeit haben die Gründer unserer Nation erkannt und wird von der Mehrheit der Texaner geteilt. Weder darf Homosexualität als ein alternativer Lebensstil präsentiert werden, noch soll der Begriff Familie neu definiert werden, indem er homosexuelle Paare einschließt. Die Partei unterstützt Therapien, um die Menschen von diesem falschen Weg abzubringen" (übersetzt nach dem Parteiprogramm der texanischen Republikaner vom Juni 2014). Die Republikaner wurden für ihren Beschluss teils heftig kritisiert. In der medizinischen Fachwelt werden Therapien, die auf eine Änderung der sexuellen Orientierung abzielen, einhellig abgelehnt. Mit diesem Programm wandten sich die Republikaner insbesondere gegen Regelungen der Staaten Kalifornien und New Jersey, wo solche höchst umstrittenen Behandlungen für Minderjährige seit 2013 ausdrücklich verboten sind.

Seit Mitte 2015 der Oberste Gerichtshof der USA die gleichgeschlechtliche Ehe für verfassungskonform erklärt hat, müssen die bisher opponierenden Bundesstaaten ihre jeweiligen Gesetze ändern. Alabama, Mississippi und North Carolina beispielsweise greifen die neue Rechtsprechung mit eigenen Gesetzen an, die konservativen Gouverneure und Richter dort widersetzen sich dem Beschluss aus Washington D.C.

USA-Lesebuch

Umweltschutz und Genfood

Gentechnisch veränderte in den USA angebaute Maissorten

Bisher haben Abgeordnete auf Bundesebene und in 27 Staaten insgesamt 66 Initiativen eingebracht, um eine Kennzeichnung genveränderter Lebensmittel zu erzwingen. Eine Mehrheit der Kalifornier sprach sich 2012 gegen eine Kennzeichnungspflicht für gentechnisch veränderte Lebensmittel aus. Lebensmittelhersteller und Chemiekonzerne, darunter Monsanto, Bayer und BASF sowie Coca Cola und Kellogg, hatten mit einer fast 40 Millionen Dollar teuren Werbekampagne Stimmung gegen den Vorschlag gemacht, nachdem Umfragen zunächst eine breite Zustimmung für eine Kennzeichnungspflicht ergeben hatten. 2013 scheiterte im Bundesstaat Washington bei einer Volksabstimmung ebenfalls die Einführung der Etikettierpflicht. Die Amerikaner sind seit einem Jahrzehnt daran gewöhnt, dass Mais, Sojabohnen und Zuckerrüben zu mehr als 90 % gentechnisch verändert sind, und da es keine Studien gibt, die belegen, dass die daraus produzierten Lebensmittel krank machen, sehen die meisten kein Problem darin. Beim Einkaufen in Supermärkten ist das Lesen der endlos langen Inhaltslisten auf den Verpackungen für manche zum Kriterium der Entscheidung für oder gegen ein Produkt geworden, die Mehrheit dagegen hält es für Unsinn. Zuviel Salz, Zucker oder Fett, darauf sind viele Konsumenten sensibilisiert, andere Inhaltsstoffe verbergen sich hinter chemischen Begriffen, die keiner mehr versteht. Die Auseinandersetzungen zwischen der Food & Drug Administration im Gesundheitsministerium (FDA) und den Lebensmittelproduzenten werden sich noch eine Weile hinziehen. Neue Vorschläge des Ministeriums sind auch von den politischen Parteien aufgegriffen worden, wie gewohnt allerdings mit unterschiedlichen Einschätzungen, wen es mehr zu schützen gilt, die Wirtschaft oder den Verbraucher? Die traditionellen Umweltschützer haben inzwischen neue Kontrahenten gefunden: Nicht mehr nur die konservativen Politiker halten ihre Forderungen für überzogen oder unrealistisch, auch die der Industrie nahestehenden Neo-Greens setzen auf Nukleartechnologie anstatt Kohle und Öl und halten genetisch veränderte Nahrungsmittel für die einzige Möglichkeit, die stetig wachsende Weltbevölkerung zu ernähren.

Die Umweltschutzgesetze sind in vielen Regionen unterschiedlich. Washington D.C. als Gesetzgeber erscheint vielen lokalen und bundesstaatlichen Administrationen als zu zögerlich, also schreiten sie in Eigeninitiative voran. Plastiktüten sind in den westlichen Staaten ver-

Windkraftanlage im Südosten des Staates Washington

pönt, Recyclingprogramme in Städten wie Seattle (Washington) oder Portland (Oregon) schon weit fortgeschritten. Kalifornien beschloss als erster Staat strenge Abgaswerte für Autos, und Arnold Schwarzenegger machte sich mit ambitionierter Umweltpolitik einen Namen, als er 2006 ein Gesetz unterzeichnete, das die alternative Energiegewinnung begünstigte. Der republikanische Gouverneur hatte damals schon die Ursache-Wirkungskette der Erderwärmung als Tatsache akzeptiert, anders als einige seiner Kollegen im Osten. Dort erklärten konservative Politiker im kalten Sommer 2014, dass die Erderwärmung Unsinn sei angesichts kühler Temperaturen in ihrem Bundesstaat. Die meisten Amerikaner sind aber davon überzeugt, dass technologischer Fortschritt, gepaart mit kapitalistischen Interessen, die Probleme schon lösen werde. 12 Staaten sind beispielsweise die Vorreiter in Sachen Solarenergie, Paneele auf Hausdächern und großflächige Solarparks sind im Südwesten und an der mittleren Atlantikküste zu finden. Bei dieser Form der Energiegewinnung kommt allerdings auch Unterstützung aus Washington D.C. Unter der Obama-Regierung wurde das Ziel formuliert, dass 2030 10 % der Energie von der Sonne kommen sollen. Auch Windräder sind kein ungewohnter Anblick mehr. Texas hat den höchsten Bestand aufzuweisen, wogegen die Südstaaten von Louisiana bis Virginia nach dem letzten Bericht der American Wind Energy Association sich bisher nicht an diesen Programmen beteiligten.

Waffen

Der Besitz und das Tagen von Waffen gehören in den USA zu den Grundrechten; dies ist im zweiten Zusatzartikel zur Verfassung festgeschrieben. In den einzelnen Bundesstaaten sind aber durchaus unterschiedliche Regelungen und Verordnungen über das offene Tragen (*open carry*) oder den Ankauf des Schießgeräts üblich, prinzipiell kann sogar jede Stadt in dieser Sache eigene Regeln beschließen. In 30 Staaten, darunter Maine, Alabama, Kansas, Colorado und Oregon, ist open carry einer Handfeuerwaffe ohne Genehmigung erlaubt, Georgia und Utah beispielsweise fordern vom Waffenträger, dass er eine Erlaubnis einholt, und in Florida, Kalifornien und Texas ist der Colt am Halfter gar nicht erlaubt. Wer sein Verteidigungswerkzeug verdeckt unter der Jacke trägt, braucht in Alaska, Arizona, Wyoming und Vermont keine Genehmigung oder einen Waffenschein. Vermont geht sogar so weit, dass ein 16-jähriger Teenager weder für den Kauf noch für das verdeckte Tragen einer Waffe eine Erlaubnis der Eltern benötigt. Er darf zwar weder in einen nicht jugendfreien Film gehen noch Alkohol kaufen, sich aber gern auf einer der zahlreichen Messen mit tödlichem Gerät eindecken. Nach den Amokläufen in Aurora (Colorado) im Juli 2012 und in Newton (Connecticut) im Dezember des gleichen Jahres war die Forderung nach mehr Kontrolle und schärferen Gesetzen schnell auf der Tagesordnung. Aber die Waffenlobby NRA (National Rifle Association) ist politisch gut vernetzt und hat genügend Argumente parat, um gesetzliche Einschränkungen zu verhindern. Es war für die Organisatoren der NRA auch kein Problem, die jährliche Versammlung kurz nach dem Massaker mit 12 Toten und 58 Verletzten in Denver stattfinden zu lassen. Eine Verlängerung des Verbots von halbautomatischen Gewehren, dass Präsident Bill Clinton 1994 als zeitlich begrenztes Gesetz unterschrieben hatte, scheiterte 2004 kläglich. Mit einer solchen Waffe hatte James Holmes die Menschen im Kino von Aurora ermordet. Aber die Zustimmung zur genaueren Überprüfung der Käufer, mehr Einschränkungen bei bestimmten Waffen und beim Zusammenbauen von Feuergerät sank bald wieder unter die 50-Prozent-Marke. Offenbar wird jede Form der Kontrolle als Eingriff in die persönlichen Rechte betrachtet. Nachdem klar wurde, dass Amokläufer in der Regel psychisch krank sind und auch ihr eigenes Leben geringschätzen, hatte die Waffenlobby ein neues Argument: nicht den Waffenbesitz reglementieren, sondern die Kranken einsperren.

Zumindest fragwürdig – Waffenvorschriften in verschiedenen Bundesstaaten

Sogar blinden Menschen ist es in Iowa gestattet, eine Waffe zu tragen und zu schießen; Autofahren dagegen nicht. Der Unterschied: Autofahren ist kein Grundrecht. In Indiana und Nord-Dakota kann ein Angestellter seinen Chef anzeigen, wenn der ihn fragt, ob er eine Waffe besitzt. George Zimmerman kam in Florida als freier Mann aus dem Gerichtssaal, weil seine tödlichen Schüsse auf Trevor Martin als Selbstverteidigung anerkannt wurden. Sogenannte „Stand your ground"- oder „Shoot first"-Gesetze sind die Grundlage für diese Rechtsprechung.

Die Kleinstadt Rifle in Colorado zog 2014 die Aufmerksamkeit der Nation auf sich, weil in einem Restaurant mit dem Namen „Shooters Bar" ausdrücklich das offene Tragen von Waffen gewünscht wurde. Sogar die Kellnerinnen haben über ihre Shorts oder Jeans ein Halfter mit einem geladenen Revolver geschnallt. Kein Problem, sagte die junge Besitzerin in einem Interview mit CNN, das gehöre nun mal zu den grundlegenden Rechten eines jeden Amerikaners.

US-Waffenmagazine in einer Zeitschriftenauslage

Geschäftsinhaber können indes Verbote aussprechen. Manche Fast-Food- oder Restaurant-Ketten haben das auch schon getan; ein entsprechender Hinweis an der Eingangstür klebt neben dem Rauchverbotschild. Starbucks dagegen hatte dies vermieden und geriet – wohl aufgrund ihrer Gewohnheit, sich dort zu Meetings zu treffen – in die Schusslinie der Waffengegner. In immerhin 43 Staaten war es bis September 2013 kein Problem, seinen Cappuccino mit dem Smith-Weston am Halfter zu genießen. In einem offenen Brief hatte dann CEO Howard Schulz an seine Kunden in Open-carry-Staaten appelliert, diese Praxis zukünftig zu unterlassen Ein Verbot wollte die Kaffeekette dann doch nicht aussprechen.

Verkehrsregeln

Vorschriften zum Autofahren sind ebenfalls überall unterschiedlich, erst 2014 wurde zum Beispiel in West-Virginia ein Gesetz zur Anschnallpflicht verabschiedet. Nur in New Hampshire darf man noch ohne Gurt fahren, in allen anderen Bundesstaaten ist dies inzwischen

Elektrischer Stuhl im Staatsgefängnis von Florida

Pflicht. Und in Memphis, Tennessee, muss eigentlich ein Mann mit einer roten Fahne vor dem Auto herlaufen, wenn eine Frau am Steuer sitzt. South Dakota und Wyoming sind die einzigen Regionen, in denen das Abbiegen nach rechts an einer roten Ampel verboten ist. Für Deutsche manchmal schwer einzuschätzen ist die Sitte, von rechts zu überholen (nicht nur bei Stop and Go), was allerdings in Nebraska, Oklahoma, North Dakota und Tennessee verboten ist. Im ganzen Land gleich sind die Vorschriften bezüglich der gelben Schulbusse und des Parkens an einem Wasserhydranten: Wenn bei einem Schulbus die Lichter blinken, müssen alle Verkehrsteilnehmer stoppen, auch diejenigen, die aus der Gegenrichtung kommen, denn dann steigen Kinder ein oder aus. Ein an einem Hydranten geparktes Auto wird innerhalb kürzester Zeit abgeschleppt oder der Fahrer zumindest mit einem hohen Bußgeld belegt, denn die Feuerwehr muss im Brandfall ohne Komplikationen an die Wasserquelle herankommen können.

Todesstrafe

Die Liste der Bundesstaaten, in denen keine Todesstrafe verhängt werden kann, ist deutlich kürzer als die der anderen; derzeit sind es 19. Zuletzt entschied sich Maryland 2013 für die Abschaffung der Todesstrafe, allerdings nicht rückwirkend, sodass noch fünf Insassen in der Todeszelle auf ihren letzten Tag warten. Auf Bundesebene ist diese Art der Bestrafung ebenfalls noch legal, sie bezieht sich allerdings vorwiegend auf die Militärgerichtsbarkeit. 1967 hatte der Oberste Gerichtshof über die Zulässigkeit der Todesstrafe in einem Einzelfall zu entscheiden und stellte fest, dass das Urteil nicht im Sinne der Verfassung war. Diesem Gerichtsbeschluss folgte ein faktisches Moratorium, das 1972 nach weiteren Prozessen über die „Willkürlichkeit der Verhängung" bis 1976 verlängert wurde und nun rechtlich bindend war. In dieser Zeit überarbeiteten viele Staaten ihre Gesetze, um Rechtsfehler für die Zukunft auszuschließen. Als einziger Staat stieg damals North Dakota 1973 aus der Riege der Todesstrafenbefürworter aus. Zwar wurde während der Aussetzung niemand hingerichtet, aber die Auffassung, dass die Tötung von Schwerverbrechern abschreckende Wirkung habe, blieb weiterhin weit verbreitet. Seit 1976 wird also wieder legal getötet – ausgenommen in den Staaten, die seither die Todesstrafe wieder abgeschafft haben, der letzte war Nebraska 2015. Der Staat Texas hat nach

Angaben der New York Times seit 1982 insgesamt 515 Menschen mit der Giftspritze hingerichtet und ist für 40 % aller Exekutionen in den USA verantwortlich. Jüngste unplanmäßig verlaufende Exekutionen mit langen Todeskämpfen der Verurteilten heizten 2014 die Diskussion wieder an. Weder die hohen Kosten noch die nachgewiesene Unwirksamkeit der Abschreckung oder die posthum festgestellte Unschuld vieler Menschen haben bisher zu einem weitgreifenden Sinneswandel geführt.

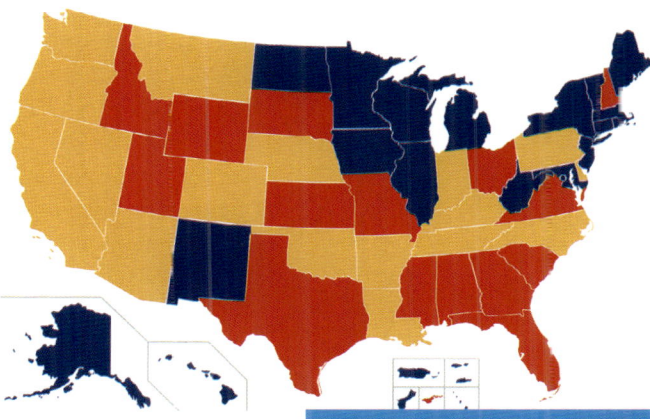

Die Todesstrafe in den Vereinigten Staaten
Rot: Todesstrafe wird verhängt
Gelb: Es besteht ein Moratorium
Blau: Keine Todesstrafe

Politische Parteien

Die amerikanischen Parteien unterscheiden sich in ihrer Struktur und Funktionsweise grundlegend von den europäischen. Während es sich bei den hiesigen Parteien traditionell um bürokratisch-hierarchische Massenorganisationen handelt, stellen die US-Parteien trotz einer vergleichbaren Untergliederung in kommunale, einzelstaatliche und föderale Organe in erster Linie lockere Allianzen von Organisationen und Einzelpersonen dar, deren vorrangige Funktion in der Nominierung von Kandidaten für öffentliche Ämter liegt. Dementsprechend unterliegen die im Namen einer Partei gewählten Kongressmitglieder weniger einem Fraktionszwang oder einer Parteidisziplin als in europäischen Ländern. Auch die Mitgliedschaften in den Parteien sind oft rein informeller Natur. Die Nominierung von Präsidentschaftskandidaten, aber auch etwa die Kandidatenauswahl für den Kongress findet über Vorwahlen, sogenannte Primaries statt, an denen prinzipiell alle im Wahlverzeichnis eingetragenen Bürger teilnehmen können. In Abhängigkeit vom Bundesstaat ist die Teilnahme allerdings zum Teil auf erklärte Parteianhänger beschränkt, oder es ist ausgeschlossen, dass ein Wähler an den Primaries mehrerer Parteien teilnimmt.

Obwohl das von den Verfassungsvätern eingeführte Mehrheitswahlrecht eigentlich einer zu großen Bedeutung der Parteien entgegenwirken sollte, um eine Spaltung des neu gegründeten Staatswesens zu verhindern, etablierte sich schon früh ein System aus zwei großen

Parteien, die abwechselnd den Präsidenten und die Bundesregierung stellen. Die Einführung eines Verhältniswahlrechts, das auch kleineren Parteien die Beteiligung am politischen Prozess ermöglichen würde, steht in den USA kaum zur Debatte, da allgemein die Befürchtung vorherrscht, dass dies zu politischer Instabilität führen könne. Aus einer der ersten politischen Gruppierungen des US-amerikanischen Parlamentarismus entwickelte sich die heutige Democratic Party, während die Republican Party einige Jahrzehnte später größtenteils aus den nördlichen Landesparteien der damals mit den Demokraten konkurrierenden Whig Party hervorging, denen sich Teile der Nordstaaten-Demokraten anschlossen. Im Laufe ihrer Geschichte waren die von den Parteien verfolgten politischen Ziele ebenso Veränderungen unterworfen wie die soziale, ethnische und religiöse Zusammensetzung der Wählerkoalitionen, die sie an sich binden konnten.

Democratic Party

Das (nicht offizielle) Logo der Demokraten: ein Esel

Als weltweit älteste noch bestehende politische Partei geht die Democratic Party unmittelbar auf eine der ersten beiden parlamentarischen Gruppierungen der USA zurück, die sich 1792 um den späteren Präsidenten Thomas Jefferson bildete. Nachdem sie in den ersten Jahrzehnten unter dem Namen Republicans beziehungsweise Democratic Republicans firmiert hatte, wurde sie 1834 in Democrats umbenannt. Zuvor war sie vom 1828 zum Präsidenten gewählten Andrew Jackson und dem New Yorker Senator Martin Van Buren grundlegend modernisiert und zur ersten gut organisierten Nationalpartei der USA gemacht worden war. Manchen Historikern gilt daher das Jahr 1828 als eigentliche Geburtsstunde der Democratic Party. Ursprünglich war sie vor allem in den Südstaaten verankert, seit der Präsidentschaft Jacksons auch im ebenfalls landwirtschaftlich geprägten Westen. Dementsprechend verfolgte sie vor allem die Interessen der Agrarwirtschaft und unterstützte vor dem Sezessionskrieg die Sklaverei und die ihr zugrundeliegende Ideologie der Überlegenheit der weißen Rasse (*white supremacy*). In den Jahrzenten nach dem Krieg wurde sie von der kleinbäuerlichen Protestbewegung des Populismus beeinflusst, die gegen die Verelendung der Farmer durch zu geringe Preise für landwirtschaftliche Produkte zu Felde zog und sich für eine Kontrolle der Eisenbahnfrachtpreise und des Finanzkapitals einsetzte. Ab Anfang

Der demokratische Präsident Lyndon B. Johnson unterzeichnet das neue Einwanderungsgesetz (3. Oktober 1965)

des 20. Jahrhunderts gewannen in der Democratic Party sozialliberale Ideen an Einfluss, und sie setzte sich für soziale Reformen wie eine allgemeine Einkommensteuer und das Frauenwahlrecht ein. Diese Politik gipfelte in den ökonomischen und sozialstaatlichen Reformmaßnahmen des New Deal, mit denen Präsident Franklin D. Roosevelt in den 1930er-Jahren auf die Weltwirtschaftskrise reagierte. In der Folge gelang es den Demokraten, zuvor traditionell republikanische Wählergruppen wie die Arbeiter im Nordosten, Schwarze und Juden für sich zu gewinnen. Seit jener Zeit steht der Begriff Liberalismus – in Anlehnung an den Philosophen John Dewey – in den USA für eine an sozial- und wohlfahrtstaatlichen Reformen ausgerichtete Politik, während die von den Republikanern verfolgte Politik des wirtschaftlichen Laissez-faire als konservativ bezeichnet wird. Unter den auf Roosevelt folgenden demokratischen Präsidenten Truman, Kennedy und Johnson rückten zudem die Aufhebung der Rassendiskriminierung und andere Bürgerrechte ins Zentrum demokratischer Politik. Mit dem unter Lyndon B. Johnson 1964 beschlossenen Programm der Great Society, das unter anderem die Rassentrennung landesweit aufhob und mit den Social Security Amendments von 1965, das staatliche Gesundheitsfürsorgeprogramm Medicaid sowie die staatliche Krankenversicherung Medicare für ältere Menschen und solche mit bestimmten Behinderungen und Krankheiten einführte, erreichte die Reformpolitik einen neuen Höhepunkt. Dies führte nicht zuletzt dazu, dass die Afroamerikaner zur wohl stabilsten Wählergruppe der Demokraten wurden, während sich die ehemals fest in demokratischer Hand befindenden Südstaaten zu einer von der Republican Party dominierten Region entwickelten.

Republican Party

Der Elefant, Erkennungszeichen der Republikaner

Die auch als „Grand Old Party" (GOP) bezeichnete Republikanische Partei wurde 1854 von Politikern der Nordstaaten mit dem Ziel gegründet, die Sklaverei zu bekämpfen. Die Gründung war eine unmittelbare Reaktion auf den Kansas-Nebraska-Act, der vorsah, dass die Bürger der neu in die Vereinigten Staaten aufgenommenen Territorien Nebraska und Kansas, die aus der ehemals französischen Kolonie Louisiana hervorgegangen waren, selbst darüber zu entscheiden hatten, ob die Sklaverei bei ihnen erlaubt sein sollte. Damit wurde der 1820 vom Kongress nach dem Beitritt des Sklavereistaates Missouri beschlossene Missouri-Kompromiss aufgehoben, der besagte, dass jeder neu in die Union aufgenommene Staat nördlich der sogenannten Compromise Line am 36. Breitengrad sklavenfrei zu sein hatte. Drei Jahre später wurde er vom Obersten Gerichtshof für verfassungswidrig erklärt. Dies war nur eines in einer Reihe von Ereignissen, die den Konflikt zwischen Sklavereigegnern im Norden und Sklavereibefürwortern im Süden zunehmend verschärften. Hintergrund der Auseinandersetzung war, dass die amerikanische Verfassung die Sklaverei grundsätzlich in den Staaten erlaubte, wo sie bereits existierte. Während die südlichen Staaten, in denen in erster Linie Landwirtschaft betrieben wurde, zur Produktion von Rohstoffen wie Baumwolle in besonderem Maße auf billige Arbeitskräfte angewiesen waren und daher meinten, auf die Sklavenhaltung nicht verzichten zu können, schritt in den Nordstaaten rasch die Industrialisierung voran und führte zu einem schnellen Anstieg der Lohnarbeiterproduktivität. Da die Abgeordnetenzahl eines Bundesstaates im Repräsentantenhaus von seiner Bevölkerungsgröße abhing – wobei die Sklaven zu drei Fünfteln angerechnet wurden – war der Einfluss der Südstaaten zunächst größer als der der Nordstaaten. Der Beitritt des sklavenfreien Staates Kaliforniens zur Union 1850 hatte jedoch zur Umkehrung dieses Ungleichgewichts zugunsten der Sklavereigegner geführt. Im 1855-59 ausgefochtenen Bürgerkrieg in Kansas (Bleeding Kansas) zwischen Sklavereigegnern und -befürwortern, an dem darüber hinaus auch Landbesetzer und Banditen beteiligt waren, brach der Konflikt erstmals offen aus. Die Wahl des Republikaners Abraham Lincoln zum Präsidenten Ende 1860 brachte dann für die Sklavereibefürworter das Fass endgültig zum Überlaufen. Obwohl Lincoln sich dafür ausgesprochen hatte, die Entscheidung über die Abschaffung der Sklaverei den Einzelstaaten zu überlassen, traten 11 der 15 Sklaven haltenden Bundesstaaten aus der Union aus und bildeten die Confederate States of America (CSA). In der Folge kam es zum vierjährigen Sezessionskrieg, der mit der Niederlage der Konföderation endete und zur endgültigen Abschaffung der Sklaverei führte.

Eintrittskarte zur Inauguration von Präsident Eisenhower und Vicepräsident Nixon 1953, die erste republikanische nach 24 Jahren

Die Ideologie der frühen Republican Party wurde 1856 von ihrem damaligen Senator von Ohio, Salmon P. Chase, mit dem Slogan „free labor, free land, free men" auf den Punkt gebracht. „Freie Arbeit" stand nicht für die Arbeit von Sklaven, sondern für die von unabhängigen Handwerkern und Geschäftsleuten, „Freies Land" für das Land, das die großen, Sklaven haltenden Plantagenbesitzer sich aussuchen konnten, während die kleinen, ohne Sklaven arbeitenden Familienbetriebe mit dem Vorlieb nehmen mussten, was übrig blieb. Zum Programm der Republikaner gehörten daher neben einer harten Währung billiges Land für Farmer und hohe Schutzzölle, um Unternehmer und Arbeiter vor ausländischer Konkurrenz zu bewahren. Dazu gesellten sich vom protestantischen Pietismus geprägte Töne, mit einer Tendenz zur Ablehnung von Immigranten. In den 1850er-Jahren waren damit insbesondere die in großer Zahl einwandernden katholischen Iren gemeint. Mit ihrer auf weitgehender Nichteinmischung beruhenden Wirtschaftspolitik erhielten sich die Republikaner ihre Stammwählerschaft im industrialisierten Norden und Osten und dominierten viele Jahrzehnte die amerikanische Politik, bis die Wirtschaft mit dem Schwarzen Donnerstag 1929 einen jähen Einbruch erlebte und die Demokraten mit ihrer New-Deal-Politik das erfolgreichere Rezept für die Bekämpfung der Great Drepression präsentierten.

Neben dem Wirtschaftsliberalismus, der mit der Ablehnung hoher Steuern und einer Skepsis gegenüber Gewerkschaften einhergeht, steht die Republican Party für konservative Werte wie die traditionelle Familie, die Bedeutung von Religion und das Recht auf Selbstverteidigung mit Schusswaffen. Unter den konservativen Strömungen der Republikaner erlangten die sogenannten Neokonservativen (kurz Neocons) insbesondere während der Regierungszeit von George W. Bush besondere Bekanntheit. Ursprünglich war diese Bewegung 1972 in der Democratic Party entstanden, nachdem der demokratische Präsidentschaftskandidat McGovern angekündigt hatte, den Vietnamkrieg zu beenden, und sich vom strikten Antikommunismus abgewendet hatte. In der Folge verbanden sich neokonservative Demokraten mit Republikanern, bezogen in der politischen Lobbyorganisation Committee on the Present Danger Stellung gegen die Regierung von Jimmy Carter, der sie Versäumnisse bei der atomaren Abschreckung vorwarfen, und wurden mit dem Wahlsieg Ronald Reagans 1980 Teil der politischen Administration. Im Unterschied zu traditionellen Konservativen streben die Neokonservativen danach, als unbefriedigend angesehene Zustände aktiv zu verändern, statt am Althergebrachten festzuhalten, etwa in Form militärischer Interventionen als Antwort auf Konflikte. Weitere Gruppen innerhalb der Republikaner sind die religiöse Rechte, die radikal-religiöse Forderungen bis hin zur Ablehnung der Evolutionstheorie vertritt, und in jüngerer Zeit die von ihr unterstützte Tea-Party-Bewegung, die für eine reine Laissez-faire-Wirtschaftspolitik eintritt, jeder Art von Sozialpolitik ablehnend gegenübersteht und den Mitgliedern des demokratischen wie republikanischen Establishments vorwirft, den Bezug zu den einfachen Bürgern verloren zu haben.

Weitere Parteien

Neben Demokraten und Republikanern gibt es zahlreiche sogenannte third parties, die aufgrund des Mehrheitswahlsystems zumeist nur auf kommunaler Ebene Wahlerfolge verzeichnen können. Die

---

Tea Party Bewegung

In Umfragen bezeichnen sich bis zu 30 Prozent der Amerikaner als Anhänger oder zumindest Sympathisanten der Bewegung. Allerdings ist die große Mehrheit der Anhänger weiß, männlich, verheiratet, älter als 45 und wohlhabender als der Durchschnitt. Die Tea Party verfügt über eine sehr gute Organisation, die sie nicht zuletzt ihrer finanziellen Unterstützung durch einige der reichsten Unternehmer der USA verdankt. Schlagzeilen machte das Engagement der Koch-Brüder, die mit viel Geld die Organisation „Freedom Works" unterstützten, die Freiwillige für Kampagnen schult und Politiker mit Argumenten versorgt. Andere Geldgeber sind unter anderem die Telefongesellschaft AT&T, der Chemieriese Bristol-Myers Squibb und der Zigarettengigant Philip Morris. Anteil am Erfolg hat auch die Unterstützung mancher Medien, allen voran Fox News. Der konservative Nachrichtensender gilt als das Sprachrohr der Bewegung. Seine aggressive Berichterstattung wird von konservativen Webseiten, Zeitungen und Radiosendern aufgegriffen und erreicht so Millionen von Amerikanern.

überregional bedeutendsten unter ihnen sind die Libertarian Party, die Constitution Party und die Green Party.

Laut Gary Johnson, dem libertären Präsidentschaftskandidaten von 2012 und früheren republikanischen Gouverneur von New Mexico, nimmt die 1971 gegründete Libertarian Party in kultureller Hinsicht eine liberalere Haltung als die Demokraten und in fiskalischen Belangen eine konservativere Position als die Republikaner ein. Analog zu einigen Strömungen der Republikaner tritt sie für eine sich selbst regulierende Marktwirtschaft, die Abschaffung staatlicher Wohlfahrtsleistungen und den freien Waffenbesitz ein. Darüber hinaus macht sie sich für weitgehende individuelle Freiheiten stark und spricht sich unter anderem für gleichgeschlechtliche Ehen, die Freigabe von Drogen, die Legalisierung der Prostitution und die freie Migration aus. In der Außenpolitik fordert sie einen Verzicht auf militärische Interventionen.

Die streng konservative Constitution Party wurde 1991 als U.S. Taxpayers Party gegründet und 1999 umbenannt, um die Verbundenheit mit der amerikanischen Verfassung hervorzuheben. In einigen Bundesstaaten treten die angegliederten Parteien allerdings nach wie vor unter dem alten Namen sowie unter verschiedenen anderen Namen auf. Laut der Constitution Party sind die USA eine christliche Nation, die auf der Grundlage der Bibel errichtet worden sei und deren Rechtsprechung von biblischen Prinzipien ausgehen sollte. Kritiker bezeichnen sie daher als theokratisch. Dementsprechend erfährt die Constitution Party, die sich selbst als weltanschauliche Heimat der Tea-Party-Bewegung bezeichnet, große Unterstützung aus rechtsgerichteten christlichen Kreisen. Zu ihren Forderungen gehören eine restriktive Einwanderungspolitik, die weitgehende Reduzierung staatlicher Ausgaben und die Abschaffung der Einkommensteuer, eine nicht interventionistische Außenpolitik sowie der Rückzug der USA aus internationalen Organisationen wie der NATO.

Die 1995 gegründete Green Party of the United States zählt neben Umweltschutz und wirtschaftlicher, sozialer und Geschlechtergerechtigkeit lokale Autonomie und Basisdemokratie zu ihren Grundwerten. International bekannt wurde sie durch ihre Unterstützung der Präsidentschaftskandidatur des Verbraucherschutzanwalts Ralph Nader in den Jahren 1996 und 2000.

Die vierte Gewalt: die amerikanischen Medien

In den USA kommt der Rede- und Pressefreiheit seit jeher eine besondere Bedeutung zu. Schon früh konnten die Siedler der britischen Kolonialmacht eine weitgehende Pressefreiheit abringen. Fünfzehn Jahre nach der Unabhängigkeitserklärung, 1791, wurde in einem Zusatz zur Verfassung, dem sogenannten Grundrechtekatalog, festgelegt, dass es dem Kongress prinzipiell untersagt ist, die Meinungs-, Religions-, Presse-, Versammlungsfreiheit oder das Petitionsrecht gesetzlich einzuschränken. Entsprechende Zusätze wurden nach entsprechenden

Das Comcast Center in Philadelphia, Sitz des größten Medienkonzerns der Welt

Urteilen des Obersten Gerichtshof auch in die Landesverfassungen der Bundesstaaten aufgenommen. Die Hürden zur Durchsetzung von Verleumdungsklagen gegen Journalisten sind sehr hoch. Prinzipielle Grenzen findet die Medienfreiheit lediglich durch die Persönlichkeitsrechte, das Recht auf Privatsphäre und den Schutz von Minderjährigen. Damit genießt die Presse- und Meinungsfreiheit in den Vereinigten Staaten formal einen viel weiter reichenden Schutz als etwa in Deutschland und anderen europäischen Ländern, in denen sie üblicherweise durch die allgemeine Gesetzgebung eingeschränkt werden kann. Dieses grundlegende Recht auf freie Rede ist von großer Bedeutung für das Selbstverständnis und die politische Kultur der USA. Der Freedom of Information Act von 1966 sichert zudem amerikanischen Bürgern das Recht zu, Akten der Regierungsbehörden einzusehen. In der Praxis sind der Presse- und Informationsfreiheit allerdings Grenzen gesetzt, wenn es um die nationale Sicherheit geht. Zwar gewährt der 5. Verfassungszusatz, nach dem sich niemand vor Gericht selbst belasten muss, im Prinzip auch Journalisten ein Zeugnisverweigerungsrecht. Anders als beispielsweise in Deutschland existiert auf Bundesebene aber bislang kein Gesetz, das ihnen ausdrücklich das Recht einräumt, ihre Quellen zu schützen. So wurden nach dem 11. September 2001 bereits mehrmals Journalisten in Beugehaft genommen, um sie dazu zu bringen, ihre Informanten preiszugeben. Whistleblower, die als geheim deklarierte Informationen an die Öffentlichkeit bringen, können erst recht nicht mit staatlicher Nachsicht rechnen, wie die prominenten Beispiele Edward Snowden, Chelsea Manning und Julian Assange zeigen. Dementsprechend führte die Organisation „Reporter ohne Grenzen" auf ihrer Rangliste der Pressefreiheit 2015 die USA unter 180 Staaten lediglich auf dem 49. Platz (während Deutschland auf Platz 12 stand und die Spitzenpositionen von Finnland, Norwegen und Dänemark eingenommen wurden).

Typisch für die amerikanische Medienlandschaft ist die Syndikation, der Weiterverkauf von Medieninhalten an andere Verlage oder Sender. So werden beispielsweise Comicstrips wie „Die Peanuts" und weitere Unterhaltungsrubriken in verschiedenen Tageszeitungen abgedruckt oder Talkshows populärer Radiomoderatoren von vielen Sendern in den USA ausgestrahlt. Auf der anderen Seite setzten die US-Medienunternehmen schon früh auf Diversifizierung: Die Tendenz zur Verbreitung der Themen in verschiedenen Medienvarianten erfuhr durch das Internet noch eine deutliche Verstärkung.

POLITIK UND GESELLSCHAFT

Mit einem Jahresumsatz von über 50 Milliarden US-Dollar ist das in Philadelphia ansässige Unternehmen Comcast/NBC Universal der größte Medienkonzern der Welt. Neben Kabel-, Internet- und Mobildiensten umfasst er zwei Fernsehsenderketten und mehrere Filmstudios. An zweiter Stelle folgt die Walt Disney Company mit mehreren Filmgesellschaften, diversen TV- und Radiosendern und ihren weltbekannten Vergnügungsparks. Im Folgenden einige nähere Ausführungen zu den Massenmedien Presse, Radio, TV und Internet.

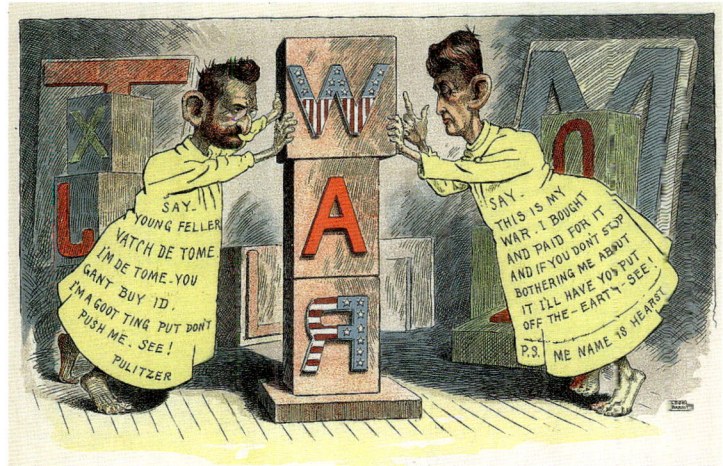

Die Zeitungsverleger Joseph Pulitzer und William Hearst, beide gekleidet wie Yellow Kid, eine bekannte Comic-Figur (daher der Begriff Yellow Press), streiten sich um die Vorherrschaft beim Rühren der Werbetrommel für einen Krieg mit Spanien, Karikatur von Leon Barritt, 1898

Zeitungen und Magazine

Bereits lange vor der Unabhängigkeit erschien die erste aus mehreren Seiten zusammengesetzte amerikanische Zeitschrift. Das 1690 in Boston gedruckte Blatt „Publick Occurences Both Foreign and Domestick", das eigentlich in monatlichen Abständen herausgegeben werden sollte, wurde allerdings gleich nach der ersten Ausgabe von der britischen Kolonialmacht verboten. Große Verbreitung fanden Zeitungen im Laufe des 19. Jahrhunderts. In den 1830er Jahren erschienen in New York die ersten Boulevardzeitungen, die nicht mehr im Abonnement vertrieben, sondern auf der Straße verkauft wurden. Angesichts ihres niedrigen Preises – der mit lediglich einem Cent pro Ausgabe bei etwa einem Sechstel des Preises einer herkömmlichen Zeitung lag – trug diese penny press wesentlich zur Steigerung der Popularität der Zeitung in Amerika bei. Mit ihren reißerischen, vor allem aus dem Polizeibericht stammenden Meldungen und Klatschgeschichten sprach sie insbesondere ärmere Bevölkerungsschichten an, die bis dahin von den Zeitungsmachern nicht als Adressaten ihrer Produkte angesehen worden waren. Ab 1878 brachte der Verleger Joseph Pulitzer, der überzeugt davon war, dass dem Massenmedium Zeitung

Titelblatt der ersten Ausgabe des Time Magazine vom 3. März 1923

auch die Aufgabe zukam, die Gesellschaft zu verbessern, erstmals Zeitungen auf den Markt, die seriöse Berichte mit unterhaltsamen und sensationellen Inhalten kombinierten. Seine „New York World" lieferte sich in den 1890er Jahren einen erbitterten Auflagenkrieg vor allem mit William Randolph Hearsts „New York Journal". Zu den Mitteln im Kampf um die Aufmerksamkeit der Leser gehörte die erste moderne Comicserie, die vom harten Alltag armer Einwanderer in Manhattan handelte.

Seit 1923 existiert „Time", das mit einer Auflage von rund 3,3 Millionen im Jahr 2014 größte politische Magazin der USA. An zweiter Stelle steht mit rund 1,5 Millionen das seit 1933 ebenfalls wöchentlich erscheinende Magazin „Newsweek". Die bedeutendsten Wirtschaftsmagazine sind das alle drei Wochen erscheinende „Fortune" und das zweiwöchentlich herausgegebene „Forbes" mit Auflagen von knapp unter 1 Million Exemplaren. Im Verlagshaus von „Time" und „Fortune", Time Inc., das bis 2013 zu Time Warner gehörte, erscheint auch das mit wöchentlich rund 3,5 verkauften Exemplaren (2013) und einer Reichweite von circa 46 Millionen Lesern größte Celebrity- und Gesellschaftsmagazin „People".

Angesichts der Größe des Landes hat die große Mehrzahl der Zeitungen in den USA bis heute eine lokale oder regionale Ausrichtung. Dazu zählen auch die meisten bedeutenden Zeitungen wie die „Washington Post", die „Los Angeles Times" und die „New York Times". Ein gewisser nationaler Zusammenhang wird einerseits durch die Meldungen der Nachrichtenagenturen, andererseits durch den Nachdruck von Artikeln bedeutender lokaler Zeitungen hergestellt. Erst als die Satellitentechnik die Übertragung von Zeitungsseiten an Druckereien in allen Landesteilen ermöglichte, konnten ab Ende der 70er Jahre Zeitungen mit ausschließlich nationaler Verbreitung, wie die seit 1982 erscheinende „USA Today", konzipiert werden. Neben „USA Today", deren Auflage 2013 bei rund 1,7 Millionen lag, gehören das ebenfalls national verbreitete „Wall Street Journal" (2,4 Millionen) und die „New York Times" (1,9 Millionen) zu den größten Zeitungen der USA. Die 1856 gegründete „New York Times", die seit 1896 von der Familie Ochs-Sulzberger kontrolliert wird und tendenziell liberale Standpunkte vertritt, ist mit bislang insgesamt 117 Pulitzer-Preisen das höchstdekorierte Presseorgan der USA. Mit ihrer 2013 von „International Herald Tribune" in „International New York Times" umbenannten internationalen Ausgabe genießt sie weltweites Renommee. Das

Nachrichtenredaktin der New York Times 1942. Es ging tatsächlich auch ohne Computer

ebenfalls in New York erscheinende, auf wirtschaftliche Fragen fokussierte „Wall Street Journal" wird seit 1889 vom Verlags- und Finanzinformationsunternehmen Dow Jones & Company herausgegeben, das seit 2007 zu Rupert Murdochs News Corporation gehört. Auch nach der Übernahme durch den als rechts-konservativ bekannten Murdoch vertritt die bisher mit 39 Pulitzer-Preisen ausgezeichnete Zeitung neben ihren marktfreundlichen Standpunkten tendenziell eine liberale Haltung.

Heute gehören die meisten Zeitungen ebenso wie die Magazine zu großen Zeitungsketten. Nachdem das Fernsehen schon seit Jahrzehnten die Printmedien als Informationsquellen zunehmend an den Rand gedrängt hatte, sorgte in jüngerer Zeit die Konkurrenz durch das freie Informationsangebot des Internets für einen teils dramatischen Rückgang der verkauften Auflagen und Werbeeinnahmen. Diese Medienkrise zwang seit 2001 viele etablierte Printmedien in den Konkurs. Als Antwort darauf sahen sich die Zeitungen und Magazine zu Investitionen in eigene aufwendige Onlineangebote genötigt. Diese Entwicklung führte zu Sparmaßnahmen nicht nur bei Auslandskorrespondenten, sondern auch beim investigativen Journalismus, Als Reaktion darauf gründeten sich Internetportale, die entweder durch Stiftungen, wie Pro Publica, oder durch die Leser finanzierten kritische Berichterstattung betreiben. Demgegenüber speist sich die 2005 gegründete Internetzeitung „Huffington Post", die mittlerweile in vielen Ländern in nationalen Ausgaben existiert, neben eigenen Artikeln aus unbezahlten Beiträgen freier Mitarbeiter und Links zu anderen Quellen.

Radio

Nachdem bereits 1909 im kalifornischen San Jose der erste Radiosender mit einem regelmäßigen Programm auf Sendung gegangen war, sollte sich das Radio nach dem Ersten Weltkrieg rasch zum Massenmedium entwickeln, das bis heute wöchentlich von rund 90 % der amerikanischen Bevölkerung genutzt wird. 1919 wurde von verschiedenen Elektronikherstellern die Aktiengesellschaft Radio Corporation of America (RCA) ins Leben gerufen. Dahinter stand der Wunsch der Navy und der US-Regierung, sich durch die Gründung einer amerikanischen Radiogesellschaft ein nationales Monopol auf die Langstreckenradiokommunikationstechnik zu sichern. Zudem ging es darum, über das gemeinsame Unternehmen das neue Medium populär zu machen und den Radioverkauf anzukurbeln. Im Laufe der Zeit diversifizierte die RCA ihre Produktpalette zunehmend und umfasste neben einem Fernsehsender und mehreren Plattenlabeln unter anderem einen Buchverlag. Seit der Auflösung des Unternehmens 1996 wird der Name RCA weiterhin als Handelsmarke von Sony und Technicolor verwendet.

Innerhalb weniger Jahre wuchs die Zahl der Radiosender auf über 500. Ende der 30er Jahre verfügten bereits 27,5 Millionen Haushalte über einen Radioempfänger. Heute gibt es zahllose staatliche und private kommerzielle und nicht-kommerzielle radio networks, die zum großen Teil über Kabel und Satellit ausgestrahlt werden. Trotz der Konkurrenz durch die Bildmedien nimmt die Zahl der Radiosender bis heute weiter zu. 2010 lag sie bei über 14.500. Parallel dazu entstanden immer mehr Radioformate, von Nachrichten- und Talk- über zahlreiche unterschiedliche Musikprogramme bis hin zu religiösen

Als Radio hören noch Abenteuer war: amerikanisches Wohnzimmer in den 40er Jahren

Garrison Keillor (stehend) in seiner Radiosendung „A Prairie Home Companion", die jeden Samstag seit 40 jahren auf den Sendern des National Public Radio ausgestrahlt wird. In dem Film „Robert Altman's Last Radio Show", u. a. mit Meryl Streep, Tommy Lee Jones und Kevin Kline, spielt er sich selbst

Sendern. Unter den nicht-kommerziellen Anbietern kommt dem staatlich finanzierten National Public Radio (NPR) die größte Bedeutung zu, das Nachrichten- und Kulturprogramme produziert. Die Organisation entstand 1970 infolge des Public Broadcasting Acts of 1967, mit dem offiziell der öffentliche Rundfunk in den USA eingeführt und die Corporation for Public Broadcasting (CPB) gegründet wurde, um die Versorgung der Bevölkerung mit umfangreichen Informations- und Bildungsprogrammen sicherzustellen. Die Finanzierung findet nicht wie in Deutschland über allgemeine Rundfunkgebühren, sondern aus öffentlichen Mitteln statt, die alljährlich vom Kongress bewilligt werden. Dazu kommen Zuschüsse von Staaten und Kommunen, Spenden und zum Teil Abonnementsgebühren. Das neunköpfige CPB-Aufsichtsgremium wird vom Präsidenten ausgewählt, muss allerdings vom Senat bestätigt werden. Im Sinne der Wahrung politischer Ausgewogenheit dürfen nicht mehr als fünf Mitglieder des Gremiums derselben Partei angehören. Andere nicht-kommerzielle Sender finanzieren sich über private Spenden und Stiftungen. Unter diesen dominieren religiös inspirierte Sendungen: Allein auf Contemporary Christian Music haben sich über 900 Radiosender spezialisiert. Dazu kommen zwischen 500 und 600 Gospelsender und über 1.400 Stationen, die sich allgemein dem Format Religion (inklusiver nicht-christlicher Religionen) zurechnen. Bei immerhin etwa einem Drittel davon handelt es sich um kom-

Der CNN News Room in Atlanta

merzielle Programme. Allerdings liegt der Zuhöreranteil dieser rund 3.000 religiösen Sender bei weniger als 6 %.

Ein anderes sehr beliebtes Format sind Talkradio-Shows, die teilweise von Hunderten von Sendern ausgestrahlt werden und ein zweistelliges Millionenpublikum erreichen.

Im Zuge der Digitalisierung ist die Radiolandschaft durch ein großes Angebot an Internetprogrammen ergänzt worden. Zudem wurde mit den herunterladbaren Podcasts eine neue Übertragungsform etabliert, die den Zuhörer nicht mehr an feste Sendezeiten bindet. Zu den erfolgreichsten Podcasts zählt die Sendung „This American Life", eine Mischung aus Reportagen, Essays, Kurzgeschichten und Feldaufnahmen, die von dem nicht-kommerziellen Chicagoer Sender WBEZ einmal wöchentlich produziert und von zahlreichen staatlichen Radiostationen ausgestrahlt wird. In jüngster Zeit machte die vom WBEZ mitproduzierte Podcast-Serie „Serial" Furore, die sich jeweils in mehreren Folgen investigativ mit Kriminalfällen oder politischen Ereignissen auseinandersetzt.

Fernsehen

Nach wie vor ist das Fernsehen mit einer Reichweite von nahezu 100 % und einem durchschnittlichen täglichen Konsum von fünf Stunden pro Person (ohne Internet-TV) das wichtigste amerikanische Massenmedium. Schon in den späten 20er Jahren gab es in den USA die ersten Fernsehsender, der große Durchbruch des neuen Mediums erfolgte allerdings erst Ende der 40er Jahre. Bereits in den späten 50ern lag die Verbreitung des Fernsehens mit 45 Millionen Haushalten bei 85 %. Damit stieß es das Radio, das in den 50ern seine goldene Ära hatte, vom Medienthron. Die damaligen drei großen Hörfunknetzwerke American Broadcasting Company (ABC), Columbia Broadcasting System (CBS) und NBC bauten landesweite Fernsehnetze auf. Das in den 80ern eingeführte Kabel- und Satellitenfernsehen führte zu einem weiteren Ausbau der Fernsehprogramme und zur Entstehung zahlreicher neuer Netzwerke, darunter die Fox Broadcasting Company (FBC). 2010 lag die Zahl lokaler Fernsehsender bei fast 1.800, darunter fast 400 nichtkommerzielle. Dazu kommen noch etwa 2.500 bis 3.000 sogenannte low-power TV stations (LPTV) mit geringer Reichweite. Neben den englischsprachigen gibt es mit Univision und Telemundo auch zwei große spanischsprachige TV-Netze, die ihre Programme überwiegend aus Südamerika beziehen. Von Bedeutung sind auch religiöse Programmanbieter wie das Christian Broadcasting Network (CBN) und das Trinity Broadcasting Network (TBN). Angesichts der Abhängigkeit der kommerziellen Sender von Werbeeinnahmen ist das Angebot an lokalen Sendern naturgemäß in den großen Ballungszentren wie New York City, Los Angeles oder Chicago am größten, während in bevölkerungsarmen Gegenden allenfalls Kabel- und Satellitennetzbetreiber wie Comcast, DirectTV, Dish Network oder Time Warner Cable für Programmvielfalt sorgen. Die Programmauswahl bestimmen die Kabelnetzbetreiber zum großen Teil selbst, sie sind allerdings gemäß der gesetzlich festgelegten *must-carry*-Regulation verpflichtet, lokale Sender aufzunehmen. Für ihr Abonnement können die Zuschauer unter verschiedenen Programmkombinationen wählen. Zur Auswahl stehen auch premium networks, in denen im Unterschied zu den basic networks auf die Ausstrahlung von Werbung verzichtet wird. Die Netzbetreiber zahlen an die Sender Gebühren, deren Höhe von der Zahl der Abonnenten abhängt.

Medien-Mogul Rupert Murdoch, unter anderem Eigner von 21st Century Fox und deren Konzerntöchtern Fox News und 20th Century Fox sowie des Wall Street Journal

Oprah Winfrey; Ikone des Talk-Fernsehens

Zu den bedeutendsten Nachrichtensendern zählen Central News Network (CNN), MSNBC und Fox News. War es einst allgemeiner Usus im amerikanischen Journalismus, Meldungen und Meinungen sauber voneinander zu trennen, zeichnen sich einige der einflussreichsten TV-Nachrichtensender heute durch einen politischen Richtungsjournalismus aus. Das zu Time Warner gehörende CNN, das seine Marktführerschaft vor einigen Jahren an Fox News verloren hat, wird von konservativer Seite als linkslastig bezeichnet. Andererseits warfen ihm Kritiker auch eine regierungsfreundliche Haltung im Umgang mit George W. Bush und seinen Kriegen gegen die afghanischen Taliban und den Irak vor. Die Generaldirektorin von CNN International, Rena Golden, räumte 2002 in einer Stellungnahme selbst ein, dass sich ihr Sender nach den Anschlägen vom 11. September mit Kritik gegenüber dem Krieg in Afghanistan zurückgehalten habe, da dieser von der überwältigenden Mehrheit des Volkes als richtig erachtet worden sei. Diese selbst auferlegte Zensur habe allerdings nicht nur für ihren Sender, sondern mehr oder weniger für alle Journalisten gegolten, die an der Berichterstattung über die amerikanische Politik nach dem 11. September beteiligt gewesen seien.

Wie im Radio gehören auch im Fernsehen Talkshows zu den beliebtesten Sendungen. Die bei weitem populärste amerikanische Talkmasterin ist Oprah Winfrey. Ihre von 1986 bis 2011 ausgestrahlte „Oprah Winfrey Show", in der sie einfache Menschen von ihren Problemen oder besonderen Erlebnissen erzählen ließ, aber auch Interviews mit Stars und Politikern führte, machte die aus schwierigen sozialen Verhältnissen stammende Afroamerikanerin zu einer der einflussreichsten Persönlichkeiten der USA. In ihrer Sendung vorgestellte Bücher, Gegenstände oder Lebensmittel wurden regelmäßig zu Kassenschlagern. Neben ihren Rollen als Ratgeberin der Nation, spirituelle Führerin und Schauspielerin in verschiedenen Hollywoodfilmen wirkt sie auch als Philanthropin: Aus ihrem im Laufe ihrer Karriere verdienten Milliardenvermögen fließen regelmäßig große Summen in verschiedene soziale Projekte. 2011 startete sie ihren eigenen Pay-TV-Kanal „Oprah Winfrey Network", auf dem seit 2012 ihre neue Show „Oprah Prime" (ursprünglich „Oprah's New Chapter") ausgestrahlt wird.

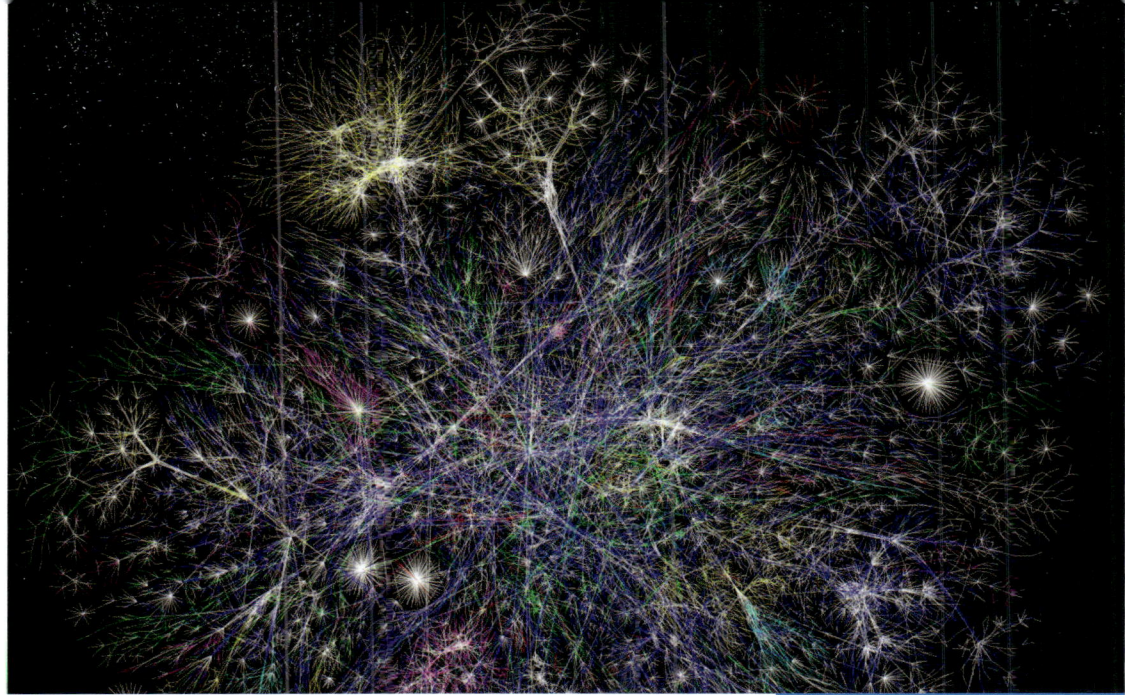

Visualisierung eines Teils des Internets

Internet

Am Anfang der digitalen Informationsgesellschaft stand ein Verbundsystem von Rechnern amerikanischer Universitäten. Um im Rahmen von Pentagon-Projekten untereinander Datensätze austauschen zu können, baute man 1969 das sogenannte Advanced Research Projects Agency Network (ARPANET) auf. Zwanzig Jahre später ging daraus durch Weiterentwicklungen am europäischen Forschungszentrum CERN das World Wide Web hervor. Nachdem es anfangs vor allem als passives Informationsmedium diente, wurde es mit der Entwicklung interaktiver Anwendungen für seine Nutzer auch zum öffentlichen Sprachrohr. Heute geht die Zahl US-amerikanischer Blogs und Websites, die sich mit allen möglichen gesellschaftlichen oder persönlichen Themen befassen, längst in die Millionen. Zu den einflussreichsten zählt die Web-Zeitung „The Huffington Post". Weit wichtiger für die Verbreitung von Informationen sind allerdings die sozialen Netzwerke, allen voran Facebook und Twitter. Mit seinen sich stetig weiterentwickelnden Möglichkeiten stellt das Internet eine Herausforderung für die traditionellen Medien dar, birgt zugleich aber auch eine Chance, sofern es ihnen gelingt, die neuen technischen Gegebenheiten in kreativer Weise für sich zu nutzen.

Gesundheits- und Sozialsystem: staatliche Eingriffe als Ausnahmefall

Schreckgespenst Obamacare 2009

Mit europäischen Augen betrachtet, können die USA als sozial rückständige Nation erscheinen, die trotz eines immensen Wohlstands nicht in der Lage ist, dafür zu sorgen, dass ihre Bürger in angemessener Weise vor Not und Armut bewahrt werden. Aus dem amerikanischen Blickwinkel, der stark vom Mythos der Pionierzeit beeinflusst ist, stellt sich die Sache freilich anders dar. Als die europäischen Siedler in die Neue Welt kamen, um sich ein Stück Land zu erschließen und gemeinsam eine neue Gesellschaft aufzubauen, wurden persönliche Unabhängigkeit und freies selbstständiges Handeln zu konstitutiven Elementen der nationalen Identität. Wer Hilfe brauchte, konnte sich an seine Nachbarn oder seine Gemeinde wenden. Übergeordnete administrative Strukturen waren dagegen anfangs schwach oder wurden im Fall der Kolonialverwaltung oft als repressiv wahrgenommen. Bis heute steht die Mehrheit der Amerikaner dem Staat eher kritisch oder gar misstrauisch gegenüber, und ist geneigt gesellschaftliche Probleme in Privatinitiative anzugehen. Schätzungsweise 75 % aller Haushalte spenden regelmäßig für wohltätige Zwecke, und fast die Hälfte aller erwachsenen Amerikaner engagiert sich in ehrenamtlichen Organisationen. Dementsprechend betrachten viele Menschen die Idee eines umfassenden Wohlfahrtssystems nicht als notwendige, erstrebenswerte Einrichtung, sondern als Fremdkörper und unberechtigte Einmischung in private Angelegenheiten, wenn nicht als kommunistisches Teufelswerk.

Obamacare – die Erneuerung der amerikanischen Krankenversicherung

Hierin liegt der Grund, dass „Obamacare", Präsident Barack Obamas Patient Protection and Affordable Care Act, mit dem 2010 erstmals eine allgemeine Pflicht zur Krankenversicherung eingeführt wurde, auf so großen Widerstand vor allem seitens der Republikaner stieß, die ankündigten, die Reform nach den nächsten Wahlen bei entsprechenden Mehrheiten rückgängig machen zu wollen. Ärzte würden Patienten der staatlichen Medicare schlechter behandeln, sie bekämen

Präsident Lyndon B. Johnson unterzeichnet das Gesetz zur Einführung der Krankenversicherung Medicare, 1965., links der ehemalige Präsident Truman

minderwertige Medizin und dergleichen Vorwürfe mehr sind an der Tagesordnung. Zuletzt im September 2013 hatte die konservative Partei versucht, das Gesetz zu kippen, indem sie ihre Zustimmung zum Budget im Repräsentantenhaus von massiven Kürzungen bei der Gesundheitsreform abhängig machte. Einige Tage stand die Zahlungsfähigkeit der Nation auf der Kippe und das Hinhalten kostete Milliarden. Barack Obama war mit einem politischen Ziel angetreten, dass sich zunächst als sinnvolle Maßnahme für die Menschen und für die Wirtschaft las: Millionen nicht versicherter Amerikaner sollten Versicherungsschutz erhalten, entweder durch ihren Arbeitgeber oder durch das staatliche System. Zwar hatte schon Präsident Lyndon B. Johnson 1965 einen steuer- und beitragsfinanzierten Gesundheitsschutz eingeführt, die heute noch gültige „Medicare" für Rentner ab 65 Jahre und behinderte Amerikaner sowie die „Medicaid" für sozial Schwache, die über Steuern der Gemeinden, der Bundesstaaten und des Staates finanziert wird. Die Berechtigungsvoraussetzungen legten hier allerdings die Bundesstaaten fest, und dementsprechend waren sie sehr unterschiedlich. Zudem höhlten die Versicherungen das System teilweise aus, sie legten die Versorgung fest, limitierten die Arztwahl und die Medikamente. Mitt Romney, der Gegenkandidat von Obama bei der Wahl 2012, hatte in seiner Amtszeit als Gouverneur

Befürworter der Gesundheitsreform bei einer Demonstration in Seattle, 2009

von Massachusetts (2002-2006) beispielsweise das Thema Vorerkrankungen und Studenten neu geregelt. Der fundamentale Unterschied zu Obamacare: Beide Systeme waren nicht verpflichtend, jeder konnte entscheiden, ob der Schutz in Anspruch genommen wird oder nicht. Der neue Ansatz sieht eine Versicherungspflicht vor, keiner soll mangels Einkommen den Arztbesuch vermeiden. Zu einem Stichtag Ende März 2014 hatten sich fast sechs Millionen Amerikaner für eine Versicherung angemeldet und im April meldeten die Agenturen die niedrigste Rate von Unversicherten seit 2008. Dazu gehören beispielsweise auch junge Erwachsene bis zum 26. Geburtstag, die nun bei den Eltern mitversichert sein können und nicht mehr wie früher mit der Volljährigkeit auf sich selbst gestellt sind.

Durch die Reform wurden die Rechte der Versicherungsunternehmen stark eingeschränkt: Sie können den Schutz nicht mehr kündigen, wenn Bürger krank werden. Auch dürfen die Beiträge nicht mehr grundlos angehoben werden. Arbeitgeber sind zudem verpflichtet, ihren Mitarbeitern eine Krankenversicherung zu gewährleisten, entweder durch Gruppenverträge oder Eigenversicherung. Firmen mit mehr als 50 Mitarbeitern sollten bis 2015 Versicherungen abgeschlossen haben. Gegner des 2010 unterzeichneten Gesetzes hatten davor gewarnt, dass diese Maßnahme sich als Jobkiller herausstellen könnte.

„Das System hat viele Kinderkrankheiten", schrieb die Wirtschaftswoche im November 2013. Eine davon sei auch das Verhalten vieler Amerikaner, die trotz angedrohter Strafe keine Versicherung abschließen und warten, bis sie ernsthaft erkranken. Sie müssen dann angenommen werden, auch dies ein Novum, und belasten die Versicherungen, die als wirtschaftliche Unternehmen einen bestimmten Prozentsatz an jungen, gut verdienenden und gesunden Versicherungsnehmern brauchen. Auch die gigantischen Pannen mit der Website der Gesundheitsbehörde waren unbequem und kosteten den Präsidenten viel Einsatz, um die Amerikaner wieder von den Vorteilen zu überzeugen, aber die strukturellen Probleme des Gesetzes haben größere Auswirkungen als eine nicht erreichbare Internetseite.

Weil Obama mit seiner Reform nicht den Fehler der Clintons wiederholen wollte, den Kongress mit einem fertig geschnürten Gesetzespaket vor den Kopf zu stoßen, hatte er dem Repräsentantenhaus die Ausarbeitung des Gesetzentwurfs überlassen. Der zuständige Ausschuss mit Mitgliedern beider Parteien legte Ende 2009 ein Konvolut von mehr als tausend Seiten Umfang vor, eine endlose Liste von Kompromissen und unklaren Vorgaben; das Gesetz wurde am 30. März 2010 vom Präsidenten unterzeichnet. Ende des gleichen Jahres gab es schon den ersten Richterspruch, wonach eine Pflicht zur Versicherung gegen die Verfassung verstoße. 2012 entschied der Oberste Gerichtshof anders; es sei kein Eingriff in die amerikanischen Freiheitsrechte. Die Auseinandersetzungen fanden damit noch kein Ende. Noch im Januar 2016 verhinderte Obama mit einem Veto den Versuch der Republikaner, mit ihrer Mehrheit in beiden Häusern des Kongresses die Reform zu kippen.

Auch wenn Obamas Wahlversprechen von 2008, allen Amerikanern eine bezahlbare Krankenversicherung zu geben, weitgehend in die Tat umgesetzt wird, ist seine Reform bei weitem nicht der große Wurf, den es brauchen würde, um das amerikanische Gesundheitssystem zukunftsfähig zu machen: Mit Kosten, die mindestens beim Doppelten der meisten europäischen Länder liegen, gilt es sowohl in absoluten Zahlen als auch bezogen auf die Einwohnerzahl als das teuerste der Welt. Die Ursache dafür liegt zum einen in den Preisen für Medikamente, die in keinem anderen Land so hoch sind wie hier, weil es keine staatliche Preisregulierung gibt. Ein anderer Grund sind die in den USA üblichen exorbitanten Schadenersatzsummen, die im Fall von ärztlichen Kunstfehlern eingeklagt werden können. Zudem berechnen Krankenhäuser, die oft mit modernsten Hightech-Geräten ausgestattet sind, schon für einfache Leistungen und Produkte wie eine Mullbinde teilweise horrende Preise. Ein wesentliches Motiv für die Gesundheitsreform lag daher auch in der Reduzierung der Kosten, zu denen letztlich auch die Unversicherten betragen: Da die Krankenhäuser in Notfällen zur Behandlung verpflichtet sind, bleiben sie auf Milliardensummen an unbezahlten Rechnungen sitzen, für die größtenteils die Steuerzahler beziehungsweise die Versicherten aufkommen müssen. Die ursprünglich im Rahmen der Reform vorgesehene Öffnung des US-amerikanischen Marktes für Medikamente aus Kanada – wo sie 40 bis 50 % weniger kosten – und die Reform des Klagesystems bei Kunstfehlern wurden allerdings von den mächtigen Lobbys der Pharmaindustrie und der Anwälte verhindert.

Sozialhilfe

> ### Familienfreundliches Amerika
>
> Es gibt so gut wie keine staatlichen oder kommunalen Einrichtungen für kleine Kinder, Eltern sind in der Regel auf kirchliche oder private Institutionen angewiesen. Es besteht auch kein gesetzlicher Anspruch auf bezahlte Elternzeit. Dennoch ist die Geburtenrate in den USA mit 1,9 Kindern pro Frau höher als in Deutschland (1,4) und insgesamt herrscht ein kinderfreundliches Klima. Eltern-Sein hat ein hohes Sozialprestige und zu einer glücklichen Ehe gehören für die meisten Amerikaner immer noch Kinder. Im alltäglichen Leben wird es Müttern und Vätern verhältnismäßig leicht gemacht, ihre Kinder überallhin mitzunehmen. Geschäfte haben in der Regel Toiletten, oft auch mit Wickeltisch. Im Restaurant gibt es Hochstühle, Malstifte und Papier, und das Personal reagiert freundlich und gelassen, wenn Familien kommen.

Bei der Sozialhilfe steht der temporäre Charakter der staatlichen Unterstützung im Vordergrund. Um zu verhindern, dass die Bedürftigen zu Leistungsabhängigen werden, ist sie generell auf fünf Jahre begrenzt. Gesunde Erwachsene sind dazu angehalten, sobald wie möglich, spätestens aber nach zwei Jahren wieder eine Arbeit aufzunehmen. Bei mangelnder Kooperation droht die Minderung oder komplette Streichung der Leistungen für die Familie. Legal in den USA lebende Einwanderer, die sich nicht einbürgern lassen wollen, haben keinen Anspruch auf Sozialhilfe. Die konkrete Umsetzung des Programms, die genaue Höhe der Leistungen wie auch die Festlegung, wer leistungsberechtigt ist, obliegt den einzelnen Bundesstaaten, denen von der Bundesregierung dafür ein bestimmter Betrag zur Verfügung gestellt wird. Generell sind die ausgezahlten Beträge sehr gering. 2015 lagen die Leistungen in den meisten Staaten um 30 % unterhalb der Armutsgrenze; für eine dreiköpfige Familie lagen sie in allen Staaten sogar um 50 % darunter.

Auch die Arbeitslosenversicherung ist im Hinblick auf Anspruchsvoraussetzungen, Höhe und Dauer der Leistungen in jedem Bundesstaat unterschiedlich. Die Höhe der wöchentlich gezahlten Leistungen liegt bei geringeren Einkommen bei etwa 40 bis 50 % des Nettogehalts. Prekär Beschäftigte haben in der Regel keinen Anspruch auf Arbeitslosenhilfe. Im Normalfall beträgt die Bezugsdauer 26 Wochen. Finanziert werden die Leistungen über Arbeitgeberbeiträge, von denen ein Teil in einen föderalen Ausgleichsfonds fließt, durch den die Verwaltungskosten gedeckt werden. In Notzeiten werden daraus auch eine Erweiterung der Leistungsdauer finanziert sowie Kredite an die Bundesstaaten ausgezahlt. Selbst 99 Wochen Arbeitslosenhilfe konnten aber nicht verhindern, dass viele Angehörige der Mittelschicht durch die Wirtschaftskrise, die 2008 zum Abbau von 8 Millionen Arbeitsplätzen führte, in die Armut oder gar Obdachlosigkeit getrieben wurden. Dies hält manche Republikaner, denen staatliche Hilfen per se ein Dorn im Auge sind, allerdings nicht davon ab, die Arbeitslosenhilfe insgesamt infrage zu stellen und darauf hinzuweisen, dass Arbeit schließlich kein Grundrecht sei und die Betroffenen eben notfalls mehrere Jobs übernehmen müssten.

Die Finanzkrise 2008/09 gilt in erster Linie als Hausmarktkrise. Zu viele einkommensschwache Amerikaner hatten den ewigen Traum

POLITIK UND GESELLSCHAFT

Städtischer Niedergang: Camden, New Jersey, ist eine der ärmsten Städte der USA

geträumt, durch den Wertzuwachs ihrer Immobilie eines Tages reich werden zu können, und dabei die monatlichen Kreditraten vergessen. Nebenbei: Präsident Bush hatte sie nach der nationalen Katastrophe von 9/11 auch aufgefordert, ungeachtet des Einkommens oder der Zinsraten kräftig zu konsumieren; mit der Konsequenz, dass die Banken Tausende von Zwangsvollstreckungen durchführten und die Hausbesitzer auf der Straße landeten. Nun war das nicht die erste Krise, eine gewisse „Kultur" von nomadisierenden Homeless People gibt es in den USA schon seit der großen Depression in den 1930er Jahren. In Städten wie New York, Chicago oder San Francisco beispielsweise haben sie sich die Straßenecken organisiert, und mancher Bewohner gibt auf seinem morgendlichen Weg zum Büro „seinem" Bettler etwas Kleingeld oder bringt ihm einen Donut mit. Touristen werden leicht erkännt und an den Hauptattraktionen auf jedem Meter angesprochen. Städte bieten Unterkünfte für Obdachlose an, aber nicht jeder will sich wieder eingliedern lassen, manch einer schläft lieber über dem Lüftungsschacht der U-Bahn. Bettler gehören zum Stadtbild jeder amerikanischen Großstadt: ein deutlicher Beleg für die immer krasser werdenden Einkommensunterschiede.

Lebensmittel in einer Lagerhalle der zur Organisation Feeding America gehörenden Community Action Services and Food Bank in Provo, Utah

Einkommensschwache Familien und Lebensmittelhilfen

Andere, in vielen europäischen Ländern selbstverständliche soziale Leistungen wie Kindergeld, Elternzeit oder der Anspruch auf einen Kitaplatz sind im Sozialsystem der USA nicht vorgesehen. Selbst die Mutterschaftszeit ist auf wenige Wochen beschränkt. Gleichwohl belaufen sich die Kosten für sämtliche Sozialprogramme mittlerweile auf fast die Hälfte des nationalen Budgets.

Nicht so deutlich wie die Hand aufhaltenden und nach Kleingeld fragenden Männer und Frauen fallen Familien auf, die mangels ausreichender Einkünfte auf Unterstützung durch Lebensmittelspenden angewiesen sind. Nach neuesten Untersuchungen aus dem Jahr 2014 gibt einer von sieben Amerikanern, das sind immerhin fast 46 Millionen Menschen, an, ohne die food banks nicht immer genügend zu essen auf den Tisch bringen zu können. Besonders auffällig sei nach Ansicht des Direktors der Wohltätigkeitsorganisation Feeding America, Bob Aiken, dass die Notleidenden oft Arbeit hätten, das Gehalt aber nicht ausreiche, um allen finanziellen Verpflichtungen nachkommen zu können. Sogar Familien von Soldaten sind betroffen: 25 % brauchen

Unterstützung aus den Suppenküchen und unentgeltliche Lebensmittel. Dabei ist das Problem nicht nur auf die Städte begrenzt und auch nicht in erster Linie auf die schwarze Bevölkerung: 43 % der Klienten der food banks sind weiß, nur 26 % schwarz und ein Fünftel bezeichnet sich als hispanisch. Besonders die Kinder leiden unter mangelnder Ernährung, deshalb wollen die großen Unterstützungsvereine zukünftig noch mehr auf Qualität und gesunde Nahrungsmittel setzen.

Rentenversicherung

Das bedeutendste US-amerikanische Sozialprogramm ist die Alters-, Hinterbliebenen- und Invalidenrenten umfassende staatliche Rentenversicherung, die auf den 1935 von Präsident Franklin D. Roosevelt eingeführten Social Security Act zurückgeht. Heute sind mit wenigen Ausnahmen alle Arbeitnehmer und Selbstständigen zur Einzahlung in die Old Age, Survivors, and Disability Insurance (OASDI) verpflichtet. Der Beitrag von 12,4 % des Einkommens wird bei Angestellten zur Hälfte vom Arbeitgeber übernommen. 2013 lag die durchschnittliche monatliche Rente bei etwa 1300 Dollar und machte bei mittleren Einkommen etwa 42 % des einstigen Einkommens aus. Angesichts der zunehmenden Zahl der Rentner ist abzusehen, dass die Höhe der Leistungen in Zukunft weiter zurückgehen und der amerikanische Staat früher oder später genötigt sein wird, sich über alternative Finanzierungsmodelle Gedanken zu machen. Zugleich werden private Zusatzrentenversicherungen immer teurer. In früheren Jahren kam Betriebsrenten eine wichtige Bedeutung für die Altersversorgung zu, mittlerweile wurden sie aber aus Kostengründen von immer mehr privaten und öffentlichen Betrieben abgeschafft beziehungsweise durch steuerlich begünstigte Investmentfonds ersetzt, in die Arbeitgeber und Arbeitnehmer freiwillig einzahlen. Gegenwärtig liegt die Zahl der Rentner, die zusätzlich zur staatlichen eine Betriebsrente beziehen, noch bei etwa 27 %. Weite Teile der Bevölkerung haben es daher zunehmend schwer, im Alter finanziell über die Runden zu kommen; insbesondere Leute mit geringem Einkommen sind darauf angewiesen, selbst Rücklagen zu bilden. Neueste Zahlen einer Erhebung von bankrate.com zeigen, dass 14 % der über 65-jährigen nichts für ihr Alter angespart hatten. Selbst unter denjenigen, die voraus geplant und ihre Ersparnisse in Aktien und Fonds angelegt hatten, leiden noch heute viele unter dem Verlust der Vermögenswerte in der Finanzkrise. Mehr und mehr Amerikaner arbeiten auch nach ihrem 65. Lebensjahr. Das volle gesetzliche Rentenalter erreichen die nach 1960 Geborenen erst mit 67. Im Fall von Ehepartnern zeigt sich der amerikanische Sozialstaat allerdings von einer relativ großzügigen Seite: Partner von Versicherten, die selbst nicht eingezahlt haben, erhalten auf Antrag 50 % des ihrem Ehepartner ausgezahlten Betrags und müssen dafür nicht einmal die amerikanische Staatsbürgerschaft besitzen. Nach dem Ableben des Ehepartners erhöht sich der Betrag auf 60 %. Selbst geschiedene Ehepartner sind leistungsberechtigt, wenn die Ehe nicht mehr als zehn Jahre zurückliegt.

Bildungssystem

> **Ausbildungsgebühren**
>
> Eine amerikanische Tageszeitung wies Brautpaare darauf hin, dass sie vor dem Gang zum Traualtar besser klären sollten, wie die Schuldenlast aus dem Studium beglichen werden kann. Im Durchschnitt hat ein College- oder Universitätsabsolvent rund 28.000 Dollar an student loan, Schulden aus einem speziellen Kredit für Studierende angesammelt, selbst mit Unterstützung durch Eltern oder Ausbildungsversicherungen.

Bildung als Voraussetzung für sozialen Erfolg hatte in der amerikanischen Gesellschaft seit jeher einen hohen Stellenwert. Wie sehr dieses Thema schon die frühen Siedler umtrieb, illustriert etwa eine Mitte des 17. Jahrhunderts in der Massachusetts Bay Colony erlassene Verordnung, die kaum 30 Jahre nach der Koloniegründung jeder neuen Ansiedlung die Anstellung eines Lehrers vorschrieb. Auch den Delegierten des zweiten Kontinentalkongresses, die zwischen 1775 und 1789 die Loslösung der 13 britischen Kolonien von England vorbereiten, war Bildung ein so wichtiges Anliegen, dass sie verfügten, bei jeder neuen Stadtgründung ein Grundstück für eine öffentliche Schule zu reservieren.

Das amerikanische Schulsystem unterscheidet sich in einigen Punkten wesentlich vom deutschen. Anstatt nur in der Grundschulzeit gemeinsam unterrichtet und dann entsprechend ihrer Begabung auf unterschiedliche Schultypen aufgeteilt zu werden, absolvieren in den USA prinzipiell alle Kinder entsprechend ihrem Alter die gleichen Schulformen. Kinder mit besonderem Betreuungsbedarf, etwa solche mit geistiger Behinderung, werden integrativ in den Klassenverbänden oder in Kleingruppen von speziell ausgebildeten Lehrern unterrichtet. Hochbegabte haben die Möglichkeit, Klassen zu überspringen oder, in Abhängigkeit von der finanziellen Ausstattung des Schulbezirks, an für sie konzipierten Programmen teilzunehmen. Um Cliquenbildung zu verhindern und Schüler in Gruppen mit ähnlichem Lerntempo einzuteilen, werden die Klassenverbände jedes Jahr neu zusammengesetzt, und auch die Klassenlehrer wechseln in der Regel jedes Jahr. Grundsätzlich sind alle Schulen in Amerika Ganztagsschulen mit etwa sechs Stunden Unterricht, in denen die Schüler auch zu Mittag essen. Für die Bildungsgesetze sind wie in Deutschland die einzelnen Bundesstaaten zuständig, während die Bundesregierung allgemeine Richtlinien verabschiedet, um trotz der teils markanten Unterschiede für einheitliche Bildungsstandards zu sorgen. Über die konkreten Bildungsrichtlinien und die zur Finanzierung der staatlichen Schulen erhobenen Schulsteuern entscheiden, entsprechend den Vorgaben der Bundesstaaten, lokal gewählte Bildungsräte, denen auch die Einstellung von Lehrern und die Einrichtung von Schulen obliegt. Die Schulpflicht gilt teils bis zum 16., teils bis zum 18. Lebensjahr und stellt jeweils eine mindestens 11-jährige Schulbildung sicher. Zur Integration

POLITIK UND GESELLSCHAFT

von Einwanderern wird in vielen Schulen Englisch als Fremdsprache angeboten, andere Schulbezirke richten bilinguale Schulen ein. Oft werden auch Elemente aus afrikanischen, asiatischen und anderen nicht-westlichen Kulturkreisen in den Unterrichtsstoff integriert. Ungefähr 10 % der amerikanischen Schüler besuchen Privatschulen, die im Gegensatz zu den staatlichen Schulen ein Schulgeld erheben und zu etwa 80 % nicht weltlich ausgerichtet, sondern mit verschiedenen christlichen Institutionen verbunden sind. Nur an diesen Schulen gehört Religionsunterricht zum Lehrprogramm.

Die Grundschule, die sogenannte *elementary school*, umfasst 6 bis 8 Jahre. Bereits vor dem ersten Schuljahr, das in den USA als *kindergarten* (Klassenstufe K) bezeichnet wird, besuchen viele Kinder eine öffentliche oder private Betreuungseinrichtung, die *preschool*, die dem deutschen Kindergarten entspricht. In der drei- beziehungsweise vierjährigen *high school*, auch *senior high school* genannt, belegen die Schüler wie in der gymnasialen Oberstufe nur noch einzelne Kurse. Unter den verschiedenen angebotenen Kursen müssen die Schüler eine gewisse Anzahl in bestimmten Pflichtfächern belegen. Nach *final examinations* (kurz *finals*) in sämtlichen belegten Fächern wird die Schullaufbahn mit dem high school diploma abgeschlossen. Ob die Abgänger anschließend zum Hochschulstudium zugelassen werden, hängt vom Notendurchschnitt (Grade Point Average, GPA) der einzelnen Highschooljahre sowie den Schwierigkeitsgraden der besuchten Kurse ab. Um sicherzugehen, dass alle Schüler ein festgesetztes Mindestbildungsniveau erreichen, werden entsprechend dem No Child Left Behind Act (NCLB) an allen

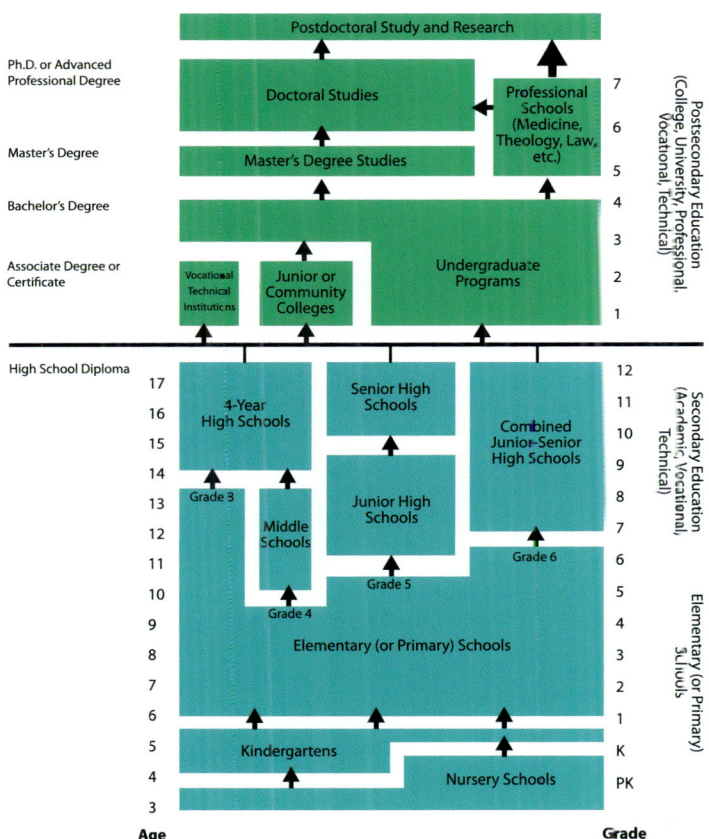

Übersicht über das us-amerikanische Bildungssystem

USA-LESEBUCH

Die gelben Schulbusse gehören immernoch zum Straßenbild und sie scheinen ihr Aussehen nie zu ändern. Arizona 2014

staatlichen Schulen regelmäßige Leistungsüberprüfungen vorgenommen. Schüler, die keine ausreichenden Fortschritte zeigen, müssen an Nachhilfeprogrammen oder während der Sommerferien stattfindenden speziellen Nachschulungskursen, der sogenannten summer school, teilnehmen. Die Wiederholung einer Klasse (retaining) ist dagegen nur in den Klassenstufen K und 1 möglich, wenn absehbar ist, dass das Lehrprogramm der nächsten Klasse das Kind überfordern würde.

Der Unterschied zwischen Colleges und Universitäten besteht formal darin, dass letztere auf Forschung ausgerichtet sind, während an Colleges vor allem berufsqualifizierende Abschlüsse erworben werden können. Andererseits existieren auch einige Colleges, die für ihre hochkarätigen Forschungseinrichtungen bekannt sind. An den Colleges absolvieren die meisten Studenten nur ein Undergraduate-Studium, das am häufigsten nach drei oder vier Jahren mit einem Bachelorabschluss, zum Teil auch schon nach zwei Jahren mit einem sogenannten Associate Degree beendet wird. Aus diesem Grund wird der Ausdruck College umgangssprachlich auch allgemein für die ersten zwei bis vier Hochschuljahre verwendet. Als Aufbaustudium (graduate study) wird an Colleges ein ein- bis zweijähriges Fachmasterstudium angeboten. Ein sogenanntes Researched-based-Masterstudium an forschungsorientierten Hochschulen ist dagegen nur mit dem dort nach vier bis fünf Jahren erworbenen Bachelor Honours möglich. Beide Abschlüsse können als Grundlage für ein Postgraduate-Studium an Elitehochschulen dienen, das mit dem Philosophiae Doctor (Ph. D.) den Weg zu einer Hochschulkarriere eröffnet.

Studiendauer, Bezeichnungen der Abschlüsse und Schultypen unterscheiden sich nicht nur von Bundesstaat zu Bundesstaat, sondern zum Teil auch innerhalb desselben Staates. Aus diesem Grund kommt es bei Bewerbungen um Anschlussstudien oder auch bei Stellenbewerbungen an Hochschulen immer wieder zu Komplikationen im Hinblick auf die Anerkennung von Studienabschlüssen, zumal die Hochschulen auch große Qualitätsunterschiede in der Lehre aufweisen. Als Maß für die Qualität von Forschung und Lehre an den verschiedenen Hochschulen werden regelmäßig Rankings durchgeführt. Um auch Leuten ein Studium zu ermöglichen, die nicht in der Lage sind, die hohen Studiengebühren zu bezahlen – die bei einigen Tausend Dollar an staatlichen Hochschulen anfangen und an Eliteuniversitäten eine mittlere fünfstellige Dollarsumme pro Jahr und mehr betragen können –, werden verschiedene Stipendien, nicht rückzahlbare staatliche Zuschüsse (grants) sowie Darlehen angeboten. Allerdings sind die Studiengebühren in den vergangenen Jahrzehnten weit stärker angestiegen als die Kosten für andere Dinge des täglichen Lebens. So liegen die Mindestkosten für ein Studium an einem staatlichen College heute inklusive Kost und Logis, Transport und Lehrmitteln bereits im Schnitt bei rund 23.000 Dollar pro Jahr, während sie sich an privaten Hochschulen auf etwa 46.000 Dollar belaufen. Im Lauf von vier Studienjahren addiert sich dies leicht zu einer sechsstelligen Summe. Auch die Aufstockung des Budgets für staatliche Stipendien auf 34 Milliarden Dollar durch Präsident Obama sorgte gerade einmal für die Deckung von 30 % der Collegekosten. Obwohl mittlerweile 80 % der Studenten neben dem Studium arbeiten, lag die durchschnittliche Verschuldung bei knapp 70 % der Studienabgänger 2013 bei 28.400 Dollar. Nicht wenige können ihren Schuldenberg angesichts gestiegener Zinsen kaum abtragen. Auch Bankrottverfahren, durch die sich beispielsweise Kreditkarten- und Immobilienschulden annullieren lassen, bieten bei Studienkrediten keinen Ausweg aus der Schuldenfalle. Selbst für Absolventen, denen der Einstieg in ihren Wunschberuf geglückt ist, bleibt ein wesentlicher Bestandteil des American Dream, der Traum von einem Eigenheim, auf diese Weise oft ein Luftschloss.

Career Colleges

Eine Alternative zum Studium an den staatlichen und privaten Hochschulen stellen sogenannte *career colleges* dar, an denen Highschoolabsolventen vom Krankenpfleger bis hin zum Buchhalter unter Hunderten verschiedenen Berufsabschlüssen wählen können. Insbesondere während der durch die Wirtschaftskrise bedingten Rezession in den Jahren 2009 und 2010, als Zehntausende Arbeitslose sich zur beruflichen Neuorientierung gezwungen sahen, nahm ihre Zahl stark zu. In der Folge erwies sich die Qualität dieser For-Profit-Colleges – die mittlerweile zu 80 % börsennotierten Unternehmen und Private-Equity-Investoren wie Goldman Sachs gehören – allerdings als fragwürdig. Versprechen von Collegewerbern über Jobaussichten erwiesen sich als irreführend und Abschlüsse wurden teils von Arbeitgebern nicht anerkannt.

Verkehrsmittel

Im Auto-Land Amerika, wo die Benzinsteuer gerade einmal 11 % beträgt und schon Spritpreise von über 0,70 EUR pro Liter als exorbitant empfunden werden, haben andere Verkehrsmittel naturgemäß einen schweren Stand. Eine Ausnahme bilden allerdings Flugzeuge: Der US-amerikanische Luftverkehr schneidet im weltweiten Maßstab als das am besten ausgebaute und günstigste Flugtransportsystem ab. Tatsächlich gelten der Mehrheit der Amerikaner Flugzeuge, abgesehen von Taxis, als einzige in Erwägung zu ziehende öffentliche Verkehrsmittel.

Der Bahnverkehr ist demgegenüber relativ teuer und angesichts der weiten Entfernungen mit langen Reisezeiten verbunden. Dafür besitzen die Züge eine luxuriöse Ausstattung und verfügen zum Teil über Aussichtswagen. Die verschiedenen Landesteile sind unterschiedlich stark erschlossen: Während das Netz in den Staaten der Atlantikküste und entlang des Pazifiks relativ dicht ist, existieren im Landeszentrum kaum Bahnstrecken. Neben vier durchgehenden Ost-West-Verbindungen Chicago–Oakland, Chicago–Seattle respektive Portland und Chicago–Los Angeles sowie von New Orleans nach Los Angeles gibt es zwei Verbindungen in Nord-Süd-Richtung zwischen Chicago und Houston sowie entlang der Atlantikküste zwischen Boston und Miami. Maine und South Dakota sind überhaupt nicht, Tennessee, Oklahoma und Wyoming nur an ihren äußersten Rändern an das Amtrak-Netz angeschlossen. Auf manchen der Strecken verkehrt nur ein Zug am Tag, bei einigen liegt die Zugfrequenz sogar bei nur drei oder mitunter bei nur einer Verbindung pro Woche. Für den Betrieb der Fernverkehrsstrecken ist seit 1971 im Wesentlichen das halbstaatliche Unternehmen Amtrak zuständig. Infolge des Ausbaus der Highways nach dem Ende des Zweiten Weltkriegs, der Konkurrenz durch das Flugzeug und die günstigeren Fernbusse war die Auslastung der Personenzüge, die damals noch von verschiedenen privaten Bahngesellschaften betrieben wurden, ab den 50er Jahren stark zurückgegangen, sodass ihr Weiterbetrieb nicht mehr rentabel war. Da jedoch breite Teile der Bevölkerung eine Aufrechterhaltung des Personenzugverkehrs forderten, wurde eine Aktiengesellschaft namens National Railroad Passenger Corporation gegründet, deren Stammaktien an die privaten Bahnunternehmen verkauft wurden, während die Regierung die Kontrolle über den Bahnbetrieb übernahm. Der Markenna-

Moderner, technisch auf dem französischen TGV basierender Hochgeschwindigkeitszug Amtrak-Acela bei Boston

Die Zeit der Spritschlucker ist bei den niedrigen Benzinpreisen noch nicht vorbei, aber es gibt Alternativen

me Amtrak ist eine Zusammensetzung aus den Wörtern America und track für „Weg". Ein Grund für die mangelnde Wirtschaftlichkeit des Personenverkehrs liegt auch darin, dass das Streckennetz sich zum großen Teil in privater Hand befindet und die Amtrak Verkehrsrechte dafür erwerben muss. Zudem wird der Personenkehr gegenüber dem langsameren, privat betriebenen Güterverkehr benachteiligt, der noch immer von großer wirtschaftlicher Bedeutung ist. Um die Bahn als ökologisch sinnvolles Personentransportmittel wieder konkurrenz- und zukunftsfähig zu machen, kündigte Präsident Obama 2010 an, 8 Milliarden Dollar für die Entwicklung eines Hochgeschwindigkeits- zugs bereitzustellen. Gegen den erklärten Willen einiger konservativer Gouverneure konnte der Präsident allerdings nichts ausrichten, Ohio, Florida und Wisconsin verweigerten die Annahme der Förderung.

Ein anderes Transportmittel, das ebenfalls seit über hundert Jahren existiert, hat sich dagegen bis heute behaupten können: Die Über- landbusse insbesondere der Firma Greyhound stehen für die USA wie Baseball, Fast Food oder Cowboys und sind geradezu Sinnbild für die Weite und Freiheit Nordamerikas. Filme und Popsongs trugen das Ihre dazu bei, dass die Busse zum Mythos und Symbol für den Aufbruch in ein neues Leben wurden. Neben Greyhound und seinem größten Konkurrenten Trailways, einem Netzwerk aus etwa 70 unabhängigen Busgesellschaften, gibt es noch eine Reihe kleinerer Unternehmen. Zu- sammen sorgen sie für ein dichtes Netz an Fernbusverbindungen mit über 2700 Zielen in den USA und Kanada. Mitte der 50er Jahre lag die Zahl der angefahren Orte noch bei rund 15000, die Konkurrenz durch das Auto und den Flugverkehr führte aber auch hier zu einem starken

Ein Greyhound-Bus erreicht New York City

Rückgang der Fahrgastzahlen. Deshalb bedienten die Busunternehmen verstärkt mittlere Strecken zwischen 300 und 500 Kilometern. Ende der 90er Jahre sorgten neue Buslinien im Intercityverkehr mit besonders günstigen Preisen, Wi-Fi und sogenannten curbside stops für eine Belebung des Marktes: Statt feste Haltstellen anzufahren, werden die Fahrgäste einfach am Straßenrand aufgelesen und abgesetzt. Infolgedessen nahmen die Passagierzahlen der Greyhound-Busse wieder zu; auch die steigenden Spritpreise trugen dazu bei. Seit 2014 hat Greyhound sein Langstreckenangebot wieder stark ausgebaut. Anders als noch in den 70er Jahren verkehren die Busse heute allerdings nicht mehr auf Überlandstraßen mit ihren zahlreichen Diners und Motels am Straßenrand, sondern auf Interstates, und halten in den meisten Fällen am Ortsrand; dadurch sind die Fahrten kürzer, bieten aber weit weniger abwechslungsreiche Ausblicke.

Nahverkehrsverbindungen fristen in den USA dagegen weitgehend ein Schattendasein. Auf dem dünn besiedelten Land gibt es mitunter gar keine öffentlichen Verkehrsmittel. In großen und vielen kleineren Städten bestehen allerdings gut ausgebaute Transportsysteme. So sorgt in New York vor allem die legendäre, rund um die Uhr fahrende UBahn für effiziente Verbindungen. San Diego, Los Angeles, Jacksonville, Atlanta und San Francisco mit dem Silicon Valley sind für ihre Straßenbahnen bekannt, Chicago verfügt über ein umfassendes Bus-

Ein Zug der New Yorker U-Bahn

netz. Dazu kommen S-Bahnsysteme wie die Long Island Rail Road, die Metro-North Railroad und die New Jersey Transit in New York und New Jersey, die METRA in Chicago, die BART in San Francisco und die Metrolink in Los Angeles.

Für den Anschluss der Inseln im Meer und in den Großen Seen sowie zu Küstenorten ohne Straßenanschluss sorgen zahlreiche Fährverbindungen für Autos und Personen. Wichtige Meeresinselfährhäfen befinden sich in Seattle, der San Francisco Bay, New York und dem Großraum Boston. Auf den Großen Seen ist neben den Inselfähren zu den Bass Islands in Ohio oder nach Beaver Island in Michigan auch die Verbindung über den Michigansee zwischen Ludington in Michigan und Manitowoc in Wisconsin von großer Bedeutung. Im nördlichsten Bundesstaat sorgt der Alaska Marine Highway (AMH) für Verbindungen mit den Orten an der südlich-zentralen Küste, den Aleuten und British Columbia, aber auch nach Washington und Bellingham im nördlichen Washington. Daneben gibt es, trotz der vielen, teils beeindruckenden Brücken, auch Fährverbindungen über Flüsse. Eine ganz besondere unter ihnen ist die handbetriebene Kabelfähre, die Los Ebanos in Texas mit dem Ort Ciudad Gustavo Díaz Ordaz im mexikanischen Bundesstaat Tamaulipas verbindet. Die Öffnung des Grenzübergangs hängt allerdings vom Wetter ab: Bei starkem Wind oder Regen bleibt die Los Ebanos Ferry am Ufer.

Religion: zwischen religiöser Freiheit und nationaler Identität

Die Mayflower in Plymouth Harbour, Gemälde von William Halsall, 1882

Neben der Freiheit spielte schon in der frühen Kolonisierungsgeschichte der USA die Religion eine wichtige Rolle. Auf der Suche nach einem Ort, an dem sie eine freie Glaubensgemeinschaft bilden konnten, segelte 1620 eine Gruppe englischer Christen aus dem holländischen Exil auf dem Zweimaster „Mayflower" in die Neue Welt. Es waren radikale puritanische Calvinisten, die sich von der anglikanischen Staatskirche losgesagt hatten, weil sie eine „Reinigung" der Kirche von römisch-katholischen Elementen und eine kompromisslose Anwendung der biblischen Lehre anstrebten. Aus diesem Grund lehnten sie das Bischofsamt ab und betrachteten allein Christus als legitimes Gemeindeoberhaupt. Im heutigen Massachusetts errichteten sie gemeinsam mit den übrigen Passagieren der Mayflower, die nicht zu ihrer Religionsgemeinschaft gehörten, eine der frühesten englischen Siedlungen Amerikas, die sie „god's own country" nannten. Ursprünglich hatte der Plan der Siedler darin bestanden, sich nahe dem Hudson River im Gebiet des heutigen New York niederzulassen. Nachdem das Schiff jedoch, durch Herbststürme vom Kurs abgebracht, bei Cape Cod vor Anker gegangen war, fasste man den Entschluss, auf eine weitere längere Seereise zu verzichten und stattdessen den englischen König um die Landrechte zur Gründung einer Kolonie am Ort ihrer Landung zu bitten. Um in der Zeit, in der das königliche land patent für die neu zu gründende Plymouth Colony noch nicht erteilt war, die Entstehung eines rechtsfreien Raums zu verhindern und gleiche Rechte für alle sicherzustellen, unterzeichneten 41 Puritaner noch an Bord des Schiffes den Mayflower-Vertrag. Nach dem Vorbild von Gründungsverträgen kongregationalistischer Kirchengemeinden wurde mit ihm eine gewählte bürgerliche Regierung eingesetzt und die Loyalität gegenüber dem König erklärt. Dieser Vertrag, dessen Grundsatz auch zu einem bedeutenden Bestandteil der amerikanischen Unabhängigkeitserklärung werden sollte, ging als frühestes Dokument amerikanischer Selbstverwaltung in die Geschichte ein und trug in hohem Maße dazu bei, dass jene ersten puritanischen Siedler Teil der amerikanischen Mythologie wurden. Noch heute werden sie als Pilgerväter verehrt, und manche alteingesessene Familie in

Die Pilgrim Fathers unterzeichnen den sogenannten Mayflower Compact im Jahr 1620, Gemälde von Jean Leon Gerome, 1899

Neuengland ist stolz darauf, ihre Vorfahren bis zur Mayflower zurückverfolgen zu können. In den folgenden Jahren und Jahrzehnten kamen weitere Puritaner nach Nordamerika. Parallel dazu wanderten baptistische und presbyterianische Calvinisten, Quäker und Angehörige anderer christlicher Minderheiten ein. In Anbetracht der Vielzahl religiöser Gruppen und der Erfahrungen vieler Einwanderer mit religiöser Verfolgung und Ausgrenzung wurde mit dem 1791 verabschiedeten ersten Zusatzartikel das Recht auf freie Religionsausübung in der Verfassung festgeschrieben und die Schaffung einer Staatskirche untersagt. Gleichwohl wurde die christliche Religion in ihren verschiedenen Ausprägungen ebenso wie die Freiheit zu einem wesentlichen Bestandteil der US-amerikanischen Identität. Markanter Ausdruck hiervon sind die in Europa häufig als übertrieben und heuchlerisch wahrgenommene Sexualmoral mit ihrer extremen Prüderie und ein rigider Moralismus, der den politischen und sozialreformerischen Diskurs beherrscht. In diesem Zusammenhang wird oft vom puritanischen Erbe gesprochen, Historiker messen allerdings den verschiedenen protestantischen Erweckungsbewegungen, die in mehreren Wellen im 18., 19. und 20. Jahrhundert größere Kreise der US-amerikanischen Bevölkerung erfassten, eine deutlich höhere Bedeutung bei. Der religiöse Pluralismus in Verbindung mit der Abwesenheit einer Staatskirche förderte zudem im Gegenzug die Entstehung einer Zivilreligion

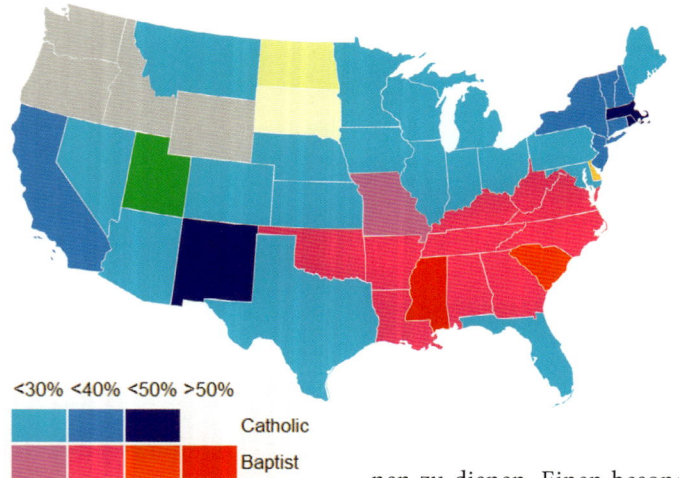

Die jeweils größten Religionsgemeinschaften in den einzelnen Bundesstaaten (ohne Alaska und Hawaii). Ergebnisse des American Religious Identification Survey 2001

mit gemeinsamen Werten und Symbolen. Geflügelte Wendungen wie der 1956 vom Kongress verabschiedete Wahlspruch „In god we trust" oder die Bezeichnung „city upon a hill", die John Winthrop, der zweite Gouverneur der Massachusetts Bay Colony, 1630 in einer Predigt für die neue Kolonie prägte, stehen für den Glauben, als „god's chosen nation" nach göttlichem Willen zu handeln und mit Werten wie Freiheit und Demokratie als leuchtendes Vorbild und Heilsbringer für andere Nationen zu dienen. Einen besonders markanten symbolischen Ausdruck findet dieses Selbstverständnis in den präsidialen Inaugurationsfeiern, die einen stark religiösen Charakter haben.

Der starke Einfluss des calvinistischen Protestantismus ließ mit der Zeit einige allgemeine Charakteristika amerikanischer Religiosität entstehen. Dazu zählt vor allem der Vorrang von Einzelgemeinden gegenüber übergeordneten kirchlichen Strukturen, der sogar bei hierarchisch organisierten Kirchen wie der katholischen und nichtchristlichen Religionsgemeinschaften anzutreffen ist. Diesem Prinzip entsprechend kommt den Laien ein besonders hoher Stellenwert zu, zumal sie – mit bis zu 10 % ihres Einkommens – auch für die Bezahlung der Geistlichen sorgen und daher ein großes Mitspracherecht besitzen. Typisch für die amerikanische Religiosität ist auch der Vorrang von Fragen individueller Moral und Lebenspraxis vor theologisch-dogmatischen Problemen, weswegen Themen wie Abtreibung, Empfängnisverhütung oder außerehelicher Geschlechtsverkehr in der amerikanischen Öffentlichkeit eine weit größere Bedeutung haben als in vielen europäischen Ländern. Sozialkritik spielt dagegen in den meisten Kirchen eine untergeordnete Rolle; angesichts der allgemeinen Popularität des Marktkapitalismus haben die Theologien der Befreiung und der Bescheidenheit speziell bei Angehörigen der christlichen Rechten nur einen geringen Stellenwert. Zudem verstehen die religiösen Gruppen ihrerseits die Wettbewerbsmechanismen auf dem religiösen Markt durch die Nutzung moderner Medien routiniert zu bedienen. Nicht zuletzt findet man bei den meisten US-

Großveranstaltung der evangelikalen, nicht konfessionsgebundenen, Gateway Church in Southlake bei Dallas, Texas

amerikanischen Religionsgemeinschaften – analog zur gesamten amerikanischen Gesellschaft – einen ausgeprägten Patriotismus, der so weit reicht, dass in der evangelikalen und mormonischen Apokalyptik bedeutende Ereignisse der Endzeit in den USA angesiedelt werden. Dementsprechend erfahren die Verfassung und das demokratische System selbst in rechtsevangelikalen und fundamentalistischen Kreisen eine große Wertschätzung.

Im Unterschied zu Europa, wo die etablierten Religionsgemeinschaften seit dem 18. Jahrhundert immer mehr an Einfluss verloren, nahm die Zahl der institutionell gebundenen Gläubigen in den USA von Mitte des 18. Jahrhunderts an stetig zu und erreichte 1955 ihren Höchststand mit einem Bevölkerungsanteil von 95 %. 2014 lag diese Zahl gemäß einer Telefonstudie des Pew Research Centers noch bei 76,5 %, während sich 15,8 % als keiner Religion zugehörig, aber gläubig, 4 % als Agnostiker und 3,1 % als Atheisten bezeichneten. Unter den insgesamt 70,6 % der Anhänger christlicher Konfessionen waren 20,8 % Katholiken, 14,7 % gemäßigte, sogenannte Mainline-Protestanten, und 25,4 % evangelikale Protestanten mit konservativ-traditioneller Ideologie. Die Zahl der Angehörigen schwarzer protestantischer Kirchen lag bei 6,5 %. Damit verzeichneten alle christlichen Konfessionen rückläufige Mitgliederzahlen gegenüber 2007, als der

Kinder bei einer Massenevangelisierungsveranstaltung, Assembly Park Bible Camp, in Lake Nebagmon, Wisconsin 2007

christliche Bevölkerungsanteil noch bei 78,4 % gelegen hatte. Mit rund 173 Millionen leben in den USA zwar noch immer mehr Christen als in jedem anderen Land, auch ihre absolute Zahl nahm aber um 5 Millionen ab, während die Gesamtbevölkerung um 18 Millionen Menschen wuchs. Demgegenüber nahm die Zahl der religiös Ungebundenen, Agnostiker und Atheisten um 6,7 % zu. Nicht-christliche Glaubensbekenntnisse machten zusammen 5,9 % aus. Dazu zählten 1,9 % Juden, 0,9 % Muslime, jeweils 0,7 % Hindus und Buddhisten, 0,3 % Angehörige anderer Weltreligionen sowie 1,5 % Anhänger anderer Glaubensbekenntnisse, darunter weniger als 0,3 % Angehörige indigener Religionen. Die Zahl der Gläubigen, die wenigstens einmal wöchentlich einen Gottesdienst besuchen, lag im nationalen Durchschnitt bei 36 %. Unter den vor allem in den Südstaaten im sogenannten Bible Belt lebenden Evangelikalen, von denen sich viele als „born again christs" bezeichnen, betrug diese Zahl 58 %, unter Mitgliedern der Historically Black Protestant Churches immerhin 53 %.

Laut einer anderen Studie aus dem Jahr 2008 wechseln 44 % der Amerikaner mindestens einmal im Leben ihre Konfession, wobei es sich vornehmlich um Konversionen innerhalb des Christentums, vor allem vom Katholizismus zu einer protestantischen Konfession

Kirche und Gemeindezentrum iim Paradox Valley, Colorado

handelt. Entsprechend ihrer religiösen Vielfalt waren die Vereinigten Staaten immer auch ein guter Nährboden für die Entstehung neuer religiöser Bewegungen. Zu den bekanntesten in den USA entstandenen christlichen Konfessionen gehören die Christliche Wissenschaftskirche und die Mormonen. Letztere, die 1847 die Gegend um den Großen Salzsee im heutigen Bundesstaat Utah zu ihrem neuen Zion erklärten und dort die Stadt Salt Lake City gründeten, machten 2014 1,6 % der amerikanischen Bevölkerung aus. Hier lag die Zahl der regelmäßigen Gottesdienstbesucher bei 77 %; nur bei den Zeugen Jehovas, deren Anteil an der Bevölkerung 0,8 % betrug, war sie mit 85 % noch höher. Angesichts der in der Verfassung sehr weitgefassten Definition der Religionsfreiheit wurde 1993 auch der zu den neuen religiösen Bewegungen gezählten Church of Scientology, die in Deutschland nicht als Religionsgemeinschaft, sondern als totalitäres Wirtschaftsunternehmen gilt, der Religionsstatus zuerkannt und damit Steuerfreiheit gewährt. Aufgrund dieser unterschiedlichen Beurteilung wurde wiederholt von US-Behörden der Vorwurf religiöser Verfolgung von Scientology-Anhängern gegen Deutschland erhoben und 1997 sogar ein Asylantrag eines deutschen Scientology-Mitglieds aufgrund religiöser Diskriminierung von einem US-Gericht positiv beschieden.

Kapitel 5
Wirtschaft

Die New York Stock Exchange in der Wall Street ist die größte Wertpapierbörse der Welt

USA-Lesebuch

Wirtschaft

Wall ST

Der wichtigste Indikator für die Wirtschaftskraft eines Landes ist das Bruttoinlandsprodukt (BIP), das heißt, der Gesamtwert aller Waren und Dienstleistungen, die innerhalb eines Jahres in einer Volkswirtschaft hergestellt werden. Die wichtigste Volkswirtschaft der Welt sind seit Jahrzehnten die USA, die 2014 laut dem Department of Commerce ein BIP von rund 17,4 Billionen Dollar aufwies. Auf Rang zwei steht seit einigen Jahren China. Volkswirte erwarten in nicht zu ferner Zukunft einen Tausch dieser Positionen, denn mit den früheren, scheinbar ungebrochenen Aufwärtstrends ist es seit der Rezession von 2007/2008 vorbei. Auch sieben Jahre nach der Krise hat sich die US-Wirtschaft noch nicht richtig erholt, schrieb der Wirtschaftsprofessor Tyler Cowen im Juni 2014 in der New York Times. Es sind zwar neue Arbeitsplätze entstanden, aber in diesem langen Zeitraum gerade mal so viele, wie vorher weggefallen sind. Die Arbeitslosenzahlenentwicklung wird von der Regierung als positiv dargestellt, aber die Grundlage dieser Statistiken lassen Skeptiker zweifeln, ob den Zahlen getraut werden darf. In den USA kommt nur in die Statistik, wer zur Zeit der Telefonumfragen gerade aktiv nach Arbeit sucht, alle sogenannten „Entmutigten" werden nicht erfasst. Für die Beschäftigtenzahlen werden Unternehmen und Behörden befragt, daraus ergeben sich regelmäßig kleine Abweichungen.

Wenn die Wall Street hustet, bekommt Europa bzw. die Welt die Grippe. Ein berühmtes Zitat, dessen Aussage nicht mehr so ganz der Wahrheit entspricht. Zunehmend hängen die USA von Gläubigern weltweit ab. Davon betroffen ist naturgemäß auch die landeseigene Wirtschaft, deren Existenz zwar nicht in erster Linie auf Export beruht, aber die scheinbar rettende Konsumfreudigkeit im Land gründet sich meist auf geborgtem Geld.

Dienstleistungen und Informationstechnolgie sind heute die treibende Wirtschaftskraft der USA. Steve Jobs (Apple) und Bill Gates (Microsoft), zwei IT-Granden, bei der „D5 - All Things Digital Conference" 2007

Struktur und Beschäftigung

Wichtigster Wirtschaftszweig ist das Dienstleistungsgewerbe mit einem Anteil von ca. 78,6 % am BIP. Die Zahlen sind seit 10 Jahren relativ stabil. Die Industrie beschäftigt nach offiziellen Angaben ca. 22,6 % aller Arbeitnehmer; in der Landwirtschaft sind nur noch 2,4 % der arbeitsfähigen Bevölkerung beschäftigt.

Traditionelle Industrieregionen

Die bedeutendste und älteste traditionelle Industrieregion ist der sogenannte Manufacturing Belt im Nordosten der USA. Dieser Industriegürtel (auch Rust Belt, „Rostgürtel" genannt) entstand Mitte des 19. Jahrhunderts und wird etwa durch die Städte Boston und Baltimore an der Ostküste sowie St. Louis und Milwaukee im Mittleren Westen begrenzt. Der Manufacturing Belt zählt nach wie vor zu den wichtigsten Industrieregionen der USA, auch wenn er in den letzten Jahren zugunsten anderer Regionen an Bedeutung verloren hat. Städte wie Pittsburgh mit ihrer Stahltradition sind auf dem Wege, den Struk-

Aufregung um Google

Die Hauptverwaltung von Google (Foto) befindet sich in Mountain View, ca. 60 Kilometer südlich von San Francisco. Anders als Twitter, das 2012 seine Hauptverwaltung mitten in die Stadt verlegt hat, um den begehrten Fachleuten einen Anreiz zu bieten, dort zu arbeiten, ist Google draußen geblieben. San Francisco ist hipp, viele aus dem Silicon Valley wohnen hier, und im morgendlichen Stau zu stehen, mag die Entscheidung für oder gegen einen Arbeitgeber mit beeinflussen. Also holt Google mit eigenen Bussen seine Angestellten ab, möglichst an der Haustür. Da diese Leute hohe Mieten und Kaufsummen bezahlen können, verändert sich die soziale Landschaft in den angesagten Stadtteilen wie South of Market oder Mission, die weniger gut Verdienenden fangen an zu protestieren. Und dass die Busse eines privaten, dazu noch sehr reichen Unternehmens an den öffentlichen Bushaltestellen anhalten dürfen, bringt einige Bewohner von San Francisco besonders auf die Palme.

turwandel zu bewältigen. Heute konzentriert sich die Brückenstadt auf Forschung und Bildung im medizinischen Bereich. Die ehemalige Auto-Metropole Detroit dagegen kämpft noch mit ihren Gläubigern, die Sanierung geht nur langsam voran.

Gründe für die Konzentration der Industrie waren ursprünglich vor allem die günstige Verkehrslage, die Nähe zu den Häfen am Atlantik und an den Großen Seen sowie reiche Rohstoffvorkommen an Kohle, Eisenerz und Holz in unmittelbarer Nachbarschaft. Hinzu kam der Zustrom von meist gut ausgebildeten Einwanderern aus Europa. Zu den industriellen Schwerpunkten im Manufacturing Belt zählen traditionell die Eisen- und Stahlerzeugung, der Fahrzeug- und Maschinenbau sowie der Steinkohlebergbau. In anderen Teilen der USA finden sich ebenfalls traditionelle Industrien, so die Eisen- und Stahlerzeugung an den Appalachen in North Carolina und Virginia und die Textilindustrie im Staat New York. Die Golfküste, speziell Texas, wartet mit Erdöl- und Gasförderung auf, während um Salt Lake City (Utah) der Bergbau eine große Rolle spielt. Auch Colorado und Montana sind reich an Bodenschätzen, hier hat aber der Abbau vor allem von Kupfer und Uran in den letzten Jahrzehnten an Bedeutung verloren. Im Vergleich zum Manufacturing Belt sind diese Industrieregionen flächenmäßig deutlich kleiner und haben oft erst durch die Ansiedlung neuer Industrien ihre heutige Bedeutung erlangt.

An der kalifornischen Pazifikküste sind die alten Industriekerne rund um San Francisco und Los Angeles zu einer gro-

Stahlstadt Pittsburgh in Pennsylvania, Mill District, in den 40er Jahren

ßen Industrieregion zusammengewachsen, die sich im Süden bis nach San Diego erstreckt. Industrielle Schwerpunkte sind der Schiff- und Flugzeugbau, Erdölraffinerien und die Elektrotechnik-/Hightech-Industrie. Bekannt ist das Silicon Valley zwischen San Francisco und San Jose, wo sich das Zentrum der IT-Welt entwickelt hat. Rund um Los Angeles siedelte sich die Filmindustrie an. Andere bedeutende Industrieregionen mit Kupferbergbau und Stahlveredlern liegen im Süden zwischen Phoenix und El Paso sowie in einem Gürtel von Texas bis Louisiana, mit den Zentren der alten Industriekerne rund um Dallas

USA-Lesebuch

In Pittsburgh ist der Strukturwandel weitgehend gelungen. Das Geschäftsviertel sieht heute aus wie viele andere in den USA

und Houston sowie neueren Ansiedlungen in den Bereichen Schiff-, Flugzeugbau und Elektroindustrie.

Die High-Tech-Industrie ist inzwischen nicht nur auf das Silicon-Valley in Kalifornien beschränkt: Firmen wie Microsoft sitzen beispielsweise bei Seattle (Washington), Dell in der Nähe von Dallas (Texas), Monster.com und andere haben sich in Neuengland etabliert, der AOL-Hauptsitz ist in New York und der von IBM im kleinen Ort Armonk im Staat New York.

In den Vororten amerikanischer Groß- und Mittelstädte sind Businessparks gewachsen, die in ihrer Eintönigkeit abschreckend wirken können. Aber die Landkreise bieten in der Regel die besseren Konditionen für die Firmen in Form von Steuererleichterungen und für die Arbeitnehmer mehr Bequemlichkeit, das heißt, mehr Parkplätze und größere Flächen für die Büros, sodass manche Konzerne nur noch zu Repräsentationszwecken in den Glaspalästen und Wolkenkratzern der Metropolen zu finden sind. Berufstätige Eltern ziehen auch gern in die Vororte, wo sie sich ein Haus leisten können, während die Singles und DINKs (Double Income No Kids) in der urbanen Umgebung bleiben.

Landwirtschaft und Fischerei

Landwirtschaft in Kalifornien „trocknet" aus

Fast vier Jahre hat es nicht geregnet in Kalifornien, in der Sierra Nevada ist kaum Schnee gefallen und die Stauseen trocknen langsam aus. Eine Katastrophe für die kalifornische Landwirtschaft, die auch in trockeneren Jahren mit dem Schmelzwasser aus dem Gebirge und dem aufgestauten Nass die Felder bewässern konnte. Wassermangel ist zwar kein neues Thema im von der Sonne verwöhnten Bundesstaat, aber mehrere Jahre in Folge führen doch zu erheblichen Schwierigkeiten. Hunderte Landwirte sollen schon vor dem Konkurs stehen. Da in Kalifornien die Hälfte des Gemüses der USA angebaut wird, haben die verdorrenden Anbauflächen weitgehende Konsequenzen in Form von erhöhten Lebensmittelpreisen. Auch die benachbarten Staaten wie Nevada, Arizona, New Mexiko bis hoch nach Oregon leiden unter der Trockenheit.

Eines der Probleme liegt auch im allmählichen Austrocknen des Colorado River, der nach mehr als 14 Jahren zum Rinnsal verkümmert

WIRTSCHAFT

Bewässerte Felder in Kansas, Satellitelbild

ist. Er speist unter anderem den Lake Powell in Utah und den Lake Mead in Arizona, die beiden größten Stauseen des Landes. Die Wassermengen beider Seen sind nach Einschätzung von Experten beunruhigend gesunken.

Die Kornkammer des Landes im Westen der Great Plains, der „Großen Ebenen", mit Bundesstaaten wie Kansas, Nebraska und Iowa, ist ebenfalls seit Jahren von Trockenheit und Wassermangel bedroht. Immer häufiger verursachen mangelnde Niederschläge Dürren und reduzierte Erträge an Getreide, Mais und Soja, sodass die Nahrungsmittelkonzerne wie ConAgra Foods (Omaha, Nebraska), Monsanto (St. Louis, Missouri), Kraft Foods (Northfield, Illinois), PepsiCo (Purchase, New York State), Nestlé (Glendale, Kalifornien) und General Mills (Minneapolis, Minnesota) auf chemische Veränderungen der Pflanzen setzen, um weniger abhängig von den natürlichen Ressourcen zu werden. Schon 1974 drohte eine Dürre die weltweite Versorgung mit Weizen zu gefährden; 2000 und 2010 setzte sich diese Bedrohung fort.

Getreideernte in den Hügeln von Palouse, Idaho

Aber eigentlich gehen viele Wissenschaftler davon aus, dass die amerikanischen Landwirte mehr aus ihrer schlimmsten Katastrophe hätten lernen können. Mitte der 1930er Jahre war die Erde in den Ebenen so ausgetrocknet, dass gigantische Sand- und Staubberge durch den Wind entstanden, die sogenannten Dust Bowls. Die Stürme machten damals eine Fläche fast doppelt so groß wie Deutschland nahezu unbewohnbar, mehr als eine halbe Million Menschen verloren ihr Hab und Gut und verließen die Regionen in Kansas, Oklahoma und Colorado, New Mexiko und Texas. Gut 10% von ihnen gingen nach Kalifornien. Vier Generationen von Bauern hatten die fruchtbare Erde der Plains ausgelaugt, die tiefen Schichten umgegraben und sich nicht um die Regeneration des Bodens oder den Wechsel der Fruchtfolge gekümmert. Mit gewaltigem finanziellem Aufwand wurde damals die Wiederherstellung der Böden betrieben. Gras und Bäume sollten Mutterboden entstehen lassen, Gräben wurden angelegt, um Regenwasser zu sammeln, und Bauern erhielten dafür Entschädigungen, dass sie nichts anbauten. Anfang der 1940er-Jahre schien das Problem gelöst zu sein, und seitdem wachsen wieder die riesigen Felder der Monokulturen.

Hanfanbau in den USA

Während des Zweiten Weltkriegs benötigte das Militär dringend mehr Fallschirme und Seile. Die Lösung bestand in dieser Zeit im verstärkten Anbau von Hanf, einer Nutzpflanze mit einem hohen Faseranteil, die sich zur Herstellung von Geweben aller Art eignet. „Hanf für den Sieg!" lautete damals die Parole. So wurden mehr als 405.000 Hektar mit Industriehanf bepflanzt.

Nach dem Krieg begann der Kampf gegen Drogen. Es wurde keine Unterscheidung mehr gemacht zwischen Marihuana und Nutz-Hanf, das Verbot beendete den Anbau. Mehr als 25.000 Produkte mit Hanfanteilen sind weltweit am Markt, in China, Canada und Europa finden sich Felder mit der pflegeleichten Pflanze, aber die amerikanischen Bauern konnten bis in die jüngste Vergangenheit nicht an der Produktion teilnehmen. Erst 2014 änderte sich das: Präsident Obama unterschrieb eine Verordnung, wonach die Bundesstaaten sich eigene gesetzliche Grundlagen für den Hanfanbau geben können (siehe auch Kapitel 4.3).

Schweine auf einer Biofarm in Virginia

Müssen Amerikaner auf Bacon verzichten?

Eine Umfrage des Schweinefleischproduzenten Smithfield soll zum Ergebnis gehabt haben, dass 65 % der Amerikaner ihren Frühstücksschinken (Bacon) zum Nationalgericht machen wollen. Auch wenn diese Quote ungewöhnlich hoch erscheint, so ist doch richtig, dass das Schweinefleisch in Scheiben in schier unzähligen Varianten in den Kühlregalen der Supermärkte liegt und am Wochenende nicht am Frühstückstisch fehlen darf. Seit einigen Jahren grassiert aber eine Krankheit, ein Virus, der die Schweine- und insbesondere die Ferkelbestände radikal reduziert. Nach Schätzungen soll der Erreger seit 2013 schon mehr als acht Millionen Tiere vernichtet haben. Die Schweineproduktion ist ein wichtiger Erwerbszweig in der Landwirtschaft. Zwar gibt es gemäß dem nationalen Verband der Schweine-

„Rasiermuscheln" auf Long Beach (Razor Clams)

Sie stecken tief im Sand, und die Technik, sie aufzuspüren und herauszuholen, ist gar nicht so einfach. Die zu den Schwertmuscheln gehörenden razor clams (Siliqua patula) sind lang und schmal. Muschelsucher bohren eine Röhre in den Sand, erzeugen so einen Unterdruck und können das Tier dann herausholen. Bis Ende Mai ist Saison an der Westküste von Washington. Man braucht eine Lizenz, um die Delikatesse frisch zu ernten. Long Beach macht im April jedes Jahres ein Fest aus der Fangsaison, bei dem man auch eine kurzweilige Einführung in die Technik erhalten kann. Auch an der nördlichen Küste von Oregon bis Newport sind razor clams zu finden.

züchter (National Pork Producers Council, NPPC) nur noch 67.000 Betriebe, aber die Farmen werden immer größer. Im ersten Halbjahr 2013 wurden noch 52 Millionen Schweine geschlachtet. Die Rückgänge in der Futtermittelproduktion wie Mais und Soja machen sich auch in der Schweineaufzucht bemerkbar, nationale Hilfe wird daher gefordert. Auch wenn diese fließt, der geliebte Schinken und Speck wird teurer und in den wichtigsten Bundesstaaten für die Schweineproduktion wie Iowa, das mit 4,1 Mrd. Dollar Umsatz an der Spitze liegt, Illinois, Minnesota und North Carolina fürchtet man um den Verlust von Arbeitsplätzen und Steuereinnahmen.

Neuer Markt – Bisonfleisch

Nachdem die Bisons, die gewaltigen Büffel Nordamerikas, schon an der Schwelle zur Ausrottung standen, fanden sie noch rechtzeitig ein Rückzugsgebiet im 1872 gegründeten Yellowstone-Nationalpark. 1907/08 wurde in Nord-Montana das erste Gehege für das einstige National-Tier eingerichtet. Heute ist die Herde dort auf ca. 500 Tiere angewachsen. Seit einiger Zeit werden Bisons zur Fleischproduktion gezüchtet, ca. eine halbe Million soll der Bestand inzwischen aufweisen. Insbesondere in den nördlichen Bundesstaaten des Westens bis nach Wisconsin haben sich die Rancher auf diese auf riesigen Grasflächen gehaltenen Tiere konzentriert. Die Marketingstrategen haben gute Chancen auf einem zunehmend gesundheitsbewussteren Markt, denn das Fleisch weist deutlich geringe Werte bei allen als ungesund geltenden Faktoren wie Fett, Kalorien und Cholesterol auf; allerdings ist es noch ungleich teurer als Rindfleisch.

Fischerei

Austrocknende Flüsse stellen eine Gefahr für junge Lachse dar. Im flachen Gewässer werden die Jungfische auf ihrem Weg ins Meer leichte Beute für Vögel und andere Raubtiere. Um die Lachsfischerei am Leben zu erhalten, werden seit einigen Jahren kleine Lachse mit Tankwagen aus den Fischzuchtanstalten an den Pazifik gebracht. Dort gelangen sie zunächst in schwimmende Gehege und nach einer Anpassungsphase können sie dann ins offene Wasser entlassen werden.

WIRTSCHAFT

Fischerboote im Gulf of Main, einem Fanggebiet vor der Küste Neuenglands

Da Lachse aber in den Flüssen laichen, in denen sie selbst zur Welt gekommen und von denen aus sie ins Meer geschwommen sind, besteht bei dieser Maßnahme die Gefahr, dass die erwachsenen Tiere den Weg zurück nicht finden werden. In erster Linie soll die Lachsfischerei in den westlichen Bundesstaaten damit aufrechterhalten werden, denn die Fischer holen die Schwärme aus dem offenen Meer.

Insgesamt gilt die Westküste als überfischt, die Bestände an Heilbutt, Thunfisch und den verschiedenen Lachsarten gehen seit Jahren zurück. Als Alternative und in Anbetracht der steigenden Nachfrage nach Fisch haben sich Fischfarmen etabliert, allerdings sind etliche inzwischen wegen strenger Auflagen an die Küsten von Hawaii und Puerto Rico ausgewichen. Austernzucht spielt an der Westküste ebenfalls eine Rolle. Besonders im kühleren Nordwesten von Washington sind einige Buchten wie die von Willapa hinter Long Beach oder Grays Harbor zu ausgedehnten Zuchtanlagen ausgebaut worden.

Hummer an der Ostküste

Gekochter amerikanischer Hummer, auch Maine Lobster genannt

Von Maine bis North Carolina wird auf Hummer Jagd gemacht; offenbar nicht genug, denn die Kanadier aus Nova Scotia exportieren ca. 60 % ihrer Fänge zu den südlichen Nachbarn. Um 1800 herum war Hummer ein Arme-Leute-Essen, er wurde sogar zu Düngemittel verarbeitet. Erst mit dem Anwachsen der Ostküstenstädte wie New York und Boston begann sich die Nachfrage zu verändern, und die professionelle Fischerei in Maine fand ihren Anfang. Inzwischen sind die Hummerbestände am Atlantik soweit dezimiert, dass Fangquoten die Fischerei regulieren und strenge Vorschriften über die Größe der Tiere den Nachwuchs sichern helfen sollen. Immerhin fünf bis zehn Jahre kann es dauern, bis ein Hummer die erforderliche Größe erreicht hat. Ein Umstand, der die Aufzucht dieser Tiere in Zuchtfarmen verteuert. Zudem sind Hummer in Gefangenschaft aggressiv und müssen daher isoliert gehalten werden, ebenfalls ein Kostenfaktor. Die wenigsten Amerikaner mögen lebenden Hummer in kochendem Wasser zu Tode bringen. Nach einer Statistik von 2005 essen 74 % das Schalentier am liebsten im Restaurant, mitunter sogar mit Pommes Frites und Ketchup. 85.000 Tonnen wurden 2009 in den USA gefangen, zu 80 % in Maine, und mehr als die Hälfte davon nach Kanada exportiert. Gleichzeitig isst man in den Vereinigten Staaten offenbar gern Hummer aus dem Norden, und so gelangten wiederum fast 110.000 Tonnen als Import ins Land. Manchmal wird das Fleisch von Fängen aus beiden Staaten auch vermischt (co-mingled), dann sollte die Ware als „product of Canada and USA" deklariert werden, wie die staatliche Handelregulierungsbehörde (Trade Adjustment Assistance, TAA) in ihrem Trainingsprogramm vorschlug.

Energiewirtschaft: Öl aus Alberta und North Dakota

Auch in den Vereinigten Staaten ist es heutzutage nicht mehr einfach, Großprojekte wie eine Öl-Pipeline zur Genehmigung zu bringen. Seit 2008 wird auf eine abkürzende und effektivere Verbindung zwischen den Ölfeldern von Alberta in Kanada und Steele City in Nebraska gewartet, die „Keystone XL" genannt wird und den nördlichen Teil einer bereits 2014 fertiggestellten Leitung zum Golf von Mexiko ersetzen soll. Die neue Pipeline soll nicht nur durch ihren Bau, sondern auch durch intensive Wartung Arbeitsplätze in die strukturschwachen Regionen des Nordens bringen. Auch Steuereinnahmen durch die Ölleitung, die den Kommunen und Staaten entlang der Strecke zugute kommen würden, werden zu den Pluspunkten gezählt. Außerdem sind die Raffinerien in Texas nicht mehr ausgelastet und die USA sind bestrebt, weniger abhängig von Ölimporten aus dem Mittleren Osten zu werden. Eigentlich war vorgesehen, die Pipeline schon 2010 in Betrieb zu nehmen.

Auswirkungen auf die Umwelt waren im Lauf der Jahre immer wieder untersucht und meist für geringfügig erachtet worden. Aber Landwirte um Nebraskas Hauptstadt Lincoln gingen auf die Barrikaden und reichten Klage ein, denn die Ölleitung sollte durch die ökologisch sensiblen Sandhills gelegt werden, unter denen Grundwasser führende Schichten liegen, der sogenannte Ogallala-Aquifer, dessen Verschmutzung den Ruin ihrer Farmen bedeutet hätte. Anfang 2015 stellte zwar ein nebraskisches Gericht die Rechtmäßigkeit des Pipelinebaus fest, aber erst nachdem die Betreibergesellschaft eine neue Route beantragt hatte, die die Sandhills umgeht.

Da eine nationale Grenze überschritten wird, muss der Präsident dem Bau zustimmen. Aber Präsident Obama versagte seine Genehmigung; sogar gegen den erklärten Wunsch demokratischer Abgeordneter aus Montana, Süd-Dakota und Nebraska blieb er dabei und erntete damit Aufruhr unter den Senatoren, die für die Novemberwahl um ihre Sitze im Senat fürchteten. Im November 2015 legte er sein Veto gegen das Projekt ein, nachdem es Monate zuvor schon durch den Kongress genehmigt worden war. Die Vorgehensweise des Kongresses stehe, so der Präsident, im Widerspruch zu etablierten Verfahren der Exekutive und kürze „Erwägungen ab, die unser nationales Interesse betreffen, einschließlich unserer Sicherheit und unserer Umwelt".

Da das Öl während der langen Prozesse und politischen Entscheidungen in den Bundesstaaten mit Eisenbahnwaggons zu den Raffinerien gebracht wird, wächst auch in den USA die Angst vor einer größeren Umweltkatastrophe. Deepwater Horizon, die Ölkatastrophe nach der Explosion einer Bohrinsel im Golf von Mexiko ist noch nicht vergessen, aber die Prozesse um die Entschädigungen und Strafzahlungen sind auch vier Jahre danach noch nicht abgeschlossen.

North Dakota beutet seit einigen Jahren im Bakken Shale mit dem

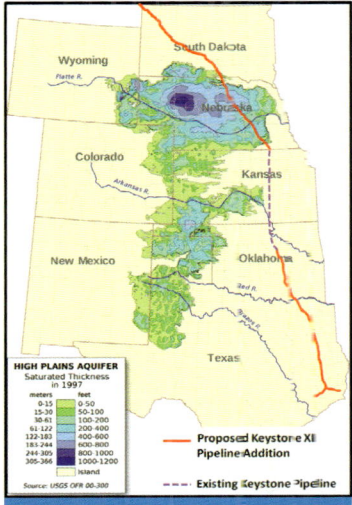

Verlauf der geplanten Keystone XL-Pipeline oberhalb des Ogallala-Aquifers.

USA-Lesebuch

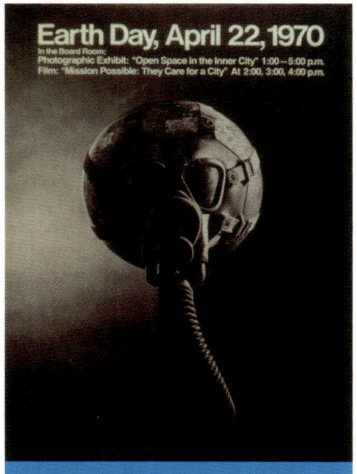

Plakat zum 1. Earth Day 1970

sogenannten Fracking-Verfahren die in den Schieferbeständen im Boden enthaltenen Leichtöl- und Gasvorkommen aus. Preiswerte Energie für das eigene Land und lockende Gewinne ließen Investoren und Energiefirmen massiv Kapital für die Infrastruktur bereitstellen. Auch dieses Öl soll mittels der neuen Pipeline nach Süden gebracht werden. Mangels unterirdischer Rohre erfolgt der Transport nun per Eisenbahn, für viele Umweltschützer ein permanentes Damokles-Schwert wegen des leichtentzündlichen Gasanteils. Die Erfahrungen aus dem Bohrturm-Desaster im Golf von Mexiko 2010 wirken nach. Noch sind nicht alle Umweltschäden beseitigt, nicht alle Entschädigungen gezahlt. Leckende Pipelines werden immer wieder entdeckt, in North Dakota liefen im März 2014 ungehindert fast 129.000 Liter Öl in die Erde. Zwei Tage vorher war der Houston-Schiffskanal bei Galveston geschlossen worden, weil beim Zusammenstoß zweier Tanker mehr als drei Millionen Liter schweres Öl ins Wasser gelangt waren (USA News vom 25.03.2014). Im März 2013 gab es erstmals einen Unfall in der unmittelbaren Nähe einer Kleinstadt: In Mayflower in Arkansas floss die schwarze Brühe durch die Straßen. Laut Associated Press sind in den letzten zwei Jahren mehr als 300 Lecks aufgetreten, weitgehend unbemerkt von der Presse in einem ziemlich menschenleeren Bundesstaat.

Umweltbewusstsein und Umweltschutz

Wenn sich im „Land der unbegrenzten Möglichkeiten" auch spätestens seit Ende des 19. Jahrhunderts, als die ersten Nationalparks eingerichtet wurden, die Einsicht durchgesetzt hat, dass es Naturschätze, wenn man sie erhalten will, zu schützen gilt, kann das amerikanische Verhältnis zur Natur und Umwelt von außen betrachtet doch leicht als oberflächlich und widersprüchlich erscheinen. Der Mythos von der endlosen Weite mit unendlichen Ressourcen, die darauf warten, erobert und erschlossen zu werden, scheint sich hartnäckig in den Köpfen zu halten. Nach wie vor verkörpern die USA in der kollektiven Vorstellung wie kein anderes Land die gesellschaftlichen Leitmotive der individuellen Freiheit und des Konsums – versinnbildlicht u. a. durch die Allgegenwärtigkeit des Autos und den hohen Verbrauch und geringen Preis des Sprits – und weisen weltweit den mit Abstand größten Energiebedarf pro Kopf auf. Und was soll man von einem Staat halten, dessen parlamentarische Vertreter per Abstimmung Anfang 2015 mehrheitlich feststellten, dass ein vom Menschen verursachter Klimawandel nicht existiert?

Dem lässt sich entgegenhalten, dass die Vereinigten Staaten zweifelsohne ein großes Land sind, in dem sehr vieles möglich ist – was immer auch dessen Gegenteil einschließt. Spätestens im Gefolge der gegen Ende der 1960er Jahre aufkeimenden politischen Protestkultur bekam in den Vereinigten Staaten auch eine neue Umweltschutzbewegung immer stärkeren Zulauf, die sich nicht allein auf radikale Aktivisten und elitäre Gruppen stützte, sondern in breiteren Kreisen der Bevölkerung Gehör und Unterstützung fand. Ausgangspunkt dafür war ein wachsendes Bewusstsein für die Bedrohung von Menschen und Umwelt durch weitgehend „unsichtbare" Gefahren wie Gift- und Schadstoffe in Luft, Wasser und Boden sowie Radioaktivität. Bereits 1952 hatte die Meeresbiologin und Sachbuchautorin Rachel Carson in ihrem Buch „Silent Spring" eindringlich vor den negativen Auswirkungen des Einsatzes von Pestiziden wie DDT gewarnt und damit einen entscheidenden Anstoß zur Entwicklung der internationalen Umweltbewegung geleistet wie auch unmittelbaren Einfluss auf die amerikanische Umweltpolitik genommen. Am 22. April 1970 beteiligten sich über 20 Millionen Menschen in den gesamten USA am ersten Earth Day, der vom demokratischen Senator von Wisconsin, Gaylord Nelson, ins Leben gerufen worden war und sich zum weltweiten, mittlerweile alljährlich in über 190 Ländern begangenen Aktionstag für den Umweltschutz entwickeln sollte. Im selben Jahr wurde durch einen Beschluss des Kongresses die Environmental Protection Agency (EPA) als unabhängige amerikanische

Protestierende vor der kerntechnischen Anlage Y-12 National Security Complex bei Oak Ridge, Tennessee

Umweltschutzbehörde gegründet sowie zum besseren Schutz vor Luftschadstoffen der „Clean Air Act" verabschiedet, dem 1972 mit dem „Clean Water Act" und 1973 mit dem „Endangered Species Act" Gesetze zum Schutz des Wassers sowie bedrohter Tier- und Pflanzenarten folgten.

Während die überkommene Tradition der Landespflege neben dem Schutz der Natur immer auch die Nutzung der Umwelt und ihrer Ressourcen durch den Menschen im Auge gehabt hatte, ging es vielen Vertretern der neuen Umweltbewegung darum, Biotope, Flora und Fauna um ihrer selbst willen zu bewahren, was immer wieder zu Auseinandersetzungen mit Industrieunternehmen wie auch Behörden führen sollte. Ein berühmt gewordenes Beispiel dafür aus jüngerer Zeit ist etwa die Baumbesetzung durch die Umweltaktivistin Julia Butterfly Hill Ende der 1990er Jahre, die insgesamt 738 Tage auf dem Küstenmammutbaum „Luna" im kalifornischen Humboldt County ausharrte, um ihn und den umliegenden Mammutbaumwald vor der Abholzung zu bewahren. Publikationen wie Paul R. Ehrlichs populäres Buch „The Population Bomb", das vor Hungersnöten infolge des globalen Bevölkerungswachstums warnte, und der 1972 veröffentlichte Bericht des Club of Rome über die Grenzen des Wachstums trugen zudem dazu bei, dass auch die herrschende von einem scheinbar unbeschränkten Wachstum ausgehende Wirtschaftsideologie zunehmend infrage gestellt wurde.

Infolge der ersten Ölkrise Mitte der 1970er Jahre sollte die Beschäftigung mit Umweltproblemen in der amerikanischen Gesellschaft zwar wieder in den Hintergrund treten, weil die Frage der ausreichenden Rohstoffversorgung an Bedeutung gewann, nationale und internationale Umwelt-Skandale und (Beinahe-)Katastrophen gaben der Umweltbewegung aber immer wieder neue Impulse: der Kernschmelzunfall im Atomkraftwerk Three Miles Island südöstlich von Harrisburg 1979, der 1978 bekannt gewordene Bau der Siedlung Love Canal in Niagara Falls auf einer Giftmülldeponie oder auch die Chemiekatastrophe im indischen Bhopal mit Tausenden von Toten im Jahr 1984. Seit Anfang der 1990er Jahre brachte ihr der zunehmend ins öffentliche Bewusstsein tretende, vom Menschen verursachte Klimawandel neuen Zulauf.

Umweltbewusstsein auf amerikanisch – Herausforderungen durch Unfälle

Im November 2015 stoppte Präsident Obama das Projekt der neuen Ölpipeline von Kanada in den Golf von Mexiko. Kanada hatte seit Jahren mit erheblichem Propaganda-Aufwand versucht, dafür eine Genehmigung zu erhalten, um seine Ressourcen aus Alberta auf den Markt zu bringen, aber die Obama-Administration setzte sich mit den Gegnern an einen Tisch. Die Ölkatastrophe der BP-Bohrinsel Deepwater Horizon 2010 belastet die Küsten von Florida und Louisiana und deren Bewohner noch immer. Die US-Regierung hat mit ihrem wichtigsten Treibstofflieferanten deshalb keine neuen Verträge mehr geschlossen. Aber das Vertrauen der meisten Amerikaner in Technologien, die vor solchen Katastrophen schützen könnten, ist an-

WIRTSCHAFT

Die Katastrophe der Ölbohrplattform Deepwater Horizon im Golf von Mexico hat zwar zu politischen Konsequenzen, aber nicht zu einem generellen Umdenken geführt

scheinend ungebrochen. Neue Arbeitsplätze stehen im Vordergrund, Schutz der Umwelt muss zwar gewährleistet werden, aber dafür sind nach Meinung vieler genügend Gesetze auf Bundes- und Landesebene vorhanden. Und wenn etwas passiert, wie undichte Leitungen in unbesiedelten Gebieten, hat das kaum Nachrichtenwert und ist nach wenigen Tagen aus dem öffentlichen Bewusstsein verschwunden. Nur das Auslaufen von Öl in einem Wohngebiet in Mayflower, Arkansas, im Frühjahr 2013 gab den Umweltschützern neue Argumente, gegen eine neue Leitung und für bessere Auflagen einzutreten. Noch haben nicht alle umweltbewussten Amerikaner sich als Mitglieder der Green Party of the United States registriert. Es gibt sogar eine Konkurrenzpartei, und die Greens veröffentlichen keine Zahlen. Sie kämpfen vornehmlich auf kommunaler Ebene, nur ein einziger Sitz im Bundestaat Arkansas ist von einem Grünen besetzt (Fred Smith).

Die USA aus Sicht des Verbrauchers

Aldi-Ableger für Öko-Amerikaner: Trader Joe's Markt in Saugus, Massachussets

Ein amerikanischer Supermarkt kann durchaus eine Herausforderung sein. Oft weisen die Läden so gigantische Flächen auf, dass selbst Orientierungsschilder kaum eine Hilfe sind, wenn man schnell mal was besorgen will. Die Auswahl an Zerealien, Brotaufstrichen oder Fertiggerichten ist so umfangreich, dass man mitunter froh ist, den vertrauten Schokoladen-Haselnuss-Aufstrich zu entdecken. Die meisten großen Supermarktketten wie Kroger, Supervalu, Loblaw, Publix Super Markets, Delhaize, Sainsbury oder Winn-Dixie gibt es nur in den USA. Es finden sich aber auch vertraute Namen. Die Kette Walmart hat ihre Aktivitäten in Deutschland zwar eingestellt, aber in den USA ist sie mit vier verschiedenen Geschäftstypen die erfolgreichste und umsatzstärkste des Landes. Noch nicht ganz so weit hat es Aldi gebracht, aber schon mehr als 1.270 Filialen sind über die Bundesstaaten verstreut, davon allein drei in New York, in Brooklyn, in Harlem und der Bronx. Ebenfalls zu Aldi, in diesem Fall zur Nord-Kette, gehören die Läden von Trader Joe's, die vorwiegend im Südwesten zu finden sind. Trader Joe's gilt als hipper Supermarkt mit ökologischen Produkten, die dennoch nicht überteuert sind, wie gemacht für den kalifornischen Lifestyle. Deutsche Marken sind in beiden Ketten allerdings kaum zu finden, die Amerikaner schätzen ihre eigenen Produkte hoch ein. Neben den überregionalen Ketten sind zahlreiche kleine Lebensmittelläden nur in manchen Bundesstaaten zu finden, so zum Beispiel Morton Williams nur in New York City oder Stater Brothers nur in Süd-Kalifornien, Food Lion vorwiegend in den mittleren und südlichen Atlantikstaaten und Red Apple nur in Washington State und Oregon. Naturbelassenes Obst oder Gemüse zu finden, kann mitunter schwierig sein. Als organic wird vieles angeboten, aber die Label sind nicht einheitlich. Im Sommer halten viele Städte farmers' markets ab, auf denen Bauern aus der Umgebung ihre Waren verkaufen. In New York finden sich in Brooklyn einige Dachgärten mit organischem Anbau.

Apotheken sind meist in den Supermärkten zu finden, oft sind ihre Regale gut mit Medikamenten gefüllt, die in Deutschland nicht rezeptfrei sind. Walgreens ist eine der größten Ketten für medizinische Produkte. Sie bietet, ähnlich einem Drogeriemarkt, allerdings ein wesentlich umfangreicheres Sortiment von Spielzeug bis zu Kleidung und Fertiggerichten. Nachts um drei Hunger zu haben, kann mitunter

Walmart Supercenter in Cortez, Colorado: regaleweise Kartoffelchips

selbst im mit Service verwöhnten Amerika ein Problem werden – allerdings nur, wenn kein Seven-Eleven-Laden um die Ecke zu finden ist. In dieser 24-Stunden-Kette ist immer etwas Essbares zu finden. Der Verkauf von Alkohol ist je nach Bundesstaat unterschiedlich geregelt. In manchen dürfen die Supermärkte Wein und Bier verkaufen, aber keine höher prozentigen Getränke, die speziellen Liquor-Geschäften vorbehalten sind. In anderen wie Florida wird in Lebensmittelläden alles angeboten. Eine weitere Variante ist die Trennung in zwei verschiedene Geschäfte, allerdings mit einer verbindenden Tür.

Einige der größten Bekleidungsgeschäfte Amerikas sind Sears und K-Mart, Montgomery Ward und JC Penney. Zu den exklusiveren Kaufhäusern gehören Saks Fifth Avenue, Nordstrom, Macy's, Bloomingdale's, Lord & Taylor, Neiman-Marcus, Ann Taylor, Brooks Brothers, Kohls und das Kaufhaus TJ Max. Preisgünstiger einkaufen lässt es sich bei Target, das ein ähnliches Sortiment bietet wie Walmart.

Handys, die hier cellphone oder einfach cell genannt werden, klingeln dank Diensten wie At&T, Verizon Wireless, Sprint Cooperation, U.S. Cellular und T-Mobile US. Getankt wird bei Exxon, Chevron, Valero, Amoco. Shell, BP und Texaco sind natürlich auch vertreten. Die Abgabe erfolgt hier in Gallonen, wobei eine Gallone etwa 3,8 Litern entspricht.

Amerikanische Wirtschaftspolitik

Traditionell gilt in der amerikanischen Wirtschafts- und Finanzpolitik der Grundsatz, den Marktkräften möglichst freien Raum zu lassen. Verglichen etwa mit den meisten europäischen Ländern ist die finanzielle Einflussnahme des Staates beispielsweise in Form von wirtschaftlichen Förderprogrammen deutlich geringer. Dasselbe gilt für das Ausmaß der Regulierung durch Vorschriften für einzelne Branchen und die Höhe der von Unternehmen zu zahlenden Steuern und Sozialabgaben.

Wie sich im Laufe der Geschichte mehrfach gezeigt hat, stößt die Selbstregulierungsfähigkeit des Marktes allerdings mitunter an ihre Grenzen. So vertraute der republikanische Präsident Herbert Hoover angesichts der im Oktober 1929 einsetzenden Great Depression zunächst darauf, dass die Wirtschaftskrise irgendwann von allein zu Ende gehen würde, und beschränkte sich auf die Gründung privater Hilfsorganisationen zur Unterstützung von Arbeitslosen und Bedürftigen, was deren Not aber nur in geringem Maße lindern konnte. Als sich die Lage im Laufe der folgenden zwei Jahre noch deutlich verschlimmerte, sah er die Wiederherstellung des Vertrauens in die private Wirtschaft als das vordringlichste Problem an. Infolgedessen griff er sogar zum Mittel der Steuererhöhung, um den Staatshaushalt auszugleichen und dadurch die Privatwirtschaft von der staatlichen Konkurrenz um Kredite zu befreien. Zudem bemühte er sich darum, private Initiativen gegen die Rezession seitens der Unternehmen in Gang zu setzen, wie etwa die Stützung schwächerer durch starke Banken. Da all dies nicht in hinreichendem Maße von Erfolg gekrönt war, rang er sich in seinem letzten Regierungsjahr zu dem Entschluss durch, die Rettung der Banken mit der Gründung der Reconstruction Finance Corporation zur Staatsaufgabe zu machen. Eine im Kongress beschlossene Arbeitslosenversicherung verhinderte er durch sein Veto, ließ sich aber entgegen seinen Überzeugungen auf den Kompromiss eines staatlichen Arbeitsbeschaffungsprogramms ein.

„Broke, baby sick and car trouble" ist der Titel dieses Fotos von Dorothea Lange, das 1937 im Rahmen ihres Vetrages mit der FSA (Farm Security Administration) entstand. Es zeigt eine Familie, die wegen der Dürre Missouri verließ und in Kalifornien strandete

Die Great Depression und der New Deal

Hoovers demokratischer Konkurrent Franklin D. Roosevelt, der in Anbetracht der unbefriedigenden Ergebnisse der konservativen Politik 1933 ins Präsidentenamt gewählt wurde, war dagegen ein prin-

WIRTSCHAFT

Franklin D. Roosevelt 1934 bei einer seiner im Plauderton gehaltenen Radioansprachen, die man „Kamingespräche" (fireside chat) nannte. In ihnen erklärte er dem Volk seine Politik des New Deal

zipieller Befürworter von staatlichen Eingriffen, sofern sie sich im öffentlichen Interesse als notwendig erwiesen. Seiner Überzeugung nach hatte ein vorrangiges Ziel des Staates darin zu liegen, durch eine gleichmäßigere Verteilung des Nationaleinkommens allen Bürgern ein Existenzminimum zu sichern und somit für eine breite Kaufkraft zu sorgen, indem die Steuern insbesondere auf Erträge aus spekulativen Investitionen erhöht wurden. In der Folge führte Roosevelt in seinem New-Deal-Programm zahlreiche Maßnahmen durch. Dazu gehörten die Reform des Bankensystems und die Regulierung des Finanzmarkts durch eine Trennung des Einlagen- und Kreditgeschäfts vom Wertpapiergeschäft sowie eine Abwertung des Dollars zur Steigerung der Exporte. In Verhandlungen mit den Unternehmen wurde

Mehr Sicherheit für die amerikanische Familie: Werbung für die Einführung von Sozialversicherungen in den 30er Jahren

ein freiwilliger Verhaltenskatalog vereinbart, der unter anderem für einen Zeitraum von zwei Jahren Mindestpreise und -löhne, die Anerkennung von Gewerkschaften und die 40-Stundenwoche vorsah. Landwirte erhielten günstige Kredite und Beihilfen, um die Lebensmittelproduktion zu reduzieren und damit den Preisverfall zu stoppen. Dazu kamen kurzfristige Arbeitsbeschaffungsprogramme, eine Aufstockung der Sozialhilfe und große Infrastrukturprojekte. Durch langfristige Kreditvergaben wurde der Bau von Eigenheimen gefördert. An die Stelle der unter der Hoover-Regierung betriebenen protektionistischen Politik, die sich als kontraproduktiv erwiesen hatte, trat Schritt für Schritt eine Liberalisierung des Außenhandels. Um den Wettbewerb zu erhöhen und den Einfluss großer Konzerne auf die Gesetzgebung zu verringern, wurden übergroße Holdinggesellschaften entflochten. Zu den langfristigen New-Deal-Projekten im sozialen Bereich gehörten die Einführung von Sozialversicherungen und Arbeitslosenversicherungen in den Einzelstaaten nach dem Vorbild europäischer Länder, von denen allerdings Selbstständige, Landwirte und Hausangestellte – und damit etwa 65 % der Afroamerikaner – ausgeschlossen waren. Die Einführung einer Krankenversicherung fand dagegen im Kongress keine Mehrheit. Außerdem wurde mit dem Wagner Act von 1935 den Arbeitnehmern formal das Recht auf Gewerkschaftsbildung und Streik zugestanden; drei Jahre später wurden erstmals ein gesetzlicher Mindestlohn von 25 Cent pro Stunde und eine wöchentliche Arbeitszeitbegrenzung von 44 Stunden festgelegt und Kinderarbeit unter 16 Jahren verboten, wobei wiederum die Gruppen der Hausangestellten und Farmarbeiter mit Rücksicht auf die Abgeordneten aus den Südstaaten vom Gesetz ausgenommen wurden. Ein Problem bei der Umsetzung des Reformprogramms war der von konservativen Richtern dominierte Oberste Gerichtshof, der eine Reihe von Gesetzen für verfassungswidrig erklärte, bis ab 1937 wohl auch unter dem Eindruck der öffentlichen Kritik ein Sinneswandel eintrat, der dadurch begünstigt wurde, dass nach und nach acht der neun Richter in den Ruhestand gingen und von Präsident Roosevelt durch liberalere Kandidaten ersetzt wurden.

Wenn der New Deal auch nicht alle Probleme lösen konnte und die angestrebte Vollbeschäftigung erst aufgrund des Eintritts der USA in den Zweiten Weltkrieg erreicht wurde, setzte er doch wichtige Marksteine bei der Bildung eines Sozialstaats und gab einer am Boden liegenden Nation wieder Mut und Hoffnung. Infolgedessen bestand auf

Warten auf Unterstützungscheques in Calipatria, Kalifornien, 1937

Jahrzehnte unter demokratischen wie republikanischen Regierungen der Konsens, auf den Errungenschaften des New Deals aufzubauen und am Prinzip der staatlichen Einflussnahme und Sozialpolitik festzuhalten.

Wirtschaftliche Kehrtwende mit Reagonomics

Erst 1981 kam es mit der Präsidentschaft Ronald Reagans zu einer politischen Wende, die allerdings mit der Entstehung der sogenannten New Right (Neue Rechte), die mit einem Netzwerk aus konservativen Organisationen und Thinktanks gegen die liberale Politik mobil machte, bereits in den 60er-Jahren angestoßen worden war. Reagan prägte seinerzeit den Ausspruch: „Government is not the solution to our problem, government is the problem." Sein Wirtschaftsprogramm, das unter der Bezeichnung Reagonomics bekannt wurde, kombinierte drastische Steuersenkungen und die weitgehende wirtschaftliche Deregulierung mit starken Haushaltskürzungen insbesondere im sozialen Bereich. Hintergrund dieses politischen Paradigmenwechsels, der sich in ähnlicher Weise zur gleichen Zeit unter Margaret Thatcher in

John Maynard Keynes mit Harry Dexter White bei einem Treffen des Internationalen Währungsfonds im März 1946. Bei der Konferenz von Bretton Woods 1944, bei der die wirtschaftliche Nachkriegsordung festgelegt worden war, hatten sie unterschiedliche Positionen vertreten, Keynes als Vertreter Englands und White als verhandlungsführer der Amerikaner.

Milton Friedmann mit Präsident Nixon. Friedman, seit 1976 Nobelpreisträger, hatte großen Einfluss auf die Wirtschaftspolitik der Konservativen

Großbritannien ereignete, war eine wirtschaftswissenschaftliche Auseinandersetzung über die Frage, ob die Ursachen für die wirtschaftliche Schieflage seit den 70er Jahren (Stagflation) auf der Nachfrage- oder der Angebotsseite zu verorten seien.

In den 30er Jahren hatte der britische Ökonom und Politiker John Maynard Keynes unter dem Eindruck der Great Depression ein Theoriegebäude entwickelt, nach dem die gesamtwirtschaftliche Nachfrage den wesentlichen Faktor zur Steigerung von Produktion und Beschäftigung darstellt. Da private Entscheidungen in einer Markwirtschaft stets von der gesellschaftlichen Stimmungslage abhängen, sollen nach keynesianischer Auffassung bei einem wirtschaftlichen Abschwung und einer Zunahme der Arbeitslosigkeit der Staat und die Zentralbank durch Ausgaben, Steuer- und Leitzinssenkung respektive die Erhöhung der Geldmenge antizyklisch der zurückgehenden Nachfrage entgegenwirken. Dagegen ist gemäß dem angebotsökonomischen Ansatz der „Chicagoer Schule" Milton Friedmans der Schlüsselfaktor für eine florierende Marktwirtschaft ein ausreichender Anreiz für Investitionen. Das Beste, was der Staat tun könne, sei deshalb, dafür zu sorgen, dass die Steuerbelastung und die Regulierung des Marktes möglichst gering ausfallen. Infolge vermehrten Sparens und Konsums, und zunehmender Investitionen und Innovationen könne dies sogar zu einer Erhöhung des Steueraufkommens führen. In den 60er Jahren wurde insbesondere von Friedman die Doktrin des Monetarismus entwickelt, nach der die Geldmenge die entscheidende Größe zur Beeinflussung wirtschaftlicher Prozesse ist. Während die Keynesianer eine positive Korrelation zwischen Inflation und Beschäftigung sehen und zum Erreichen einer Vollbeschäftigung eine gewisse Inflation in Kauf nehmen, stellen die Monetaristen einen solchen Zusammenhang in Abrede und wollen über die Geldpolitik der Inflation entgegenwirken. Da die konjunkturellen Wechselwirkungen zu unberechenbar seien, um sie kurzfristig steuern zu können, führe eine Ausrichtung der Geldpolitik am Konjunkturverlauf entsprechend dem keynesianischen Ansatz zwangsläufig zur Destabilisierung. Dagegen sorgt nach ihrer Überzeugung eine stabile Geldpolitik mit einer am langfristigen Wirtschaftswachstum orientierten Geldmengeerhöhung automatisch für einen Rückgang der Arbeitslosigkeit bis hin zur geringstmöglichen Arbeitslosenquote. Angesichts der zunehmenden Inflation hatten die Monetaristen bereits in den 60er- und 70er-Jahren an Einfluss gewonnen. So hatte bereits seit 1975 die US-Notenbank (Federal Reserve

WIRTSCHAFT

Präsident Reagan erklärt im Oval Office Fernsehzuschauern seine Steuerpolitik

System oder abgekürzt Fed) damit begonnen, Geldmengenziele zu setzen, die allerdings lediglich zwischen 1979 und 1982, als die Inflationsbekämpfung ein vorrangiges Ziel war, rigoros eingehalten wurden.

Hinter der Wirtschaftspolitik Ronald Reagans stand insbesondere der Ökonom Arthur B. Laffer, dessen von ihm entworfene und nach ihm benannte Kurve ihm als Nachweis dafür diente, dass Steuereinnahmen ab einem bestimmten Einkommensteuersatz nicht mehr ansteigen, sondern sinken, und sich daher durch Steuersenkungen das Steueraufkommen erhöhen lässt. De facto stützten sich die Reaganomics allerdings nicht allein auf Angebotspolitik und Monetarismus, sondern auch auf keynesianische Ansätze, was zu teils miteinander in Konflikt stehenden Maßnahmen führte. Letztlich führten die Steuersenkungen in Verbindung mit einer wirtschaftsfördernden Steigerung der Rüstungsausgaben trotz der Kürzungen bei den Wohlfahrtsleistungen sogar zu einer Vergrößerung des Staatsdefizits. Dazu kam, dass die Deregulierungen immer risikoreichere Spekulationen an der Wall Street zur Folge hatten. Zum Hauptkritikpunkt an den Reaganomics wurde die Vertiefung der sozialen Ungleichheit: Während die ärmeren Schichten unter der Kürzung der Sozialprogramme zu leiden hatten, nahmen die Vermögen der Bürger mit den höchsten Einkommen weiter zu.

Von der New Economy zur Weltfinanzkrise

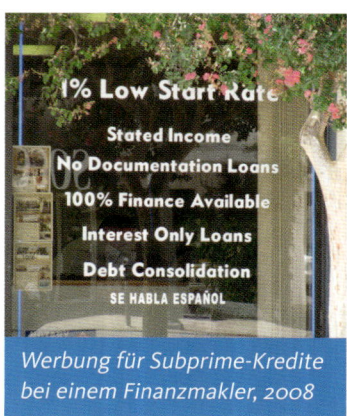

Werbung für Subprime-Kredite bei einem Finanzmakler, 2008

Dem von Reagan und seinem republikanischen Nachfolger George H. W. Bush angehäuften Haushaltsdefizit begegnete der von 1993 bis 2000 regierende demokratische Präsident Bill Clinton einerseits mit drastischen Einsparungen insbesondere im Verteidigungsetat, andererseits mit Steuererhöhungen vor allem für Unternehmen und Spitzenverdiener und der Einführung einer Sozialversicherungssteuer für wohlhabende Senioren. In der Sozialpolitik setzte Clinton auf Hilfe zur Selbsthilfe, indem er Leistungen für Arbeitslose von deren Bemühungen bei der Arbeitssuche abhängig machte und dies mit der Einführung einer arbeitsplatzunabhängigen Krankenversicherung, bildungspolitischen Maßnahmen und Steuererleichterungen für Geringverdiener verband. Zur wirtschaftspolitischen Bilanz der Ära Clinton gehörten eine geringe Arbeitslosenquote und ein Haushaltsüberschuss. Einen wichtigen Beitrag zum Wirtschaftswachstum in jenen Jahren leisteten die Bereiche Kommunikation, Informations- und Biotechnologie, die sogenannte New Economy, und der dadurch bedingte Börsenboom. Eine im Nachhinein kritisch betrachtete Maßnahme war die Aufhebung des in den 30er Jahren verabschiedeten Glass-Steagall Acts im Jahr 1999, der für eine Trennung des Bankensystems in Einlagen- und Kreditbanken und Investmentbanken gesorgt hatte. Was von der Regierung Clinton als wichtiger Schritt angesehen wurde, um die amerikanischen Geschäftsbanken weltweit wettbewerbstauglich zu machen, gilt vielen als Ursache einer Fehlentwicklung der Finanzbranche, die 2007 zur Finanzkrise und ein Jahr später zur spektakulären Insolvenz der Investmentbank Lehman Brothers führte.

In der Amtszeit des republikanischen Präsidenten George W. Bush von 2001 bis 2008 verkehrte sich das Haushaltsplus wiederum in ein hohes Defizit. Dazu trugen Steuersenkungen bei, vor allem aber hohe Staatsausgaben für den äußerst kostspieligen „Krieg gegen den Terror" nach den Anschlägen vom 11. September 2001. Zudem platzte im März 2000 die sogenannte Dotcom-Blase, die auf der Spekulation mit Aktien insbesondere von Internetfirmen beruhte. Um der dadurch entstehenden Rezession entgegenzuwirken, betrieb Bush eine antizyklische Fiskalpolitik, die unter anderem land- und energiewirtschaftliche Subventionen umfasste.

2007 platzte in den USA eine Immobilienblase, die zur Hypothekenkrise (*subprime crisis*) und schließlich zur weltweiten Finanz- und

Am Tag der Pleite: Hauptsitz der Investmantbank Lehman Brothers in New York am 15. September 2008

Wirtschaftskrise führte. Hauptgründe dafür waren eine zu laxe Vergabe von Hausbaukrediten und undurchsichtige „Finanzprodukte", die eben diese Risiko-Kredite verbrieften – und den internationalen Wertpapierhandel beflügelten, weil sie von den Rating-Agenturen beste Bewertungen erhielten.

In gewisser Hinsicht schloss sich ein Kreis zur ersten Weltwirtschaftskrise in den 30er Jahren: Kritiker hatten dem seinerzeit im Rahmen des New Deals initiierten Hausbauprogramm vorgeworfen, sich nur an die weiße Mittelklasse zu richten und das untere Einkommensdrittel der Bevölkerung nicht zu berücksichtigen. Als Konsequenz daraus waren seit den 90er Jahren unter den Regierungen von George H. W. Bush, Bill Clinton und George W. Bush auch Kredite an ärmere Familien vergeben worden, die zu einem erheblichen Teil nicht zurückgezahlt werden konnten. Eine Ursache hierfür lag in der von Ronald Reagan in den 80ern begonnenen Angebotspolitik, die zu einer Stagnation der mittleren und unteren Einkommen und dadurch zu einer zunehmenden Verschuldung in diesen Einkommensgruppen geführt hatte. Infolgedessen musste im März 2008 erstmals seit der Great Depression in den 30er Jahren die US-Zentralbank ein Kreditinstitut vor dem Bankrott retten, indem sie die JPMorgan Chase & Co. bei der Übernahme der fünftgrößten Investmentbank Bear Stearns un-

Protest gegen Zwangsvollstreckungen in Minneapolis 2014

terstützte. Nach der Insolvenz von Lehman Brothers kurz zuvor wollte man den Untergang einer weiteren bedeutenden Bank unbedingt verhindern. Im September desselben Jahres übernahm die Regierung die vorläufige Kontrolle über die Hypothekenbanken Fannie Mae (Federal National Mortgage Association, FNMA) und Freddie Mac (Federal Home Loan Mortgage Corporation, FHLMC). Einen Monat später verabschiedete der Kongress das Troubled Asset Relief Program (TARP), über das bis Ende 2014 angeschlagene Finanzinstitute gestützt wurden. Bereits kurz nach dem Einzug Barack Obamas ins Weiße Haus 2009 wurde mit dem American Recovery and Reinvestment Act ein umfangreiches Aufschwung- und Reinvestitionspaket beschlossen. Neben Steuersenkungen, Investitionen in Bildung, Infrastruktur und das Gesundheitssystem umfasste es Maßnahmen zur Unterstützung von Arbeitslosen und Ausbildungsförderung sowie Investitionen in Einsparpotenziale im Energiesektor. Es folgten weitere Interventionen wie die Staatshilfen für die krisengeschüttelten Automobilkonzerne Chrysler und General Motors. 2010 wurde mit dem Dodd/Frank Act die größte Finanzmarktreform seit der Great Depression beschlossen. Neben der Gründung einer Finanzmarktregulierungsbehörde legt das Gesetz unter anderem Einschränkungen beim Eigenhandel der Banken fest. Im selben Jahr brachte Obama nach zäher Kompromisssuche im Kongress sein zentrales Reformprojekt einer allgemeinen Krankenversicherungspflicht auf den Weg.

Trotz der starken Interventionspolitik der letzten Jahre wäre es aber wohl eine sehr voreilige Schlussfolgerung, das amerikanische Modell einer möglichst frei agierenden Wirtschaft langfristig als überholt anzusehen. Viel eher lässt sich in der Krisenbewältigung ein Beispiel für den amerikanischen Hang zu pragmatischen Lösungen sehen, die letztlich dazu dienen, neue Bedingungen zu schaffen, unter denen der Markt wieder einwandfrei funktionieren kann.

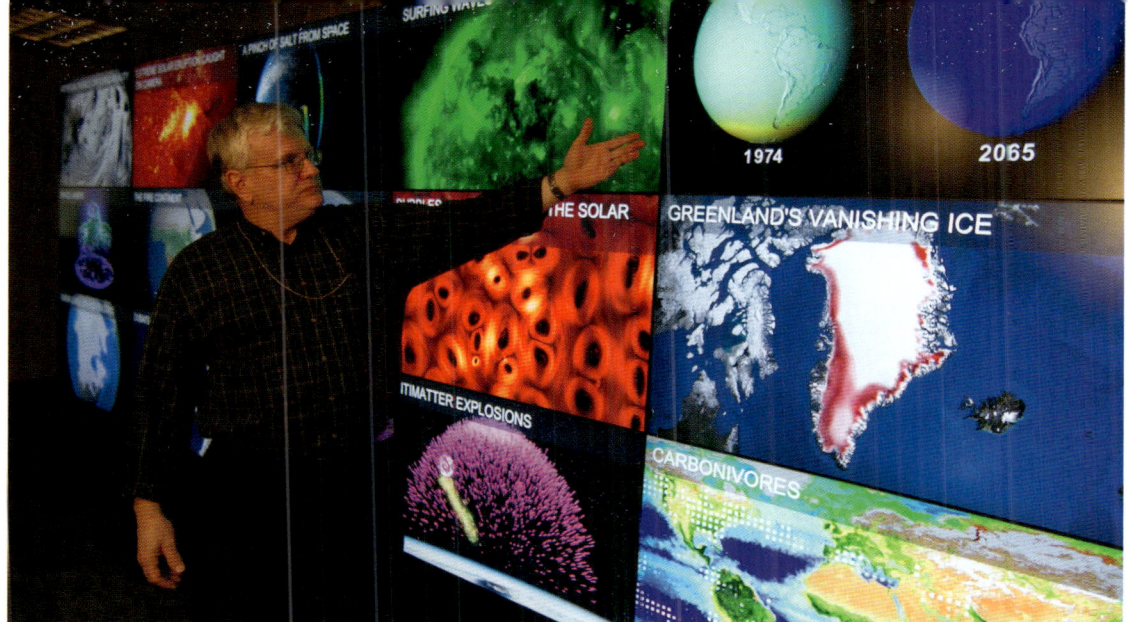

Im Goddard Space Flight Center der NASA wird eine neue Wissenschafts-App demonstriert

Wissenschaft und Forschung

Die Förderung und Verbreitung von Wissen und Ideen galt bereits den amerikanischen Gründervätern als so wichtiges Ziel, dass sie in der Verfassung den Kongress dazu bemächtigten, Urhebern und Erfindern für eine gewisse Zeit die exklusiven Rechte an ihren Schriften und Entdeckungen zuzubilligen. Zu den ersten bekannten Wissenschaftlern der Vereinigten Staaten gehörten mit Benjamin Franklin, der 1750 Blitze als eine Form von Elektrizität erkannte und den Blitzableiter erfand, und dem Universalgelehrten Thomas Jefferson, der unter anderem ein Chiffriergerät konstruierte, just zwei der Gründerväter. In der Folge taten sich eine Reihe von amerikanischen Ingenieuren und Naturwissenschaftlern mit bedeutenden Erfindungen hervor, darunter Robert Fulton, der 1809 das erste wirtschaftlich erfolgreiche Dampfschiff zum Patent anmeldete, Samuel F. B. Morse, der 1837 den ersten brauchbaren Schreibtelegrafen konstruierte, und die Brüder Wilbur und Orville Wright, die Anfang des 20. Jahrhunderts das erste praktisch verwendbare Motorflugzeug bauten. Besonders produktiv war Thomas Alva Edison. Zu seinen über tausend Entwicklungen in den Bereichen Elektrizität, Licht-, Tontechnik und Telekommunikation zwischen 1868 und 1931 gehörte neben der ersten wettbewerbsfähigen Kohlefadenglühlampe, dem Kinetoskop – dem ersten Filmbetrachter für 35-mm-Filme – und der wiederaufladbaren galvanischen

Der einzige Mensch, der zwei ungeteilte Nobelpreise erhielt, war Linus Pauling. 1954 bekam er den Nobelpreis für Chemie für seine Forschungen über die Natur chemischer Bindungen, 1962 den Friedensnobelpreis für sein Engagement gegen Atomwaffentests

Jennifer Doudna gilt vielen als künftige Nobelpreisträgerin, nachdem sie 2012 zusammen mit Emmanuelle Charpentier ein Verfahren zur Genmanipulation (CRISPR/Cas9) vorgeschlagen hatte, das erheblich sicherer, effektiver und billiger ist als bisherige und Landwirtschaft und Biomedizin revolutionieren dürfte.

Zelle auch der elektrische Stuhl. Es sollte allerdings bis Mitte des 20. Jahrhunderts dauern, bis die USA auch in der Grundlagenforschung und der Formulierung wissenschaftlicher Theorien international immer mehr von sich reden machten und sich schließlich zur weltweit führenden Wissensnation entwickelten. Seit 1950 gingen rund fünfzig Prozent der naturwissenschaftlichen Nobelpreise an amerikanische Forscher. Ihren Ausgangspunkt hatte diese Entwicklung in den späten 1860er Jahren, als die amerikanische Regierung den Bundesstaaten Land für den Aufbau sogenannter Land-Grant-Colleges zur Verfügung stellte, an denen schwerpunktmäßig Agrarwirtschaft, Ingenieur- und Militärwissenschaften gelehrt werden sollte. Parallel dazu wurden die ersten privaten Forschungsuniversitäten gegründet. Bis dahin hatte wissenschaftliche Forschung nicht an Colleges und Universitäten, sondern ausschließlich innerhalb gelehrter Gesellschaften stattgefunden. Mit der Industrialisierung entwickelte sich ein großer Bedarf an der Ausbildung von Fachkräften, angewandter Forschung und amtlich definierten Standards. Der Erste Weltkrieg leistete einen wichtigen Beitrag zur Intensivierung der Forschung im militärisch bedeutsamen Bereich. In den 1920er und 30er Jahren wurden in ausgewählten Universitäten vor allem von großen Stiftungen finanzierte natur- und sozialwissenschaftliche Forschungsprogramme initiiert. Die Aktivitäten von Stiftungen wie der Rockefeller Foundation leisteten auch einen nicht unwichtigen Beitrag dazu, den Einfluss der in den USA entwickelten wissenschaftlichen Methoden in Europa zu vergrößern. Ein enormer Schub für den Aufbau staatlicher Forschungsstätten ging schließlich vom Zweiten Weltkrieg und dem von Robert Oppenheimer geleiteten Manhattan-Projekt zum Bau der Atombombe aus, in das zeitweise bis zu 250.000 Menschen involviert waren. Später führten der Kalte Krieg und der Konkurrenzkampf zwischen UdSSR und USA zum weiteren Ausbau militärisch nutzbarer Forschung, zur Gründung der Raumfahrtbehörde NASA (National Aeronautics and Space Administration) und 1969 zur ersten Landung von Menschen auf dem Mond. Seit 1961 existiert im Weißen Haus ein Wissenschafts- und Technologiebüro, dessen Leiter eine wichtige Beraterfunktion für den Präsidenten zukommt. Die Verzahnung von staatlich-militärischer Forschung, Industrie und Universitäten führte allerdings bereits seit Ende der 40er Jahre zu Diskussionen über ethische Probleme, finanzielle Abhängigkeiten und Folgen für die Lehr- und Forschungsfreiheit. Kritisch beäugt wurden auch mögliche negative hochschulpo-

Teilchenbeschleuniger am Fermilab in Batavia, Illinois bei Chicago. Bis 2009, als der Large Hadron Collider am CERN bei Genf in Betrieb genommen wurde, war er der energiereichste der Welt. Hier wurden Top- und Bottom-Quark und das Tau-Neutrino entdeckt

litische Auswirkungen derartiger Kooperationen auf Fachbereiche, die für solche Programme nicht infrage kamen.

Infolge der Anschläge vom 11. September 2001 bekam diese Debatte neue Nahrung. Dem außerordentlichen Renommee, das das amerikanische Hochschul- und Wissenschaftssystem international erlangt hat, konnten derartige Abhängigkeiten aber keinen Abbruch tun. Die Gründe hierfür liegen in der großzügigen Ausstattung der Universitäten mit öffentlichen und privaten Mitteln, ihrer Konkurrenz untereinander und nicht zuletzt in Elitehochschulen wie der Harvard University und dem Massachusetts Institute of Technology (MIT), die herausragende Talente aus aller Welt anziehen.

Angesichts solcher wissenschaftlicher Exzellenz kann die in der amerikanischen Gesellschaft weit verbreitete Wissenschaftsskepsis für Europäer umso befremdlicher wirken. Insbesondere bei den Republikanern und ihren Wählern anzutreffende Überzeugungen scheinen aus einer anderen Welt zu stammen, wie etwa die Leugnung eines vom Menschen beeinflussten Klimawandels oder – nach jüngsten Umfragen des Pew Research Centers – der Glaube von 33 % der Amerikaner, dass der Mensch nicht infolge der Evolution, sondern durch unmittelbare göttliche Schöpfung entstanden ist. Letztlich bestätigt dies aber nur abermals die Tatsache, dass Amerika ein großes Land mit einem weiten Spektrum an Möglichkeiten und Gegensätzen ist, und ändert nichts daran, dass auch der Glaube an den technisch-wissenschaftlichen Fortschritt als typischer Bestandteil der amerikanischen Mentalität gelten kann.

Silicon Valley und die „kalifornische Ideologie"

Als 1951 auf einem der Stanford University gehörenden Areal an der San Francisco Bay ein Industriepark gegründet wurde, war noch nicht abzusehen, dass daraus einmal das berühmteste IT- und Hightech-Zentrum der Welt werden würde. Allerdings war die Gegend um die Bucht von San Francisco schon lange vorher ein Hort technischer Innovationen gewesen. So wurde 1853 von einem Feuerschiff in der Golden-Gate-Meerenge anlässlich der Rückkehr der siegreichen amerikanischen Flotte aus dem Spanisch-Amerikanischen Krieg erstmals eine drahtlose telegrafische Nachricht in die USA gesendet. Ab 1909 wurde in San Jose das erste regelmäßige US-Radioprogramm ausgestrahlt. Lange Zeit war die Gegend auch ein wichtiges Forschungszentrum der Navy. Die Ansiedlung der Halbleiter- und Computerindustrie begann Mitte der 50er Jahre mit dem von dem ehemaligen Bell-Labs-Mitarbeiter William Shockley gegründeten Shockley Semiconductor Laboratory. 1971 prägte eine Elektronikzeitschrift in einer Artikelserie den Begriff „Silicon Valley" als Zusammensetzung aus der englischen Bezeichnung des in Halbleitern verwendeten Siliziums und dem Santa Clara Valley, dem traditionellen Zentrum der Industrieregion.

Heute gilt das Silicon Valley als Synonym für Computer- und Informationstechnik schlechthin, ohne die die moderne Gesellschaft längst nicht mehr denkbar wäre. Daneben verbindet sich mit ihm aber auch eine Vision, die über den Glauben an den gesellschaftlichen Nutzen der dort entwickelten Konzepte und Erfindungen weit hinaus geht: Viele seiner Protagonisten eint die Vorstellung, dass die technische Evolution früher oder später zur Lösung aller Probleme der Menschen und die globale Informationsgesellschaft zur völligen individuellen Freiheit führen wird. Dementsprechend besteht ihr Anspruch nicht einfach darin, Geld zu verdienen, indem sie die Welt um Dinge bereichern, die sie sich zuvor nicht vorstellen konnte, sondern auch darin, die Welt aktiv zu verändern, sie nach ihrem Verständnis freier und besser zu machen. In diesem Kontext sind etwa die diversen Projekte des Ende 2015 in Alphabet umbenannten Google-Konzerns zu sehen, die von der Entwicklung künstlicher Intelligenz über selbstfahrende Autos bis hin zu medizintechnischen Anwendungen und dem Unternehmen Calico reichen, das nach Möglichkeiten forschen soll, den Tod zu überwinden. Auch Facebook-Gründer Mark Zuckerberg wird nicht müde zu betonen, dass sein soziales Netzwerk nach seiner Überzeugung die Welt verbes-

Der kanadische Philosoph und Medientheoretiker Marshall McLuhan sagte schon in den frühen 60er Jahren eine „elektronische gegenseitige Abhängigkeit" voraus und prägte den Begriff „Globales Dorf". Ein Teil der kalifornischen Hippiekultur wurde von ihm stark beeinflusst.

sert. Seine Offerte an Indien, den Subkontinent mit einem kostenlosen, von Facebook handverlesenen Internetangebot zu versorgen, kann ebenso vor diesem Hintergrund betrachtet werden wie Zuckerbergs medienwirksame und vielfach als Marketing- und Steuertrick beargwöhnte Ankündigung, 99 % seines Milliardenvermögens in eine karitative Stiftung zu überführen, die sich für nicht näher bezeichnete Bildungsprojekte, erneuerbare Energien und Krankheitsbekämpfung einsetzen soll.

Erstmals beschrieben wurde diese „kalifornische Ideologie" 1995 in einem Aufsatz von den britischen Sozialwissenschaftlern Richard Barbrook und Andy Cameron. Wie die Autoren ausführen, ging aus der kalifornischen Hippiekultur unter dem Einfluss von Medientheorien vor allem des Philosophen und Kommunikationstheoretikers Marshall McLuhan die Idee hervor, dass die Informationsgesellschaft und eine daraus entstehende „elektronische Agora", auf der jeder ungehindert Informationen und Meinungen austauschen kann, den Schlüssel zur gesellschaftlichen Emanzipation darstellt. Auf diese Vorstellung und libertäre und radikal individualistische Ideen sowie unbedingten Fortschrittsglauben gründe sich die in der „digitalen Klasse" des Silicon Valleys kultivierte Utopie einer postindustriellen Gesellschaft, in der Wohlstand und Wachstum auf Wissen beruhen und die Macht nicht länger bei zentralen staatlichen Strukturen, sondern bei virtuell vernetzten Individuen liegen wird. Hieraus ergebe sich eine kritische Distanz zum Staat bis hin zur Ablehnung staatlicher Eingriffe in die Gesellschaft und einer Abneigung gegenüber der gegenwärtigen Form der Demokratie. Manch einer, wie der PayPal-Gründer Peter Thiel, verfolgt gar das Ziel, auf künstlichen beweglichen Inseln außerhalb der Hoheitsgewässer von staatlichen Reglementierungen unbehelligte libertäre Gesellschaften zu errichten. Kritiker werfen der „kalifornischen Ideologie" daher elitäres Denken, eine Ignoranz der sich aus sozialer Ungleichheit ergebenden Probleme sowie allgemein eine amerizentrische Grundhaltung vor. De facto führe sie zu einer Vergrößerung der Macht der Konzerne über die Individuen und – angesichts des ungleichen Zugangs zu Information und Wissen – zu einer Verstärkung der sozialen Klassenbildung.

Bietet die Informationstechnologie die Chance zu gesellschaftlicher Emanzipation aller?

Kapitel 6
Kultur & Lebensart

Figuren in einem Schaufenster: Der Jazz ist **der** originäre US-amerikanische Beitrag zur Weltkultur

USA-Lesebuch

Kultur & Lebensart

Die amerikanischen Regionen

Die Vereinigten Staaten lassen sich nur schwer in verschiedene Regionen aufteilen. Landschaften mögen eine Aufteilung zulassen, die sehr kleinteilig ausfallen kann. Sehr grob dagegen wurde eine politische Einteilung vorgenommen, die nur Nordosten, Mittleren Westen, den Süden und den Westen klassifiziert, dabei aber nicht die Unterschiede der Präferenz für Demokraten oder Republikaner berücksichtigt. Ethnische Dominanz in Bundesstaaten ist nur sehr bedingt ein Kriterium für die Betrachtung von Regionen und kulturellen Unterschieden, zu unterschiedlich ist der historische Hintergrund der die amerikanische Bevölkerung ausmachenden Immigranten und der Ur-Einwohner.

Ein praktikabler Ansatz ist der der amerikanischen Botschaft in Deutschland, die auf ihrer Website sechs Regionen klassifiziert und kurz vorstellt: Neu England (Connecticut, Maine, Massachusetts, New Hampshire, Rhode Island und Vermont), die Mittleren Atlantikstaaten (Delaware, Maryland, New Jersey, New York, Pennsylvania, Washington D.C.), der Süden (die Südstaaten des Bürgerkriegs mit Alabama, Arkansas, Florida, Georgia, Kentucky, Louisiana, Mississippi, North Carolina, South Carolina, Tennessee, Virginia, West Virginia), der Mittlere Westen (Illinois, Indiana, Iowa, Kansas, Michigan, Minnesota, Missouri, Nebraska, North Dakota, South Dakota, Ohio, Wisconsin), den Südwesten (Arizona, New Mexico, Oklahoma, Texas) und den Westen (Alaska, Colorado, California, Hawaii, Idaho, Montana, Nevada, Oregon, Utah, Washington und Wyoming). Dabei gehen sie neben den landschaftlichen auch auf die ökonomischen und kulturellen Unterschiede ein, die zumindest auf einer übergeordneten Ebene eine gewisse Orientierung bieten. Reiseführer wiederum nehmen

Patriotismus ist allen Amerikanern gemeinsam

KULTUR & LEBENSART

In allen Regionen der USA wird der Unabhängigkeitstag ausgelassen gefeiert

andere Einteilungen vor, je nachdem, aus welcher Perspektive dieses riesige Land betrachtet werden soll.

Auch die verschiedenen Dialekte des Englischen können zu Unterscheidungen beitragen: In Neu-England hört sich die Sprache zum Beispiel vollkommen anders an als in Texas oder in Montana. Die meisten auf nationaler Ebene ausgestrahlten Fernseh- und Radiosendungen haben Moderatoren, die den Akzent des Mittleren Westens sprechen; er gilt als die typischste Variante des amerikanischen Englisch.

Die kultivierte Ostküste: staatstragende Symbole und neueste Trends

An der nördlichen Ostküste begann die europäisch-amerikanische Geschichte: Hier sind die besten Universitäten – nicht nur der USA – angesiedelt, in Philadelphia wurde die Unabhängigkeit erklärt und die

Die Freiheitsglocke in Philadelphia

Verfassung verabschiedet, und in New York regiert der Mainstream von Kultur, Mode und Lebensstil. Die Hauptstadt ist ebenfalls hier, alle internationalen Organisationen sind vertreten. Die Ostküste wartet zudem mit den für das amerikanische Selbstverständnis wichtigsten Symbolen auf: die Freiheitsstatue in New York, die Freiheitsglocke in Philadelphia, das Schlachtfeld von Gettysburg, das Weiße Haus in Washington D.C. und die älteste, bereits 1636 gegründete Universität Harvard in Cambridge (Massachusetts).

Thanksgiving und die Pilgrim Fathers

Es ist nicht ganz sicher, ob sich die Geschichte tatsächlich so zugetragen hat, aber dessen ungeachtet hat sich aus einer gemeinsamen Mahlzeit von englischen Siedlern und einheimischen Indianern der wichtigste Familienfeiertag der Staaten entwickelt. Thanksgiving ist ein Feiertag, der Amerikanern jeglicher Glaubensrichtung die Möglichkeit gibt zu feiern, eine Art Erntedankfest: Jeweils am vierten Donnerstag im November kommen Familien an einem Ort zusammen und ein Truthahn muss sein Leben lassen. Hintergrund soll der strenge Winter an der Küste von Massachusetts gewesen sein: Nur mit Hilfe der dort ansässigen Wampanoag-Indianer konnten die Pilgerväter von der „Mayflower" überleben. Ein Jahr nach der Ankunft wurde die erste Ernte 1621 mit einem gemeinsamen Festgelage gefeiert. Die nachfolgenden Kriege mit den Indianern, die harten Jahrzehnte des Überlebens in schwierigem Umfeld bis hin zum Bürgerkrieg haben diese Legende in Vergessenheit geraten lassen. Präsident Lincoln wird nachgesagt, er habe 1863 die Idee zu einem jährlichen nationalen Thanksgiving Day auf den Weg gebracht, um für das zerrissene Land ein Symbol der Einheit zu schaffen. Er berief sich dabei allerdings auf Gott, dem es für Frieden, Gemeinschaft und Harmonie zu danken galt. Als gesetzlicher Feiertag ist Thanksgiving erst seit 1941 verankert, einen Monat nachdem Pearl Harbor bombardiert wurde.

So wie dieser wichtige Feiertag seinen Ursprung in Neuengland hat, gilt diese Region als die Wiege der Vereinigten Staaten: Bei der Boston Tea Party 1773 wurden die Weichen für den Unabhängigkeitskrieg gelegt, bis ins 19. Jahrhundert war Neuengland das geistige Zentrum und auch das industrielle Kernland der USA. Noch heute gilt: Wer von den Pilgrim Fathers abstammt, gehört quasi zum amerikanischen

Ein Schlüsselereignis auf dem Weg zur Unabhängigkeit: die Boston Tea Party am 16. Dezember 1773. Als Indianer verkleidete Bostoner Bürger werfen 45 Tonnen Tee von Bord britischer Schiffe, um gegen die Steuer- und Zollpolitik des Mutterlandes in den amerikanischen Kolonien zu protestieren. Lithographie von 1846

Thanksgiving hat als Familienfest in den USA eine größere Bedeutung als Weihnachten

Adel. Einige der „Mayflower"-Siedler hatten zudem einen Vertrag aufgesetzt, der Regeln für ihr künftiges Zusammenleben und die Gestaltung ihrer Gemeinschaft festlegte. Dort waren bereits Grundsätze der Machtverteilung enthalten, eine Regierung sollte ihre Legitimation aus der Zustimmung der Regierten beziehen. Dieser Grundgedanke einer bürgerlichen Gesellschaft wird als Ursprung der späteren Unabhängigkeitserklärung angesehen.

Philadelphia: Freiheitsglocke und Unabhängigkeitshalle

In Philadelphia atmet nahezu jede Straße der Innenstadt Geschichte, schließlich ist diese Stadt schon 1681 gegründet worden. Viele der Steinhäuser sind erhalten und restauriert. So wie die Neuengland-Staaten als Wiege der Nation verstanden werden, so ist die Stadt zwischen New York und Washington quasi die Kinderstube: Hier entstanden die erste öffentliche Schule, die erste Bibliothek, das erste Krankenhaus, und die erste Flagge der Nation nähte Elizabeth Ross, deren Wohnhaus besichtigt werden kann. Die wohl berühmteste Glocke der Welt, die Liberty Bell, wurde von der Gießerei Whitechapel Bell Foundry in

Hier wurde 1776 die Unabhängigkeitserklärung unterschrieben: die Independence Hall in Philadelphia

London gegossen und 1752 nach Philadelphia geschickt, um das neue Pennsylvania State House, die heutige Independence Hall, zu schmücken. Noch bevor sie aufgehängt wurde, entdeckte man in ihr einen Riss, woraufhin sie neu gegossen wurde. Geläutet wurde die Glocke, um die Bürger Philadelphias zu wichtigen Anlässen zusammenzurufen, wie zum Beispiel zur ersten Verlesung der Unabhängigkeitserklärung 1776 und später zur Verkündung der Verfassung der neuen Nation 1787. Die Glocke und die Unabhängigkeitshalle sind heute Teil eines historischen Parks, der unter der Verwaltung des National Park Service steht.

Gettysburg – nationales Schlachtfeld und bedeutende Präsidentenrede

Die Schlacht von Gettysburg an den ersten Juli-Tagen des Jahres 1863 gilt als die entscheidende militärische Auseinandersetzung zwischen den Truppen der Union und denen der Konföderierten im amerikanischen Bürgerkrieg. General Robert E. Lee brachte seine Soldaten aus Virginia bis hinauf nach Pennsylvania, die Nordstaaten sahen die Ge-

Die Schlacht von Gettysburg in einem Gemälde von Thure de Tulstrup, 1887

fahr einer Niederlage für den gesamten Krieg und fochten erbittert um den Sieg. Nach nur drei Tagen war es gelungen: Lee zog sich zurück, die Farmen und das Weideland um die Kleinstadt Gettysburg sollen von Toten und Verwundeten bedeckt gewesen sein. Historiker gehen von ca. 6.000-8.000 umgekommenen Soldaten aus. Der Bürgerkrieg dauerte noch zwei weitere Jahre, von der Niederlage und den Kosten für den weiteren Krieg konnte sich der Süden aber auf Generationen nicht wieder erholen. Im Sommer wird diese Schlacht beinahe täglich nachgespielt. Der National Park Service unterhält die Gedenkstätte eines Kampfes, der tief im Bewusstsein der Amerikaner verankert ist. Und das nicht nur, weil Schüler die „Gettysburg-Rede" von Präsident Abraham Lincoln auswendig lernen müssen. Die wenigen Worte des Präsidenten anlässlich der Einweihung des Friedhofs für die Gefallenen waren zunächst von den Journalisten für mediokre und belanglos gehalten worden, aber seine Hinweise auf die Verfassung und die demokratischen Grundrechte, für die diese Soldaten gestorben waren, werden seit einiger Zeit als rhetorische Meisterleistung gewürdigt. Ein Teil des neuen Museums am Rande des großen Schlachtfeldes ist dieser Rede Lincolns gewidmet, den Fehlurteilen und Lobeshymen, die später darüber abgegeben wurden.

Das Freiheitssymbol schlechthin

Die Freiheitsstatue

*Gebt mir eure Müden, eure Armen,
eure geknechteten Massen, die frei zu atmen begehren,
die bejammernswerten Abgelehnten eurer gedrängten Küsten,
schickt sie mir, die Heimatlosen, vom Sturm getriebene,
hoch halt ich mein Licht am goldenen Tor!*

Diese Zeilen von Emma Lazarus, einer amerikanischen Dichterin aus New York (1849-87), stehen auf einer Platte am Sockel der Freiheitsstatue. Die grüne Dame ist eine Darstellung der römischen Freiheitsgöttin Libertas und gilt gemeinhin als das bekannteste Symbol für Freiheit und Demokratie. Sie hält eine Tafel mit dem Datum der Unabhängigkeitserklärung in der Hand, aber sie ist gleichzeitig auch das Erkennungszeichen der Einwanderer geworden, jedenfalls für diejenigen, die über den Atlantik kamen.

1865 hatte der französische Politiker und Historiker Édouard René Lefebvre de Laboulaye die Idee, den Amerikanern anlässlich des 100-jährigen Jubiläums der Unabhängigkeitserklärung ein Monument zu schenken, das die französisch-amerikanischen Beziehungen festigen sollte. In den Augen des Politikers repräsentierte die amerikanische Verfassung ein eindrucksvolles Modell der Selbstverwaltung, das Europa als Vorbild dienen sollte. Daraufhin entwarf der französische Bildhauer Frédéric-Auguste Bartholdi den Plan einer Statue, die mit einer Fackel in der Hand als Symbol der Freiheit die Einwanderer im Hafen von New York begrüßen sollte. Gustave Eiffel, Ingenieur und Architekt des Eiffelturms, zeichnete für den Rahmen und die Stabilisierung des Projekts verantwortlich. Vorbild für das Gesicht der Statue war Bartholdis Mutter. Zwanzig Jahre brauchte er, um das Monument zu realisieren. Die Finanzierung erwies sich als schwierig. Sponsoren in Frankreich zahlten für die Statue, Amerika sollte für den Sockel aufkommen, was allerdings kaum auf Gegenliebe stieß. „Painful parsimony", Geschenk mit Folgekosten, titelte die New York Times noch 1885, und mehrmals drohte die Vollendung des Bauwerks in Ermangelung des Geldes zu scheitern. Die Amerikaner verlegten sich auf Spendenaufrufe. Sie waren allerdings erst erfolgreich, als Joseph Pulitzer, Herausgeber von The World, den alles entscheidenden Geistesblitz hatte: Im Madison Square Park ließ er den Kopf mit der Fackel ausstellen und veröffentlichte die Namen aller Spender in seiner Zeitung. Endlich, am

28. Oktober 1886, wurde die Statue eingeweiht, wenn auch nicht ohne ironischen Beigeschmack. Gastredner war Präsident Grover Cleveland, der sich zuvor vehement gegen die Finanzierung des Sockels ausgesprochen hatte. Frauen waren, trotz des weiblichen Geschlechts des Freiheitssymbols, nicht eingeladen. Dicht an den geladenen Gästen segelte ein Boot mit Suffragetten vorbei, die verkündeten, dass das Recht auf Freiheit auch für Frauen gelte, insbesondere das Wahlrecht. Darauf mussten sie auf Bundesebene allerdings bis 1920 warten; einige Staaten wie Wyoming, Utah oder Kalifornien hatten Frauen schon vorher für lokale Parlamente wählen lassen.

Für die modernen Immigranten mit Greencard mag Lady Liberty noch immer die Freiheit versprechen, für die Millionen an illegalen Arbeits- und Armutsmigranten ist sie dubios geworden. In seinem Roman „Leviathan" ließ Paul Auster seine Hauptfigur, den frustrierten Schriftsteller Benjamin Sachs, Repliken der Freiheitsstatue in den ganzen USA in die Luft sprengen. Es ist der Schmerz des enttäuschten Traums, der sich an seinem Symbol Luft macht.

Hand und Fackel der Freiheitsstatue bei der Weltausstellung in Philadelphia, 1876

New York – die Trendhauptstadt – Umweltbewusstsein und Anzahl der Biergärten nehmen zu

Und was hat die Metropole am Hudson River in Sachen Kultur zu bieten? Die Liste würde zu lang werden, deshalb hier nur zwei neuere Aspekte zur Trendhauptstadt. Seit 2009 kann sich New York City als den „ökologischsten Ort der USA" bezeichnen. David Owen, preisgekrönter Autor des Buches „Green Metropolis", nannte die Metropole sogar „ein Modell für Nachhaltigkeit". Über 80 % der Einwohner von Manhattan fahren nach seinen Berechnungen mit der Subway oder per Bus zur Arbeit, steigen aufs Fahrrad oder gehen zu Fuß. Bei einer Erhebung von Umweltdaten 2011 waren es 37 % für ganz New York City. Damals stand der Big Apple an dritter Stelle hinter Vancouver in Kanada und San Francisco, ein Unterschied der Berechnungsgrundlagen. Zudem soll der Benzinverbrauch eines New Yorkers auf dem

„Beer Garden" in New York

Niveau eines Durchschnittsamerikaners von anno 1920 liegen und ist damit achtmal so gering wie etwa der im breit gewucherten Los Angeles. Auch die Energiebilanz der kompakt gebauten Hochhäuser aus braunem Ziegel oder Glas und Stahl schneidet deutlich besser ab als die der Vorstadtgebäude, allen undichten Fenstern, Uralt-Heizungen und Klimaanlagen zum Trotz. Was Owen allerdings nicht eingerechnet hat, ist der Energieverbrauch zum Beispiel der Büros der Wallstreet: Die Rechner dort treiben die Bilanz entschieden nach oben.

Die Gründe für die positive Ökobilanz liegen auf der Hand: Manhattan hat die größte Einwohnerdichte. Auf einer Fläche 2,6 km^2 (1 square mile) lebten 2008 ca. 67.000 Personen, es dürften inzwischen eher mehr geworden sein. Würden allein die 1,6 Millionen Einwohner Manhattans statt eines Apartments ein Haus mit Rasen, Basketballkorb und Carport beziehen, es wäre ein gigantischer Verbrauch von Landschaft, Energie, Benzin und anderen Ressourcen. So aber beträgt der CO_2-Fußabdruck eines New Yorkers mit 7,1 Tonnen pro Jahr weniger als ein Drittel desjenigen eines Durchschnittsamerikaners (24,5 Tonnen). Und ist auch niedriger als der eines Deutschen!

Schon im Film „Greencard" von 1990 war die Hauptdarstellerin Annie MacDowell eine grüne Umweltaktivistin, die gemeinsam mit ihrer Gruppe kleine Gärten in Harlem anlegte. Nicht überall ist Platz für solche Aktionen, und so wachsen die Anpflanzungen auf Dachterrassen und Flachdächern, in Brooklyn und Queens gibt es inzwischen sogar ganze rooftop farms, deren Produkte auf lokalen Märkten gekauft werden können. Das Programm „Grüner Daumen" läuft seit 1978, inzwischen existiert ein Netz von mehr als 600 öffentlichen Gärten (community gardens), und die Nachfrage steigt. Die City beteiligt sich an den engagierten Programmen der „C40 Cities", eines Zusammenschlusses von Großstädten weltweit wie Berlin, Melbourne, London und Rio de Janeiro mit dem erklärten Ziel zur Reduzierung der Treibhausgase. Tipps zum Energiesparen für zu Hause hält die Stadt natürlich auch bereit: am besten die Geschirrspülmaschine immer ganz voll laden und schon vor dem Trocknen ausschalten. Müllvermeidung steht naturgemäß ganz oben auf der Liste der Umweltbewussten und so lautet die inzwischen gängige Devise: *reduce* (verringern), *reuse* (wieder verwenden) und *recycle* (wiederverwerten).

Leuchtreklame für deutsche Gastronomie im New Yorker Stadtteil Williamsburg

Die Deutschen sind wieder da

„Unter Liedertafelkränzen, Schützenscheiben, Turnerfahnen gab es an altdeutschen Kaiser-Wilhelm-Tischen Sauerbraten und Thüringer Klöße zu essen", beobachtete der Schriftsteller Wolfgang Koeppen schon in seinem 1959 erschienen Reisebericht „New York". Die 86. Straße auf der Ostseite Manhattans, traditionell das Zentrum der deutschen Einwanderer, beschrieb er als „deutschen Alptraum".

Ein halbes Jahrhundert später ist das Dekor zwar vielerorts ähnlich, aber die neuen deutschen Restaurants sind offener, freundlicher und auf ein jüngeres Publikum ausgerichtet. Sie heißen „Hallo Berlin", „Radegast Hall", „Loreley" oder „Killmeyer's", und sie haben riesigen Erfolg. In der Millionenmetropole, wo Restaurants mit Gartenausschank bislang Mangelware waren, ist ein Biergarten-Boom ausgebrochen. 63 zählt die eigens von Fans eingerichtete App „Beer Gardens NYC" inzwischen, das sind rund zehn mehr als noch im vergangenen Jahr. „Überall Biergärten", schrieb jüngst sogar die New York Times.

Eine ganz besondere Region – die Südstaaten

Von Virginia über Florida bis Louisiana

Kidd Jordan beim Jazzfest in New Orleans 2012

Neben literarischen Darstellungen beeinflussen insbesondere Bilder die Vorstellungen, die man sich von der Welt macht. Einen nicht unerheblichen Anteil an solchen Bildern haben heutzutage Filme, die unsere Wahrnehmung prägen. „Vom Winde verweht", „Die Farbe Lila", „Miss Daisy und ihr Chauffeur", „Magnolien aus Stahl", „Forest Gump", „Grüne Tomaten", „Der seltsame Fall des Benjamin Button", „12 Years a Slave" und „The Help" sind nur einige Beispiele für Spielfilme aus den Südstaaten, die auch in Deutschland ihre Fans gefunden haben. Und was ist das Gemeinsame solcher Geschichten? Sie alle weisen starke, unbeugsame und höchst individuelle Charaktere auf, die ihren eigenen Weg gehen, sich nur bedingt anpassen und mit Schwierigkeiten umzugehen wissen.

Aus New Orleans stammt der Jazz, Rock'n'Roll-Fans pilgern nach Memphis/Tennessee und Coca Cola wurde in Atlanta erfunden. Kulturell kann der Süden stolz sein, die Welt mit dauerhaften Elementen bereichert zu haben.

Der Süden kann als die am einfachsten zu definierende Region der USA bezeichnet werden: Elf Staaten gründeten 1861 die Konföderation, wählten einen eigenen Präsidenten und eine eigene Verfassung und wollten nichts mehr mit dem Norden zu tun haben. Der Sieg des Nordens über den Süden beendete diese Abspaltung wieder. Der amerikanische Bürgerkrieg hinterließ die Gesellschaft und die Wirtschaft des Südens in einem Zustand der Verwüstung. Es dauerte Jahrzehnte, bis die Landwirtschaft ohne Sklaven wieder funktionierte, und mehr als hundert Jahre, bis die Befreiung der Sklaven auch tatsächlich eine Verbesserung ihrer rechtlichen und gesellschaftlichen Situation nach sich zog. Zwei Friedensnobelpreisträger stammen aus Georgia: Martin Luther King jr. und Jimmy Carter wurden für ihren Einsatz für Bürger- und Menschenrechte ausgezeichnet.

Berühmtes Südstaatenepos: „Vom Winde verweht", Filmplakat aus dem Jahr 1939

Was ist der Süden?

„Hey, sag dem Kerl, dass wir diesmal den Nigger wählen!" – eine häusliche Bemerkung aus dem Wahlkampf von 2008 in Virginia. Sie kenn-

Nottoway Plantation in Baton Rouge, Louisiana: eindrucksvolles Beispiel für die Antebellum-Architektur der Pflanzerwohnsitze

zeichnet besser als manches andere, was die Südstaaten ausmacht. Die ehemaligen Unionsstaaten mit ihrer Sklavenhaltung sind heute noch, fast 150 Jahre nach Beendigung des Bürgerkriegs, ein klein wenig anders als der Rest der Vereinigten Staaten. Das „N"-Wort, wie es heißt, sollte im Rahmen von politischer Korrektheit nicht in den Mund genommen werden, insbesondere nicht von Weißen. Die Fernsehköchin Paula Deen kostete dieses Wort ihre Sendung und die Verträge mit Werbepartnern, auch tränenreiche, öffentliche Entschuldigen nutzten nichts. Ihre Fans aus dem Süden dagegen hielten ihr die Treue, Kreuzfahrten mit der kochenden Blondine waren in kürzester Zeit ausgebucht. Virginia hat bei der Präsidentschaftswahl 2012 tatsächlich mehrheitlich für den demokratischen Bewerber gestimmt, wie auch Florida. Beide Südstaaten waren sonst fest in republikanischer Hand.

Mit Entspanntheit wird geworben, einer langsameren und genussreicheren Lebensweise als im hektischen und kälteren Norden, Musik und die abwechslungsreiche Küche sind weitere Bestandteile einer Kultur, auf die der Süden stolz ist und die es zu bewahren gilt. Andererseits halten sich Traditionen wie zum Beispiel, dass eine verheiratete Frau mit dem vollen Namen des Ehemannes angeschrieben oder vorgestellt wird. Das Tischkärtchen mit der Aufschrift Mrs. Charles Wilkes oder der Brief mit der Anschrift Mr. and Mrs. Charles Wilkes gehören zum guten Ton. In Anbetracht des Zuzugs von Nordstaatlern und Immigranten aus aller Welt zu den begehrten Arbeitsplätzen in der wieder prosperierenden Industrie des Südens werden solche Traditionen herausgefordert.

Was ist eigentlich der Bible Belt?

Werbung für Gottesdienst und Sonntagsschule

Die Südstaaten sind ein wichtiger Bestandteil des sogenannten Bible Belt, jedenfalls nach den Befragungen der Gallup-Gruppe, der amerikanischen Experten für Umfragen und Demoskopie. Als „Bibel-Gürtel" wurde bislang ein Gebiet von den südlicheren Staaten des Mittleren Westen bis zu den Südstaaten bezeichnet. Hier wird der christliche Glaube, meist evangelisch in allen Varianten, besonders intensiv ausgelebt. Baptisten, Methodisten und Evangelikale sind die aktivsten Kirchen des Bible Belt. So kommt es durchaus vor, dass in einem winzigen Dorf ein Dutzend Kirchen zu finden ist. Inzwischen hat sich nach jüngsten Umfragen Mississippi an die Spitze vorgearbeitet: 2012 bezeichneten sich in einer Umfrage 59 % der Bevölkerung als sehr religiös und gaben an, mindestens einmal in der Woche zur Kirche zu gehen. Der Süden ist traditionell religiöser als der Norden, aber noch 2002 konkurrierten die Regionen um die höchsten Zahlen, beide führten mit 96 % Gläubigen die Nation an. Schon damals lag der Süden allerdings vorn im Hinblick auf die Auffassung, dass Religion wesentlich und wichtig im Leben sei und helfe Probleme zu lösen: Immerhin 72 % der Menschen hatten die entsprechenden Fragen positiv beantwortet. Im Süden ebenfalls weit verbreitet ist die Auffassung der sogenannten Kreationisten, gemäß der – nach einer wörtlichen Auslegung der Bibel – Gott die Menschen vor 10.000 Jahren in ihrer heutigen Form erschaffen hat. Schulbücher in Florida, Texas und Oklahoma lehren diese Auffassung gleichberechtigt neben den naturwissenschaftlichen Erkenntnissen.

Kirchen, die mehr als 2.000 Besucher fassen, sind im Süden keine Seltenheit. Aber die eigentliche Besonderheit sind die 1.600 Kirchengemeinden, die als Megachurch bezeichnet werden, mit einigen tausend Gemeindemitgliederzahlen und gleichermaßen hohen Beteiligungen

Die Lakewood Church in Houston, Texas: Megakirche mit 16.000 Plätzen

an Gottesdiensten – entweder in den meist modernen, mit viel Technologie und begabten Predigern ausgestatteten Räumen selbst oder zu Hause vor dem Fernseher. Die zweitgrößte Kirchengemeinde der USA ist, mit durchschnittlich 24.000 Gottesdienstteilnehmern, die North Point Community Church in Alpharetta, einem Vorort von Atlanta in Georgia. Alle Rekorde hält die Lakewood Church in Houston, Texas: Mehr als 43.000 Menschen hören pro Woche den Predigten und Gesängen der evangelikalen Pfarrer zu. Joel Scott Osteen, der dortige oberste Pfarrer, ist ein Superstar, genannt The Smiling Preacher. Mit einer eigenen TV-Show zu Glaubensfragen und mit Touren durchs Land, den „Nights of Hope" versteht es der charismatische Prediger, Massen zu begeistern und für religiöse Fragen zu interessieren.

Der sogenannte Truth fish frisst Darwins Evolutionstheorie: Beliebtes Symbol der Kreationisten

Musik des Südens: Blues, Jazz, Rock'n Roll

Mahalia Jackson, die gern als die größte Gospel-Sängerin bezeichnet wird, trat 1970 auf dem ersten Jazz & Heritage Festival in ihrer Heimatstadt New Orleans auf. Auch Duke Ellington war vor Ort, die beiden trafen auf die Eureka Brass Band, und der Organisator drückte Mahalia ein Mikrofon in die Hand. Sie sang mit der Band, und der spezielle Spirit des New Orleans Jazz wurde neu belebt, das gerade frisch kre-

New Orleans Brass Band: The Soul Rebels im Musik-Club Le Bon Temps Roulé

ierte Festival bekam seinen besonderen Drive. Das Spontane, aus der Situation geborene Gefühl und die Umsetzung in Musik machen das Spezielle dieses jedes Jahr Ende April bis Anfang Mai die Straßen im French Quartier zum Klingen bringenden Musikertreffens aus. Inzwischen wird mit dem Begriff New Orleans Jazz im Rahmen des Festivals allerdings sehr großzügig umgegangen: Alle Stilrichtungen wie Gospel, Cajun, Zydeco, Blues, Rock, Funk, Folk und karibische Musik sind auf den Bühnen des Fair Grounds Race Courses zu hören, und abends geht es in den Clubs der Stadt weiter.

Um die Wende zum 20. Jahrhundert begannen Ragtime und Jazz – ursprünglich auch als *jass* bzw. *ratty music* bezeichnet – populär zu werden. Nicht nur schwarze Musiker spielten Dixieland oder Ragtime, einer der Vorreiter von weißem Jazz war beispielsweise Jack Laine, ein Bandleader, Trommler und Saxophonist. Er spielte nach Gehör, ließ auch nur Musiker in seiner Reliance Band mitspielen, die ohne Noten auskamen, und hat nie eine Plattenaufnahme gemacht. Aber im New Orleans National Park für Jazz ist der begabte Allrounder verewigt, der allerdings schon 1917 mit der Musik aufhörte. Kurz danach wurde die erste Schallplatte aufgenommen und der Dixieland-Jazz begann seinen Siegeszug nach Norden. Insbesondere in Chicago und New York fand diese mitschwingende Musik begeisterte Anhänger und Nachahmer.

Louisiana ist der Inbegriff für einen interessanten Mix aus amerikanischen, karibischen, französischen, spanischen und afrikanischen Einflüssen. Als französische Kolonie wurde das Gebiet schon 1802 verkauft, der Konsul und spätere Kaiser Napoleon Bonaparte brauchte Geld für seine Feldzüge. Doch die französischen Wurzeln lassen sich nicht leugnen, und das wollen die Bewohner Louisianas auch gar nicht. Sie sind stolz darauf, etwas Einzigartiges in der Vielzahl der amerikanischen Staaten zu sein. Das französische Erbe spiegelt sich überall wieder, sowohl in der Mentalität als auch in der Sprache, dem Essen und zum Teil auch in der Musik. Die Küche Louisianas mit ihren kreolischen und Cajun-Einflüssen hat die europäischen und afrikanischen Traditionen erfolgreich verbunden. Besonders in New Orleans finden sich ausgezeichnete Möglichkeiten, die Qualität dieser einheimischen Kochkunst auszuprobieren.

Mississippi

Wo findet sich tatsächlich der echte alte Süden? Wer schafft es, die typischen Merkmale wie die alten Plantagenhäuser, den Lebensstil (der weißen Pflanzer) am besten zu kultivieren und zu vermarkten? In der Konkurrenz um den „wirklichen Süden" versucht auch Mississippi mitzubieten, aber der ärmste Bundesstaat der Nation ist eher durch den „Weg des Blues" (Blues Trail) und seine konservative Grundhaltung insbesondere in Rassenfragen bekannt. Aufgrund der schlechten wirtschaftlichen Bedingungen und der fehlenden rechtlichen Sicherheit wanderten viele Schwarze zwischen 1910 und 1970 in die Nordstaaten ab, nahmen ihre Musik von den Baumwollfeldern mit und brachten diesen Stil, den Blues, ins öffentliche Bewusstsein.

Auf die Weltbühne trat Mississippi 1950, als William Faulkner den Nobelpreis für Literatur erhielt. Der Autor von Romanen wie „Licht im August", „Als ich im Sterben lag", „Die Freistatt" und „Die Spitzbuben" wurde 1897 in New Albany geboren. Zu seinen Vorfahren gehörten einflussreiche Militärs und Unternehmer, der junge Mann zeigte allerdings wenig Ambitionen, die Familientradition fortzuführen. Anfang der 1930er Jahre veröffentlichte er Romane, die ihm über die Grenzen der Vereinigten Staaten hinaus Aufmerksamkeit verschaffen, zum Geldverdienen verdingte er sich allerdings in Hollywood und schrieb für Metro-Goldwyn-Mayer Drehbücher, unter anderem die Vorlagen für die Filme „Tote schlafen fest" („The Big Sleep") nach Raymond Chandler und „Haben und Nichthaben" nach Ernest Hemingway. Die meisten seiner Romane und Kurzgeschichten spielen in dem fiktiven Yoknapatawpha County. Faulkner ließ sich dafür von seinem realen

William Faulkner, einer der bedeutendsten Romanciers der Weltliteratur, stammte aus Mississippi

Das Grab von Elvis Presley auf seinem Anwesen Graceland, das er von 1957 bis zu seinem Tod 1977 bewohnte

Wohnsitz, dem Lafayette County, inspirieren. Geschichte und Gegenwart des heimatlichen Südens boten ihm das Material und den Stoff seines Erzählens. Damit setzte er seinem Heimatstaat ein literarisches Denkmal. Zitat William Faulkner: „Um die Welt zu verstehen, muss man zuerst eine Region wie Mississippi verstehen."

Faulkner starb 1962 nach einem Reitunfall und wurde in Oxford, Mississippi beigesetzt. Sein ehemaliges Wohnhaus „Rowan Oak" in der Nähe der Universität beherbergt heute ein Museum zu seinen Ehren. Ebenfalls ein Museum für einen bedeutenden Sohn des Bundesstaats hat Tupelo zu bieten: In dem kleinen Haus kam 1935 Elvis Presley zur Welt. Sein Durchbruch zum bedeutenden Rock'n'Roll-Musiker begann allerdings in Memphis in Tennessee. Fans pilgern heute noch nach Graceland, seinem dortigen langjährigen Wohnsitz. B.B. King, der weltbekannte Blues-Musiker, kam 1925 auf einer Plantage bei Berclair zur Welt, jedenfalls reklamieren das die Initiatoren des „Blues Trail". Bis jetzt gibt es aber noch kein Museum zu seinen Ehren, sondern nur eine Tafel im kleinen Ort (zum Blues Trail siehe auch Kapitel 7).

Südstaatenflair mit historischen Plantagen, wie in Virginia, West Virginia oder South Carolina, ist in Florida nicht verbreitet. Die langgestreckte Landzunge zwischen Atlantik und dem Golf von Mexiko war altes Sumpfland, wenig geeignet für Tabak- oder Baumwollpflanzungen. Der Anbau von Zitrusfrüchten brachte der Region um Orlando ein erstes Wachstum, aber der eigentliche Boom begann mit der Entscheidung der Walt Disney Company, in dieser Gegend ein weiteres Disneyland zu bauen. Für die dicht bevölkerten Ostküstenstädte sollte dieser neue Vergnügungspark ein Reiseziel werden, noch nicht jeder konnte in den 1960er Jahren mal schnell nach Kalifornien fliegen. Zu einem Spottpreis konnte das erste Gelände erworben und damit der Grundstein zu einer Entwicklung gelegt werden, die sich damals wohl keiner hat träumen lassen. Orlando und der angrenzende Landkreis sind fast 50 Jahre später das Zentrum der Unterhaltung und Bespaßung der USA, fast 50 Themenparks gibt es inzwischen. Orlando verzeichnete in den letzten Jahren ca. 60 Millionen Besucher jährlich. Das relativ stabile Klima (außer in der Hurrikan-Zeit im Sommer und Herbst) bringt mehr Gäste in die Region als nach New York oder Las Vegas, in erster Linie wohl der kinderfreundlichen Einrichtungen wegen. Legoland eröffnete 2011 seinen vierten Themenpark weltweit in Florida, natürlich bei Orlando. Insgesamt umfasst das Disney World Resort

Disney World bei Orlando, der Touristenhauptstadt der USA (ca. 60 Millionen Gäste pro Jahr), ist der größte Freizeitpark der Welt

eine gewaltige Fläche von 150 km^2 und ist somit auch von der Fläche her der größte Freizeitpark der Welt. Jährlich besuchen viele Millionen Menschen allein diese Einrichtung, und die meisten kommen wieder, um ins „Heilige Land" zu pilgern und der täglichen Kreuzigung von Jesus zuzusehen oder die Unterwasserwelt von Sea World zu bestaunen. Für diejenigen, die nach drei bis fünf Tagen Kunstwelt mal eine Abwechslung brauchen, bietet Orlando zudem zwei der größten Einkaufszentren der Staaten, und wer sich bewegen möchte, findet für den Volkssport Nr. 1, das Golfen, ebenfalls genügend Möglichkeiten.

Key West Fest

Amerikaner gelten gemeinhin als prüde, nackte Haut wird zwar zur Schau getragen, aber es sollte nicht sexuell aufreizend wirken. Und falls doch, darf Mann aber nicht darauf reagieren, jedenfalls nicht unmittelbar. Bademode der Männer verhüllt die Oberschenkel und oben ohne für Damen ist an den meisten Stränden nicht gern gesehen und meist verboten. Der Kinder wegen. Aber auf Key West werden die Regeln einmal im Jahr außer Kraft gesetzt: Beim zehntägigen Fantasy Fest im Oktober zeigt man sich offenherzig. Körpermaler verhelfen zu phantasievollen Bildern auf unverhülltem Fleisch, die meisten Bikinis oder Bustiers sind in diesen Tagen aus Farbe gemacht, nicht aus Stoff. Bei diesem Festival sind Kinder nicht zugelassen.

Traditionelle Maisernte mit einer alten Erntemaschine von International Harvester, gesehen 2011 im Story County, Iowa

Der Mittlere Westen

Herzstück Amerikas oder Brotkorb oder Kornkammer der Nation sind die gängigen Schlagworte für eine Region, die sich von Michigan und Ohio bis North Dakota und Missouri erstreckt – jedenfalls, wenn man dem United States Census Bureau folgt. Sie wird vom Westen abgegrenzt, der Region hinter den Höhenzügen der Rocky Mountains und der Sierra Nevada. Vor der Besiedlung des „richtigen" Westens war in diesen überwiegend flachen Gebieten die zivilisierte Welt zu Ende. Zudem wird unterschieden zwischen dem stark industrialisierten Osten mit Städten wie Chicago, Cleveland, Indianapolis, Cincinnati und St. Louis, und dem mehr landwirtschaftlich geprägten westlichen Teil der beiden Dakotas, von Minnesota über Nebraska bis nach Kansas.

Nichts hält sich länger als Legenden. Der Mittlere Westen gilt als Hochburg der Bodenständigkeit, auch im industriellen Teil. Dabei sind im Zuge der Hochkonjunktur zahlreiche Menschen in die Industriestädte gezogen und haben Orte wie die Stahlstadt Pittsburgh oder das seit 2013 zahlungsunfähige Detroit wieder Richtung Süden oder Kalifornien verlassen. Ohio und Missouri waren bei der letzten Präsidentschaftswahl wichtige Swing States. Der östliche Mittlere Westen hat bis auf Indiana und Missouri tatsächlich demokratisch gewählt, der westliche Teil ist dagegen stramm bei seiner konservativen Linie geblieben.

Dust Bowl, die „Staubschüssel", South Dakota, 1936

Landwirtschaft gestern und heute

Dank der fruchtbaren Erde dieser Region erzielen die Farmer Höchsterträge bei den angebauten Getreidesorten wie Weizen, Hafer und Mais. Mais ist die bedeutendste der amerikanischen Nutzpflanzen, gefolgt von Soja. Agrar-Farmen produzieren genmodifizierten Mais oder Sojabohnen. Die Ernten werden von drei, vier marktbeherrschenden Firmen aufgekauft. Einzelnstehende Farmhäuser prägen zwar nach wie vor das Bild zwischen den sich gigantisch weit erstreckenden Feldern und kleinen Städten, aber die Landwirtschaft hat sich seit den verheerenden Staub- und Sandstürmen der 1930er Jahre entscheidend verändert (s. Kapitel 5). Damals verließen 2,5 Millionen Menschen die Region, weil sie nach jahrelanger Dürre und Stürmen, die den letzten Rest an ertragreicher Erde mitgenommen hatten, ihre Existenz verloren hatten. Sie konnten ihre Pacht nicht mehr bezahlen. Nationale Maßnahmen zur Wiederherstellung des Bodens hatten zunächst Erfolg, aber die Fehler in der Bewirtschaftung wurden erneut gemacht: In den 1950ern drohten wiederkehrende Dürrejahre die Grundlage der Landwirtschaft zu zerstören. Seit einigen Jahrzehnten sind nun die großen Nahrungsmittelkonzerne am Zuge: Mit Chemie und genetischen Veränderungen werden die Pflanzen an die Produktionsweisen und sich ändernde klimatische Bedingungen angepasst. Die US-Regierung fördert seit 2007 Biosprit aus Mais. Seitdem haben die

Monokulturen stark zugenommen. Landesweit gehen vier von zehn Tonnen der Maisernte in die Produktion von Ethanol für die Zapfsäule. Die Bewässerung der riesigen Gebiete ist ein weiteres Problem geworden, der Grundwasserspiegel hat bereits begonnen sich zu senken.

Heimat der Republikaner

1854 gegründet, stellte die Republikanische Partei schon 1861 den Präsidenten der USA: Abraham Lincoln führte das Land bis zu seiner Ermordung 1865

Im Grunde revolutionäre Politiker versammelten sich im Sommer 1854 in Jackson (Michigan), um eine neue Partei aus der Taufe zu heben: die Republikaner. Seit Gründung des Staates hatte die Demokratische Partei regiert und die Präsidenten gestellt. Kleinere Bewegungen konnten sich nicht so erfolgreich organisieren, sodass die von den Pflanzern des Südens beherrschte Gruppierung die dominierende Kraft der ersten Jahrzehnte des jungen Staates blieb. Abraham Lincoln gehörte zu den Gründervätern der neuen Partei, die die Sklaverei abschaffen und das nationale Interesse über die Rechte der Bundesstaaten stellen wollten. Schon sechs Jahre später war Lincoln Präsident und ein Jahr später begann der Bürgerkrieg. Nach seiner Beendigung bestimmten die Republikaner über 50 Jahre lang die amerikanische Politik; sie standen für wirtschaftlichen Fortschritt, sie waren die Partei des kapitalistischen Bürgertums und stützten sich in erster Linie auf die industriellen Nordstaaten. Auch alle schwarzen Politiker im Kongress in der Zeit zwischen 1870 und 1935 gehörten der Grand Old Party (GOP) an. Das Blatt wendete sich erst unter den demokratischen Präsidenten John F. Kennedy und Lyndon B. Johnson: Sie brachten Bürgerrechtsgesetze zur Emanzipation der Afroamerikaner auf den Weg, die vielen Wählern in den bis dahin durchweg demokratisch gesinnten Südstaaten nicht passten, sodass sie sich den Republikanern zuwandten. Endgültig erfolgreich war Ronald Reagan (1981-1989, 40. Präsident). Mit seiner Politik der militärischen Aufrüstung, der religiösen Erneuerung, der radikalen Steuererleichterungen und des Abbaus staatlicher Bürokratie erreichte er neue Wählerschichten, die Republikaner wurden weißer und konservativer. Innerhalb der Republikanischen Partei existieren inzwischen verschiedene Strömungen: So gibt es christlich-konservative, neokonservative und wirtschaftsliberale Republikaner. In letzter Zeit haben die konservativen Kräfte durch die Bildung der ultrarechten und populistischen Tea-Party-Bewegung an Einfluss gewonnen. Tea-Party Anhänger konnten sich

2014 in den Vorwahlen sogar gegen etablierte Politiker durchsetzen. Trotz gewisser Unterschiede sind die Republikaner insgesamt gegen die Eheschließung gleichgeschlechtlicher Paare und prinzipiell gegen Abtreibung. Traditionell befürworten sie den freien Besitz von Waffen und harte Strafen für Verbrecher inklusive der Todesstrafe (siehe auch Kapitel 4).

Ihre beständigsten Wähler haben die Republikaner in den weißen, protestantischen Bevölkerungsgruppen der Klein- und Vorstädte, im Wirtschaftsbürgertum sowie in gehobenen Berufsgruppen, vorrangig bei den älteren Jahrgängen. Auch die eher einfach lebende Landbevölkerung wählt meist die Republikaner. Obwohl die Republikanische Partei aus der Anti-Sklaverei-Bewegung heraus entstand, hat sie heutzutage nur wenige Anhänger in der schwarzen Bevölkerung. Starke Unterstützung kommt traditionell von Angehörigen des Militärs und von Wählern, die sich als aktive Christen bezeichnen.

Christlicher Glaube und traditionelle Werte

Wenn der Bibel-Gürtel auch überwiegend in den Südstaaten verortet wird, die südlichen Bundesstaaten des Mittleren Westens gehören ebenfalls zu den religiösesten Regionen Nordamerikas. Besonders die Botschaften der evangelikalen protestantischen Christen, die die Rückkehr zu den alten amerikanischen Werten von Familie, Kirche und Patriotismus propagieren, fallen seit einigen Jahrzehnten in breiten Kreisen der Bevölkerung auf fruchtbaren Boden.

Zeichen dafür sind auch die sogenannten Purity Balls für Väter und Töchter. Sinn und Zweck einer solchen Veranstaltung ist ein Gelöbnis der Tochter, bis zu ihrer Hochzeit sexuell „rein" zu bleiben, und das des Vaters, seiner Tochter dabei zu helfen und sie zu schützen. Nach Auffassung der Baptisten oder anderer Protestanten folgen sie damit der Bibel und geben gleichzeitig in einer Welt der mannigfachen Anfechtungen jungen Mädchen und Frauen eine Orientierung und klare Anleitung. In evangelikalen Diskussionsgruppen werden auch männliche Wesen zur Enthaltsamkeit aufgerufen, und seit den 1990er Jahren können beide Geschlechter an den von der baptistischen Kirche organisierten Virginity Pledges teilnehmen. Amerikanische Soziologen vermuten, dass diese Bewegung auch entstand, weil die früher selbst eher freizügig agierenden Eltern die Gefahr von AIDS

Ein Reinheitsring mit der Aufschrift: „I will wait for my beloved" („Ich werde auf meinen Liebling warten")

Doane Robinson und Gutzon Borglum

Der Jurist Doane Robinson stammte ursprünglich aus Wisconsin und fand nach Tätigkeiten als Farmer und Anwalt seine Berufung als staatlicher Historiker in Süd Dakota. Zwar kamen einige Touristen schon in den 1920er Jahren in die Region der Black Hills, vorwiegend Naturliebhaber. Aber Robinson wollte mehr Gäste zu den Höhenzügen locken, und kam zunächst auf die Idee, aus pfeilerartigen Granitfelsen Skulpturen bedeutender Helden des Westens schaffen zu lassen -- Indianer eingeschlossen. Gutzon Borglum, einer der bedeutendsten Bildhauer dieser Zeit nahm die Herausforderung von Robinson an, denn er hatte Schwierigkeiten mit den Auftraggebern eines anderen Projektes: Stone Mountain. Dort hatte er ein Relief von General Lee, dem Südstaaten-Helden erstellt. Nachdem Borglum die Gegend besichtigt hatte, entschied er sich gegen die Pfeiler und für einen Berg. Robinson konnte die Vollendung seiner abgewandelten Idee noch erleben, zum Mitglied der Erbauungskommission war er allerdings nicht berufen worden. Wohlhabende Männer gehörten ihr an, die das National Monument durch Privatspenden finanzierten.

und ungewollten Schwangerschaften anders zu sehen begannen und daher den Bezug auf die Bibel zum Anlass nehmen, die Tochter unter die Obhut des Vaters zu stellen. Ein Sechstel der jungen Amerikaner zwischen 12 und 28 Jahren soll sich zur Jungfräulichkeit verpflichtet haben. Ihre Aktionen wurden auch von den Regierungen unterstützt: Finanzielle Hilfen für Beratungen, Lebenshilfe-Camps und ähnliches kamen aus Washington D.C. Schon Ronald Reagan hatte ein Gesetz zur Förderung von Keuschheit und Selbstdisziplin unterzeichnet. Auch die staatliche Unterstützung sollte an eine Erziehung zur sexuellen Abstinenz geknüpft werden, weil „sexuelle Aktivität außerhalb einer Ehe möglicherweise gesundheitsschädigende psychologische und physische Schäden nach sich ziehen kann." Sicherlich lassen sich die Aktionen der 1980er Jahre mit der Angst vor HIV erklären. Heutzutage spielt das im öffentlichen Bewusstsein keine so große Rolle mehr. Stattdessen greift die Bezugnahme auf den Willen Gottes und die Bibel, um die Töchter jedes Jahr in einer partyähnlichen Kirchenveranstaltung auf die Linie des Gehorsams, der Zugehörigkeit und der Traditionen einzuschwören.

National Monument Mount Rushmore

Die berühmtesten Köpfe Amerikas stehen etwas abseits der üblichen Wege. Das dünn besiedelte South Dakota versuchte in den 1920er Jahren, den Tourismus in diesem Bundesstaat mit seinerzeit nur ca. 640.000 Einwohnern zu fördern und kam auf die Idee, in den Black Hills ein Monument mit Präsidentenköpfen zu schaffen. Das Konzept wurde vom Kongress gebilligt, und so konnte der Bildhauer John Gutzon Borglum mit der Erstellung eines Modells beauftragt werden, das die vier bis zur Zeit seiner Erstellung bedeutendsten und symbolträchtigsten US-Präsidenten zeigte. Die jeweils knapp 18 Meter hohen Porträts ehren von links nach rechts die Präsidenten George Washington, Thomas Jefferson, Theodore Roosevelt und Abraham Lincoln.

Borglum begann das Bauwerk 1927 mit Hilfe von bis zu 400 Arbeitern und Unmengen von Sprengstoff. Es dauerte knapp sieben Jahre, bis das erste Profil, der Kopf von George Washington, vollendet war. Nachdem der Bildhauer im März 1941 verstorben war, wurde das Projekt von seinem Sohn Lincoln Borglum bis zur Vollendung im Oktober desselben Jahres fortgeführt.

Mount Rushmore in den Black Hills, von links nach rechts: George Washington, Thomas Jefferson, Theodore Roosevelt und Abraham Lincoln

Wegen Geldmangels musste die Erweiterung der Figuren auf die ursprünglich vorgesehene Taillenhöhe abgebrochen werden. Noch heute sieht man die großen Schuttkegel des gesprengten Granitsteins unterhalb des Denkmals. Etwa drei Millionen Besucher kommen jährlich zum Mount Rushmore National Monument, um die Köpfe der vier Präsidenten aus der Nähe zu betrachten. Das Lincoln Borglum Museum zeigt in seinen detaillierten Ausstellungen interessante Stücke, die sich mit der Geschichte des Denkmals befassen. Hier kann man außerdem mehr über die abgebildeten Präsidenten und die nationale Bedeutung des Bauwerks erfahren.

Etwa 27 Kilometer südwestlich des Mount Rushmore National Memorial begann der Bildhauer Korczak Ziolkowski bereits 1948 mit dem Bau der monumentalen Skulptur zu Ehren des Oglala-Lakota-Häuptlings Crazy Horse. Sie gilt als Antwort der indianischen Stämme der Region auf die vier Präsidentenköpfe in den Black Hills, wird jedoch von vielen Indianern nicht nur wegen des Standorts in ihrem Heiligen Land kritisiert, sondern auch, weil Crazy Horse nach ihrem Wissen der Abbildung seiner Person nicht zugestimmt hätte. Nach der Fertigstellung soll das Denkmal mit einer Länge von 195 und einer Höhe von 172 Metern diesen auf einem Pferd sitzend und mit ausgestrecktem Arm nach Osten weisend zeigen und dann die größte Skulptur der Welt sein. Die Vollendung des Projekts ist jedoch bis heute nicht in Sicht, da es durch eine von den Nachfahren Ziolkowskis geleitete, private Organisation finanziert wird, die auf Spendengelder angewiesen ist.

USA-Lesebuch

Spanisch, indianisch, groß – der Südwesten

Die Kathedrale von San Fernando wurde 1738 von den zu dieser Zeit im Südwesten der heutigen USA herrschenden spanischen Kolonisatoren errichtet

Die Region umfasst Arizona, New Mexico, Oklahoma und Texas und unterscheidet sich vom angrenzenden Mittleren Westen in Bezug auf das sehr viel trockenere Klima, eine geringere Bevölkerungsdichte und die ethnische Zusammensetzung der Bevölkerung mit einer großen Zahl an Menschen mit hispanoamerikanischem und indianischem Hintergrund. Außerhalb der Städte liegen riesige offene Flächen, die meisten davon Halbwüste. Sowohl der atemberaubende Grand Canyon als auch das Monument Valley gehören zu dieser Region. Letzteres stellt den herausfordernden landschaftlichen Hintergrund für viele Westernfilme. Das Monument Valley liegt im Navajo-Reservat, der Heimat des größten amerikanischen Indianerstammes. Südlich und östlich davon liegen Dutzende Reservate anderer Indianerstämme, unter anderem die der Hopi, Zuni und Apachen. Teile des Südwestens gehörten einst zu Mexiko. Die USA erhielten das Land nach dem mexikanisch-amerikanischen Krieg 1846-48. Die Bevölkerung der Region wächst rapide, wobei besonders Arizona als Refugium für Rentner auf der Suche nach warmem Klima mit den anderen südlichen Staaten wie Kalifornien und Florida konkurriert.

In Texas ist alles groß

„Weites Land und Wilde Kerle" betitelte eine deutsche Journalistin ihre NDR-Dokumentation über den flächenmäßig größten Staat der USA. Allein die Fläche ist schon überwältigend. Sie scheint zudem für die ca. 26 Millionen Einwohner eine Herausforderung darzustellen, sich ebenfalls in „großer" und bedeutender Weise zu entfalten oder auch nur darzustellen. Die Beispiele reichen von der ihre Kinder von Rodeo zu Rodeo fahrenden und zu Höchstleistungen drängenden Mutter über den exzentrischen Ölmillionär bis hin zu den Rinderzüchtern, die sogar spanisch gelernt haben, um sich mit den qualifizierten, aus Mexiko stammenden Cowboys, den vaqueros, verständigen zu können. Auch die Einsamkeit des Reiters in unwegsamen Landschaften kommt nicht zu kurz, das Durchqueren einer Ranch zu Pferde kann durchaus einen ganzen Tag dauern.

Schon der Filmklassiker „Giganten" von 1956 mit James Dean, Elizabeth Taylor und Rock Hudson thematisierte den Unterschied zwi-

Texanische Weiten am Enchanted Rock, einem Intrusionskörper aus rotem Granit

schen dem gebildeten, aber beengten Osten und den scheinbar noch archaischen Zuständen im weiten texanischen Land. Die Ölfunde ließen die Rancher reich werden, die TV-Serie „Dallas" hat diesen Aspekt des Lone-Star-Staats ausführlich behandelt. Klischees gibt es also wie Sand am Meer. Wie immer enthalten sie durchaus ein Fünkchen Wahrheit: Texaner lieben Cowboyhüte, sind ultrakonservativ und haben extreme Vorbehalte gegen staatliche Eingriffe, speziell natürlich aus Washington D.C.

Die Auseinandersetzungen mit der Obrigkeit waren in der Mitte des 19. Jahrhunderts sicher auch ein Motiv der Auswanderung vieler Deutscher nach Texas. Selbst das Scheitern der organisierten Ansiedlung hielt die Neuankömmlinge nicht davon ab, sich im neuen Land als Bauern und Viehzüchter zu behaupten. New Braunfels, Muenster und Fredricksburg sind heutzutage beliebte Ziele für Deutsch-Amerikaner auf der Suche nach Nostalgie. Wurst- und Bierfeste haben sich als Bereicherung der texanischen Kultur etabliert.

Wie die Journalistin der New York Times Gail Collins in ihrem Sachbuch „As Texas goes" beschrieb, liegt Texas im Vergleich mit den anderen Bundesstaaten nicht nur bei der Zahl der staatlichen Exekutionen ganz vorn, sondern auch bei der von Einwohnern ohne Krankenversicherung oder ohne Schulabschluss. Laut Verfassung dürfen

Atheisten dort keine öffentlichen Ämter übernehmen. Also finden sich in den Gremien der Schulbehörden, die über den Lehrstoff beraten, auch nur religiöse Mitglieder, in der Regel Christen. Sie sorgen dafür, dass die Evolutionstheorie aus den Biologie-Büchern verschwindet und die Grundrechte zum Waffentragen nebst den Argumenten der Waffenlobby NRA im Sachkundeunterricht zur Geltung kommen. Kleinere Nachbarstaaten wie Alabama, Arkansas oder Oklahoma greifen die texanischen Vorschläge auf, meist aus Kostengründen, wie es heißt. Offenbar passen die Ideologien grenzübergreifend. Bemerkenswert ist in diesem Bundesstaat auch die ethnische Entwicklung: Schon um 2020, sagen die Demoskopen voraus, werden die Latinoamerikaner die Mehrheit der Bevölkerung ausmachen. Für 2013 weißt die Statistik noch 44 % Weiße und 38,4 % Hispanics aus. Sie sind jung, überwiegend katholisch und tragen nicht unerheblich zur Kinderzahl des Staates bei. Die mangelnde Sexualaufklärung in Schulen (nicht nur in Texas!) trägt nach Auffassung von Pädagogen zum Anstieg der Zahl minderjähriger Mütter bei. Abtreibungen sind gemäß dem Bundesrecht zwar möglich, aber die Gesetze dazu werden in den Bundesstaaten immer wieder modifiziert. Im Juli 2013 gingen Bilder der demokratischen Senatorin Wendy Davis durch die Medien, weil sie mit einer 13-stündigen Marathonrede im Parlament in Austin das geplante texanische Abtreibungsgesetz zu verhindern suchte. Was mit der klaren Mehrheit der Republikaner natürlich nicht klappte: Die Verschärfungen für Kliniken wurden beschlossen. Viele medizinische Einrichtungen haben seitdem ihren Betrieb eingestellt.

Indianisches Leben

Wohl am bekanntesten ist das Reservat der Navajo-Indianer in Arizona; ca. 250.000 Menschen leben dort in einem autonomen Gebiet von der Größe Bayerns. Die durch Westernfilme und Zigarettenreklame zum Kult gewordenen Sandsteinfelsen liegen mit ihrer halbwüstenähnlichen Umgebung in der größten Indianerreservation der USA. Im Unterschied zu den Stämmen in Oklahoma bleiben die Navajo aber weitgehend unter sich. Viele leben unterhalb der Armutsgrenze. Haupteinnahmequellen in dieser unwegsamen Region sind der Tourismus, das Kunsthandwerk und die Vermarktung der Landschaft für Filme oder Fotos, daneben betreiben viele Navajos Viehzucht. Bis in die 80er Jahre waren viele im Uranbergbau beschäftigt, dessen negative Auswirkungen auf Umwelt und Gesundheit heute noch spürbar sind.

2014 sorgten die Navajo für Aufsehen, als es ihnen gelang, die US-Regierung unter Präsident Obama dazu zu bewegen, mehr als 500 Millionen Dollar Schadenersatz für entgangene Leistungen zu zahlen, die ihnen in Form von Reinvestitionen staatlicher Gewinne aus der Nutzung von Bergbau- und Forstwirtschaft-Lizenzen durch das Land zugestanden hätten.

Wesentlich mehr integriert in das amerikanische Leben sind die Indian Americans im nördlich von Texas liegenden Oklahoma. Insgesamt 39 Stämme sind dort registriert. In Städten wie Tulsa, Cheyenne, Sulphur und Ponca City finden jährlich große Powwows statt, die auch von

Das Monument Valley gehört zum ausgedehnten Reservat der Navajos und wird von ihnen als touristische Sehenswürdigkeit vermarktet

Stämmen aus anderen Staaten besucht werden. Einer der Höhepunkte ist die Red Earth Parade in Oklahoma City im Juni. Seit 1987 zieht diese dreitägige Veranstaltung jedes Jahr mehr Native Americans, Künstler und Besucher an. Neben der Parade in den jeweiligen originalen Kleidungsstücken der Stämme spielen die Tanzdarbietungen eine wichtige Rolle bei der Darstellung der indianischen Kultur. Mit Trommeln und Sprechgesängen werden die Tänze begleitet. Musik ist für die Indianer die erweiterte Form der gesprochenen Sprache. So dienen die während des vielstündigen Tanzes dargebotenen Sprechgesänge dem Lob oder dem Tadel von Stammesmitgliedern, sind Begleitung von Zeremonien und Ritualen oder sollen – bei anderen Gelegenheiten – den Zugang zu spirituellen Welten ermöglichen.

Die größte Gruppe stellen die Cherokee. Sie wurden aus ihrem angestammten Land in Georgia und Tennessee zwangsweise nach Oklahoma umgesiedelt (siehe auch Kapitel 2). Im Cherokee Heritage Center nahe Tahlequah sind Exponate von ihrem langen Weg ins Exil, dem

Mitglieder einer Cherokee-Familie (oben)

Junger Tänzer beim Pow Wow (unten)

„Trail of Tears" ausgestellt. Außerdem wird dort an den Silberschmied Sequoyah erinnert, der Anfang des 19. Jahrhunderts das Alphabet der Cherokee entwickelte. Damals war das eine ungewöhnliche Leistung, denn indianische Sprachen waren bis dato nicht verschriftlicht, das Konzept der Buchstaben war ihnen unbekannt.

Der wegen seiner langen Kämpfe gegen die Weißen berühmte und berüchtigte Chiricahua-Apache Geronimo (Gokhlayeh, eigentlich Bedonkohe Goyaalé) liegt auf dem Indianerfriedhof von Fort Sill bei Lawton, einer Kleinstadt südlich von Oklahoma City, begraben. Während seiner langen Haft bis zu seinem Tod 1909 diktierte der Anführer vieler Kriegszüge gegen die Mexikaner und die Amerikaner seine Lebensgeschichte, konvertierte zum Christentum und besuchte regelmäßig den Gottesdienst.

Adobe-Häuser, typischer Baustil in New Mexiko

Nirgendwo anders in den USA sieht man einen so deutlich ausgeprägten architektonischen Stil wie in New Mexico. Die markante Hausbauweise spiegelt die verschiedenen Kulturen wieder, die diesem Bundesstaat ihren Stempel aufgedrückt haben. Die ersten Bewohner dieser Region waren die Vorfahren der Pueblo-Indianer, die Anasazi, die ihre Häuser aus Stein und Lehm am Grund von Schluchten und in Höhlen bauten (siehe auch Kapitel 2).

Den Namen Pueblo gaben die spanischen Eroberer den größeren Ansammlungen von Lehmziegelhäusern. Sie waren terrassenförmig übereinander gebaut, manche mit bis zu sechs Stockwerken. Diese Art zu bauen ist heute noch die Grundlage für die typischen Gebäude im New-Mexican-Stil: sonnengetrocknete Lehmziegel (span.: adobe) gemischt mit Gras oder Stroh und wiederum bedeckt mit weiteren Schichten aus Lehm. Lange Balken, die an den Seiten jeweils herausstehen, tragen die Dächer und sind von innen oft nicht verputzt. Offene Kamine oder Feuerstellen, gemauerte Bänke und ausgesparte Winkel sind weitere Kennzeichen dieses Baustils. Von außen fällt auf, dass die Ecken der Häuser leicht gerundet sind und die Dächer vorzugsweise flach. Albuquerque und Santa Fé weisen besonders harmonische und gut erhaltene Stadtteile in Adobe-Bauweise auf, und im Indian Pueblo Cultural Center von Albuquerque lassen sich im Museum die Ursprünge dieser Architektur nachvollziehen.

KULTUR & LEBENSART

Der Adobestil ist auch bei Neubauten im Südwesten der USA weitverbreitet: Das Hotel La Fonda in Santa Fe, New Mexico

Kunsthandwerk ist für die Indianer im Südwesten ein wichtiger Wirtschaftsfaktor: eine Navajo-Weberin in Mesa Verde

Indianisches Kunsthandwerk im Südwesten

Mit einem verschärften Gesetz soll seit 1990 sichergestellt werden, dass indianisches Kunsthandwerk wie Schmuck, Körbe, Decken, Mokassins, Masken, Taschen, Bilder, Statuen, Teppiche und vieles andere mehr tatsächlich von dem Künstler oder Stamm hergestellt wurde, der namentlich genannt ist. Die rege Nachfrage nach den dekorativen Souvenirs ließ die Kopienflut überhandnehmen – eine Unterwanderung ihrer Geschäfte, gegen die sich der Bundesverband der Native Americans zur Wehr setzte. Noch sicherer kann ein Käufer sein, echte und handwerklich hergestellte Stücke zu erwerben, wenn der Verkäufer am „Vendors Program" teilnimmt, gemäß dem der Hersteller sein Produkt signiert haben muss. Um den Verbraucher wirklich zu schützen, sieht das Gesetz zudem vor, dass der jeweilige Künstler auch von seinem Stamm als solcher anerkannt sein muss. Bezeichnungen wie „Native American heritage" oder „Cherokee heritage" sind dagegen irreführend und bedeuten nicht zwangsläufig, dass es sich um echte indianische Stücke handelt.

Die Schmuckstücke der Navajo, Hopi und Zuni im Südwesten unterscheiden sich gravierend von denen anderer Indianerstämme. Na-

Wupatki National Monument bei Flagstaff in Arizona: Ruinen einer Anasazi-Siedlung

vajo-Armreifen, Ketten oder Ringe weisen meist mit Blumen, feinem Draht oder Blättern verzierte Silberrahmen auf, in die ein großer, meist einfacher Türkis eingesetzt wird. Erst seit ein mexikanischer Silberschmied einem Navajo den Umgang mit dem Edelmetall beibrachte und dieser das Erlernte an seine Mitmenschen weitergab, wird diese Technik praktiziert. Klassischer Hopi-Silberschmuck ist fast ausschließlich aus sogenanntem Silver Overlay hergestellt. Dabei werden mittels einer sehr feinen Säge Formen und Figuren aus einer Silberplatte ausgesägt, und diese wird dann auf eine andere Silberplatte aufgelötet. Dies ergibt Vertiefungen im Schmuckstück, die zur besseren Wirkung patiniert und punziert werden. Die Zunis verwenden meist Türkise, Opale, Onyx, Korallen und Muscheln. Diese Materialien werden kleinteilig als Mosaik in die Silberfassungen eingearbeitet. Sie bestechen durch ihre farbenfrohe und detaillierte Handarbeit. Eine Legende besagt, dass es den Zunis nur möglich war, diese Technik anzuwenden, weil in der Nähe des Pueblos die Eisenbahn vorbeiführte, und sie so einer der ersten Stämme waren, die elektrischen Strom hatten, um die Maschinen zu betreiben, die nötig sind, die Steine so präzise zu schleifen.

Hauptstraße des Westernstädtchens Silverton, Colorado: Statt Pferde stehen heute geländegängige Autos vor dem Saloon

Der Westen – wie wild ist er wirklich?

Offenbar tief im Bewusstsein der Amerikaner verankert leben die Klischees weiter: Der Westen ist nicht so zivilisiert wie der Osten, Widerstände gegen die Zentralregierung in Washington D.C. sind hier stärker, die Westler sind andauernd in ihren Wäldern unterwegs und gleichzeitig sind sie toleranter als andere US-Bürger, leben und leben lassen, lautet ihr Motto. Die Liste ließe sich fortsetzen. Tatsache ist aber auch, dass die regionalen Unterschiede zwischen den dem Westen zugerechneten Bundesstaaten Alaska im Norden und Hawaii im südlichen Pazifik doch größer sind als die verbindenden Elemente. Die Inseln von Hawaii gehören erst seit 1950 als Bundesstaat zu den USA, hier sind die meisten Amerikaner asiatischer Herkunft. Alaska war von Russland in Besitz genommen worden und wurde 1867 an die USA verkauft, blieb aber mangels Einwohnern bis 1959 ein Territorium ohne Rechte eines Bundesstaats. Erst die Goldfunde am Klondike River seit 1896 machten die unwirtliche Region interessant. Hunderttausende zogen auf der Suche nach dem wertvollen Metall in die Berge. Dieser Goldrausch veranlasste die Behörden, die Grenze zu Kanada genau zu bestimmen. Infolgedessen gilt der Klondike-Goldrausch heute als Kapitel der kanadischen Geschichte, doch damals waren die Grenzen noch fließend, niemand konnte diese Gebiete kontrollieren. Ende der 1950er Jahre wurde in der Prudhoe Bay Öl gefunden und der Bundesstaat Alaska gegründet. Andere Bodenschätze wie Erdgas und Mineralien warten zum Teil noch immer auf ihre Förderung.

Im Westen finden sich landschaftliche Schönheit und Vielfalt im Großformat, und weite Teile der Mountain States – Montana, Wyoming, Colorado, Idaho, Utah und Nevada – und der an der Pazifikküste liegenden Bundesstaaten Washington und Oregon sind nur spärlich besiedelt. Die amerikanische Regierung besitzt und verwaltet dort Millionen Hektar unerschlossenen Landes, viele bekannte Nationalparks wie Yellowstone, Glacier, Rocky Mountain und Yosemite finden sich in der Region. Die Amerikaner nutzen diese Gegenden zur Erholung, zum Beispiel zum Angeln, Camping, Wandern oder für Bootsfahrten, aber auch gewerblich, etwa als Weideland, für die Holzwirtschaft oder den Tagebau. Zum bevölkerungsreichsten Staat im Land hat es inzwischen Kalifornien gebracht, und Las Vegas in Nevada zählt zu den am schnellsten wachsenden Großstädten der USA.

Im Westen ist man durchaus traditionsbewusst, auch, wenn die Historie nicht weit in die Vergangenheit reicht. Historischer Zug bei Durango, Colorado

Satire aus Portland

Vielleicht hat die damals beschauliche Atmosphäre in Portland, Oregon, dazu beigetragen, Matt Groening zum Erfinder der Comicreihe „The Simpsons" werden zu lassen. Schließlich wurde er 1954 in Portland geboren und ging dort zur Schule, bevor er 1977 nach Los Angeles zog. Damals hatte Portland nicht viel zu bieten, die Stadt am Zusammenfluss von Willamette und Columbia River bot wenige Arbeitsplätze, das wirtschaftliche Wachstum stagnierte bis in die 1980er Jahre. Künstler und Freidenker aus San Francisco zog es in den Norden, hier gab es noch preiswerte Häuser und tolerante Regionalpolitiker. Heutzutage hat sich Portland einen Ruf als Hauptstadt der Mikrobrauereien aufgebaut, die erste Car-Sharing-Organisation der USA wurde hier gegründet, und die Zahl der Radfahrer ist Legion. Nochmals nachhaltig ins Bewusstsein der Amerikaner ist der Ort gekommen, seit die Comedy-Serie „Portlandia" im Fernsehen ausgestrahlt wird. „Die Träume der 1990er Jahre leben immer noch in Portland", lautet das Motto dieser Unterhaltungsshow, die seit 2011 läuft. Die beiden Macher – Carrie Brownstein und Fred Armisen – haben

USA-Lesebuch

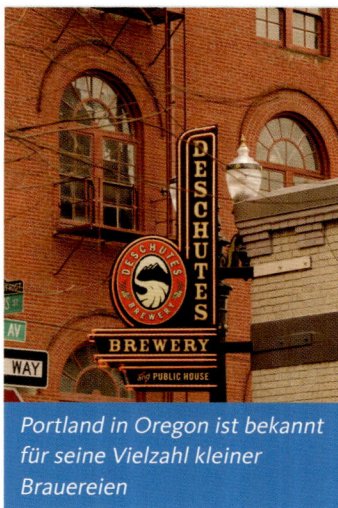

Portland in Oregon ist bekannt für seine Vielzahl kleiner Brauereien

es verstanden, Normales mit einem Touch von Absurdität zu versehen, das offenbar das Lebensgefühl vieler Amerikaner widerspiegelt. Armisen sagte dazu in einem Interview, dass seine Zuschauer schon zu einer bestimmten privilegierten Schicht gehörten, die sich mit Problemen wie unterschiedlichen Qualitäten von Nahrungsmitteln aus der Umgebung im Vergleich zu solchen aus organischer Produktion beschäftigten. Die beiden ehemaligen Musiker haben es inzwischen zu Kultstatus gebracht.

Noch nicht ganz so weit ist es mit den Weinen aus Oregon und dem noch nördlicher liegenden Washington. Dort regne es doch dauernd und sei kalt, lautet das allgemeine Vorurteil der südlicher lebenden Amerikaner. Im Durchschnitt stimmt das, nur hat sich im Tal zwischen dem Küstengebirge und den Kaskaden am Willamette River ein sehr mildes Klima herausgebildet, das insbesondere der Pinot-noir-Traube zugutekommt. Und im noch „kühleren" Norden, in Washington, gedeiht im Yakima Valley besonders guter Cabernet Sauvignon; schließlich liegt das Gebiet auf der Höhe des 46. Längengrads, so wie Bordeaux in Frankreich. Im Zuge des Klimawandels könnten die Weinbauregionen des Nordens noch an Bedeutung gewinnen, denn manche kalifornischen Winzer halten aufgrund der anhaltenden Trockenheit bereits Ausschau nach neuen Standorten.

Körperkultur in Kalifornien

Kalifornien war schon immer ein Labor für Körperkulturneuheiten mit immer neuen Diäten, innovativen Fitnessgeräten und chirurgischen Eingriffen. Die Hawaiianer haben zwar das Surfen „erfunden", aber zum Sport für Tausende machten es die Kalifornier. Als einer der ersten fand der allerdings aus Wisconsin stammende Tom Blake seine Leidenschaft am Strand von Santa Monica. Rollschuh- und Skateboard fahren, natürlich joggen und mit dem Rad unterwegs sein – jede neue Sportart wird im Golden State begeistert aufgenommen und ausprobiert. Sport aber nicht nur um des Sports willen, sondern auch um mit den Rundungen des eigenen Körpers fertig zu werden, schließlich zeigt man an den Stränden von Venice, Malibu oder Monterey viel nackte Haut. Bis zur Wirtschaftskrise 2008 war Kalifornien auch Vorreiter in Sachen Schönheitschirurgie. Wer in Los Angeles/Hollywood auffallen will, meint den Anforderungen der Hochglanzmagazine entsprechen

Kultur & Lebensart

Skating am Venice Beach, Kalifornien

zu müssen. Inzwischen hat sich dieser Markt etabliert, die Nachfrage nach qualifizierten Ärzten ist ungebrochen hoch, und bei manchen Spezialisten sind die Wartezeiten lang. Sich auf den OP-Tisch legen, geht einfach schneller, sagen viele, die gleichzeitig Sport machen und sich möglichst gesund ernähren. Ein pragmatischer Ansatz, mag man meinen, der durch TV-Sendungen und Ratgeber noch genährt wird. Ganz so weit wie Rob Rhinehart, ein junger ehemaliger Programmierer aus dem Silicon Valley, der ein künstliches Nahrungsmittel entwickelte, weil er mehr Zeit zum Arbeiten haben wollte, anstatt dauernd essen oder einkaufen gehen zu müssen, treiben es die meisten Kalifornier allerdings noch nicht. Bisher gelten die Südwestler eher als Genießer, gute Restaurants mit frischen Nahrungsmitteln und phantasievollen Kreationen aus den ethnischen Küchen der Einwanderer aus aller Herren Länder sind überall zu finden. „California Cuisine" steht seit Langem für authentische Küche mit frischen Zutaten aus der Region, was im Obst- und Gemüseland von Zentral-Kalifornien auch (noch) kein Problem darstellt. Dort sind die Erdbeeren im Februar

Weinanbau im Napa Valley, Kalifornien

oder November zumindest nicht so ungewöhnlich wie in anderen Landesteilen, Bewässerung und Gewächshäuser machen's möglich.

Außer für gutes Essen sind die Kalifornier auch für ihre ausgezeichneten Weine bekannt: Das Napa und das Sonoma Valley sind Regionen unweit von San Francisco, in denen schon seit dem Beginn des 19. Jahrhunderts Reben kultiviert werden.

Las Vegas – die am schnellsten wachsende Großstadt Amerikas

Die mormonischen Siedler und Missionare von 1855, die das kleine Fort zur Bekehrung der Pajute-Indianer bauten, konnten nicht ahnen, wie stark die zukünftige Siedlung einmal von Toleranz geprägt sein würde. Dabei brauchten die polygamen Mormonen selbst jede Menge davon: Das Verbot der Mehrfachehe hatte unter anderem dazu geführt, dass ein großer Zug von gläubigen Siedlern bis an die Salzseen von Utah zog, um dort einen Gottesstaat aufzubauen. Um aller-

Spielhölle und Freizeitpark: Las Vegas, Nevada

dings Mitglied der Vereinigten Staaten werden zu können, musste das männliche Privileg aufgegeben werden. Eine Eisenbahnlinie von Salt Lake City nach Los Angeles machte am Nest Las Vegas Halt, weil es dort Wasser für die Dampflok gab und Menschen dort ausstiegen, um in den nahe liegenden Blei- und Silberminen zu arbeiten. Aber erst der Bau des Hoover-Damms ließ die Stadt gedeihen. Viele der über 5.000 Arbeiter am Kolossalbauwerk suchten am Wochenende Entspannung in der Stadt. Nevada legalisierte 1931 das Glücksspiel und liberalisierte kurze Zeit später die Scheidungsgesetze: Nach sechs Wochen Aufenthalt ist man seinen Lebenspartner los. Kasinos, eine Air-Force-Basis und später die gigantischen Themenhotels ließen die Stadt unaufhaltsam wachsen: Von den 2,8 Millionen Einwohnern Nevadas leben 603.000 in Las Vegas City, aber mehr als 2 Millionen im Clark County rund um die pulsierende Vergnügungsstadt. „Las Vegas ist die Stadt der perfekten Dubletten und Plagiate", schrieben Tom Buhrow und Sabine Stamer 2007 in ihrem Buch „Mein Amerika – Dein Amerika". 36 bis 40 Millionen Nordamerikaner verbringen dort jährlich ihre langen Wochenenden. Heute heißt es übrigens nicht mehr: „Was in der

Montanas Leere

Stadt passiert, bleibt in der Stadt", sondern im Zeitalter von Instagram, Twitter, Facebook und Co. warnen die Flugbegleiter: „Was in der Stadt passiert, ist morgen im Social Network" (siehe auch Kapitel 7).

Viel Platz im Nordwesten

Wyoming, Montana, Idaho – drei Bundesstaaten im Nordwesten, die sich nicht nur durch landschaftlich reizvolle und ursprüngliche Regionen ausweisen, sondern zudem auch ziemlich menschenleer sind: Im Durchschnitt 3,3 Menschen leben auf einem Quadratkilometer. Auf einer Fläche, etwa so groß wie Deutschland und Spanien zusammen, verteilen sich nur 2,8 Millionen Menschen. Da bleibt selbst in den kleinen und überschaubaren Ballungsgebieten der Hauptstädte noch viel Platz. Im kühleren Norden gibt es ähnlich wie in Texas und Arizona sehr große Ranchen: Viehwirtschaft ist typisch für Montana und Wyoming, während Idaho als das Kartoffelland der Nation gilt. Alles läuft in diesen Teilen der Welt etwas gemächlicher ab, Großstadtglamour sucht man hier vergebens. So wie wintermüde Senioren in immer größeren Zahlen die kalte Jahreszeit in Arizona, Kalifornien oder Florida verbringen, so flüchten Betuchte aus dem heißen Süden in die Bergregionen der Nordweststaaten. Große Anwesen in dichten Waldstücken bieten Anonymität und ungestörte Ausritte, so mancher Hollywoodstar hat sich hier schon eingekauft. Alteingesessene Viehzüchter dagegen öffnen ihre Höfe für Touristen, sogenannte guest ranches finden sich in vielerlei Gestalt: Auf manchen muss man auch als zahlender Gast mitarbeiten, Kühe eintreiben und Zäune flicken, andere verwöhnen mit Luxus, Gourmetküche und kleinen Rodeos zum Vergnügen der Touristen. Dass die Einsamkeit und winterliche Öde auch zu Belastungen führen kann, hat der in Wyoming lebende Autor C.J. Box in Romanen und Krimis mit dem Wildhüter Joe Pickett geschildert, einem grundsoliden, anständigen Menschen, der in jeder Geschichte mit den bösen Kräften von Mitmenschen und Zugereisten aus anderen Teilen der USA zu kämpfen hat. Box wird ein „sehr böser politischer Blick auf die mentale Verfasstheit der USA" attestiert (culturmag.de).

Erfolgreiche Menschen werden in diesen Regionen daran gemessen, wie viele Fische sie beim *fly fishing* gefangen haben oder wie viele Berge sie bestiegen haben – das meinte jedenfalls eine Stadtführerin in Helena, der überschaubaren Hauptstadt von Montana. So viel Zeit wie möglich in der Natur zu verbringen, gilt als erstrebenswertes Ziel. Das war nicht immer so. Ende des 19. Jahrhunderts fand man in den Bergen des nördlichen Idaho große Silbervorkommen, wurde bei Butte in Montana Kupfer abgebaut und in Virginia City und Helena Gold gewaschen. Tausende von wagemutigen Abenteurern zogen zu den Fundstellen, rechtsfreie Räume führten zu Gewalt, und viele Menschen starben. Andere wurden reich, manche gründeten Eisenbahnlinien oder Minengesellschaften, die es heute noch gibt. Diese Zeit des Aufbruchs, der scheinbar unendlichen Möglichkeiten für jeden Mann (für jede Frau allerdings nur eingeschränkt) hat sich bis heute im kollektiven Gedächtnis gehalten; dieser Teil des Wilden Westens pocht noch heute auf eine gewisse Eigenständigkeit gegenüber der Obrigkeit, besonders, was Vorschriften aus der Bundeshauptstadt angeht.

Fliegenfischen hat seinen Ursprung zwar auf den britischen Inseln, aber in Nordamerika eine lange Tradition, die bis ins frühe 19. Jahrhundert zurückreicht: Titelblatt des Buches „The Art of Angling", Richard Brookes, 7th Edition, 1790

Teil der Kultur: Rodeos

Rodeos werden im Westen ebenfalls von Texas bis Montana abgehalten. Die großen Veranstaltungen etwa in Omaha (Nebraska) oder Pendleton (Oregon) ziehen Tausende von Besuchern an und stellen

Rodeos sind Teil der Volkskultur des amerikanischen Westens

wichtige Ereignisse im jährlichen Kalender vieler Kleinstädte dar. Etwa 700 Veranstaltungen organisiert der Verband der professionellen Rodeo-Reiter pro Jahr. Viele Cowboys und -girls leben nur für diese Events, und die Stars unter ihnen verdienen gut daran. Im Norden, wo große Indianerreservate liegen, finden die Rodeos auch auf deren Gebieten statt oder die Stämme beteiligen sich mit Powwows am Geschehen, wie zum Beispiel in Pendleton.

Erdbeben und Vulkane – immer mit Bedrohung leben

Und noch etwas eint die Bewohner der Küstenstaaten des Pazifik: die Bedrohung durch Erdbeben und Vulkanausbrüche. 1906 zerstörten ein schweres Erdbeben und das danach ausgebrochene Feuer Teile von San Francisco, 1989 stürzte die Oakland-Bay-Brücke teilweise ein, und im August 2014 wackelte es ziemlich heftig im Nappa Valley. Auch Los Angeles hatte 1994 zahlreiche Tote und Verletzte zu beklagen. Es rumort in dieser Region recht häufig. An kleinere Beben sind die Menschen gewöhnt, aber allmählich baut sich die Angst vor dem *big bang* auf. Entlang des San-Andreas-Grabens verschieben sich Erdkrustenplatten von kontinentaler Größe, die pazifische Platte vor Los Angeles driftet jedes Jahr einige Zentimeter nach Nordwesten und reibt sich an der nordamerikanischen Platte, die nach Südosten wandert. Die beiden Platten teilen Kalifornien in zwei Hälften. Die Besonderheit des

Der Denali – bis 2015 offiziell Mount McKinley genannt – in Alaska ist der höchste Berg Nordamerikas (6.190 m) und ein vulkanischer Intrusionskörper

Grabens ist, dass er im Gegensatz zu anderen Erdbebengebieten, in denen die Gefahren für das bloße Auge nicht sichtbar sind – vor allem unter dem Meeresspiegel – hier offen die Landschaft prägt. Über 1.300 Kilometer hinweg wird die Prärielandschaft von Zentralkalifornien, werden Dämme, Staubecken und Ortschaften durchtrennt. Im Bereich des Grabens leben 18 Millionen Menschen.

Weiter nördlich beginnt der Reigen der Vulkane des Ring of Fire. Mount Shasta in Nord-Kalifornien ist der südlichste, gefolgt vom Lassen-Vulkan und dem Mount Mazama, der den Crater Lake in Oregon gebildet hat. Der Ausbruch des Mount Saint Helens 1980 in Washington war der letzte größere in diesem Gebiet; seine Aschewolken waren bis an die Ostküste messbar. Bis nach Nord-Washington am Mount Baker und weiter nach Kanada und Alaska reicht der amerikanische Teil des Feuerrings, der sich um den gesamten Pazifik zieht. Fast alle Vulkane an der Westküste sind sogenannte Strato- oder Schichtvulkane. Sie entstanden durch explosionsartige Ausbrüche, die starr werdendes Gestein und Lava relativ gleichmäßig um den Berg herum verteilten und so die typische Kegelform bildeten. Ein Supervulkan hat übrigens die Yellowstone Caldera entstehen lassen, allerdings schon vor fast 2 Millionen Jahren. Anders als die meist schneebedeckten Gipfel der Küstenvulkane, die man vom Flugzeug aus wie Perlen auf einer Kette wahrnehmen kann, ist die Hochebene von Yellowstone kaum als Caldera (Schüssel) zu erkennen, zu groß ist das Gebiet des Yellowstone-Sees.

Sport in den USA

Schon 1909 gab die Firma American Tobacco Spieler-Sammelkarten heraus: Honus Wagner von den Pittsburgh Pirates war einer der berühmtesten Baseballspieler zu Beginn des 20. Jahrhunderts

Sport ist sowohl als Teil der Unterhaltungskultur als auch im Hinblick auf seine identitätsstiftende und Werte vermittelnde Funktion ein integraler Bestandteil der US-amerikanischen Gesellschaft. In den 1920er Jahren, die einen starken wirtschaftlichen Aufschwung, einen umfassenden gesellschaftlichen Wandel und eine kulturelle Blüte in allen Bereichen mit sich brachten, wurden auch Sportwettkämpfe dank der allgemeinen Kommerzialisierung und Medialisierung zu nationalen Massenspektakeln. Als Aktivität, die Werte wie Leistungsbereitschaft, Ausdauer, Fleiß, Ehrgeiz und den Glauben an die eigenen Stärken verkörpert, wurde der Sport zu einem die Nation über soziale Grenzen hinweg verbindenden Element, dem eine wichtige Rolle im demokratischen Prozess zugeschrieben wurde. Er vermochte unterschiedliche ethnische, religiöse und soziale Gruppen zu integrieren und eröffnete auch den Afroamerikanern bereits zur Zeit der Rassentrennung die Möglichkeit, sich durch die Gründung eigener Vereine in Sportarten wie Basketball zu profilieren und dadurch über ihre eigene Community hinaus Anerkennung zu bekommen und Selbstbewusstsein zu entwickeln. Analog zu anderen Berühmtheiten erlangten erfolgreiche Sportler den Status nationaler Vorbilder und Identifikationsfiguren, die insbesondere, wenn sie aus prekären Verhältnissen stammten und auf ihrem Weg mit vielen Schwierigkeiten zu kämpfen hatten, als Sinnbilder für den American Dream und American Way of Life erscheinen konnten. Seit den 70er Jahren nimmt die US-amerikanische Öffentlichkeit gegenüber negativen Aspekten wie Korruption, extremem Leistungsdruck und Doping ebenso wie gegenüber privaten Schwächen und Fehlern bekannter Sportler zwar eine zunehmend kritische Haltung ein, das generelle idealistische Bild des Sports als soziale Kraft wurde dadurch aber nur wenig in Mitleidenschaft gezogen.

Neben den Vereinen kommt seit jeher Colleges bei der Förderung sportlicher Talente eine große Bedeutung zu, die nach dem Ende des Zweiten Weltkriegs noch gesteigert wurde: Im Rahmen der 1944 verabschiedeten sogenannten G.I. Bill of Rights, die eine möglichst gute gesellschaftliche Integration der Kriegsheimkehrer sicherstellen und eine Massenarbeitslosigkeit wie nach dem Ersten Weltkrieg verhindern sollte, wurden den Ex-Soldaten Stipendien für den College- und Universitätsbesuch gewährt und die Bildungseinrichtungen mit zusätzlichen finanziellen Mitteln ausgestattet. So entwickelte sich der

Eine berühmte Baseball-Arena. Fenway Park, Heimat der Boston Red Sox

Collegesport zu einem eigenen Wirtschaftsfaktor. Obwohl sich unter den sportlichen Idolen heute viele Frauen und Afroamerikaner wie auch Angehörige anderer Ethnien befinden, ist der amerikanische Sport in seiner Gesamtheit noch weit von der Verwirklichung einer umfänglichen geschlechtlichen und rassischen Gleichstellung entfernt. Nicht nur in den Zuschauerrängen und bestimmten Sportarten, sondern auch abseits der Spielfelder speziell auf der Funktionärsebene sind nach wie vor weiße Männer die tonangebende Gruppe. Die mit Abstand größte Popularität genießen die Sportarten American Football, Baseball und Basketball. Sie können als wesentliche Bestandteile der US-amerikanischen Kultur gelten.

American Football

Seit den 1960er Jahren ist American Football, das Elemente aus Fußball und Rugby miteinander verbindet, die populärste Mannschaftssportart der USA. Seine Urform entwickelte sich in den 1870er Jahren an den Privatuniversitäten der Ostküste. Bereits um 1900 war es zum beliebtesten Collegesport avanciert, doch erst nach dem Ersten Weltkrieg wurden die Regeln standardisiert. Da es während der Col-

Spiel der Stars aus den beiden Football-Conferences AFC und NFL um den Pro Bowl, 2006

lege-Footballsaison im Herbst wenig Bedarf und Möglichkeiten für zusätzliche Spiele gab und seinerzeit Baseball die Sommersaison beherrschte, wurde allerdings erst 1920 als erste professionelle Footballliga die National Football League (NFL) gegründet. Die in der Folge für College- und Profi-Football vereinheitlichten Regeln blieben ab den 1960 Jahren weitgehend unverändert. Bereits seit dieser Zeit wird der American Football von afroamerikanischen Spielern beherrscht; noch 1946 hatte in der NFL strikte Rassentrennung gegolten. 1960 wurde als Konkurrenzorganisation zur NFL die American Football League (AFL) gegründet. Um die Teams der beiden rivalisierenden Ligen zusammenzuführen, rief man 1967 den Super Bowl ins Leben, bei dem zunächst die Sieger von NFL und AFL gegeneinander antraten. Seit der Vereinigung der Ligen zur neuen NFL im Jahr 1970 wird dieses große Saisonfinale zwischen den Spitzenteams der National Football Conference (NFC) und der American Football Conference (AFC) ausgetragen. Jede Conference ist aus einer der alten Ligen hervorgegangen, besteht aus 16 Mannschaften und ist ihrerseits in vier Divisionen à 4 Mannschaften unterteilt, wobei die Zuordnung der Teams zu den

Divisionen – nicht aber zu den Conferences – größtenteils geografisch bedingt ist. Heute hat der in der Regel am letzten Januarwochenende ausgetragene Super Bowl den Rang eines Megaevents, bei dem sich im Vorprogramm und in der Spielpause Rock-Legenden wie die Rolling Stones ein Stelldichein geben und im Fernsehen die höchsten Einschaltquoten verzeichnet und die teuersten Werbeminutenpreise berechnet werden. Die im Profi- und College-Football erwirtschafteten Gewinne liegen im Milliardenbereich. So wundert es nicht, dass viele Universitätsstädte riesige Footballstadien unterhalten und das Renommee der Universitäten oft in größerem Maße auf der Qualität ihrer Sportausbildung beruht als der ihrer akademischen Lehre. Viele erfolgreiche College-Footballspieler wechseln nach dem Ende ihrer maximal vierjährigen Spielzeit als „Seniors" in die Profiliga. Das alljährlich in der Regel im April stattfindende Auswahlverfahren, der sogenannte Draft, ist seinerseits ein Publikumsspektakel, das abwechselnd in verschiedenen Bundesstaaten abgehalten wird.

Baseball

Keine andere Sportart ist so tief mit der amerikanischen Kultur verwoben wie das Baseballspiel. Als Sinnbild für Teamwork und Fairplay steht es für Grundwerte der amerikanischen Gesellschaft und Demokratie und besitzt den Rang eines nationalen Mythos. Sein weitreichender Einfluss auf die Populär- und Alltagskultur zeigt sich in zahlreichen geflügelten Worten und Redewendungen (wie beispielsweise playing hardball, „mit harten Bandagen kämpfen"), seiner breiten Rezeption in Literatur, Musik und Film und dem längst international zum Modeaccessoire gewordenen Basecap. Der Spielfilm „Die Bären sind los" („The Bad News Bears"), auf dessen Grundlage zwei Sequels, ein Remake und Ende der 70er Jahre die gleichnamige Fernsehserie entstand, oder auch die Kulttrickfilmreihe „Die Peanuts" vermitteln einen Eindruck des Stellenwerts, den das Spiel durch seine integrative Rolle und seine symbolische Kraft für die US-amerikanische Gesellschaft hat. Für amerikanische Väter und Söhne ist es seit Generationen ein allwöchentliches Ritual.

Wie auch im Fall des American Footballs sind die Städte der amerikanischen Ostküste die Brutstätte des Baseballspiels. Seine Frühform entstand im Laufe der ersten Hälfte des 19. Jahrhunderts auf der Basis

Ein Baseball, etwas größer als ein Tennisball. Er besteht aus einem fest mit Faden umwickelten Korkkern, der von zwei zusammengenähten Lederstücken umhüllt wird. Er ist sehr hart

Präsident Kennedy wirft den ersten Ball beim 32. Spiel zwischen Auswahlmannschaften von American League und National League, 1962

ursprünglich englischer, regional unterschiedlicher Spiele, die noch nicht über ein ausgeprägtes Regelwerk verfügten und häufig als town ball bezeichnet wurden. Die unter dem Namen Rounders bekannten englischen Schlagballspiele basierten ihrerseits vermutlich auf französischen Vorbildern, die mindestens bis ins 14. Jahrhundert zurückreichen. In den 1840er Jahren entstanden in New York erste Baseballklubs und organisierte Teams, die in Freizeitspielen nach komplizierten Regeln gegeneinander antraten. In der Folge konnte sich das Spiel rasch schichtenübergreifend etablieren, sodass 1858 das erste offizielle Baseballturnier abgehalten wurde. Nach dem Bürgerkrieg erlebte das Spiel einen USA-weiten Boom und trug dazu bei, das Land zu einer Einheit zu verschmelzen. 1869 entstand in Cincinnati die erste Berufsspielermannschaft; die sechs Jahre später gegründete National League (NL) ist heute die weltweit älteste kommerzielle Sportliga. Nach der Gründung und Auflösung verschiedener Konkurrenzligen sollte erst 1901 mit der American League (AL) eine ernsthafte Gegenspielerin auf den Plan treten. Zwei Jahre später einigten sich NL und AL auf die Gründung der gemeinsamen Organisation Major League Baseball (MLB), von der seitdem die Meisterschaft, die World Series, ausgerichtet wird. Erst im Jahr 2000 verschmolzen die Ligen allerdings auch rechtlich zu einer Einheit. In den Roaring Twenties erlebte der Baseball dann seinen größten Popularitätsschub. Mit beliebten Spielern deutscher, italienischer, lateinamerikanischer oder ostasiatischer Herkunft leistete er schon damals einen nicht unwesentlichen Beitrag zu Integration der verschiedenen Einwanderergruppen. Die Afroamerikaner allerdings, die bis 1947 von der Major League ausgeschlossen blieben, bildeten zunächst ihre eigenen sogenannten „Negro Leagues". Mit dem dort entwickelten ganz eigenen, tempo- und trickreichen Spielstil wurden diese ihrerseits zu einer bedeutenden Institution. Nach dem Ende der Segregation und der allmählichen Integration der schwarzen Spieler in die Major League dominierten sie über lange Jahre den Stil des Baseballspiels. Die Internationalisierung des Sports führte dann spätestens ab den 1980er Jahren dazu, dass Spieler speziell aus der Karibik und Japan zu den tonangebenden Akteuren wurden, nachdem die USA zuvor den Baseball erfolgreich in den mittelamerikanischen und ostasiatischen Raum exportiert hatten. Seit der American Football ihm in den 1950er Jahren vor allem aufgrund seiner größeren Fernsehtauglichkeit allmählich den Rang als populärster Zuschauersport abgelaufen hatte, erlebte der Baseball infolge von Arbeitskämpfen, die 1994 zum Ausfall der World Series geführt hatten, und einer allgemein sinkenden Spielqualität eine lang anhaltende Imagekrise. Ende der 90er Jahre sorgten ein neu gefundenes Spielniveau und spannende Duelle dann dafür, dass er zu seiner alten Ausstrahlungskraft zurückfinden und seinen Ruf als liebster Zeitvertreib der Nation wieder festigen konnte.

Schlagmann, Fänger und Schiedsrichter, Fennway Park 1979

Basketball

Unter den drei Nationalsportarten der USA nimmt Basketball in gewisser Hinsicht eine Sonderstellung ein: Im Gegensatz zu Football und Baseball geht er nicht auf europäische Ursprünge zurück, sondern wurde 1891 von einem aus Kanada stammenden Sportlehrer und Arzt in der Ausbildungsschule der Young Men's Christian Association (YMCA) in Springfield, dem späteren Springfield College, im Bundesstaat Massachusetts erfunden. Um seinen Studenten auch während der kalten Jahreszeit eine den christlichen Werten entsprechende körperliche und charakterliche Bildung angedeihen zu lassen, hatte James Naismith nach einer Hallenballsportart gesucht, die mit einem möglichst geringen Verletzungsrisiko verbunden war. Da nach seiner Beo-

Michael Jordan, legendärer Basketballer zwischen 1984 und 2003, zumeist bei den Chicago Bulls

bachtung das für Ballspiele typische kämpferische Element wesentlich auf dem Umstand beruhte, dass das gesamte Spiel auf einer einzigen Ebene ablief, kam ihm die Idee, die Tore in Form von Körben auf eine höhere Ebene zu verlegen und das Spiel dadurch weniger aggressiv zu machen. Bereits im Jahr darauf führte die Sportlehrerin Senda Berenson Abbott am Smith College in Northampton eine in den Grundregeln leicht abgewandelte Basketballversion für Frauen ein. Dank der YMCA verbreitete sich die neue Sportart, deren Regeln seinerzeit noch stark vom heutigen Basketball abwichen, schnell in den gesamten USA und später auch darüber hinaus. In der Folge etablierte sie sich als beliebte Freizeitaktivität, an Schulen und Colleges sowie als professioneller oder halbprofessioneller Wettkampfsport in zahlreichen Ligen. Dazu kamen Tourneemannschaften, die oft aus Mitgliedern bestimmter ethnischer Gruppen gebildet wurden. Die bis zur Aufhebung der Segregation ausgegrenzten Afroamerikaner gründeten nach dem Ersten Weltkrieg ihrerseits Basketballverbände und veranstalteten eigene Turniere. Mit dem von ihnen entwickelten, durch Improvisation und artistische Athletik geprägten Stil triumphierten Profiteams wie die 1927 gegründeten Harlem Globetrotters schon bald über die europäischstämmige Konkurrenz. In Kombination mit den in den 30er und 50er Jahren festgelegten Regeländerungen sollte dieser Stil nach dem Ende der Rassentrennung ab 1950 eine revolutionäre Wirkung auf das Basketballspiel haben, das sich von einem horizontalen Pass- zum vertikalen Laufspiel entwickelte. Als glückliche Fügung erwies

Auch Tennis erfreut sich in der USA einer großen Beliebtheit: Serena Williams, lange Zeit die Nummer eins der Weltrangliste, Weltsportlerin des Jahres (2015) und die Spielerin, die in ihrer Karriere die höchste Summe an Preisgeldern eingeheimst hat (insgesamt 80 Millionen Dollar).

sich in diesem Zusammenhang die Gründung der National Basketball Association (NBA) im Jahr 1949 durch die Fusion der 1946 ins Leben gerufenen Basketball Association of America (BAA) mit der seit 1937 bestehenden National Basketball League (NBL). Infolgedessen gelang es dem zuvor relativ marginalen Profisport allmählich, mit dem bereits seit den 30ern landesweit angesehen Collegebasketball gleichzuziehen. 1967 erwuchs der NBA Konkurrenz durch die American Basketball Association (ABA), die durch Regelinnovationen und mit brillantem Spiel aufwartende Spieler für weitere Impulse sorgte und 1976 ihrerseits mit der NBA verschmolz. Nachdem das öffentliche Interesse am Basketball im Laufe der 70er Jahre zunächst zurückgegangen war, sorgte seit 1979 die Rivalität zweier Stars, des für die Boston Celtics spielenden europäischstämmigen Larry Bird und des bei den Los Angeles Lakers verpflichteten Afroamerikaners Earvin „Magic" Johnson für neue Aufmerksamkeit, denn sie verkörperten für das Publikum zudem die Gegensätze zwischen Westküste und Ostküste, Arbeitergegend und Hollywood. Ab Mitte der 80er Jahre entwickelte sich Basketball dann endgültig zu einer der Sportarten mit den höchsten TV-Einschaltquoten. In den späten 80ern wurde er nach Football zum beliebtesten Zuschauersport und verwies damit Baseball auf den dritten Platz. Seit dieser Zeit, spätestens aber seit dem überragenden Sieg des amerikanischen Basketballnationalteams 1992 bei den Olympischen Spielen in Barcelona, bei denen erstmals Profis zugelassen waren, wurde er auch in Übersee zu einer der populärsten Sportarten.

Musik

Der Charakter der amerikanischen Kultur wird durch ihre junge Tradition bestimmt, zudem ist sie geprägt von einer komplexen ethnischen und sozialen Dynamik. Und dieser Aspekt findet sich wohl am deutlichsten in der Musik, denn hier fand sehr viel stärker als in den anderen Kunstrichtungen eine Vermischung der unterschiedlichsten Einflüsse statt. Das liegt zum einen darin begründet, dass Musik sowohl in der Kultur der Native Americans als auch in dem westafrikanischen Erbe der Schwarzen eine zentrale Rolle spielte, – beides schriftlos –, und andererseits es sich um ein sehr situatives Medium handelt, das auch unabhängig von allen etablierten Institutionen lebendig ist. Deswegen war sie das Ausdrucksmittel der (ehemaligen) Sklaven wie auch der armen weißen Bevölkerung, die zu anderer Kultur kaum Zugang hatten.

Hier wurde viel leichter durch gegenseitige Beeinflussung die soziale Hierarchie in Frage gestellt, mit der Zeit weniger zwischen hoher und niedriger Kultur unterschieden als dies bei Literatur und Bildender Kunst der Fall war, so dass aus diesen hybriden Musikformen die erste genuin amerikanische Kultur entstand. Hierbei spielt der indianische Einfluss allerdings nur eine begrenzte Rolle.

Die ersten Musiker Amerikas

Die Geschichte der nordamerikanischen Musik begann vor über 10.000 Jahren. Für die ersten Bewohner des Kontinents erfüllte die Musik eine wichtige Funktion bei der Vermittlung von Wissen: Da sie keine Schrift kannten, gaben sie die Traditionen über Lieder und Tänze von einer Generation an die nächste weiter. Als oral history wurde die Stammesgeschichte erzählt und wiedererzählt durch die Lieder. Text und Rhythmus variierten je nach Gelegenheit. Dabei erfüllte die Musik nicht nur eine gesellschaftliche Funktion, sondern hatte auch als Kommunikationsmittel mit überirdischen Mächten eine sakrale Komponente. Als Instrumente dienten ihnen verschiedene Arten von Trommeln, Rasseln und Flöten, Saiteninstrumente kamen nur in Ausnahmefällen vor.

Indianische Fußrassel aus Schildkrötenpanzern, ca. 1920

Diese älteste der in Amerika entstandenen Musikformen ist zwar im Zuge der Vertreibung zum großen Teil verloren gegangen und in der heutigen Gesellschaft außerhalb der Indianerreservate kaum präsent, aber durchaus zumindest in Teilen immer noch, und auch wieder, sehr lebendig, wie etwa die seit 1998 jährlich vergebenen Native American Music Awards (N.A.M.A.) bezeugen. Ebenso spielt sie bei den Powwows, die zunehmend auch von Nicht-Indianern besucht werden, eine zentrale Rolle.

In den letzten Jahren sorgte die (kanadische) Musikerin Tanya Tagaq auch in Europa mit ihrem aus der Innuit-Tradition aufgenommenen Kehlkopfgesang für Aufsehen.

Europäische Einwanderer – klassische Musik

Bis Ende des 19. Jahrhunderts existierte in Nordamerika keine eigene klassische Musik. Zwar gelangten mit den ersten Einwanderern aus Europa nicht nur Volkslieder und religiöse Erbauungsmusik, sondern auch die Konzertkultur in die Neue Welt, aber sie beschränkte sich über 150 Jahre auf Import und Nachahmung.

Die erste Sinfonie, deren musikalisches Thema sich auch auf Amerika bezog, schrieb ein böhmischer Komponist: Dvoraks Symphonie „New World" vereinte indianische Rhythmen und geistliche Musik, blieb aber dennoch der europäischen Romantik verpflichtet, die ihre Inspirationsquellen im jeweils Ursprünglichen suchte.

Diese einseitige Beeinflussung änderte sich im 20. Jahrhundert mit der massiven Einwanderung aus Europa und mit dem Heranwachsen von Musikern, die in beiden Welten zuhause waren, bzw. die diese Dichotomie als veraltet empfanden.

Arnold Schönberg aus Wien floh vor dem Faschismus in die USA. Ihm blieb Amerika jedoch fremd, so wie auch dieses etwas ratlos auf seine 12-Ton-Musik reagierte. Anders sein jüngerer Kollege Kurt Weill, der in Deutschland vor allem mit seinen Kompositionen zu Brechts Theaterstücken bekannt geworden war, allen voran mit den Liedern der „Dreigroschenoper". Auch er emigrierte zu Beginn der NS-Diktatur und wurde bald durch seine Musicals berühmt.

Mit George Gershwin und Leonard Bernstein profilierten sich zwei weitere Komponisten mit europäischen Wurzeln: Gershwin schrieb sowohl klassische Konzerte als auch Stücke für den Broadway, die „Rhapsodie in Blue" wurde weltberühmt und mit „Porgy and Bess" verfasste er die erste amerikanische Oper, deren Arie „Summertime" zu der meist gecoverten Jazz- und Popmelodie werden sollte.

Bernstein war schon hoch angesehener Musikdirektor des New York Philharmonic Orchestra (wohlgemerkt der erste Amerikaner in dieser Position), als er 1957 die „West Side Story" komponierte. Dieses Stück wird auch die Mutter des Musicals genannt, da hier die unterschiedlichsten Komponenten zu einem einzigartig Neuen führten: Erstmals fügten sich Tanz, Gesang und Schauspiel auf hohem Niveau zusammen und in der Musik finden sich Einflüsse aus Jazz, Oper und lateinamerikanischen Rhythmen.

Damit nahmen sie vorweg, was sich in den kommenden Jahrzehnten als das typisch Amerikanische in der Klassischen Musik etablieren sollte: Multimedialität und Vermischung der

John Kennedy dirigiert die Symphonie Kepler von Philip Glass, Mai 2012

Stile. Philip Glass, einer der bedeutendsten Vertreter der *minimal music*, komponierte in Anlehnung an ein asiatisches, nicht lineares Zeitverständnis in einem hypnotisch repetetiven Stil: Die sich scheinbar endlos wiederholenden Sequenzen verändern sich aber unmerklich über einen längeren Zeitraum. Er bezeichnet sich selbst als Theaterkomponist, hat Musik für Stücke von Beckett geschrieben, zusammen mit Robert Wilson multimediale Inszenierungen aufgeführt, und verfasste ein umfangreiches Œuvre an Filmmusik und Opern.

Auch John Cage war beeinflusst durch die östliche Kultur: Er begriff die Stille als konstitutives Element von Musik und arbeitete mit sogenannten Zufallsoperationen, die den Menschen aus der Komposition weitestgehend heraushalten. Ab Mitte der 50er Jahre lehrte er an der New School of Social Research in New York, und wurde hier einer der einflussreichsten Komponisten des zwanzigsten Jahrhunderts.

Afroamerikanische Musik: Am Anfang war der Blues

Letztlich war es aber der Einfluss eines anderen Kontinents, der wesentlich zur Entwicklung der amerikanischen Musikform schlechthin beitragen und weltweit große Bedeutung erlangen sollte: Die afrikanischen Sklaven brachten in die neue Welt Lied- und Musiktraditionen mit, die die Grundlage für einige der auf den Baumwollfeldern gesungenen worksongs bildeten. Daneben entstanden unter dem Einfluss der christlichen Religion afroamerikanische Spirituals. In Verbindung mit europäischen Volksliedern waren diese Gesänge die Wurzeln von Gospel und Blues, aus denen schließlich weitere Musikstile hervorgingen. Die Entstehung des Blues, der für die religiösen Gospelsänger ursprünglich als Teufelsmusik galt, ging einher mit dem Ende der Sklaverei. Viele Schwarze bestritten ihren Lebensunterhalt in den südlichen USA nun als Wanderarbeiter, und manche verdingten sich in Kaschemmen als Musiker und Sänger. Als eine seiner Geburtsstätten gilt New Orleans, wo W. C. Handy, Father of The Blues, Anfang des 20. Jahrhunderts zu den Ersten gehörte, die diese Musik weiterentwickelten und populär machten. Bezog sich der Ausdruck Blues ursprünglich auf einen Zustand der Melancholie, bezeichnet er in der Musik den Impuls, sich mit persönlichen Katastrophen und gesellschaftlichen Missständen auseinanderzusetzen, und im Dialog der Instrumente untereinander neuen Mut zu schöpfen.

Eine Legende des Rythm & Blues: Fats Domino

In den als *blackface minstrelsy* bezeichneten Stücken wurden – ursprünglich ausschließlich von weißen, schwarz geschminkten Schauspielern – Schwarze stereotyp als naive, fröhliche, musikalische Possenreißer dargestellt. Besonders populär war der 1828 vom Schauspieler Thomas Dartmouth Rice erdachte Song und Tanz „Jump Jim Crow", der zum Synonym für die Rassendiskriminierung wurde. Ab 1860 wurden die Rollen auch von schwarzen Darstellern übernommen, darunter Jazz- und Bluesmusiker, für die dies oft die einzige legitime Möglichkeit war, öffentlich aufzutreten.

Zu seinen ersten bekannten Vertretern gehörten in den 1920er Jahren der Country-Blues-Sänger Blind Lemon Jefferson, der auch als „Vater des Texas-Blues" bezeichnet wird, und Mississippi John Hurt, der erst in den 60er Jahren im Rahmen des Revivals der amerikanischen Roots-Musik zu spätem Erfolg und Ruhm gelangte.

Unter den nach der Einführung des Plattenspielers in den 20er und 30er Jahren kommerziell erfolgreich und berühmt gewordenen Blues-

> **Rhythm & Blues**
>
> Der in den 40er Jahren entstandene Ausdruck Rhythm & Blues bezeichnet kein klar umrissenes Genre, sondern wurde von der Industrie als Sammelbegriff für zeitgenössische afroamerikanische Musik geschaffen, um die mittlerweile als abwertend geltende Bezeichnung *race music* zu ersetzen. Ursprünglich bezog er sich auf raue, städtische, auf Blues und Swing basierende Musik mit straffem Rhythmus und eindringlichem Beat. Berühmte Protagonisten dieses „klassischen" Rhythm & Blues sind etwa Fats Domino und Ray Charles. In den 60ern und 70ern diente der Begriff dann als Sammelbezeichnung für Soul- und Funk- bis hin zu Disco-Musik und steht seit den 80ern als „Contemporary R&B" für eine Melange aus Blues, Jazz, Funk, Soul, Hip-Hop, Pop und Dance.

und Gospelsängern waren eine Reihe von Frauen wie etwa die „Mutter des Blues" Ma Rainey, die zu den ersten professionellen Bluessängerinnen überhaupt gehörte, und die „Kaiserin des Blues" Bessie Smith. Die Migration der schwarzen Landarbeiter seit den 30er Jahren brachte in verschiedenen Städten wie Chicago, Memphis und an der Westküste einen Urban Blues jeweils eigener Prägung hervor, der im Unterschied zum akustischen Country-Blues elektrisch verstärkt wurde und zum Teil auch neue Musikstile in sich aufnahm, etwa der Soul-Blues, dessen einflussreichster Vertreter B.B. King war.

Als Verschmelzung religiöser Gospelmusik mit den Rhythmen und säkularen Themen des Rhythm & Blues sowie Elementen des Jazz entstand in den 50er Jahren der Soul. Im Sprachgebrauch der Afroamerikaner verband sich dieser Ausdruck mit einem gewissen kulturellen Stolz. Plattenlabels wie Motown in Detroit oder Stax Records in Memphis wurden stilbildend für den Soul. Zu seinen einflussreichsten Vertretern gehört James Brown, der später auch den Funk mit begründete. Hier lag der Schwerpunkt im Unterschied zum Soul weniger auf der Melodie als auf Rhythmus und Groove. Auch Prince gehörte zu den Musikern, die die Entwicklung des Funk maßgeblich geprägt haben. Allerdings geht sein seit den späten 70ern stetig gewachsenes Œuvre weit über diesen Stil hinaus und umfasst etwa auch Elemente aus Jazz, Psychedelic Rock und Hip-Hop.

Der Hip-Hop entstand in den Clubs von New York in den 70er Jahren, als afroamerikanische DJs damit begannen, die instrumentalen Passagen von Discosongs auf zwei Plattenspielern ineinander zu mischen und dazu die Tänzer mit einem Sprechgesang (Rap) anzufeuern, der an die westafrikanische Tradition der umherziehenden Sänger und Geschichtenerzähler anknüpft. „Hip hop" steht für den Rhythmus der Beats und zugleich für eine Jugendkultur, die außer Breakdancing auch Graffiti und ein eigenes Outfit umfasst. Seit den 90ern entwickelte sich der Hip-Hop zu einem bedeutenden Teil des musikalischen Mainstreams und ist heute aus der Popmusik nicht mehr wegzudenken.

Musik aus dem Schmelztiegel: Jazz

Aus der Verbindung von europäischer Melodik und Harmonik mit afrikanisch geprägtem Zeitgefühl, Rhythmus, Artikulation und Tonbildung entstand am Anfang des 20. Jahrhunderts der Jazz. Das kos-

Billie Holiday im Downbeat, New York, 1947. Sie war eine der bedeutendsten US-amerikanischen Jazz-Sängerinnen

mopolitische New Orleans, wo es viele ehemalige Sklaven kreolischer Herkunft gab und afroamerikanische, karibische, französische und spanische Einflüsse aufeinander trafen, war mit seiner ausgeprägten Musikkultur, den Blasorchestern, Paraden und zahlreichen Amüsierlokalen ein hervorragender Nährboden für den neuen Stil. Als 1917 das Rotlichtviertel Storyville geschlossen wurde, zogen die in den Bordellen spielenden Musiker, in andere Großstädte, und verbreiteten den Jazz landesweit. Wegen seiner improvisierenden Offenheit entwickelte sich das neue Genre im Laufe der folgenden Jahrzehnte zu einem eigenen musikalischen Kosmos. Im Laufe seiner Wandlungen vom Vorläufer Ragtime über Dixieland zum Swing wurde der anfangs als primitiv verpönte Jazz zur nationalen Populärmusik. Der Anfang der 40er Jahre aufgekommene Bebop leitete dann mit größeren rhythmischen Freiheiten, längeren Soli und Improvisationen den Übergang des Jazz zur Kunstmusik ein, als Musiker aus Swing-Bigbands in Jam sessions nach neuen Ausdrucksformen suchten. Zu den maßgeblichen Musikern und Komponisten des neuen Stils gehörten die Trompeter Louis Armstrong, Dizzy Gillespie, der Saxofonist Charlie Parker und der Pianist Thelonious Monk.

Im Laufe der Integration aller erdenklichen Musiktraditionen bildeten sich immer mehr Untergenres heraus. Die Öffnung führte dazu, dass der Jazz sich von seinen afroamerikanischen Wurzeln entfernte und sich von einer ursprünglich genau definierten Tradition immer mehr zu einer Art der musikalischen Auseinandersetzung entwickelte, als deren Ausgangsmaterial letztlich jede Art von Musik dienen kann. Als Gegenreaktion auf den Free Jazz kam es wiederum zu einem Revival traditioneller Jazzstile. An dem besonderen kulturellen Stellenwert des Jazz für die USA, der verschiedentlich auch als „klassische Musik Amerikas" oder etwa von George Gershwin als „amerikanische Volksmusik" bezeichnet worden ist, ändert all dies aber nichts.

Komponist und Multi-Instrumentalist Anthony Braxton. Manche behaupteten, er mache gar keinen Jazz, denn er lässt sich von verschiedensten Strömungen beinflussen, u. a. von Komponisten der Neuen Musik wie John Cage und Karlheinz Stockhausen

Country

Dem musikalischen Erbe der afrikanischen Sklaven stand ein reichhaltiges Repertoire traditioneller Lieder und Stücke gegenüber, die die europäischen Siedler aus ihren Herkunftsländern in die Neue Welt brachten. Durch regen Austausch gingen aus den verschiedenen Musiktraditionen mit der Zeit ganz neue Genres hervor.

So entstand auch die Countrymusik. Ihre Wurzeln liegen in schottischen, englischen, walisischen und irischen Liedern und Instrumentalstücken, die ursprünglich mit der Geige vorgetragen wurden, sie hat sich aber durch Einflüsse anderer Stile wie Blues, Jazz, viktorianischer Balladen, Kirchen-, Arbeiter- und Protestlieder und hawaiianischer Musik immer weiter entwickelt und bis heute zahlreiche Untergenres hervorgebracht.

In den 20er Jahren bildeten sich zwei Traditionslinien der ländlichen Volksmusik heraus: einerseits die – auch durch die mexikanische Volksmusik beeinflusste – *western music* des westlichen Prärielandes und andererseits die fiedeldominierte *hillbilly music* („Hinterwäldlermusik") der Appalachen und der südlichen USA. Für letztere wurde in den 40er Jahren die Bezeichnung *country music* geprägt, die sich später zum Oberbegriff für beide Stile entwickelte.

Kultur & Lebensart

Mit den ersten Schallplattenaufnahmen wurden die zunächst nur im ländlichen Süden und Westen verbreiteten Musikstile ab Anfang der 20er Jahre in den gesamten USA populär. Zu den ersten Stars, die einen großen Einfluss auf die Entwicklung des Country hatten, gehörten ab Mitte der 20er Jahre die Carter Family und der für sein rhythmisches Jodeln bekannte Jimmie Rodgers, der auch als „Father of Country Music" bezeichnet wird. Einer der einflussreichsten Countrysänger und Songschreiber des 20. Jahrhunderts war Hank Williams, der in den 40ern und 50ern insbesondere als Vertreter des sogenannten Honky Tonk bekannt wurde. Dabei handelte es sich um eine in den rauen Arbeiterkneipen (honky tonks) von Texas gespielte, eher ruhige Musik mit elektrisch verstärkten Instrumenten und meist traurigen Texten. Anfang der 50er Jahre spielte sie eine wichtige Rolle bei der Entstehung einer südlichen Spielart des Rock 'n' Roll.

Hank Williams und Audray Sheppard Williams mit den Drifting Cowboys, Anfang der 50er Jahre. Williams starb schon mit 29, trotzdem hatte er großen Einfluss auf nach ihm folgende Generationen von Country-Musikern

Rock 'n' Roll

Dieser neue Stil entwickelte sich zeitgleich in verschiedenen Regionen der USA aus jeweils unterschiedlichen Mischformen von schlichterer Countrymusik und Rhythm & Blues. In der vermeintlich heilen Nachkriegszeit, die jedoch von der repressiven Stimmung der McCarthy-Ära geprägt war, gärte eine Unzufriedenheit. Ausgehend von der Literatur, vor allem der Beatgeneration und dem Roman „Catcher in The Rye" von J. D. Salinger suchte die Jugend nach neuen Ausdrucksmöglichkeiten. So entstand auch in der Countryszene ein neues Interesse an Rhythm and Blues. Um die neue Musik dem konservativen (älteren) Publikum näher zu bringen, begannen weiße Musiker, Rhythm & Blues-Songs mit einem weniger starken Beat und belangloseren Texten zu spielen.

Die bekanntesten Vertreter der Südstaaten-Variante, des sogenannten Rockabilly (eine Kombination aus den Ausdrücken Rock 'n' Roll

Bill Haley & His Comets: Pioniere des Rock `n` Roll

und Hillbilly), waren der als „King of Rockabilly" bezeichnete Carl Perkins, Johnny Cash und Elvis Presley.

Heute wird „Rock 'n' Roll" im allgemeinen Sprachgebrauch auch auf zeitgenössische Rockmusik angewendet, vor allem im angelsächsischen Sprachraum. Die musikhistorische Definition ist jedoch enger gefasst, nämlich als Sammelbegriff für diverse Frühformen der Rockmusik, die Mitte der 1950er Jahre in den USA entstanden und in ihrer subkulturellen Funktion Mitte der 60er Jahre von der Beatmusik abgelöst wurden.

Folk

In Konkurrenz zum Rock 'n' Roll entstand die Folkmusik. Sie basierte größtenteils auf Balladen aus Schottland, England und Irland, die in regionalen Enklaven wie den Bergen von North Carolina und West Virginia überlebt hatten. Da bei diesen Songs der Fokus auf dem Text lag, bot er sich als Grundmuster des politischen Liedes an, das linke Aktivisten als Mittel des Arbeiterkampfs einsetzten. Schon während der Weltwirtschaftskrise rief Woody Guthrie in seinen Liedern zum Widerstand auf und thematisierte dann in seinen „Dust Bowl Ballades" das Elend der Wanderarbeiter. Zusammen mit seinem Freund Pete Seeger, aus dessen Feder einige der bekanntesten Songklassiker stammen („Where have all the flowers gone …"), beeinflusste er die Folk-Szene, den Widerstand gegen Rassismus und Vietnamkrieg und alle wichtigen Musiker nach ihm.

Im Laufe des Erstarkens der Bürgerrechtsbewegung Anfang der 60er wurde der Folk wieder dezidiert politisch, insbesondere mit bei Demonstrationen, Sit-ins und anderen Aktionen vorgetragenen Freiheits- und Friedensliedern. Zu einer der musikalischen Gallionsfiguren der Bürgerrechtsbewegung wurde Joan Baez, die vor allem mit Liedern anderer Songschreiber große Popularität erreichte. Einer von ihnen, der zur gleichen Zeit die musikalische Bühne betrat und dessen Bedeutung und Einfluss als Komponist und Lyriker auf die Popmusik nicht hoch genug eingeschätzt werden kann, war Robert Allen Zimmerman, besser bekannt als Bob Dylan.

Er machte mit seinen neuen Liedern über aktuelle soziale Probleme, vor allem über die Verweigerung der Bürgerrechte für schwarze Amerikaner, die Folkmusik weithin bekannt.

Zum Ende der 60er Jahre hin ebbte das breite Interesse an traditionellem Folk wieder ab, während gleichzeitig Folkelemente in die sich entwickelnde Pop- und Rockmusik einflossen.

Tausende Jugendliche pilgerten im August 1969 zu dem legendären Folk- und Rockfestival Woodstock in Bethel, New York

Rock und Pop – die E-Gitarre und ihre Folgen

Rockmusik dient als Oberbegriff für Musikrichtungen, die sich seit Ende der 1960er Jahre aus der Vermischung des Rock 'n' Roll der späten 1950er und frühen 1960er Jahre und anderen Musikstilen wie z. B. Beatmusik und Blues entwickelt haben, wobei die Beatles und die Rolling Stones Pate standen.

Der Graben zwischen den beiden Lagern – den Rock-Enthusiasten und den Folk-Puristen – wurde offensichtlich, als Dylan beim Newport Folk Festival 1965 ausgebuht wurde, weil er auf einer elektrischen Gitarre spielte. Statt sich abschrecken zu lassen, führte Dylan quasi die ganze Folk-Bewegung hin zu einer Vermischung mit dem Rock, die während des Widerstands gegen den Vietnamkrieg ihre große Blüte erlebte, mit Bands wie Crosby, Stills, Nash & Young, The Byrds und The Lovin' Spoonful.

In der Mitte der 60er Jahre entstand in der San Francisco Bay Area im Dunstkreis der Hippiekultur der Psychedelic Rock. Hier war es Janis Joplin, die zu einer der größten Ikonen der Rock- und Popmusik wurde. Daneben entstanden Blues- und Hardrock. Herausragende Musiker, die alle drei Genres bedienten, waren Jimi Hendrix und The Doors mit ihrem charismatischen Sänger und Songschreiber Jim Morrison.

Bob Dylan, einer der einflussreichsten Musiker des 20. Jahrhunderts, begann Ende der 50er Jahre als Folk-Sänger

„Born in the USA": Bruce Springsteen. Seit Jahrzehnten macht er äußerst erfolgreich bodenständigen Heartland-Rock

Hendrix, dessen Karriere wie auch die Jim Morrisons und Janis Joplins durch einen Drogentod ein frühes Ende fand, gilt als einer der einflussreichsten elektrischen Gitarristen überhaupt.

Ende der 60er überflügelte der Rockstar den Filmstar als Idol, denn im Gegensatz zu diesem war er konfrontativ, zwar oft alles andere als hochprofessionell, dafür aber real rebellisch. Zudem war Musik über die lokalen Tonträger omnipräsent und jederzeit abrufbar. So verästelte sich die Rockmusik im Kontext der einzelnen Subkulturen in unendlich viele Genres und wirkte ihrerseits identitätsstiftend.

Die wohl einflussreichste und legendärste New Yorker Gruppe war die von Andy Warhol protegierte experimentelle Rockband The Velvet Underground mit ihren Sängern und Songschreibern Lou Reed und dem aus Wales stammenden John Cale. Ihr Debütalbum mit der deutschen Sängerin Nico gilt heute als Meilenstein der Rockgeschichte und Wegbereiter des Punks. Punk etablierte sich Mitte der 70er für eine Bewegung, die sich anschickte, mit ursprünglicher, nicht an Perfektion interessierter Musik den zunehmend von Bombast und Sentimentalität beherrschten Rock wieder wild, aggressiv und rebellisch zu machen. Dahinter stand eine Subkultur, die sich vom als naiv verachteten Flower-Power-Optimismus der Hippies abgrenzen wollte.

Die aus New York stammende Pop-Ikone Lady Gaga, bekannt für ihre exzentrischen Kostümierungen, bei einem Konzert in Montréal

Anfang der 90er Jahre schufen Bands in Seattle einen neuen besonders populären Stil, der die Rohheit des Punk mit den Dissonanzen, langsameren Tempi und der komplexeren Instrumentierung des Heavy Metal verband: Der Grunge wurde zu einem der am klarsten definierten Genrenamen, dessen Sound maßgeblich von der Band Nirvana mit ihrem Sänger Kurt Cobain geprägt wurde.

Bereits in den 80ern war aus dem Hardrock der Heavy Metal hervorgegangen und in der Folge mit Bands wie Metallica zu einem der erfolgreichsten Musikgenres überhaupt geworden, das seinerseits zahlreiche Untergenres bildete.

Ähnlich und doch ganz anders verhält es sich beim seit den 50ern aus der Rockmusik entstandenen Genre Pop, der im Laufe der Zeit Elemente aus fast allen Musikstilen in sich aufnahm. Im Unterschied zum Cross-over der Rockmusik dienen diese Elemente hier aber nicht dazu, die Hörer zu überraschen, sondern tragen aufgrund ihres Wiedererkennungswerts gerade dazu bei, die Stücke eingängig zu machen. Dass dieser Ansatz durchaus Raum für Originalität bietet, zeigen Popstars wie Michael Jackson, Madonna und Lady Gaga, die mit ihren von jeweils ganz unterschiedlichen Stilen geprägten Werken international Maßstäbe setzten.

Kunst

Kunst der Indianer

Tongefäß der Pueblo-Chaco-Kultur in New Mexico, 11. bis 13. Jahrhundert

Die ersten Künstler Amerikas malten auf Felsen, Wände, Tierhäute, Baumrinden oder den menschlichen Körper. Sie schnitzten und töpferten Tierfiguren aus Holz, Stein oder Ton, entwarfen Gebrauchsgegenstände wie Pfeifen und Gefäße in der Form von Skulpturen und verzierten sie mit figurativen oder abstrakten Mustern. Der in Europa geprägte Kunstbegriff, gemäß dem die Originalität und ästhetische Wirkung des Werks einen Wert an sich darstellt, war den frühen amerikanischen Meistern allerdings weitgehend fremd: In vielen Sprachen der indigenen Amerikaner existiert nicht einmal ein Wort für „Kunst" oder „Künstler". Die Qualität einer Zeichnung, einer geschnitzten Skulptur oder eines prachtvoll gestalteten Gegenstands lag vielmehr darin, als wie wirksam und mächtig sie sich – neben dem praktischen Gebrauchswert – in spiritueller Hinsicht erwiesen. Dafür musste der Erschaffer eines solchen Werks strenge ästhetische Regeln befolgen, die ihm im Vergleich zu den Künstlern und Kunsthandwerkern westlicher Kulturen nur einen geringen Spielraum für Experimente ließen. Dennoch konnte es mitunter geschehen, dass herausragende individuelle Werke, die deutlich von den überkommenen Vorgaben abwichen, neue Stile etablierten, oder umgekehrt in Vergessenheit geratene Traditionen wiederbelebt wurden, die ihrerseits eine neue Tradition begründeten. Darüber, wie häufig es in der Vergangenheit tatsächlich vorgekommen ist, dass durch die Initiative Einzelner überlieferte Traditionen bedeutende Änderungen erfuhren oder neu belebt wurden, lässt sich nur spekulieren. Es wird aber vermutet, dass dies bei der Schieferschnitzkunst der Haida ebenso der Fall war wie beim Kunsthandwerk einiger Erdhügel-Kulturen des Südostens und der Töpferkunst der prähistorischen Mimbres-Kultur. Eine wichtige Rolle spielte in dieser Hinsicht auch der kulturelle Austausch zwischen verschiedenen Völkern, wie beispielsweise die Übernahme des Webhandwerks der Navajos von den Pueblos am Anfang des 16. Jahrhunderts. Die Europäer brachten dann gänzlich neue Materialien, Werkzeuge und Techniken nach Amerika, die einen starken Einfluss auf die Entwicklung der indigenen Kunst hatten. Malereien wurden nun auch auf Leinwand und Papier angefertigt und waren bei den Europäern begehrtes Handelsgut. Berühmtheit erlangte etwa die auf Notizbuchsei-

Der Newspaper Rock bei Moab in Utah: Die ältesten Petroglyphen sind 2.000 Jahre alt

ten gemalte sogenannte *ledger art* der Prärieindianer, die ihre Blütezeit in den 1860er bis 1920er Jahren hatte. Perlen wurden als Dekorationsmittel für Muster auf Webarbeiten und Kleidungsstücken übernommen, effizientere Werkzeuge erlaubten komplexere Muster und beispielsweise das Schnitzen größerer Objekte, wie die Kachina-Figuren der Pueblo oder die Totempfähle der Volksgruppen des Nordwestens. Auch neue Handwerkstechniken brachten die Europäer in die Neue Welt: So übernahmen die Navajo in den 1860er Jahren in Mexico die Silberschmiedekunst von den Spaniern.

Mit der Zeit erschlossen sich indigene Künstler sämtliche aus Europa mitgebrachten Kunstformen und verbanden sie mit überlieferten kulturellen Traditionen und einer Auseinandersetzung mit der eigenen Kultur und Geschichte. Eine der ersten indigenen amerikanischen Kunstbewegungen war die Iroquois Realist School, die in den 1820er Jahren in New York gegründet wurde. Zu den bedeutendsten indigenen Künstlern des 20. Jahrhunderts zählen der durch seine Wandmalereien berühmt gewordene Hopi Fred Kabotie, der zu den Yanktonai-Dakota gehörende Casein- und Temperamaler Oscar Howe und der von den kalifornischen Luiseño abstammende Fritz Scholder, der sich in seinen an die Pop Art erinnernden Werken der Dekonstruktion des Mythos des amerikanischen Indianers widmete.

Hudson River School: Thomas Cole „The Oxbow", 1836

Die europäischen Anfänge

Wie in den anderen Kulturbereichen der europäischen Einwanderer brauchte auch die Bildende Kunst lange, um sich von dem Vorbild der Alten Welt zu emanzipieren und zu einem eigenen Ausdruck zu finden.

In der Anfangszeit waren es vor allem meist unbekannte Kunsthandwerker und Schildmaler, die sogenannten Limner, die wie ihre mittelalterlichen Vorgänger, die illuminators, die Buchmaler, auf der Suche nach Arbeit durch das Land reisten. Im Auftrag von Siedlern fertigten sie vor allem Porträts und Miniaturen an. Ihre Farbe produzierten sie oft selbst, aus Walnussschalen, Tonerden, oder was sie sonst so auf ihrem Weg fanden. Die von ihnen geschaffenen Gemälde zeichneten sich durch einen schlichten, um Realitätsnähe bemühten Stil aus, dem sie aber dennoch eine dekorative und persönliche Note gaben. Trotzdem sind die meisten ihrer Namen nicht überliefert.

Die erste bekannte Malschule war die 1820 gegründete Hudson River School. Der europäischen Romantik verpflichtet, ging es diesen Künstlern jedoch um genuin amerikanische Motive, und so durchwanderten sie die wilden Gegenden um den Hudson River, um die Landschaften der Neuen Welt zu entdecken und zu erforschen. Im Gegensatz zu den frühen Siedlern erlebten sie ihre Umgebung nicht mehr als feindselig, sondern sahen in ihrer reinen Ursprünglichkeit und gewaltigen Größe den Ausdruck des Göttlichen. Und so erhielten die Bilder durch ihre ehrfürchtige Vision fast etwas Religiöses, ähnlich den amerikanischen Transzendentalisten Ralph Waldo Emerson und Thoreau (siehe Kapitel Literatur).

Realismus

Winslow Homer: „The Eathers", 1873

Mitte des 19. Jahrhunderts trat Winslow Homer als eine der ersten Künstlerpersönlichkeiten in Erscheinung. Am Anfang seiner Laufbahn als freier Zeichner wurde er von der Zeitschrift Harper´s Weekly zu die Schauplätzen des Bürgerkriegs geschickt – der Fotojournalismus war noch nicht erfunden – und fertigte dort Skizzen von erstaunlicher Präzision an. In der Folgezeit malte auch er wie die Künstler der Hudson River School die Natur seines Landes, anders als sie hatte er jedoch dabei die Menschen im Blick, seien es Fischer im Kampf mit den Elementen oder spielende Kinder in ländlicher Idylle. Durch seinen einfühlsamen Blick schuf er ein sensibles Panorama Amerikas im 19. Jahrhundert.

Wenig später gelangte der Realismus mit Thomas Eakins zur vollen Entfaltung. Sowohl Maler als auch Fotograf, studierte er körperliche Bewegungen: Badende, Tänzer, Boxer sind seine Motive – diese Werke sind oft von einer homoerotischen Sinnlichkeit geprägt. Später dominieren psychologisch genaue Porträts, auf denen er mit schonungsloser Offenheit das Leben der städtischen Bürger festhält. Zu Lebzeiten verkaufte er kaum eines seiner über 500 Bilder – heute gilt er als einer der bedeutendsten amerikanischen Maler.

Als Ashcan School, Mülleimer-Gruppe, wurde von den Kritikern eine Vereinigung von acht Malern betitelt, die sich 1908 in New York mit dem Ziel gegründet hatte, der glorifizierenden Darstellung der Siedlerzeiten entgegenzutreten. Als Stilmittel verwendeten sie dunkle Töne und eine flüchtige Pinselführung, blieben dabei jedoch dem Realismus verpflichtet und waren formal weniger revolutionär als hin-

Ashcan School: George Bellows: „Cliff Dwellers", 1913

sichtlich ihres sozialkritischen Inhalts: Mit der Abbildung von Prostituierten, Betrunkenen und Kriminellen wollten sie die Verwahrlosung und das Elend der Großstadt möglichst genau aufzeigen. Da dieses Sujet bei den Galerien nicht gut ankam, hielten sich die meisten von ihnen mit Pressezeichnungen über Wasser.

Auch das neue Medium Fotografie fand in den expandierenden Großstädten und entmenschlichten Industrieanlagen ein Motiv der Zeit.

Abstrakter Expressionismus

Der Modernismus hatte in Europa den Kubismus und die abstrakte Kunst hervorgebracht, besaß aber in Amerika noch einen vergleichsweise geringen Einfluss. Anfang der 30er Jahren erreichte dann die Avantgarde das Land mit voller Wucht mit den vor dem Faschismus geflohenen Künstlern. Der Dadaist Marcel Duchamp, die Surrealisten André Breton, Max Ernst und Salvador Dalí, neben vielen anderen, brachten in ihrem Gepäck die bahnbrechenden Erkenntnisse der Psychoanalyse mit: Die Methode der subjektiven Assoziation und der künstlerische Bezug zum Unbewussten fielen in der Neuen Welt auf fruchtbaren Boden. In ihrer Folge entstand der Abstrakte Expressionismus als erste genuin amerikanische Tradition, die ihrerseits enormen Einfluss auf Europa haben sollte. War die abstrakte Malerei mit Kandinski oder Mondrian bisher auf Verfremdung des Realistischen und geometrische Komposition ausgerichtet, löste diese neue Kunstrichtung von jedem theoretischen Konstrukt und gründete sich auf dem spontan Intuitiven und den physikalischen Auswirkungen des Malens, somit auf dem Begreifen der Kunst selbst als schöpferischer Vorgang.

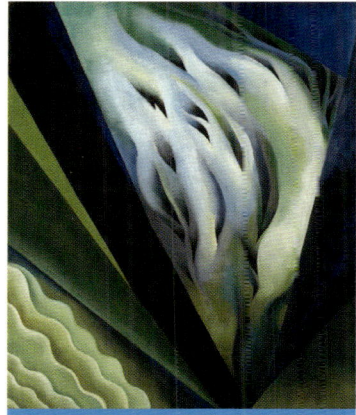

Georgia O'Keeffe: „Blue and Green Music", 1921

Jackson Pollock wurde mit seinen *drip paintings* berühmt, sodass er sich den Spitznamen „Jack, the dripper" einhandelte: Inspiriert von Max Ernsts Maltechnik ließ Pollock Farbe aus Eimern auf großformatige Leinwände tropfen. Durch expressive Gesten sollte sich dabei das Unbewusste einen direkten Ausdruck schaffen. In der Auseinandersetzung mit C.G.Jungs psychoanalytischem Begriff der Archetypen ist auch Pollocks Interesse an Symbolen und indigener Kunst zu verorten.

Ebenfalls den abstrakten Expressionisten zugerechnet, ging Mark Rothko einen anderen Weg der Objektlosigkeit: Er beschränkte seine Bilder auf Fläche und Farbe, wobei ihn nicht das abstrakte Verhältnis zwischen beiden interessierte, sondern er sah in diesen gewaltigen Farbfeldern einen elementaren Ausdruck menschlicher Gefühle, eher zur Meditation als zur Betrachtung einladend.

Bei Cy Twombly (eigentlich: Edwin Parker Twombly Jr.) wiederum steht das Beiläufige im Zentrum, oder eben nicht Zentrum: Seine Malereien erinnern an Krakeleien auf Schultafeln, sind Schrift als Bild, Wortfragmente und Chiffren. Auch er malt auf riesigen Leinwänden, hier verlieren sich die Kritzeleien, sind wie Treibgut bestenfalls Hinweis auf eine Bedeutung.

Marsden Hartley, einer der bedeutendsten Maler der amerikanischen Avantgarde: „Blueberry Highway, Dogtown", 1931

Einige der Vertreter des abstrakten Expressionismus unterrichteten an dem legendären 1933 gegründeten Black Mountain College. Vom Bauhaus inspiriert, vertrat man hier einen interdisziplinären Ansatz, hob den Gegensatz zwischen Pop- und elitärer Kunst auf und lehrte neben Kunst auch Physik und Ökonomie.

Aus dieser Schule ging eine ganz neue Generation der Avantgarde hervor: In Ablehnung der Emotionalität des gestischen action painting holten Künstler wie Robert Rauschenbach das reale Leben ganz gegenständlich in ihre Arbeiten mit hinein, ob Zeitungsbilder, Autoreifen oder ausgestopfte Ziegen, lösten im Gegenzug aber jeden realen Sinnzusammenhang auf. Sie fertigten Collagen aus Zeitung und Abfall, nutzen Farbe selbst als Material für ihre plastischen Bilder, mit denen die Grenze zur Skulptur verschwand. So bildeten sie das Bindeglied zwischen abstraktem Expressionismus und Pop art.

Pop Art

Roy Lichtenstein war ein bedeutender Wegbereiter dieser Revolte in der Kunst: Anfänglich technischer Zeichner und Designer, übernahm er die serielle Reproduktionstechnik der Industrie für seine Bilder und verwendete vor allem Motive aus Werbung und Comic als der Schnittstelle zwischen Kunst und Kommerz. Mit Andy Warhol dann hatte die Pop Art wohl ihren glamourösesten und einflussreichsten Vertreter.

Seine als „Factory" bekannten Ateliers waren nicht nur Kunsträume, sondern auch Filmset, Musikstudio, Partylocation und überhaupt der Ort, wo sich in den 60er Jahren Künstler der New Yorker Kreativszene trafen. Wie Lichtenstein ursprünglich aus der Wirtschaft kommend, benutzte Warhol den Siebdruck der Werbegrafiken, um ein Bild des alltäglichen Lebens – eine Suppenkonserve, ein Porträt Marily Monroes, einen Zeitungsartikel – auf Leinwand zu vervielfältigen.

Die Bilder der Pop Art richteten die Aufmerksamkeit des Betrachters vom endlos wiederholbarem Motiv weg und hin zu der Machart – so verschwand der Künstler als Schöpfer hinter ihrer Serienfabrikation. Allerdings blieb er doch noch sichtbar in dem Konzept, der Auswahl und den minimalen Variationen in der Gestaltung.

Andy Warhol, Roy Lichtenstein und andere perfektionierten einerseits die typenhaft-plakative Beschränkung, andererseits spiegelten sie mit satirischer Genauigkeit die Funktionsweisen von Werbung in der Konsumgesellschaft. Die implizierte Kapitalismuskritik dieser „ironischen Massenware" konfrontierte die etablierte Kunstszene mit ihrer gesellschaftlichen Isolation und hatte international einen bahnbrechenden Einfluss.

Robert Indianas ikonische Pop Art-Skulptur „Love" von 1970 in New York

Conceptual Art, Konzeptkunst

Als eine weitere Reaktion auf den subjektiven Ansatz des abstrakten Expressionismus entwickelte sich der Minimalismus, *minimal art*, der nach Entpersönlichung und logikbasierten Strukturen strebte. Er reduzierte in der Architektur die Form auf einfache Grundmuster und führte quasi die Objektivität und die Geometrie wieder in die Abstraktion ein, die seine Vorgänger daraus verbannt hatten. Auf die Kunst angewandt und weiterentwickelt wurde der Minimalismus durch die Konzeptkunst Ende der 60er Jahre.

Marcel Duchamp „Fountain", Replika

Als früher Pionier der Konzeptkunst gilt Marcel Duchamp: Er hatte schon in den Jahren nach dem Ersten Weltkrieg die Malerei aufgegeben, was ihn interessierte, waren die Ideen. Schon allein die Auswahl eines vorgefabrizierten Gebrauchsgegenstandes sei Kunst. Dementsprechend kaufte Duchamp 1917 ein industriegefertigtes Urinal, signierte es, nannte das Werk „Fontane" und schickte es als Kunstobjekt an die Jahresausstellung der Society of Independent Artists in New York. Die Jury lehnte das Werk ab, das Ereignis wurde eine Mediensensation und Duchamps Pissoirbecken erlangte internationale Berühmtheit. Als erstes sogenanntes „Readymade" brach es mit einem jahrhundertealten Verständnis von Schönheit und Kunstwerk.

Der Begriff Conceptual art bezieht sich auf das Vorstellungsvermögen: Ein Werk existiert nicht – oder noch nicht – in materieller Form, sondern öffentlich gemacht wird vorrangig der Begriff. Das Werk wird entmaterialisiert, steht somit nicht mehr im Mittelpunkt, sondern eben das Konzept, der Entwurf, die Idee. Es wird mit Kontexten und Assoziationen gearbeitet, und an die Stelle des fertigen Kunstwerkes treten Skizzen und Fragmente. Zudem werden die Grenzen zwischen Kunsterzeugung und -rezeption aufgehoben, indem der Betrachter einbezogen wird: Sein Verständnis wird zu einem integralen Teil des Ganzen.

New Image Painting

Schien es lange Zeit, die konkrete Kunst habe sich nach und nach in der abstrakten aufgelöst, täuscht dieser Eindruck doch, denn sie bestehen durchaus nebeneinander. In den 80er Jahren gewann die figurative Darstellung wieder zunehmend an Bedeutung, als new image painting in den USA, in Deutschland unter der Bezeichnung Neue Wilde. Dabei blieb sie allerdings nicht unbeeinflusst von den allgemeinen Entwicklungen wie Intuition, Collage und Pop, sondern integrierte diese in ihre Darstellung und unterlief so den vermeintlichen Realismus ironisch.

Auch die Inhalte änderten sich: Psychische und gesellschaftliche Brechungen ersetzten das in sich geschlossene Thema. Die Künstlerin Susan Rothenberg bedient sich einer expressiven, figurativen Malerei mit reduziertem Farbspektrum, ihre Tiermotive, oft schematische Silhouetten, erinnern (archetypisch) an Höhlenmalereien oder Traumschemen.

David Salle ist Maler und Bühnenbildner. Auf übergroßen Leinwänden setzt er verschiedene Elemente scheinbar zufällig zusammen, mischt Malerei mit Comic oder Druckgrafik, und schafft so einen oft verstörenden Gesamteindruck, in welchem, ganz im Sinne der Postmoderne, nichts ist, als was es zunächst erscheint.

Dieser Kunst der Camouflage bedient sich auch die Fotografin Cindy Sherman, allerdings schlägt sie genau die entgegengesetzte Richtung ein: Sie fügt keine einzeln geschaffene Elemente zu Collagen zusammen, sondern führt in perfekt inszenierten Selbstporträts die Abgründe einer gesellschaftlichen Zuschreibung der Geschlechterrollen vor.

In den 90ern etablierte sich die aus der Graffiti-Kunst hervorgegangene Street Art als kontextbezogene, oft politische Kunst. Vorläufer war Keith Haring, der seine temporären Bilder auf leeren Plakatflächen der New Yorker U-Bahn anbrachte und sich dafür mehr als einmal eine Strafanzeige wegen Vandalismus einhandelte. In der Folgezeit wurden seine in durchgehenden Strichen gezeichnete Menschen/Kreuze/Bellende Hunde weltberühmt.

Auch Jean-Michel Basquia wurde zunächst durch Straßenkunst bekannt. Mit seiner zwischen Comic, Gemälde und Schrift changierenden Malerei eroberte er als erster afroamerikanischer Künstler die weiß dominierte Kunstwelt. Seine Arbeiten loteten das Spannungspotenzial und den bodenlos scheinenden Abgrund postulierter Gegensätze aus, so zwischen schwarz/weiß oder reich/arm.

Keith Haring: „Pisa Mural", Wandgemälde an einem ehemaligen Kloster in Pisa (Ausschnitt)

Internet Art

Heute lässt sich noch weniger als sonst mit gängigen Begriffen einer Schule oder Richtung operieren: „Amerikanische Kunst" entzieht sich der Typologisierung durch ihre Komplexität, die sich in den letzten Jahren durch das Multimediale vervielfacht hat.

Die festen Identitäten der Künstler und ihrer Werke lösen sich auf, die Kunst wird vielschichtiger und gleichzeitig flüchtiger: Kunst ist kein Gemälde mehr für die Ewigkeit, sondern ein momentanes, kontextbezogenes Aufscheinen in Installationen und Performances.

Und zugleich ein sich ständig multiplizierendes nomadisches Umherschwirren von virtuellen Fragmenten. Und damit werden auch nationale Zuschreibungen obsolet.

Literatur

Sprachkunst der Ureinwohner

Illustration aus David Cusicks 1828 erschienenen Buch „Sketches of Ancient History of the Six Nations"

Die Ursprünge der ersten amerikanischen Wortkunsttraditionen liegen im Dunkeln. Doch obwohl sie ihre Erschaffer nicht schriftlich fixierten, blieben die Geschichten und Mythen über Jahrtausende im kollektiven Gedächtnis ihrer Gemeinschaften verankert, von Generation zu Generation weitergereicht durch Erzählungen, Gesänge, Gebete, Tänze, Bilder und Kultgegenstände. Die Kolonisation des Kontinents durch die Europäer basierte auf der Überzeugung, ihre eigene Kultur sei die einzig wahre, und so wurde alles Fremde entweder assimiliert oder ausgerottet. Das führte dann zum fast vollständigen Verschwinden auch des kulturellen indigenen Erbes.

Erst ab dem 19. Jahrhundert entstanden schriftliche literarische Werke amerikanischer Ureinwohner: So veröffentlichte etwa der dem Irokesenvolk der Tuscarora angehörende Künstler David Cusick 1828 das Buch „Sketches of Ancient History of the Six Nations", das auch Zeichnungen des Autors enthielt und vielleicht die erste auf Englisch verfasste Abhandlung eines indigenen Amerikaners über indianische Geschichte und Mythen überhaupt darstellte. Gleichwohl bestehen die mündlichen Erzähltraditionen in überlieferten Ritualen, Zeremonien und Festen wie den Potlatchen bis heute fort – in jüngerer Zeit auch unterstützt durch moderne Medien wie die rund 30 von indigenen Gemeinschaften betriebenen Radiosender.

Die europäischen Anfänge

Die europäischen Einwanderer orientierten sich in ihrem literarischen Schaffen noch bis weit ins 19. Jahrhundert am Standard der Alten Welt. Es begann mit den Reiseberichten der Seefahrer, die sich mit der Geografie des Kontinents und zum Teil auch seinen Bewohnern befassten. Mit der Kolonisierung entstanden historische Beschreibungen der Siedlungsgründungen, autobiografische Schriften und eine gleichfalls oft von persönlichen Erfahrungen ausgehende religiöse Erbauungslyrik – puritanistisch, regional und zunächst vor allem auf Neuengland beschränkt.

Für Rationalität statt Religion und für Demokatrie statt Monarchie setzte Benjamin Franklin mit seiner „Autobiografie" ein Zeichen. 1771 begonnen, arbeitete Franklin fast 20 Jahre daran. Er beschreibt in schlichter Sprache und mit einigem Sinn für Humor seinen Werdegang und Aufstieg zu einem geachteten Staatsmann. Das von den Puritanern propagierte Streben nach dem Seelenheil modifizierte Franklin zur Suche nach einem moralisch untadeligen Weg des aus eigener Kraft bewältigten sozialen Aufstiegs um. Die Annahme, dass harte und ehrliche Arbeit für jedermann den Weg zum Wohlstand ebne – also quasi eine Vorwegname des American Dream „vom Tellerwäscher zum Millionär" – das war eine für die Zeit Franklins revolutionäre Vorstellung.

Benjamin Franklin: Wissenschaftler, Erfinder, Staatsmann, Schriftsteller und Verleger

Das 19. Jahrhundert

Washington Irving schuf Anfang des 19. Jahrhunderts die *short story*, eine Erzählform, die in den USA bis heute deutlich beliebter ist als in Europa. Die in seinem Sketch Book enthaltenen Geschichten wie „Rip van Winkle" und „The Legend of Sleepy Hollow" spielen zwar in seiner Heimat, orientieren sich aber thematisch stark an englischen und deutschen Sagen. James Fenimore Cooper legte dann mit seinen Lederstrumpf-Büchern die ersten amerikanischen Historienromane vor, durch die er weltbekannt wurde, obwohl sie aus heutiger Sicht mit ihrer romantischen Sentimentalität nicht mehr so überzeugend wirken.

Ein weiterer gefühlsbetonter Erfolgsroman jener Zeit war Harriett Beecher-Stowes „Uncle Tom's Cabin". Dieses Plädoyer gegen die Sklaverei wurde millionenfach verkauft und beeinflusste die politische Entwicklung nicht unerheblich. Später geriet das Werk jedoch wegen seiner paternalistischen Grundhaltung zunehmend in die Kritik.

Die *slave narrative* trat als neues Genre auf den Plan: Mehr als 6.000 ehemalige Sklaven aus Nordamerika und der Karibik erzählten ihren Leidensweg. Mit dem Ende der Sklaverei nahm die Anzahl der Publikationen deutlich ab, was aber eher mit dem schwindenden Interesse des weißen Publikums nach dem Sezessionskrieg zu tun hatte.

In der klassischen Epoche der amerikanischen Literatur um die 1850er Jahre herum wurden die bisher entwickelten unterschiedlichen literarischen Stile miteinander verbunden. Die bedeutendsten Vertreter dieser so genannten American Renaissance, deren Erzählungen und Romane heute zu den Klassikern der Weltliteratur gezählt

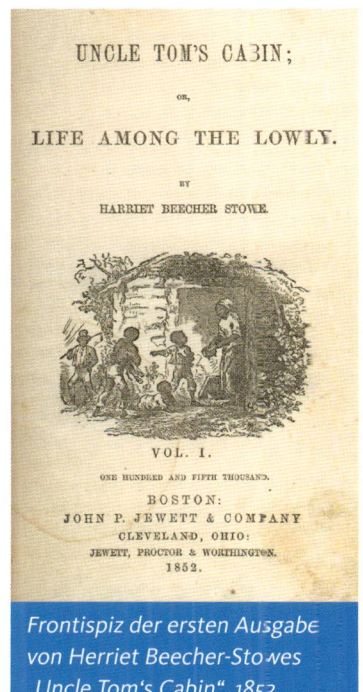

Frontispiz der ersten Ausgabe von Herriet Beecher-Stowes „Uncle Tom's Cabin", 1852

USA-Lesebuch

Herman Melville wurde durch seinen „Moby Dick" weltberühmt, Kabinettkarte von 1885

Meister des Horrors: Edgar Allan Poe, Daguerreotypie von 1848

werden, waren Edgar Allan Poe, Nathaniel Hawthorne und Herman Melville. Ihre metaphorisch vielschichtigen Werke widmen sich auf jeweils eigene Weise der Auslotung menschlicher Abgründe, ohne diese moralisch direkt zu werten. Erstaunlicherweise war Hawthorne mit seinem Roman über eine Ehebrecherin, „The Scarlett Letter", damals der erfolgreichste der drei, wohingegen Melville schon zu Lebzeiten fast vergessen war. Erst heute wird sein bahnbrechendes Werk „Moby Dick" in seiner ganzen Komplexität rezipiert, die weit über den Kampf zwischen Kapitän Ahab und dem Weißen Pottwal hinausgeht. Mindestens so bedeutsam, allerdings wenig bekannt sind Melvilles Kurzgeschichten, allen voran „Bartleby, the Scrivener", die in ihrer Absurdität kafkaeske Züge trägt und den Existenzialismus vorwegzunehmen scheint. Ein ähnliches Schicksal wurde auch Edgar Allan Poe zuteil, dessen Kriminal-, Horror und Schauergeschichten damals in Amerika verpönt waren, und es musste erst ein Baudelaire kommen, um diesem Meister der seelischen Abgründe zu der ihm zustehenden Achtung zu verhelfen. Poes Gedicht „Der Rabe" gilt als erstes amerikanisches Gedicht von Weltrang.

Als Gegenbewegung zu der aufkommenden Industrialisierung bildete sich der Transzendentalismus als eine Strömung heraus, die ein Leben in Einklang mit der Natur proklamierte und für das Selbstbestimmungsrecht des Einzelnen eintrat. Ihr damals einflussreichster Philosoph Ralph Waldo Emerson erklärte in seinem Werk „Nature", die göttliche Offenbarung sei in allen Geschöpfen zu finden, somit auch in jedem Menschen, und kam zu dem Schluss: „Build, therefore your own world." Weit größere Wirkung auf die nachfolgenden Generationen hatte jedoch Emersons Freund Henry David Thoreau. Mit seinen Büchern „Resistance to Civil Government" und „Walden" war dieser Prophet des zivilen Ungehorsams Vorbild für Martin Luther King jr. und Ghandi, wurde von den 68er begeistert rezipiert und gilt auch heute nicht nur in alternativen Bewegungen als lesenswert.

Der Beginn der Moderne

Im Zuge der gegen Ende des 19. Jahrhunderts einsetzenden literarischen Moderne wurde in allen Genres mit neuen Techniken experimentiert. Insbesondere die Lyrik erfuhr mit der Abkehr von der traditionellen Versform eine radikale Erneuerung. Als Vorbilder dienten einerseits die Prosagedichte des oft als „Vater der freien Verse" bezeichneten Walt Whitman, der mit „Leaves of Grass" in überbordenen Elegien die Natur, den menschlichen Körper, die Demokratie und die Welt überhaupt besingt.

Eine ganz anderes Phänomen erschien mit Emily Dickinson, die sehr zurückgezogen lebte und kaum eines ihrer über 1.500 Gedichte veröffentlichte: Sie wurde erst posthum durch ihre minimalistische, sich selbst reflektierende Sprache und der eigenwilligen Formgebung zu der einflussreichsten amerikanischen Lyrikerin überhaupt.

Um die Jahrhundertwende eröffnete Mark Twain, eigentlich Samuel Langhorne Clemens, den Reigen der großen amerikanischen Romanciers mit „The Adventures of Huckleberry Finn", in dem er den alltäglichen Rassismus beobachtet. Auch seine Reisebeschreibungen sind scharfsinnige, dabei oft humoristische Berichte, so wie der berühmte Aufsatz „The Awful German Language" in „A Tramp Abroad".

Mark Twain, 1907, Foto von A. F. Bradley

Dagegen sind die Romane Henry James' bis heute in Deutschland kaum bekannt, obwohl er im englischsprachigen Raum als Kultautor galt. Meister der indirekten Charakterisierung, gibt er detaillierte psychologische Schilderungen seiner wie er in England lebenden Landsleute, seziert in feinen Beobachtungen das Scheitern der Lebensentwürfe an der Realität.

Die Zwanziger Jahre und ihre Folgen

Als Reaktion auf den Ersten Weltkrieg brachten die „Roaring Twenties" ein zwischen Euphorie und Verzweiflung schwankendes Lebensgefühl zum Ausdruck. Der Begriff der „Lost Generation", der sich insbesondere auf die als *Expatriates* nach Europa emigrierten amerikanischen Schriftsteller bezog, benennt die grundlegende Orientierungslosigkeit in den ersten Nachkriegsjahren. Und so wurde mit den verschiedensten Ausdrucksformen experimentiert.

Gertrude Stein, eine dem Dadaismus nahestehende Schriftstellerin der literarischen Moderne unterhielt in Paris einen Salon, der zu einem berühmten Treffpunkt für Künstler wurde. Hier verkehrte auch Ernest Hemingway, der als Kriegsberichterstatter und Abenteurer viel in Europa herumgereist war. Mit seiner lakonischen Erzählweise verlieh er dem Lebensüberdruss dieser Jahre einen Ausdruck und wurde einer der meist gelesendsten amerikanischen Schriftsteller.

Gertrude Stein auf dem Cover des Time-Magazins, 1933

John Steinbeck (Mitte) mit seinem Sohn und dem Präsidenten Lindon B. Johnson im Oval Office, 1966

T. S. Eliot und die britische Schriftstellerin Virginia Woolf, 1924

Dagegegen gab F. Scott Fitzgerald den mondänen Lebemann und jagte von einem selbstinszeniertem Skandal zum nächsten. Er war zwischenzeitlich mit Kurzgeschichten sehr erfolgreich, aber sein Meisterwerk wurde „The Great Gatsby", das die Dekadenz und Haltlosigkeit dieser Epoche schildert, und mehrfach verfilmt wurde, zuletzt 2013 mit Leonardo di Caprio in der Titelrolle.

Zur gleichen Zeit brachte die große Migration von Afroamerikanern aus dem Süden in die Städte des Nordostens und Mittleren Westens gesellschaftliche Veränderungen mit sich, die sich ihrerseits in literarischen Werken afroamerikanischer Autoren niederschlugen. Die in New York entstandene Bewegung der „Harlem Renaissance" forderte Gleichberechtigung und ein afroamerikanisches Selbstbewusstsein ein. So wurde beispielsweise das bahnbrechende Gedicht „I, too, sing America" von Langston Hughes später eine Hymne der Bürgerrechtsbewegung.

Diese stark von Gegensätzen geprägte Epoche fand 1929 mit der Weltwirtschaftskrise ein jähes Ende. Es entstanden sozialkritische Werke mit teils utopischen oder sozialistischen Lösungsansätzen. So schildern die Geschichten John Steinbecks realitätsnah und einfühlsam das Milieu der durch Landerosion und Bankencrash entwurzelten Farmer im sogenannten Dust Bowl.

Dagegen wendet der monumentale William Faulkner sich zurück: Seine Romane spielen meist in dem fiktiven County Yoknapatawpha und beschreiben den geistigen Verfall der Südstaaten nach dem Bürgerkrieg und das spannungsgeladene Verhältnis von Schwarz und Weiss. In sprachlich verdichteten Konstruktionen verschachtelt Faulkner den Erzählstrom durch häufige Perspektivwechsel und Rückblenden. „The Sound and The Fury" und „Absolom, Absolom!" gehören zu den bedeutendsten amerikanischen Werken.

Ebenfalls zu dem *expats* gehörten die beiden Lyriker T. S. Eliot und Ezra Pound, deren symbolisch-dichte Sprache gleichermaßen intellektuell und emotional geprägt war. Eliots religiös-humanistisches Werk „The Waste Land", das die Leere des Menschen in der modernen Welt thematisiert, zählt zu den einflussreichsten Gedichten des 20. Jahrhunderts. Pound stand lange in seinem Schatten, zunächst, weil er in Italien mit Mussolini sympathisierte und seine antisemitischen Ausfälle ihm bei Sieg der Alliierten fast den Kopf gekostet hätten. Und dann zog sich die Fertigstellung seines Hauptwerkes über Jahrzehnte hin. In den „Cantos" collagiert er Dantes Göttliche Komödie, die Troubadoure bis hin zu Konfuzius und revolutioniert durch seine quasi sinnliche, rhythmisch und grafisch bedingte Wortsetzung die Sprache der Lyrik.

Im Theater verdrängten existenzialistische Werke das zuvor dominierende Melodram. Insbesondere der Dramatiker Eugene O'Neill sollte in der Folge mit Werken wie die psychoanalytisch geprägte Trilogie „Mourning Becomes Electra" („Trauer muss Elektra tragen") die Tragödie ins amerikanische Theater einführen. Formal löste sich die strikte Trennung zwischen Bühne und Zuschauerraum auf, indem das Publikum in die Handlung mit einbezogen wurde. Auch Arthur Millers „Tod eines Handlungsreisenden" und vor allem Tennessee Williams' sogenannte „Southern Gothic"-Stücke prägten das symbolisch-realistische Drama bis in die 50er Jahre. „A Streetcar Named Desire" („Endstation Sehnsucht") und „The Cat on the Hot Tin Roof" wurden zudem mit Marlon Brando bzw. Elisabeth Taylor in den Hauptrollen äußerst erfolgreich verfilmt.

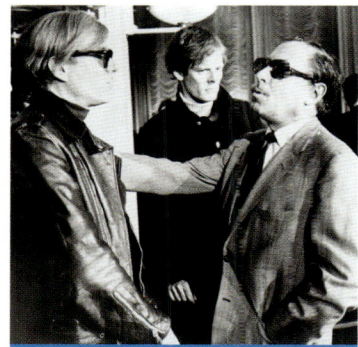

Tennessee Williams (rechts) und Andy Warhol begrüßen sich auf dem Kreuzfahrtschiff SS France, 1967

Neuer Aufbruch

Dann erschien mit dem unangepassten Autodidakten Henry Miller eine völlig neue Gestalt in der literarischen Szene. Millers sehr naturalistisch gehaltenen Romane „Tropic of Cancer", „Tropic of Capricorn" schildern eine surreale Gedankenwelt, die die verlogenen gesellschaftlichen Konventionen durch einen poetischen Individualismus aufbrechen. Sie wurden durchweg von der Zensur wegen Pornografie verboten, hatten aber trotzdem, oder gerade deswegen einen enormen Einfluss auf die kommenden Generationen.

Eine weitere Ausnahmeerscheinung in den 50ern, allerdings ganz anderer Metaphysiker als Miller, war J. D. Salinger. Sein jugendlich-unangepasster Held Holden Caulfield in „The Catcher in the Rye" wurde zur moralischen Identifikationsfigur für Millionen von Lesern. Auch dieses Buch, Salingers einziger Roman, fiel immer wieder, und immer noch, wegen seiner „Vulgarismen" der Zensur zum Opfer.

Die dünne Tünche des gesellschaftlichen Wohllebens erhielt die ersten Sprünge durch die Literaten der Beat Generation. Jack Kerouacs Roman „On The Road" huldigte mitten in der repressiven McCarthy-Ära den Drogen, dem Sex und dem Zen – in einem Schreibstil, der eben so rastlos erscheit wie das wilde Herumreisen seiner Protagonisten. Auch Alan Ginsbergs Langgedicht „Howl" wirkt, als habe

Henry Miller, 1940

Toni Morrison bei einer Lesung 2008

der Autor es in einem Rauschzustand geschrieben, dabei arbeitete er mehrere Monate an seinem Hauptwerk. „I saw the best minds of my generation destroyed by madness …", so beginnt das „Geheul", in dem Ginsberg die von ihm als unerträglich empfundenen Zustände seiner Zeit dem Leser schonungslos vor Augen führt. Sowohl Salinger als auch die Beat Generation erlangten Kultstatus in den gesellschaftlichen Umbrüchen der 60er Jahre.

Im Zuge der Bürgerrechtsbewegungen erreichten auch Bücher afroamerikanischer Schriftsteller den Mainstream und stellten die weiße Vorherrschaft des Literaturbetriebes in Frage. Schon in der vergangenen Dekade hatte der politisch engagierte Richard Wright die ersten schwarzen Bestseller geschrieben und den Begriff der „black power" geprägt. Auch James Baldwin thematisierte immer wieder den Rassismus in der amerikanischen Gesellschaft. Dagegen knüpfte Ralph Ellison eher an Langston Hughes an und entwickelte mit der existenziellen Frage nach Identität in seinem Roman „The Invisible Man" die bis dato vor allem von Hemingway und Faulkner geprägte Erzählkunst weiter. Als bekannteste Gestalt der afroamerikanischen Literatur ragt unbestritten Toni Morrison heraus, die mit ihren bisher zehn veröffentlichten Romanen in rhythmischer Sprache ein facettenreiches, psychologisch fundiertes Bild der Geschichte von der Sklaverei bis zu den heutigen Formen der Unterdrückung komponiert.

Die Postmoderne

Der Aufbruchstimmung in den 60ern folgte die Postmoderne. Hier ging es dann nicht mehr um eine Erneuerung der Literatur, sondern darum, das Vorhandene als Ausgangsmaterial für spielerische oder ironische Experimente zu nehmen. Dabei wurde auf Methoden und Stilmittel wie Intertextualität, Imitation, Zitat oder Collage zurückgegriffen und auch der Akt des Schreibens als solcher immer wieder zum Thema gemacht.

Der Pionier und gleichzeitig Titan der amerikanischen Postmoderne Thomas Pynchon schrieb 1973 mit seinem Roman „Gravity´s Rainbow" („Die Enden der Parabel") einen literarischen Meilenstein, der noch heute aufgrund seiner enzyklopädischen Informationsflut und der durch Zeiten- und Perspektivwechsel gebrochenen Erzählform als fast unverständlich gilt.

Auf ähnlich epische Breite ist 20 Jahre später Don DeLillos „Underworld" angelegt, auch dieses Werk tritt mit der Intention auf den Plan, das Panorama einer ganzen Epoche abzubilden.

Neben diesen literarischen Experimenten erleben aber auch konventionellere Formen ein Revival. An der Tradition des Realismus geschult, behaupten sich die Romane von Philip Roth („Good-Bye Columbus"), T. C. Boyle („Amèrica"), Jonathan Franzen („The Corrections") als internationale Bestseller.

Dagegen hebt sich Paul Auster durch die oft ungewöhnlichen Inhalte ab: „The New York Trilogy" weist mit ihren mysteriösen Verweisen und angedeuteten Zitaten durchaus eine Nähe zu Beckett auf, und es nimmt nicht wunder, dass der von Derrida beeinflusste Auster in Frankreich und Deutschland eine breitere Rezeption erfährt als in den USA. Zusammen mit dem Regisseur Wayne Wang brachte er die Filme „Smoke" und „Blue in the face" ins Kino.

T. C. Boyle bei einer Lesung in München 2012

Und auch Cormac McCarthy stellt gängige Lesegewohnheiten in Frage, indem er seine Sprache bis zum fast Mystischen verknappt, den Gebrauch von Satzzeichen minimiert und sich thematisch in physischen und psychischen Grenzbereichen aufhält, sei es mit „No Country for Old Men" im Südwesten der USA, oder mit „The Road" in einem apokalyptischen Szenario nach einer nicht näher beschriebenen Katastrophe.

Im Theater bildet das postmoderne Spiel mit Sprache und die Beschreibung nicht funktionierender zwischenmenschlicher Kommunikation ein zentrales Thema, wie z. B. bei den oft auch dem absurden Theater zugerechneten Stücke Edward Albees wie „Who Is Afraid of Virginia Woolf?" Auch das Theater von Sam Shepard, das sich häufig mit entwurzelten Charakteren am Rand der amerikanischen Gesellschaft, Gewaltmechanismen und zerstörten Familienstrukturen befasst, zeichnete sich ursprünglich durch absurde Züge aus, entwickelte sich aber mit der Zeit hin zu satirisch-realistischen Stücken wie „Curse of the Starving Class".

Eine ganz eigene Gattung prägte Robert Wilson: Sein stark mit Musik und Tanz verbundenes „Theatre of vision" zeichnet sich durch extreme Handlungsverlangsamung aus, was entsprechend monumentale, sich über viele Stunden oder sogar mehrere Tage erstreckende Aufführungen zur Folge hat. Oft arbeitete er dazu mit Komponisten wie Philip Glass oder Lou Reed zusammen.

Das neue Jahrtausend

Eine neue Literatursparte hat sich mit der Graphic Novel etabliert, nachdem sie es um die Jahrtausendwende schaffte, ihr Kinderheft-Image abzuschütteln. Wegbereiter für diese Entwicklung war Art Spiegelman, der mit dem Werk „Maus. A Survivor´s Tale" die Erinnerung seines Vaters an die Shoah in Bild und Text erzählte. Und in dem 2006 erschienenen „Im Schatten keiner Türme" verarbeitet er sein persönliches Erleben der Katastrophe vom 11. September 2001. Auch andere Arbeiten setzen sich mit existenziellen Problemen auseinander, so Daniel Clowes Geschichte über den verbitterten Einzelgänger „Wilson" oder Chris Wares „Jimmy Corrigan", das die düstere Kindheit des „Smartest Kid on Earth" beschreibt.

Mit dem neuen Jahrtausend gewinnen die *minority literatures* zunehmend an Gewicht. Schon ab den 70ern begannen die Nachfahren der amerikanischen Ureinwohner, vermehrt das Medium der Literatur zu nutzen, um ihrer Weltsicht Ausdruck zu verleihen. Und in den letzten Jahren sind einige beachtenswerte Romane von Native Americans entstanden.

Louise Erdrich, die mütterlicherseits von den Chippewa aus North Dakota abstammt, liefert mit ihrem Roman „Das Haus des Windes" eine eindrückliche Schilderung der oft prekären Situation von indianischen Frauen in der heutigen Gesellschaft. Und Sherman Alexie schreibt in „The Toughest Indian in the World", „The Absolutely True Diary of a Part-Time Indian" mit schwarzem Humor über die trostlosen Zustände in den Reservaten – er kennt es aus eigener Erfahrung.

Zunehmend treten auch asiatisch- und arabischstämmige Autoren auf den Plan.

So besteht die Hoffnung, dass die Diversifizierung der Stimmen bald als ein charakteristisches Merkmal der amerikanischen Literatur gelten wird.

Art Spiegelman erregte 1980 mit seinem Shoa-Comic „Maus" einiges Aufsehen

Über allem schwebt Hollywood

Ein deutscher Reisejournalist begann seine Reportage zu New York mit den Worten, dass er die Stadt doch eigentlich gut kenne, schließlich habe er genug Filme aus dieser Metropole gesehen. Aber als er dann vor Ort war, musste er zugeben, dass sich die Blickwinkel der

Filme und seine Wahrnehmung doch erheblich unterschieden. So wie die Cineasten weltweit ihre Eindrücke von Amerika und den Amerikanern aus den Hollywoodproduktionen beziehen, so sehen auch die meisten Einheimischen ihr Land im Celluloid widergespiegelt. Auch wenn die Amerikaner ihre Ferien bevorzugt im eigenen Land verbringen, Städte wie Las Vegas oder Orlando und New York ihre Besucherzahlen in zweistelliger Millionenhöhe angeben, werden andere Landesteile und Orte demgegenüber wenig besucht.

Vielleicht noch bedeutsamer als die geografische Kenntnis einer Region oder einer Stadt kann die Vermittlung von Verhaltensweisen und Lebensstilen sein. Um regionale Unterschiede in Bezug auf den Umgang miteinander, die Bedeutung von Traditionen oder die Einschätzung von sprachlichen Feinheiten zu kennen, müsste man sich längere Zeit an einem Ort aufhalten, dort leben und gegebenenfalls arbeiten. Bei den wenigen Urlaubstagen eines Durchschnittsamerikaners ist das kaum möglich. Insofern wird vom Fernsehen oder aus Filmen die „Kenntnis" über die New Yorker, die Kalifornier oder sogar die Menschen in Minnesota – wie aus dem Film und der neu aufgelegten TV-Serie „Fargo" – bezogen.

Schon 1925 verfilmte Metro-Goldwyn-Mayer den Roman „Ben Hur" von Lew Wallace

Die Filmindustrie hat sich einige Regeln gegeben, die dazu dienen sollen, ihre Filme und Fernsehunterhaltungen im gesamten Land akzeptabel zu machen. Dazu gehört beispielsweise, dass Schauspieler aller Ethnien vertreten sein sollen. Selbst in einem Film in einem weißen Milieu und in einer von Weißen dominierten Umgebung taucht dann mindestens unter den Gästen einer Party oder im Supermarkt ein schwarzes, asiatisches oder hispanisches Gesicht auf. Filme mit Schauspielern unterschiedlicher Ethnien können zudem vertragliche Vorteile mit der Gewerkschaft mit sich bringen, für viele der mehreren hundert Produktionen jährlich ein nicht zu unterschätzendes finanzielles Argument. Inzwischen verändert sich die Fernsehlandschaft rasant, immer neue Kanäle und Video-on-Demand-Dienste produzieren eigene Formate und kämpfen um die Gunst der Zuschauer. Dabei werden auch neue Wege ausprobiert, homosexuelle Paare kommen ebenso zum Zuge wie Patchwork-Familien. Die neuen Kanäle sind flexibler als die Hollywoodstudios mit ihren Großproduktionen, deren Kosten über die Märkte in USA, Europa und Asien gedeckt werden müssen. Am Beispiel eines Films mit Will Smith als Hauptdarsteller wird das Problem deutlich: soll er eine weiße oder eine schwarze Gefährtin haben? Eine Afroamerikanerin würde den Film „schwarz" machen, eine

Weiße hingegen könnte dem Film beim schwarzen Publikum schaden. Die Lösung: seine Traumfrau wurde eine Latina („Der Date Doktor" mit Eva Mendez).

Jugendschutz für Filme

Nicht ganz so einfach ist es, wenn es um Szenen körperlicher Liebe geht. Kaum ein Film kommt ohne eine Romanze aus, aber wie weit ein Regisseur dabei seine Darsteller entblößt zeigt, bestimmt das Zielpublikum. Da in den USA die zahlungskräftigsten Kinobesucher Teenager sind, hängt der Erfolg eines Films vom sogenannten „PG-Rating" ab (Parental Guidance). Filme mit den Ratings „G" (ohne Altersbeschränkung), „PG" (elterliche Begleitung wird empfohlen) und „PG-13" (elterliche Begleitung für unter Dreizehnjährige wird dringend nahegelegt) haben die besten Gewinnaussichten. Nacktheit und zu intime Szenen führen meist zu einer Einschätzung der Motion Picture Association of America (MPAA), die auf die Kategorie Erwachsenen-Film („R" = Restricted, erst ab 17 Jahren zugänglich) hinausläuft. Die MPAA ist übrigens keine Behörde, sondern ein von der Filmindustrie ins Leben gerufenes Gremium, das sich auch nicht auf ein Jugendschutzgesetz oder Ähnliches berufen kann, sondern nach Gutdünken die moralischen Prinzipien festsetzt. Schimpfworte und Flüche sind ebenso verpönt, ihr Einsatz führt gleichfalls zu Restriktionen.

Kein Problem gibt es dagegen beim Einsatz von Gewalt. Ob einzeln oder zu hunderten, niemand sieht im Sterben von Menschen in amerikanischen Filmen eine Gefährdung für die Kinder.

Amerikanische und niederländische Forscher stellen in einer Studie fest, dass sich Gewaltszenen mit Schusswaffen in den vergangenen 20 Jahren in den US-Kinofilmen mehr als verdreifacht haben. Überraschend sei aber: Seit 2009 enthalten Filme mit der Freigabe „PG-13" mehr Gewalt als Filme mit einem „R-Rating". Die Autoren der Studie vermuten, dass dies kein Zufall sei und die Produzenten verstärkt Szenen mit Schusswaffen einbauen, um ein junges Publikum noch stärker damit anzulocken (zitiert nach www.filmstarts.de vom 11.01.2013).

Videospiele, egal welchen Inhalts, haben keine Altersbeschränkungen. Es gibt allerdings Empfehlungen vom Entertainment Software Rating (ESRB), die den Kauf aber nicht behindern.

Gewalt verharmlosendes Filmplakat, 2016

KULTUR & LEBENSART

Die Hollywood-Stars Gregory Peck und Audrey Hepburn auf einem Plakat, das für den Film „Roman Holiday" („Ein Herz und eine Krone") wirbt, 1953

Kapitel 7
Reiserouten durch die USA

Die 1932 aus Stahlbeton gebaute Bixby Creek Bridge in Big Sur, Kalifornien. Über sie läuft der State Highway 1, eine mit der Auszeichnung „All American Road" geadelte Straße

USA-LESEBUCH

Reiserouten durch die USA

Highway Highlights

Als Präsident Ronald Reagan 1985 eine Kommission ins Leben rief, die den Amerikanern ihre Umwelt mit dem Hinweis auf dort mögliche Freizeitaktivitäten näher bringen sollte, standen die Experten vor einer interessanten Aufgabe. Der beste Weg, die Nation in die zahlreichen Parks und geschützten Wälder zu bringen, so stellte sich bei Umfragen heraus, war, die Straßen dorthin als attraktiv zu bezeichnen. Schon der Weg sollte Freude machen oder selbst das Ziel sein, denn für die Amerikaner ist und war die liebste Freizeitbeschäftigung neben dem Shoppen immer noch das Autofahren. Mit diesen Erkenntnissen war das „Scenic Bayways"- bzw. „Scenic Drives"-Programm geboren. Seitdem sind in fast jedem Bundesstaat landschaftlich reizvolle Strecken ausgewiesen, mancher Staat kann nur eine oder zwei vorweisen, andere wie Oregon 26 oder Kalifornien sogar 28.

Andere Routen wie die erste Verbindung von Küste zu Küste, der Lincoln Highway (weitgehend auf der Interstate 80), sind noch nicht so berühmt wie die Route 66 von Chicago nach Los Angeles, aber immer mehr Menschen interessieren sich dafür. Sie organisieren Jubiläumsfahrten, helfen Karten zu dokumentieren und sammeln Geschichten zum Straßenbau oder zu Erlebnissen der Streckennutzer. Auch wenn immer mehr Menschen für ihre Reisen das Flugzeug benutzen – schließlich haben amerikanische Arbeitnehmer selten mehr als zwei bis drei Wochen Urlaub im Jahr –, die Faszination langer Autofahrten durch das weite Land ist bis heute ungebrochen.

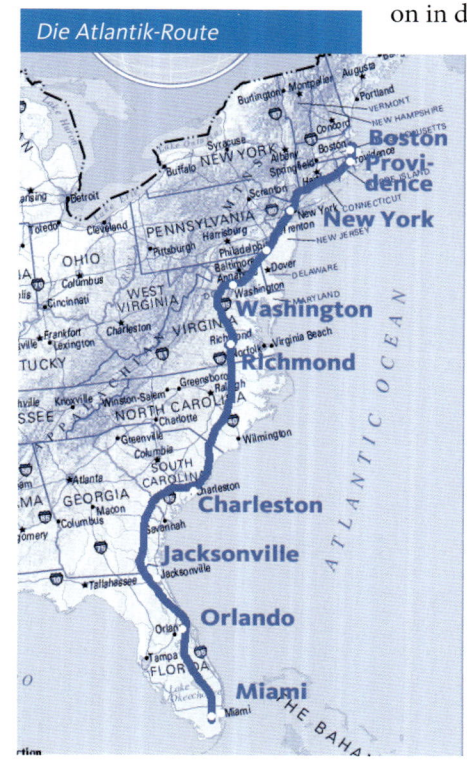

Die Atlantik-Route

REISEROUTEN

Provincetown am Cape Cod; Massachussets

Wo alles begann – die Atlantikküste

Die dicht besiedelten Neuengland-Staaten nördlich von New York mit der altehrwürdigen Universitätsstadt Boston, der Großraum um den Big Apple, die sich anschließenden Metropolen von Philadelphia und Washington und die südlichen Regionen haben Vieles gemeinsam: Hier ist Geschichte geschrieben worden und hier zieht sich als verbindende Ader der Highway 95 hindurch. Historisch bedeutsamer ist allerdings der Highway 1, 1926 als die erste Nord-Süd-Verbindung entlang der Ostküste gebaut, die über weite Strecken ziemlich parallel zum neuen 95er verläuft. Die heutigen Neuengland-Staaten Maine, Connecticut, Massachusetts, New Hampshire, Rhode Island und Vermont gehörten ebenso zu den dreizehn Gründerkolonien der Vereinigten Staaten von Amerika wie auch New York, Delaware, Pennsylvania, Maryland, Virginia, die beiden Carolinas und Georgia (damals

USA-Lesebuch

„Boswash", eine sich über rund 700 Kilometer erstreckende Megalopolis zwischen Boston und Washington

allerdings in anderen Grenzen als heute). Am 4. Juli 1776 erklärten die Kolonien ihre Unabhängigkeit vom britischen Empire in Philadelphia (Independence Day).

Neben den abwechslungsreichen Landschaften der Atlantikküste kann man hier ganz vortrefflich auf den Spuren der ersten Siedler wandeln. Die ehemalige erste Hauptstadt von Virginia, Williamsburg, erinnert nicht nur wegen ihres Namens an England. Die Kolonisten bauten und lebten nach dem Vorbild ihrer europäischen Heimat. Umso „amerikanischer" dagegen die Metropolen New York City und Miami: Wolkenkratzer, Neonreklamen, Shoppingmalls. Man hört viel Spanisch in diesen Regionen, die Hispanics kommen legal und illegal ins Land. Mit den historischen, oft restaurierten Plantagengebäuden etwas antiquiert, aber gerade deshalb liebenswert, wirken die Südstaatenschönheiten Charleston und Savannah. Und nicht zuletzt Florida, die Hochburg der Senioren und der Exil-Kubaner, hat mehr zu bieten als Disneyworld und Cape Caneveral. Im Everglades National Park südlich von Miami und im Dry Tortugas National Park am Ende der Florida Keys gibt es für Naturliebhaber über und unter Wasser viel zu erkunden.

Das Athen von Amerika: Boston, Massachusetts

Seit dem Bombenanschlag während des Marathons 2013 geht es in der Hauptstadt von Massachusetts nicht mehr ganz so geruhsam zu: Es ist mehr Polizei an viel besuchten Stätten präsent und manchmal etwas Nervosität, wo große Menschenmengen zusammenkommen. Obwohl die Stadt inklusive der umgebenden Orte ca. 7,6 Mio. Einwohner zählt und viele davon naturgemäß in die Innenstadt zur Arbeit fahren, ist Boston aber ungleich gelassener als beispielsweise New York. Hier ist spazieren gehen oder schlendern angesagt und nicht verpönt. So wundert es nicht, dass „The Walking City" einer der vielen Spitznamen der Stadt ist; aber auch „Athens of America" wird gern benutzt, um die Stadt als Ort der Gebildeten zu kennzeichnen. Harvard, eine der besten Universitäten der USA, wurde schon 1636 in dem Vorort Cambridge gegründet, wo seit 1861 auch das ebenfalls weltberühmte MIT, das Massechusetts Institute of Technology, residiert. Inzwischen weist der Großraum Boston mehr als 100 Colleges (entspricht einer Mischung einer deutschen Fachhochschule und Berufsschule) und Universitäten auf.

Die Trinty Church in Boston, eine der bedeutendsten Kirchen in den Vereinigten Staaten

Ohne den durch rote Ziegel gekennzeichneten Freedom Trail abgelaufen zu haben, sollte man Boston nicht verlassen. Der rund 4 km lange Pfad führt an 16 verschiedenen, für die Geschichte der USA wichtigen Gebäuden vorbei, wobei sich ein Start an der Faneuil Hall (Marketplace) mit dem Visitor Center empfiehlt. Auf dem Weg liegen mehrere historische Kirchen, die Trinity Church ist allerdings nicht darunter. Dabei ist gerade diese Kirche aus dem Jahr 1877 zu den bedeutendsten in den USA gestellt worden, weil ihr Baustil von maßgeblichem Einfluss auf die Architektur von Rathäusern, Bibliotheken und Postgebäuden in Nordamerika war. Baumeister Henry Richardson hatte es vermocht, auf dem sumpfigen Gelände an der Bucht mittelalterliche und romanische Baustile so zu kombinieren, dass eine Botschaft von Aufbruch und Optimismus vermittelt wurde, die gleichzeitig auf den Werten der Alten Welt aufbaute. Ein gelungener Brückenschlag zwischen der Herkunft der Neusiedler und ihrem festen Willen, sich gegen alle Unbill zur Wehr zu setzen und ihre Zukunft in diesem Teil der Welt zu gestalten. „Wir bleiben hier", so lautete nach Einschätzung späterer Architekten die selbstbewusste Wirkung von Trinity.

Bostonians fahren am Wochenende gern nach Cape Cod hinaus. Die langgestreckte Landzunge im Atlantik ist ein beliebtes Ferienziel für Lang- und Kurzurlauber. Die zum Meer gewandte Seite ist sehr ur-

Misquamicut Beach in Rhode Island

Yale

Auf dem Weg nach New York entlang der Küste bietet sich die Gelegenheit, eine weitere Ivy League-Universität zu besichtigen: Yale. 1701 in der Hafenstadt New Haven gegründet, ist sie eine der ältesten Universitäten der USA – und eine der teuersten. Studierende führen Interessierte vom Besucherzentrum in der Elm Street zu den bemerkenswertesten Gebäuden. Eine gute Gelegenheit, anspruchsvolle Architektur der letzten drei Jahrhunderte zu studieren. Das Haus der psychiatrischen Fakultät hat übrigens Frank O. Gehry entworfen.

sprünglich und von Kiefernwald bewachsen, das Wasser überwiegend wellig und kalt, aber es gibt einige Strandzugänge. Wesentlich ruhiger mit ausgeprägten Gezeiten geht es auf der landeinwärts gelegenen Seite zu. Dort finden sich auch die meisten Campingplätze und Ferien-Cabins. Auf dem Weg dorthin liegt Hyannis Port mit dem Familiensitz der Kennedys.

Auf dem Weg nach New York City durch Rhode Island

Auf der Interstate 90, vorbei an Hartford, dem Geburtsort von Mark Twain, geht es relativ schnell zum Big Apple. Mehr Zeit erfordert die Route über Providence, die Hauptstadt von Rhode Island, und durch Newport, wo einst die Reichen und Schönen ihre Landsitze (Mansions) hatten und rauschende Sommerpartys für zahllose Gäste gaben. Providence ist klein und überschaubar, das Capitol liegt mitten in der Stadt, die sich entlang einiger Kanäle entwickelt hat. Die Brown University, Mitglied der Elite-Hochschulsport Liga Ivy-League, ist in Providence seit 1764 angesiedelt. An der Hope Bay und der Greenwich Bay entlang führt eine abwechslungsreiche Strecke nach New-

Rosecliff, pompöses Anwesen der „Goldenen Zeit"

port, wo sich der Besuch zumindest einer der prachtvollen Villen des „Goldenen Zeitalters", des Gilded Age, Ende des 19 Jahrhunderts lohnt. Familie Vanderbilt erbaute sich zum Beispiel „The Breakers". Das schlossähnliche Gebäude im Stil der italienischen Renaissance hat 70 Zimmer. Cornelius Vanderbilt II., der „Eisenbahnkönig", hatte schließlich sieben Kinder. Oder das Haus Rosecliff, eine Nachbildung des Grand Trianon im Schlosspark von Versailles, das einer Erbin von Silberminen aus Nevada gehörte. Die Villa war 1974 Schauplatz der Romanverfilmung „Der große Gatsby" mit Robert Redford. Alle neun zu besichtigenden Mansions befinden sich heute in der Obhut der Providence Preservation Society, einer Non-Profit-Organisation, die sich um den Erhalt architektonischer Kulturdenkmäler kümmert; die Erben konnten sich auf die Dauer diese Anwesen wohl nicht mehr leisten.

The Big Apple – New York City, New York

Da „The City" in unzähligen Filmen eine Haupt- oder Nebenrolle gespielt hat, einen Ruf als „Gotham City" zu bekämpfen versuchte und dabei ist, den schwersten Terroranschlag der westlichen Welt zu be-

Die Skyline von Manhattan im Abendlicht

Labor Day Carnival

Er wird jedes Jahr am ersten Montag im September in Brooklyn gefeiert. Eine große Karibik-Parade und Party auf dem Eastern Parkway in Crown Heights, ganz im Zeichen des Karnevals von Trinidad mit bunten Kostümen und Calypso-Musik, zieht die „West Indian Day Parade" jedes Jahr Hunderttausende von Zuschauern an.

wältigen, hat so ziemlich jeder potenzielle Besucher bereits ein Bild von New York im Kopf. Man glaubt, die 5th Avenue oder den Central Park schon gut zu kennen, so oft ist man diese Ecken schon mit Jessica Parker oder Woody Allen abgelaufen.

Auch wenn die Untergrundbahn im Film schon mehrfach entgleist ist oder andere Schrecknisse ein düsteres Bild von diesem gigantischen System unterhalb der Stadt gezeichnet haben, die Nutzung dieses Nahverkehrssystems ist ein durchaus positives „Abenteuer". Seit 1885 ist ein Teil der Jamaica Line nach Brooklyn schon in Betrieb, andere folgten rasch, seit ein heftiger Schneesturm 1888 die Stadt lahmgelegt hatte und die Vorteile des unterirdischen Transports offenkundig wurden. Die ausgeleierten Gleisbetten des immerhin 370 km langen Streckennetzes sind immer wieder Anlass für plötzliche Stopps, nicht immer mit Ansagen über deren Dauer. Reparaturen sind ebenfalls ein

Broadway: Nachtleben in den Häuserschluchten New Yorks

Dauerthema. Allein die 468 Bahnhöfe werden fortwährend modernisiert, zum Beispiel mit Aufzügen oder Rampen für Rollstuhlfahrer. Ob auf Stelzen wie in Queens oder in mehreren Stockwerken unterirdisch, nirgendwo wird der Schmelztiegelcharakter dieser Stadt deutlicher. Obwohl in der Innenstadt viele Berufstätige das Taxi für die kurzen Strecken bevorzugen, gibt es auch noch genug pragmatische Anzugträger, die tagsüber die Schnelligkeit der U-Bahn zu schätzen wissen.

Eine ganz andere Perspektive bietet die Annäherung speziell an die Insel Manhattan vom Wasser aus. Zahlreiche Fähren sind im East River und Hudson River unterwegs und verbinden Staten Island, zahlreiche Orte in New Jersey sowie Queens und Brooklyn mit der quirligen Innenstadt. Einfach mit der Subway zu erreichen sind beispielsweise die Strände von Coney Island und Rockaway Beach. Ex-Bürgermeister Michael Bloomberg arbeitete den Plan aus, New York bis 2020 in eine grüne Oase zu verwandeln. Dazu gehört auch die Umwandlung von brachliegenden Piers in neue Parkanlagen und Grünflächen. Wahrscheinlich wird sein Nachfolger Bill De Blasio an diesem Vorhaben festhalten.

Die Stadt der Unabhängigkeitserklärung: Philadelphia, Pennsylvania

Als eine der ältesten Städte an der Ostküste und zweite Hauptstadt des Landes (nach New York, von 1790-1800) kann Philadelphia mit einer Unmenge an historisch bedeutsamen Plätzen und Gebäuden aufwarten. Sicherlich die meisten Besucher verzeichnet der Independence National Historic Park mit der Independece Hall und der berühmten Liberty Bell. 1776 wurde hier die Unabhängigkeitsurkunde unterzeichnet und elf Jahre später die Verfassung der Vereinigten Staaten ausgearbeitet. Im Stadtteil Old City befindet sich die Elfreth's Alley, eine mit restaurierten und gut erhaltenen Gebäuden aus dem frühen 18. Jahrhundert gesäumte Gasse. Das älteste der 33 Häuser ist über 300 Jahre alt – uralt für amerikanische Verhältnisse. So lange haben die Wohnstätten in Germantown im Nordwesten von Philly nicht gehalten. Deutsche Quäker und Mennoniten siedelten hier seit 1683. Eine erste Schrift gegen Sklaverei wurde von den Bewohnern schon 1688 an die Kirchenoberen übergeben. Damit etablierte sich der Ruf Philadelphias als Bastion der Anti-Sklaverei-Bewegung. Als Teil der „Underground Railroad" ist die Bewegung dann jahrzehntelang bei der Flucht vieler Sklaven aus dem Süden in den freien Norden behilflich gewesen. Ein bedeutendes Gebäude dieser Fluchthilfe war das steinerne Johnson House an der Germantown Avenue, in dem die Familie Johnson immer wieder Menschen versteckte, und das heute zu den Historical Sites zählt. Im Revolutionskrieg wurde die Kontinentalarmee unter George Washington in der Schlacht von Germantown von den britisch-hessischen Truppen unter William Howe 1777 geschlagen, ein Ereignis, das heute noch trotz der Niederlage mit einem Fest am 5. Oktober jährlich nachgestellt wird. Seit 1854 gehört Germantown zu Philadelphia. Aus dieser Zeit existieren noch einige Gebäude, die als Landhäuser von reichen Familien errichtet worden waren.

Nicht ganz so altehrwürdig, aber nicht minder berühmt ist die JFK Plaza – auch „Love Park" genannt – und die dort aufgestellte Buchsta-

Häuser in Amerikas ältester Wohnstraße, der Elfreth's Alley in Philadelphia

Washington D.C.: Das Washington Monument, mit ca. 169 Metern Höhe der höchste Obelisk der Welt. Im hinteren Teil des Parks: das Weiße Haus

ben-Skulptur von Robert Indiana. Die Plaza war lange Zeit ein Treffpunkt der Skateboarder, bis die Stadt diese Aktivität 2002 verbot. Nun ist eine Neugestaltung des Areals im Gespräch, die sowohl den Touristen als auch Hochzeitspaaren Raum zum Fotografieren und Verweilen geben soll.

Machtzentrum Washington D.C.

Die Hauptstadt der USA und nirgends Wolkenkratzer zu sehen? Kein Gebäude darf höher sein als das Kapitol – so bestimmten es die Politiker Anfang des 20. Jahrhunderts. Ausnahmen sind nur das Washington Monument (der Obelisk), die National Cathedral und der Turm des alten Postgebäudes. Erst seit 1800 ist Washington Hauptstadt. Die Gründung der Stadt 1790 war von der amerikanischen Regierung unter Präsident George Washington als Kompromisslösung beschlossen worden, um Streitigkeiten zwischen den Städten New York und Philadelphia, die um den Regierungssitz konkurrierten, ein Ende zu bereiten. Zusätzlich bildete man einen eigenständigen Regierungsbezirk „District of Columbia", um zu verhindern, dass Politiker der damals mächtigen Einzelstaaten zu viel Einfluss auf die Politik der Staatsregie-

Das Virginia State Capitol

rung nehmen konnten. Mit dem Weißen Haus als Amts- und Wohnsitz des Präsidenten und dem Kapitol, das den Kongress (bestehend aus Senat und Repräsentantenhaus) beherbergt, sowie dem Obersten Gerichtshof befinden sich die Spitzen aller drei verfassungsmäßigen Gewalten in der Stadt. Washington ist darüber hinaus Sitz des Internationalen Währungsfonds, der Weltbank, des FBI und einer Hälfte des „Bureau of Engraving and Printing", wo der US-Dollar gedruckt wird. Bemerkenswert an dieser Hauptstadt ist allerdings, dass die Bewohner erst seit 1961 an der Wahl des Präsidenten teilnehmen dürfen, aber nicht an den Wahlen zum Repräsentantenhaus und zum Senat. Auch der Stadtrat und der Bürgermeister haben nur eingeschränkte Kompetenzen, denn Washington untersteht nach wie vor dem Bundeskongress.

Zu Ehren George Washingtons, der selbst nie in der neuen Hauptstadt leben und arbeiten sollte, da er 1799 verstarb, finden sich hier bedeutende Denkmäler. Dazu gehört das Washington Monument gegenüber vom Lincoln Memorial. Von der Besucherebene auf 150 Metern Höhe hat man einen wunderbaren Überblick auf die National Mall, auch einfach „The Mall" genannt, mit all ihren berühmten Museen und Monumenten bis hin zum Kapitol und zum Weißen Haus.

Richmond und die Sklavenauktionen, Virginia

Das Virginia State Capitol wurde ebenso wie die Trinity Church in Boston von dem öffentlichen Sender PBS zu einem der zehn einflussreichsten Gebäude des Landes gekürt. Thomas Jefferson, der spätere 3. Präsident der jungen Nation (1801-1809), war zur Zeit der Planungen zu einem Parlamentsgebäude gerade Gouverneur von Virginia und hatte mit dafür gestimmt, die Hauptstadt von Williamsburg nach Richmond zu verlegen (1779). Nach seiner Amtszeit war er als eine Art Botschafter in Frankreich tätig und holte sich hier Anregungen für das Kapitol. Als erklärter Gegner der Briten suchte er nach architektonischen Ausdrucksformen, die das neue Verständnis von Demokratie sichtbar machen sollten, und wurde bei den alten Griechen fündig. Sein unmittelbares Vorbild für ein Modell soll allerdings ein römischer Tempel gewesen sein, das Maison Carrée in Nîmes. Ein französischer Architekt zeichnete die Baupläne, und 1800 war der aus Stein gebaute Parlamentstempel in der ersten Phase fertig. Dieses Ge-

Eine unter vielen Scheunen im Osten mit Werbung für Kautabak der Marke „Mail Pouch" (Postsack) im herbstlichen Virginia

bäude war lange Zeit Vorbild für viele Parlamentsgebäude in den USA: der klassische griechisch-römische Baustil als deutliches Bekenntnis zu einer wiederbelebten Regierungsform, der Demokratie.

Schon Jahrzehnte vor dem amerikanischen Bürgerkrieg (1861-1865) hatte sich Richmond zum Zentrum der Südstaaten entwickelt, und als Umschlagplatz für Hunderttausende von Sklaven ging es in die Annalen von Virginia ein. Verkehrsgünstig am James River gelegen und ein wichtiger Eisenbahnknotenpunkt, entwickelte sich Richmonds Stadtteil Shockoe Bottom zum größten Auktionsplatz der Region, an dem bevorzugt die Verkäufe und Versteigerungen der menschlichen Ware durchgeführt wurden. Wie sensibel dieses Thema noch heute sein kann, zeigte sich 2013/2014 in heftigen Kontroversen über ein geplantes Baseball-Stadion an der Stelle, wo die meisten Auktionen stattgefunden hatten und die Menschen in Pferchen gehalten worden waren. Als Gegenvorschlag ist ein Denkmalbereich im Gespräch, der an die unselige Geschichte erinnern und der vielen Opfer des Menschenhandels gedenken soll. Der sogenannte Slave Trail als ausgewiesener Weg zur Geschichte dieser düsteren Epoche im Wirtschaftsleben von Richmond wird offenbar von vielen Afroamerikanern als nicht ausreichend empfunden, um die Leiden der Menschen adäquat zu würdigen.

Abstecher zur Chesapeake Bay, North Carolina

Rund 320 km lang erstreckt sich das vom National Park Service betreute Mündungsgebiet von ca. 150 kleinen und großen Flüssen in der Chesapeake Bay, der größten Bucht ihrer Art auf dem Kontinent. Hier gingen schon im frühen 16. Jahrhundert die ersten Siedler und Händler an Land, das damals von zahlreichen Indianerstämmen bewohnt war. 1607 wurde Jamestown gegründet, die erste Siedlung ausgewanderter Briten, die als Ort tatsächlich zu überleben imstande war (ca. eine Stunde Fahrt südöstlich von Richmond), 1699 Williamsburg, die spätere zweite Hauptstadt von Virginia. Das fruchtbare Land an der Bucht eignete sich besonders im Süden gut für den Tabakanbau. Die arbeitsintensive Landwirtschaft wurde durch Sklavenhaltung immer weiter ausgebaut und zog rasch große Zuwanderung nach sich, sodass Mitte des 18. Jahrhunderts die Zahl der Siedler vermutlich bereits bei 700.000 lag.

Vom Jamestown Settlement, heute Teil eines Colonial National Historical Park, sind nur noch wenige Gebäudereste zu sehen. Aber die Statue von Pocahontas steht hier, einer jungen Indianerin, die nach ihrer Gefangennahme durch Siedler später einen Tabakpflanzer heiratete und so zu einem relativ friedlichen Nebeneinander der Indigenen und der Weißen beitrug. Was sich nach ihrem Tod 1617 allerdings änderte. Virginia wurde eine Kronkolonie und Jamestown fungierte bis 1698 als Hauptstadt. Anschließend fiel Williamsburg diese Rolle zu. Die kleine Stadt atmet auf jedem Quadratzentimeter Geschichte, ein lebendes Museum mit gut restaurierten Gebäuden aus der Zeit des Unabhängigkeitskriegs, die natürlich entsprechend vermarktet wird.

Pocahontas rettet Captain Smith, Ausschnitt aus dem Rotundenfries des Capitols in Washington D.C.

Abstecher an die Küste zum Denkmal der Gebrüder Wright, North Carolina

Es wäre sicherlich interessanter, die breite Mündung des James River in den Atlantik auf einer Brücke zu überqueren, aber wegen der oft schweren Herbststürme wurden stattdessen zwei endlos lange Tunnel gebaut. Die Fahrt führt zum Wright Brothers National Memorial auf den sogenannten Outer Banks, mehreren schmalen Landstrichen von mehr als 300 km Länge, die vor der Küste von North Carolina liegen und zum Teil durch Brücken, teils durch Fähren miteinander verbunden sind. 1903 glückte in Kitty Hawk der erste Flug mit einem Motorflugzeug. Die Brüder Orville und Wilbur Wright aus Ohio hatten dort zuvor vier Jahre an der Entwicklung des Flugzeugs gearbeitet. Im Besucherzentrum sind Modelle der Fluggeräte zu sehen, und unweit davon kann die erste Flugstrecke abgegangen werden. Nags Head als traditionelles Seebad bietet sich zum Übernachten an, und dann kann die Fahrt entweder bis zur Südspitze mit dem schwarz-weiß gestreiften Leuchtturm am Cape Hatteras oder sogar bis zum Ocracoke Light fortgesetzt werden. Von Ocracoke Island aus gibt es zwei Fährverbindungen zum Festland. Die schnellere Alternative ist der Highway 64 durch das Alligator River National Refuge nach Jacksonville und Wilmington. Der Ocean Highway (17) führt nach Myrtle Beach, einem der gut ausgebauten Ferienorte an der Küste von South Carolina. Südlich der Winyah Bay wird die Strecke fast menschenleer, da der Highway 17 mitten durch den Francis Marion National Forest verläuft.

Der erste Motorflug der Gebrüder Wright am 7. Dezember in den Kill Devil Hills an der Küste North Carolinas. Orville steuert liegend, Wilbur ist bis zum Abheben nebenhergelaufen, um das Gerät zu stabilisieren

Die Stadt am Meer und der amerikanische Bürgerkrieg: Charleston, South Carolina

Umgeben von Flussmündungen und zahlreichen Inseln ist Charleston von seinem Hafen und den langen hellen Stränden geprägt. Wegen der Strömungen und der langen Piers ins Meer hinaus hat sich besonders Folly Beach zum beliebten Strand für Familien und für Surfer entwickelt. Zur Zeit des Baus der großen Plantagen für den Tabak-, Baumwoll- und Indigoanbau war Wassersport noch nicht populär. Sie wurden nicht in Ozeannähe gebaut. Das Eintauchen in die Geschichte lohnt sich hier, weil einige der originalen Herrenhäuser mit ihren opulenten Gärten restauriert wurden und für Besucher offen sind. Besondere Bedeutung für die amerikanische Geschichte aber hat Charleston, weil hier am Fort Sumter am 12. April 1861 der Bürgerkrieg begann. Vorausgegangen war der Austritt von South Carolina (u. a.) aus der

Beliebtes Ziel: Charleston

Das Tourismus-Magazin Conde Nast Traveller veröffentlicht jedes Jahr Bewertungen von Experten und Reisenden von weltweiten Reisezielen. Charleston ist 2013 zum dritten Mal in Folge von den Lesern zur beliebtesten Stadt in den USA gekürt worden. Savannah hat es immerhin auf den 9. Platz gebracht.

Der alte Sklavenmarkt von Charleston, heute ein Museum, das an den Sklavenhandel erinnert

Union nach der Wahl Abraham Lincolns zum Präsidenten, der die Abschaffung der Sklaverei zum politischen Programm gemacht hatte. Die Bildung der „Confederate States of America" zerstörte die Einheit der Union. Eine Entwicklung, der sich Lincoln unbedingt entgegenstellen wollte. Fort Sumter, auf einer winzigen Insel vor Charleston gelegen, war mit Unionstruppen besetzt, die sich der Übergabe an Konföderierte widersetzten. Der sich anschließende Artilleriebeschuss war der Beginn des vier Jahre dauernden Krieges.

Filmkulisse Savannah, Georgia

Savannahs Dornröschenschlaf war ein wahrer Schönheitsschlaf: Dabei wurden die Jahre nicht vergeudet, sondern es wurde an allen Ecken und Enden intensiv renoviert. Säulenbestandene Veranden und schmiedeeiserne Balkongitter schmücken die bonbonfarbenen Fassaden der alten Baumwollhandelshäuser in der historischen Altstadt Savannahs, der größten der USA. Und weil die Stadt so schön ist, hat sie sich zum Besuchermagneten von Georgia entwickelt. Zu Berühmtheit auch außerhalb der USA kam sie als Drehort für den Film „Forrest Gump", in dem Tom Hanks in einer Szene auf einer Bank am Chippewa Square sitzt und auf den Bus wartet. Leider gab es im Film keinen Anlass, Fort Jackson einzubauen. Gelohnt hätte es sich sicherlich. Die 1808-1812 erbaute steinerne Festungsanlage überstand den Krieg mit den Briten von 1812, alle weiteren militärischen Scharmützel und den Bürgerkrieg. 1864 fiel sie in die Hände der Unionstruppen von General Sherman und danach in Vergessenheit. Inzwischen restauriert und als National Historic Landmark unter Schutz gestellt, gibt diese Festung einen interessanten Einblick in die Militärgeschichte des 19. Jahrhunderts. Wenn Schiffe der Navy das Fort auf dem davor fließenden Savannah River passieren, wird übrigens heute noch Salut geschossen.

Savannah, Georgia: schmuck restauriertes Haus im „Lebkuchenstil"

Zurück in die spanische Vergangenheit in St Augustine, Florida

Auf dem Weg nach St. Augustine gibt es zahlreiche Gelegenheiten, die von Wasserläufen durchzogene Küste mit ihren vielen Inselchen davor zu erforschen. Ein National Wildlife Refuge reiht sich ans andere, aber nicht alle der Schutzgebiete sind mit dem Auto zu erreichen. Jacksonville, die bevölkerungsreichste Stadt von Florida, wurde 1564 erstmals besiedelt. Damals gaben ihr Franzosen den Namen Fort Caroline. Allerdings zerstörten die Spanier das Fort und bis heute ist unklar, wo es sich genau befand. Der Großraum am Johnson River mit Stränden am Atlantik hat sich zu einer Hochburg für medizinische Betreuung entwickelt, mehr als 30 Kliniken sind hier zu finden.

Kurz nach der Gründung von Fort Caroline, im Jahr 1565, errichtete der spanische Admiral Pedro Menéndez de Avilés unmittelbar nach seiner Landung seinerseits ein Fort, benannte es nach dem Heiligen Augustinus von Hippo und beanspruchte das Land für die spanische Krone. St. Augustine sollte dann 200 Jahre lang die Hauptstadt von Florida sein. Auch nach der Übergabe des Landes an die Briten 1763 blieb es Kapitale von East Florida, erst 1824 übernahm Tallahassee die Funktion der Hauptstadt für den gesamten Bundesstaat. Zwar ist

Gonzáles Alvarez House, das älteste Gebäude von St Augustine

unbestritten, dass entlang der Atlantikküste an vielen Orten schon Immigranten siedelten, aber St. Augustine kann für sich in Anspruch nehmen, als Hauptstadt auch eine bürokratische Organisation aufgebaut zu haben. Aufgrund von Dokumenten sowie des Bestehens der militärischen Festung „Castillo de San Marcos" von 1672 lässt sich ein ununterbrochenes Bestehen der Siedlung nachweisen. Immer wieder umkämpft und teilweise zerstört im Laufe der Auseinandersetzungen zwischen den Kolonialmächten Großbritannien, Frankreich und Spanien, wurde die kleine Stadt 1763 nach dem Frieden von Paris an die Briten übergeben. Heute lebt St. Augustine von seiner Geschichte und den daran interessierten Touristen. Im Spanish Quarter wurden originalgetreu mehrere Häuser nach alten Plänen aufgestellt. Weitgehend original ist dagegen das zwischen 1723 und 1790 erbaute, steinerne Gonzáles-Alvarez House, auch einfach „The Oldest House" genannt. Typisch für die wechselvolle Geschichte der Stadt ist auch die des Hauses: Spanische, englische und irische Besitzer wechselten sich ab und bauten um; seit 1918 gehört es der St. Augustine Historical Society. Imposante Gebäude wie das Rathaus, die Kathedrale und die Stadttore prägen das Bild der Stadt ebenso wie die engen malerischen Straßen mit kleinen Häusern und winzigen Hinterhöfen. Schon ein sehr früher Entdecker der Gegend hatte eine Quelle gefunden und den Geschichten von ihrer Kraft geglaubt. Juan Ponce de León war 1513 sicher, den Jungbrunnen gefunden zu haben. Die Nachfahren der damaligen Siedler profitieren noch heute von der Magie dieses Brunnens. Ach ja, vom schwarz-weiß-gestreiften Leuchtturm im Süden aus gibt es aus 50 Metern Höhe einen guten Überblick über die Stadt am Meer.

Abstecher zur Touristenhochburg Orlando, Florida

Immer am Wasser entlang führt der Ocean Shore Boulevard (A1A): eine wunderbare Gelegenheit, sich weiterhin frischen Wind um die Nase wehen zu lassen. Einige kleine State Parks und Recreation Areas bieten sich zum Picknicken an, und in Daytona Beach gibt es die Gelegenheit, einen gut zweistündigen Abstecher nach Orlando zu machen. Obwohl die flächige Stadt nicht am Wasser, sondern auf Sumpfland liegt, hat sie sich zur Touristenhochburg der USA entwickelt. Nach der offiziellen Statistik sind 2012 immerhin 57 Mio. Besucher in Orlando

Der Lake Eola Park in Orlando

gewesen, gegenüber „nur" etwa 53 Mio. in New York City. Mit Sicherheit ist man also an den attraktivsten Plätzen dort nicht allein.

Unmengen von kleinen Seen und Teichen beleben zwar die Landschaft, sind aber auch Brutstätten für Moskitos und anderes Ungetier. Die zahlreichen Themen- und Vergnügungsparks haben angeschlossene Hotels; für Kurzurlaube sind jede Menge geeigneter Pakete im Angebot.

Orlando wurde erst 1857 offiziell als Stadt gegründet, diente dann jahrzehntelang als Zitrusfruchtlieferant der USA, konnte sich aber nicht von herben Einbrüchen nach Kältewintern Ende der 1890er-Jahre erholen. Erst die Ansiedlung der Unterhaltungsindustrie, allen voran Walt Disney mit der Eröffnung von „Magic World" 1971, belebte die Rentner- und Schlafstadt wieder. Abseits von den touristischen Vergnügungszentren findet sich aber auch noch ein kleiner Teil des ursprünglichen Orlando: Der Stadtteil Winter Park besticht mit alten Backsteinhäusern, Cafés, die als Lesetreffpunkte dienen, und individuellen Boutiquen.

USA-Lesebuch

Historische Art-Déco-Gebäude in Miami Beach

Beinahe Südamerika: Miami und Miami Beach, Florida

In ca. vier Stunden kann man auf dem Highway 95 nach Miami gelangen. Das hieße allerdings, sich die wunderschöne Küstenroute des alten Highway 1 mit bekannten Badeorten wie Cocoa, Vero und Palm Beach, Boca Raton und Fort Lauderdale entgehen zu lassen. Von dieser Stecke aus bietet sich die Stadt Miami Beach als erstes Ziel an. Sowohl Miami als auch Miami Beach sind von den Exilkubanern und anderen hispanischen Einwanderern geprägt, zwei Drittel der Bewohner kommunizieren bevorzugt auf Spanisch, und so wundert es nicht, dass viele Hinweisschilder entweder zweisprachig oder nur spanisch sind. Schon lange vor der Übersiedlung vieler Kubaner anlässlich der Revolution in den 1950er Jahren, zu Beginn des 20. Jahrhunderts wurden die ersten Hotels gebaut und ein neuer Stadtteil – Coral Gables – angelegt, um Miami Beach zur Riviera Amerikas zu machen, wie es damals ehrgeizige Investoren formulierten. Leider gingen die Pläne nicht auf; erst die Ansiedlung eines Trainingscamps für Soldaten Ende der 1930er-Jahre führte zu einer gewissen Prosperität. Seitdem die Region von so vielen Menschen aus Kuba und Mittelamerika bewohnt wird, haben sich multinationale Gesellschaften und Firmen dort angesiedelt. Von hier aus werden die Geschäfte Richtung Süden getätigt. Little Havanna in Miami lohnt sich wegen der wirklich originalen Gerichte und Drinks, und der Art-déco-Bezirk im Süden von Miami Beach, der ebenfalls in die Liste der nationalen historischen Stätten aufgenommen wurde, ist ein absolutes Muss.

Unmittelbar dort, wo das Häusermeer Miamis aufhört, beginnen die von der UNESCO als Naturerbe ausgewiesenen Everglades. Irgendwie beängstigend, dass sich unweit der Millionenmetropole Alligatoren und Schlangen in den Sümpfen tummeln – und sich manchmal durchaus auch in die Swimmingpools der Vorortvillen verirren. Tatsächlich gehören fast 20 % des Sumpfgebiets südlich des Highway 75 zu dem 1947 als Nationalpark ausgewiesenen Schutzgebiet, das mittlerweile eine Fläche von gut 6.110 km² umfasst. Der Nationalpark, in dem sich der größte Mangrovenwald der westlichen Welt befindet, dient als Refugium für bedrohte Tiere wie den Florida Panther, eine lokale Unterart des Puma (Puma concolor), das Spitzkrokodil (Crocodylus acutus, American Crocodile) und die Florida-Rundschwanzseekuh (Trichechus manatus latirostris, Florida Manatee). Bei einer geplanten Fahrt zur Südspitze der Keys ist es empfehlenswert, mit den Everglades in Homestead zu beginnen und dann die Main Park Road bis zum Ernest Coe Visitor Center an der Whitewater Bay abzufahren. In Homestead befindet sich auch das Besucherzentrum des Biscayne National Park, der die Meeresküste von Key Biscayne bis zum Card Sound umfasst. 95 % des Parks liegen unter Wasser. Für den Kurzbesucher lohnt ein Spaziergang zum Convoy Point direkt am Meer. Von Key Largo, der selbsternannten Taucher-Hauptstadt der Welt mit einer entsprechend gut ausgebauten touristischen Infrastruktur sind noch gut 170 km Fahrt auf dem Highway 1 bis Key West zu absolvieren. Brücken verbinden die Inseln der Keys. In der Hauptsaison von Januar bis April und an den langen Wochenenden kann es auf der Straße zähfließend zugehen.

Mangroven in der Florida Bay innerhalb des Everglades-Nationalparks

Fort Jefferson im Dry Tortugas National Park

Einen Teil seines Ruhms verdankt Key West Ernest Hemingway; sein ehemaliges Wohnhaus kann heute besichtigt werden.

Nochmal gut 100 km weiter westlich liegt der Dry Tortugas National Park, der allerdings nur per Boot, Fähre oder mit einem kleinen Flugzeug zu erreichen ist. Die unvollendete Küstenfestung Fort Jefferson bildet die zentrale Anlage der Schutzzone, die weitere sieben Inseln umfasst. Juan Ponce de León, der bei Christoph Kolumbus zweiter Fahrt über den Atlantik mit von der Partie war, Florida seinen Namen gab und den Jungbrunnen in St. Augustine gefunden zu haben glaubte, verzeichnete die Tortugas 1513 in seinen Karten. Namensgebend waren in diesem Fall wohl die Schildkröten, die den Seeleuten mal eine Abwechslung im Speiseplan boten. Mit dem Bau der riesigen Festung wurde erst 1846 begonnen. Ihre Aufgabe als Verteidigungsposten am Rand des Golf von Mexiko gegenüber von Kuba konnte sie allerdings nie so richtig wahrnehmen; die Fertigstellung verzögerte sich durch den Bürgerkrieg. Die sternförmige Anlage diente als Gefängnis und Quarantänestation, wurde aber schließlich mangels Grundwasservorkommen aufgegeben und hat heute ebenfalls den Rang einer nationalen historischen Stätte. Erst seit 1992 bilden die Dry Tortuga Islands und das Wasser um sie herum einen Nationalpark, wodurch auch die Erhaltung der Festung wieder ins Zentrum des öffentlichen Interesses geriet.

Der tiefe Süden ist anders – entlang der Interstate 10

Erst in den 1950er Jahren wurde das Konzept der Interstates als durchgehende Verbindungen zwischen den wichtigen Metropolen der USA endgültig umgesetzt. Die Interstate 10 gehörte zu den frühen Ausbaustufen und wurde in der Euphorie über das motorisierte Amerika Christopher Columbus Highway genannt. Die Straße durchzieht den Süden der USA von Jacksonville in Florida ausgehend, am Golf von Mexiko entlang durch Louisiana und nicht weit von der mexikanischen Grenze entfernt durch Texas, streift den Süden von New Mexico, verbindet Tucson und Phoenix in Arizona und führt am Joshua Tree National Park vorbei nach Palm Springs, Los Angeles und Santa Monica in Kalifornien; allerdings ändert sich der Name wiederholt in den diversen Bundesstaaten, nur die Bezeichnung I 10 ist durchgehend zu finden.

Auch wenn die Tourismusverantwortlichen es immer wieder in den Vordergrund stellen, in Louisiana wird nicht nur getanzt, gefeiert und gesungen, das beschränkt sich doch eher auf die Wochenenden im French Quarter in New Orleans oder die vielen Festivals im Laufe des Jahres. Aber mit den Klischees lässt sich nun mal gut Werbung machen. Dazu gehört natürlich auch die gut gewürzte Creole- oder Cajun-Küche, die mit diesen Bezeichnungen inzwischen auch an der Ostküste zu finden ist. Auf den Spuren der Geschichte dieses Landes wird im Süden besonders klar, dass die Separation und der Bürgerkrieg sowie

Entlang der Interstate 10 durch den Süden

Symbol des Südens: Kandelaberkaktus

die sogenannte Sklavenbefreiung durchaus noch im Bewusstsein der Bürger vorhanden ist. Als der Prozess gegen George Zimmerman in Florida 2013 wochenlang die Medien und die Menschen beschäftigte, sagte selbst Präsident Barack Obama, dass er die verdächtigenden Blicke von Weißen kenne; unterschiedliche Umgangsweisen mit den Ethnien sind immer noch an der Tagesordnung, auch in Louisiana.

Bibeltreu, stolz darauf, Texaner zu sein, und mit ausgeprägtem Geschäftssinn ausgestattet, haben die Bewohner des Lone Star States die Nase vorn bei der Besetzung konservativer Themen in den USA. Der Unmut gegen staatliche Regulierungen ist hier besonders ausgeprägt, gleichzeitig zeichnen sich Schulbücher durch eine gewisse Wissenschaftsfeindlichkeit aus – Evolution hat nicht stattgefunden – und atheistische Bürger finden keine Jobs. Zwei ehemalige Präsidenten haben ihre Gedenkstätten in Texas: Bush Senior und Junior bleiben dem Staat, in dem sie reich geworden sind, treu. „Texas ist das für die USA, was Bayern für Deutschland ist", schrieb Matthias Kolb in seinem Blog für die Süddeutsche Zeitung.

Der Kandelaberkaktus hat sich zum Symbol des Wilden Westens schlechthin entwickelt. Als Logo findet die stachelige Pflanze mit den armartig ausgestreckten Ästen zumindest auf allen Souvenirs aus Arizona. Das Original steht im Saguaro National Park bei Tucson. Der Grand Canyon State – das wichtigste Touristenziel ist gleich als Staatsmotto definiert – erfreut sich dank des zugkräftigen Nationalparks und des warmen Klimas recht großer Besucherzahlen. Interessierte an indianischer Geschichte und Kultur haben in Arizona bei 22 Stämmen Gelegenheit an Festen, Rodeos oder Powwows teilzunehmen.

Kalifornien mit seinen überwältigenden Nationalparks, den berühmten Städten und den fantastischen Stränden ist seit langen Jahren Tourismusziel Nr 1 in den USA. Um es aber wirklich kennenzulernen und dabei den amerikanischen Gepflogenheiten auf die Spur zu kommen, empfiehlt sich auf jeden Fall ein Besuch eines Disney-Parks, am besten zum Abschluss der Reise des Originals in Anaheim.

New Orleans – zurück zum alten Flair

Die Stadt, die ähnlich wie New York City und San Francisco von Mythen umweht ist, hat es nach der schweren Flutkatastrophe von 2005 erstaunlich schnell geschafft, wieder zum interessantesten Touristen-

Blechbläser beim Mardi Gras in New Orleans

ziel in Louisiana zu werden. Zwar sind die Flutschäden besonders im östlichen Stadtteil Lower Ninth Ward noch nicht vollständig beseitigt und ein Drittel der ursprünglichen Einwohner ist nicht in die Stadt zurückgekehrt, aber das Mardi Gras Festival zum Ende des Karnevals und zahllose andere Festivitäten im Laufe des Jahres bringen wieder große Zahlen von Besuchern an die Küste des Golfs von Mexiko.

New Orleans' wechselvolle Geschichte hatte zuvor keine so schwere Katastrophe wie den Hurrikan „Katrina" zu verzeichnen. Im Jahr 1718 als französische Stadt gegründet, siedelten hier am Mississippi gleichermaßen Franzosen, Spanier, Menschen aus der Karibik und aus den östlichen amerikanischen Kolonien. Obwohl sich New Orleans zu einem besonders wichtigen Umschlagplatz für Sklaven entwickelte, wohnte eine große Anzahl freier Afroamerikaner ebenfalls in der Stadt, die von 1763 bis 1801 zur spanischen Krone gehörte und danach kurzzeitig wieder an Frankreich ging. 1803 kauften die Amerikaner ganz Louisiana, das damals nahezu die gesamte Mitte der heutigen USA umfasste. Die Briten versuchten 1815, die strategisch wichtige Ansiedlung in ihren Besitz zu bringen, was dank des späteren Präsidenten Andrew Jackson aber misslang. Fast unversehrt fiel New Orleans im amerikanischen Bürgerkrieg an die Union, für die unter anderem das 78. Regiment mit ausschließlich farbigen Soldaten kämpfte.

Falscher Held

Der frühere Bürgermeister Ray Nagin, während der Flut als Held gefeiert, wurde im Februar 2014 unter anderem wegen Bestechung und Geldwäsche während des Wiederaufbaus zu 20 Jahren Haft verurteilt.

Das French Quarter in New Orleans

Andere Städte wie Houston und Atlanta wuchsen nach dem Bürgerkrieg, New Orleans verlor viele Bewohner an den stärker industrialisierten Norden. Auch die beginnenden Konflikte zwischen Weißen und Farbigen trugen das Ihre dazu bei, dass die Stadt auf den Marschen zunächst nicht weiter prosperierte. Eindeichung hieß für viele Investoren das Zauberwort, damit sich Industrie und Gewerbe auch außerhalb der bis dahin engen Stadtgrenzen ansiedeln konnte. Schon 1965 zeigte ein Hurrikan Grenzen auf, aber erst 1995 versagte das Pumpsystem nach tagelangen Niederschlägen. Zehn Jahre Verbesserungsbemühungen haben offenbar nicht ausgereicht: Durch Deichbrüche wurden 2005 immerhin fast 80 % des Stadtgebiets bis zu 7,6 Meter unter Wasser gesetzt. Das berühmte French Quarter und andere ältere Stadtteile befinden sich auf höherem Niveau und hatten deshalb weniger schwere Schäden zu verzeichnen.

Nicht nur das French Quarter hat seine frankophile Kultur bewahrt. Auch die Nachkommen von Sklaven und Freien aus Haiti und anderen karibischen Inseln, farbige Menschen gemischter französischer und afrikanischer Herkunft, haben ihre auf dem Französischen basierende Kreolsprache bewahrt und sich lange gegen die Anglisierung gewehrt. Das besondere Flair von New Orleans liegt unter anderem in diesem Nebeneinander vieler verschiedener kultureller Einflüsse, das sich vor allem in der Musik und in den Menus ausdrückt. Schon lange ist die Stadt bekannt für ihre vielseitige Küche. Heute schwören die jungen Köche auf Gemüse, Fleisch und Fisch direkt vom Erzeuger, einige Restaurants lassen ihr eigenes Gemüse in Gemeinschaftsgärten vor den Toren der Stadt anbauen und halten sogar ihr eigenes Schlachtvieh. Als Creole bezeichnete Speisen finden sich inzwischen nicht nur im Süden, auch an der Ostküste haben scharfe Okras, Cayennepfeffer und Gumbo ihre Liebhaber gefunden. Der Dixieland wurde hier geboren und 1917 die erste Schallplatte mit dieser Musik produziert. Und nur in dieser Stadt findet sich ein Historical National Park für Jazz.

Die Altstadt, wo sich noch Häuser aus der Gründungszeit befinden, erstrahlt wieder im alten Glanz. Sie ist einerseits Touristenfalle, andererseits bietet sie für Amerika untypische Architektur: weiße und pastellfarbene zweistöckige Häuser mit Innenhöfen und geschmiedeten Balkonen, von denen Partygäste einem – besonders abends – bunte Plastikketten zuwerfen. Die Bourbon Street geht mitten hindurch. Schon tagsüber weht die Musik aus den Clubs auf die Straße und umgekehrt von den Straßenmusikern in die Bars und Cafés. Nach „Katrina" ist die Jazz- und Feierszene in die Frenchmen Street an den östlichen Rand der Altstadt umgezogen. Die meisten Clubs findet man in der Nähe des lauschigen Washington Square Park. In der Magazine Street sind viele neue Mode- und Antiquitäten-Läden entstanden.

Die kreolische Küche nimmt die feineren Einflüsse der europäischen – vor allem der französischen – Küche auf

Der Mississippi River ist in seinem Mündungsgebiet eingedeicht, bis zum Delta National Wildlife Refuge führt eine Straße. Die über weite Strecken von Wasseradern und Flüsschen durchzogene Küste im Süden von New Orleans ist in zahlreiche Schutzgebiete aufgeteilt worden, die als Refugien für alle Arten von Wasservögeln und Meeresgetier dienen. Die meisten sind nur per Boot zu erreichen.

Um ins benachbarte Baton Rouge zu fahren, lohnt sich ein kleiner Umweg: Die zweigeteilte Brücke über den Lake Pontchartrain ist mit 38 km Fahrbahnlänge eine der längsten der Welt und die Zweitlängste, die über Wasser führt. Nach Norden ist die Benutzung kostenlos, nur nach Süden kostet sie eine Gebühr. Anhalten ist leider nicht erlaubt.

Baton Rouge, Hauptstadt von Louisiana

Eine Reiseempfehlung der New York Times vom Februar 2014 brachte es auf den Punkt: In die zweitgrößte Stadt von Louisiana fährt man wegen des Essens. Es sind nicht die edlen und teuren Feinschmecker-

USA-Lesebuch

Das 1932 im Art-Déco-Stil fertiggestellte Louisiana State Capitol in Baton Rouge

restaurants, die hier im Mittelpunkt stehen, sondern eine traditionelle und bodenständige Küche. Auch Baton Rouge wurde von Franzosen gegründet und pflegt bis heute seine kulturellen Wurzeln. Dazu gekommen sind Spanier und Einwohner der Karibik. Belebt wird die Stadt durch ca. 30.000 Studierende an der staatlichen Universität. Nach dem Hurrikan haben sich viele Flüchtlinge aus New Orleans hier angesiedelt. Natürlich sind Besichtigungen des ehemaligen und des heutigen Parlamentsgebäudes angeraten, besonders das neue Kapitol mit seinem Art-déco-Hochhausturm, der im 27. Stock ein Aussichtsdeck zu bieten hat, von dem man seinen Blick über den Mississippi und die Innenstadt mit Spanish Town schweifen lassen kann.

Eine besonders sehenswerte ehemalige Zuckerrohrplantage liegt etwa eine halbe Stunde Autofahrt entfernt südlich am Mississippi: Die imposante Nottoway Plantation aus dem Jahr 1859 ist heute ein Hotel, kann aber auch ohne Zimmerbuchung besichtigt werden.

Cowboys und NASA Mission Control Center, Houston, Texas

Im März kann es in der größten texanischen Stadt mit 20° C schon angenehm warm sein, sodass das fast dreiwöchige Rodeo nicht unter geschlossenen Stadiondächern stattfinden muss. Dieses Spektakel im Reliant Park umfasst nicht nur alle klassischen Rodeo-Bestandteile wie zum Beispiel „Wildpferd"-Reiten ohne Sattel (bareback bronc riding) oder Kälberfangen im Team (team roping), sondern auch Pferdeschauen, Verkauf von Tieren und Konzerte bekannter Countrymusic-Stars und zieht Tausende von Besuchern an.

Nicht nur die Restaurants oder Shops für typische Cowboy- und Cowgirl-Bekleidung machen in diesen Märztagen gute Geschäfte, auch das National Museum of Funeral History versucht, den vielen Besuchern eine interessante Show zu bieten. Menschen mit einer tiefen Verbundenheit zum Leben im „Wilden Westen" oder mit besonderem Stolz auf die „typischen" Eigenheiten der Cowboys auf den großen Ranchen haben schon immer Möglichkeiten gefunden, diese auch bei einer Beerdigung zum Ausdruck zu bringen: Mit Hut und Stiefeln im aus den Western-Filmen bekannten Kiefernsarg ist nur eine der vielen Varianten an Verabschiedungsritualen einer heterogenen Nation. Jedenfalls ist das Museum eines der ungewöhnlicheren Ziele in der

Alpen-Musik und Dirndl

Nicht gleich zum Abschluss des Rodeos, aber bald danach Ende März ziehen die Nachkommen deutscher Immigranten ihre Lederhosen und Dirndl an und feiern zwei Tage lang in Tomball ihr kulturelles Erbe. Natürlich stammen nicht alle Deutschen aus Bayern, aber mit den „typischen" Insignien der Tracht, zudem Bier und Alpenmusik lässt sich Deutschtum offenbar gut an die Leute bringen.

Im Kontrollzentrum der NASA in Houston, Texas, zum Abschluss der Apollo 11-Mission am 24. Juli 1969

Millionenstadt am Golf von Mexiko. Ein weiteres stellt das sogenannte Beer Can House von John Milkovisch im Westen von Houston dar. Kein rein künstlerischer Impuls trieb den Polsterer in den Jahren nach seiner Pensionierung bis zu seinem Tod 1988 bei der Ausstaffierung seines Hauses, sondern auch ganz praktische Erwägungen wie die Verwendung von Aluminium als Schutzhülle um seinen Bungalow. Da er sowohl die Bleche seiner Bierdosen als auch die Deckel und die Aufreißlaschen gesammelt hat, sind verschiedenste Dekorformen, Skulpturen und sogar Windspiele entstanden. Das Haus singt im Wind; immerhin ca. 50.000 Dosen wurden verarbeitet, die John, seine Frau und Nachbarn gemeinsam getrunken haben (zu besichtigen nur an Wochenenden). Das Haus gehört heute dem Orange Show Center for Visionary Art. Diese Organisation stellt seit einigen Jahren auch die größte Parade schräger Autos und sonstiger fahrbarer Untersätze auf die Beine: Jeweils Anfang Mai steht ein Wochenende ganz im Zeichen fantasievoller Kreationen rund um Autos, Rasenmäher und Gokarts. Wer die Parade verpasst, kann im Art Car Museum einige Beispiele und jede Menge Fotos finden, die die grenzenlose Fantasie der Fahrzeugbauer veranschaulichen. Entschieden ruhiger und kontemplativer geht es in der Rothko Chapel zu, einem Ort der Meditation mit Bildern des abstrakten Malers Mark Rothko.

Jeder hat wohl irgendwann mal die Raumfahrtprogramme der NASA verfolgt oder zumindest Filme über Weltraummissionen gesehen, und immer spielte das „Mission Control Center" in Houston eine wichtige Rolle. Im Johnson Space Center im Südosten von Houston bieten im Besucherzentrum Nachbauten des Space Shuttle, des Apollo-17-Kommando-Decks oder der Gemini-5-Kapsel anschaulichen Weltraum-Unterricht. Vom Areal des Space Center ist es auch nicht mehr weit bis nach Galveston Island, um wenigstens einen Strandspaziergang mit frischer Luft am Golf zu absolvieren.

Einen Blick in die Vergangenheit zu den frühen Siedlern bekommt man dann auf dem Weg Richtung San Antonio. Bei Richmond liegt der George Ranch Historical Park, eine ehemalige Viehranch von 1820, die inzwischen sowohl als lebendiges Museum als auch nach wie vor ihrem ursprünglichen Zweck dient. Manchem mag das kitschig erscheinen, aber Menschen in originalgetreuen Kleidungsstücken, die Wäsche waschen, Kühe brandmarken oder Kälber einfangen, können historische Dimensionen manchmal doch intensiver vermitteln als Schautafeln oder arrangierte Szenen hinter Glas.

Nach San Antonio, Texas – spanisches Erbe und texanische Helden

Bekanntermaßen ist Texas vorwiegend flach, besonders auf dem Stück zwischen Houston und der nächsten größeren Stadt, San Antonio. Ranch-Land und Baumwollfelder wechseln sich hier noch ab, da das Klima eher feucht-schwül ist. Ein kühles Bier im „Shiner" (etwas abseits vom Highway 10 südlich) mag gegen die Hitze helfen; die von einem Bayern gegründete Brauerei ist eine der bekanntesten von Texas.

Generell ist die Gegend um San Antonio und Austin die „deutsche Ecke" von Texas. Hier findet man eine große Anzahl von Ortschaften mit Namen deutschen Ursprungs wie Fredricksburg, New Braunfels, Bergheim und Boerne; dort werden Feste nach deutschen Traditionen gefeiert und manche Nachkommen der Auswanderer von vor mehr als 150 Jahren unterhalten sich noch immer in den damals gesprochenen Dialekten.

San Antonio, immerhin die drittgrößte Stadt von Texas mit fast 2 Millionen Einwohnern, ist eine moderne und wohlhabende Stadt, die stolz auf ihre spanisch-europäische Vergangenheit ist. In den Fiestas, insbesondere der wichtigsten, 10-tägigen Mitte April, in der Architektur und natürlich auch im Lebensstil machen sich die Einflüsse bemerkbar. Keine andere Stadt spiegelt die spanisch-mexikanische Geschichte deutlicher wider als San Antonio. Das sichtbare Zeichen ist der Alamo. Das Gebäude wirkt auf den ersten Blick unscheinbar, aber seine symbolische Bedeutung als Ort des Widerstands der Texaner gegen eine Besatzungsmacht ist riesig. Der Alamo ist ein Denkmal der Tapferkeit und des Patriotismus der Texaner. Die Spanier errichteten ihn 1744 als Missionsstation, aber die Mission San Antonio de Valero wurde von der Kirche 1793 aufgegeben. Danach besetzte die mexikanische Armee das Haus

San Antonio, River Walk

und hielt es bis zur Texas Revolution 1835: In dem Unabhängigkeitskrieg befreite sich Texas von der mexikanischen Regierung und wurde vorübergehend selbständig. Nach einer Niederlage der Mexikaner in einer wochenlangen Schlacht gaben diese den Alamo frei, in den daraufhin eine kleine Gruppe texanischer Soldaten Einzug hielt. Nur wenige Wochen später kamen die Mexikaner unter der Führung von General Santa Anna zurück und begannen, den Alamo zu belagern. 13 Tage lang hielten die texanischen Soldaten der Belagerung stand, dann stürmten die zahlenmäßig und technisch weit überlegenen Mexikaner das Gebäude und töteten beinahe alle Insassen, erlitten dabei aber auch selbst schwere Verluste. Die tapferen Verteidiger wurden in Texas zu Volkshelden. Bei San Jacinto, auf dem Gelände des heutigen Battleground State Historical Park in Houston, rächten sich die Texaner schon bald für das Massaker, und mit dieser kürzesten aller Schlachten war der Weg zur Gründung der Republik Texas frei. Seit 1891 feiert die Stadt diesen Erfolg mit der großen Fiesta in der zweiten Aprilhälfte, zu der jedes Jahr mehr als 3 Millionen Gäste kommen.

Der River Walk entlang der Kanäle San Antonios mit zahlreichen Geschäften, unzähligen Restaurants und Bars ist weit über die Grenzen von Texas hinaus berühmt. Der Unterhaltungskomplex „Heart of Texas" auf der anderen Straßenseite ist der Geschichte, den Legenden

USA-Lesebuch

San Antonio: das Karl-Wilhelm-Groos-Haus im historischen Stadtteil King William

und dem Lebensstil des Staates Texas gewidmet. Sogar Papst Johannes Paul II. zählte zu den Besuchern der Kathedrale San Fernando. Sie ist eine der ältesten Kirchen der USA, erbaut zwischen 1731 und 1750. Als Sitz des Erzbischofs hat sie Erweiterungen und Verschönerungen erfahren. Bemerkenswert sind die bunten Glasfenster im inzwischen gotisch gewandelten Gebäude und die Särge der Helden von Alamo wie Davey Crockett, Bill Travis und Jim Bowie. Weiter auf den Spuren der mehr als 300 Jahre langen spanischen Geschichte lässt sich im San Antonio Missions National Historical Park wandeln. Zwischen 1718 und 1731 wurden sechs spanische Missionsstationen entlang des San Antonio River errichtet. Bis auf den Alamo dienen die Stationen heute als römisch-katholische Kirchen und werden von der örtlichen katholischen Erzdiözese, dem National Park Service und dem Staat Texas verwaltet. Etwas jünger ist der King William Historic District. Im späten 19. Jahrhundert gründeten deutsche Siedler diesen 25 Straßenblocks umfassenden Stadtteil, einer der elegantesten zu seiner Zeit. Zahlreiche Gebäude wurden inzwischen restauriert, die schönsten finden sich in der King William Street.

Noch bis 1996 war der Aussichtsturm im Hemisfair Park der höchste des Landes, dann wurde er vom Stratosphere Tower in Las Vegas überragt. Der 1968 anlässlich einer Weltausstellung zu San Antonios 250-Jahr-Feier errichtete Turm ist insgesamt 228,6 Meter hoch. Die Aussichtsplattform mit Restaurant liegt auf 176 Metern Höhe; gute Ausblicke sind von dort aus garantiert. Das hügelige Land westlich von San Antonio ist ideal für Wanderungen; teilweise erinnert diese Gegend etwas an den Mittelmeerraum. Mittlerweile gibt es im Hill Country sogar Oliven- und Weinplantagen.

Abstecher zum Big Bend National Park an der mexikanischen Grenze

Schier endlos grau durch eine weitgehend aride, leicht wellige Landschaft zieht sich der Highway 10 durch Texas nach El Paso. Um zum Big Bend National Park südlich von Fort Stockton zu gelangen, kann man von San Antonio aus auch den Highway 90 nehmen, der die Fahrt zumindest einige Kilometer kürzer, wegen der vielen Kurven allerdings auch langsamer macht. Öde Wüsten, dichte Wälder, hohe Berge und die tiefen Cañons des Rio Grande bilden eine eindrucks-

Der Rio Grande im Big Bend National Park

volle Landschaft, die seit 1944 unter Schutz steht. Neben vier Caravan-Campingplätzen gibt es auch ein Hotel im Chisos Basin direkt im Nationalpark und ein weiteres am Rand des Parks. In diesem doch recht abseits gelegenen Nationalpark tummeln sich weitaus weniger Besucher als in manchen anderen; nur knapp 300.000 waren es 2013. Dies liegt nicht daran, dass die Region weniger abwechslungsreich oder weniger gut erschlossen ist, sondern schlicht daran, dass sie abseits der üblichen Pfade liegt.

El Paso, Texas – Grenz- und Militärstadt

Geografisch gesehen liegt El Paso in der westlichsten Ecke von Texas und damit an der Grenze zu Mexiko, in der Wüste von Chihuahua, einem der größten Wüstengebiete der Welt am Rand der dramatisch aufragenden Franklin Mountains. Die viertgrößte Stadt in Texas ist durch fünf Brücken an unterschiedlichen Stellen mit Mexiko verbunden. Die Einwanderungspolitik der USA macht diese Übergänge zu den am schärfsten bewachten Grenzen. Militär ist allgegenwärtig, Fort Bliss in El Paso Norte ist eine der größten Ausbildungsstätten der Armee in den USA. Das Fort wurde als Außenposten der US-Armee ge-

Nicht sehr spektakulär: El Paso sieht aus, wie viele andere amerikanische Großstädte im Westen

gen Apachen und Mexikaner schon 1848 erbaut. Im Lauf der Jahre ist das Fort mehr und mehr gewachsen und nimmt heute einen Großteil des Stadtgebiets von El Paso ein. Stationiert sind auf dem riesigen Gelände Verbände der Armee und der Air Force. Auch deutsche Soldaten absolvieren hier ihre Ausbildung im Tiefflug, Luftkampf und Bombenabwurf. Das historische Fort Bliss, das sich im Zentrum des Stützpunktes befindet, wurde restauriert und kann nach wie vor besichtigt werden. Über eine Anmeldung am Haupteingang erhält man einen Tageszugangspass, mit dem der Stützpunkt befahren werden darf. Zu sehen sind die alten Holzbaracken mit den winzigen Kammern, in denen die Soldaten in der Anfangszeit lebten. Spezielle Grenzkontrolltruppen sind ebenfalls in der Doppelstadt angesiedelt und bewachen die Absperrungen und Zäune zum Nachbarland. El Paso hat ein großes Angebot an kulturellen und sportlichen Freizeitmöglichkeiten wie Symphoniekonzerte, Theater, Museen, Bibliotheken, Pferde- und Hunderennen. Ein ungewöhnliches Gebäude für diese Region findet sich auf dem Campus der Universität: Ein Ihakhang aus Bhutan beherbergt das Kulturzentrum der Ausbildungsstätte. Dieses Haus war ein Geschenk an die Vereinigten Staaten, wurde zunächst 2008 in Washington D.C. aufgebaut und anschließend auf ausdrücklichen Wunsch der Regierung von Bhutan an einen Standort der Universität von Texas gebracht.

Einige Kirchen aus den Anfangszeiten der um 1875 gegründeten Stadt sind zu besichtigen, aber weitaus anregender ist der Überblick über die Region von der 1.700 Meter hoch liegenden Gondelstation im Franklin Mountains State Park.

Endlose Weiten auf dem Weg nach Tucson, Arizona

Ein einsamer Strauch oder kleiner Baum an der Straße wird plötzlich zu einem Highlight fürs Auge und willkommene Unterbrechung in der platten Landschaft mit einem nahezu gigantisch wirkenden Himmel darüber. Die Interstate 10 durchquert Texas und New Mexico Richtung Arizona als glattes graues Band. Vereinzelte Tankstellen sollten genutzt werden, nicht nur zum Tanken, sondern auch zum Reden und Bewegen.

Die Beinahe-Millionenstadt Tucson am Santa Cruz River in der

Aerospace Maintenance and Regeneration Center in der weiten Ebene bei Tuscon: eingemottete Militärflugzeuge

Sonora-Wüste gehört erst seit 1854 zu den USA. Spanien und Mexiko prägen die Ansiedlung zuvor mehr als 150 Jahre lang. Die seit Jahrtausenden dort lebenden Indianer wurden von Krankheiten und der weißen Übermacht dezimiert und zurückgedrängt; ihr Anteil an der heutigen Bevölkerung macht gerade noch knapp 3 % aus. Zum Schutz vor den ständigen Überfällen umherstreifender Apachen-Gruppen errichteten die ersten spanischen Siedler 1775 ein großes Fort (Presidio), das mit vier Meter hohen Mauern umgeben war. Es erhielt den offiziellen Namen Presidio San Agustín del Tucsón und den inoffiziellen Spitznamen „Old Pueblo", eine Bezeichnung, die von den Einwohnern Tucsons auch heute noch liebevoll für ihre Stadt benutzt wird. Ein ausgewiesener Fußweg führt vom Besucherzentrum in der Innenstadt zum Presidio. Broschüren erklären die historischen Gebäude an diesem Pfad. Silberfunde und der Abbau von Halbedelsteinen und Mineralien um Tucson brachten wirtschaftlichen Aufschwung in die Grenzstadt, allerdings war sie auch heftig umkämpft in den sogenannten Apachen-Kriegen, die sich bis 1918 hinzogen.

Bereits seit 1939 dient die künstliche Wildweststadt Old Tucson inmitten einer spektakulären landschaftlichen Umgebung als Filmkulisse für Kinofilme und TV-Serien. Mit seinen verwitterten Gebäuden aus Lehmziegeln (Adobe), der Plaza mit der Missionskirche, den

Pseudo-Westernromantik im Zentrum von Scottsdale, einer der Städte, die zum Großraum Phoenix gehören

Frontier Saloons und den Brettersteigen entlang den staubigen Straßen erinnert der Ort an die Anfänge von Tucson als amerikanischer Vorposten im Grenzland. Hier entstanden so bekannte Western wie „Rio Lobo", „The High Chaparral" und „Three Amigos" und die TV-Serie „Bonanza". Neben den vielen rekonstruierten Gebäuden, in denen meist Saloons, Restaurants oder Souvenirshops untergebracht sind, kann man auf dem Gelände auch einen Wildwestfriedhof und eine alte Dampflok aus dem Jahr 1872 bewundern. Das umfangreiche Veranstaltungsprogramm reicht von actionreichen Filmstunts bis zur originalgetreuen Can-Can-Show.

Die einzigartige, umgangssprachlich Saguaro genannte Kakteenart Carnegiea gigantea kann bis zu 16 Meter hoch und ca. 200 Jahre alt werden. Um diese Region mit ihren regelrechten Kakteen-Wäldern zu schützen, sind seit 1994 zwei Teile der Sonora-Wüste im Osten und im Westen von Tucson als Nationalpark ausgewiesen. Der Westteil ist zwar kleiner als der im Osten, aber mehr Besucher wollen die riesigen Ansammlungen der überdimensionalen, kandelaberartigen Kakteen sehen. In manchen nisten sogar die dort heimischen Wüstenbussarde (Harris's Hawk, Parabuteo unicinctus).

Phoenix, Winterquartier für sonnenhungrige Senioren, Hauptstadt von Arizona

Schon Frank Lloyd Wright, der Star-Architekt aus Chicago, wusste die Wärme und das Wüstenklima von Arizona zu schätzen und errichtete 1937 sein Winterdomizil Taliesin West in Scottsdale im Nordwesten von Phoenix. Inzwischen folgen viele Amerikaner und Kanadier seinem Beispiel und ziehen in den kalten Wintermonaten nach Süden. Viele der „snowbirds" genannten Senioren kommen in ihren Campern und bilden quasi eigene „Orte" aus Wohnmobilen. Von Januar bis Mai ist es mit durchschnittlich 18 bis 25 °C angenehm war. Zum Teil mehr als 45 °C in den Sommermonaten dagegen können anstrengend sein, zumal die trockene Luft und die Phoenix umgebenden Dowell Moutains für ein herausforderndes Mikroklima sorgen.

Das heutige Stadtgebiet von Phoenix ist uraltes Siedlungsterritorium der Hohokam-Indianer. Die Ureinwohner legten vor rund 2.500 Jahren ein Bewässerungssystem an, das noch heute intakt ist und genutzt wird. Die Kanäle sind von einem breiten Uferstreifen gesäumt, der von Spaziergängern, Radfahrer und Joggern ausgiebig genutzt wird. Die Spuren dieses Volkes, das bald nach dem Auftauchen der weißen Siedler verschwand, können im Pueblo Grande Museum & Cultural Park anhand der prähistorischen Ausgrabungsstätten nachverfolgt werden.

Das moderne Phoenix besteht aus mehreren Stadtteilen und Vororten mit durchaus eigenem Charakter. Insgesamt mehr als 4.3 Mio. Menschen leben in der Region, die Hauptstadt selbst hat 1.5 Mio. Einwohner und ist damit die sechstgrößte Stadt der USA. Downtown mit den Hochhäusern ist leicht zu finden, aber für Besichtigungen und abendliches Ausgehen empfiehlt sich der ältere Teil von Scottsdale.

Schon von Phoenix aus werden Touren zum Grand Canyon National Park angeboten, der südliche Zugang nördlich von Flagstaff ist allerdings mindestens vier Stunden Fahrzeit entfernt.

> **Aktives Phoenix**
>
> Von den ca. 37 Mio. Touristen, die Arizona jedes Jahr besuchen, finden etwa 16 Mio. den Weg nach Phoenix. Neben den wichtigen Baseballspielen (NHL) sind 200 Golfplätze attraktive Ziele für Gäste. Dragsterrennen (*drag racing*) erfreuen sich ebenso großer Beliebtheit wie Drag-Boat-Rennen auf dem Salt River. Westernrodeos und das spektakuläre „Thunderbird"-Heißluftballonfest sind weitere Highlights im jährlichen Veranstaltungskalender.

Joshua Tree National Park – Felsenlandschaft und bizarre Yucca-Bäume

Die Einfahrt am Südende des Nationalparks mag zunächst nicht spektakulär sein, denn die Felsformationen und die meisten ausgewiesenen Wanderwege befinden sich im nordwestlichen Teil des knapp

Joshua Tree National Park: Hidden Valley Campground

3.200 km² großen Schutzgebiets. Aber das Cottonwood Visitor Center wartet mit einem kurzen Weg zu einer Palmenoase auf, und auf der anschließenden Fahrt durch das Pinto Basin am Fuß der Hexie Mountains werden die Unterschiede zwischen der niedriger liegenden Colorado-Wüste und dem Hochland der Mojave-Wüste deutlich. Den Namen Joshua Trees – nach Moses Nachfolger Josua – sollen die Yucca-Gewächse von den Mormonen bekommen haben, da die emporgereckten Zweige sie an einen Betenden erinnerten.

Die sandsteinfarbenen Granitfelsen mit Löchern und Rissen dürfen zum Klettern genutzt werden, und so hat sich der Park zur Hochburg der Kletterer aus aller Welt entwickelt. Natürlich nur im Winter, im Sommer steigt das Thermometer gern mal bis auf 45 °C. Besonders im Hidden Valley finden sich ungewöhnliche Anhäufungen der Felsen. Berühmt ist der wie ein Totenkopf geformte Skull Rock. Dort sind an Wochenenden alle Steine besetzt. Verpassen sollte man keinesfalls den Aussichtspunkt Keys View, der ein paar Meilen abseits vom Hauptweg auf 1.576 Metern Höhe liegt und bei klarer Sicht eine tolle Aussicht auf die Täler und Berge der Wüstenlandschaft bietet. Im Nationalpark gibt es keine Hotels, nur einfache Campingplätze. Übernachtungsmöglichkeiten in größerer Zahl sind am Highway 62 im Norden zu finden.

Winter-Refugium Palm Springs, Kalifornien

Am nordwestlichen Ende des Coachella Valley gelegen, war die Stadt wegen ihres trockenen und warmen Klimas früher ein Ziel für betuchte Lungenkranke und entwickelte sich später zum beliebten Winter-Refugium für Hollywoodstars. Auf dem Palm Springs Walk of Stars lassen sich die Marmorsterne mit den Namen von 300 Berühmtheiten bewundern. Das Palm Springs International Film Festival, das zweitgrößte der USA, sorgt im Januar für aktuellen Starbetrieb. Ganzjährig spannend ist die Fahrt mit der Palm Springs Aerial Tramway. Diese Seilbahn auf die Bergstation des Mt. Jacinto ist einzigartig: Sie dreht sich während der 15-minütigen Fahrt zweimal um 360 Grad, sodass man einen fantastischen Rundumblick ins Coachella Valley hat.

„Forever Marilyn" heißt diese Statue in Palm Springs. Sie ist eine Hommage an eine Szene in dem Film „The seven year itch" von Billy Wilder

Zum Abschluss: amerikanische Vergnügungskultur – Disneyland in Anaheim, Kalifornien

Als Walt Disney 1955 seinen ersten Disneyland-Vergnügungspark eröffnete, tat er dies sicherlich in der Hoffnung, dass diese Vergnügungsstätte eines Tages mehr Besucher anziehen würde als der damals wie heute beliebte Yosemite National Park. Es hat sich bewahrheitet: Disneyland Park und Disney's California Adventure Park hatten 2010 mehr als 16 Mio. Besucher. Es lohnt sich auf jeden Fall, den Aufenthalt sorgfältig zu planen und eventuell auf zwei oder drei Tage zu strecken, um die verschiedenen Themenbereiche der Parks auch wirklich erleben zu können.

Mehr zu Los Angeles und Santa Monica im Kapitel „Route 66" und im Kapitel „Highway 1 entlang der Pazifikküste".

Business, Blues und Bürgerrechte – Rundreise durch den Südosten

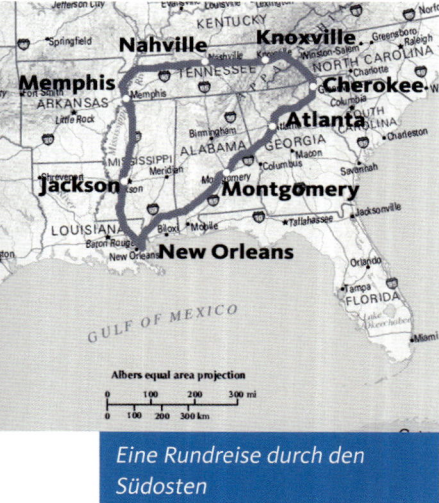

Eine Rundreise durch den Südosten

Das Bewusstsein für die Geschichte des Landes ist auch in den USA stetig gewachsen. Seit es das National Register of Historic Places gibt, hat diese Organisation schon über 50.000 besondere Orte, Plätze und Gebäude ausgewiesen, die als historisch bedeutsam gelten. Auch der National Park Service verwaltet mehr als 2.000 Sehenswürdigkeiten, die dazu beitragen sollen, das Wissen über Ereignisse, Menschen und Entscheidungen aus der Vergangenheit aufrecht zu erhalten. Die Rundreise im Südosten der USA berührt die Bundesstaaten Georgia, North Carolina, Tennessee, Mississippi, Louisiana und Alabama und führt damit durch Gebiet der ehemaligen Konföderation. Geschichte ist hier sehr lebendig. In diesem Teil der USA wird sie oftmals unterteilt in die Phase vor dem Sezessionskrieg und die Zeit danach. Im Stone Mountain Park bei Atlanta beispielsweise befindet sich die Memorial Hall mit dem Stone Mountain Museum. Auf einem Pfad preisen Erläuterungstafeln den ruhmreichen Kampf der Konföderation um den Erhalt des alten Südens. Das größte aus dem Felsen gemeißelte Relief der Welt zeigt die Helden dieses Krieges: Präsident Jefferson Davis und die Generäle Robert E. Lee und Thomas J. Jackson. Stone Mountain gilt als die Sehenswürdigkeit Nr. 1 von Georgia. Der gigantische Monolith verdankt seine Entstehung einem unterirdischen Vulkanausbruch vor mehr als 120 Millionen Jahren. Seitdem ist die Erde abgetragen und der abgerundete Felsen liegt allein auf einer relativ ebenen Fläche, die inzwischen in einen recht großzügigen Vergnügungspark verwandelt worden ist, natürlich mit Seilbahn auf den 250 Meter hohen Gipfel. 1915 soll der Felsen der erste Versammlungsort des wieder ins Leben gerufenen Klu-Klux-Klans gewesen sein.

Die Anwesen der ehemaligen Sklavenhalter gelten unter dem Begriff *antebellum mansions* als Denkmäler der Vorkriegsarchitektur und Teil der Attraktionen des Südens und dienen dazu, die ehemalige Lebensart in ein gutes Licht zu rücken. Auf Harriet Beecher Stowe ist man hier in der Regel nicht gut zu sprechen. Ihr Roman „Onkel Toms Hütte" soll der Legende nach auch von Abraham Lincoln wahrgenommen worden sein. Der große Erfolg ihres Buchs und die dadurch bedingte öffentliche Diskussion ebneten dem Kampf gegen die Sklaverei den Weg. Heute wird es allerdings von Afroamerikanern wegen

Baumwollernte in Georgia

der eher stereotypen Darstellung schwarzer Charaktere auch kritsch gesehen.

Verbunden mit den Schicksalen der Sklaven auf den großen Baumwollplantagen ist die Musik, die bei der schweren Arbeit gesungen wurde. Die einfachen Lieder beeinflussten die Spirituals und später den Blues. Der Blues Trail entlang des Mississippi versucht die Tradition des Delta-Blues nachzuzeichnen, seine Einflüsse auf Jazz und Rock'n'Roll aufzuzeigen, und wie noch heute das Lebensgefühl der überwiegend schwarzen Bevölkerung im armen Bundesstaat Mississippi durch Blues zum Ausdruck gebracht wird.

Die Gleichheit der Rassen sollte hergestellt werden durch die Bürgerrechtsbewegung der 1960er Jahre. Martin Luther King jr., Jesse Jackson und andere Bürgerrechtler sind weit über die Grenzen ihrer Heimat bekannt geworden und haben viele Veränderungen hinsichtlich der rechtlichen Gleichstellung durchsetzen können. Aber Gleichheit vor dem Gesetz bedeutet nicht automatisch, auch in einer Gesellschaft als gleichrangig wahrgenommen zu werden. Die Museen und Gedenkstätten des Civil Rights Movement in Atlanta, Birmingham und Montgomery gelten als wichtige touristische Attraktionen, aber das alltägliche Mit- bzw. Nebeneinander muss man als Reisender selbst erleben.

„Bright Atlanta"

Atlanta, quirlige Hauptstadt von Georgia

Plantagen und altehrwürdige Bürgerhäuser wie im Tränendrüsendrama „Vom Winde verweht" beschrieben sucht man in Georgias Hauptstadt vergebens. Atlanta hat sich zum modernen Geschäftszentrum entwickelt, die Zentralen wichtiger börsennotierter Firmen wie Coca Cola, Delta Airlines, Turner Broadcasting System (CNN) und viele mehr sind hier zu finden, und der Flughafen zählt zu den größten und am stärksten frequentierten der Welt (es gibt übrigens Direktflüge nach Frankfurt).

Als Margaret Mitchell den Südstaatenklassiker 1936 veröffentlichte und 1937 dafür den Pulitzer-Preis erhielt, hatte sich die Stadt schon lange von der Zerstörung im Bürgerkrieg erholt. Der Knotenpunkt dreier Eisenbahnlinien war wieder zum Leben erwacht wie der Phönix aus der Asche. Nachdem Atlanta 1868 zur Hauptstadt von Georgia geworden war, hatte die Stadt sich zu einem Umschlagplatz von Gütern, insbesondere Baumwolle entwickelt. Mit zunehmender Prosperität und wachsender Bevölkerung traten die Unterschiede zwischen weißen und farbigen Amerikanern immer deutlicher zutage. Nicht nur die räumliche Segregation in den Stadtteilen, sondern die Benachteiligung der Afroamerikaner bei der Ausbildung und damit bei den

Arbeitsmöglichkeiten, geringere Einkommen und Behinderungen bei der Wahrnehmung des 1869 gewährten Wahlrechts waren auch in Atlanta ein Thema. Außerdem wurde die Infrastruktur, wie z. B. Wasserversorgung und Straßen in den „schwarzen" Vierteln vernachlässigt auch in Auburn, wo Martin Luther King jr. 1929 in eine Familie von Baptistenpastoren geboren wurde (siehe Kapitel 3).

Atlanta war Jahrzehnte lang die Zentrale des rassistischen Geheimbundes Ku-Klux-Clan. Zur Zeit der Sommer-Olympiade 1996 spielte dieser Bund allerdings keine Rolle mehr in der Metropole: Die Wahlen zweier farbiger Bürgermeister, Maynard Jackson (1974-82) und Andrew Young (1982-90), waren wohl ein deutliches Zeichen für den Sinneswandel in der Stadt. Atlanta erwarb sich sogar Bekanntheit als „schwarzes Mekka". Heute stellen die Afroamerikaner mit 54 % in der Stadt die größte Bevölkerungsgruppe dar, in der Metropolregion liegt ihr Anteil bei 32 %. Die am stärksten wachsende Bevölkerungsgruppe sind auch hier übrigens die Latinos oder Hispanics: Mehr als 10 % macht ihr Anteil inzwischen aus.

Atlanta ist Coca-Cola-Stadt: Brausewerbung in vielen Sprachen in der Ausstellung des Museums World of Coca-Cola

Der 39. Präsident der USA, James Earl „Jimmy" Carter, stammt aus Plains in Georgia, und so ist die Bibliothek zu seinen Ehren in Atlanta angesiedelt. Dort sind auch Nobelpreismedaillen ausgestellt: die für Martin Luther King jr., und jene, die Carter 2002 für seine Bemühungen als Friedensvermittler im Nahen Osten erhalten hatte.

Auf dem Weg zum Great Smoky Mountains National Park in North Carolina und Tennessee, verlässt man den breiten Speckgürtel um Atlanta Richtung Nordosten und stellt fest, dass auch Nord-Georgia ziemlich dicht bewohnt ist. Entlang des Highway 23 hat sich der Handel mit Trödel und „Antiquitäten" etabliert: In jedem Dorf und jeder Stadt sind entlang der Straße und vor Geschäften Flohmärkte und Krempelstände mit allem Möglichen zu finden. Sie sind selten sortiert, aber immer vielfältig und laden zum Stöbern ein.

USA-Lesebuch

Cherokee, Heimat der Cherokee-Indianer in North Carolina

Am offiziellen Eingang zum Great Smoky Mountain National Park liegt die Kleinstadt Cherokee im Reservat der Cherokee-Indianer. Mehrfache Vertreibungen aus diesem Gebiet haben zu einer Aufteilung des Stammes geführt: Heute leben die zum Eastern Band gehörenden Cherokee in diesem Gebiet, die westlichen Cherokee in Oklahoma. Goldfunde in Georgia waren 1830 der Grund für die Zwangsumsiedlung der Indianer. Heute bevölkern ca. 5.000 Menschen die Kleinstadt am Fuß der Berge. Indianische Kunst, Schmuck, jede Menge Mokassins und Traumfänger sind in den zahlreichen Geschäften entlang der Hauptstraße zu finden – sogar ein Schmuckladen mit deutschsprachiger Besitzerin. Bei den großen Festen wie etwa dem Powwow im Juni, dem Festival of Native Peoples im Juli oder der Indian Fair Anfang Oktober werden die Parkplätze und Hotelbetten rar; das Interesse an indianischer Kultur steigt stetig.

Great Smokey Mountains Nationalpark

Asheville bei Cherokee

Für Liebhaber und Kenner französischer Schlösser mag der Abstecher nach Asheville, etwas über eine Autostunde östlich von Cherokee, weniger aufregend sein. Das Anwesen am Rand der Stadt gilt als „größtes Haus Amerikas", denn es diente nur einer Familie als Wohnhaus: George Washington Vanderbilt II. ließ das 250-Zimmer-Gebäude nach dem Vorbild der Schlösser von Chambord, Blois und Chenonceau bauen. 1895 war es bezugsfertig. Teile des Hauses und der Park können besichtigt werden.

Aufgrund einer Schenkung ist der Eintritt in den Great Smoky Mountains National Park frei, aber Spenden sind in den Besucherzentren hochwillkommen. Das „Land des tausendfachen Rauches" nennen die Cherokee diese Region wegen ihrer oft sehr tief hängenden Wolken. Das Wetter kann hier sehr schnell umschlagen. In einer guten Stunde kann man den Park auf der zentralen Durchfahrtstraße durchqueren, sogar mit ein bis zwei Fotostopps im höher gelegenen Teil am Clingman's Dome. Dort befindet sich ein Aussichtsdeck an der Baumgrenze, zu dem man allerdings vom Parkplatz aus noch mal 800 Meter steil aufsteigen muss. Die Bergregion wurde erst 1934 zum Nationalpark erklärt. Vorher siedelten im nordwestlichen Teil viele Farmer, deren Hütten heute Teil eines begehbaren Museums im Cades Cove sind.

Im krassen Gegensatz zur Ruhe auf den Wanderwegen im Park steht der Trubel in Gatlinburg, dem Las Vegas-Disneyland-Verschnitt am Nordausgang. Besonders an Wochenenden ist der beliebte Ausflugsort nur im Stop-and-Go-Tempo zu durchfahren und bietet so ausreichende Gelegenheit, die bunten Fassaden der Souvenirshops, Restaurantketten und Amüsier-Etablissements zu bewundern.

Der höchste Punkt im Great Smokey Mountains National Park: Clingman's Dome

Knoxville, Tennessee

Mit nur 180.000 Einwohnern ist Knoxville die drittgrößte Stadt in Tennessee, einem der kleineren Bundesstaaten mit ca. 6.5 Millionen Bewohnern. Etwas abgehängt von den Entwicklungen am Fuß der südlichen Appalachen, hat Knoxville für Touristen nicht viel zu bieten. Vielleicht ist deshalb auch die Fahrstuhlfahrt auf die Aussichtsplattform in der „Sunsphere" im ehemaligen Worlds Fair Park kostenlos. Jedenfalls gibt es genügend Hotels zum Ausruhen für die Weiterfahrt nach Nashville.

Musikhochburg Nashville, Hauptstadt von Tennessee

Johnny Cash ist einer der größten Stars von Nashville. Ein 2013 eröffnetes Museum zu seinen Ehren soll die Wurzeln der Countrymusik-Hochburg noch deutlicher hervorheben. Wenn das denn noch geht.

Dolly Parton und ihre Band spielen im Grand Ole Opry auf

Der Nashville Sound, die sanfte Variante von Country, auch mal als Country-Pop verschrien, hat schon vor mehr als 50 Jahren für die Bekanntheit der Hauptstadt gesorgt. Mit Radiosendungen der Grand Ole Opry wurde Countrymusik einem breiteren Publikum bekannt gemacht. Bis 1974 wurden die Konzerte aus dem legendären Ryman Auditorium gesendet, danach aus dem etwas außerhalb der Innenstadt am Cumberland River gelegenen Entertainment-Komplex „Opryland". Im sogenannten „Musik Valley" findet sich auch das Grand Ole Opry Museum, in dem man unter anderem die Country-Stars modelliert in Wachs bewundern kann. Der Regisseur Robert Altman setzte 1975 mit seinem gleichnamigen Musikfilm der Stadt ein Denkmal; die Musik wurde mit einem Oscar prämiert. Rund ums Jahr ist Nashvilles Musikprogramm so attraktiv wie sein mildes Klima. Im April kommen Hunderte Songwriter für eine Woche beim Festival „Tin Pan South" zusammen. Im Juni brummt die Stadt aufgrund der Konzerte und Fanveranstaltungen des größten Country-Festivals der Welt, des „CMA Music Festival". Im Sommer bis Mitte Oktober präsentiert „Musician's Corner" im Centennial Park jeden Samstag kostenlose Konzerte. Im Herbst treten viele Bands am Flussufer auf.

Ein ungewöhnliches Gebäude steht im Centennial Park: ein originalgetreuer Nachbau des Parthenons in Athen, innen mit einer fast 13

Meter hohen Statue der Göttin Athena. 1897 anlässlich des 100. Geburtstags der Stadt gebaut, fungiert der Tempel heute als Museum für moderne Kunst und manchmal auch als Filmkulisse. Geschichtsenthusiasten können sich an den zahlreichen gut erhaltenen Anwesen aus der Zeit vor dem Bürgerkrieg (antebellum) erfreuen, wie zum Beispiel dem Belmont Mansion, heute ein Museum für den Lebensstil des Südens. Etwas außerhalb der Stadt liegen das Gestüt „Belle Meade" sowie „The Hermitage", das Wohnhaus des 7. US-Präsidenten Andrew Jackson (1767-1845).

Haarbürsten mit Elvis-Konterfei in einem Laden in Memphis

Nicht nur Graceland – Memphis, TN

Amerikaner gelten im Allgemeinen ja nicht als Gourmets, und die Restaurantketten haben das Ihrige dazu beigetragen, die Wahrnehmung der Staaten als kulinarisches Ödland zu festigen. Natürlich bestätigen wie bei jedem Klischee die Ausnahmen die Regel. Neben der Vermarktung seiner musikalischen Vergangenheit versucht auch Memphis an den neuen Trend der gehobenen Küche anzuknüpfen, was nach Aussagen der Kritiker auch auf einem guten Weg ist – jedenfalls abseits der üblichen Touristenpfade. Eine gelungene deutsch-amerikanische Fusion ist bei „Grawemeyers" im South Main Arts District zu finden: Von Frühstück bis Abendessen bieten sich Gelegenheiten, die Waffeln, den Hackbraten oder die Gruyère-Spätzle zu probieren. Es handelt sich zwar nicht um Michelin-Stern-Küche, aber mit Liebe zum Detail und zur Frische wird hier gut und deftig gekocht. Ähnlich geschmacksintensiv ist das für Memphis typische Barbecue-Schwein, langsam gegrillte Schweineschulter oder Rippen. Die Empfehlungen für den besten Ort, gutes BBQ pork zu bekommen, sind Legion. Etwas einfacher ist es, ein Lokal in der Beale Street aufzusuchen, der mit Sicherheit wichtigsten Straße in Memphis für Fans des Blues. Natürlich wird hier in den zahlreichen Clubs auch Jazz und Rock geboten, aber sie gilt als Heimat des Blues, wo Anfang des 20. Jahrhunderts die ersten Musiker dieses Genres auftraten und bejubelt wurden. Während des Zweiten Weltkriegs verließen viele Afroamerikaner das Mississippi Delta und zogen auf der Suche nach einem besseren Leben Richtung Norden. So gelangte der Blues nach Memphis. Die Stadt gilt für verschiedene amerikanische Musikstile als das, was Rio de Janeiro für den Samba bedeutete: ein Sprungbrett in die Welt. Maßgeblichen Anteil daran hatte Sam Philips,

USA-Lesebuch

Die Beale Street in Memphis. Heimat des Blues

Gründer des Tonstudios Sun Recordings. Ob Jerry Lee Lewis, Carl Perkins, Roy Orbison, Johnny Cash oder Elvis Presley: sie alle nahmen hier, in einem unscheinbaren, mit Laminat ausgelegten Backsteinbau am Rand der Innenstadt, ihre wichtigsten Platten auf. Auf den Spuren der Geschichte des Blues dieser Straße in den 1920er Jahren, des Rock'n Roll in den 50ern und des Soul in den 60ern kann man im Rock'n'Soul Museum wandeln. Musik, Erinnerungsstücke und viele interessante Geschichten aus den verschiedenen Epochen zeigen, wie Memphis zu der heute berühmten Musikmetropole wurde. Und dass ein Elvis Presley nur hier musikalisch inspiriert und berühmt werden konnte. Am „King of Rock'n'Roll" und Graceland kommt man in Memphis naturgemäß nur schwer vorbei, fast alle Wege führen zum früheren Wohnhaus des Sängers (das heute natürlich am Elvis Presley Boulevard gelegen ist). Ausbaupläne für das große Areal um das Haus gibt es inzwischen auch schon, die jährliche Zahl von ca. 600.000 Besuchern soll möglichst gesteigert werden. Als eine Hochburg des Kitsches gilt das seit 2006 als National Historic Landmark ausgewiesene Anwesen; Elvis wurde 1977 dort begraben. Schaufelraddampfer am Mississippi und eine tägliche Parade von Enten im „Peabody Hotel", das sind neben Graceland und Beale Street die touristischen Highlights. Eine andere Dimension der Geschichte von Memphis wird im dem „Lorraine Motel" angeschlossenen Bürgerrechtsmuseum beleuchtet: Hier wurde 1968 Martin Luther King jr. erschossen. FedEx, der internationale Kurierdienst, hat seinen Hauptsitz in Memphis, und zahlreiche andere große Unternehmen sind Arbeitgeber für die mehr als 650.000 Bewohner der Stadt und die ca. 1,3 Millionen Einwohner der umliegenden Region.

Auf dem Blues Highway nach Süden

„Blues Highway" oder „Blues Trail" wird die Strecke auf dem Highway 61 entlang des Mississippi genannt. Seit einigen Jahren werden blaue

Schilder (Blues marker) aufgestellt, die auf Musiker, Clubs, Gräber und wichtige Ereignisse hinweisen. Aus dem tiefen Süden – den Plantagen Louisianas und Mississippis – zogen die befreiten Afroamerikaner nach dem Bürgerkrieg in den Norden, auf der Suche nach Arbeit und neuen Lebensperspektiven. Sie nahmen ihre Musik mit und brachten damit neue Impulse in die industrialisierten nördlichen Bundesstaaten. An der Kreuzung vom Highway 61 mit dem 49er Highway in Clarksdale steht eine Art Denkmal mit drei gekreuzten Gitarren. Es soll an Robert Johnson erinnern, der der Legende nach seine Seele dem Teufel verkaufte, um ein guter Blues-Musiker zu werden. An sein Grab in Greenwood pilgern heute noch Fans und gedenken auch der anderen Stars aus Clarksdale wie John Le Hooker, Muddy Waters, Sam Cooke oder Ike Turner. Cleveland, Vicksburg, Natchez und Baton Rouge sind die Stationen der Landstraße durch das ländliche und ziemlich ärmliche Mississippi und Louisiana. Gesäumt von Sumpflandschaften, Deichen und den Zeugnissen des alten Südens, den Plantagen. Viele sind zu besichtigen, manche nur noch als Ruinen des unerbittlichen Bürgerkriegs. In Natchez lohnt es sich, das „Dunleith Historic Inn" aufzusuchen. Das ehemalige Gutshaus von 1856 ist mit umlaufenden Säulen versehen und hat 22 Gästezimmer zu bieten. Als letztes der großen Anwesen kurz vor dem Krieg erbaut, ist auch Magnolia Hall mit dem repräsentativen Portikus und den ionischen Säulen ein eindrucksvolles Beispiel des Greek-Revival-Stils. Und in jedem dieser kleinen Orte wurde der Blues „geboren", nicht in Chicago oder Memphis, sondern in den Holzhütten der ehemaligen Sklaven.

Dampfschiffromantik auf dem Mississippi: Die American Queen sieht älter aus als sie ist. Sie wurde 1995 gebaut und fährt mit einem Dampf- und Diesel-Hybridantrieb

Wiege des Jazz – New Orleans, Louisiana

Wenn eine Stadt ihren internationalen Flughafen nach einem der berühmtesten Jazz-Trompeter und -Sänger – Louis Armstrong – benennt und zudem mit einem „Jazz National Historical Park" aufwarten kann, dann ist sicher, hier dreht sich ziemlich viel um Musik.

Denkmal für den Blues-Musiker Robert Johnson

USA-Lesebuch

Traditionelle Band spielt New Orleans Jazz, auch Dixiland genannt, im französischen Viertel

Armstrong wurde 1901 in New Orleans geboren. Sein Engagement bei einer Band in Chicago 1922 brachte den Durchbruch für die neue Musik: Dixieland wurde im ganzen Land bekannt. Die erste Schallplatte einer US-Band, die nur aus schwarzen Musikern bestand, hatte großen Erfolg. In New Orleans selbst war schon seit Jahrzehnten lebhaft musiziert worden, Paraden und Platzkonzerte von Brass-Bands waren ein gewohntes Bild im French Quartier. Die vielen ethnischen Gruppen der Stadt trugen dazu bei, neue musikalische Impulse in die traditionellen Musikstile einfließen zu lassen, die wechselseitige Offenheit unter den Künstlern inspirierte dazu, neue Horizonte anzusteuern. Swing und Bebop kamen in den 1930er Jahren auf, aber der traditionelle New Orleans Jazz konnte sich als eigenständige Musikrichtung halten. Namhafte Jazzmusiker neben Armstrong, wie der Klarinettist Jimmie Noone oder der Saxophonist und Klarinettist Sidney Bechet, spielten in Bands außerhalb von New Orleans, blieben ihren Wurzeln aber treu.

Der New Orleans Jazz National Historical Park deckt einerseits das French Quartier ab, ist aber eigentlich dazu gedacht, die Tradition des ursprünglichen Jazz aufrecht zu erhalten. Beinahe täglich finden in der „Old U.S. Mint" an der 400 Esplanade Avenue und im „French Market" an der North Peters Street Konzerte, Jamsessions oder Gespräche über Jazz statt; dazu werden Touren zu bedeutsamen Spielorten angeboten, die man aber auch allein unternehmen kann. Für Nachwuchsmusiker ist die Perseverance Hall im Louis Armstrong Park die richtige Adresse, dort können sie wöchentlich üben. Besucher sind zugelassen.

Alabamas einzige Hafenstadt: Mobile am Golf von Mexiko

Vergangenheit und Geschichte hängen an Mobile wie das spanische Moos an den Eichen. Gegründet im Jahr 1702 von Jean-Baptiste Le Moyne und sehr wahrscheinlich nach den Maubila-Indianern be-

Literarisches Erbe

Auch auf erfolgreiche Autoren kann New Orleans stolz sein: Lillian Hellman, Truman Capote und Tennessee Williams wuchsen am Mississippi auf, andere wie John Dos Passos und Thornton Wilder folgten dem Ruf der inspirierenden Stadt. Jeweils im März wird beim „Tennessee Williams Literatur Festival" gelesen und gewertet.

nannt, war Mobile bereits eine etablierte Stadt, als der Bürgerkrieg anfing. In der Handels- und Hafenstadt finden sich zahlreiche Gebäude aus der Vorkriegszeit, so auch die 1835 erbaute Basilika der Unbefleckten Empfängnis. Das Fort Conde Museum ist ein Nachbau des ursprünglichen französischen Forts; heute dient es zudem als Besucherzentrum, dessen Angestellte historische Kostüme tragen. Insgesamt neun historische Bezirke hat die 200.000-Einwohner-Stadt ausgewiesen; so ziemlich alle Baustile der vergangenen Jahrhunderte sind dort zu finden. In Mobile (nicht in New Orleans!) fand im Jahr 1703 das erste überlieferte Mardi-Gras-Fest statt, und man feiert den Karneval hier nach wie vor mit größter Begeisterung.

Schon wegen ihrer strategischen Lage an der mehr als 40 km tief ins Land verlaufenden Bucht konnte Mobile gut gedeihen, trotz des häufigen Wechsels der staatlichen Zugehörigkeit von Frankreich über Spanien, England bis schließlich zu den Vereinigten Staaten. Auf den vorgelagerten Inseln Pelican und Dauphin Island wurden starke Forts errichtet, die die Hafenstadt schützten. Die Navy ist seit dem späten 19. Jahrhundert in Mobile vertreten: der USS Alabama Battleship Memorial Park ist den Veteranen der letzten Kriege gewidmet.

Unter den Auswirkungen von Hurrikan „Katrina" hatte Mobile übrigens auch zu leiden: Die Innenstadt stand im August 2005 komplett unter Wasser und die 11 km lange Brücke über die Bucht wurde für den Verkehr geschlossen.

Im Hafen von Mobile, ca. 1900: Mississippidampfer laden Ware, die für das Landesinnere von Alabama und Mississippi bestimmt ist

Montgomery, Hauptstadt von Alabama und Markstein der Bürgerrechtsbewegung

Rosa Parks machte am 1. Dezember 1955 in Montgomery Geschichte: Sie weigerte sich, im Bus ihren Platz für einen weißen Mitfahrer freizumachen und wurde dafür verhaftet. Zwar war sie nicht die Erste, die im Kampf für die Rechte der Schwarzen den Weg des zivilen Ungehorsams wählte, aber sie wurde zur Symbolfigur des Widerstands gegen die Rassentrennung. Im Rahmen des „Montgomery Bus Boykott" verweigerte die schwarze Bevölkerung anschließend die Benutzung von Bussen, lief zu Fuß, teilte sich Taxis und bildete Fahrgemeinschaften. Nach 381 Tagen konnten die Streikenden ihre zentrale Forderung endlich durchsetzen: Die Rassentrennung in Montgomerys Bussen wurde als verfassungswidrig anerkannt und aufgehoben. Martin Luther

Civil Rights Trail

Der sogenannte „Civil Rights Trail" führt von Montgomery über Selma nach Birmingham vom Rosa Parks Museum zur Edmund Pettus Bridge in Selma, wo 1965 ca. 500 Demonstranten auf ihrem Weg nach Montgomery mit Baseballschlägern verletzt wurden. Eine Dokumentation des Bombenattentats des Ku-Klux-Klan in Birmingham, bei dem vier kleine Mädchen in ihrer Sonntagsschule starben, sind im dortigen Civil Rights Institute zu sehen.

Barack Obama auf Rosa Parcks' Platz in dem Bus No. 2857, der heute restauriert im Henry Ford Museum steht

King jr. hatte im Auftrag des NAACP (National Association for the Advancement of Coloured People) den Boykott organisiert und sich dabei als Leitfigur profiliert. Fortan widmete sich der Pastor aus Atlanta dem Kampf gegen die Rassentrennung. Die Näherin und NAACP-Aktivistin Rosa Parks verließ nach ihrem Prozess Montgomery, sie war natürlich entlassen worden und fand keine Arbeit in ihrer Heimat mehr. 2001, vier Jahre vor ihrem Tod in Detroit, wo sie ähnlichen Tätigkeiten nachgegangen war wie zuvor, wurde in Alabamas Hauptstadt als Teil der Troy University ein Museum zu ihren Ehren eröffnet. Das Resultat ihres passiven Widerstands war nach dem offiziellen Ende der Segregation in öffentlichen Schulen ein weiterer Meilenstein für eine Bewegung, deren Kampf allerdings erst 1964 zur Verabschiedung des Civil Rights Act führte. Die Ungleichbehandlung der Schwarzen war damit rechtlich verboten; verschwunden ist sie bis heute nicht.

Von den ca. 205.000 Einwohnern waren bei der letzten Volkszählung 56,6 % Afroamerikaner; bis jetzt ist allerdings noch kein Einwohner Montgomerys mit schwarzer Haut Bürgermeister geworden. Montgomery gehört zu den älteren Städten im Süden der USA. Schon Anfang des 18. Jahrhunderts kamen schottische Siedler, die sich mit den dort lebenden Indianern vermischten. Etwa hundert Jahre später wurden am Alabama River zwei Ortschaften gegründet, die 1819 zu Montgo-

Civil Rights Monument in Montgomery, Alabama

mery zusammengefasst wurden. Baumwollanbau und der Transport auf dem Fluss ließen die Stadt prosperieren. Seit 1846 ist sie Hauptstadt und Verwaltungssitz des Bundesstaates. Im Bürgerkrieg avancierte sie sogar für ein paar Monate zur Hauptstadt der Konföderation, bevor Richmond in Virginia die Ehre zuteil wurde. Jefferson Davis leistete seinen Amtseid im dortigen Kapitol als erster und einziger „Präsident der Konföderierten Staaten von Amerika". Das ehemalige Hauptstadtgebäude unweit des jetzigen State Capitols war gleichzeitig die Residenz des Präsidenten und kann heute besichtigt werden. Es gehört zu einer ganzen Reihe historischer Gebäude aus den letzten 200 Jahren, die in der restaurierten Altstadt „Old Alabama Town" zu finden sind. Eine Broschüre aus dem Besucherzentrum, das im ehemaligen Bahnhof unweit des Flusses untergebracht ist, verschafft einen Überblick über fast 200 mit Schildern versehenen Punkten in der Stadt, die als historisch bedeutsam gelten. Ebenfalls auf dieser Liste ist das Haus, in dem Zelda und Scott Fitzgerald in den Jahren 1931 und 32 wohnten. Zelda stammte aus Montgomery, war die Tochter eines angesehenen Richters und kehrte kurz vor Scotts Tod in ihre Geburtsstadt zurück.

Nur im Oktober gibt es eine Pause, sonst finden das ganze Jahr über Aufführungen im Rahmen des „Alabama Shakespeare Festival" im Wynton M. Blount Cultural Park statt.

Die Legende lebt: Route 66

Beginn der Route 66 in Chicago

Der Verlauf der legendären, heute historischen, Route 66

Mit dem Bau einer Autostraße von Chicago nach Santa Monica/Los Angeles wurde bereits 1926 begonnen. Die heute legendäre Route 66 beginnt in Chicago Downtown an der Kreuzung S. Michigan Ave/Jackson Street (gegenüber dem Art Institute of Chicago) und führt zum größten Teil entlang der heutigen Interstate 55 durch Illinois. In der Wirtschaftskrise der 1930er Jahre wurde diese Straße für viele gescheiterte Farmer und Arbeitslose zum Pfad der Hoffnung: In Kalifornien sollte es Arbeit geben. Mit Nat King Coles Lied „Get Your Kicks on Route 66" von 1946 bekam der Mythos, der bis heute nicht erloschen ist, eine Stimme. „Hauptstraße Amerikas" oder „Mother Road" wird sie auch genannt. In Konkurrenz zum Lincoln Highway von New York im Osten nach San Francisco im Westen gebaut, war die 66 schneller fertig und zunächst die einzige durchgehende Verbindung nach Südwesten. Der Ausbau der Interstates 44, 40 und 15 in den 1950ern besiegelte zunächst das Schicksal des historischen Highways. 1977 wurden die Schilder abgebaut. Für viele der kleinen Orte entlang der Route 66 bedeutete diese Entwicklung den Ruin. Aber der Geist lebt weiter: In jedem Bundesstaat haben sich Initiativen gebildet, die die alte Strecke kennzeichneten und Karten herausgeben. Besonders Motorradfahrer lieben diese Straße, deren Flair durch alte Motels, im Stil der 50er restaurierte Diners und skurrile Bauten und Kunstwerke geprägt ist. Die Route 66 ist (ohne Abstecher etwa nach Las Vegas) rund 3.500 km lang und führt durch Illinois, Missouri, Kansas, Arkansas, Oklahoma, Nord-Texas, New Mexico, Nord-Arizona nach Kalifornien. Dabei werden drei Zeitzonen und verschiedenste Land-

Chicago, Illinois, am Südufer des Michigan-Sees

schaften durchquert, wie die fruchtbaren Anbaugebiete von Illinois bis Oklahoma, die dann abgelöst werden vom trockenen Hochland in Nord-Texas und den Ausläufern der Rocky Mountains in New Mexico. Wenig Regen fällt in den bergigen Regionen am Rande des Grand Canyon, die Mojave-Wüste zwischen Las Vegas und Los Angeles gehört zu den trockensten und heißesten Landschaften Nordamerikas. Das Death Valley und der Joshua Tree National Park sind im weiteren Umkreis zu finden. Nachfolgend Anregungen zu den größeren Städten (an den Interstates) auf dem Weg zum Pazifik.

Architektenstadt Chicago, Illinois

Als der deutsche Architekt Ludwig Mies van der Rohe 1937 nach Chicago kam und seine Stelle als Direktor der Fakultät für Architektur am Illinois Instute of Technology antrat, hatte sich die Stadt am Lake Michigan schon lange von den Folgen des verheerenden Feuers von 1871 erholt und mit beeindruckenden Hochhäusern einen Ruf als Hochburg für Architekten erworben. Das Image war allerdings etwas getrübt worden durch die Aktivitäten der italienischstämmigen

Die Cloud Gate, wegen seiner bohnenartigen Form auch The Bean genannt, ist das zentrale Kunstwerk im Millennium Park in Chicago

Gangster des sogenannten Chicago Outfit, die im Laufe der von 1920 bis 1933 geltenden Prohibition kräftig Kasse machten. Die Tatorte dieser Mafiaorganisation mit Al Capone als bekanntestem Vertreter und anderer Banden wie der von John Dillinger zu besichtigen, mag heutzutage bei den Touren für Touristen nur noch wenig Nervenkitzel auslösen, aber damals versetzten die Gangster die Stadt in Angst und Schrecken. Dabei hatten einige zahlungskräftige Unternehmer große Anstrengungen unternommen, um die Stadt zu einem interessanten und lebenswerten Ort zu entwickeln. Mit der dritten Weltausstellung in den USA setzte Chicago 1893 ein deutliches Zeichen seiner Prosperität. Das gewaltige klassizistische Fine Arts Building, das heute das Museum für Science and Industry im Süden der Stadt beherbergt, ist immer noch sehenswert und beeindruckend. Ebenso die 1859 gegründete University of Chicago, deren weitläufiger Campus mit architektonischen Kleinoden – vom neogotischen Hauptgebäude über das Robie House von Frank Lloyd Wright im Präriestil bis hin zur modernen Glaskuppel der neuen Bibliothek – den ca. 15.000 Studierenden eine hochrangige Ausbildung ermöglicht. Nicht minder großen Einfluss auf das Stadtbild hatte die kontinuierliche Aufschüttung des Geländes vor der heutigen Michigan Avenue: Dort wurde dem See der Grant Park abgerungen. Aaron Montgomery Ward, der Erfinder des Warenbestellkatalogs, wird heute noch verehrt, weil er mit zahlreichen Prozessen die Stadt dauerhaft verpflichtete, in diesem 1,29 km² großen Grünstreifen niemals Wohn- oder Geschäftsgebäude zuzulassen. Mit dem Buckingham-Brunnen in der Mitte, dem neuen Millenium Park am Nordende, mehreren Marinas für kleinere Boote und zahllosen Themengärten ist diese weitläufige Landschaft heute ein zentraler Erholungs- und Veranstaltungsort für Chicago.

Die mit 2,7 Millionen Einwohnern drittgrößte Stadt der USA (in der Agglomeration leben 8,7 Millionen) braucht den Vergleich mit New York nicht zu scheuen: Kenner der Musik- und Kunst-Szene sehen in Chicago ebenso viel Potential wie im Big Apple. Von vielen als Wiege des Blues bezeichnet, hat Chicago auch einen Ruf zu verteidigen: Das viertägige „Chicago Blues Festival" im Juni bringt immer die besten Musiker dieses Genres an den Michigan Lake.

Und nicht zu vergessen: In der Metropole verdiente sich Präsident Barack Obama seine ersten politischen Sporen; sein Haus im Stadtteil Hyde Park kann zwar nicht besichtigt werden, aber die Stadtführungen versäumen nicht, es zu umrunden.

Auf den Spuren von Abraham Lincoln: Springfield – Hauptstadt von Illinois

Liebhaber von Oldtimern sollten für ihre Tour in die USA Ende September ins Auge fassen: Um diese Zeit findet seit einigen Jahren die „International Route 66 Mother Road Festival & Car Show" im historischen Zentrum von Springfield statt. Nicht nur bis zu 1.000 Vertreter aus 100 Jahren Autogeschichte versammeln sich hier, es geht auch um den besonderen Spirit der legendären Straße. Mit Musik und Speisen aus alten Zeiten, wie der lokalen Spezialität Horseshoe Sandwich – einer mit einem kleinen Hamburger und Pommes Frites belegten Weißbrotscheibe – sowie Informationen zur heutigen Straße und jeder Menge Möglichkeiten, sich über alte Autos und Trucks auszutauschen, zieht dieses Festival bis zu 80.000 Besucher an. Über das ganze Jahr attraktiv sind in der kleinen Hauptstadt die Angebote, auf den Spuren von Abraham Lincoln, dem 16. Präsident der USA (1861-1865) zu wandeln. Lincoln arbeitete seit 1836 als Anwalt in Springfield. Die präsidiale Bibliothek, sein Wohnhaus, das rekonstruierte alte Parlamentsgebäude und seine Grabstätte sind einige der bedeutenden Stätten in der Stadt. Zudem wird bei vielen Gelegenheiten Geschichte lebendig: In historischen Kostümen zelebrieren Laien den Geburtstag des Präsidenten, sitzen im Garten seines Wohnhauses oder musizieren im Stil des 19. Jahrhunderts.

Das Haus Abraham Lincolns in Springfield, in dem er zwischen 1844 und 1861 lebte

Gateway to the West: St. Louis, Missouri

Bis zum Anfang des 19. Jahrhunderts war in St. Louis am Mississippi die westliche Welt zu Ende, dahinter begann die Wildnis. Kein Wunder, dass der Spitzname „Gateway to the West" erhalten geblieben ist: Von hier aus begannen Expeditionen zur Erkundung des unbekannten Territoriums, brachen die Händler nach Kalifornien auf, und hier versammelten sich viele Menschen von der Ostküste, um im Wilden Westen ihr Glück zu machen. Präsident Thomas Jefferson beauftragte 1803 zwei Offiziere, seinen einstigen Privatsekretär Captain Meriwether Lewis sowie William Clark mit der Suche nach einem Zugang zum Pazifik. An die Lewis-und-Clark-Expedition erinnert heute das in einem Park gelegene Jefferson National Expansion Memorial an der Stelle, von der sie ihren Ausgang nahm. Unübersehbarer Mittel-

Der Gateway Arch, das symbolische Tor zum Westen, in St Louis am Westufer des Mississippi. Der Bogen hat die Form einer Kettenlinie

punkt dieser Gedenkstätte ist der Gateway Arch, ein 192 Meter hoher Bogen aus Beton und Stahl, der den Aufbruch nach Westen symbolisiert. Der Ausblick vom Scheitelpunkt des Bogens ist atemberaubend. Kleine kugelförmige Kabinen bringen Besucher im Inneren der beiden Bogenschenkel hinauf. 2014 feierte St. Louis seinen 250. Geburtstag; auch der Arch wurde mit einbezogen, obwohl sich der Tag seiner Eröffnung erst 1965 zum 50. Mal jährte. Für Freunde von Gefrorenem ist „Ted Drewes Frozen Custard" ein Muss. Zudem liegt der Laden an der Chippewa Street auch auf der Route 66. Eispudding in allen denkbaren Geschmacksrichtungen wird dort schon seit 1941 hergestellt. Das erste Geschäft steht seit 1931 am South Grand Boulevard.

Oklahoma City, Hauptstadt von Oklahoma

Nach ca. einer Stunde Fahrt von St. Louis auf der I 44 lohnt sich ein kurzer Abstecher in die Meramec Caverns, ein Höhlensystem, das sich über rund 7 km erstreckt. Nicht nur Indianer lebten hier: Seit 1935 kommen Touristen in die großen Tropfsteinkavernen, Teile der Musical-Verfilmung „Tom Sawyer" von 1973 wurden in diesen Höhlen gedreht, und Bürgerschreck Jesse James sollen sie als Versteck gedient haben.

Oklahoma City, die Hauptstadt des gleichnamigen Bundesstaats, erlangte 1995 traurige Berühmtheit, als ein ehemaliger Soldat mit zwei Helfern das Murrah Federal Building in die Luft sprengte. Damals kamen 168 Menschen ums Leben. Das Oklahoma City National Memorial erinnert mit einem Museum und dem „Field of Empty Chairs" an die Opfer. Immer wieder in die Medien gelangt die leicht hügelige Region durch die zerstörerischen Tornados, die die sogenannte „Tornado Alley" zwischen den Rocky Mountains und den Appalachen entlang ziehen. Im Mai 1999 fegte die bisher verheerendste Schar von Tornados, der Oklahoma Tornado Outbreak, durch die „Allee" und zerstörte 10.500 Gebäude. Zuletzt wurde im Sommer 2013 der Vorort Moore schwer getroffen. Tornados der Fujita-Kategorie F5, der höchsten bisher überhaupt aufgetretenen mit Windgeschwindigkeiten von bis zu 500 km/h, sind in diesem Gebiet im Sommer keine Seltenheit.

Field of empty chairs: Leere Stühle symbolisieren die Opfer des Bombenanschlags auf ein Verwaltungsgebäude im Jahr 1995

Neben der Wildwest-Romantik von Cowboys und Viehhändlern in den „Oklahoma National Stockyards" und der Auktionsarena von Stockyard City hat sich im Stadtteil Bricktown neue Urbanität entwickelt. Eine Fahrt mit dem Wassertaxi auf dem 1999 erbauten Kanal erfreut sich nicht nur bei Besuchern großer Beliebtheit, auch die Bewohner genießen die nicht alltägliche Perspektive auf die renovierten ehemaligen Lagerhäuser.

Auf dem Weg nach Amarillo, Texas

Als ein endloses graues Band durchzieht die Interstate 40 den nördlichen, ziemlichen flachen Teil von Texas, den sogenannten Panhandle („Pfannenstiel"). Die Route 66 ist hier in mehrere kürzere Teilstrecken zerhackt worden, die nun kleinere Orte wie Shamrock/McLean oder Alanreed/Groom County mit dem gigantischen, 58 Meter hohen weißen Kreuz und Conway verbinden. Hier lief die 66 früher entlang, und hier lässt sich der alte Geist zum Teil noch erahnen. Westlich von Amarillo, der einzigen größeren Stadt im nördlichen Texas, steht die bekannte „Cadillac Ranch": zehn alte Cadillacs, mit der Schnauze in den Boden gerammt, immer wieder aufs Neue bunt bemalt. Das Kunstwerk von 1974 fand Nachahmer, zum Beispiel bei Conway, 18 Meilen östlich von Amarillo: Dort findet sich die „Bug Ranch", eine Ansammlung von alten VW-Käfern mit der Kofferraumhaube voran im Dreck. Ihre Chancen, so berühmt zu werden wie die Prota-

Die Cadillac Ranch westlich von Amarillo

gonisten der „Cadillac Ranch" sind eher klein, nicht nur wegen der Künstlergruppe „Ant Farm", die die Installation entworfen hat – 1977 war sie übrigens mit anderen Arbeiten auf der Kasseler Documenta 6 vertreten –, sondern auch wegen Stanley Marsh III., dem das freie Feld unweit der I 40 gehörte. Der Nachkomme erfolgreicher Öl- und Gasproduzenten hat seine Umwelt durch seine exzentrische Art gern provoziert, ob die 2013 gegen ihn erhobenen Vorwürfe Unzucht mit Minderjährigen getrieben zu haben, berechtigt sind, wurde wegen seines Todes 2014 nicht mehr gerichtlich geklärt. Marsh III. und die „Cadillac Ranch" gehören untrennbar zusammen. Es wird viel spekuliert, was den besonderen Reiz dieses Kunstwerks eigentlich ausmacht. Möglicherweise liegt einer der Gründe für seine Popularität auch darin, dass Texas ansonsten nicht gerade für anarchistische Tendenzen bekannt ist. Vielleicht ist es, um seine Besonderheit zu erfassen, am besten, in Amarillo einen Vorrat an Spraydosen zu kaufen und dann selbst am stetigen Wandel mitzuarbeiten und dabei den „Amarillo"-Song von Tony Christie oder die Hymne auf die „Cadillac Ranch" von Bruce Springsteen mitzusingen. Wettessen um das größte Steak Nordamerikas haben The Big Texan Steak Ranch in Amarillo bekannt gemacht, seit 1960 kann jeder versuchen, ca. 2 kg Fleisch und Beilagen in weniger als einer Stunde zu vertilgen, dann fällt keine Rechnung an.

Straßenszene in Santa Fe, New Mexico

Das MidPoint Cafe in Adrian nimmt übrigens in Anspruch, die Route 66 genau mittig zu teilen. So ungefähr könnte es stimmen, jedenfalls ist das Schild ein beliebter Fotostopp geworden.

Abstecher in die Berge nach Santa Fe, New Mexico

Santa Fe, die Hauptstadt von New Mexico, wurde zwar schon 1937 wieder von der Route 66 abgeschnitten – offenbar galt damals die Fahrt durch die südlichen Ausläufer der Rocky Mountains (Sangre de Cristo Range) hinauf als zu gefährlich –, aber der Abstecher lohnt sich schon wegen der Ausblicke. Zudem bietet die historische Kapitale den schönsten innerstädtischen Abschnitt der Route: Viele der typischen Lehmziegelgebäude aus dem 17. Jahrhundert sind hier noch zu finden, und die Neubauten sind ebenfalls im Pueblo-Stil angelegt. Ungewöhnlich in dieser Hauptstadt ist das Parlamentsgebäude: Der als kuppeloses Rundhaus angelegte Bau ist der einzige seiner Art in den gesamten USA. Santa Fe hat sich zu einer Hochburg für Künstler entwickelt: Mehr als 200 Galerien und das Georgia O'Keeffe Museum befinden sich hier.

Heißluftballon-Hochburg Albuquerque, New Mexico

Massenaufstieg von Heißluftballons bei Albuquerque

Albuquerque sollte Anfang Oktober auf dem Reiseplan stehen. Dann ist der Himmel über der Rio Grande Gorge bunt gesprenkelt von Heißluft-Ballons – das „Spirit of the Wind Festival" hat die Stadt fest im Griff. Man kann im fast regenfreien Albuquerque natürlich jederzeit einen Ballonflug buchen, aber das Spektakel mit hunderten farbenfrohester und fantasievoll gestalteter Kugeln zieht Tausende von Besuchern an. Die Welt von oben betrachten kann man auch von der Gondel aus, die auf den mehr als 3.000 Meter hohen Sandia Peak nordöstlich der Stadt hinauffährt. Die Central Avenue durch die Altstadt war und ist die Route 66. Manche der etwas heruntergekommenen Motels sind Zeugen jener Zeit, ebenso wie das „66 Diner", ein durch seine Architektur auffallendes Gebäude, in dem es immer noch solides amerikanisches Essen wie Burger, Hackbraten oder Pot Pie (Fleisch im Teig) im Ambiente der 50er Jahre gibt.

Kurz vor der Grenze zu Arizona lässt sich im El Rancho Hotel in Gallup der Geist von John Wayne, Katherine Hepburn oder Spencer Tracy erspüren. Preiswerter als in Hollywood, besseres Licht als in den Studios: New Mexico war ein beliebter Drehort, und das eigens für die Filmschaffenden vom Bruder des Regisseurs D.W. Griffith erbaute Hotel steht heute auf der Liste der bedeutenden historischen Stätten der USA. Zumindest die imposante Eingangshalle sollte man gesehen haben.

Zwischen versteinerten Bäumen und indianischen Pueblos: Flagstaff, Arizona

Zwischen Gallup und Flagstaff liegt direkt an der I 40 der Petrified Forest National Park (s. Kapitel 1). Die 66 führte früher durch den Südeingang. Die vielen Läden für Touristen dort mit den Angeboten, sich doch mit Dinosauriern und versteinertem Holz (made in China) einzudecken, sind die einzigen Anlaufstellen für Konsumartikel im sonst relativ menschenleeren Nationalpark. Ausreichend Zeit sollte man sich für den Besuch der farbenfrohen Felsformationen in der Painted Desert (nördlich der I 40) nehmen. Insbesondere bei Sonnenauf- und Sonnenuntergang bringen die Mineralien im Gestein die

Die Route 66 führt über weite Strecken durch „bemalte Wüste": Painted Desert

Landschaft zum Leuchten. Noch mehr Besucher zieht der Barringer Crater kurz hinter Winslow an. Vor rund 50.000 Jahren hat ein Meteor unweit der heutigen I 40 einen gigantischen Trichter in den Boden gerammt. Immerhin über einen Kilometer im Durchmesser und 170 Meter tief, bietet dieser Einschlagkrater auf der Wüstenhochebene von Nordarizona immer noch Stoff für wissenschaftliche Forschungen.

Die Kleinstadt Flagstaff liegt inmitten von dichtem Gelbkiefern-Hochwald auf über 2.000 Metern Höhe, ein günstiger Standort für Ausflüge zum Grand Canyon, zum Sunset Vulkan oder zu den Wupatki Pueblos. Die bis zu 1500 Jahre alten „großen Häuser" – so die Bedeutung von Wupatki in der Hopi-Sprache – wurden von den Vorfahren der Pueblo-Indianer, den Cohonina, Kayenta Anasazi und Sinagua errichtet. Das größte Interesse weckt sicherlich der rund 130 km

Flagstaff bietet sich als Standort für Ausflüge zum Grand Canyon und zum Wupatki National Monument (unten) an

entfernt liegende Grand Canyon National Park. Direkt von Flagstaff aus werden Touren dorthin angeboten. Von Williams aus kann man auch mit einem Zug zum Grand Canyon Village fahren. Um auf dem berühmten Skywalk die Nerven flattern zu lassen, muss man sich über Kingman ins Hualapai-Indianer-Gebiet begeben und dort separat Eintritt bezahlen: Die gläserne Brücke ist nicht Teil des Nationalparks. Als einer der am besten erhaltenen Teile der 66 gilt die Straße von Seligman über Peach Springs, Crozier Canyon und Walapai nach Kingman. Zudem ist die Strecke durch die Berge auch landschaftlich reizvoll und abwechslungsreich.

Abstecher in die Kunstwelt von Las Vegas, Nevada

Von Kingman aus führt ein weiterer Abstecher zum Hoover Dam und nach Las Vegas. Beide Ziele gehören nicht zur Route 66, aber wenn man schon mal da ist, braucht man sie sich nicht entgehen zu lassen.

Am Hoover Dam, der den Colorado River zum Lake Mead staut, verläuft die Grenze zu Nevada. Das gigantische Bauwerk aus den 1930er Jahren war damals die größte Staumauer der Welt. Es versorgt vor allem Las Vegas mit Energie. Die wird auch gebraucht: Die Stadt in der Wüste mit der langen Hotel- und Kasinomeile verbraucht im Verhältnis zu ihrer Größe weltweit den meisten Strom. Reiseführer empfehlen mittlerweile, erst bei Dunkelheit dort anzukommen, denn dann erstrahlt der Strip im Glanz der Millionen Lichter. Die Kunstwelt ohne Uhren fasziniert von Jahr zu Jahr mehr Touristen. Geheiratet wird im Minutentakt, allein der Circe de Soleil hat hier acht Shows im Programm, und die Zahl der Slotmaschinen ist Legion. Drei Tage bleibt der Durchschnittstourist in der Sin City. Dann hat man die großen berühmten Hotels wie das „Bellagio" mit den Wasserspielen, das „Mirage" mit dem speienden Vulkan davor, das „Venetian Resort" mit Gondelfahrten auf der künstlichen Lagune, das „Mandalay Bay" mit dem Haifischbecken, das „MGM" mit dem Löwengehege oder die Pyramide des „Luxor" mit dem Lichtstrahl auf der Spitze zumindest kurz gestreift, der Nervenkitzel auf dem Stratosphere Tower in 300 Metern Höhe ist überstanden, und eventuell wurde in einem der Kasinos sogar etwas Geld gewonnen. Vielleicht ist sogar noch Zeit übrig, um im alten Teil von Las Vegas auf der Fremont Street die neuesten technischen Spielereien der Glitzerwelt zu entdecken. Nur keine Langeweile aufkommen lassen ist die Devise dieser Amüsiermetropole. Die originaltreue Kopie des Münchner Hofbräuhauses trägt das Ihre dazu bei, mit Klischees über deutschen Bierkonsum, Lederhosen und Dirndlkleider die endlose Party am Laufen zu halten. Dort wo 1845 noch eine einsame Postkutschenstation in der Wüste von Nevada stand, fallen heute pro Jahr 36 Millionen Besucher ein und bringen Las Vegas neun Milliarden Dollar Gewinn.

Um Glücksritter in die Spielnöllen zu locken, bieten die Casino-Betreiber von Las Vegas in den angegliederten Hotels günstige Zimmer an

Das Ende naht: Los Angeles, Santa Monica, Kalifornien

In gut drei Stunden kann man an der nördlichen Seite der Mojave-Wüste auf der Interstate 15 Richtung Barstow fahren, einem kleinen Städtchen an der Kreuzung mehrerer Highways und auch der Route 66, auf die man hier wieder stößt. Über einige Hügelketten und Pässe kommt man in San Bernadino an und hat damit schon fast die Aus-

Los Angeles ist Graffiti-Hauptstadt

läufer der Metropole Los Angeles erreicht. Gerade in dieser stetig wachsenden Region um LA ist die alte Route 66 nur schwer zu finden. Die direkte Verbindung auf der Interstate 10 nach Santa Monica ist zwar nicht romantisch, aber trotz Dauerstau einfacher zu fahren.

Los Angeles ist eigentlich nur die Mitte einer sich kontinuierlich in die Berge fressenden Metropole, zu der inzwischen mehr als 150 Kommunen mit mehr als 17 Millionen Menschen gezählt werden. Ein Ballungsraum mit berühmten Orten wie Hollywood, Beverly Hills, Pasadena, Malibu oder Venice, die diesem Schmelztiegel von Kulturen und Ethnien, Arm und Reich ihren Stempel aufgedrückt haben. Als Downtown LA unter Kriminalität, zurückgehenden Touristen-, Einwohner- und Umsatzzahlen zu leiden begann, setzten Investoren und optimistische Stadtparlamentarier auf Modernisierungen und Neubauten. Einer der spektakulärsten ist die 2003 eingeweihte Walt Disney Concert Hall von Frank Gehry. Der Fernsehsender PBS bezeichnete dieses Gebäude als hinsichtlich Architektur und Design eines der einflussreichsten des beginnenden Jahrhunderts. Die High-Tech-Materialien und die Gestaltung haben Maßstäbe für moderne Bauweisen gesetzt. Kostenlos von oben zu betrachten ist dieses Wunderwerk ebenso wie das World Trade Center oder die Union Station vom Observation Deck im 27. Stock des Rathauses aus. Der Ausblick lohnt sich selbst bei Smog. Da Hollywood Los Angeles in unzähligen Filmen verewigt hat, mag es sinnvoll erscheinen, zur Quelle der Fantasiewelten zu gehen. Aber auch die Universal Studios sind Teil der Inszenierung. Mehr Chancen, originale Fernsehwelten zu erleben, bieten sich beim Besuch der Sony Picture Studios in Culver City. Mit mehr als 60 % lateinamerikanischem Bevölkerungsanteil ist insbesondere die Innenstadt eine mexikanische Stadt, unübersehbar auch am Angebot des Grand Central Market, der seit 1917 die Stadt mit frischen Lebensmitteln versorgt. Tiefer in die Geschichte dieser mit einer ersten kleinen Siedlung 1781 gegründeten Stadt einzusteigen lohnt sich im Besucherzentrum von El Pueblo des Los Angeles. Anschließend kann man dann in das quirlige

Los Angeles liegt Hollywood zu Füßen

Touristenviertel um die Olvera Street eintauchen und sich am Abend einer mexikanischen Fiesta hingeben.

Eine der zentralen Straßenverbindungen von Downtown nach Santa Monica ist neben Hollywood Boulevard und Sunset Strip der Wilshire Boulevard. An der ca. 26 km langen Strecke lässt sich das moderne Los Angeles mit all seinen Facetten und Widersprüchen erfahren. Koreatown und Beverly Hills – größere Gegensätze lassen sich kaum finden. Fossilienfreunde sollten einen kurzen Stopp an den La Brea Tar Pits machen (5801 Wilshire Blvd.): Dort sickerte vor Zehntausenden von Jahren Asphalt aus dem Boden und bildete einen See, in dem jede Menge Lebewesen umkamen. Eine Vielfalt heute z.T. ausgestorbener Tiere und Pflanzen ist dort gefunden worden. Zur Illustration steht sehr amerikanisch nun eine Präriemammut-Familie lebensecht am und im Teich.

Am Santa Monica Pier verkündet ein Schild ganz offiziell das Ende der Route 66, die irgendwo im Ballungsgebiet von LA verloren gegangen ist. Nicht nur in der Fußgängerzone der Third Street oder am Broadway reihen sich die Souvenirshops aneinander. Trödel und Andenken mit dem berühmten Symbol des Straßenschildes wollen spätestens hier an den Romantiker gebracht werden.

An der Pazifik-Küste: Highway 101 von Los Angeles nach Seattle

Der Highway 101 verläuft parallel zur Pazifikküste

Eigentlich verbindet der Highway 1 bzw. der hier auf derselben Strecke verlaufende 101 einen winzigen Ort in West-Kanada namens Lund an der Sunshine Coast mit Puerto Mont in Chile, jedenfalls behauptet das ein Schild in Lund mit dem Hinweis, dass diese Straße 15.000 km lang ist. So gesehen ist die Verbindung von Los Angeles nach Seattle im Bundesstaat Washington nur ein kleines Teilstück. Ca. 2.400 km umfasst diese ungemein abwechslungsreiche Strecke, meist in Sichtnähe zum Pazifik. Sobald man den Ballungsraum Los Angeles und Santa Monica verlässt, stellt sich Kalifornien plötzlich sehr variantenreich dar: breite Strände nur für Buggyfahrer, Hügelketten bis ans Wasser, Hearst Castle in Big Sur oder Luxusvillen im Nebel der Monterey Bay, und im Norden die Riesenbäume im Redwood National Park. Oregons Küste wartet ebenfalls mit Sehenswürdigkeiten wie Felsformationen am Strand und Aussichtspunkten für die Grauwalwanderungen bzw. zum Storm-Watching auf. Die grauen Ozeanriesen wandern von ihren „Gebärstuben" in mexikanischen und kalifornischen Lagunen von Februar bis April/Mai bis zu den nördlichen Küsten Alaskas, also ca. 16.000 km weit. Im Herbst geht's wieder zurück. Dank strenger Schutzbestimmungen hat sich die Population wieder erholt, nachdem insbesondere der Walfang auch hier den Grauwalbestand Anfang des 20. Jahrhunderts drastisch reduziert hatte. Mittlerweile wird die Zahl der Tiere auf 26.000 geschätzt. Im Sommer finden sich Urlauber aus den heißen südlichen Bundesstaaten gern in den Oregon Dunes ein, einer mehr als 50 km langen Dünenlandschaft mit Campingplätzen im erfrischenden Ozeanklima. Vereinzelte Felsen ragen unvermittelt aus flachen Sandstränden. Die wie steinerne Heuhaufen erscheinenden sogenannten „Haystack Rocks" geben der nördlichen Küste von Oregon ein ganz unverwechselbares Gepräge. Washingtons grüne und sturmumtoste Gestade sind noch kaum für Touristen ausgebaut. Einige First-Nations-Stämme haben ihre ureigenen Gebiete am Fuß des Olympic National Park und würden sicher weiterhin unbehelligt ihre Kultur pflegen, wenn nicht die Verfilmung der „Twilight"-Romane von Stephenie Meyer das Interesse an den dunklen Regenwäldern befördert hätte.

REISEROUTEN

Das Getty-Museum beherbergt eine Vielzahl von Kunstwerken der westlichen Welt, vom Mittelalter bis zur Gegenwart

Auch Abseits des Highway 101 gibt es lohnenswerte Ziele: Der Lassen Volcanic Park in Nordkalifornien gehört dazu ebenso wie der kreisrunde Crater Lake im Südwesten von Oregon und die schlafenden Vulkane Mount St Helen und Mount Rainier südlich von Seattle.

Los Angeles und Santa Monica, Kalifornien

Immerhin auf den 7. Platz der 10 Top-Strände weltweit hat es Santa Monica bei der Reise-Community von National Geographic gebracht. Beeindruckende 5,6 km an feinem Sandstrand und eine gut ausgebaute Infrastruktur für Touristen inklusive der Vergnügungspiers führen heutzutage an die Spitze der Beliebtheitsskala. Manhattan, Redondo oder Long Beach gehören auch zum Einzugsgebiet des Ballungsraums um Los Angeles, aber Santa Monica hat als Strand von Hollywood nun mal einen besonderen Ruf errungen. Von der Schriftstellerin Dorothy Parker soll das Bonmot stammen, Los Angeles, das seien 72 Vorstädte auf der Suche nach einer Innenstadt. Das war allerdings in den 1950er Jahren und seitdem sind es eher mehr geworden. Sogar die Experten vom Tourismusbüro empfehlen, sich für die 10 verschiedenen Regionen, in die sie den Großraum aufgeteilt haben, viel Zeit zu neh-

USA-Lesebuch

Die einsame Zypresse am 17 Mile Drive, einer sogenannten scenic road direkt am Pazifik

men oder Schwerpunkte zu setzen. Für die Innenstadt zwischen dem Hollywood und Harbor Freeway und der 7th Street sollten die Walt Disney Concert Hall mit ihrer ungewöhnlichen Architektur, die California Plaza mit der kurzen Standseilbahn „Angels Flight" und der Grand Central Market sowie die Union Station und das Pueblo de Los Ángeles auf der Liste stehen. Letzteres gilt als der „Geburtsort" der Stadt. Am Platz mit Denkmälern des kalifornischen Gouverneurs Felipe de Neve und des spanischen Königs Carlos III. beginnt die Olvera Street, ein ebenso kulinarischer wie kunstgewerblicher Straßenzug im Stil von Old Mexico. Drumherum liegt ein ziemlich buntes Touristenviertel, in dem es lebhaft und unterhaltsam zugeht. Bevor die Reise auf dem Highway 1 oder auf dem 101 Richtung Norden beginnt, lohnt sich noch ein Besuch im Getty Center in Brentwood. Wie eine Festung wirken die fünf Gebäude des berühmten Kunstmuseums, in dem die von Jean Paul Getty (1892-1976) gesammelten Bilder und Skulpturen, kostbare Möbel, Schmuck und Bücher ausgestellt sind. Die vom Ölmilliardär gut ausgestattete Stiftung erlaubt Besuchern kostenlosen Eintritt, nur eine Parkgebühr muss bezahlt werden. Atemberaubend bei schönem Wetter ist der Blick von der Terrasse auf die entfernt liegende Innenstadt von LA (siehe auch Route 66).

Auf dem Highway 1 nach Ventura, Santa Barbara und Big Sur

Von Santa Monica aus führt der Pacific Coast Highway (Hwy 1) direkt an der Küste entlang bis Ventura, als Alternative kann man auch den als Schnellstraße ausgebauten Highway 101 hinter dem Höhenzug am Meer nehmen. Die Fahrt über den Highway 1 dauert länger, ist aber abwechslungsreicher und führt durch den Badeort Malibu, immer noch bekannt durch die TV-Serie „Baywatch" mit dem bekannten Surfer-Spot von Paradise Cove. Im Hafen von Ventura starten Boote in Richtung Channel Islands National Park. Die fünf als Nationalpark ausgewiesenen Inseln sind nur per Boot oder Flugzeug erreichbar. Die Fahrt bis zur küstennächsten Insel Anacapa Island dauert ca. 2 Stunden. Dort kann man an einer von Rangern geführten Wanderung teilnehmen und seinen Blick für die verborgenen und überraschenden Schönheiten der Pflanzen- und Tierwelt schärfen. Seelöwen und Seehunde sind jedenfalls unübersehbar.

1820 errichtete Gebäude der 1786 gegründeten Mission in Santa Barbara

In Santa Barbara ist ein weiteres Highlight dieses Küstenteils zu besichtigen, die 1820 auf einer Anhöhe erbaute Mission. Heute noch von Franziskanern bewohnt, ist dieses Beispiel spanisch-maurischer Architektur ein Kleinod unter den noch erhaltenen 21 Klöstern am sogenannten „Missions Trail" (auch „Camino Real" genannt), der weitgehend entlang der Küste zwischen San Diego und San Francisco verläuft. Die Kirche wurde nach dem Erdbeben 1925 originalgetreu restauriert und kann täglich besichtigt werden. In der Stadt selbst kann man gut spazieren gehen. Witzig ist das Einkaufszentrum „El Paseo Nuevo", das wie ein bunt zusammengewürfeltes mexikanisches Dorf wirkt. Der neben dem Santa Barbara Beach 800 Meter weit ins Meer hinausragende Vergnügungspier „Stearns Wharf" ist ein beliebter Treffpunkt.

In San Luis Opispo teilt sich der Highway wieder in 1 und 101. Der Cabrillo Highway 1 ist direkt in die Steilufer des Küstengebirges hineingeschlagen und bietet – besonders bei Sonnenschein – atemberaubende Ausblicke auf den Ozean. Ein recht krasser Gegensatz zur rauen Natur dieser Strecke ist das Hotel „Madonna Inn". Inzwischen offiziell als nationales kulturelles Wahrzeichen anerkannt, ist dieses 150-Zimmer-Haus die ungewöhnlichste Ansammlung von nach Themen gestalteten Räumen, die sich vorstellen lässt: 50er Jahre-Kitsch,

Lighthouse Beach in Santa Cruz

nach wie vor im Besitz einer Familie, die es irgendwie schafft, ihre Stammgäste zu halten. Inzwischen kommen solche, die schon als Kinder dort übernachteten mit der Nachkommenschaft und finden immer noch die gleichen Motivzimmer vor.

Vielleicht sind die Gründer ja von Hearst-Castle inspiriert worden. Der „Palast" bei San Simeon bietet ein ungewöhnliches Konglomerat an Baustilen und Dekorkunst, von Antike über Mittelalter bis zur Moderne Anfang des 20. Jahrhunderts ist alles vertreten, was für Geld zu haben war. Der Bauherr und Zeitungsmagnat William Randolph Hearst stellte 1919 seinen Reichtum zur Schau und ließ seine Gäste aus LA und San Franzisco wochenlang in der riesigen Anlage wohnen. Heute verwaltet die kalifornische Denkmalschutzbehörde das Anwesen. Verschiedene Thementouren werden angeboten, aber individueller Zugang ist nicht möglich.

Die sich anschließende Küste von Big Sur ist bislang weitestgehend von massiver Bebauung verschont geblieben; Anstrengungen zum Erhalt der Naturlandschaft sind hier noch von Erfolg gekrönt. So kann man sich ganz den von Wind umtosten, steilen Klippen, der Salz-Luft, den morgendlichen Nebelschwaden und den Serpentinen hingeben und an den wenigen Aussichtspunkten die Landschaft bewundern. Wanderfreunden sei der Julia Pfeiffer Burns Big Sur State Park ans

Herz gelegt: Dort gibt es mit dem Ewoldsen Trail einen ca. 7 km langen Rundweg durch Redwoodwald und offenes Grasland zu schönen Ausblicken auf 500 Metern Höhe. Ein Stopp ist angesagt in Nepenthe, wo sich ein Restaurant direkt über den Klippen befindet, in dem man sich wie Henry Miller fühlen kann, der dort zwischen 1944 und 1962 lebte und schrieb. Bekanntestes Fotomotiv von Big Sur ist die Bixby Creek Bridge 20 km südlich vor Carmel, die am besten am späten Nachmittag zu fotografieren ist (Foto am Beginn des Kapitels).

Um sich von anderen Städten zu unterscheiden, weist Carmel einige kuriose, gesetzlich verankerte Traditionen auf: Es gibt weder Briefkästen noch Hausnummern oder Straßennamen. Auch Reklametafeln sind eher Mangelware und Hamburger-Ketten sucht man vergebens. Eine Stadt der Betuchten; noch imposanter werden die Häuser dann am 17 Miles Drive, einer kostenpflichtigen Privatstraße am Meer entlang bis Monterey.

Die ehemalige Hauptstadt Kaliforniens und spätere Sardinenmetropole ist durch John Steinbecks 1945 erschienenen Roman „Straße der Ölsardinen" in der Literatur verewigt worden. Beim im September stattfindenden „Monterey Jazz Festival", dem ältesten bestehenden jährlichen Jazzfestival der Welt, gaben sich seit 1958 Musikergrößen wie Dizzy Gillespie, Louis Armstrong und Billie Holiday ein Stelldichein. Im Sommer quillt das Städtchen von Menschen über, und statt Meeresgetier werden an der Cannery Row nur noch Touristen ausgenommen. Die Landschaft dieser Gegend ist von Gemüse- und Obstanbau dominiert. Erdbeeren und Artischocken, Brokkoli und Zwiebeln bedecken mehrfach im Jahr kilometerlange Felder; 1947 wurde übrigens Marilyn Monroe zur Artischockenkönigin von Castroville gekürt, damals noch als Norma Jeane.

An der Steamer Lane in Santa Cruz haben in den 1950ern Surfer auf Longboards für die Riesenwellen auf Hawaii trainiert. Noch heute gelten die Wellen dort als herausfordernd und nur für Könner geeignet. Noch bekannter als die elf Surfspots von Santa Cruz ist die Achterbahn aus Holz auf dem Santa Cruz Beach Boardwalk, die immerhin schon seit 1911 in Betrieb ist. Holzschnitzer Charles (Karl) Looff hat später auch das Hippodrome auf dem Santa Monica Pier und andere Karussells in Venice und Long Beach gebaut; berühmt wurde der in Bramstedt, Holstein, geborene Immigrant vor allem durch seine Bauten in Coney Island, New York.

Die kurvige Küstenstraße Highway 1 am Fuß der Coast Ranges ist einsam. Überwiegend Touristen nutzen diese oft durch Nebel beeinträchtigte Strecke nach San Francisco.

San Francisco, Kalifornien

Auf nahezu jedem Prospekt von San Francisco sind sie zu finden, die bunten viktorianischen Häuser am Alamo Square, genannt „Painted Ladies". Sie stehen an der Steiner Street und leuchten je nach Sonnenstand wie bunte Bonbons. Aber sie sind nicht allein, in der ehemaligen Hochburg der Hippie-Generation Haight Ashbury sind viele bunte Häuser zu finden. Das Viertel hat seinen Charme etwas verloren. Manche der in die Jahre gekommenen Blu-

USA-Lesebuch

Die Golden Gate Bridge mit dem von ihr überspannten Fort Point am südlichen Brückenkopf

Linke Seite: San Francisco ist durch große Höhenunterschiede geprägt, die Straßenbahn muss deshalb mit Stahlseilen bergan gezogen werden

menkinder sind ihrer Überzeugung treu geblieben und haben nichts gegen den Verfall unternommen, sondern ziehen sich lieber zum Ausruhen in den Buena Vista Park oder in den Golden Gate Park zurück. Das Areal wurde schon 1870 als Park ausgewiesen; der fast 5 km lange Landstreifen reicht bis an den Pazifik. Im Park befindet sich das M. H. de Young Museum, das sich mit einer schwarzen, mit perforierten Kupferplatten bedeckten Fassade und einem schiefen, 44 Meter hohen Turm sehr modern präsentiert. Das Museum ist stolz auf seine umfassende Sammlung amerikanischer Kunst von der Kolonialzeit bis zur Gegenwart; Wechselausstellungen ergänzen das anspruchsvolle Konzept. San Francisco gilt als die europäischste Großstadt der USA. Gleichzeitig ist der im östlichen Zentrum gelegene Mission District die Hochburg der Latinos, sodass es hier mitunter schwierig sein kann, sich auf Englisch zu verständigen. Toleranz gegenüber anderen Lebensstilen wird in San Francisco seit Jahrzehnten großgeschrieben. In dieser Stadt wurde 1977 als erster bekennender Homosexueller Harvey Milk in ein öffentliches Amt gewählt, konnte seinen Job als Stadtrat allerdings nur elf Monate lang ausüben, denn er wurde zusammen mit George Moscone, dem Bürgermeister San Franciscos, von einem ehemaligen Kollegen im Affekt erschossen, nachdem dieser vergeblich versucht hatte, sein – freiwilliges – Ausscheiden aus

„Brides-to-be" bei der Gay Pride Parade 2013

dem Stadtrat rückgängig zu machen. Auch eher ungewöhnlich für die USA: Der internationale World Naked Bike Ride, eine jährlich stattfindende Fahrradparade unbekleideter Menschen als Protest gegen die Abhängigkeit von Öl durfte durch die Stadt ziehen; allerdings sind die Hippiezeiten grenzenloser Freizügigkeit vorbei. Außer bei besonderen Anlässen wie der Gay Pride Parade oder dem Bay To Breakers-Volkslauf haben Nudisten neuerdings das Nachsehen; durch die Stadt zu bummeln oder öffentliche Verkehrsmittel zu benutzen erfordert seit 2013 ein Minimum an Kleidung. Dagegen wurde, wie zu erwarten war, umgehend protestiert – sebstverständlich nackt.

Irgendwie ist an der Bay jeder ein Künstler, und moderne Kunst hat ihre durchaus ungewöhnlichen Erscheinungsformen. Geradezu gesittet geht es in diesem Sinne im Stadtteil South of Market zu, der durch die Market Street, den Bayshore Freeway und die Piers markiert wird und durch Museen, Galerien, Cafés und gute Restaurants ein neues Flair geschaffen hat. Ausgelöst wurde diese Entwicklung durch den Neubau des Museum of Modern Art 1995. Ein Besuch dieses Museums lohnt sich schon wegen der Lichteffekte in der Eingangshalle unter dem Glasdach des fünfstöckigen Treppenhauses. Hochkarätige Sammlungen amerikanischer und europäischer Künstler wie Georgia O'Keeffe, Meret Oppenheim, Gerhard Richter und Paul Klee sind dort zu finden. Gegenüber locken die Yerba Buena Gardens mit Rasenflächen, Wasserfällen und Pflanzen aus allen Partnerstädten von San Francisco. An schönen Tagen finden dort auch Open-Air-Konzerte oder Theateraufführungen statt.

Natürlich darf bei keinem Besuch in der Stadt an der San Francisco Bay eine Fahrt mit den historischen Cable Cars fehlen, am besten vom Union Square aus zu den Piers an der Bay Street. Die Seelöwenkolonie am Pier 39 ist schon aus der Entfernung nicht zu überhören; den Tieren sind etliche Anlegestellen der Marina dort überlassen worden. Daneben, vom Pier 33, fahren die Ausflugsschiffe nach Alcatraz ab, der legendären Gefängnisinsel, die seit 1963 zur Besichtigung freigegeben ist. Von der Hyde Street oberhalb der Hafenanlage mit den historischen Schiffen kann man mit der Cable-Car-Linie Powell-Hyde durch Russian Hill wieder zurück zur Market Street fahren, oder in einem längeren Spaziergang an den anderen Piers vorbei die Embarcadero bis zum Ferry Building entlang schlendern, das seit dem Umbau 2004 zum Einkaufen und zum Genuss ausgefallenerer Delikatessen einlädt.

Ebenso wie Cable Car fahren gehört auch ein Besuch der Golden Gate Bridge zu San Franciscos Highlights. Das Wahrzeichen der Stadt wurde 1933-37 als damals längste Hängebrücke der Welt gebaut, eine Ingenieurleistung, an deren Realisierung viele gezweifelt hatten. Sie ist 2,7 km lang und hat 227 Meter hohe Tragepfeiler; die Straße führt in 67 Metern Höhe über die Bay. Fußgänger und Radfahrer dürfen die Brücke kostenlos überqueren, und das lohnt sich, der Blick auf die Stadt ist von dort aus atemberaubend, wenn nicht gerade der berüchtigte Nebel in die Bay zieht. Autofahrer bezahlen nur stadteinwärts, also von Norden kommend, eine Nutzungsgebühr. Unweit der Brücke, im Presidio of San Francisco, befindet sich das Disney Family Museum. Tausende Fotos, Dokumente, Skizzenbücher, Modelle von Filmszenen und Filme auf 200 Monitoren zeigen den vielseitigen Künstler und Gründer des größten Entertainmentkonzerns der Welt.

Der Highway 101 windet sich nördlich von Miranda zwischen Baumriesen entlang

Nord-Kalifornien: die letzten Redwood-Giganten an der Westküste

Über die Golden Gate Bridge führt der Highway 1 durch das malerische Dorf Sausalito, dann spaltet er sich wieder in 1 und 101 auf. Die Strecke am Pazifik entlang ist in dieser Region in erster Linie kurvig, nicht immer ist der Blick aufs Wasser gewährleistet, oft sieht man dafür Viehwiesen, Felder oder weiter nördlich sanfte Hügel. Da die meisten Autofahrer den schnelleren 101 durch Santa Rosa, Cloverdale und Redwood Valley vorziehen, sind auf dem Coast Highway 1 relativ viele Radwanderer, Motorradfahrer und Camper unterwegs. Nur wenige Dörfer durchquerend, zieht sich diese Straße viele Stunden vorbei an einigen Strandbuchten und mehr oder weniger hoher Steilküste bis kurz vor den Humboldt Redwoods State Park, wo sie wieder auf den Highway 101 stößt. Die Baumgiganten dominieren diese Region, allerdings sind nur noch Bruchteile des ursprünglichen Waldes vorhanden, der sich hier vor 2.000 oder 1.000 Jahren ausbreitete, als viele der heute noch stehenden Bäume ihr langes Leben begannen. Küsten-Sequoien gehören zu den ältesten Lebewesen der Welt, manche leben schon länger als 3.000 Jahre und sie haben einst den gesamten Küstenbereich von Oregon bis Südkalifornien bedeckt. Das enorm hohe Alter der Bäume wird auf ihre Widerstandsfähigkeit gegenüber Schädlingen zurückgeführt. Das rötliche Holz stößt Insekten ab, deshalb gibt es in diesen Wäldern auch nicht viele Vögel, die sich von ihnen ernähren könnten; es herrscht eine eigentümliche, geradezu feierliche Stimmung. Das Redwood Empire umfasst drei State Parks und einen National Park, insgesamt 534 km². In letzter Minute wurden mit der Einrichtung des Nationalparks 1968 die Holzbarone gestoppt, die systematisch seit dem ersten Erscheinen der weißen Siedler dieses wertvolle Holz fällen ließen. Gut 320 km an Wander- und Kletterwegen durchziehen eine vielfältige und abwechslungsreiche Landschaft mit den uralten Redwood-Wäldern, Busch- und Marschland an der steilen Küste und Grasebenen an den östlichen Ausläufern.

Oregon Coast Highway 101 von Brookings bis Astoria

Der 101 heißt in Oregon natürlich Oregon Coast Highway, damit auch kein Zweifel darüber aufkommt, wo man sich befindet. Bezüglich der Touristen stehen die Bundesstaaten in direkter Konkurrenz, und da es nördlich von San Franzisco durchaus kühl sein kann – auch an Sommertagen – müssen sich die Anbieter und Tourismusexperten schon mehr einfallen lassen als nur das Strandleben zu preisen. In Oregon verläuft der 101 durch drei verschiedene Landschaften; der Süden ist ziemlich menschenleer mit seiner streckenweise steilen, von scharfen schwarzen Klippen geprägten Küste. Bandon als eine der ersten größeren Ansiedlungen nach Brookings ist zwar auch nur ein größeres Straßendorf, weist aber eine kleine Old Town an der Mündung des Coquille River auf und vor allem einige Hotels direkt auf der Klippe über dem mit Felsbrocken gespickten Strand. Zudem hat sich der Ort einen Namen gemacht als „Cranberry-Hauptstadt" von Oregon, was seit 1946 mit einem dreitägigen Fest Mitte September gebührend gefeiert wird. Nur 3.000 Einwohner leben hier, aber in der Urlaubszeit und an den Wochenenden kann es ziemlich voll werden. Ebenfalls gut besucht sind im Sommer die Campingplätze in der Oregon Dunes National Recreation Area; die riesigen Sanddünen türmen sich in diesem 50 Kilometer langen Gebiet bis zu 150 Meter hoch auf. Allerdings liegen sie hinter Bäumen so gut versteckt, dass sie von der Straße aus leicht zu übersehen sind. Dieses größte zusammenhängende Dünengebiet Nordamerikas soll vor rund 12 Millionen Jahren entstanden sein, weil hier die Küste wesentlich flacher und weniger felsig verläuft als an den anderen Abschnitten. Der Highway 101 führt auf dem Abschnitt bis zur Rhododendron-Stadt Florence selten ans Wasser, er ist meist gesäumt von dichtem Wald und

Bei Astoria überquert der Highway 101 die Mündung des Columbia River

steilen Felsen. Ein schöner Punkt zum Anhalten und Fotografieren ist das Heceta Head Lighthouse von 1894 auf einer Felsnase im gleichnamigen State Park.

Central Coast

Bis Lincoln City im Norden gilt der nachfolgende Teil als Central Coast, an der die Straße ziemlich dicht am Wasser entlang führt. Langgezogene Strände, aber ohne Infrastruktur wie Umkleidekabinen oder Parkplätze, und einige wenige kleine Dörfer säumen die Strecke. In Newport hat kommerzieller Fischfang Tradition: Lachs, Heilbutt und die berühmten Taschenkrebse (Dungeness Crabs, Metacarcinus magister) werden hier gefangen und am Hafen an der Yaquina Bay verarbeitet. Das zieht Seelöwen an, die mit ihrem lauten Gebell für Unterhaltung sorgen; nicht ganz so viele wie in San Francisco, aber ebenso aktiv. Die langgestreckte Hafenstadt arbeitet an ihrem Image und hübscht insbesondere den alten Teil an der Nye Bay direkt oberhalb des Wassers auf; die steile Küste hier erlaubt nur begrenzten Strandzugang. Wer schon als Kind gern Drachen steigen gelassen hat, der sollte Ende Juni oder Anfang Oktober Lincoln City als Ziel ansteuern. Ausgesprochen fantasievolle Drachen und Segelfiguren kommen bei den „Kite Festivals" an der D-River Wayside zum Einsatz. Die guten Windverhältnisse lassen Drachensteigen natürlich das ganze Jahr über

USA-Lesebuch

Angeschwemmtes Holz am Ruby Beach

zu; so lassen sich die artistischen Flugbewegungen hier überall bewundern, aber anlässlich der Festivals kommen Experten zusammen mit „Fluggeräten", die man nicht jeden Tag sieht.

Bei der Ausschilderung nach Pacific City empfiehlt es sich, den 101 zu verlassen und einen Abstecher auf den „Three Capes Scenic Loop" zu machen. Die Strecke ist hügelig und weist immer noch (Reparaturen sind im Gang) Schlaglöcher auf, zudem gehört sie zu den bevorzugten Routen der vielen Radwanderer. Aber die wunderschöne Landschaft und die spektakulären Ausblicke auf den Pazifik bieten viele Fotomotive. Zum Ansehen bieten sich an: der Haystack Rock am Cape Kiwanda, das Dünengebiet des Sand Lake, der Cape Lookout State Park mit Aussicht auf vorbeiziehende Wale, das historische Cape Meares Lighthouse von 1890, der dort stehende „Octopus Tree", eine mindestens 2.000 Jahre alte Sitka-Fichte in ungewöhnlicher Form. Bei Tillamock wird der 101 wieder erreicht und er führt bei Twin Rocks auch wieder direkt am Strand entlang.

North Coast

Nun beginnt die Nordküste mit den alten Seebädern Rockaway, Cannon Beach und Seaside, die sich an Wochenenden mit Gästen aus dem nahen Portland füllen. Cannon ist der bekannteste Ort, dort steht der größte Haystack Rock am Strand, ein alleinstehender Felsen von 71 Metern Höhe. In Astoria, der Hafenstadt an der Mündung des Columbia River, kann man Oregon über die lange Astoria-Megler Bridge verlassen. Die schon 1811 als Fort Astoria vom Pelzhändler Johann Astor gegründete Stadt liegt am Steilufer des Flusses. Von der berühmten Astoria Column auf dem Coxcom Hill ist der Blick auf die Küste und die Küstengebirge atemberaubend. (Von Astoria gibt es eine Verbindung zur Interstate 5, auf der man nordwärts zum Mt. St. Helens und zum Mt. Rainier gelangt.)

Eine Rundreise um den Olympic National Park

Bevor die dunklen Wälder rund um den Mt. Olympus die Eindrücke vom Highway 101 dominieren, gibt es noch eine Gelegenheit, Strandleben und Sandküste zu genießen. Die schmale Halbinsel von Long

Die Hurricane Ridge im Olympic Nationalpark

Beach trennt den Pazifik von der Wilapa Bay, einem ergiebigen Austernzuchtgebiet. Die kleinen Orte auf der fast 45 km langen Landzunge versuchen schon seit mehr als 100 Jahren, vom Tourismus zu leben, das raue Klima sorgt aber dafür, dass die Besucherzahlen überschaubar bleiben. Bäume, Bäume, Bäume – die nahezu menschenleere Region zwischen Aberdeen und Forks im Norden ist Holzfällerland. Oft hinter einer Reihe hoher Fichten verborgen, sind bei genauem Hinsehen die abgeholzten Flächen zu erkennen. Es wird auch wieder gepflanzt, Schilder am Straßenrand geben Aufschluss, wann welcher Teil aufgeforstet wurde. Aber auch in diesem Gewerbe schreitet die Mechanisierung voran, Arbeitsplätze gehen verloren, und viele Menschen verlassen die Gegend. Leere und verfallende Häuser, heruntergekommene Wohngebiete sind Kennzeichen dieses Wandels. Am Fuß des Nationalparks liegt der langgestreckte Quinault Lake, umgeben von dichtem Wald, sodass die Häuser am nördlichen Ufer fast nicht zu sehen sind. Schon vor vielen Jahrzehnten sind Sommerfrischler in diese Gegend gekommen. Die ehrwürdige, mit Holzschindeln verkleidete „Lake Quinault Lodge" stammt aus dieser Zeit und steht auf der Liste der National Historic Places. Sie ist natürlich restauriert und auf einen modernen Stand gebracht, aber die ganze Anlage atmet noch den Charme vergangener Zeiten. Ein kurzes Stück führt der 101 an der Küste entlang, aber Zugänge zum Strand sind selten. Zu viel Schwemmholz und die extrem raue See behelligen mitunter auch die Camper und Hüttengäste von Kalaloch, der einzigen Übernachtungsmöglich-

USA-Lesebuch

Der Leuchtturm am Wilson Point, am Ende der Olympic-Halbinsel

keit direkt am Pazifik, die gern von Wanderern auf dem Weg zum Nationalpark genutzt wird. Zufahrten mit dem Auto in das riesige Nationalparkgelände gibt es nur wenige. Eine beginnt kurz vor Forks und führt zum Hoh Rain Forest Visitor Center. Der dort vorkommende gemäßigte Regenwald besteht vorwiegend aus intensiv bemoosten Sitka-Fichten. Andere Baumarten wie Hemlock-Tannen oder Douglasien wachsen in tiefer gelegenen Regionen. Am Strandrand von Ruby oder Rialto Beach, die ebenfalls zum Nationalpark gehören, findet man Riesen-Lebensbäume (Western Redcedar, Thuja plicata) und Rot-Erlen (Red Alder, Alnus rubra). Kurz vor Forks führt eine Stichstraße an die Küste nach La Push. Die winzige Strandgemeinde gehört zum Reservat der Quileute-Indianer, die überwiegend vom Fischfang leben. Es gibt ein Hotel, ein Restaurant und ein paar Geschäfte. Vom First Beach aus lassen sich manchmal Grauwale sogar ohne Fernglas sichten, so nahe schwimmen sie an der Küste entlang. An den heißen Quellen in der Nähe des Lake Crescent ist ein Hotel gebaut worden und am See selbst existieren ein paar Übernachtungsmöglichkeiten. Weitaus größer ist die Auswahl erst wieder in Port Angeles und in Port Townsend. Auch wer keine Tagestouren im Nationalpark plant, sollte den beliebtesten Wanderweg, den Hurrican Hill Trail ablaufen: ein ca. 5 km langer Rundweg, der zum Teil wunderbare Ausblicke auf die Buchten der Juan de Fuca Strait bietet; er beginnt am Hurrican Ridge Visitor Center oberhalb von Port Angeles.

Port Townsend, ganz im Nordosten der Halbinsel und nicht am 101, wollte mal das New York des Westens werden. Vermögende Holzbarone ließen prächtige Anwesen errichten und hofften auf den Anschluss der Eisenbahn. Die Bahn kam aber nur bis Seattle, und nur per Schiff lohnte sich der Transport des Holzes dann doch nicht, und so fiel die kleine Hafenstadt in einen Dornröschenschlaf. Immerhin trug der dazu bei, dass die malerischen viktorianischen Villen nicht abgerissen wurden. Heute sind viele von ihnen bunt gestrichen und dienen als B&B. Um nach Seattle zu gelangen, kann man auf dem 101 den Nationalpark weiter umrunden und bis Olympia, der Hauptstadt Washingtons fahren. Von dort geht es auf der Interstate 5 vorbei an Tacoma in die quirlige Metropole im Puget Sound. Sich der Stadt vom Wasser aus zu nähern ist eine andere, sicher interessantere Erfahrung: Von der Kleinstadt Bremerton auf der Kitsap Peninsula aus fährt regelmäßig eine Autofähre direkt nach Downtown Olympia an den Piers.

Blick auf Seattle von der Space Needle. Im Hintergrund der 4.392 m hohe Mount Rainier

City of Light: Seattle, Washington

Auch wer Seattle nicht kennt oder noch nie von der Stadt ganz im Nordwesten der USA gehört hat – mit den Namen Starbucks, Microsoft, Boeing oder Amazon kann wohl jeder etwas anfangen: Firmen, die ihren Hauptsitz in oder bei Seattle haben bzw. hatten. Der Flugzeugbauer Boeing – übrigens die Gründung des Sohnes deutscher Auswanderer – begann seine Erfolgsstory 1916 im Süden der Stadt; heute zeugt das Museum of Flight von den Anfängen. Mehr zur Zukunft des Fliegens ist im Future of Flight Museum in Mukilteo ca. 50 km nördlich zu erfahren: Dort vermitteln modernste Technologie und Didaktik Eindrücke von der Flugwelt von morgen. Boeing selbst hat seinen Hauptsitz inzwischen in Chicago. Starbucks ist zum Synonym für Kaffee geworden. Die Filiale gegenüber von Seattles wichtigster Touristenattraktion, dem Pike Market, ist in der Regel total überfüllt, weil sich hartnäckig das Gerücht hält, dies sei der erste Laden gewesen. Ausweichmöglichkeiten existieren genug, allein diese Kette soll in der Stadt fast 500 Cafés haben, und daneben schaffen es auch noch ein paar andere Anbieter zu überleben. Seattles Bewohner brauchen eine mehrfache Dosis an Koffein: Es regnet im Winter ziemlich ausdauernd in dieser Region, die Firmen geben nur wenige Urlaubstage, die Preise sind hoch und Radfahrer blockieren die Straßen allerorten. Soviel zu den Vorurteilen. Fest steht aber, dass Seattle die Kaffeehauptstadt der USA ist, jedenfalls gemessen an der Zahl der Coffeeshops pro Einwohner.

USA-LESEBUCH

Älter als die Route 66: der Lincoln Highway von NYC nach San Francisco

Schon vor mehr als 100 Jahren begannen Visionäre des Automobils von einer durchgehenden Verbindung von New York City nach San Francisco zu träumen. Diese Straße wurde auch gebaut, allerdings mit Hindernissen, nämlich finanziellen Problemen und Uneinigkeiten in den betroffenen Bundesstaaten. Anders als bei den von privaten Unternehmen gebauten Eisenbahnlinien begann sich in den 1920er Jahren die Auffassung durchzusetzen, dass der Straßenbau Aufgabe des Staates sein sollte. Schon 1913 kundschaftete eine automobile Reisegruppe namens Trail Blazers („Wegmarkierer") mit 17 Autos eine Route auf bestehenden Regionalstraßen aus. 1919 erklärte sich das Militär zu einer Werbeaktion bereit, und schickte einen Motorkonvoi auf die vorgesehene Strecke; die von Washington ausgehende Reise dauerte 61 Tage, vom 7. Juli bis zum 5. September und nicht alle Wagen kamen an. Es dauerte bis 1938, 25 Jahre nach der formalen Einweihung 1913, bis die Straße vollständig fertiggestellt, durchgehend geteert und alle bereits bestehenden Einzelabschnitte miteinander verbunden waren. Wie im Fall der Route 66 gibt es den Highway als solchen nicht mehr, aber die Interstate 80 folgt zum Teil der alten Strecke oder verläuft zumindest in der Nähe davon. Fast 5.000 km ist diese Verbindung lang, sie führt durch 14 Bundesstaaten und alle vier Zeitzonen des Landes. Vielleicht sollten sich moderne Reisende an dem Militärkonvoi orientieren und sich tatsächlich zwei Monate Zeit für die Durchquerung des Kontinents gönnen.

Der historische Lincoln Highway verläuft von einer Küste der USA zur anderen

Der Times Square in New York: Hier beginnt der Lincoln Highway

Die ursprüngliche Route verlief vom Big Apple nach Philadelphia und dann weiter südlich von Harrisburg nach Pittsburg. Kleine Orte wie Canton, Mansfield, Lima, Fort Wayne und South Bend lagen am Highway, Cleveland und Toledo dagegen wurden auch später nicht angebunden. Erst die Interstate 80 schaffte die schnellere Verbindung nach Chicago.

New York City, New York

Am Times Square soll sich der offizielle Beginn des Lincoln Highway befinden, jedenfalls wurde hier Ende Oktober 1913 lebhaft mit Feuerwerk der Beginn einer neuen Ära gefeiert. Heutzutage ist Autofahren in der Metropole zwischen Hudson River, Long Island Sound und der Lower Bay kein Vergnügen mehr. Zwar sind im Lauf der Jahrzehnte immer mehr und breitere Straßen angelegt worden, von den Brücken ganz zu schweigen, aber die Mengen an Pendlern können nicht mehr bewältigt werden. Allein nach Manhattan pendeln täglich fast zwei Millionen Menschen Zum Glück nehmen viele die Busse oder die Subway, sonst wären die Staus noch länger und dauerhafter. Die Metropolitan Transportation Authority (MTA) versucht, den Bedürfnissen

USA-Lesebuch

Die Rock n' Roll Hall of Fame in Cleveland am Eriesee

der Pendler gerecht zu werden: Ca. 15,1 Millionen Menschen aus der Region sollen die Möglichkeit haben, mit öffentlichen Verkehrsmitteln an ihr Ziel zu kommen. Vier von fünf Pendlern nutzen gemäß den Zahlen der MTA inzwischen die Angebote, sodass Züge und Busse überfüllt sind. Nicht alle Buslinien haben eigene Spuren, da fragen sich manche, ob sie die Bequemlichkeit des eigenen Autos nicht der Enge vorziehen sollten. Auch auf die Subway ist nicht immer Verlass. Die vielen Reparaturen und Erneuerungen verursachen Engpässe, die mitunter nur durch außerfahrplanmäßige Unterbrechungen abgearbeitet werden können. Und wer schon mal versucht hat, mittags in Manhattan ein Taxi zu ergattern, kann nachvollziehen, weshalb man nach einer Stunde heftigen Winkens dann doch den nächsten Bus nimmt.

Mehr zur größten und aufregendsten Metropole der USA im Kapitel zur Atlantikroute.

Cleveland, Ohio

Im Wettbewerb um den Standort einer Rock'n'Roll Hall of Fame waren unter anderem Städte wie Memphis, Detroit, Cincinnati und natürlich New York City im Rennen, aber Cleveland konnte den Sender WMMS ins Feld führen, der in den 1970er und 80er Jahren für den Durchbruch von Musikern wie Bruce Springsteen, David Bowie oder Roxy Music gesorgt hatte. Der Sage nach soll ein Musikjournalist dieses Senders das erste Mal den Begriff Rock'n'Roll verwendet haben. So gewann die Handelsstadt am Eriesee eine Attraktion, die seit der Eröffnung 1995 für zahlreiche Besucher gesorgt hat. Entworfen hat das moderne Gebäude mit der gläsernen Eingangspyramide der chinesisch-amerikanische Architekt Ieoh Ming Pei, der 1983 den Pritzker-Preis erhielt, eine Art Nobelpreis für Architektur (siehe auch Kap. 3). John Lennons alte Lederjacke, David Bowies ungewöhnliche Hosen, Jim Morrisons recht ansehnliche Schulzeugnisse und Michael Jacksons berühmter Handschuh sind ausgestellt. Von der Decke baumelt ein Trabant, der von U2's „Zooropa"-Tour stammt. Die Wurzeln der Rockmusik zu präsentieren, bildet das Konzept dieses Museums. So sind auch viele Erinnerungsstücke aus dem Sun Studio in Memphis, wie Mischpulte, Bandmaschinen und Schallplatten in Cleveland ausgestellt. Erinnerungsstücke beispielsweise von John Lennon, die dem Museum von dessen Witwe Yoko Ono überlassen wurden, markierten den Anfang einer Serie von Leihgaben, mehr als genug, um die schillernde Geschichte des Rock'n'Roll einem großen Publikum präsentieren zu können. Als Organisation gibt es die Rock and Roll Hall of Fame bereits seit 1983; seitdem werden Musiker, die als besonders einflussreich gelten, ausgezeichnet. Bislang sind im Museum die Namen von mehr als 300 Bands und einzelnen Künstlern aufgelistet, zu denen auch Produzenten oder Komponisten gehören können. 17 Künstler schafften es, sogar doppelt – solo und mit Band – geehrt zu werden. Einsame Spitze ist Eric Clapton, der mit The Yardbirds (1992), Cream (1993) und als Solo-Musiker (2000) gleich dreimal verewigt wurde. Die Feier zu diesen Ehrungen richtet aber immer noch New York aus – offenbar hat Cleveland für die Gäste auf dem roten Teppich doch zu wenig zu bieten.

Clevelands weiße Bevölkerung stammt zu fast einem Viertel von deutschen Einwanderern ab, und so ist klar, dass hier ein Oktoberfest abgehalten wird. Am langen Wochenende des Labor Day, dem ersten Wochenende im September, steht das Messegelände des Vororts Middleburg Heights ganz im Zeichen von Bier, Dirndln und Blasmusik. Nur einen Tag dauert dagegen das Winterfest zu Beginn der Adventszeit auf dem Public Square in der Innenstadt.

Wo Präsident Barack Obama sich seine politischen Sporen verdiente: Chicago, Illinois

Chicago als Startpunkt der Route 66 wird im entsprechenden Kapitel behandelt, dort findet sich mehr zur Bedeutung als Architektenstadt und zur Geschichte.

Immer mehr Bustouren und Führungen durch Chicago schließen auch die Lebensstationen des ersten schwarzen Präsidenten mit ein. Obwohl Obama nicht in Chicago geboren wurde, sondern erst 1985 als Leiter einer kirchlichen Organisation in die Stadt am Michigan Lake zog, hat hier seine politische Karriere begonnen, die ihn schließlich ins Weiße Haus brachte. Seine Frau Michelle lernte er in einer Rechtsanwaltskanzlei kennen, wo er während der Semesterferien arbeitete, als er von 1988 bis 1991 Jura in Harvard studierte. Eine Fototafel zur Erinnerung an das erste Date der beiden ist am ehemaligen Baskin-Robbins-Eisladen, 1400 E. 53rd Street zu finden, in dem er ihr ein Luxuseis spendierte. Die Trinity United Church of Christ (532 W. 95th Street), in der Obama am 3. Oktober 1992 Michelle Robinson heiratete, ist 1995 allerdings in ein anderes Gebäude umgezogen. Zunächst war der junge Jurist als Fachanwalt für Bürgerrechte in der Anwaltskanzlei Sidley Austin und als Dozent an der Universität von Chicago tätig. In seinen Anfangszeiten organisierte er beispielsweise eine Kampagne zur Ermutigung von Afroamerikanern, sich als Wähler registrieren zu lassen und unterstützte damit Bill Clinton bei seiner damaligen Präsidentschaftskampagne. Im Jahre 1996 wurde er im Wahlkreis South Chicago in den Senat von Illinois gewählt. Ein erstaunliches Votum, wie die Zeitung The New Yorker in einem umfangreichen Hintergrundbericht von 2008 bemerkte, da auch in Chicago und Illinois eine lange Zugehörigkeit und Vernetzung in den politischen

Geschäftshäuser unterschiedlicher Stilepochen in Chicago down town

Kreisen eigentlich die Voraussetzung für eine erfolgreiche Kandidatur war. Obama war 1992 nach Hyde Park gezogen, einem Stadtteil, der zu dieser Zeit im Umbruch begriffen war. Einstmals ein Bezirk mit vorwiegend wohlhabender und weißer Bevölkerung, war er von vielen verlassen worden, weil die anliegenden Stadtteile zunehmende Gewalt und Kriminalität aufwiesen. Die großen Anwesen wurden aufgeteilt in kleine Wohnungen und nicht mehr so aufwändig gepflegt. Infolgedessen konnten sich ärmere Afroamerikaner die Wohnlage in der Nähe der Universität leisten. Hier knüpfte Obama weitere Kontakte, insbesondere mit Demokraten, die sich für ein Nebeneinander von Schwarz und Weiß einsetzten. Sein Wahlkreis für den Senatssitz war allerdings der Süden von Chicago, früher eine Industrieregion und vorwiegend von Schwarzen bewohnt. Heute ist die alte Villengegend mit schattigen Bäumen und Multikulti-Flair wieder zu früherem Glanz zurückgekehrt; auch Mohammad Ali hatte hier ein Anwesen. Das Wohnhaus von Familie Obama, ein dreistöckiges Backsteinhaus im gregorianischen Baustil mit Säulen vor dem Eingang, wird streng bewacht. Je sechs Schlaf- und Badezimmer soll es haben, dazu einen Weinkeller für 600 Flaschen.

Obama musste 2000 eine Niederlage hinnehmen und seinen Senatssitz in Springfield räumen, allerdings nur für zwei Jahre, dann kehrte er zurück. Schließlich konnte er sich 2004 als Kandidat der Demokraten für einen Senatssitz in Washington D.C. durchsetzen und diesen auch gewinnen. Seinem Friseur aus frühen Chicagoer Tagen soll er bis heute treu sein. Der Barbier wird (so die Süddeutsche Zeitung vom September 2012) alle zwei Wochen nach D.C. geflogen, und der Stuhl, auf dem er seinen speziellen Haarschnitt bekam, ist unter Glas gesetzt worden („Hyde Park Hair Salon", 5234 S. Blackstone Ave.).

Auf der langen Fahrt durch die schier endlose Prärie sind Unterbrechungen sicherlich eine willkommene Abwechslung. Die Gedenkstätte für den 31. Präsidenten der USA Herbert Hoover (1929-33) ist ein großes Areal, auf dem sich sein Geburtshaus, seine Grabstätte und die präsidiale Bibliothek nebst Museum befinden, günstig gelegen in West Branch direkt an der Interstate 80.

Iowa City und deutsche Siedlergeschichte: die Amana Colonies

Die klein gebliebene Stadt am gleichnamigen Fluss war ursprünglich die Hauptstadt von Iowa, bis 1857 Des Moines, gut 200 km weiter westlich, diese Aufgabe übertragen wurde. Als Ausgleich bekam sie die staatliche Universität. Neben Medizin spielen Literatur und Geisteswissenschaften dort eine große Rolle, und so wurde Iowa City (ca. 70.000 Einwohner, davon 29.000 Studierende) 2008 von der UNESCO als erste nordamerikanische Stadt mit dem 2004 geschaffenen Titel „Stadt der Literatur" ausgezeichnet. Hier werden mehrere Literatur-Studiengänge angeboten, so zum Beispiel der Iowa Writers' Workshop, unter dessen Absolventen einige Pulitzer-Preisträger sind, und jährlich im Oktober findet das „Iowa City Book Festival" statt.

Als Touristenziel in den Weiten des Mittleren Westens haben sich die Amana Colonies etabliert, mehrere kleine Dörfer, die man von Iowa City aus nach Nordwesten fahrend in ca. 20 Minuten erreicht. Von deutschen Siedlern um 1855 gegründet, waren die Kolonien von Amana bis 1932 eine abgeschottete lutherische Kirchengemeinde mit Gemeinschaftsbesitz. Angesichts der Weltwirtschaftskrise ging man dann dazu über, unabhängige, private Geschäftszweige aufzubauen, etwa eine Weberei für Decken, Möbelschreinereien und die Produktion von Lebensmitteln. In ihrer Schlichtheit konnten die Produkte In-

Barack Obama (2. v. l.) in seiner Funktion als Senator von Illinois 1998 bei einer Feier aus Anlass einer Straßenbenennung

Indianische Heilige Stätten

Eine ca. zweieinhalb Stunden lange Autofahrt von Davenport aus nach Norden führt zum Effigy Mounds National Monument am Mississippi. Die Ansammlung von Grabhügeln und zeremoniellen Stätten ist ungewöhnlich groß: Mehr als 200 solcher Hügel sind hier zu finden, manche davon in der Form von Vögeln, Bären oder Wassergeistern. Zwischen 500 v.Chr. bis ca. 1300 haben Indianer der Woodland-Kultur an den leichten Anhöhen oberhalb des Flusses diese einmaligen Gebilde angelegt. Über die Bedeutung mancher Hügel rätseln die Archäologen noch heute. Autotouren sind in diesem National Monument nicht erlaubt, aber vom Besucherzentrum am Highway 76 aus sind Wanderwege ausgewiesen.

Ländliche deutsche Idylle: Die Amana Colonies

teresse auch über die Grenzen Iowas hinaus wecken. Nicht weit entfernt, bei der Kleinstadt Kalona, befinden sich größere Siedlungen von Old Order Amish, ebenfalls Nachkommen deutscher und auch schweizerischer Immigranten, die sich noch heute in den Trachten des 16. Jahrhunderts kleiden und moderne Technologien ablehnen. Auf einer eigens angelegten Webseite der historischen Gesellschaft von Kalona, wird anscheinend aufgrund der allgemeinen Konfusion von Touristen darauf hingewiesen, dass die Amish- und die Amana-Gemeinde absolut nichts miteinander zu tun haben und Besucher die Unterschiede doch bitte zur Kenntnis nehmen mögen.

Anfang Oktober wird in den Amana Colonies die deutsche Tradition zelebriert: Ein Oktoberfest mit viel Bier, Musik und Tanz, bei dem drei Tage lang alle außer Rand und Band geraten. In echten Maßkrügen wird das lokale Gebräu ausgeschenkt: Mit der Millstream Brewery hat Amana Iowas älteste Brauerei vorzuweisen. Deutsch wird allerdings kaum noch gesprochen, nur beim sonntäglichen Gottesdienst wird der erste „Durchlauf" noch in der Sprache der Vorfahren abgehalten. Viele deutsche sowohl Vor- als auch Familiennamen sind aber erhalten geblieben.

Des Moines, Hauptstadt von Iowa

Iowas überschaubare Hauptstadt ist touristisch nicht erschlossen. Interessant für Besucher ist eventuell das ca. 5,6 km lange Skywalk-System aus geschlossenen Brücken zwischen Gebäuden der Innenstadt. So ersparen sich die Büroangestellten den Weg auf die Straße; insbesondere im kalten Winter oder heißen Sommer sind die klimatisierten Übergänge praktisch und willkommen. Das Parlamentsgebäude mit seiner vergoldeten Kuppel ist an dieses Brückensystem allerdings nicht angeschlossen.

Außerhalb von Des Moines Richtung Westen von der Interstate 80 aus lohnt sich der Besuch des 240 Hektar großen Freilichtmuseums Living History Farms bei Urbandale. Auf dem weiten Gelände sind vier Dörfer mit Schulen, Kirchen und Wohn- und Backhäusern wiedererrichtet, mit traditionellen Inneneinrichtungen und Gebrauchsgegenständen ausgestattet und zu neuem Leben erweckt worden, so zum Beispiel die Ioway Indian Farm aus dem Jahr 1700, der Pioneer Farmstead von 1850, das Dorf Walnut Hill von 1875 und die Horse-Powered Farm von 1900.

Das Iowa State Capitol in Des Moines hat eine vergoldete Kuppel

Warren E. Buffett Stadt – Omaha, Nebraska

Zu eher unrühmlichen Schlagzeilen brachte es Omaha am Missouri River 1989, als der Lebensmittelkonzern ConAgra Foods, eine der großen Fortune-Global-500-Gesellschaften, von den Stadtverantwortlichen verlangte, den Altstadtbereich am Fluss abzureißen. Obwohl der Jobbers Canyon Historic District als Bestandteil des National Register of Historic Places zu den größten unter staatlichem Schutz stehenden Stadtteilen gehörte, gab die Stadt dem Ansinnen von ConAgra Foods nach, dort eine neue Zentrale zu bauen, da das Unternehmen im Fall der Verweigerung mit Abwanderung gedroht hatte. Immerhin mehr als 3.000 Arbeitsplätze waren in Gefahr, ein Argument, dem sich kaum ein Politiker entziehen kann. Omaha ist eine prosperierende Stadt mit etwas mehr als einer halben Million Einwohnern, zahlreiche große Firmen haben dort ihre Hauptsitze und profitieren von den Absolventen der 11 Universitäten und Colleges. Einer der reichsten Männer der Welt stammt aus Omaha und führt dort immer noch seine Geschäfte: Warren Buffett ist noch immer CEO der Berkshire Hathaway Inc., eines Firmenkonsortiums, das zu den größten privaten Firmen der Welt gezählt wird. Sein Wohnhaus im Dundee-Happy Hollow Historic District hat vor einigen Jahren die nationale Presse in Erstaunen versetzt: Mit nur sechs Zimmern ist das Gebäude nicht so riesig, wie es offenbar vom Anwesen eines Milliardärs erwartet wird.

Die 15 Attraktionen, die laut den Tourismusbüros Omahas für Besucher interessant sind, finden sich in einer übersichtlichen Broschüre und sind zudem mit blauen kugeligen Schildern markiert; fast alle nicht weit vom Heartland of America Park am Missouri River gelegen. Der Fluss ist übrigens auch die Grenze zum Nachbarstaat Iowa.

USA-Lesebuch

Fensterputzer in Denvers Innenstadt

Auch wenn Salt Lake City, die Hauptstadt der Mormonen in Utah, noch rund 1.500 km entfernt ist, im Omaha Mormon Trail Center etwas nördlich von der Innenstadt um den historischen Stadtteil Old Market kann man sich schon mal über den Mormonen-Treck nach Westen informieren: Im Winter 1846-47 bauten sich hier am Ufer des Missouri die Anhänger von Brigham Young, des zweiten Präsidenten der Kirche Jesu Christi der Heiligen der Letzten Tage, Hütten, um die Unbilden des Wetters von Nebraska zu überstehen und für den weiteren Teil des Wegs nach Westen gerüstet zu sein. North Omaha ist auch der Geburtsort des Black Power-Aktivisten Malcom X (s. Kapitel 3).

Denver, ursprünglich Stadt am Lincoln Highway und Hauptstadt von Colorado

Auch wenn auf Fotos meist die schneebedeckten Berge zu sehen sind, die großflächige Hauptstadt liegt am Fuß der Rocky Mountains auf einer Hochebene und ist selbst flach wie ein Teller. Nur das Kapitol mit seiner vergoldeten Kuppel steht auf einer kleinen Erhebung. Im westlichen Treppenaufgang befindet sich eine Tafel, die auf die Lage der Stadt hinweist: genau eine Meile über dem Meeresspiegel, also 1.693 Meter. Die Farbgebung der Parlamentskuppel steht im Zusammenhang mit der Entstehung der Stadt: In den späten 1850er Jahren wurde in der Region Gold gefunden. Zwar waren die Funde nicht sehr ergiebig, aber die geschützte Lage am Fuß des Gebirges ließ den Ort trotz eines Großbrands 1863, der Besetzung durch konföderierte Truppen im Bürgerkrieg und der blutigen Auseinandersetzungen mit Indianern schließlich doch prosperieren. Zeichen des Wohlstands der damaligen Zeit sind in der Hauptstraße der Innenstadt erhalten: Die 16th Street und die angrenzenden Straßen warten mit alten, restaurierten viktorianischen Gebäuden auf. Die Busbenutzung ist dort kostenlos. Neben Berühmtheiten wie William F. Cody, der als Buffalo Bill mit Wild-West-Shows die Welt bereiste und in Denver lebte und starb, wird hier auch der afroamerikanischen Cowboys, Soldaten und der ersten schwarzen Ärztin der USA, Justina Ford, in einem Museum gedacht. Neben Washington ist Denver die zweite Stadt, die eine Münzprägeanstalt beherbergt; seit 1906 werden hier Geldstücke hergestellt. Neben den vielen historischen Gebäuden sind in der Hauptstadt auch ungewöhnliche moderne Bauwerke zu finden. Besonders

Denver am östlichen Fuß des Felsengebirges im Winter. Hier herrscht kontinentales semi-arides Klima. Wegen der Höhenlage kann es besonders im Dezember recht kalt werden

auffällig ist die Erweiterung des Kunstmuseums von Daniel Libeskind, dessen spitz in den Himmel ragende Teile auf Felsformationen der Rockies Bezug nehmen. Die schimmernde Oberfläche reflektiert die Sonne manchmal so stark, dass fotografieren eigentlich nur morgens oder abends möglich ist. Spektakulär im gleißenden Sonnenlicht dagegen leuchtet der Felsen des Red Rocks Amphitheatre im Westen der Stadt. Hier finden Konzerte und Theateraufführungen statt; tagsüber kann das Gelände besichtigt werden.

Von Denver aus starten viele Reisende ihre Tour in den Westen. Aspen und Vail als bekannte Skiorte liegen nur wenige Stunden Fahrt entfernt. Nach Norden und nach Süden gibt es weitere lohnenswerte Ziele. Bei Colorado Springs ist eine ungewöhnliche Felsformation zu bewundern, der Garden of the Gods. Die rötlich schimmernden Sandsteine liegen in einem öffentlichen Park, dürfen aber von Kletterern genutzt werden. Ein ganz anderes Vergnügen ist im winzigen Ort Nederland in den Rocky Mountains (ca. 1 Std. Fahrt nördlich von Denver) zu finden: Jedes Jahr am ersten Märzwochenende werden die „Frozen Dead Guy Days" abgehalten, ein buntes Straßenfest, bei dem mit gefrorenen Truthähnen gekegelt wird, wild Kostümierte in einen eiskalten Pool springen und Sargrennen veranstalten. Der norwegische Auswanderer Trygve Bauge hatte seinen verstorbenen Großvater 1989 in gefrorenem Zustand nach Nederland gebracht und ihn jahrelang in einem Privathaus konserviert, bis die Geschichte schließlich herauskam. Seitdem wird der Tiefgefrorene im Auftrag des inzwischen aus-

USA-Lesebuch

Traditionelles Sargrennen in Nederland im Rahmen der „Frozen Dead Guy Days"

gewiesenen Bauge in einem Schuppen mit Trockeneis konserviert und monatlich von einem „Iceman" betreut. Seit 2002 gedenkt man dieser eher makabren Begebenheit mit dem kurzweiligen Festival, das von Jahr zu Jahr mehr Zuschauer in die Berge bringt. Übrigens, Einfrieren von Personen oder deren Körperteilen ist seitdem in Nederland verboten, nur für Grandpa wird eine Ausnahme gemacht.

Universitätsstadt Laramie, Wyoming

Wyoming kann zwar mit den bekannten Nationalparks Yellowstone und Grand Teton aufwarten, aber an Bewohnern mangelt es dem zehntgrößten Bundesstaat erheblich. Die knapp 580.000 Einwohner verteilen sich auf nur wenige Städte. Davon hat Laramie ca. 30.000 abbekommen und ist damit die drittgrößte Stadt Wyomings. Gegründet wurde der Ort in der Mitte des 19. Jahrhunderts zur Unterstützung der Bauarbeiten der Union Pacific Railroad. Auch heute noch ist die Kleinstadt ein wichtiger Knotenpunkt für Eisenbahnen, in erster Linie natürlich Güterzüge. Während der Semesterzeit von September bis April wächst die Bevölkerung um ca. 10.000 Studierende und verjüngt sich, denn Laramie ist das Bildungszentrum Wyomings. Hier befindet sich die einzige Universität des Bundesstaates. Manchmal sind auch deutsche Studenten dort anzutreffen, denn es besteht eine Austauschpartnerschaft mit der Universität Oldenburg.

Vielleicht erinnert sich der eine oder andere noch an die erste Fernsehserie aus dem Wilden Westen: „Am Fuß der blauen Berge". Der Originaltitel war „Laramie" und die Geschichte spielte auf einer Ranch in der Nähe der Stadt; in Deutschland war die in den USA von 1959-63 ausgestrahlte Serie in mehreren Wiederholungen bis 1970 zu sehen. Gedreht wurde sie allerdings nicht in Laramie, sondern in den Universal Studios in Hollywood.

Eine mehr als zweistündige Fahrt nach Norden ist nötig, um zur Fort Laramie National Historic Site zu gelangen. Für die Besiedlung des Westens war diese Station von großer Bedeutung: Hier konnten sich die Trecks auf dem Overland Trail Richtung Pazifik mit Nahrung versorgen, ausruhen und Nachrichten weitergeben, bevor es an die weitere Durchquerung des Kontinents ging. Das Militär war seit 1849 dabei, den einstigen Handelsposten zum Fort auszubauen, da die ehemals zurückhaltenden Indianerstämme der Region sich nun zuneh-

Die historische Altstadt von Laramie

mend gegen die Inbesitznahme ihres Landes durch weiße Siedler zur Wehr setzten.

Von Laramie bis Salt Lake City ist die Landschaft vorwiegend flach, nur in der Ferne sind die Erhebungen verschiedener Bergzüge zu sehen. Im extrem dünn besiedelten Wyoming sollte jede Gelegenheit zum Tanken genutzt werden.

Salt Lake City, Utah

Utahs Hauptstadt und religiöses Zentrum besticht durch die Lage: Am Fuß der Wasatch und Uinta Mountains auf der östlichen Seite und westlich der breitet sich der Great Salt Lake aus. Kein Wunder, dass hier 2002 die Winter-Olympiade abgehalten wurde. Im Nord-Süd-Korridor zwischen den Rocky Mountains und dem 120 km langen Salzsee lebt die Mehrheit der knapp 3 Mio. Einwohner des Mormonenstaates.

Viele Mitglieder der erst 1830 von Joseph Smith in New York gegründeten Kirchengemeinde wandten sich in den 1840er-Jahren nach Westen, zunächst nach Illinois. Die Ermordung Smiths, die Konflikte um die Polygamie und andere Auseinandersetzungen mit den offiziellen

Salt Lake City ist Mormonenstadt: der Tempelbezirk inmitten der Stadt

Olympia in Salt Lake City

Mitt Romney, Präsidentschaftskandidat der Republikaner von 2012, galt seinerzeit als Retter der Olympischen Winterspiele, weil er nach dem Korruptionsskandal die Finanzierung sicherstellte und damit die Olympiade vor dem Scheitern bewahrte.

christlichen Kirchen ließen die Oberen nach Alternativen suchen. Unter der Führung und geleitet durch die Visionen von Brigham Young ließ man sich schließlich im Gebiet am Großen Salzsee nieder. Offiziell stand die Region unter mexikanischer Hoheit; die vorher dort lebenden Indianer waren bereits vertrieben worden. 1847 begann die Erbauung der Stadt und des Tempels, der erst 40 Jahre später fertig wurde. Ein Plan zur Errichtung eines eigenen, von den USA unabhängigen Staates scheiterte; die Zentralregierung weigerte sich, die religiösen Grundlagen anzuerkennen. Sogar ein militärischer Einsatz war Folge des mormonischen Widerstands um die Polygamie. Schließlich gaben die Kirchenfürsten nach: Offiziell wurde die Vielehe verboten und Utah 1896 ein Bundesstaat der USA. Bewässerungssysteme haben die Wüstenlandschaft urbar gemacht; Salt Lake City ist genauso grün wie andere Städte auch. Aber in den weiter westlich liegenden Wüstengebieten und um den Großen Salzsee ist die Erde weiß vom Salz und glüht im Hochsommer vor Hitze.

Das Parlamentsgebäude mit seinen stattlichen umlaufenden Säulen findet im größten Tempel der Kirche Jesu Christi der Heiligen der letzten Tage ein ebenbürtiges Bauwerk. Der Tempel Square ist der Mittelpunkt der Stadt. Nicht nur die zentrale Kirche mit sechs Türmen ist hier zu finden, auch das Tabernakel mit 8.000 Plätzen oder die Assembly Hall geben diesem Areal ein ganz spezifisches Gepräge. Der Tempel darf von Nicht-Mormonen nicht besucht werden, aber zwei Besucherzentren mit Ausstellungen, Gemäldegalerien und eine Kuppelhalle mit Firmament, in der eine überdimensionale Christusstatue steht, vermitteln nachhaltige Informationen und Eindrücke. Mormonen haben wegen ihrer Taufe der Toten Familienstammbäume zusammengestellt, ihre Dokumente zur Genealogie werden weltweit von Museen genutzt. Das Family Search Center ist inzwischen im Joseph Smith Memorial Building untergebracht, einem dekorativen ehemaligen Hotel. Restaurants sind am Tempel Square ebenfalls zu finden, allerdings wird hier grundsätzlich kein Alkohol ausgeschenkt. In anderen Stadtteilen gibt es Restaurants mit der Genehmigung, Wein oder Bier zu verkaufen, die aber nicht sehr zahlreich sind. Anders als in anderen Bundesstaaten führen Supermärkte keinen Alkohol im Sortiment, nur speziell ausgewiesene Liquor Stores.

Vor mehr als 50.000 Jahren bedeckte ein gigantischer See die Hochebene zwischen den Küstengebirgen und den Rocky Mountains. Klimaveränderungen trugen zur Austrocknung bei, übriggeblieben ist neben anderen der Great Salt Lake ohne Abflüsse und mit einem Salzgehalt von 20 bis 25 %. Die größte Insel des Sees, Antelope Island, ist durch einen Damm mit dem Festland verbunden. der State Park dort bietet eine Heimat für Bisons, Gabelböcke und Dickhornschafe. Camping ist erlaubt, allerdings gibt es keine Hotels.

Von Saltair aus führt der Lincoln Highway ein Stück direkt am See entlang. Gelegenheit zum Baden gibt es vor dem Türmchengebäude von Saltair. Das Wasser riecht brackig und trägt den Schwimmer wie einen Korken, Untergehen ist nicht möglich. Saltair hat eine bewegte Geschichte hinter sich: ein Vergnügungsbetrieb zum Tanzen, Konzerte hören und feiern, alles unter den Augen der Mormonen bzw. mit deren Duldung. 1925 brannte alles nieder, wurde wieder aufgebaut, 1958 endgültig geschlossen und 1970 nochmals abgebrannt. Das heutige Gebäude mit den Zwiebeltürmen wirkt wie eine Filmkulisse, aber von Zeit zu Zeit finden dort Rockkonzerte statt.

Salzgewinnungsanlagen am Großen Salzsee

Bei der Bonneville Speed Week kommen ganz unterschiedliche Fahrzeugklassen zum Einsatz

Bonneville Salt Flats – Geschwindigkeitsrekorde in der Salzwüste

Um bei der „Speed Week" im August oder September (die Daten wechseln) aufzufallen, braucht man schon mehr als einen Oldtimer oder bunte Farbe auf seinem Wagen. Hier in der Salzwüste treffen sich Autobastler, Leute, die ihr eigenes Gefährt zusammenschrauben, um damit gegen die Zeit zu fahren. Geschwindigkeitsrekorde von mehr als 1.000 km/h sind auf dem weißen, flachen Untergrund mit Raketenantrieb aufgestellt worden, aber auch mit Dieselmotoren betriebene fahrbare Untersätze in der Kategorie Landmaschinen sollen es schon auf mehr als 500 km/h gebracht haben.

Cowboys, Dichter und Basken: Elko in Nevada

Die schier endlose Strecke zwischen Salt Lake City und Reno zieht sich zum Teil so gnadenlos ohne jede Unterbrechung dahin, dass Radiosender und Schilder davor warnen, nicht einzunicken. Ortschaften sind extrem wenige zu finden; so ist es ratsam, in der Kleinstadt Elko eine Rast einzulegen. Der Ort dient der Versorgung lokaler Farmer und Rancher, die sich bei einem Stadtbesuch etwa im September beim „National Cowboy Poetry Gathering" einfinden. Ganzjährig gibt es Ausstellungen zum Thema Cowboys und ihre Lebensbedingungen im Northeastern Nevada Museum. Für die meisten Besucher von außerhalb überraschend ist sicherlich das im Juli stattfindende „National Basque Festival"; seit 1963 wird der frühen Siedler aus den Pyrenäen mit Musik, Tänzen und typischem Essen gedacht.

Spielerdorf Reno, Nevada

Weit entfernt von der Glitzerwelt von Las Vegas hat sich Reno seine Klientel an Spielern erhalten. Hier ist alles überschaubar, die Hauptstraße mit dem sie überspannenden Bogen „Größte Kleinstadt der Welt" trifft die Erwartungen: ein paar Hotels mit dazu gehörenden Kasinos und Souvenirshops, und das war's. Vielleicht hat sich das illusorische Bild aus den 1950er und 60er Jahren erhalten, als die Stars und Sternchen sechs Wochen in Reno verbrachten, um eine schnelle Scheidung zu bekommen; jedenfalls schneller als in den anderen Bundesstaaten überhaupt denkbar und dazu noch ohne Einwilligung des jeweiligen Gegenparts.

Die Spielhallen sind nicht zu Themenparks umgewandelt worden; so lässt sich der Bewegungsdrang zum Drücken der Knöpfe an den blinkenden Automaten fast ungestört ausleben. Natürlich gibt es Disneyland-ähnliche Bereiche für Kinder, in der Regel in der Nähe der Restaurants oder mehr offenen Bistros. Vielleicht eher für erwachsene Reisende bietet das National Automobile Museum die ehemalige Kollektion eines Sammlers: Von den ca. 1.400 Autos, die William F. Harrah zeit seines Lebens gesammelt hat, sind in der Regel 200 ausgestellt, darunter meist der 1973er-Cadillac von Elvis Presley und der 1912er-Rambler, der von Regisseur James Cameron im Film „Titanic" benutzt wurde – jedenfalls steht das auf dem Schild neben dem beeindruckenden Wagen. Reno und das angrenzende Sparks liegen im Tahoe County. Der Name verweist auf den weit über die Grenzen von Nevada hinaus bekannten See hoch oben in den Bergen der Sierra Nevada. Und so haben sich die Kleinstädte einen Ruf als Ausgangspunkt für Outdoor-Aktivitäten in den Bergen und der umgebenden Halbwüste aufgebaut.

Der wichtigste Wirtschaftszweig in der „größten Kleinstadt der Welt" ist das Glücksspiel

USA-Lesebuch

Die Emerald Bay am kalifornischen Ufer des Lake Tahoe

Die Interstate 80 führt durch die Berge der Sierra Nevada, aber nicht zum Lake Tahoe. Der glasklare Bergsee liegt auf über 2.000 Metern Höhe, ist umgeben von den Gipfeln der hohen Sierra und gehört zu den beliebteren Reisezielen der Amerikaner. South Lake Tahoe lebt von Sommer- und Wintertouristen; hier finden sich hervorragende Skigebiete. Mehr im Nordwesten fanden 1960 die Olympischen Winterspiele im Squaw Valley statt. Ein Abstecher nach Tahoe City (über den Highway 89) ist auf jeden Fall lohnenswert. Für eine beschaulichere Reise nach Sacramento am 35 km langen See entlang über South Lake Tahoe und durch den Eldorado National Forest braucht man doppelt so lange wie auf der schnellen Autobahn.

Der erste kalifornische Goldrausch bei Sacramento, Hauptstadt von Kalifornien

Was kann man als Tourismus-Marktstratege für eine Haupt- und Verwaltungsstadt in den Vordergrund stellen? Die Geschichte um die Goldfunde, den ersten kalifornischen Goldrausch, das interessiert Besucher am meisten. Natürlich wird heute kein Gold mehr geschürft, aber die Ursprünge der Hauptstadt am Sacramento und American River liegen in den Goldfunden von 1848. Der darauffolgende kalifornische Goldrausch brachte Reichtum, Menschen und den Anschluss Kaliforniens an die USA. Der Schweizer Johann August Sutter hatte 1839 einen Handelsposten namens Fort Sutter errichtet. Der Goldfund bei einer Sägemühle einige Meilen entfernt am American River brachte dem selbsternannten Herrscher von „Nueva Helvetia" aber kein Glück. Der einstmals geachtete Farmer und Viehzüchter verlor in den chaotischen Zeiten des Glücksrittertums seinen Besitz und starb als verarmter Mann, aber sein Name ist untrennbar mit der Gründung der Stadt 1850 verbunden. Mehr als ein Jahrhundert später hat sich Sacramento zu einem ruhigen und gesetzten Ort entwickelt, in dem gut ausgebildete weiße Menschen gern ihre Familien großziehen, jedenfalls wenn man Katherine Heigl im Film „Die nackte Wahrheit" glauben möchte.

Old Town und das Kapitol

Ein Spaziergang durch Sacramento sollte am besten in der Old Town beginnen. In den 1960er Jahren wurden die historischen Gebäude gut restauriert. Heute befinden sich vorwiegend Souveniershops darin, aber die Atmosphäre mit knarzigen Holzdielen und den Überdachungen der Gehsteige sowie den wie alte Gaslampen wirkenden Straßenlaternen erinnert an die Entstehungszeit. Außerdem ist das California State Railroad Museum dort zu finden. 21 historische Dampfloks und Waggons sind in diesem größten Eisenbahnmuseum Nordamerikas zu besichtigen. Einige Wagen sind überaus luxuriös ausgestattet; ein Schaffner erzählt dazu Geschichten über das Reisen vor mehr als hundert Jahren. Am Ende der Front Street zeigt das California Automobile Museum, wie sich im Gegensatz dazu der Individualverkehr entwickelt hat. Nicht nur an Regentagen ist das Crocker Art Museum unweit vom Sacramento River ein interessantes Ziel, beherbergt es doch die größte Sammlung an Arbeiten kalifornischer Künstler. 2010 ist ergänzend zum historischen Gebäude ein moderner Neubau errichtet worden, der den Sammlungen mehr Raum gibt.

Weithin sichtbar ist die 72 Meter hohe Kuppel des Kapitols am Ende der Capitol Avenue. Sehenswert ist im Parlamentsgebäude die fast 37 Meter hohe Eingangshalle (Rotunda) mit gigantischen Wandgemälden und unter der Kuppel die marmornen Statuen von Christoph Kolumbus und der spanischen Königin Isabella. Der jetzige Gouver-

Karrikatur zum Goldrausch, 1850: „Der unabhängige Goldsucher auf dem Weg nach Kalifornien". Er ist mit allerlei Krempel beladen, den er dort nicht brauchen wird

In Sutter's Fort präsentieren alte bärtige Männer traditionelles Handwerk

neur Jerry Brown, der Nachfolger Arnold Schwarzeneggers, residiert nicht im Old Governor's Mansion, dem fürstlich mit Kronleuchtern, persischen Teppichen und Marmorkaminen ausgestatteten Wohnsitz vieler Gouverneure. Nun stehen die in verschiedenen Stilen eingerichteten Räume Besuchern offen. Auch Ronald Reagan hat hier mal kurz nach seiner Wahl 1967 gewohnt.

State Historic Parks: Sutters Fort und Marshall Gold Discovery

An Sommerwochenenden demonstrieren im Sutters Fort State Historic Park ehrenamtliche Mitarbeiter in historischen Kostümen, wie vor 150 Jahren die Handwerker arbeiteten. Außerdem ist dort das Haupthaus von Fort Sutter als einziges Originalgebäude erhalten geblieben. Im benachbarten California State Indian Museum zeigen die ausgestellten Kleidungsstücke, Korbwaren und Arbeitsgeräte, wie unterschiedlich die Lebenswelten der Weißen und der Ureinwohner waren. Im Marshall Gold Discovery State Historic Park kann man sich auf die Spuren der Digger begeben, selbst im Fluss nach dem Edelmetall suchen und originale Gebäude und Werkzeuge aus der Anfangszeit besichtigen. An „Live History Days" zeigen auch dort die Mitarbeiter in historischen Kostümen, wie sich das Leben hier einst abspielte.

Nostalgie in San Francisco, Kalifornien

In den 1940er Jahren wurde im Stadtrat erwogen, die Cable Cars aus dem Verkehr zu ziehen; sie galten als veraltet, San Francisco wollte mit mehr elektrischen Straßenbahnen ein moderneres öffentliches System aufbauen. Aber ein Bürgerkomitee setzte sich erfolgreich für den Erhalt ein; seit 1964 sind die Linien der Cable Cars als bewegliches National Historic Landmark unter Denkmalschutz gestellt. Immerhin seit 1873 ist das System in Betrieb: Ein Stahlseil unter der Straße fungiert als Zugkabel, in das der *gripman* den Waggon mit einem Eisenhaken einhakt. Zum Anhalten wird ausgeklinkt und gebremst. Die vielen Steigungen auf den Wegen der drei noch fahrenden Linien sind Knochenarbeit für die Techniker. Das Erdbeben von 1906 hat viele der Strecken zerstört; nur solche sind wieder ausgebaut worden,

San Francisco: Cable Car No. 1

deren Steigungen für die Straßenbahnen noch zu steil waren. Heute sind noch drei Linien in Betrieb. Eine davon ist die Powell-Hyde vom Powell Markt über den Nob und den Russian Hill bis zum Ghiradelli Square. Die Powell-Mason startet ebenfalls am Markt, führt dann über den Nob Hill zum Fisherman's Wharf an der Bay Street, und die California Street Cable Railroad läuft von Osten nach Westen durch den Finanzdistrikt, Chinatown und über den Nob Hill bis zur Dunsmuir Street. Nicht nur Touristen sind begeisterte Fans dieser Art der Fortbewegung, auch die Einheimischen feiern ihre Cable Cars auf ganz eigene Weise. Mitte Juli wird der „Cable Car Bell Ringing Contest" auf dem Union Square ausgetragen: Jeder Bewerber muss die Klingelzeichen der Wagen nachläuten, und das möglichst so echt wie die Profis.

Mehr zur berühmten Stadt an der Bay im Kapitel „Highway 101 von Los Angeles nach Seattle".

DAS USA-LESEBUCH

Anhang

Filme, Literatur, Websites

Spielfilme

Asphalt-Cowboy (*Midnight Cowboy*; John Schlesinger, 1969) – Drama über einen naiven texanischen Provinzler, der versucht, als Callboy in der Großstadt New York sein Glück zu machen und dort auf einen heruntergekommenen Kleinganoven trifft.
Boykott (Clark Johnson, 2001) – Über den Kampf von Rosa Parks und Martin Luther King jr. gegen die Rassentrennung in Bussen durch den Montgomery-Busboykott.
Die durch die Hölle gehen (*The Deer Hunter*; Michael Cimino, 1978) – Drama über drei Männer aus der amerikanischen Provinz, die in den Vietnamkrieg eingezogen werden.
Die Farbe Lila (Steven Spielberg, 1985)
Fluss ohne Widerkehr (Otto Preminger, 1954) – Westernmelodram mit Robert Mitchum und Marilyn Monroe in einer beeindruckenden Flusslandschaft
Giganten (*Giant*; George Stevens, 1956) – Drama mit Rock Hudson, Elisabeth Taylor und James Dean um Pferde, Liebe und Entfremdung, Rassismus und Machismo, das heute als texanischer Nationalfilm gilt und gemäß dem American Film Institute einer der 100 besten amerikanischen Filme aller Zeiten ist.
Halbblut (*Thunderheart*; Michael Apted 1992)
Heaven's Gate – Das Tor zum Himmel (Michael Cimino, 1980)
Liberty Heights (Barry Levinson, 1999) – Humorvoll-melancholischer Film über eine jüdische Familie im Baltimore der 50er, Rassismus, erste Liebe und Erwachsenwerden.
Malcolm X (Spike Lee, 1992)
The Rosa Parks Story (Julie Dash, 2002)
Smoke Signals (Chris Eyre, 1998)
Stonewall (Roland Emmerich, 2015) – Über die Stonewall-Unruhen in der New Yorker Christopher Street 1969, die international zum Symbol für den Bürgerrechtskampf der Homosexuellen wurden.
Talk Radio (Oliver Stone, 1988) – Drama über einen provokanten Talkradio-Moderator, der anonym bedroht wird.
Wag the Dog – Wenn der Schwanz mit dem Hund wedelt (Barry Levinson, 1997)

Dokumentationen

A Time for Justice (Charles Guggenheim, 1994) – Oscar-prämierter Kurzfilm über die Geschichte der amerikanischen Bürgerrechtsbewegung.
The Black Power Mixtape 1967-1975 (Göran Olsson, 2011) – 30 Jahre nach der Fertigstellung im Keller des schwedischen Fernsehens gefundenes Filmmaterial über die schwarze Bürgerrechtsbewegung, kritisch neu zusammengestellt und kommentiert von einigen ihrer damaligen Protagonisten.
Dark Girls (Bill Duke/D. Channsin Berry, 2012)
The National Parks: Americas Best Idea. (6-teilige TV-Serie auf PBS, Ken Burns, 2009)

Literatur

Sachbücher

Allgemein
Lösche, Peter (Hg.): *Länderbericht USA*. 5. Aufl. Bonn 2008.
Mauch, Christof/Wersich, Rüdiger B. (Hg.): *USA-Lexikon*. 2., völlig neu bearbeitete und wesentlich erweiterte Auflage, Berlin 2013.
Raeithel, Gert: *Geschichte der nordamerikanischen Kultur. 1600–2002*. 3 Bde. 4., aktual. u. erweiterte Ausgabe. Frankfurt a. M. 2002.

Ureinwohner
Arens, Werner/Braun, Hans-Martin: *Die Indianer Nordamerikas: Geschichte, Kultur, Religion*. 2. Aufl. München 2008.
Barrett, S.M. (Hg.): *Geronimo. Ein indianischer Krieger erzählt sein Leben*. Göttingen 2002.
Jeier, Thomas: *Die ersten Amerikaner: eine Geschichte der Indianer*. München 2011.
Oeser, Rudolf: *500 Indianerbiografien Nordamerikas. Eine biografische Enzyklopädie*. 1. Aufl. Books on Demand 2005.
Sica, John Okute: *Das Wunder vom Little Big Horn. Erzählungen aus der alten Welt der Lakota*. Chemnitz 2009.
Wearne, Phillip: *Die Indianer Amerikas. Die Geschichte der Unterdrückung und des Widerstands*. Göttingen 1996.
Welskopf-Heinrich, Liselotte: *Die Söhne der Großen Bärin*. 6 Bde. Berlin 1970 (1962) – V. a. in der DDR populärer Romanzyklus, der aufgrund wissenschaftlicher Erkenntnisse das Leben der Indianer zur Zeit der europäischen Besiedlung schildert und akribisch auf historische Hintergründe eingeht.

Einwanderung in die USA
Brunner, Bernd: *Nach Amerika. Die Geschichte der deutschen Auswanderung*. München 2009.
Chua, Amy: *Die Mutter des Erfolgs. Wie ich meinen Kindern das Siegen beibrachte*. München 2011.
Chua, Amy/Rubenfeld, Jed: *Alle Menschen sind gleich – erfolgreiche nicht. Die verblüffenden kulturellen Ursachen von Erfolg*. Frankfurt 2014.
Emmerich, Alexander: *Die Geschichte der Deutschen in Amerika. Von 1680 bis zur Gegenwart*. Köln 2009.
Sieber, Marcus/Zimmermann, Holger (Hg.): *Der Amerikanische Traum. Mit Green Card oder Visum in die USA*. 4., aktual. Aufl. München 2012.

Geschichte/Gesellschaft
Blum, Kai: *Fettnäpfchenführer USA. Mittendurch und Drumherum*. 7. Aufl. Meerbusch 2015.
Brill, Steven: *America's Bitter Pill. Money, Politics, Backroom Deals, and the Fight to Fix Our Broken Healthcare System*. New York City 2015.
Bryson, Bill: *Streiflichter aus Amerika. Die USA für Anfänger und Fortgeschrittene*. 17. Aufl. München 2002
Coates, Ta-Nehisi: *Zwischen mir und der Welt*. Berlin 2016 – Der renommierte afroamerikanische Intellektuelle Ta-Nehisi Coates setzt sich in Form eines Briefs an seinen 15-jährigen Sohn mit dem Rassismus in den USA auseinander.
Collins, Gail: *As Texas Goes … How the Lone Star State Hijacked the American Agenda*. New York City 2012.
Eisfeld, Rainer: *Mondsüchtig. Wernher von Braun und die Geburt der Raumfahrt aus dem Geist der Barbarei*. Reinbek 1996.
Hochgeschwender, Michael: *Der Amerikanische Bürgerkrieg*. München 2010.
Kantor, Jodi: *Die Obamas. Ein öffentliches Leben*. München 2012.
Koch, Egmont R./Wech, Michael: *Deckname Artischocke. Die geheimen Menschenversuche der CIA*. München 2004.
Lichtblau, Eric: *The Nazis Next Door: How America Became a Safe Haven for Hitler's Men*. Boston 2014.
Maraniss, David: *Barack Obama. The Story*. New York City 2012.
Nagler, Jörg: *Abraham Lincoln. Amerikas großer Präsident*. München 2011.

Owen, David: *Green Metropolis. Why Living Smaller, Living Closer, and Driving Less Are the Keys to Sustainability.* New York City 2009.
Packer, George: *Die Abwicklung. Eine innere Geschichte des neuen Amerika.* Frankfurt a. M. 2014.
Stannard, David E.: *American Holocaust: The Conquest of the New World.* Revised ed., New York City 1993.
Stevenson, Bryan: *Ohne Gnade: Polizeigewalt und Justizwillkür in den USA.* München 2015.
Sullivan, John Jeremiah: *Pulp Head. Vom Ende Amerikas.* Berlin 2012. – Literarische Reportagen und Essays zu Kultur und Gesellschaft des heutigen Amerika.
Theroux, Paul: *Tief im Süden. Reisen durch ein anderes Amerika.* Hamburg 2015.
Waldschmidt-Nelson, Britta: *Malcolm X. Der schwarze Revolutionär.* München 2015.
Weiner, Tim: *CIA. Die ganze Geschichte.* Frankfurt a. M. 2008.
Woodward, Bob: *Obamas Kriege. Zerreißprobe einer Präsidentschaft.* München 2011.

Kunst/Kultur

Berendt, Joachim Ernst/Huesmann, Günther: *Das Jazzbuch: von New Orleans bis ins 21. Jahrhundert.* Frankfurt a. M. 2007.
Dunaway, David King/Beer, Molly: *Singing Out: An Oral History of America's Folk Music Revivals.* Oxford, 2010.
Garofalo, Reebee: *Rockin' Out: Popular Music in the U.S.A.* 5th ed., Upper Saddle Creek 2010.
Jeier, Thomas: *Das große Lexikon der Country Music: Country Musik von A bis Z.* München, 2002.
Middleton Wagner, Anne: *A House Divided: American Art since 1955.* Berkley 2012.
Oliver, Paul: *Die Story des Blues: Worksongs, Ragtime, Rhythm and Blues.* Reinbeck 1985.
Orvell, Miles: *American Photography.* Oxford 2003.
Schulz, Dieter: *Amerikanischer Transzendentalismus: Ralph Waldow Emerson, Henry David Thoreau, Margaret Fuller.* Darmstadt 1997.
Zapf, Hubert (Hg.): *Amerikanische Literaturgeschichte.* 3. Aufl., Stuttgart 2010.

Natur

Blodgett, John/Connors, Martha/Griffith, T.D.: *The Official Guide to America's National Parks.* 14. Aufl. New York City 2013.
Lande, Nathaniel: *The 10 Best of Everything. An Ultimate Guide for Travelers.* 3. Aufl. Washington D.C. 2012.
Stoneman Douglas, Marjory: *The Everglades: River of Grass.* SOS Free Stock 1997 (1947) – Gilt noch immer als „definitive" Beschreibung der Naturschätze des 1947 offiziell gegründeten Everglades-Nationalparks.
V. A.: *Lonely Planet USA's National Parks.* Melbourne 2016.
V. A.: *National Geographic Guide to the National Parks of the United States* 7. Aufl. Washington D.C. 2012.

Autobiografisches:

Bradford, William: *History of Plymouth plantation, 1620-1647.* London 1856. Quelle: https://archive.org/details/historyofplymout1162brad, https://archive.org/details/historyofplymout02brad – Historisch bedeutsame, vom Gouverneur der Kolonie Plymouth inMassachusetts verfasste Geschichte der Auswanderung der Pilgerväter aus England über Holland nach Neuengland.
Brown, William Wells: *Narrative of William W. Brown, a Fugitive Slave. Written by Himself.* Boston 1847. Quelle: http://docsouth.unc.edu/neh/brown47/brown47.html
Cabeza de Vaca, Álvar Núñez: *La relacion y comentarios del gouernador Aluar Nuñez Cabeca de Vaca.* Madrid, 1542. Quelle (englisch): http://alkek.library.txstate.edu/swwc/cdv/book/1.html – Der Bericht des Konquistadors Cabeza de Vaca, der infolge Schiffbruchs sieben Jahre zum großen Teil als Sklave unter amerikanischen Ureinwohnern im heutigen Texas und Florida lebte, gilt mit seinen Beschreibungen zu Lebensweise und Kultur zahlreicher Stämme bis heute als bedeutende Quelle zu den präkolumbianischen Kulturen.

Douglass, Frederick: *Das Leben des Frederick Douglass.* Göttingen 1991 (1845).
Equiano, Olaudah: *Merkwürdige Lebensgeschichte des Sklaven Olaudah Equiano, von ihm selbst veröffentlicht im Jahre 1789.* Frankfurt a. M. 1990.
Jacobs, Harriet Ann: *Erlebnisse aus dem Leben eines Sklavenmädchens.* 2014 (1861).
Kingston, Maxine Hong: *The Woman Warrior: Memoirs of a Girlhood Among Ghosts.* New York City 1989 (1976). – Indem sie autobiografische Texte mit chinesischen Volksmärchen verbindet, entwirft die Autorin ein komplexes Porträt der Erfahrungen chinesischstämmiger Amerikaner, die infolge der chinesischen Revolution in die USA auswanderten.
Obama, Barack: *Ein amerikanischer Traum. Die Geschichte meiner Familie.* München 2008.
Rowlandson, Mary: *The Sovereignty and Goodness of God.* Hrsg. Neal Salisbury. Boston 1997 – Die Siedlerfrau Mary Rowlandson, die während King Philip's War, dem Aufstand der Wampanoag gegen die englischen Kolonisten 1675–1676, von den Ureinwohnern entführt wurde, berichtet über ihre elfwöchige Gefangenschaft, wobei sie aus ihren religiösen Überzeugungen heraus Verständnis für die Indianer äußert. Das Werk hatte maßgeblichen Einfluss auf das Genre der *captivity narrative*.
Sotomayor, Sonia: *Meine geliebte Welt.* München 2014. – Aus ärmlichen Verhältnissen zur Richterin am höchsten Gericht der USA.

Belletristik

Abu-Jaber, Diana: *Arabian Jazz.* San Diego 1993
Anaya, Rudolfo: *Segne mich, Ultima.* Frankfurt a. M. 1984
Anderson, Sherwood: *Winesburg, Ohio.* Übers. v. E. Schönfeld. Zürich 2012.
Anzaldúa, Gloria E.: *Borderlands/La Frontera.* San Francisco 1999 (1987).
Ashbery, John: *Flussbild/Flow Chart.* Zweisprachig. Wiesbaden 2013.
Auster, Paul: *Leviathan.* Reinbek 2000.
Baraka, Amiri (Jones, Leroi): *Dantes System der Hölle.* Darmstadt 1966.
Barth, John: *Der Tabakhändler.* (OT: *The Sot-Weed Factor.*) München 2003 (1970).
Beecher Stowe, Harriet: *Onkel Toms Hütte.* Köln 2013 (1852).
Bellow, Saul: *Herzog.* Frankfurt a. M. 2011 (1965).
Boyle, T. C.: *América.* (OT: *The Tortilla Curtain.*) München 1996.
Bradstreet, Anne: *The Works of Anne Bradstreet in Prose and Verse.* Edited by John Harvard Ellis. Charlestown 1867. Quelle: https://archive.org/details/worksofanne00bradrich.
Brett, Lily: *Einfach so.* Berlin 1999.
Brodsky, Joseph: *Brief in die Oase. Hundert Gedichte.* München 2006.
Brown, Charles Brockden: *Wieland: or, The Transformation: An American Tale.* New York 1798. Quelle: www.gutenberg.org/ebooks/792.
Burroughs, William S.: *Naked Lunch. Die ursprüngliche Fassung.* Zürich 2009.
Cable, George W.: *Die Grandissimes. Eine Geschichte aus dem tiefen Süden.* München 1992 (1880).
Caldwell, Erskine: *Die Tabakstraße.* (OT: *Tobacco Road.*) Bern 1948 (1932).
Cather, Willa: *Sapphira und das Sklavenmädchen.* München 2011 (1940).
Chabon, Michael: *Die unglaublichen Abenteuer von Kavalier & Clay.* Köln 2002
Chopin, Kate: *Das Erwachen.* Gräfelfing 2010 (1899).
Cisneros, Sandra: *Das Haus in der Mango Straße.* München, 1992. Cliff, Michelle: *No Telephone to Heaven.* New York City 1987.
Cooper, James Fenimore: *Der letzte Mohikaner. Ein Bericht aus dem Jahre 1757.* Übers. v. K. Lauer. München 2013.

Courlander, Harold: *Der Afrikaner.* München 1978.
Crane, Stephen: *Die rote Tapferkeitsmedaille.* (OT: *The Red Badge of Courage.*) Übers. v. E. Klein u. K. Marschke. Zürich 1985.
Cummings, E. E.: *Poems. Gedichte.* Zweisprachig. Übers. v. E. Hesse. München 2010.
Cunningham, Michael: *Die Stunden.* München 2000.
Desai, Kiran: *Erbin des verlorenen Landes.* Berlin 2013.
Dickinson, Emily: *Sämtliche Gedichte.* Zweisprachig. Übers. v. G. Kübler. München 2015.
Doolittle, Hilda (H.D.): *Hermetic Definition / Heimliche Deutung.* Zweisprachig. Übers. vo. U. Draesner. Basel 2006.
Dos Passos, John: *Manhattan Transfer.* Reinbek 1966 (1925).
Dreiser, Theodore: *Eine amerikanische Tragödie.* Wien 1962 (1925).
Elliot, T. S.: Das öde Land. (OT: *The Waste Land.*) Zweisprachig. Übers. v. N. Hummelt. Frankfurt a. M. 2008.
Ellison, Ralph: *Der unsichtbare Mann.* Reinbek 1998 (1984).
Farrell, James T.: *Studs Lonigan.* Romantrilogie. London 2001 (1932-35).
Faulkner, William: *Schall und Wahn.* (OT: *The Sound and the Fury.*) Neu übers. v. F. Heibert. Reinbek 2014 (1930).
Fitzgerald, F. Scott: *Der große Gatsby.* Übers. v. H.-Chr. Oeser. Ditzingen 2013.
Foer, Jonathan Safran: *Extrem laut und unglaublich nah.* Köln 2005.
Ford, Richard: *Ein Stück meines Herzens.* Berlin. 2012.
Frederic, Harold: *The Damnation of Theron Ware.* Chicago 1896. Quelle: www.gutenberg.org/ebooks/133.
Frost, Robert: *Promises to Keep. Poems. Gedichte.* München 2002.
Garland, Hamlin: *Main-Travelled Roads.* Boston 1891. Quelle: www.gutenberg.org/ebooks/2809.
Ginsberg, Allen: *Howl and Other Poems.* San Francisco 2001 (1956).
Glasgow, Ellen: *Virginia.* Garden City, 1913. Quelle: www.gutenberg.org/ebooks/26316.
Gold, Michael: *Juden ohne Geld.* Berlin 1989 (1930).
Guterson, David: *Schnee, der auf Zedern fällt.* Berlin 1995.
Haley, Alex: *Wurzeln.* (OT: *Roots: The Saga of an American Family.*) Frankfurt a. M. 1979.
Harding Davis, Rebecca: *Life in the Iron Mills.* Boston 1861. Quelle: www.gutenberg.org/ebooks/876.
Harte, Bret: *The Luck of Roaring Camp and Other Tales.* San Francisco 1868. Quelle: www.gutenberg.org/ebooks/6373.
Hawthorne, Nathaniel: *Der scharlachrote Buchstabe.* (OT: *The Scarlett Letter.*) München 2014.
Heller, Joseph: *Catch-22.* Frankfurt a. M. 1994 (1961).
Hemingway, Ernest: *Fiesta* (OT: *The Sun Also Rises.*) Neu übers. v. Werner Schmitz. Reinbek 2013 (1926).
Highsmith, Patricia: *Salz und sein Preis.* (OT: *The Price of Salt.*) Übers. v. M. Walz. Zürich 2005 (1952).
Hurston, Zora Neale: *Vor ihren Augen sahen sie Gott.* (OT: *Their Eyes Were Watching God.*) Gräfelfing 2011 (1937).
Hustvedt, Siri: *Die Leiden eines Amerikaners.* Reinbek 2008.
Irving, John: *Gottes Werk und Teufels Beitrag.* (OT: *The Cider House Rules.*) Zürich 1988.
James, Henry: *Die Gesandten.* (OT: *The Ambassadors.*) Übers. v. M. Walter. München 2015 (1903).
Jones, Edward P.: *Die bekannte Welt.* München 2007.
Lewis, Sinclair: *Elmer Gantry.* Reinbek 1984 (1928
Kerouac, Jack: *Unterwegs.* (OT: *On the Road.*) Übers. v. T. Lindquist. Reinbek 1998.
Lahiri, Jhumpa: *Der Namensvetter.* (OT: *The Namesake.*) München 2003.
Larsen, Nella: *Seitenwechsel.* (OT: *Passing.*) Zürich 2011 (1929).
Lowell, Amy: *Verwundertes Glimmen. Ausgewählte Gedichte.* Zweisprachig. Übers. v. A. Kühn. Wiesbaden 2008.
London, Jack: *Wolfsblut.* (OT: *White Fang.*) Zürich 2009 (1906).
Major, Clarence: *Dirty Bird Blues.* New York City 1996.
Malamud, Bernard: *Der Fixer.* München 2001 (1968).
McCarthy, Cormac: *Die Abendröte im Westen.* (OT: *Blood Meridian or the Evening Redness in the West.*) Reinbek 1996.
Melville, Herman: *Moby-Dick.* Neu übers. v. Matthias Jendis. München 2001 (1851).

Morrison, Toni: *Menschenkind*. (OT: *Beloved*.) Reinbek 1992.
Nabokov, Vladimir: *Fahles Feuer*. Gesammelte Werke, Band 10. Reinbek 2008 (1962).
Oates, Joyce Carol: *Jene*. (OT: *Them*.) München 1975.
O'Neill, Joseph: *Niederland*. Reinbek 2009 – Roman über Beheimatet- und Fremdsein und eine Hommage an New York kurz nach dem 11. September 2001.
Perkins Gilman, Charlotte: *Die gelbe Tapete*. Wien 2005 (1892).
Petry, Ann: *Die Straße*. München 1982 (1946).
Poe, Edgar Allan: *Das Werk*. Eggolsheim 2013.
Pound, Ezra: *Die Cantos*. Zweisprachig. Übers. v. E. Hesse. Zürich 2012.
Proulx, Annie: *Postkarten*. Berlin 2007 (1992).
Pynchon, Thomas: *Die Enden der Parabel*. (OT: *Gravity's Rainbow*.) Reinbek 1981.
Roth, Philip: *Amerikanisches Idyll*. (OT: *American Pastoral*.) München 1998.
Salinger, J. D: *Der Fänger im Roggen*. Neu übersetzt v. Elke Schönfeld. Köln 2003 (1951).
Salter, James: *Alles, was ist*. Berlin 2013.
Silliman, Ron: *The Alphabet*. Tuscaloosa 2008.
Sinclair, Upton: *Öl!* Übers. v. A. Ott. München 2013.
Singer, Isaac Bashevis: *Meschugge*. München 1996.
Stein, Gertrude: *Tender Buttons. Zarte Knöpft*. Übers. v. B. Köhler. Frankfurt a. M. 2004.
Steinbeck, John: *Früchte des Zorns* (OT: *Grapes of Wrath*.) 2002 (1932) – Mit seinem 1940 mit dem Pulitzer-Preis ausgezeichneten Werk setzte Steinbeck der Großen Depression und dem Dust Bowl ein Denkmal.
Tan, Amy: *Die Frau des Feuergottes*. München 1991.
Twain, Mark: *Tom Sawyer & Huckleberry Finn*. Übers. v. A. Nohl. München 2010.
Updike, John: *Unter dem Astronautenmond*. (OT: *Rabbit Redux*.) Reinbek 1973.
Walker, Alice: *Die Farbe Lila* (OT: *The Color Purple*.) Bergisch Gladbach 2011 (1984).
Wallace, David Foster: *Unendlicher Spaß*. (OT: *Infinite Jest*.) Köln 2009.
Welch, James: *Fools Crow*. Stuttgart 2001.
Wharton, Edith: *Zeit der Unschuld*. (OT: *The Age of Innocence*.) München 1995 (1920).
Whitehead, Colson: *Der letzte Sommer auf Long Island*. München 2011.
Whitman, Walt: *Grasblätter*. (OT: *Leaves of Grass*.) Übers. v. J. Brôcan. München 2009.
Wigglesworth, Michael: *The Day of Doom; or, A Description of the Great and Last Judgment*. Malden 1662. Quelle: https://archive.org/details/dayofdoomorpoeti00wigg.
Wilkins Freeman, Mary E.: *Pembroke*. Boston 1894. Quelle: www.gutenberg.org/ebooks/17428.
Williams, William Carlos: *Paterson*. Übers. v. K. Graf, J. Sartorius. München 1998.
Wilson, Harriet E.: *Our Nig*. Boston 1859. Quelle: http://web.archive.org/web/20081010001225/http://etext.lib.virginia.edu/toc/modeng/public/WilOurn.html
Wolfe, Tom: *Fegefeuer der Eitelkeiten*. München 1988.
Wright, Richard: *Native Son. Sohn dieses Landes*. München 1993 (1940).

Musik

Blues/Soul/Funk/Hip-Hop etc.
Brown, James: *The Payback*. 1973
Gaye, Marvin: *What's Going on*. 1971
Hayes, Isaac: *Shaft*. 1971
Johnson, Robert: *The Complete Recordings*. 1936/37 (1990)

Little Richard: *Here's Little Richard*. 1957
Mayfield, Curtis: *Curtis*. 1970
Ndegeocello, Meshell: *Plantation Lullabies*. 1993
Parliament: *Funkentelechy vs the Placebo Syndrome*. 1977
Prince: *Sign 'O' the Times*. 1987
Sly & The Family Stone: *There's a Riot Going on*. 1971
Verschiedene: *The History Of Hip Hop*. 2004 (3 CD)
Verschiedene: *The Story of the Blues. Compiled by Paul Oliver*. 2003 (2 CD)
Wonder, Stevie: *Songs in the Key of Life*. 1976

Jazz, Folk, Country etc.
Armstrong, Louis: *Complete Hot Fives and Sevens*. 1925-30
Bonnie „Prince" Billy: *I See a Darkness*. 1999
Brubeck, Dave: *Time Out*. 1959
Cash, Johnny: *At Folsom Prison*. 1968
Cash, Johnny: *American IV: The Man Comes Around*. 2002
Dylan, Bob: *Highway 61 Revisited*. 1965
Dylan, Bob: *Blonde on Blonde*. 1966
Hancock, Herbie: *Head Hunters*. 1973
Hazlewood, Lee: *There's A Dream I've Been Saving (1966-1971)*. 4 CD + 1 DVD. (2013)
Rollins, Sonny: *Saxophone Colossus*. 1956
Shocked, Michelle: *Arkansas Traveler*. 1992 – Eine Reise durch die amerikanische Volksmusik mit traditionellen Songs von Blues über Minstrel bis hin zu Bluegrass unter Beteiligung vieler bekannter Gastmusiker.
Sufjan Stevens: *Illinois*. 2005
Verschiedene: *Anthology of American Folk Music*. 6 CD. 1926–33 (1997)
Verschiedene: *Harry Smith's Anthology of American Folk Music, Vol. 4*. 2 CD/LP. 1927-40 (2000)
Verschiedene: *Beautiful Dreamer – The Songs of Stephen Foster*. 2004
Verschiedene: *Creole Bred – A Tribute to Creole and Zydeco*. 2004

Rock/Pop
Laurie Anderson: *Life on a String*. 2001
Antony and The Johnsons: *I Am a Bird Now*. 2005
The Beach Boys: *Pet Sounds*. 1966
The Beach Boys: *The Smile Sessions*. 1965-71 (2011)
The Black Keys: *Brothers*. 2010
Bright Eyes: *I'm Wide Awake, It's Morning*. 2005
Big Brother and the Holding Company: *Cheap Thrills*. 1968
The Byrds: *Younger than Yesterday*. 1967
The Byrds: *The Notorious Byrd Brothers*. 1968
Captain Beefheart and his Magic Band: *Trout Mask Replica*. 1969
Country Joe and the Fish: *Electric Music for the Mind and Body*. 1967
Ani DiFranco: *Revelling/Reckoning*. 2001
The Doors: *The Doors*. 1967
Eddy, Duane: *Have ‚Twangy' Guitar Will Travel*. 1958
The Flaming Lips: *The Soft Bulletin*. 1999
The Fugs: *Electromagnetic Steamboat: Tenderness Junction/It Crawled into My Hand, Honest/Bell of Avenue A/Golden

Filth (Live at the Fillmore East). 3 CD. 1968-70 (2001)
Rachelle Garniez: *Sad-Dead-Alive-Happy*. 2012
Giant Sand: *Chore of Enchantment*. Incl. Bonus-CD *The Rock Opera Years*. 2000 (2011)
The Jimi Hendrix Experience: *Electric Ladyland*. 1968
Hüsker Dü: *Zen Arcade*. 1984 – Hardcore-Punk-Konzeptalbum mit Einflüssen aus Jazz, Psychedelic Rock, akustischem Folk und Piano-Zwischenspielen, das wegweisend für die Entwicklung des Alternative Rock war.
Jefferson Airplane: *Surrealistic Pillow*. 1967
Lambchop: *Nixon*. 2000
Natalie Merchant: *Leave Your Sleep*. 2010
Mercury Rev: *Deserter's Songs*. 1998
The Mothers of Invention: *Freak Out!* 1966
Randy Newman: *Sail Away*. 1972
Nine Inch Nails: *The Downward Spiral*. 1994
Pere Ubu: *The Modern Dance*. 1978
Quicksilver Messenger Service: *Happy Trails*. 1969
Patti Smith: *Horses*. 1975
Sonic Youth: *Daydream Nation*. 1988
Bruce Springsteen: *Nebraska*. 1982
Television: *Marquee Moon*. 1977
The Velvet Underground: *The Velvet Underground & Nico*. 1967
Verschiedene: *Nuggets: Original Artyfacts from the First Psychedelic Era*. 4 CD. 1964–68 (1972/1998)
Tom Waits: *Rain Dogs*. 1985
Wilco: *Yankee Hotel Foxtrot*. 2002
Yo La Tengo: *I Can Hear the Heart Beating As One*. 1997

Websites

The Online Reference Guide to African American History (Enzyklopädie u. a. Quellen): www.BlackPast.org
kostenlose Streaming-Plattform mit Spielfilmen, Serien und Dokumentationen indianischer Filmemacher: www.skinsplex.com
US-Infos: www.us-infos.de/fakten.html

Quellen

Internetportale
Botschaft der USA: usa.usembassy.de
Bundeszentrale für politische Bildung: amerikanische Wirtschaftspolitik: www.bpb.de
Just Landed – Vereinigte Staaten: www.justlanded.com/deutsch/Vereinigte-Staaten/Landesfuehrer
Reporter ohne Grenzen: www.reporter-ohne-grenzen.de/usa

Internetzeitungen und Podcasts
Huffington Post: www.huffingtonpost.com
Pro Publica: www.propublica.org
Serial: http://serialpodcast.org
This American Life: www.thisamericanlife.org/podcast

Das USA-Lesebuch

Zeitungsartikel

Barbrook, Richard/Cameron, Andy: *Die kalifornische Ideologie*. Telepolis 05.02.1997. www.heise.de/tp/artikel/1/1007/1.html

Buchter, Heike: *Verlockt und verrechnet*. ZEIT ONLINE 04.09.2015. www.zeit.de/2015/27/ausbildung-usa-uni-kosten-schulden

Conrad, Bernadette: *Greyhound: Das rollende Versprechen*. ZEIT ONLINE 10.09.2014. www.zeit.de/2014/35/greyhound-fernbus-usa/komplettansicht

Eberle, Matthias: *Arbeitslos in Amerika: Absturz aus der Mittelschicht*. Handelsblatt 03.09.2010. www.handelsblatt.com/politik/international/arbeitslos-in-amerika-absturz-aus-der-mittelschicht/3531116.html

Fast neun von zehn Amerikanern versichert. Handelsblatt. 07.01.2016. www.handelsblatt.com/politik/international/gesundheitsreform-in-den-usa-fast-neun-von-zehn-amerikanern-versichert/12801856.html

Frantz, Douglas: *U.S. Immigration Court Grants Asylum to German Scientologist*. The New York Times 07.11.1997. www.nytimes.com/1997/11/08/us/us-immigration-court-grants-asylum-to-german-scientologist.html

Lobo, Sascha: *S.P.O.N. – Die Mensch-Maschine: Menschenfreund und Ideologe*. SPIEGEL Online Netzwelt 02.12.2015. www.spiegel.de/netzwelt/web/mark-zuckerberg-will-fast-gesamtes-vermoegen-spenden-a-1065666.html

Patalon, Frank: *US-Studie: Republikaner werden zur Anti-Wissens-Partei*. SPIEGEL Online Wissenschaft 04.01.2014. www.spiegel.de/wissenschaft/natur/pew-studie-republikaner-in-usa-lehnen-wissenschaft-ab-a-941618.html

Rötzer, Florian: *Die Utopie oder die Geschäftsidee von der Staatsgründung auf künstlichen Inseln*. Telepolis 18.08.2011. www.heise.de/tp/artikel/35/35323/1.html

Rüb, Matthias: *Amerikanisches Gesundheitssystem: Teuer und gut – aber nicht für alle*. Frankfurter Allgemeine Zeitung 28.06.2012. www.faz.net/aktuell/politik/ausland/amerikanisches-gesundheitssystem-teuer-und-gut-aber-nicht-fuer-alle-11803148.html

Rüdel, Nils: *Tankwut in den USA – Hohe Spritpreise, dicke Autos*. Handelsblatt 02.05.2012. www.handelsblatt.com/politik/international/tankwut-in-den-usa-hohe-spritpreise-dicke-autos/6579784.html

Schweitzer, Eva C.: *Latinos trauen sich nicht mehr in die Kirche*. ZEIT ONLINE 28.12.2011. www.zeit.de/gesellschaft/zeitgeschehen/2011-12/alabama-auslaendergesetz

Staas, Christian: Auf der Seite der Sieger. ZEIT ONLINE 23.08.2011. www.zeit.de/zeit-geschichte/2011/03/NS-Wissenschaftler-in-Amerika/komplettansicht

Stein, Hannes: *Amerika – der Supermarkt der Religionen*. Die Welt 27.02.2008. www.welt.de/politik/article1731722/Amerika-der-Supermarkt-der-Religionen.html

Ströbele, Carolin: *Die Grenzgänger von Nogales*. ZEIT ONLINE 11.05.2011. www.zeit.de/gesellschaft/zeitgeschehen/2011-05/immigration-usa-mexiko

Tomlin, Julie: *CNN chief claims US media 'censored' war*. Press Gazette Online 15.08.2002. web.archive.org/web/20021128223929/http://www.pressgazette.co.uk/News.View.aspx?ContentID=1162

US-Bürgern bricht die Altersvorsorge weg. Die Welt 27.08.2013. www.welt.de/wirtschaft/article119428704/US-Buergern-bricht-die-Altersvorsorge-weg.html

US-Studenten müssen American Dream aufgeben. Handelsblatt 28.04.2013. www.handelsblatt.com/finanzen/vorsorge/altersvorsorge-sparen/studiumsschulden-explodieren-us-studenten-muessen-american-dream-aufgeben/8066590.html

Van Ostrand, Maggie: *A Modern-Day Ferry Tale*. Texas Escapes Online Magazine 2008. www.texasescapes.com/MaggieVanOstrand/Modern-Day-Ferry-Tale.htm

Waldschmidt-Nelson, Britta: *Malcolm X: „Er ging unter die Haut"*. ZEIT ONLINE 12.02.2015. www.zeit.de/2015/05/malcolm-x-rassismus

Welter, Patrick: *Amerikanische Gesundheitsreform: Licht und Schatten von Obamacare*. Frankfurter Allgemeine Zeitung 07.05.2014. www.faz.net/aktuell/wirtschaft/obamas-gesundheitsreform-licht-und-schatten-von-obamacare-12926445.html

Register

17 Miles Drive 443
48er 127

A

Acadia-Nationalpark 22
Adobestil 315
Adorno, Theodor W. 141
Aerospace Maintenance and Regeneration Center 405
Alabama 145, 410
Alamo 402
Alaska 318, 319
Albee, Edward 365
Alberta 262
Albuquerque 314, 432
Aldi 268
Aleuten 86
Alexie, Sherman 366
Algonkin 87, 88
Ali, Muhamad 163
All American Road 371
Amana Colonies 459
Amarillo 429
Amazon 453
American Football 329, 330, 333
American Indian Movement 110
American Way of Life 328
Amerikaner 116
Amerikanischer Bürgerkrieg 290, 291, 296
Amerikanisches Klima 32
Amische 126
Anasazi 48, 49, 62, 314, 433
Anhinga Trail 24
Anishinabe 87
Antebellum-Architektur 297
antebellum mansion 410
Antisemitismus 141
AOL 256
Apachen 85, 89, 94
Apollo-Programm 143
Appalachen 26, 30
Appalachian Trail 26
Apple 253
Arapaho 102
Arbeitslosenversicherung 272
Arbeitslosigkeit 112
Arches National Park 58
Arizona 312
Armisen, Fred 319
Armstrong, Louis 342, 443
Ashcan School 352
Assimilierung 108
Astoria 449
Athapasken 87
Atlanta 410
Auster, Paul 293, 365
Autofahren 209
Avantgarde 353, 354

B

Baez, Joan 344
Bahnverkehr 240
Baldwin, James 364
Bären 44
Barringer Crater 433
Barthold, Frédéric-Auguste i 292
Baseball 331
Basketball 328, 333
Basketball Association of America 335
Basquia, Jean-Michel 357
Batavia 281
Baton Rouge 297, 397
Bauge, Trygve 463
Bear Stearns 277
Beecher Stowe, Harriet 410
Beecher-Stowe, Harriett 359
Behringbrücke 84
Belafonte, Harry 150
Belows, George 352
Biberkriege 97
Bible Belt 298
Biergarten-Boom 295
Big Apple 373
Big Bend National Park 402
Big Sur 371
Bildung 236
Bird, Larry 335
Birmingham 411
Bisons 44, 90
Bixby Creek Bridge 371
blackface minstrelsy (Musik) 339
Black Mountain College 354
Blake, Tom 320
Blue Ridge Mountains 26, 27
Blues 338, 339, 340
Blues Highway 418
Blues Trail 411
Boeing 453
Bonneville Salt Flats 468
Boraxwerke 73
Borglum, John Gutzon 308
Boston 288, 373, 374
Boston Tea Party 288
Bourbon Street 397
Bowie, David 456
Bowie, Jim 402
Box, C. J. 325
Boyle, T. C. 365
Brando, Marlon 71
Breton, André 353
Bright Angel Point 57
Brookings 448
Brooklyn 295
Brown, James 340
Brown, Jerry 472
Bruttoinlandsprodukt (BIF) 252
Bryce Amphitheater 60
Bryce Canyon 59
Bryce, Ebenezer 60
Buffett, Warren E. 461
Bundesstaat 199
Bureau of Indian Affairs 112
Bürgerkrieg 385
Bürgerrechtsbewegung 145
Busboykott 145
Bush, George H. W. 277
Bush, George W. 276, 277

C

Cable Car 446
Cades Cove 30
Cadillac Ranch 429
Cage, John 338
Caldera 77
California Cuisine 321
Calipatria 273
Calvinisten 244
Camouflage 357
Canton 455
Cape Caneveral 374
Cape Cod 244, 375
Cape Hatteras 385
Capone, Al 138, 426
Capote, Truman 420
Carmel 443
Carrie Brownstein 319
Carson, Kit 106, 107
Carson, Rachel 265
Carter Family 343
Carter, James Earl „Jimmy" 413
Cascade Range 76, 80
Cascadia-Subduktionszone 66
Cash, Johnny 344, 415
Castle Garden 115
Castro, Julian und Joaquin 170
Cayuga 87
Central Coast 449
Central Valley 66
Charedim 142
Charleston 385
Chavez, Caesar 170

Cherokee 100, 313, 314, 88
Chesapeake Bay 384
Cheyenne 94, 102
Chicago 281
Chicagoer Schule 274
Chickasaw 88, 100
Chief Joseph 105
Chinatowns 175, 183
Chinesen 181, 182
Choctaw 88
Christie, Tony 430
Christkindl Market 128
Christopher Columbus Highway 393
Chrysler 278
Cincinnati 128, 456
Civilization Fund Act 109
Civil Rights Movement 411
Civil Rights Trail 421
Clapton, Eric 457
Clark County 323
Clarksdale 419
Clean Air Act 266
Clean Water Act 266
Cleveland, Grover 293
Cliff Palace 49, 50
Clinton, Bill 457
Clinton, George H. W. 277
Clowe, Daniel 366
Coastal Range 76
Cobain, Kurt 347
Coca-Cola 413
coffin ships 133
Cohonina 433
Collegebasketball 335
Colleges 238
Collegesport 329
Colorado 462
Colorado-Krieg 102
Colorado-Plateau 48, 52
Colorado River 48, 256
Colorado Springs 463
Columbia River 449
Comanche 89, 94
Conceptual art 356
Coney Island 443
Connecticut 373
Cooke, Sam 419
Cooper, James Fenimore 359
Cosby, Bill 157
Costal Range 66
Countrymusik 342, 343
Cowboys 310
Cowen, Tyler 252
Crater Lake 76
Crazy Horse 102

Cream 457
Cree 87
Creole (Küche) 396
Crescent 66
CRISPR/Cas9 280
Crockett, Davey 402
Crozier Canyon 434
Crystal Cave 68
Cusick, David 358
Custer, George Armstrong 103

D
Dakota-Krieg 102
Dalí, Salvador 353
Dallas 256
Davenport 459
Davis, Jefferson 410
Davis, Wendy 312
Daytona Beach 388
DDT 265
Death Valley 72, 425
Deen, Paula 297
Deepwater Horizon 263
Delaware 373
Delicate Arch 58
DeLillo, Don 365
de Niza, Marcos 121
Denver 462
de Peralta, Don Pedro 125
Des Moines 460
Deutsche 130
Dickinson, Emily 361
Dillinger, John 426
Diné 85, 89, 94
Disneyland 409
Disneyworld 374
Displaced Persons Act 141
Dixieland 396
Domino, Fats 339
Dos Passos, John 420
Dotcom-Blase 276
Doudna, Jennifer 280
Douglas, Kirk 71
Dowell Moutains 407
Dreieckshandel 152
Dry Tortugas National Park 374
Duchamp, Marcel 353, 356
Dürre 270
Dust Bowl 258, 305
Dylan, Bob 345

E
Eakins, Thomas 351
Earth Day 264, 265
Edison, Thomas Alva 279

Effigy Mounds National Monument 459
Eheschließung 204
Ehrlich, Paul R. 266
Eiffel, Gustave 292
Einstein, Albert 141
Einwanderer 137, 166
Eisenbahn 183
Eisschild 85
Eliot, T.S. 362
Elko 468
Ellington, Duke 299
Ellison, Ralph 364
El Paso 255, 403
Emerson, Ralph Waldo 351, 360
Endangered Species Act 266
Enteignung der Indianer 112
Environmental Protection Agency (EPA) 265
EPA 265
Erdbeben 326
Erdrich, Louise 366
Eriesee 456
Ernst, Max 353
Everglades 24
Everglades National Park 374
Fannie Mae (Federal National Mortgage Association, FNMA) 278
Faulkner, William 301, 302, 362
Fermi, Enrico 139
Fermilab 281
Fernsehen 367
Feuchtwanger, Lion 141
Filmindustrie 255, 367, 368
Fischerei 256, 260
Fitzgerald, F. Scott 362
Five Civilized Tribes 88
Flagstaff 432
Flattop Mountain 38
Florida 22, 302
Florida Bay 391
Florida Keys 374
fly fishing 325
Folkmusik 344
Fort Bliss 143
Fort Conde 421
Fort Jefferson 392
Fort Sumter 385
Fort Wayne 455
Fotografie 352
Fox 87
Fracking 264
Franklin, Benjamin 279, 359
Franklin D. Roosevelt 271
Franzen, Jonathan 365
Franzosen- und Indianerkriege 98

Freddie Mac (Federal Home Loan Mortgage Corporation, FHLMC) 278
Freedom Rides 146
Freiheitsglocke 288
Freiheitsstatue 292, 293
French Quarter 396
Friedmann, Milton 274
Fulton, Robert 279
Funk 340
Gallup 432
Gates, Bill 253
Gateway Arch 428
Geistertanzbewegung 103
gemäßigter Regenwald 78
General Allotment Act 108
General Motors 278
General Sherman 68
George Ranch Historical Park 400
Georgia 373, 410
Germantown 380
Gershwin, George 337
Getty-Museum 439
Gettysburg 290, 291
Gewalt 368
Gilded Age 377
Gillespie, Dizzy 342, 443
Ginsberg, Alan 363, 364
Glacier-Nationalpark 40
Glacier National Park 319
Glacier Point 71
Glass, Philip 338
Glendale 257
Glücksspiel 323
Golden Gate 445
Goldrausch 181, 471
Golf von Mexiko 263
Gonzáles Alvarez House 388
Google 254
Gospel 339
Graceland 302, 417
Grand Canyon 121, 310, 425, 434
Grand Canyon Skywalk 56
Grand Canyon Village 53
Grand Teton 47
Graphic Novel 366
Grattan, John Lawrence 102
Grattan-Massaker 101, 105
Grays Harbor 261
Great Basin National Park 64
Great Depression 270
Great Plains 257
Great Salt Lake 467
Great Sand Dunes 39
Great Smoky Mountains 30

Great Smoky Mountains National Park 413
Greencard 293
Green Party 267
Groening, Matt 319
Grundschule 237
guest ranches 325
Guthrie, Woody 344

H
Haida 348
Halbwüste 48
Hamilton Lake 33
Hammocks 25
Handy, W. C. 339
Hanf 259
Hanks, Tom 386
Haring, Keith 357
Harlem Globetrotters 334
Harper's Weekly 351
Hartley, Marsden 354
Harvard 374
Hawaii 318
Hawthorne, Nathaniel 360
Hellman, Lillian 420
Hendrix, Jimi 345
Hepburn, Audrey 369
Heston, Charlton 150
Highway 1 373
Highway 180 68
Hill, Julia Butterfly 266
Hillman Peak 78
Hip-Hop 340
Hippiekultur 345
Hispanics 166
Hohokam-Indianer 407
Holiday, Billie 443
Hollywood 71, 437
Homer, Winslow 351
Homosexualität 204
Hoodoos 59
Hooker, John Le 419
Hoover Dam, 435
Hoover, Herbert 459
Hopi 88, 316, 317
Hot Springs 33
Houston 396
Howe, William 380
Hualapai-Indianer 434
Hudson, Henry 124
Hudson River School 351
Hummer 262
Hurricane Ridge 451
Hurt, John 339
Hyannis Port 376

I
Idaho 324, 325
Ieoh Ming Pe 456
Iglu 86
Illinois 425
Immobilienblase 276
Inder 187
Indian Americans 312
Indiana, Robert 355, 381
Indianer 62, 121, 288, 348
Indianer-Bündnisse 96
Indianerkriege 101
Indianerreservate 336
Indianerstämme 310
Indianerterritorium 99
Indian Garden 56
indianisches Kunsthandwerk 316
Indian Pueblo Cultural Center 314
Indian Removal Act 99, 100
Indian Reorganization Act 108
Indian Youth Council 110
indigene Künstle 349
International Peace Park 40
Internatsschulen 109
Interstate 10 393
Interstate 80 455
Interstate 90 376
Inuit 84, 86
Inuktitut 86
Iowa City 459
Iren 132
Irokesen-Völker 87
Iroquois Realist School 349
Irving, Washington 359
Ivy-League 376

J
Jackson 306
Jackson, Andrew 99
Jackson Hole 46
Jackson, Jesse 411
Jackson Lake 46
Jackson, Mahalia 299
Jackson, Maynard 413
Jackson, Robert H. 197
Jackson, Thomas J. 410
Jackson, V 99
Jacksonville 393
James, Henry 361
Jamestown 384
Japan 185
Jazz 285, 300, 340, 341, 342
Jefferson, Blind Lemon 339
Jefferson, Thomas 279, 382
Jenny Lake 46

Das USA-Lesebuch

Jobs, Steve 253
John D. Rockefeller II. 46
Johnson, Earvin „Magic" 335
Johnson, Lindon B. 362
Johnson, Lyndon B. 306
Johnson, Robert 419
Joplin, Janis 345
Jordan, Michael 334
Joshua Tree 74
Joshua Tree National Park 74, 407, 425
JPMorgan Chase & Co 277
Juan-de-Fuca 66
Juden 140, 141
Jugendschutz 368
Jumbo Rocks 74

K
Kachina-Figuren 349
Kaibab-Plateau 57
Kalaloch 451
Kalifornien 256, 319, 320
Kalifornische Ideologie 282
Kalifornischer Kondor 62
Kandelaberkaktus 394
Kansas 257
Kennedy, John F. 306
Kerouac, Jack 363
Keynes, John Maynard 274
Keystone Pipeline 263
Key West Fest 303
Kicking Bear 104
Kingman 434
King, Martin Luther 411
King, Martin Luther jr. 145
Kirchen 246
Kitchi Manitu 87
Kitty Hawk 385
Klondike-Goldrausch 318
Klu-Klux-Klan 410
Knoxville 415
Kolb, Ellsworth und Emery 56
Kolob Arch 62
Kolumbus, Christoph 116, 392
Konföderation 296
Konzertkultur 337
Koreaner 186
Körperkulturneuheiten 320
Krankenversicherung 272
Kreationisten 298
Krieg 291
Kubrik, Stanley 71
Ku-Klux-Klan 149
Kulturareale (Ureinwohner) 86
Kunst 348
Kunsthandwerk 348

L
Labor Day Carnival 378
Lady Gaga 347
Laffer, Arthur B. 275
Lake Mead 435
Lake Tahoe 470
Landwirtschaft 256, 305
Laramie 464
Lassen Volcanic Park 438
Las Vegas 319, 322, 425, 434
Laumet, Antoine 22
Lazarus, Emma 292
Lebensmittel 206
Lee, Ang 178
Lee, Robert E. 290, 410
Lefebvre, Édouard René 292
Lehman, Absalom 64
Lehman Caves 65
Leland, Henry 23
Lennon, John 456
Leonard Bernstein 337
Liberty Bell 289
Liberty Bell, 289
Lichtenstein, Roy 355
Lima 455
Limner 350
Lincoln, Abraham 288, 291, 306, 427
Lincoln City 449
Lincoln Highway 454
Lipan Point 53
Literatur 358
Little Bighorn 103
Lloyd Wright, Frank 407
Long Beach 260
Longest Walk 111
Los Angeles 393, 425
Lost Generation 361
Louisiana 136, 137, 255, 300, 301, 397, 410
Love Canal 266
Luftverkehr 240

M
Maine 22, 262, 373
Major League Baseball 332
Mammoth Cave 27
Mammutbäume 71
Manhattan 124, 294, 379, 455
Mansfield 455
Manufacturing Belt 253
Marihuana 201
Mariposa Grove 71
Marsh, Stanley, III 430
Maryland 373
Massachusetts 373

Massachusetts Institute of Technology (MIT) 281
Massachussets 268
Massachusetts Institute of Technology, MIT 374
Mather Point 56
Mayflower 122, 244
McCarthy-Ära 141
McCarthy, Cormac 365
McLuhan, Marshall 282
Megakirchen 298, 299
Mehrheitswahlrecht 191, 211
Melville, Herman 360
Memphis 417
Menéndez de Avilés, Pedro 387
Menominee 87
Meredith, James 151
Mesa Verde 48, 50
Metallica 347
Mexikaner 172
Mexiko 168
Miami 374, 390
Michigan Lake 457
Microsoft 253, 453
Migranten 130
Milk, Harvey 445
Miller, Henry 363
Milwaukee 253
Minimalismus 355
minimal music 338
Minneapolis 278
minority literatures 366
Minuit, Peter 125
Mississippi 298, 301, 397, 410
Missouri 270
Mitchell, Margaret 412
Mittlerer Westen 253
Moab 349
Mobile 421
Modernismus 353
Mohawk 87
Mojave-Wüste 425
Monetarismus 274
Monk, Thelonious 342
Monroe, Marilyn 355, 443
Montana 324, 325
Montgomery 145, 411
Monument Valley 62, 310, 313
Monzogranitformationen 74
Mormonen 466
Morrison, Jim 345, 346
Morrison, Toni 364
Moscone, George 445
Motown 340
Mountain States 319

Mountain View 254
Mount Desert Island 23, 24
Mount Mazama 76
Mount Olympus 78
Mount Rainier 80
Mount Rushmore National Monument 308, 309
Mount Saint Helen 327
Mount Whitney 66
MPAA 368
Muhammad, Elijah 162
Muir, John 18, 69, 70
Musical 337
Musik 336
Musikformen 336
Muskogee 88, 100
Nadella, Satya 180

N

Nagin, Ray 395
Nahverkehr 242
Narváez-Expedition 118
NASA 280, 398
Nashville 415
Natchez 419
National Baseball League 332
National Basketball Association 335
National Basketball League 335
National Congress of American Indians 84, 110
National Football League 330
National Mall 382
National Park Service 18, 19, 21
Native American Music Awards 337
Navajo 89, 310, 312, 316, 348
Nebraska 257, 461
Nederland 463
Neo-Greens 206
Neuengland 288
Neuengland-Staaten 373
Nevada 72, 323, 434, 469
New Deal 270, 271, 272
New Economy 276
New Hampshire 373
New Jersey 153
New Mexico 314, 425
New Orleans 136, 137, 299, 394
New School of Social Research 338
Newspaper Rock 349
New York 125, 130, 288, 293, 295, 349, 373
New York City 374
New York Stock Exchange 251
Nez Percé 93
Nez-Percé-Krieg 105

Niagara 266
Nisqually Valley 80
Nixon, Richard 274
Nooyi, Indra 178
Nord-Algonkin 87
Nordosten 16
North Carolina 373, 410
North Dakota 262
Northfield 257
Nottoway Plantation 297

O

Obama, Barack 157, 191, 192, 259, 266, 394, 422, 457, 458
Ocean Highway 385
Ocean Shore Boulevard 388
Ocracoke Island 385
O'Keeffe, Georgia 353
Oklahoma 312, 313, 314, 425
Oklahoma City 428
Oktoberfest 128
Öl 319
Olympic National Park 450
Olympic-National Park 79
Omaha 257, 461
Oneida 87
O'Neill, Eugene 363
Onondaga 87
Operation Paperclip 143
Oppenheimer, Robert 280
Oregon 320, 448
Oregon Coast Highway 101 448
Orlando 302, 303, 388
Osceola 100
Osteen, Joel Scott 299
Ostküste 287
Owen, David 293
Owens, Jesse 146

P

Pacific City 450
Pacific Coast Highway 440
Painted Desert 50, 51, 52, 433
Paiute 91
Palm Springs 393, 409
Palouse 258
pantheistische Glaube 87
Paradox Valley 249
Parcks, Rosa 422
Parker, Charlie 342
Parks, Rosa 145, 146
Parkstraße 24, 25
Parteien 211
Parton, Dolly 416
Pauling, Linus 280

Peach Springs 434
Peck, Gregory 369
Pennsylvania 290, 373
Pequot-Krieg 96
Perkins, Carl 344
Perry, Tyler 159
Petrified Forest 51
Pfad der Tränen 99
PG-Rating 368
Philadelphia 287, 288, 289, 290, 373, 380
Philippinen 186
Phoenix 255, 393, 407
Pilgrim Fathers 288
Pintado Point 52
Pinto Basin 74
Pittsburgh 256
Plains 413
Plymouth Colony 244
Plymouth Harbour 244
Pocahontas 106, 122
Poe, Edgar Allan 360
Pollock, Jackson 353
Ponce de León, Juan 117, 167, 392
Pop 347
Pop art 349, 354, 355
Portier, Sydney 150
Portland 319
Port Townsend 452
Potlatch 92, 358
Pound, Ezra 362
Powder-River-Krieg 102
Powhatan 87
Powwow 113, 312, 337
Präriestil 426
Präsident 190, 191
Presidio 447
Presley, Elvis 302, 344, 418
Primaries 211
Prince 340
Providence 376
Prüderie 245
Psychedelic Rock 340, 345
Pueblo 88
Pueblo-Indianer 433
Pueblos 49, 348
Puerto Rico 196
Pulitzer, Joseph 292
Purity Ball 307
Pynchon, Thomas 364

Q

Quäker 245
Quark 281
Quebec 134
Queens 295

Das USA-Lesebuch

Quinault Lake 451
Quintanilla, Selena 172
Quivira-Indianer 121

R
Race to the Clouds 38
Ragtime 300
Rainbow Point 60
Rainey, Ma 340
Rap 340
Rassismus 95, 158
Rauschenbach, Robert 354
Readymade 356
Reagan, Ronald 273, 306, 308
Reagonomics 273
Red-Cloud-Krieg 102
Red Earth Parade 313
Red Power 110
Redwood 447
Reed, Lou 346, 365
Regentanz 91
Regionen 286
Religionsgemeinschaften 246, 247
religiöse Vielfalt 249
Religiosität 246
René, Édouard 292
Reno 469
Republikaner 205, 306, 307
Reservate 108
Rhinehart, Rob 321
Rhode Island 373, 376
Rice, Thomas Dartmouth 339
Richardson, Henry 375
Richmond 383
Rim Drive 77
Rim Village 77
Ring of Fire 327
Rio Grande 403
Road to Paradise 80
Roaring Twenties 361
Rockabilly 343
Rock and Roll 343
Rockmusik 345, 346, 347
Rock n' Roll Hall of Fame 456
Rocky Mountain National Park 319
Rocky Mountains 16, 17, 36, 425
Rodeo 310, 325, 326
Rodgers, Jimmie 343
Ronald Reagan 372
rooftop farms 295
Roosevelt, Theodore 140
Ross, Elizabeth 289
Rothenberg, Susan 356
Rothko, Mark 353, 399
Roth, Philip 365

Rotstock-Krieg 98
Rounders 332
Route 66 372
Royal Palm 24
Russell, Charles Marion 103
Rust Belt 253

S
Sacramento 470
Saguaro 16, 406
Saguaro National Park 394
Salinger, J. D. 363
Salle, David 357
Saltair 467
Salt Lake City 465
Sam, Michael 204
Samuel Champlain 22
San-Andreas-Graben 326
San-Andreas-Störung 66
San Antonio 401
Sand-Creek-Massaker 102
Sanddünen 38
San Diego 165
San Francisco 254, 443
San Jacinto 401
San Jose 255
San Luis Opispo 441
Santa Barbara 441
Santa Clara 282
Santa Cruz 442
Santa Fe 125, 431
Santa Fé 314
Santa Monica 393, 435
Saugus 268
Sauk 87
Savannah 386
S-Bahnsysteme 243
Scenic Bayway 372
Scenic Drive 372
Scenic Highway 37
Schlangenhalsvogel 22
Schönberg, Arnold 141, 337
Schönheitschirurgie 320
Schulbusse 210
Schulsystem 236
Schurz, Carl 131
Schusswaffen 307, 368
Schwarzenegger, Arnold 472
Scientology 249
Scottsdale 406
Seattle 452
Seenplatte 34
Seligman 434
Seminolen 88, 100
Seminolenkrieg 101

Seneca 87
Sequoia 67
Sequoia- und King Canyon Nationalpark 67
Sexualmoral 245
Shawnee 87
Sherman, Cindy 357
Shoshonen 91
Siedler 94, 244, 288, 322, 350
Siedlungsdruck 95
Sierra Nevada 256
Silicon Valley 255
Sinagua 433
Sinatra, Frank 139
Siouxkriege 102, 104
Siouxreservats 102
Sitting Bull 102, 104
Sklavenhandel 152
Sklaverei 148, 152, 296, 336, 339, 341, 342
Skyline Drive 26
Smith, Bessie 340
Smith, Fred 267
Smith, John 122
Sonnentanz 90
Sonora-Wüste 405
Sotomayor, Sonia 171
Soul 340
South Bend 455
South Dakota 308
Sozialversicherung 272
Spiegelman, Art 366
Sport 320
Springfield 427
Springsteen, Bruce 430, 456
Spritpreise 240, 242
Stagflation 274
Starbucks 453
State Highway 1, 371
St Augustine 387
Stax Records 340
Steinbeck, John 362, 443
Stein, Gertrude 361
Steuben, Wilhelm von 129
St. Louis 253, 427
Stone Mountain 410
St. Patrick`s Day 133
Street Art 357
Subprime-Kredite 276
Süden 296
Südosten 26
Suffragetten 293
Sunset Strip 437
Super Bowl 330, 331
Sutter, Johann August 471

488

Sutters Fort 472
Swing States 199, 304

T
Tagaq, Tanya 337
Taino 118
Tallahassee 387
Tea-Party-Bewegung 306
Tecumseh 98
Temple of Sinawawa 61
Tennessee 410
Terminationspolitik 109
Texas 168, 255, 310
Thanksgiving 123, 288, 289
Theater 363, 365
The Breakers 377
The Doors 345
The Velvet Underground 346
Thoreau, Henry David 360
Tiergeister 86
Tiergeisterglauben 87
Times Square 455
Toledo 455
Totempfähle 92, 349
Trader Joe's 268
Traditionen 349
Trail of Tears 99, 314
Trail Ridge Road 37
Travis, Bill 402
Trinty Church, Boston 375
Troubled Asset Relief Program 278
Truman, Harry S. 141
Tsunami 66
Tucson 393, 404
Turner, Ike 419
Tuscarora 87
Twain, Mark 361, 376
Twombly, Cy (Edwin Parker T.) 353
Two Storey House 49

U
Überlandbusse 241
Umsiedlung 101
Umweltpolitik 207
Umweltschutz 264
Umweltschützer 206
Umweltschutzgesetze 206
Unabhängigkeitserklärung 290
Unabhängigkeitstag 287
Ureinwohner 84, 358
U. S. Virgin Islands 196
Ute 91

V
Vanderbilt, Cornelius 377

van der Rohe, Ludwig Mies 425
Vásquez de Coronado, Francisco 118, 121
Verfassung 194
Vermont 373
Vicksburg 419
Vietnamesen 186
Violet City Lantern Tour 28
Virginia 290, 302, 325, 373, 374
Virginia Company of London 122
Virginity Pledge 307
von Braun, Wernher 144
Voyageurs-Nationalpark 34
Vulkan 42

W
Waffen 208
Waffenlobby 208
Waffenvorschriften 208
Wagner Act 272
Wahl 194
Wahlmänner 194
Wahlsystem 195
Walapai 434
Wall Street 125, 251
Walmart 269
Walt Disney Company 302
Wang, Charles B. 177
Wang, Vera 177
Ward, Aaron Montgomery 426
Warhol, Andy 355
Washington 320, 373
Washington, Booker T. 148
Washington D.C 381
Washington D.C. 197, 288
Washington, George 190, 382
Washington Monument 381
Waters, Muddy 419
Weatherford, William 99
Weill, Kurt 337
Weinbauregionen 320
Weltausstellung 293
Weltfinanzkrise 276
West-Virginia 200
White Sands, 144
Whitman, Walt 361
Wilapa Bay 451
Wilder, Billy 141
Wilder, Thornton 420
Willapa 261
Williams, Arizona 434
Williamsburg 374
Williams, Hank 343
Williams, Serena 335
Williams, Tennessee 363, 420

Wilson Point 452
Wilson, Robert 365
Winfrey, Oprah 159
Wizard Island 78
Wölfe 45
worksongs 339
Wounded Knee 104
Wovoka 103
Wright Brothers National Memorial 384
Wright, Frank Lloyd 426
Wright, Orville u. Wilbur 279
Wright, Richard 364
Wupatki 433
Wyoming 324, 464

X
X, Malcolm 161

Y
Yale University 376
Yaqui 88
Yardbirds 457
Yellowstone Caldera 327
Yellowstone National Park 40, 42, 46, 319
YMCA 334
Yoko Ono 457
Yosemite 69, 70
Yosemite Falls 71
Yosemite National Park 319
Yosemite Valley 71
Young, Andrew 413
Yuki 96
Yuma 88

Z
Zensur 363
Zion National Park 60
Zuñi 88, 316
Zwangsarbeit 96

Das USA-Lesebuch

Bildverzeichnis

Titelfotos:
Großes Bild: Katharina Arlt, kleine Bilder v.l.n.r.: John Sullivan / Clement Dominik, cc-by-sa-3.0 / Frank Köhntopp, unsplash / Susanne Satzer / National Park Service / Jacob Morrison, unsplash
Abbildungen im Text:
Jürgen Boldt: **14, 50, 53, 57, 59, 60, 62, 63, 238, 241, 249 269, 286, 313, 317, 318, 319, 406, 434, 434** / Susanne Satzer: **324, 392, 424, 426, 450, 464, 462** / City of Hot Springs: **33** / Julian und Joaquin Castro: **170** (unten)
Creative Commons Lizenzen:
CC-BY: Stuart Seeger, San Antonio Texas, cc-by-2.0, **77** / MichaelGäbler: cc-by-3.0, **79** / Ad Meskens: cc-by 2.0, **127** / Seamus Murray: cc-by-2.0, **142** / S. Pakhrin: cc-by-2.0, **167** / Joel Levine, cc-by-3.0, **170** (oben) / Le Web Paris, Satya Nadella, Wikimedia Commons, cc-by-2.0, **180** / Itzik Edri, cc-by-2.5, **186** / Apoorva Guptay: Wikipedia, cc-by-2.0, **187** / Rick: flickr, cc-by-2.0, 22, **209** / Charles Atkeison: cc-by-2.0, **224** / The Opte Project: cc-by-2.5, **227** / Paul M. Walsh: cc-by-2.0, **248** / Dave Center, cc-by-2.0, flickr, **250** / Joi Ito, Wikipedia cc-by-2.0, **253** / Brian Johnson, Dane Kantner, cc-by-2.0, **259** / JamesBrooks, cc-by, **261** / Robert Scoble, Wikipedia cc-by-2.0, **277** / Fibonacci Blue, flickr, cc-by-2.0, **278** / Fermilab, Mike Steele, flickr, cc-by-2.0, **281** / Andy Blackledge, cc-by-2.0, flickr , **284** / Robert Couse-Baker, flickr, cc-by-2.0, **287** / Bev Sykes, cc-by-2.0, flickr, **288** / Mathieu Plourde, cc-by-2.0, flickr, **290** / Eden, Janine and Jim, cc-by-2.0, **295** / Doug Anderson, flickr, cc-by-2.0, **296** / Stephen Kennedy, cc-by-2.0, **300** / Maha, Wikipedia cc-by-2.0, **302** / Carl Wycoff, Wikipedia cc-by-2.0, **304** / KB, flickr, Wikipedia cc-by-2.0, **311** / Akra, cc-by-2.0, **315** / Joseph Phelps, SD-Dirk, flickr, cc-by-2.0, **322** / Moyan Brenn, USA, cc-by-2.0, flickr, **323** / Jared Vincent, Wikimedia Commons, cc-by-2.0, **329** / Jason H. Smith, cc-by-2.0, flickr , **334** / Boss Tweed, flickr, cc-by-2.0, **335** / Aasimah Navlakhi, Wikimedia Commons, cc-by-2.0, **338** / Ric Manning, Wikimedia Commons, cc-by-3.0, **345** / Chris Anthony Diaz, Wikipedia cc-by-2.0, **366** / Benjamin Dahlhoff, flickr, cc-by-2.0, **386** / Brad Coy, cc-b-2.0, **395** / SelenaNBH, cc-by-2.0, flickr , **397** / Expert Infantry, flickr, cc-by-2.0, **405** / Roderick Eime, flickr, cc-by-2.0, **422** / scott1346, cc-by-2.0, flickr, **430** / Larry Samsa, cc-by-2.0, flickr, **431** / Mathieu Lebreton, flickr, cc-by-2.0, **435** / Don DeBold, flickr, cc-by-2.0, **442** / Cory Grove, flickr, cc-by-2.0, **449** / Akos Kokai, Wikimedia Commons, flickr, cc-by-2.0, **433** / Franck Michel, flickr, cc-by-2.0, **455** / Mark Goebel, flickr, cc-by-2.0, **456** / Jeffrey Zeldmann, flickr, cc-by-2.0, **458** / Michael Whiffen, flickr, cc-by-2.0, **466** / Jeff Kubina, flickr, cc-by-2.0, **467** / hedriver, flickr, cc-by-2.0, **468** / Ronnie Macdonald, flickr, cc-by-2.0, **473**
CC-BY-SA: chensiyuan: cc-by-sa-4.0 **25** / Jrmichae: Wikimedia Commons, cc-by-sa-4.0, **31** / Chris Light, Wikipedia**,** cc-by-sa3.0, **33** / Traveler100: Wikimedia Commons, cc-by-sa3.0, **41** / David Monniaux: cc-by-sa3.0, **43** / Tobi87: cc-by-sa-4.0, **49** / John Kees: Wikipedia, cc-by-sa-3.0, **54** / Tobias Alt,: cc-by-sa-3.0, **61** / cactus.man: Wikimedia Commons, cc-by-sa-3.0, **66** / BorisD: Wikimedia Commons, cc-by-sa-3.0, **69** / Chensiyuan, Wikipedia**,** cc-by-sa-4.0, **70** / Paxson Woelber: Wikimedia Commons, cc-by-sa-3.0, **73** / Jarek Tuszynski: wikimedia.org, cc-by-sa-3.0, **75** / Neeta Lind, flickr, cc-by-sa-2.0, **111** / Participant/team *Tony* as part of the Commons: Wikipedia Takes Manhattan project:, wikimedia.org, tony, cc-by-sa-3.0, **125** / Tony in NYC: cc-by, **129** / Scott M. Liebenson: Wikimedia Commons, cc-by-sa-3.0, **133** / William Morris: wikimedia.org, cc-by-sa-4.0, **137** / Bob Gomel, cc-by-sa-4.0, **163** / Eric R. Bechtold - Wikipedia:, Wikimedia Commons, cc-by-sa-3.0, **175** / Christopher Peterson, cc-by-sa-2.0, **177** / NicolasGenin, cc-by-sa-2.0, **178** / Manfred Brueckels, Wikipedia**,** cc-by-sa-3.0, **179** / cogito ergo imago: cc-by-sa-2.0, **197** / Crazy Fred ET, by-sa-3.0, **198** / Kheel Center, Cornell University, cc-by-sa-2.0, **199** / Jeffrey G. Katz, Wikipedia, cc-by-sa-3.0, **207** / Jonathunder, Wikipedia, cc-by-sa-3.0-b, **223** / World Economic Forum, Davos, CC-by-SA2.0, **225** / Photos Aphrodite in NYC, cc-by-sa-2.0, 39, **226** / Joe Mabel: Health, cc-by-sa-3.0, **230** / Derek Yu: cc-by-sa-2.0, **240** / AEMoreira042281, Wikipedia, cc-by-sa-3.0, **242** / Jared Stump: Wikipedia, cc-by-sa-3.0, **247** / Mario Spann, flickr, cc-by-sa-2.0, **252** / Jijithecat, Wikipedia, cc-by-sa-4.0, **254** / Shoham0211, Wikipedia, cc-by-sa-4.0.jpeg, **256** / Claude Covo-Farchi, Wikimedia Commons, cc-by-sa-2.0, **262** / ISEE–International Society For Environmental Ethics – enviroethics.org, Robert Leydenfrost, cc-by-sa-3.0, **264** / Brian Stansberry, Wikimedia Commons, cc-by-sa-3.0, **265** / Anthony92931, Wikipedia, cc-by-sa-3.0, **268** / Volteurismo, cc-by-sa-3.0, **274** / The Truth About, Wikimedia Commons, cc-by-sa-2.0, **276** / Jussi Puikkonen, KNAW, flickr, cc-by-sa-3.0, **280** / Almonroth, Wikimedia Commons, cc-by-sa-3.0, **283** / Mackenzie Cowell, cc-by-sa-2.0, flickr, **289** / Linus Henning, Wikimedia Commons, cc-by-sa-2.0, **292** / Ungtss, Wikimedia Commons, cc-by-sa-2.0, **299** / MacHmedia601, cc-by-sa-2.0, flickr, **305** / Bibleknowledge, cc-by-sa-3.0, **307** / Amy Watts, Wikipedia cc-by-sa-3.0, **312** / Micha L. Rieser, cc-by-sa-3.0, **356** / DonGraham, flickr, cc-by-sa-2.0, **316** / Dave Jenkins, www.davejenkins.com, Wikipedia, cc-by-sa-3.0, **349** / Daniel Schwenn, Wikipedia, cc-by-sa-4.0, **310** / Kendrick Martin, flickr, cc-by-sa-2.0, **320** / Edan Cohen, flickr, cc-by-sa-2.0, **321** / Kristina D. C. Hoeppner, flickr, cc-by-sa-2.0, **326** / BillC, Wikimedia Commons, cc-by-sa-3.0, **327** / Tage Olsin, Wikimedia Commons, cc-by-sa-2.0, **331** / Steven Carter, Wikimedia Commons, cc-by-sa-2.0, **333** / Ronzoni, cc-by-sa-3.0, **339** / Hans Peter Schaefer, flickr, cc-by-sa-3.0, **344** / Stoned59, flickr, cc-by-sa-2.0, **345** / Craig O'Neal, Wikipedia cc-by-sa-2.0, **346** / proacguy1, flickr, cc-by-sa-2.0, **347** / Gregor Bert, Wikipedia cc-by-sa-3.0, **357** / ToniMorrison, 2008, Entheta cc-by-sa-2.0, **364** / Vishdha, Wikimedia Commons, cc-b-sa-4.0, **368** / Kunal Mukherjee, flickr, cc-by-sa-2.0, **370** / Phillip Capper from Wellington, New Zealand, Wikimedia Commons, cc-by-sa-3.0, **373** / Bill Rankin, Wikimedia Commons, cc-by-sa-3.0, **374** / Daderot, Wikimedia Commons, cc-by-sa-3.0, **377** / Beyond My Ken, Wikimedia Commons, cc-by-sa-4.0, **380** / Alden Schiller, Wikimedia Commonscc-by-sa-3.0, **382** / Forest Wander, www.ForestWander.com, cc-by-sa-3.0, **383** / Photoartel, Wikipedia, cc-by-sa-3.0, **387** / Miosotis Jade, cc-by-sa-4.0, **389** / Cristo Vlahos, Wikimedia Commons, cc-b-sa-4.0, **390** / Zereshk, Wikimedia Commonscc-by-sa-3.0, **401** / Larry D. Moore, Wikimedia Commons, cc-by-sa-3.0, **402** / Jarek Tuszyński, Wikimedia Commons, cc-by-sa-3.0, **408** / Visitor7,

Wikimedia Commons, cc-by-sa-3.0, **409** / Brad Weinstein, flickr, cc-by-sa-2.0, **412** / Mike Gonzalez, Wikimedia Commons, cc-by-sa-4.0, **413** / Andreas Faessler, Wikipedia, cc-by-sa-3.0, **418** / Benroethig, Wikimedia Commons, cc-by-sa-4.0, **419** / Joe Mazzola, flickr, cc-by-sa-2.0, **419** (unten) / Infrogmation of New Orleans, Wikipedia, cc-b-sa-2.5, **420** / Daniel Schwenn, Wikipedia, cc-by-sa-4.0, **427** / Daniel Schwenn, Wikimedia Commons, cc-by-sa-4.0, **428** / RobbyRobinette, Wikimedia Commons, cc-by-sa-4.0, **429** / Eric Ward, flickr, cc-by-sa-2.0, **432** / Robert F. Tobler, Wikimedia Commons, cc-by-sa-4.0, **439** / Bernard Gagnon, Wikimedia commons, cc-by-sa-3.0, **441** / Quinn Dombrowski, flickr, cc-by-sa-3.0, **446** / Iqkotze, Wikipedia, cc-by-sa, 3.0, **461** / R0uge, Wikimedia Commons, cc-by-sa-4.0, **463** / Frank Schulenburg, Wikimedia Commons, cc-by-sa, **470** / Ian Howard, Wikimedia Commons, cc-by-sa-3.0, **472** / Rostom, Wikimedia Commons, cc-by-sa-3.0, **436** / Dllu, Wikipedia, cc-by-sa-3.0, **451** / Skippiybop, Wikimedia Commons, cc-by-sa-3.0, **452**

CC-BY-ND: The Cable Show: cc-by-nd-2.0, flickr, **159** / corky engel: cc-by-nd-2.0, **228** / EPI2oh, cc-by-nd-2.0, flickr, **267** / Gabriel Jorby, flickr, cc-by-nd-2.0, **369** / Lisa Picard, flickr, cc-by-nd, **294** /Corey Balazowich, flickr, cc-by-nd, **297** / Josh Janssen, Disneyland, cc-by-nd-2.0, flickr, **303**

Gemeinfreie:
National Park Service: 17, 20, 21, 22, 23, 26, 27, 28, 29, 30, 32, 34, 35, 36, 37, 39, 44, 46, 48, 51, 58, 65, 72, 76, 78, 81, 89, 91, 391, 394 / National Archives and Records Administration 94, 105, 145, 150, 151, 154, 164, 185, 185, 222, 229, 332 / Library of Congress: 82, 99, 104, 108, 139, 140, 147, 148, 161, 162, 181, 255, 270, 272, 273, 279, 306, 363, 363, 360, 301, 291, 385 /andere staatliche Stellen der USA: 275, 47, 52, 112, 144, 257, 258, 27, 158, 171, 173, 191, 192, 275, 305, 309, 314, 362, 422, 447, 381, 384, 471, 399, 416 / unsplash: Todd Quackenbush, 378; Kash Koudarzi, 379; KevinYoung, 425; Chaleb George, 437; Umer Sayyam, 445; Rezaul Karim, 444 / andere: 19, 32, 42, 67, 68, 86, 87, 88, 90, 92, 93, 95, 96, 97, 98, 98, 100, 100, 101, 102, 103, 106, 107, 107, 109, 114, 116, 117, 118, 119, 120, 122, 123, 124, 130, 131, 132, 135, 136, 138, 143, 146, 149, 151, 152, 153, 156, 160, 165, 168, 169, 182, 184, 188, 190, 195, 200, 201, 203, 205, 206, 210, 211, 212, 213 214, 215, 218, 219, 220, 233, 234, 237, 243 244, 246, 246, 263, 274, 280, 288, 291, 293, 296, 298, 299, 314, 314, 325, 328, 330, 333, 336, 341, 343, 344, 348, 351, 352, 353, 354, 355, 358, 359, 359, 360, 361, 361, 362, 365, 367, 372, 375, 376, 388, 393, 396, 398, 403, 404, 410, 415, 421, 423, 424, 438, 440, 453, 454, 459, 460, 465, 469

Die Creative-Commons-Lizenzen in Internet:
creativecommons.org/licenses/by/4.0; creativecommons.org/licenses/by-sa/4.0; creativecommons.org/licenses/by-nd/4.0/

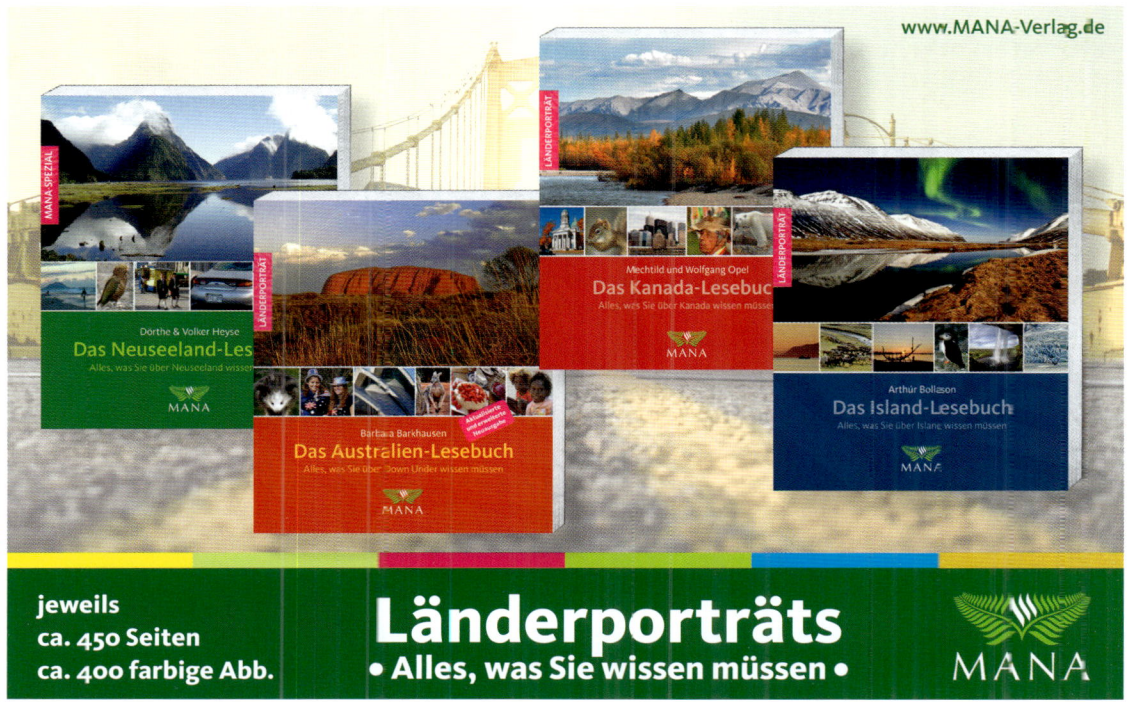

Ihr Fernreisespezialist zum Greifen nah!

Boomerang Reisen ist seit seiner Gründung im Jahre 1994 als innovativer Spezialreiseveranstalter für Australien, Neuseeland, Südsee, Afrika und Nord- und Südamerika bekannt. Das Filialnetz umfasst 14 Niederlassungen in Deutschland sowie je eine Filiale in der Schweiz und Österreich. Individuelle, maßgeschneiderte Kundenangebote für Fernreisen sowie eine intensive Kundenbetreuung durch ein professionelles Team zeichnen das Unternehmen aus. Die kompetenten Mitarbeiter mit vielen Insiderkenntnissen informieren Sie gerne über die Besonderheiten, wie zum Beispiel das individuelle GPS-koordinierte Tourenmanual oder den Geländewageninfotag.

Geländewageninfotag

Da viele unserer Kunden ihr Traumziel abseits der befestigten Straßen mit einem Allradfahrzeug erkunden möchten, bieten wir Ihnen einen ganz besonderen Service, den Sie exklusiv nur bei Boomerang Reisen erhalten.

Tourenmanual und GPS

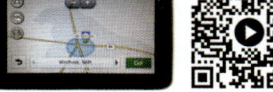

In Kombination mit unserem neuen GPS-Koordinaten orientierten, persönlichen Tourenmanual ist es uns erstmals möglich, alle für Sie zusammengestellten Wegpunkte (Points of Interest) in Ihrem über uns gemieteten Navigationsgerät zu speichern. Bei Ankunft in Ihrem Zielgebiet sind bereits alle im Tourenmanual erwähnten Wegpunkte in Ihrem Mietgerät abgespeichert und somit für den schnellen und einfachen Gebrauch optimiert.

Spezialist für Fernreisen

Boomerang Reisen Zentrale · Biewerer Straße 15 · 54293 Trier
Tel: 0651-96680-0 · Fax: 0651-96680-60 · E-Mail: info@boomerang-reisen.de

Weitere Informationen zu unseren Reisezielen finden Sie im Internet unter:
www.boomerang-reisen.de